Wollny · Der objektivierte Unternehmenswert

🖱 Online-Version inklusive!

Stellen Sie dieses Buch jetzt in Ihre „digitale Bibliothek" in der NWB Datenbank und nutzen Sie Ihre Vorteile:

▶ Ob am Arbeitsplatz, zu Hause oder unterwegs: Die Online-Version dieses Buches können Sie jederzeit und überall da nutzen, wo Sie Zugang zu einem mit dem Internet verbundenen PC haben.

▶ Die praktischen Recherchefunktionen der NWB Datenbank erleichtern Ihnen die gezielte Suche nach bestimmten Inhalten und Fragestellungen.

▶ Die Anlage Ihrer persönlichen „digitalen Bibliothek" und deren Nutzung in der NWB Datenbank online ist kostenlos. Sie müssen dazu nicht Abonnent der Datenbank sein.

Ihr Freischaltcode: **BYSFCBNVMBNAMRSVS**

Wollny, Der objektivierte Unternehmenswert

So einfach geht's:

① Rufen Sie im Internet die Seite **www.nwb.de/go/online-buch** auf.

② Geben Sie Ihren Freischaltcode ein und folgen Sie dem Anmeldedialog.

③ Fertig!

Die NWB Datenbank – alle digitalen Inhalte aus unserem Verlagsprogramm in einem System.

www.nwb.de

Der objektivierte Unternehmenswert

Unternehmensbewertung bei gesetzlichen und vertraglichen Bewertungsanlässen

Von
WP StB Diplom-Kaufmann Christoph Wollny

2., überarbeitete und erweiterte Auflage

▶ nwb

ISBN 978-3-482-**55292**-2 (online)
ISBN 978-3-482-**54982**-3 (print)
2., überarbeitete und erweiterte Auflage 2010

© Verlag Neue Wirtschafts-Briefe GmbH & Co. KG, Herne 2008
www.nwb.de

Alle Rechte vorbehalten.

Dieses Buch und alle in ihm enthaltenen Beiträge und Abbildungen sind urheberrechtlich geschützt. Mit Ausnahme der gesetzlich zugelassenen Fälle ist eine Verwertung ohne Einwilligung des Verlages unzulässig.

Satz: Griebsch & Rochol Druck GmbH & Co. KG, Hamm

Druck: medienHaus Plump GmbH, Rheinbreitbach

VORWORT

Der Plan, ein Buch zum objektivierten Unternehmenswert zu schreiben, war von der Überzeugung, der Erwartung und der Hoffnung getragen, es müsste hieran Interesse bestehen. Die Erwartung wurde übertroffen. Nach nur 6 Monaten waren 90 % der Auflage verkauft. Die Überlegungen eines Nachdrucks mussten verworfen werden, da zwischenzeitlich aus dem IDW ES1 i. d. F. 2007 der IDW S1 i. d. F. 2008 geworden war. Das war der Startschuss für die 2. Auflage. Die Sprinterfähigkeiten des Verfassers ließen allerdings wieder zu wünschen übrig. Die kurze Überarbeitung gestaltete sich zeitraubender als erwartet. Die Verweise auf IDW ES1 wurden durch die Verweise auf den IDW S1 ersetzt, neue Literatur durchgesehen und im Manuskript ergänzt, die Rechtsprechungsverweise aktualisiert. Die Gliederung erhielt an der einen oder anderen Stelle eine neue Struktur, soweit dadurch die Übersichtlichkeit verbessert und die Auffindbarkeit von Themen erleichtert werden konnte. Meinen Mitarbeitern Herrn Jan Seeger und Herrn Robert Schmidt danke ich für die Unterstützung bei den notwendigen Aktualisierungsarbeiten. Dem NWB Verlag und Frau Pia Niemeyer danke ich für die bewiesene Geduld, die durch die immer wieder verschobenen Abgabetermine für das Manuskript arg strapaziert wurde. Frau Katja Hahn danke ich für die Korrekturen des Manuskripts – bei unverändert sonnigem Gemüt. Ich wünsche mir, dass die Leser der neuen Auflage dadurch eine Unterstützung in ihrer praktischen Arbeit erfahren und die Zeit der Überarbeitung damit sinnvoll investiert war.

Berlin, im Mai 2010 *Christoph Wollny*

INHALTSVERZEICHNIS

Vorwort   V
Inhaltsverzeichnis   VII

1. Zielstellung des Buches   1

2. Der objektivierte Unternehmenswert – Konzeption und Anwendung   3

3. Bewertungsanlass und Bewertung von Unternehmen   5

3.1	Warum man ein Unternehmen erwirbt	5
3.2	Warum Unternehmen bewertet werden müssen	5
3.3	Der Bewertungsvorgang – bewerten heißt vergleichen	8
3.4	Das Kapitalwertmodell – vollkommener und unvollkommener Kapitalmarkt	11
	3.4.1 Grundlagen	11
	3.4.2 Vollkommener Kapitalmarkt	12
	3.4.3 Unsicherheit	14
3.5	Unternehmensbewertungsverfahren im Überblick	19

4. Konzept des objektivierten Unternehmenswertes   24

4.1	Objektive, subjektive und objektivierte Unternehmenswerte	24
4.2	Unternehmenswert, Verkehrswert und Preis	30
4.3	Der objektivierte Unternehmenswert – ein Verfahren zur Berechnung von Verkehrswerten?	35
4.4	Begründung des Bewertungskonzeptes objektivierter Unternehmenswert	41
4.5	Funktionen des Gutachters bei Unternehmensbewertungen	46
4.6	Bewertungsanlässe für objektivierte Unternehmenswerte	48
4.7	Bestimmungsgrößen objektivierter Unternehmenswerte gemäß IDW S1	69
4.8	Historische Entwicklung des Bewertungsstandards IDW S1	71
4.9	Rückwirkende Anwendung des Bewertungsstandards IDW S1	73
	4.9.1 Praxis	73
	4.9.2 Rechtsprechung	77
4.10	Der objektivierte Unternehmenswert im Funktionskatalog des IDW	80
4.11	Objektivierter Unternehmenswert auf Basis des Ertragswertverfahrens oder des Discounted Cashflow Verfahrens?	83
	4.11.1 Grundlagen	83
	4.11.2 Discounted Cashflow Verfahren	86
	4.11.3 Ertragswertverfahren	90

	4.11.4 Plädoyer für das Ertragswertverfahren in gesetzlichen Bewertungsfällen	92
	4.11.5 Rechtsprechung	93

5. Das Äquivalenzprinzip   94

5.1	Grundlagen	94
5.2	Risikoäquivalenz	97
5.3	Laufzeitäquivalenz	100
5.4	Arbeitseinsatzäquivalenz	105
5.5	Besteuerungsäquivalenz	107
5.6	Ausschüttungsäquivalenz	111
	5.6.1 Inhalt der Vollausschüttungshypothese	112
	5.6.2 Ziele der Vollausschüttungshypothese	112
	5.6.3 Regelung der Ausschüttungsäquivalenz im IDW S1 vom 18. 10. 2005 bzw. IDW S1 i. d. F. 2008	117
	5.6.4 Ausschüttungsäquivalenz und Objektivierung	120
	5.6.5 Herstellung der Ausschüttungsäquivalenz	121
5.7	Kaufkraftäquivalenz	123
5.8	Währungsäquivalenz	124
5.9	Haltedaueräquivalenz	125
5.10	Rechtsprechung	125

6. Der Bewertungsstichtag   126

6.1	Theorie	126
6.2	Praxis	128
6.3	Rechtsprechung und Wurzeltheorie	134

7. Ermittlung der Bewertungsgrößen – Jahresüberschuss oder Cashflow   140

7.1	Theorie	140
7.2	Praxis	142
7.3	Rechtsprechung	142

8. Unternehmensanalyse   143

8.1	Vergangenheitsanalyse	143
	8.1.1 Begründung für eine Vergangenheitsanalyse	143
	8.1.2 Vergangenheitsdaten und objektivierter Unternehmenswert	145
	8.1.3 Datenbasis der Vergangenheitsanalyse	146
	8.1.4 Die Durchführung der Bereinigung von Sondereinflüssen	147

		8.1.4.1	Sondereinflüsse	147
		8.1.4.2	Zeitlicher Einflussbereich der Sondereinflüsse	147
		8.1.4.3	Das nachhaltige Ergebnis ohne Sondereinflüsse – Korrekturstufe 1	148
		8.1.4.4	Sondereinflüsse mit Wirkung auf das nachhaltige Ergebnis – Korrekturstufe 2	149
		8.1.4.5	Zusätzliche Sondereinflüsse bei objektivierten Unternehmenswerten	149
	8.1.5		Bereinigungen zur Herstellung eines periodengerechten Erfolgsausweises	151
	8.1.6		Ergebnisbereinigung um Aufwendungen und Erträge aus nicht betriebsnotwendigem Vermögen	151
	8.1.7		Analyse der Vermögens-, Finanz- und Ertragslage	152
8.2	Die Marktanalyse			155
8.3	Rechtsprechung			160

9. Unternehmenskonzept und Unternehmensplanung 160

9.1	Prüfung der Unternehmensplanung			160
9.2	Planungsbeschränkungen für den objektivierten Unternehmenswert – Bewertung des Unternehmens „wie es steht und liegt"			161
9.3	Die Typisierung des Anteilseigners			163
9.4	Sitzlandprinzip			166
9.5	Stand-alone-Prinzip			166
9.6	Konstanz des Managementfaktors			167
9.7	Unternehmenskonzept			167
9.8	Risiko und Unternehmensplanung – Unbeachtlichkeit des Vorsichtsprinzips			170
9.9	Planung des Ausschüttungspotenzials aus betriebsnotwendigem Vermögen			171
9.10	Integrierte Unternehmensplanung			171
	9.10.1	Aufbau einer integrierten Unternehmensplanung		171
	9.10.2	Bedeutung der Startbilanz bei einer integrierten Unternehmensplanung		175
	9.10.3	Beispiel einer integrierten Unternehmensplanung		176
9.11	Synergieeffekte			177
	9.11.1	Theorie		177
		9.11.1.1	Der Synergiebegriff	177
		9.11.1.2	Synergiepotenzial und Synergieeffekt	178
		9.11.1.3	Systematisierung von Synergien	178
		9.11.1.4	Die Bewertung von Synergieeffekten	180
		9.11.1.5	Synergieeffekte und strategische Zuschläge	181
		9.11.1.6	Die Aufteilung von Synergieeffekten	183
	9.11.2	Praxis		184
		9.11.2.1	Die Begriffe echter und unechter Synergien	184

	9.11.2.2 Die Bewertung unechter Synergien	188
	9.11.2.3 Steuerliche Verlustvorträge als unechte Synergien	188
9.11.3	Rechtsprechung	191
9.12	Investitionen und Substanzerhalt	193
9.13	Planung der Unternehmensfinanzierung	195
9.14	Verbindung von Planungs- und Bewertungsmodell	199
9.15	Die Phasenmethode	200
	9.15.1 Konzept der Phasenmethode	200
	9.15.2 Die Planungsphasen	201
	9.15.2.1 Die Anzahl der Planungsphasen	201
	9.15.2.2 Die Detailplanungsphase	201
	9.15.2.3 Die Konvergenzplanungsphase	202
	9.15.2.4 Die Restwertphase	206
	9.15.3 Die Länge der Planungsphasen	209
	9.15.4 Rechtsprechung	212
9.16	Der Restwert des Unternehmens als Barwert der Ewigen Rente	215
	9.16.1 Bedeutung und Datengrundlage	215
	9.16.2 Langfristige Rentabilität und Quantifizierung des Fortführungswertes	219
9.17	Der Liquidationswert	220
	9.17.1 Einsatzbereiche des Liquidationswertes	220
	9.17.2 Ermittlung des Liquidationswertes des Unternehmens	221
	9.17.2.1 Theorie	221
	9.17.2.2 Praxis	222
	9.17.2.3 Rechtsprechung	224
	9.17.3 Ermittlung des Liquidationswertes des nicht betriebsnotwendigen Vermögens	228
	9.17.3.1 Theorie	228
	9.17.3.2 Praxis	229
	9.17.3.3 Rechtsprechung	231
9.18	Der Substanzwert	232
9.19	Ausschüttungspolitik	233
	9.19.1 Ausschüttung und Wachstum	233
	9.19.2 Die Bestimmung der Ausschüttungsquoten in den Planungsphasen	235
	9.19.2.1 Ausschüttungsplanung in der Detailplanungsphase	235
	9.19.2.2 Ausschüttungsplanung in der Restwertphase	238
	9.19.3 Das Kriterium der Kapitalwertneutralität	241
	9.19.4 Die Bestimmung des thesaurierungsbedingten Unternehmenswachstums	245
	9.19.4.1 Wachstum in der Detailplanungsphase	245
	9.19.4.2 Wachstum in der Restwertphase – steuerliche Verhältnisse vor der Unternehmensteuerreform 2008	247
	9.19.4.3 Wachstum in der Restwertphase – steuerliche Verhältnisse nach der Unternehmensteuerreform 2008	254

	9.19.4.4	Kombination thesaurierungsbedingten und organischen Wachstums – steuerliche Verhältnisse vor der Unternehmensteuerreform 2008	261
	9.19.4.5	Kombination thesaurierungsbedingten und organischen Wachstums – steuerliche Verhältnisse nach der Unternehmensteuerreform 2008	266
9.19.5	Rechtsprechung		267
9.20	Die Berücksichtigung von Steuern		269
9.20.1	Die Bewertungsgrundlage nach Steuern		269
9.20.2	Der typisierte Einkommensteuersatz		274
9.20.3	Die Alternativrendite nach Steuern		276
9.20.4	Änderungen durch die Unternehmensteuerreform 2008		276
	9.20.4.1	Änderungen für Kapitalgesellschaften und ihre Gesellschafter	276
	9.20.4.2	Änderungen für Personengesellschaften und ihre Gesellschafter	278
	9.20.4.3	Änderungen für den typisierten Einkommensteuersatz	280
	9.20.4.4	Effektive Veräußerungsgewinnbesteuerung und typisierte Haltedauer	281
	9.20.4.5	Anwendung der Änderungen im Rahmen objektivierter Unternehmenswerte	283
9.20.5	Rechtsprechung		284
9.21	Einfluss von Verlustvorträgen auf die Bewertung		285
9.21.1	Handelsrechtliche Verlustvorträge		285
9.21.2	Steuerrechtliche Verlustvorträge		286
9.21.3	Rechtsprechung		288
9.22	Szenarienplanung und Bildung des Erwartungswerts		291
9.22.1	Theorie		291
	9.22.1.1	Risiko, Sicherheit und Ungewissheit	291
	9.22.1.2	Die Entwicklung von Szenarien	293
	9.22.1.3	Erwartungswertbildung	296
9.22.2	Der Umgang mit Szenarien in der Praxis		300
9.22.3	Rechtsprechung		303

10.	**Der Kalkulationszinssatz**		**305**
10.1	Der Basiszinssatz		305
10.1.1	Theorie		305
	10.1.1.1	Welche Funktion hat der Basiszinssatz im Rahmen der Unternehmensbewertung?	306
	10.1.1.2	Anatomie des Marktzinses	308
	10.1.1.3	Warum muss der Basiszinssatz risikofrei sein?	309
	10.1.1.4	Auf welchem Kapitalmarkt ist der Basiszinssatz zu bestimmen?	310

	10.1.1.5	Soll der Basiszinssatz des Bewertungsstichtages oder ein Prognosezinssatz verwendet werden?	313
	10.1.1.6	Sind für die Bewertung Effektivzinssätze oder Nominalzinssätze zu verwenden?	314
	10.1.1.7	Stellen Kuponanleihen oder Nullkuponanleihen das festverzinsliche Wertpapier zur Ermittlung des Basiszinssatzes dar?	317
	10.1.1.8	Wie können langfristige laufzeitäquivalente Zinsstrukturen abgeleitet werden?	323
10.1.2	Praxis		324
	10.1.2.1	Alternativen zur Bestimmung des Basiszinssatzes	324
	10.1.2.2	Spot Rates, stetige und diskrete Verzinsung	326
	10.1.2.3	Verwendung durchschnittlicher Zinsstrukturzinssätze	327
	10.1.2.4	Forward Rates, Verschuldungsgrad und retrograde Unternehmenswertentwicklung	328
	10.1.2.5	Die Verwendung der Zinsstrukturkurve zur Bestimmung des Basiszinssatzes	331
10.1.3	Rechtsprechung		336
10.2 Der Risikozuschlag			339
10.2.1	Theorie		339
	10.2.1.1	Begründung für einen Risikozuschlag	339
	10.2.1.2	Die Facetten des Risikobegriffs	340
	10.2.1.3	Zielstellung des CAPM	342
	10.2.1.4	Der Begriff des Risikos	343
	10.2.1.5	Das Risiko beim Erwerb einer Aktie – Portfoliotheorie	345
	10.2.1.6	Das Risiko im 2-Aktien-Portfolio	346
	10.2.1.7	Das Risiko im Mehr-Aktien-Portfolio	350
	10.2.1.8	Interpretation des systematischen und unsystematischen Risikos	353
	10.2.1.9	Das Marktportfolio im CAPM	354
	10.2.1.10	Der Beta-Faktor im CAPM	357
	10.2.1.11	Die Annahmen des CAPM	361
10.2.2	Praxis		362
	10.2.2.1	Das Tax-CAPM im Halbeinkünfteverfahren	362
	10.2.2.2	Tax-CAPM und Abgeltungsteuer – Einfluss der Unternehmensteuerreform 2008	366
	10.2.2.3	Probleme bei der praktischen Anwendung des CAPM bzw. Tax-CAPM	368
	10.2.2.4	Die Bestimmung der Marktrisikoprämie	371
	10.2.2.5	Die Bestimmung des Beta-Faktors	373
	10.2.2.6	Die Anpassung des Beta-Faktors an das Finanzierungsrisiko des Bewertungsobjekts	379
	10.2.2.7	Das Zirkularitätsproblem im CAPM	383
	10.2.2.8	Die Überprüfung der statistischen Güte von Beta-Faktoren	385

	10.2.2.9	Beispiel einer Unternehmensbewertung mit variablem Verschuldungsgrad	390
	10.2.2.10	CAPM und objektivierter Unternehmenswert	393
10.2.3	Rechtsprechung		394
10.3 Inflation und Wachstum			400
10.3.1 Theorie			400
	10.3.1.1	Nominelles oder reales Wachstum	401
	10.3.1.2	Der Realzins als Bestandteil des Nominalzinses	401
	10.3.1.3	Wertneutralität bei Realplanung oder Nominalplanung	402
	10.3.1.4	Inflationierung oder Wachstum	404
	10.3.1.5	Stichtag für die Bestimmung der Inflationsrate	408
	10.3.1.6	Nominelle oder reale Unternehmensplanung	409
10.3.2 Praxis			409
	10.3.2.1	Abschätzung der Wachstumsrate	409
	10.3.2.2	Wachstum in der Detailplanungsphase	410
	10.3.2.3	Wachstum in der Restwertphase	414
	10.3.2.4	Thesaurierungsbedingtes und organisches Wachstum	416
10.3.3 Rechtsprechung			416

11. Verprobung des Bewertungsergebnisses — 418

12. Die Prüfung des Bewertungsgutachtens — 420

13. Besondere Bewertungsaspekte — 421

13.1 Unternehmensdaten nach IFRS — 421
    13.1.1 Theorie — 421
    13.1.2 Praxis — 421
    13.1.3 Rechtsprechung — 422
13.2 Unternehmensdaten auf Basis von Konzernabschlüssen — 423
13.3 Bewertung von Assets oder Personengesellschaften — 425
13.4 Die Bewertung kleiner oder mittlerer Unternehmen (KMU) — 426
13.5 Die Bewertung ungeprüfter Unternehmen — 429
13.6 Die Bewertung von Beteiligungen — 430
    13.6.1 Praxis — 430
    13.6.2 Rechtsprechung — 430
13.7 Börsenkurs und Unternehmenswert — 431
13.8 Vorzugsaktien — 433
13.9 Fungibilität — 434

Stichwortverzeichnis — 437

Der Preis ist das Wertmaß der Dinge,
und ihr Wert ist das Maß ihrer Nützlichkeit.[1]

---

[1] David Ricardo (1772-1823), wiedergegeben in „Über die Grundsätze der Politischen Ökonomie und der Besteuerung", Kurz, H. D. (Hrsg.), 1994, S. 239.

1. Zielstellung des Buches

Am 28.6.2000 wurde der „IDW Standard: Grundsätze zur Durchführung von Unternehmensbewertungen" des Instituts der Wirtschaftsprüfer (IDW) vom Hauptfachausschuss des IDW (HFA) verabschiedet. Damit wurden die Vorgaben für Wirtschaftsprüfer zur Ermittlung von Unternehmenswerten neu gefasst und die Stellungnahmen HFA 2/1983 zur Unternehmensbewertung bzw. HFA 6/1997 zur Bewertung kleiner und mittlerer Unternehmen aufgehoben. Eine weitere Neufassung des „IDW Standard: Grundsätze zur Durchführung von Unternehmensbewertungen" wurde am 18.10.2005 vom HFA verabschiedet. Am 2.4.2008 verabschiedete der Fachausschuss für Unternehmensbewertung und Betriebswirtschaft (FAUB) wiederum eine aktuelle und den geänderten Rahmenbedingungen Rechnung tragende Fassung (nachfolgend kurz „IDW S1 i.d.F. 2008")[1]. Als Begründung für die Neufassung führt der IDW S1 i.d.F. 2008 aus[2], dass die Einflüsse der Unternehmenssteuerreform 2008 berücksichtigt werden sollen.[3] Die Vorgaben zur Durchführung von Unternehmensbewertungen wurden durch die jeweiligen Neufassungen des IDW S1 regelmäßig deutlich verändert. Die Änderungen betreffen dabei insbesondere das Regelwerk zur Ermittlung objektivierter Unternehmenswerte:

TAB. 1:	Änderungen des IDW S1 im Überblick		
Objektivierter Unternehmenswert	IDW S 1	IDW S 1	IDW S 1
Fassung	28.6.2000	18.10.2005	2.4.2008
Ausschüttungsversteuerung:	Anrechnungsverfahren	Halbeinkünfteverfahren	Abgeltungsteuer
Ausschüttungshypothese:	Vollausschüttung	Teilausschüttung	Keine Änderung
Ausschüttungsäquivalenz:	Implizit	Explizit	Keine Änderung
Wachstum:	Fremdfinanzierung	Innenfinanzierung	Keine Änderung
Basiszinssatz:	Vergangenheitsdurchschnitt	Prognose auf Basis Zinsstrukturkurve	Keine Änderung
Alternativanlage:	Anleihe	Aktienportfolio	Keine Änderung
Persönliche Ertragsteuern:	Typisierung	Typisierung	Differenzierte Typisierung
Versteuerung der Alternativanlage:	Vollversteuerung	Differenzierte Versteuerung	Vollversteuerung und effektive Steuerbelastung
Risikoprämie:	CAPM	Tax-CAPM	CAPM / Tax-CAPM

---

1 Billigende Kenntnisnahme durch den HFA am 30.5.2008.
2 Fn. 1 auf Seite 1 des IDW S1 i.d.F. 2008.
3 Die Neufassung des IDW Standards 1 dient im Wesentlichen der Anpassung der Grundsätze zur Ermittlung von objektivierten Unternehmenswerten an die Neuregelungen der Unternehmenssteuerreform 2008. Der Bundesrat hat der Unternehmenssteuerreform 2008 am 6.7.2007 zugestimmt. Die Neuerungen sind damit für die Ermittlung objektivierter Unternehmenswerte hinreichend konkretisiert und für Bewertungsstichtage ab dem 7.7.2007 zu berücksichtigen.

1. Zielstellung des Buches

Im Zuge der Änderungen hat die Komplexität des Bewertungsganges kontinuierlich und deutlich zugenommen. Die intensive Auseinandersetzung des Schrifttums mit den Neuerungen verdeutlicht das.

Der Bewertungsstandard IDW S1 stellt die konzeptionellen Grundlagen dar, die Wirtschaftsprüfer bei der Ermittlung von Unternehmenswerten anzuwenden haben. Diese werden durch die Ausführungen des WP-Handbuchs Band II, welches ebenfalls im November 2007 eine Neuauflage erfuhr, ergänzt und kommentiert.[1] Der IDW S1 ist als komprimierter Erkenntnisstand und „Expertenauffassung"[2] der angewandten Bewertungslehre aber nicht nur für Wirtschaftsprüfer zur Richtschnur bei Unternehmensbewertungen geworden. Steuerberater, Rechtsanwälte, Sachverständige, Richter und Unternehmensberater greifen ebenso auf das Regelwerk zurück.

> „Bei der Bewertung nach dem Ertragswertverfahren wird weiter überwiegend auf einen vom IDW … entwickelten Standard Bezug genommen."[3]

Schon bisher zeigte die Berufspraxis im Zusammenhang mit Bewertungsaufgaben, dass zu vermeintlich gesichertem Wissen der Unternehmensbewertung durchaus unterschiedliche Meinungen und Vorstellungen bestehen. Es steht zu befürchten, dass die abnehmende „Halbwertszeit" des IDW S1 zu einer weiteren Öffnung der Know-how-Schere zwischen theoretischem Erkenntnisstand, Vorgaben der Berufsorganisation der Wirtschaftsprüfer und der praktischen Umsetzung durch Berater beiträgt.

Hier setzt das vorliegende Buch an und will eine kleine Hilfestellung bieten. Theoretisches Basiswissen wird, soweit im Erklärungszusammenhang notwendig, hoffentlich verständlich erläutert. Die Grundlagen und Neuerungen des IDW S1 vom 2. 4. 2008 werden dargestellt und analysiert und der praktische Bewertungsgang nachvollziehbar beschrieben. Die Position der einschlägigen Rechtsprechung wird den Bewertungsroutinen gegenübergestellt. Damit soll ein Handwerkszeug vorgelegt werden, welches die Arbeit mit dem IDW S1 bei der Erstellung von Bewertungsgutachten erleichtert, insbesondere wenn dabei ein objektivierter Unternehmenswert zu ermitteln ist. Soviel zu den ambitionierten Zielen.

Diese Unterstützung scheint vor allem deshalb angebracht, da dem Praktiker außer einer Dissertation aus dem Jahre 1985[4] keine Monographie zum objektivierten Unternehmenswert zur Verfügung steht. Berater sind also bisher darauf angewiesen, notwendige Informationen zu diesem Bewertungskonzept aus der Gesamtheit der zum Thema Unternehmensbewertung nicht unerheblichen Anzahl von Publikationen und Urteilen herauszufiltern. Mit dem Hinweis auf die große Bedeutung objektivierter Unternehmenswerte in der Bewertungspraxis, hält sich das schlechte Gewissen des Verfassers somit in Grenzen, der Flut von Publikationen zur Unternehmensbewertung, noch eine weitere beizusteuern. Ich wünsche mir und allen Lesern, dass sich mit dem vorliegenden Buch die Gutachtenarbeit im Zusammenhang mit objektivierten Unternehmenswerten etwas vereinfachen möge. Der Nichtgutachter als Leser wird, so hoffe ich, Anregungen und Erläuterungen vorfinden, die das eine oder andere Fragezeichen mit einer Antwort versehen.

---

1 WP-Handbuch, Band II, 2008, S. 1, Tz. 1.
2 OLG Stuttgart v. 26. 10. 2006 – 20 W 14/05, AG, 2007, S. 132.
3 LG Frankfurt v. 13. 3. 2009 – 3-5 O 57/06, AG, 2009, S. 753.
4 *Künnemann, M.*, Objektivierte Unternehmensbewertung, 1985.

2. Der objektivierte Unternehmenswert – Konzeption und Anwendung

Das Bewertungskonzept des objektivierten Unternehmenswertes stellt eine Unternehmensbewertung dar, welche von den Adressaten bzw. Verfahrensbeteiligten nachprüfbar sein soll. Bewertet wird aus der Sicht einer inländischen unbeschränkt steuerpflichtigen natürlichen Person als Anteilseigner (d. h. in deren Interesse wird die Bewertung erstellt). Die Bewertung erfolgt unter der Annahme der Fortführung des Unternehmens auf Basis des bestehenden Unternehmenskonzepts („wie das Unternehmen steht und liegt" bzw. zivilrechtlich gemäß der Wurzeltheorie)[1] und unabhängig von den individuellen Wertvorstellungen betroffener Parteien.[2]

Mögliche, aber noch nicht hinreichend konkretisierte Maßnahmen (z. B. Erweiterungsinvestitionen/Desinvestitionen, d. h. Kapazitätsänderungen) sowie die daraus vermutlich resultierenden finanziellen Überschüsse sind deshalb bei der Ermittlung objektivierter Unternehmenswerte unbeachtlich.[3]

Die Annahme der Fortführung des Unternehmens auf Basis des bestehenden Unternehmenskonzeptes führt dazu, dass die Folgen die sich ggf. aus dem Bewertungsanlass ergeben (Verschmelzung, Eingliederung, Beherrschungs- und Gewinnabführungsvertrag, etc.), im Rahmen der Bewertung nicht berücksichtigt werden. D. h. das Unternehmen wird stand-alone bewertet. Deshalb dürften im Rahmen der Ermittlung des objektivierten Unternehmenswerts echte Synergieeffekte nicht berücksichtigt werden.[4] Unechte Synergieeffekten sind zu berücksichtigen, jedoch nur insoweit, als die Synergie stiftenden Maßnahmen bereits eingeleitet oder im Unternehmenskonzept dokumentiert sind.[5]

In der Unternehmensplanung zur Ableitung der Ausschüttungen sind alle realistischen Zukunftserwartungen im Rahmen der Marktchancen, -risiken und finanziellen Möglichkeiten des Unternehmens sowie sonstigen Einflussfaktoren zu berücksichtigen.[6] Allerdings gilt auch hier das strikte Stichtagsprinzip im Sinne der Wurzeltheorie.[7] D. h. nur solche positive oder negative Einflüsse auf die Ertragsentwicklung des Unternehmens sind berücksichtigungsfähig, die am Bewertungsstichtag in der Wurzel angelegt waren. Gemäß der bilanziellen Handhabung werterhellender Tatsachen scheitert deren Berücksichtigung aber nicht daran, dass diese Einflüsse erst nach dem Bewertungsstichtag bekannt werden.

Bei der Ermittlung der grundsätzlich möglichen Ausschüttungen sind Restriktionen rechtlicher (Bilanzgewinn) wie finanzieller Art (freie Liquidität) zu beachten.[8] Bei der Bestimmung der Ausschüttungshöhe gilt grundsätzlich die Teilausschüttungshypothese. Damit folgt die Ausschüttungspolitik in der ersten Planungsphase der Ausschüttungspolitik des individuellen Unterneh-

---

1 IDW S1 i. d. F. 2008, Tz. 29.
2 IDW S1 i. d. F. 2008, Tz. 12.
3 IDW S1 i. d. F. 2008, Tz. 32.
4 IDW S1 i. d. F. 2008, Tz. 33.
5 IDW S1 i. d. F. 2008, Tz. 34.
6 IDW S1 i. d. F. 2008, Tz. 29.
7 IDW S1 i. d. F. 2008, Tz. 23.
8 IDW S1 i. d. F. 2008, Tz. 35.

menskonzeptes.[1] In der zweiten Planungsphase wird die typisierte Ausschüttungsquote der Alternative verwendet.[2]

Hinsichtlich des vorhandenen Managements wird Kontinuität unterstellt.[3]

Der objektivierte Unternehmenswert wird unter Berücksichtigung der Einkommensteuerbelastung ermittelt. Allerdings kommt nicht der tatsächliche Durchschnittssteuersatz des jeweiligen Anteilseigners, sondern ein typisierter persönlicher Ertragsteuersatz (Einkommensteuer, Solidaritätszuschlag, Kirchensteuer) bei den dem Anteilseigner zufließenden Ausschüttungen sowie bei der Ermittlung des Kalkulationszinssatzes zur Anwendung.[4] Eine Ausnahme von der Nach-Einkommensteuerbewertung ergibt sich nur bei Bewertungen im Zusammenhang mit der Vorbereitung unternehmerischer Initiativen. Hier gilt das mit dem IDW S1 i. d. F. 2008 neu eingeführte Konzept der mittelbaren Typisierung (Annahme gleicher Einkommensteuerbelastung der Ausschüttungen und der Alternativrendite), im Ergebnis eine Vor-Einkommensteuerbewertung.[5] Das Konzept ist demgemäß nicht bei der Bewertung von Personengesellschaften anwendbar.[6]

Der zur Diskontierung zu verwendende Kalkulationszinssatz und hier insbesondere der Risikozuschlag werden marktmäßig objektiviert auf der Grundlage des Tax-CAPM ermittelt.[7] Der Basiszinssatz wird dabei über Zinsstrukturkurven abgeleitet.[8] Der so ermittelte Kalkulationszinssatz gilt als typisierte Alternative, die bei der Bewertung von Kapitalgesellschaften wie auch Personengesellschaften anzuwenden ist.[9]

Objektivierte Unternehmenswerte können sowohl nach dem Ertragswertverfahren als auch dem DCF-Verfahren ermittelt werden.[10]

Bei der Ermittlung des Wertes eines Unternehmensanteils bzw. einer Beteiligung nach dem Konzept des objektivierten Unternehmenswertes entspricht der Wert des Unternehmensanteils oder der Beteiligung dem quotalen Wertanteil am objektivierten Gesamtwert des Unternehmens.[11] Einflussmöglichkeiten durch bestimmte Beteiligungshöhen bleiben somit im Wert unberücksichtigt.

Bewertungen nach dem Konzept des objektivierten Unternehmenswertes werden immer dann erforderlich, wenn das Gesetz, allgemein formuliert, einen Abfindungsanspruch vorsieht[12] (z. B. aktienrechtliche Regelungen zur Abfindung beim Abschluss von Unternehmensverträgen, bei Eingliederung oder beim Squeeze-out, umwandlungsrechtliche Regelungen zur Ermittlung von

---

1 IDW S1 i. d. F. 2008, Tz. 36.
2 IDW S1 i. d. F. 2008, Tz. 37.
3 IDW S1 i. d. F. 2008, Tz. 39.
4 IDW S1 i. d. F. 2008, Tz. 29 u. 31; im Rahmen der Bewertung von Kapitalgesellschaften erübrigt sich die Typisierung durch die gesetzliche Vorgabe eines feststehenden, nicht der Progression unterworfenen Abgeltungssteuersatzes (25 % zzgl. Soli). Ein Typisierungserfordernis besteht nur noch bei der Bewertung von Personengesellschaften und der Versteuerung der Entnahmen mit persönlicher Ertragsteuer (35 %). Für den Kalkulationszinssatz gilt auch bei der Bewertung von Personengesellschaften das Tax-CAPM und damit der Abgeltungssteuersatz.
5 IDW S1 i. d. F. 2008, Tz. 30.
6 WP-Handbuch, Band II, 2008, S. 1, Tz. 3.
7 IDW S1 i. d. F. 2008, Tz. 118.
8 IDW S1 i. d. F. 2008, Tz. 117.
9 IDW S1 i. d. F. 2008, Tz. 93.
10 IDW S1 i. d. F. 2008, Tz. 101.
11 IDW S1 i. d. F. 2008, Tz. 13; darin kommt der gesellschaftsrechtliche Gleichbehandlungsgrundsatz zum Ausdruck.
12 IDW S1 i. d. F. 2008, Tz. 31 u. 11.

Barabfindungen sowie von Umtauschverhältnissen im Zusammenhang mit Verschmelzungen bzw. Spaltungen, Erbauseinandersetzungen und Erbteilungen sowie Abfindungsfälle im Familienrecht). Derartige Ansprüche können sich neben einer gesetzlichen Regelung (z. B. § 738 BGB) auch aus einer vertraglichen Vereinbarung herleiten (z. B. Austritt von Gesellschaftern aus einer Personengesellschaft).[1] Letztlich soll der objektivierte Unternehmenswert auch zur Vorbereitung unternehmerischer Entscheidungen dienen (Kaufpreisverhandlungen, Fairness Opinions, Kreditwürdigkeitsprüfungen).[2]

3. Bewertungsanlass und Bewertung von Unternehmen

3.1 Warum man ein Unternehmen erwirbt

Unternehmen dienen der Einkommenserzielung. Bewertungsrelevant sind die Zuflüsse aus dem Unternehmen, die der Unternehmenseigner aufgrund seiner gesellschaftsrechtlichen Position erhält.[3]

> „Demnach wird der Wert des Unternehmens allein aus seiner Eigenschaft abgeleitet, finanzielle Überschüsse für die Unternehmenseigner zu erwirtschaften."[4]

Die Ansprüche des Gesellschafters aufgrund seiner gesellschaftsrechtlichen Position sind die Ausschüttungen, d. h. bei Personengesellschaften die Gewinnentnahmen und bei Kapitalgesellschaften wie z. B. der Aktiengesellschaft die Dividenden.[5] Das Gehalt des Gesellschaftergeschäftsführers, die Darlehenszinsen eines Gesellschafterdarlehens oder die Mieteinnahmen aus der an das Unternehmen vermieteten Betriebsimmobilie, sind damit nicht Gegenstand der Bewertung.

Die bewertungsrelevanten Zuflüsse müssen den Gesellschaftern für Konsumzwecke zur freien Verfügung stehen.[6] Damit sind die Nettozahlungen an die Gesellschafter, d. h. die Ausschüttungen nach Abzug der persönlichen Ertragsteuern, zu bewerten.

> „Der Wert eines Unternehmens wird durch die Höhe der Nettozuflüsse an den Investor bestimmt, die er zu seiner freien Verfügung hat. Diese Nettozuflüsse sind unter Berücksichtigung der inländischen und ausländischen Ertragsteuern des Unternehmens und grundsätzlich der aufgrund des Eigentums am Unternehmen entstehenden persönlichen Ertragsteuern der Unternehmenseigner zu ermitteln."[7]

3.2 Warum Unternehmen bewertet werden müssen

Die Intention der Entscheidung „Kauf einer Maschine" oder „Kauf eines Unternehmens" unterscheiden sich für den Investor nicht grundsätzlich. Beide Investitionen dienen der Einkommenserzielung. Die Maschine als Teil einer Wertschöpfungskette mittelbar, das Unternehmen als Organisation einer Wertschöpfungskette unmittelbar. Für die Maschine existieren Marktpreise, die sich durch den Ausgleich von Angebot und Nachfrage und somit eine Vielzahl von Verkäufen

---

[1] WP-Handbuch, Band II, 2008, S. 6, Tz. 14.
[2] IDW S1 i. d. F. 2008, Tz. 30.
[3] IDW S1 i. d. F. 2008, Tz. 24.
[4] IDW S1 i. d. F. 2008, Tz. 4.
[5] *Schmidt, K.*, Gesellschaftsrecht, 2002, S. 1387.
[6] *Kruschwitz, L.*, Investitionsrechnung, 2005, S. 12; *Drukarczyk, J.*, Unternehmensbewertung, 2003, S. 116.
[7] IDW S1 i. d. F. 2008, Tz. 28.

zwischen Anbietern und Käufern, für einen Maschinentyp mit eindeutiger technischer Leistungsbeschreibung, bilden.[1] Der Gedanke, sich dem Marktpreis nicht über den Ausgleich von Angebot und Nachfrage sondern über die Herstellungskosten zu nähern, ist dagegen nicht Erfolg versprechend. Denn jeder auf Basis der Herstellungskosten kalkulierte Preis der über dem Marktpreis liegt, würde auf Dauer keinen Bestand haben. Auf funktionierenden Märkten und bei rationalen Investoren stellt der Marktpreis damit eine gute Orientierung für den Wert der Maschine dar.

Es stellt sich die Frage, warum es derartige Marktpreise nicht auch für Unternehmen gibt. Liegt es daran, dass Unternehmen als Bündel von Sachen und Rechten komplexer sind als Maschinen? Dem steht entgegen, das tausende großer und komplizierter Gebilde, namentlich Aktiengesellschaften, täglich und weltweit über die Börsen einen Marktpreis erhalten. Oder nicht?

Tatsächlich erhalten nicht diese Unternehmen durch die Börse einen Marktpreis, sondern die von den Unternehmen ausgegebenen Aktien, d. h. Bruchteile an den Unternehmen.[2] Diesen Bruchteilen kommt eine eigene Verkehrswertfähigkeit zu.[3] Die mit dem Aktienkurs bewertete Menge der für ein Unternehmen ausgegebenen Aktien, ergibt somit nicht den Wert des Unternehmens.[4] Das Spannungsfeld zwischen Aktienkursen und Unternehmenswert wird von den folgenden Mitteilungen aus dem Handelsblatt treffend beschrieben:[5]

> „In so einer Verkaufswelle schauen viele Anleger nicht auf Einzelaktien und die dahinter stehenden Nachrichten, sondern gehen mit dem Trend. Sie verkaufen, weil die Aktienindizes wichtige Marken nach unten durchbrechen."
>
> „Auch Ian Scott, bei Lehmann Brothers für die globale Anlagestrategie verantwortlich, hält an seinen 7.450 Dax-Punkten zum Jahresende fest. Er sieht die Aktienkurse dank hoher Dividenden gut nach unten abgesichert."

Das erste Zitat zeigt, dass Fundamentaldaten (etwa Bilanzgewinne oder Dividenden) für das spontane Anlegerverhalten nur mittelbar von Bedeutung sind und vor allem Psychologie und Trends die Kursbewegungen an den Börsen bestimmen. Das zweite Zitat stärkt dagegen die Aussage, dass Fundamentaldaten wie etwa Dividenden, langfristig ein Barometer zu erwartender Aktienkurse sind.

Bei all dem darf aber nie aus dem Auge verloren werden, dass diese Nachrichten Börsenkurse betreffen und damit den Preis von Aktien. Dieser „Preis" entspricht aber nicht immer dem „Wert" der Aktie. Wer Kauf- und Verkaufsempfehlungen von Aktienanalysten liest, findet diese Aussage schnell bestätigt, denn dort wird regelmäßig mit dem Hinweis auf die Unter- oder Überbewertung von Aktien argumentiert, also mit einem Delta zwischen Preis und Wert der Aktie. Der Sprung vom Aktienwert zum Unternehmenswert gelingt aber auch dann nicht, wenn man annimmt die Aktie sei weder über- noch unterbewertet, denn für den Unternehmenswert spielt vor allem die Einflussmöglichkeit des Anteilseigners eine entscheidende Rolle. Mit einer

---

[1] *Schultze, W.*, Methoden der Unternehmensbewertung, 2003, S. 17.
[2] *Moxter, A.*, Grundsätze ordnungsmäßiger Unternehmensbewertung, 1991, S. 136.
[3] *Großfeld, B.*, Unternehmens- und Anteilsbewertung im Gesellschaftsrecht, 2002, S. 182.
[4] *Richter, F.*, Mergers & Acquisitions, 2005, S. X, *Ballwieser, W.*, Unternehmensbewertung, Marktorientierung und Ertragswertverfahren, S. 23, in: Festschrift Loitlsberger, Wagner, H., (Hrsg.), Zum Erkenntnisstand der Betriebswirtschaftslehre am Beginn des 21. Jahrhunderts, 2003; *Ballwieser, W.*, Komplexitätsreduktion, 1993, S. 176; *Esser, K.*, Marktbewertung und Aktionärsinteressen – an der Börse, bei Wachstumsfinanzierungen, bei Unternehmensübernahmen, in: Börsig/Coenenberg (Hrsg.), Bewertung von Unternehmen, 2003, S. 52 u. 57.
[5] Börsen fürchten Hypothekenkrise, Handelsblatt v. 15. 3. 2007, S. 1.

einzigen Telekom-Aktie kann man seinem Unmut über die Geschäftspolitik und Kursentwicklung wenig Luft machen. Mit einem Aktienpaket von 20 % würde sich dies dramatisch verändern, hin zu einer Position mit Einfluss, Macht und der Möglichkeit, sich gewichtig Gehör zu verschaffen. Derartiger Einfluss schlägt sich im Wert des Aktienpaketes nieder, losgelöst vom Wert der in der Beteiligung zusammengefassten Einzelaktien.

Es gilt also zu hinterfragen, wann Märkte Preise bestimmen können. Erste Gemeinsamkeit zwischen Maschinen und börsennotierten Aktien ist im Idealfall eine Vielzahl von Käufern und Verkäufern. Zweite Gemeinsamkeit zwischen Maschinen und börsennotierten Aktien ist die Unabhängigkeit deren „technischer" Leistungsfähigkeit vom jeweiligen Käufer. Die Maschine verfügt über eine objektiv messbare technische Leistungsfähigkeit, eine realisierbare Ausbringungsmenge, unabhängig davon wer die Maschine bedient. Ebenso liefert die Aktie „Ausbringungsmengen" an Dividenden, die unabhängig davon sind, wer die einzelne Aktie erworben hat. Damit sind relevante Bedingungen für einen funktionierenden Mechanismus zur Bildung von Marktpreisen bestimmt. Der Umstand, dass eine Sache eine bestimmte Qualität an sich, also auch unabhängig von ihrem Eigentümer hat, die Möglichkeit anhand dieser Qualitätskriterien Vergleiche hinsichtlich der Angemessenheit des Preises anzustellen und der Umstand dass es eine Vielzahl von Anbietern und Nachfragern für diese Sache gibt. Aufgrund der mangelnden Vergleichbarkeit von Unternehmen, schließt auch die Rechtsprechung die Möglichkeit der Bildung von Marktpreisen für Unternehmen aus.

„Es gibt für Handelsunternehmen wegen ihrer individuellen Verschiedenheit keinen Markt, auf dem sich ein Preis bilden könnte."[1]

Erwirbt man ein Unternehmen, erwirbt man die Chance das Unternehmen zum Erfolg oder Misserfolg zu führen. Ist die Zielgesellschaft eine AG, kann der Unternehmenserwerb durch die Übernahme einer Kontrollmehrheit der Aktien erfolgen. Damit ändert sich die Qualität der übernommenen Anzahl einzelner Aktien durch deren Bündelung in einer Hand, indem ihr Börsenwert, als Preis einer Einzelaktie, hinter den durch die Gesellschafterposition beeinflussbaren Wert zurücktritt. Die Ausbringungsmenge an Gewinnen je Aktie ist nunmehr abhängig von den strategischen Vorgaben des Eigentümers. Das ist die Stunde der Unternehmensbewertung, die sich mit den Beziehungen zwischen Eigentümer und Unternehmen zu beschäftigen hat.[2] Offenbar haben Unternehmen keinen Wert an sich, sondern sind für den Investor das wert, was er glaubt daraus machen zu können bzw. welchen Nutzen er dem Unternehmen beimisst.[3] Der Wert einer Sache hängt von der Verwendungsmöglichkeit ab.[4] Ein Beispiel für die geschilderten Zusammenhänge ist der Erwerb der Aktienmehrheit (und damit der Kontrolle) an Arcelor durch Mittal. Die milliardenschweren Kaufpreisaufschläge auf die Börsennotierung der Arcelor-Aktien erklären sich aus der Wertaufladung des Unternehmens Arcelor aus Sicht von Mittal, resultierend aus den strategischen Ideen und Einflussmöglichkeiten von Mittal hinsichtlich Arcelor.

Zwischenergebnis:

Der Wert einer Sache ist keine objektive Eigenschaft der Sache. Für homogene vergleichbare Güter, die gehandelt werden, bilden sich Marktpreise durch Angebot und Nachfrage. Die Preise bil-

---

1 BGH v. 17.1.1973 – IV ZR 142/70, NJW, 1973, S. 509.
2 *Hering, T.*, Unternehmensbewertung, 2006, S. 30.
3 *Schultze, W.*, Methoden der Unternehmensbewertung, 2003, S. 16 f.
4 *Busse von Colbe, W.*, Der Zukunftserfolg, 1957, S. 14.

den sich in einer Höhe, die mit den subjektiven Werturteilen der Mehrheit der Marktteilnehmer übereinstimmt.

Unternehmen sind weder homogen noch vergleichbar. Für Unternehmen gibt es keinen Marktpreis im Sinne eines Gleichgewichtspreises, der sich durch Angebot und Nachfrage bildet.[1] Für börsennotierte Unternehmen werden Aktien gehandelt, die nur einen Bruchteil am Unternehmen darstellen und damit keine Einflussmöglichkeiten bieten. Der Börsenwert aller Aktien entspricht damit nicht dem Unternehmenswert.

Der Kaufpreis für ein Unternehmen bildet sich vielmehr auf der Grundlage der Verhandlungen zwischen regelmäßig wenigen Verkäufern (Gesellschafter!) und wenigen Käufern und in Kenntnis der jeweiligen Unternehmenswerte.[2] Der Unternehmenswert wird anhand der Gewinnerwartungen gemessen, die der jeweilige (potentielle) Inhaber des Unternehmens mit dem Unternehmen glaubt erzielen und dem Unternehmen entziehen zu können. Der Gewinn des Unternehmens hängt davon ab, was der Inhaber aus dem Unternehmen macht. Der Unternehmenswert ergibt sich damit aus der individuellen Zielsetzung im Zusammenwirken mit dem individuellen Entscheidungsfeld des Inhabers oder Käufers.[3] Unternehmenswerte sind subjektive Werturteile eines Investors, in denen sich zum einen die Qualität des Unternehmens und zum anderen die Fähigkeiten des Investors widerspiegeln.

Die zu bewertenden Unternehmen werden nachfolgend als Bewertungsobjekte bezeichnet. Die Verkäufer (Inhaber) oder Käufer eines Unternehmens werden als Bewertungssubjekte bezeichnet.

3.3 Der Bewertungsvorgang – bewerten heißt vergleichen

Die technische Leistungsfähigkeit der „Maschine Unternehmen" ist ihr zukünftig erwarteter „Ausstoß" an Gewinnen, d. h. an Nettozahlungen an den Gesellschafter. Der Bewertungsvorgang zielt auf die Beantwortung der Frage, welchen Kaufpreis man für alternative und vergleichbare Geldanlagen aufwenden müsste, um Gewinne in gleicher Höhe wie aus dem Unternehmen zu erhalten. Ein Unternehmen bewerten heißt immer, einen Vergleich des Unternehmens mit einer anderen Geldanlage durchzuführen. Damit der Vergleich und somit die Bewertung durchgeführt werden kann, werden benötigt:

▶ eine vergleichbare alternative Geldanlagemöglichkeit und
▶ der Preis dieser Alternative.

Der günstigste Preis einer vergleichbaren Alternative ist der gesuchte Wert des Unternehmens. Es sei noch einmal darauf hingewiesen, dass dieser „künstliche" Bewertungsvorgang im Rahmen einer Unternehmensbewertung das simuliert, was für jedes homogene Gut auf funktionierenden Märkten durch den Mechanismus von Angebot und Nachfrage automatisch vollzogen wird.[4] Auch beim Kauf eines Konsumgutes verprobt der Konsument dessen Wert bzw. Nutzen,

---

1 *Schultze, W.*, Methoden der Unternehmensbewertung, 2003, S. 17; insofern missverständlich IDW S1 i. d. F. 2008, Tz. 13; „Der Preis für Unternehmen und Unternehmensanteile bildet sich auf freien Kapitalmärkten aus Angebot und Nachfrage", da dieser Zusammenhang nur für Aktien angenommen werden kann; *Heine/Herr*, Volkswirtschaftslehre, 2003, S. 141.
2 *Schultze, W.*, Methoden der Unternehmensbewertung, 2003, S. 18.
3 *Hering, T.*, Unternehmensbewertung, 2006, S. 27.
4 *Schneider, D.*, Investition, Finanzierung und Besteuerung, 1992, S. 520.

indem er die Qualität und Menge mit dem Preisniveau alternativ angebotener Güter dieser Qualität vergleicht.[1]

> **BEISPIEL** Das zu bewertende Unternehmen A erbringt zukünftig jährlich Gewinne von 1.000 €. Eine Investitionsalternative B erbringt zukünftig 2.000 € jährliche Gewinne und soll 20.000 € kosten. In beiden Fällen sollen die Gewinne unendlich fließen (diese Annahme vereinfacht den Berechnungsgang). Der Wert des Unternehmens A ist auf den ersten Blick mit 10.000 € erkennbar und beträgt die Hälfte des Kaufpreises der Alternativanlage B. D. h. es ist für den Investor gleichgültig, ob er 20.000 € aufwendet um die Alternative B zu erwerben oder ob er zwei Unternehmen des Typs A zum ermittelten Wert von je 10.000 € erwirbt. Für den Einsatz von 20.000 € erhält er in beiden Fällen jährliche und unendlich fließende Gewinne von 2.000 €.

Wir halten fest, dass der gesuchte Unternehmenswert ein Indifferenzwert ist, d. h. aus (rein) finanzieller Sicht ist es für den Investor gleichgültig ob er das zu bewertende Unternehmen oder die Alternative erwirbt. Indifferenz ergibt sich, da eine Investition in Höhe des ermittelten Unternehmenswertes in beiden Fällen zu identischen wirtschaftlichen Ergebnissen für den Investor führt. Der im Beispiel dargestellte Vergleich wird rechentechnisch einfacher, wenn nicht unmittelbar die Gewinne der Alternative als Vergleichsmaßstab verwendet werden müssen, sondern vielmehr deren interne Rendite.[2]

Soweit die aus dem Bewertungsobjekt zu erwartenden Nettozahlungen als uniform und unendlich fließend unterstellt werden, wird der Vergleich rechentechnisch unter Verwendung der Barwertformel der ewigen Rente (Variante des Kapitalwertmodells) vollzogen. Der Vergleich zwischen Bewertungsobjekt und Alternativanlage lässt sich dann wie folgt darstellen:

ABB. 1:	Kapitalwertmodell (Barwertformel der Ewigen Rente) zum Vergleich von Bewertungsobjekt und Anlagealternative

$$UW_0 = \frac{D_t}{r_{Alt}} \quad \begin{array}{l} \text{Bewertungsobjekt} \\ \text{------------------} \\ \text{Vergleichsmaßstab} \end{array}$$

UW_0: Bruttokapitalwert bzw. Unternehmenswert
D_t: Gewinne bzw. Nettozuflüsse beim Bewertungssubjekt
r_{Alt}: Gewinne der besten Alternativanlage, ausgedrückt als Rendite
t: Zeitpunkte der Nettozuflüsse (Planjahr 1 bis n)
n: (Rest)-Lebenszeitraum des Unternehmens ist unendlich

---

[1] *Moxter, A.*, Grundsätze ordnungsmäßiger Unternehmensbewertung, 1991, S. 9.
[2] *Coenenberg, A.*, Unternehmensbewertung aus der Sicht der Hochschule, in: Busse von Colbe/Coenenberg, Unternehmensakquisition und Unternehmensbewertung, 1992, S. 101; *Moxter, A.*, Grundsätze ordnungsmäßiger Unternehmensbewertung, 1991, S. 9.

> **BEISPIEL** Aus dem Beispiel lässt sich eine interne Rendite der Alternative B von 2.000 € / 20.000 € = 10 % ableiten. Verwendet man diese Alternativrendite zur Abzinsung der Gewinne des zu bewertenden Unternehmens A, ergibt sich unter Anwendung der Formel der ewigen Rente[1] 1.000 € / 0,10 = 10.000 € und damit ebenfalls der gesuchte Unternehmenswert.[2]

Die Vereinfachung dieses rechentechnischen Vergleichs durch Verwendung der Alternativrendite wird besonders deutlich, wenn die künftigen, jährlichen Gewinne des zu bewertenden Unternehmens bzw. der Alternative nicht mehr uniform und unendlich fließen, also nicht mehr den Charakter einer ewigen Rente aufweisen, sondern in einem begrenzten Zeitraum mit wechselnder Höhe auftreten. Dann wird der Vergleich rechentechnisch durch Anwendung des klassischen Kapitalwertmodells vollzogen:

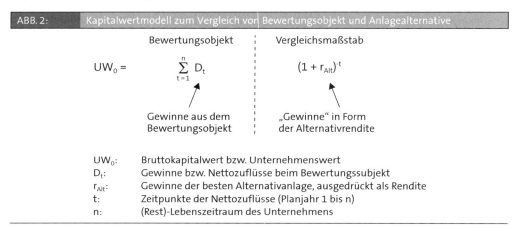

ABB. 2: Kapitalwertmodell zum Vergleich von Bewertungsobjekt und Anlagealternative

UW_0: Bruttokapitalwert bzw. Unternehmenswert
D_t: Gewinne bzw. Nettozuflüsse beim Bewertungssubjekt
r_{Alt}: Gewinne der besten Alternativanlage, ausgedrückt als Rendite
t: Zeitpunkte der Nettozuflüsse (Planjahr 1 bis n)
n: (Rest)-Lebenszeitraum des Unternehmens

> **BEISPIEL** Das Unternehmen A erbringt im Jahr 1 einen Gewinn von 1.000 €, im Jahr 2 einen Gewinn von 150 € und anschließend jährliche Gewinne von 1.200 € (ewige Rente!). Eine Alternativinvestition B kostet 15.000 € und erbringt im Jahr 1 einen Gewinn von 200 €, im Jahr 2 einen Gewinn von 900 € sowie anschließend jährliche Gewinne von 1.400 € (ewige Rente!). Ein direkter Vergleich der Zahlungsströme ist hier nicht mehr möglich. Erst über den Umweg der Ermittlung der internen Rendite (des internen Zinsfusses) der Alternativinvestition B kann der Vergleich, d. h. die Bewertung durch Diskontierung der Gewinne des Unternehmens A mit der Alternativrendite des Unternehmens B erfolgen. Die interne Rendite der Alternative B beträgt 8,469 %.[3] Der Wert des Unternehmens A beträgt damit:

---

[1] Die Formel der ewigen Rente lässt sich aus der Formel der endlichen Rente $(1 / i - 1 / i (1 + i)^t)$ ableiten. Wenn t für die ewige Rente unendlich wird, geht der Term $1 / i (1 + i)^t$ gegen 0. Übrig bleibt dann $1 / i$. (Siehe hierzu *Kruschwitz, L.*, Finanzmathematik, 2006, S. 133).

[2] Finanzmathematisch stellt der so ermittelte Unternehmenswert einen Barwert oder Gegenwartswert dar. Darüber hinaus finden die Begriffe Bruttokapitalwert, Kapitalwert oder Present Value Verwendung (differenzierend *Schmidt/Terberger*, Grundzüge der Investitions- und Finanzierungstheorie, 1997, S. 128). Davon zu unterscheiden ist der Nettokapitalwert oder Net Present Value. Dieser ergibt sich durch Abzug der Anschaffungskosten der Investition bzw. durch Abzug des Unternehmenskaufspreises. Der positive Nettokapitalwert zeigt die Vorteilhaftigkeit einer Investitionsentscheidung an (*Kruschwitz, L.*, Investitionsrechnung, 2005, S. 93).

[3] Bei dieser Rendite entspricht der Barwert der Gewinne aus der Alternative B genau den Anschaffungskosten der Alternative B in Höhe von 15.000 €.

TAB. 2:	Kapitalwertermittlung bei uneinheitlicher Zahlungsstruktur			
Planjahre		1	2	Ewige Rente
		1.000,00	150,00	1.200,00
Kalkulationszinssatz		8,469 %	8,469 %	8,469 %
Barwertfaktoren		0,921922393	0,849940898	
Barwert ewige Rente in t_2				14.169,32
Barwert in t_0		921,92	127,49	12.043,09
Unternehmenswert A		13.092,50		

Die Nicht-Wahl der Alternative Unternehmen B führt zu entgangenen Gewinnen in Höhe der Rendite von 8,469 %. Derartige entgangene Gewinne werden auch als Opportunitätskosten bezeichnet. In der Folge wird die Alternativrendite r_{Alt} deshalb als Eigenkapitalkosten r_{EK} bezeichnet.

Zwischenergebnis:

Der Wert eines Unternehmens entspricht dem Preis der besten, nicht realisierten, vergleichbaren Alternative. Im Beispiel gibt es nur eine Alternative. Aus Gründen der „Vergleichsmechanik" können die Preise der Investitionsmöglichkeiten nicht direkt verglichen werden. Man geht deshalb den Umweg über die Rendite der Alternative. Diese beträgt im Beispiel 8,469 %. Ein Investor kann unter rationalen Gesichtspunkten für das Unternehmen A nur einen Preis bezahlen, der zumindest dieses Renditeziel sicherstellt. Dieses Ziel wird automatisch erreicht, wenn der Unternehmenswert durch die Diskontierung der Gewinne von Unternehmen A, mit der Rendite der Alternative Unternehmen B von 8,469 % ermittelt wird. Da dieses Renditeziel nur erreicht werden kann, wenn höchstens ein Kaufpreis in Höhe des so ermittelten Unternehmenswertes bezahlt wird, stellt dieser Unternehmenswert auch den Grenzpreis für den Unternehmenskauf dar.

3.4 Das Kapitalwertmodell – vollkommener und unvollkommener Kapitalmarkt

3.4.1 Grundlagen

Die realistischen Rahmenbedingungen für die Bewertung von Unternehmen sind unvollkommene Kapitalmärkte unter Unsicherheit. Unvollkommene Kapitalmärkte zeichnen sich dadurch aus, dass Sollzinssätze höher als Habenzinssätze sind, Verschuldungsgrenzen bestehen und Liquidität zur Vermeidung von Zahlungsunfähigkeit vorgehalten werden muss.[1] Die Unsicherheit beschreibt den Umstand, dass die Unternehmenszukunft in einer Unternehmensplanung nur in möglichen Szenarien beschrieben werden kann. Diese Szenarien können z. B. als Best Case, Real Case und Worst Case beschrieben und mit Eintrittswahrscheinlichkeiten versehen werden. Man kann sich eben nicht sicher sein, in welcher Höhe der Unternehmenserfolg eintreten wird und

---

[1] *Schmidt/Terberger*, Grundzüge der Investitions- und Finanzierungstheorie, 1997, S. 98.

nur Annahmen zur Unternehmensentwicklung treffen d. h. Szenarien entwickeln. Bei aller Anstrengung unserer Vernunft besteht somit „…nur eine sehr dunkele und zweideutige Aussicht in die Zukunft".[1]

Von einem Sachverständigen wird man, im Rahmen der Erstattung eines Gutachtens zur Bewertung eines Unternehmens, unter Umständen erwarten, dass er einen einzigen punktgenauen Unternehmenswert ermittelt. Dieser Anspruch ist aber nur unter der realitätsfernen Annahme vollkommener Kapitalmärkte und unter Sicherheit zu erfüllen.[2] Es lohnt sich, einen kurzen Blick auf diesen Problemkreis zu werfen. Die genannten Unterscheidungen für Kapitalmärkte bzw. die Rahmenbedingungen für die Unternehmensbewertung lassen sich wie folgt zusammenfassen:

TAB. 3:	Rahmenbedingungen für die Unternehmensbewertung	
	Vollkommener Kapitalmarkt	**Unvollkommener Kapitalmarkt**
Sicherheit	Soll- und Habenzins sind gleich hoch	Sollzinsen sind höher als Habenzinsen
	Keine Prognoseunsicherheit für Unternehmensplanung	Keine Prognoseunsicherheit für Unternehmensplanung
Unsicherheit	Soll- und Habenzins sind gleich hoch	Sollzinsen sind höher als Habenzinsen
	Prognoseunsicherheit für Unternehmensplanung	Prognoseunsicherheit für Unternehmensplanung

3.4.2 Vollkommener Kapitalmarkt

Der Versuch, Unternehmenswerte unter den realistischen Bedingungen eines unvollkommenen Kapitalmarktes zu ermitteln, wäre extrem aufwendig. In diesem Fall wären alle verfügbaren Investitions- und Finanzierungsalternativen des Investors in einem Totalmodell gegenüberzustellen.[3] Das Problem wird als Dilemma der Lenkpreistheorie bezeichnet.[4] Worin besteht das Problem? Auf unvollkommenen Kapitalmärkten gibt es keinen einheitlichen Marktzins mehr, der als Lenkpreis dienen könnte. Vielmehr existiert eine Vielzahl von Alternativrenditen und Finanzierungszinssätzen.[5] Investitions- und Finanzierungsentscheidungen können nicht mehr getrennt werden.[6] Um unter diesen Bedingungen den einheitlichen Kalkulationszinssatz zur Bewertung des Unternehmens zu ermitteln, wobei das Unternehmen Teil der Investitionsalternativen ist, muss ein Totalmodell gelöst werden. Ist das Totalmodell gelöst, hat man das Ergebnis, welche Investitionen mit welchen Werten und mit welchen Finanzierungen realisiert werden sollten und wie hoch der Kalkulationszinssatz ist.[7] Damit ist der Kalkulationszinssatz aber nur noch Abfallprodukt der Lösung des Totalmodells und wird nicht mehr benötigt.[8] Das Bewertungsergebnis liegt ja dann bereits vor. Würden solche Totalmodelle auch noch mit dem Umstand der Unsi-

---

1 *Kant, I.*, Schriften zur Ethik und Religionsphilosophie, Kritik der praktischen Vernunft, 1956, S. 282.
2 *Hering, T.*, Unternehmensbewertung, 2006, S. 38.
3 *Schneider, D.*, Investition, Finanzierung und Besteuerung, 1992, S. 71.
4 *Hering, T.*, Investitionstheorie aus der Sicht des Zinses, 1995, S. 69.
5 *Bretzke, W.-R.*, Das Prognoseproblem bei der Unternehmensbewertung, 1975, S. 57.
6 *Schmidt/Terberger*, Grundzüge der Investitions- und Finanzierungstheorie, 1997, S. 119 u. 176.
7 Anschaulich hierzu das Dean-Modell, *Perridon/Steiner*, Finanzwirtschaft der Unternehmung, 2004, S. 142.
8 *Perridon/Steiner*, Finanzwirtschaft der Unternehmung, 2004, S. 87.

cherheit kombiniert, ist die Grenze noch lösbarer Komplexität erreicht. Allerdings lohnt zumindest aus theoretischer Hinsicht die Überlegung, ob diese Position nicht angesichts moderner Rechentechnik zu überdenken ist. Wenn Prognosemodelle der Meteorologie und Astronomie lösbar sind, sollte dies auch für Investitionsentscheidungen unter komplexen Rahmenbedingungen möglich sein. Das Problem der zu verarbeitenden Datenflut dürfte in diesem Vergleich eher überschaubar sein. Damit steht der Lösung eines Totalmodells wohl faktisch weniger eine technische Limitation, sondern das Kosten-Nutzen-Verhältnis entgegen.

Unternehmenswerte werden deshalb unter Vernachlässigung der mit unvollkommenen Kapitalmärkten verbundenen Probleme ermittelt.[1] Das heißt unter Vernachlässigung der beschriebenen Interdependenzen variierender alternativer Anlage- und Verschuldungszinssätze, wird der Unternehmenswert mittels eines Partialmodells ermittelt. Das bedeutet nicht, das in der Unternehmensplanung, die der Unternehmensbewertung zugrunde liegt, nicht mit den vertraglichen und damit realistischen Haben- und Sollzinssätzen für Bankguthaben oder Bankverbindlichkeiten bzw. Darlehensschulden gearbeitet würde. Nur die Bestimmung der Alternativrendite, mit der diskontiert wird, erfolgt isoliert ohne Berücksichtigung der genannten Interdependenzen. Die Komplexitätsreduktion der Annahme eines vollkommenen Kapitalmarktes betrifft damit, nicht ganz konsistent, nur das Alternativenumfeld des Investors und nicht das Bewertungsobjekt selbst.

Das Partialmodell ist das bekannte Kapitalwertmodell.

ABB. 3:	Das Kapitalwertmodell

$$UW_0 = \sum_{t=1}^{n} D_t (1 + r_{Alt})^{-t}$$

UW_0: Bruttokapitalwert bzw. Unternehmenswert
D_t: Gewinne bzw. Nettozuflüsse beim Bewertungssubjekt
r_{Alt}: Gewinne der besten Alternativanlage, ausgedrückt als Rendite
t: Zeitpunkt der Nettozuflüsse (Planjahr 1 bis n)
n: (Rest)-Lebenszeitraum des Unternehmens

Damit verbunden ist die Annahme eines vollkommenen Kapitalmarktes.[2] Im vollkommenen Kapitalmarkt gilt die Annahme, das Soll- und Habenzinssätze gleich hoch sind. Dies ist die Voraussetzung für die Anwendung der Kapitalwertmethode.[3] Die Identität der Soll- und Habenzinssätze bedeutet aber nicht, dass dieses identische Zinsniveau auch über die Zeit konstant wäre. Eine normale Zinsstrukturkurve und damit ein steigendes Zinsniveau für zunehmende Anlagezeiträume verträgt sich also durchaus mit der Annahme des vollkommenen Kapitalmarktes.[4]

---

[1] *Coenenberg, A.*, Unternehmensbewertung aus der Sicht der Hochschule, in: Busse von Colbe/Coenenberg, Unternehmensakquisition und Unternehmensbewertung, 1992, S. 101.
[2] *Kruschwitz, L.*, Investitionsrechnung, 2005, S. 66.
[3] *Schneider, D.*, Investition, Finanzierung und Besteuerung, 1992, S. 81.
[4] *Schneider, D.*, Investition, Finanzierung und Besteuerung, 1992, S. 81.

3.4.3 Unsicherheit

In der Unternehmensbewertung wird zwar nicht der unvollkommene Kapitalmarkt, aber der zweite Aspekt der realen Rahmenbedingungen berücksichtigt – Unsicherheit bzw. Risiko. Folge davon ist, dass nicht von einem einzigen Strom zukünftiger Ausschüttungen ausgegangen werden kann, sondern dass sich in Abhängigkeit bestimmter, zukünftig eintretender Rahmenbedingungen (Szenarien) eine Reihe von Ausschüttungsströmen prognostizieren lassen. Für jede dieser Prognosen spricht eine bestimmte Eintrittswahrscheinlichkeit (p).

TAB. 4:	Zwei mögliche Ausschüttungsprognosen (Szenarien) bei einem unendlichen Planungszeitraum (Ewige Rente)					
t_0			2008	2009	2010	ff.
		p	T€	T€	T€	
UWert 1	Szenario 1	50 %	9.900	9.900	9.900	...
UWert 2	Szenario 2	50 %	100	100	100	...
		100 %				

Aus einem einzigen geplanten Ausschüttungsstrom unter Sicherheit, wird so eine Wahrscheinlichkeitsverteilung[1] denkbarer Ausschüttungsströme unter Unsicherheit. Für jedes Szenario lässt sich ein Unternehmenswert ableiten, womit Ergebnis der Unternehmensplanung ein Bündel von Unternehmenswerten ist. Die Verdichtung dieser Wertebandbreite zu einem Entscheidungswert stellt somit einen weiteren Problemkomplex dar. Die Frage lautet: Wie wird aus einer Reihe von prognostizierten alternativen Ausschüttungsszenarien und damit aus einer Bandbreite wahrscheinlicher Unternehmenswerte ein einziger Entscheidungswert? Die Theorie bietet als Lösung a) den Erwartungswert und b) das Sicherheitsäquivalent an:[2]

a) Für die Wahrscheinlichkeitsverteilung von Ausschüttungen wird je Periode ein Erwartungswert (EW) ermittelt. Der Erwartungswert ist hier ein mit den Eintrittswahrscheinlichkeiten (p) gewichteter Durchschnitt der in dieser Planperiode prognostizierten Ausschüttungen. Anschließend können die Erwartungswerte mit einem risikoadjustierten Kalkulationszinssatz (Risikozuschlagsmethode) diskontiert und zu einem Unternehmenswert (UWert) aufsummiert werden.

TAB. 5:	Bildung von Erwartungswerten aus der Wahrscheinlichkeitsverteilung möglicher Ausschüttungen je Planjahr					
t_0			2008	2009	2010	ff.
		p	T€	T€	T€	
	Szenario 1	50 %	9.900	9.900	9.900	...
	Szenario 2	50 %	100	100	100	...
		100 %				
			EW_{2008}	EW_{2009}	EW_{2010}	...

---

[1] Eine Verteilung möglicher Prognosewerte, denen jeweils eine Eintrittswahrscheinlichkeit zugeordnet ist.
[2] *Drukarczyk, J.*, Unternehmensbewertung, 2003, S. 107 ff.

3.4 Das Kapitalwertmodell – vollkommener und unvollkommener Kapitalmarkt

b) Für die Wahrscheinlichkeitsverteilung von Ausschüttungen wird je Periode ein Sicherheitsäquivalent (SÄ) ermittelt (Risikoabschlagsmethode). Anschließend können die Sicherheitsäquivalente mit dem sicheren Basiszinssatz diskontiert und zu einem Unternehmenswert aufsummiert werden.

TAB. 6:	Bildung von Sicherheitsäquivalenten aus der Wahrscheinlichkeitsverteilung möglicher Ausschüttungen je Planjahr				
t_0		2008	2009	2010	ff.
	p	T€	T€	T€	
Szenario 1	50 %	9.900	9.900	9.900	...
Szenario 2	50 %	100	100	100	...
	100 %				
		$SÄ_{2008}$	$SÄ_{2009}$	$SÄ_{2010}$	...

Es bleibt festzuhalten, dass die Planung in Szenarien das Ausmaß der Unsicherheit bzw. des Risikos im Sinne streuender Ergebnisse sichtbar macht. Um einen Entscheidungswert bzw. einen einzigen Unternehmenswert zu berechnen muss diese Wertevielfalt möglicher Ausschüttungen jedoch zu einer „synthetischen" Ausschüttungsgröße je Plan-Periode zusammengefasst werden. Dazu bietet sich die Bildung von Erwartungswerten oder die Bestimmung von Sicherheitsäquivalenten an.

Erwartungswerte stellen mit den Eintrittswahrscheinlichkeiten gewichtete Durchschnittswerte dar.[1]

ABB. 4:	Der Erwartungswert
	$$E(D_t) = \sum_{z=1}^{N} p_z D_t$$
D_t:	Ausschüttungen in t
$E(D_t)$:	Erwartungswert D_t
z:	Umweltzustand
N:	Anzahl der Umweltzustände
p:	Eintrittswahrscheinlichkeit

Die eingeschränkte Aussagekraft von Durchschnittswerten ist bekannt. Ob einem mit einer Hand im Kühlfach und einer Hand in der offenen Gasflamme im Durchschnitt angenehm warm ist, ist eben Geschmackssache. Allerdings stellt der Erwartungswert, als gewichteter Mittelwert, das „Grundprinzip rationalen Verhaltens" dar.[2]

---

[1] *Saliger, E.*, Betriebswirtschaftliche Entscheidungstheorie, 1981, S. 58; *Sieben/Schildbach*, Betriebswirtschaftliche Entscheidungstheorie, 1994, S. 59.
[2] *Jaensch, G.*, Wert und Preis der ganzen Unternehmung, 1966, S. 109.

3. Bewertungsanlass und Bewertung von Unternehmen

TAB. 7:	Beispiel: Berechnung von Erwartungswerten je Plan-Periode mittels Eintrittswahrscheinlichkeiten					
t_0			2008	2009	2010	ff.
		p	T€	T€	T€	
	Szenario 1	50 %	9.900	9.900	9.900	...
	Szenario 2	50 %	100	100	100	...
		100 %				
EW_t			5.000	5.000	5.000	...

Der Erwartungswert der möglichen Ausschüttungen stellt sich als wahrscheinlichkeitsgewichteter Durchschnitt in Höhe von € 5 Mio. je Plan-Periode dar, womit Chance und Risiko gleichermaßen im Durchschnitt aufgehen. Allerdings sind Investoren risikoavers.

> „Die künftigen finanziellen Überschüsse können aufgrund der Ungewissheit der Zukunft nicht mit Sicherheit prognostiziert werden. ... Theorie und Praxis gehen übereinstimmend davon aus, dass die Wirtschaftssubjekte zukünftige Risiken stärker gewichten als zukünftige Chancen (Risikoaversion)."[1]

Deshalb werden sie der Unsicherheit der prognostizierten Ausschüttung von € 5 Mio. p. a. (hinter der sich ja eine Wahrscheinlichkeitsverteilung „verbirgt") dadurch begegnen, dass sie das Risiko höher gewichten als die Chance. Dies erfolgt technisch im Rahmen der Diskontierung. Dazu wird auf den sicheren Basiszinssatz, als Ausgangspunkt zur Bestimmung eines Kalkulationszinssatzes, ein Risikozuschlag verrechnet. Mit diesem Kalkulationszinssatz werden anschließend die Erwartungswerte der Ausschüttungen diskontiert.

> „Die national und international üblicherweise angewandte Zinszuschlagsmethode hat den Vorteil, dass sie sich auf empirisch beobachtbares Verhalten stützen kann und erlaubt damit eine marktorientierte Vorgehensweise bei der Bemessung von Risikozuschlägen."[2]

Bei einem Basiszinssatz von 4 % und einem Risikozuschlag von 6 % ergibt sich ein risikoadjustierter Kalkulationszinssatz von 10 %. Damit errechnet sich auf Basis der ewigen Rente der Erwartungswerte von € 5 Mio. p. a. ein Unternehmenswert von € 50 Mio. (€ 5 Mio. / 0,10):

TAB. 8:	Beispiel: Unternehmenswertermittlung mittels Erwartungswerten und Risikozuschlagsmethode					
t_0			2008	2009	2010	ff.
		p	T€	T€	T€	
	Szenario 1	50 %	9.900	9.900	9.900	...
	Szenario 2	50 %	100	100	100	...
		100 %				
UW=50 Mio. €			5.000	5.000	5.000	...

Trotz der Ableitung eines Erwartungswertes der Ausschüttungen von jährlich € 5 Mio. ist eines sicher, eine Ausschüttung von € 5 Mio. wird sich in keinem der denkbaren Fälle realisieren. Die

---

[1] IDW S1 i. d. F. 2008, Tz. 88.
[2] IDW S1 i. d. F. 2008, Tz. 90.

jährliche Ausschüttung wird entweder € 9,9 Mio. betragen, wenn sich das Szenario 1 einstellt oder € 0,1 Mio., wenn das Szenario 2 eintritt. Das entscheidende Wort ist allerdings „wenn". Der Erwartungswert drückt diese Unsicherheit in einem Wert aus, in dem die jeweiligen Eintrittswahrscheinlichkeiten in die Rechnung einbezogen werden. Allerdings ergibt sich ein Erwartungswert von € 5 Mio. auch, wenn die Szenarien mit jeweiliger Eintrittswahrscheinlichkeit einmal € 4 Mio. und einmal € 6 Mio. versprechen. Im Erwartungswert kommt damit noch kein Moment der Risikokompensation zum Tragen. Erst der Risikozuschlag im Kalkulationszinssatz kompensiert das Risiko.

Die Herangehensweise, Erwartungswerte zu diskontieren, wird teilweise in der Literatur abgelehnt. Als Argument wird vorgetragen, dass der Kapitalwert bereits ein Entscheidungswert und keine unsichere Größe sei.[1] Als weiterer Kritikpunkt wird angeführt, die notwendigen Eintrittswahrscheinlichkeiten könnten nicht willkürfrei bestimmt werden.[2] Unabhängig davon arbeitet die Bewertungspraxis mit Erwartungswerten, wobei die Erwartungswerte

a) über die Plan-Ausschüttungen je Periode (siehe Beispiel)

„Im Zähler der Bewertungsformeln sind dann die Erwartungswerte anzusetzen."[3]

b) oder (vereinfachend) über die Unternehmenswerte der Szenarien gebildet werden können. Zu diskontieren sind dann zunächst die prognostizierten Ausschüttungen. Aus den je Szenario resultierenden Unternehmenswerten wird ein Erwartungswert, der dann den Entscheidungswert darstellt, abgeleitet.

Unterschiede ergeben sich zwischen diesen Varianten a) und b) nur, wenn die Eintrittswahrscheinlichkeiten der Szenarien je Periode schwankend angenommen würden (t_1 Sz.1 = 50 %, Sz.2 = 50 %; t_2 Sz.1 = 60 %, Sz.2 = 40 %; t_3 Sz.1 = 20 %, Sz.2 = 80 %, usw.). Dann ist nur die erstgenannte Rechenmethode möglich. Für die Bewertungspraxis ist diese Differenzierung ohne Bedeutung, da schon die Bestimmung einer durchgängigen Eintrittswahrscheinlichkeit für ein Szenario eine Gratwanderung darstellt.

Entscheidungstheoretisch korrekt sind bereits die erwarteten jährlichen Ausschüttungen zu einem Erwartungswert zu verarbeiten (und nicht erst die Unternehmenswerte). Die Diskontierung mit einem risikoadjustierten Kalkulationszinssatz liefert dann nur noch einen Unternehmenswert (statt je Szenario einen Unternehmenswert), womit allerdings auch ein gewisser Informationsverlust aufgrund der nicht visualisierten Streuung der Unternehmenswerte eintritt.

Ein alternatives Verfahren zur Verdichtung von Wahrscheinlichkeitsverteilungen und zur Kompensation von Risiken bietet sich mit der Sicherheitsäquivalenzmethode an. Bei der Bestimmung von Sicherheitsäquivalenten muss der Investor der Wahrscheinlichkeitsverteilung der möglichen Ausschüttungen eines Planjahres einen sicheren Wert zuordnen. Diesen „sicheren" Wert muss er nutzentechnisch gleich schätzen wie die „unsichere" Wahrscheinlichkeitsverteilung der Ausschüttungen.[4]

---

1 *Schmidt/Terberger*, Grundzüge der Investitions- und Finanzierungstheorie, 1997, S. 303 f.; a. A. *Hering, T.*, Unternehmensbewertung, 2006, S. 12; *Drukarczyk, J.*, Unternehmensbewertung, 2003, S. 107 f.
2 *Schneider, D.*, Investition, Finanzierung und Besteuerung, 1992, S. 521.
3 IDW S1 i. d. F. 2008, Tz. 90.
4 *Laux, H.*, Entscheidungstheorie, 1998, S. 212.

| ABB. 5: | Das Sicherheitsäquivalent |

SÄ = EW - RA

SÄ: Sicherheitsäquivalent, das einer unsicheren Verteilung gleich geschätzt wird
EW: Erwartungswert einer Wahrscheinlichkeitsverteilung
RA: Risikoabschlag vom Erwartungswert, zur Erzeugung eines sicheren Wertes

Die Frage lautet also: Welchen Preis ist man bereit für ein „Glücksspiel" in Form der Wahrscheinlichkeitsverteilung hinzugeben. Durch den Tausch der Wahrscheinlichkeitsverteilung gegen einen sicheren Betrag, wird die Diskontierung mit dem sicheren Basiszinssatz möglich. Die Unsicherheit wird ja bereits durch einen Abschlag vom Erwartungswert einer Verteilung kompensiert.

Bei Risikoaversion oder Risikoscheu liegt das Sicherheitsäquivalent immer unter dem Erwartungswert der Wahrscheinlichkeitsverteilung. Damit ergibt sich in Fortführung des Beispiels.

TAB. 9:	Beispiel Ermittlung von Sicherheitsäquivalenten durch Reduzierung der Erwartungswerte um einen Risikoabschlag					
t_0			2008	2009	2010	ff.
		p	T€	T€	T€	
	Szenario 1	50 %	9.900	9.900	9.900	…
	Szenario 2	50 %	100	100	100	…
		100 %				
EW_t			**5.000**	**5.000**	**5.000**	…
RA_t			-3.000	-3.000	-3.000	…
$SÄ_t$			**2.000**	**2.000**	**2.000**	…

Im vorliegenden Fall schätzt der Investor einen sicheren Betrag von € 2 Mio. gleich hoch, wie die Verteilung von entweder € 9,9 Mio. oder € 0,1 Mio. Die € 2 Mio. als Ergebnis eines Risikoabschlags (RA_t) auf den Erwartungswert (EW_t), stellen das Sicherheitsäquivalent ($SÄ_t$) dar und können demgemäß mit dem sicheren Basiszinssatz von 4 % diskontiert werden. Als Ergebnis resultiert ein Unternehmenswert von ebenfalls € 50 Mio. (€ 2 Mio. / 0,04). Ein Risikoabschlag von € 3 Mio. auf den Erwartungswert entspricht damit einem Risikozuschlag von 6 % auf den Basiszinssatz.

TAB. 10:	Beispiel Unternehmenswertermittlung durch Diskontierung der Sicherheitsäquivalente					
t_0			2008	2009	2010	ff.
		p	T€	T€	T€	
	Szenario 1	50 %	9.900	9.900	9.900	…
	Szenario 2	50 %	100	100	100	…
		100 %				
UW=50 Mio. €			2.000	2.000	2.000	…

Voraussetzung für die konsistente Ableitung von Risikozuschlägen oder Risikoabschlägen (zur Ermittlung der Sicherheitsäquivalente) ist die Kenntnis der Risikonutzenfunktion des Investors.[1] Das Problem, wer die Befragung von mehreren Tausend Aktionären nach deren Risikonutzenfunktionen in Abfindungsfällen durchführt, ist von der Literatur bisher noch etwas stiefmütterlich behandelt worden (weswegen sich das CAPM in der Bewertungspraxis so großer Beliebtheit erfreut, da es von der Risikoaversion des Bewertungssubjektes abstrahiert).

Unternehmenswerte unter Unsicherheit können somit alternativ wie folgt ermittelt werden (Fall der ewigen Rente):

a) Risikoabschlags- oder Sicherheitsäquivalent-Methode

(Erwartungswert − Risikoabschlag) / sicheren Basiszinssatz = Unternehmenswert

(5 Mio. € − 3 Mio. €) / 0,04 = 50 Mio. €

b) Risikozuschlagsmethode

Erwartungswert / (sicherer Basiszinssatz + Risikozuschlag) = Unternehmenswert

5 Mio. € / (0,04 + 0,06) = 50 Mio. €

Zwischenergebnis:

Unternehmensbewertungen werden in der Praxis auf der Grundlage eines vollkommenen Kapitalmarktes unter Unsicherheit vorgenommen. Die Unsicherheit oder das Risiko drückt sich durch die Aufstellung mehrerer Unternehmensplanungen und daraus abgeleitet, mehrerer wahrscheinlicher Ausschüttungsströme aus. Investoren sind risikoscheu. Das Risiko berücksichtigen sie durch die Bestimmung von Sicherheitsäquivalenten oder durch einen Risikozuschlag auf den Basiszinssatz. Im Ergebnis resultiert ein einwertiger Unternehmenswert. Für den entscheidungstheoretisch korrekten Risikoabschlag oder Risikozuschlag eines Bewertungssubjekts ist die Kenntnis seiner Risikonutzenfunktion erforderlich. Im Rahmen des objektivierten Unternehmenswertes kann die Risikoberücksichtigung durch die Verwendung des Capital Asset Pricing Model (CAPM) typisiert werden. Das CAPM erleichtert die intersubjektive Nachprüfbarkeit und ermöglicht die mittelbare Berücksichtigung der Risikoaversion einer Vielzahl von Bewertungssubjekten.

3.5 Unternehmensbewertungsverfahren im Überblick

Außer der Festlegung eines Bewertungsverfahren im Zusammenhang mit der Bewertung landwirtschaftlicher Betriebe § 1376 Abs. 4 BGB, schreibt das Gesetz oder die Rechtsprechung für gesellschaftsrechtliche oder familienrechtliche Bewertungsanlässe kein bestimmtes Bewertungsverfahren vor. Als Bewertungsverfahren sind somit theoretisch folgende Wertansätze denkbar:

Substanzwert:

Der Substanzwert beschreibt die Anschaffungskosten die notwendig wären, um das Unternehmen in seinem am Bewertungsstichtag vorhandenen Zustand nachzubauen.

---

[1] *Drukarczyk, J.*, Unternehmensbewertung, 2003, S. 139.

> „Der Substanzwert ergibt sich als Rekonstruktions- oder Wiederbeschaffungswert aller im Unternehmen vorhandenen immateriellen und materiellen Werte (und Schulden). Er ist insoweit Ausdruck vorgeleisteter Ausgaben, die durch den Verzicht auf den Aufbau eines identischen Unternehmens erspart bleiben."[1]

Die Bewertung orientiert sich somit am Beschaffungsmarkt. Um dem Abnutzungsgrad der Substanz Rechnung zu tragen, wird der Substanzwert als Zeitwert ermittelt.

> „Dem Alter der Substanz ist durch Abschläge vom Rekonstruktionsneuwert Rechnung zu tragen, die sich aus dem Verhältnis der Restnutzungszeit zur Gesamtnutzungszeit der Vermögensteile bzw. aus dem Verhältnis des Restnutzungspotenzials zum Gesamtnutzungspotenzial ergeben (Rekonstruktionszeitwert)."[2]

Das Verfahren scheitert am Problem der Bestimmung der Nachbaukosten für den Geschäftswert (Wert der Kundenbeziehungen, Guter Ruf des Unternehmens, Fähigkeiten der Belegschaft, etc.). Daher auch der Begriff Teil-Reproduktionszeitwert bzw. Teil-Rekonstruktionszeitwert.

> „Aufgrund der Schwierigkeiten, die sich in der Praxis bei der Ermittlung nicht bilanzierungsfähiger, vor allem immaterieller Werte ergeben, wird i. d. R. ein Substanzwert i. S. eines (Netto-) Teilrekonstruktionszeitwerts ermittelt."[3]

Der Substanzwert hat als Unternehmenswert im IDW S1 keine eigenständige Bedeutung, soweit Unternehmen bewertet werden, die das Ziel Gewinnmaximierung verfolgen.[4]

> „Dagegen kommt dem Substanzwert bei der Ermittlung des Unternehmenswerts keine eigenständige Bedeutung zu."[5]

> „Dem Substanzwert, verstanden als (Netto-)Teilrekonstruktionszeitwert, fehlt grundsätzlich der direkte Bezug zu künftigen finanziellen Überschüssen. Daher kommt ihm bei der Ermittlung des Unternehmenswerts keine eigenständige Bedeutung zu."[6]

Allerdings kann der Substanzwert explizit vom Auftraggeber gefordert werden,

> „Substanzwerte sind vom Wirtschaftsprüfer nur dann zu ermitteln, wenn dies im Auftrag für das Bewertungsgutachten ausdrücklich festgelegt ist."[7]

oder als Bewertungsverfahren durch die Satzung des Unternehmens festgelegt sein. Bei satzungsmäßiger Festlegung des Substanzwertes als Bewertungsverfahren, etwa für Abfindungsfälle, ist die Rechtsprechung des BGH im Zusammenhang mit den sogenannten Buchwertklauseln zu berücksichtigen.[8]

Der Rekonstruktionswert kann bei der Bewertung von Non-Profit-Unternehmen zum Einsatz kommen.

> „Stehen bei einem Unternehmen mit unzureichender Rentabilität nicht finanzielle Zielsetzungen, sondern Gesichtspunkte der Leistungserstellung im Vordergrund, so ist als Wert des Unternehmens aus der Sicht des Leistungserstellers nicht der Zukunftserfolgswert, sondern ein Rekonstruktionswert maßgeblich."[9]

---

1 IDW S1 i. d. F. 2008, Tz. 170.
2 IDW S1 i. d. F. 2008, Tz. 170.
3 IDW S1 i. d. F. 2008, Tz. 170.
4 Das gilt selbst für die Bewertung bestandshaltender Immobilienunternehmen, siehe *Schäfers/Matzen*, Bewertung von Immobilienunternehmen, in: Drukarczyk/Ernst (Hrsg.), Branchenorientierte Unternehmensbewertung, 2010, S. 540 ff.
5 IDW S1 i. d. F. 2008, Tz. 6.
6 IDW S1 i. d. F. 2008, Tz. 171.
7 IDW S1 i. d. F. 2008, Tz. 172.
8 Siehe hierzu *Sauter, W.*, in: Beck'sches Handbuch der Personengesellschaften, 2009, S. 575 ff.
9 IDW S1 i. d. F. 2008, Tz. 152.

Soweit ein Rekonstruktionswert zu ermitteln ist, ist abzuwägen, ob nicht ein reduzierter Unternehmensumfang sinnvoll und somit wertmäßig abzubilden ist.

> „Kann die dem zu bewertenden Unternehmen vorgegebene Leistungserstellung bei unverändertem laufenden Nettobetriebsaufwand auch durch die Schaffung einer effizienteren Unternehmenssubstanz oder -struktur erreicht werden, deren Aufbau wesentlich geringere Ausgaben verursacht, so ist der Rekonstruktionswert entsprechend niedriger anzusetzen."[1]

Durch die Reform des Erbschaftsteuergesetzes wurde der Substanzwert in seiner Praxisbedeutung zumindest für steuerliche Zwecke wieder reanimiert, da ihm in diesem Zusammenhang die Funktion eines Mindestwertansatzes zugeordnet wurde.

> „Die Summe der gemeinen Werte der zum Betriebsvermögen gehörenden Wirtschaftsgüter und sonstigen aktiven Ansätze abzüglich der zum Betriebsvermögen gehörenden Schulden und sonstigen Abzüge (Substanzwert) der Gesellschaft darf nicht unterschritten werden."[2]

Liquidationswert:

Der Wert gibt an, welcher Betrag aus der Zerschlagung des Unternehmens zu erlösen wäre. Relevanter Markt ist der Veräußerungsmarkt. Der Erlös wird maßgeblich von der Zerschlagungsintensität (ggf. Verkauf von Teilbetrieben) und der Zerschlagungsgeschwindigkeit bestimmt. Soweit dieser Wert eine realisierbare Handlungsalternative darstellt, repräsentiert er den mindestens anzusetzenden Unternehmenswert.[3]

> „Insbesondere bei schlechter Ergebnislage kann der Barwert der finanziellen Überschüsse, die sich bei Liquidation des gesamten Unternehmens ergeben, den Fortführungswert übersteigen. In diesem Falle bildet grundsätzlich der Liquidationswert des Unternehmens die Wertuntergrenze für den Unternehmenswert; nur bei Vorliegen eines rechtlichen oder tatsächlichen Zwangs zur Unternehmensfortführung ist gleichwohl auf den Fortführungswert des Unternehmens abzustellen."[4]

Bei zeitlich begrenzter Unternehmenslebenszeit stellt er den Restwert des Unternehmens dar, dessen „Versilberung" am Ende des Planungszeitraums unterstellt wird.[5] Der Liquidationswert kann darüber hinaus für den Ansatz des nicht betriebsnotwendigen Vermögens zum Tragen kommen, wenn er den Barwert der damit erwirtschafteten Überschüsse übersteigt.[6]

Bilanzielles Eigenkapital:

Mit dem Begriff des bilanziellen Eigenkapitals ist das in der Bilanz des Unternehmens ausgewiesene Eigenkapital des Unternehmens beschrieben, dass sich aus dem Gezeichneten Kapital (bei Kapitalgesellschaften), den Gewinnrücklagen, den Kapitalrücklagen, Gewinn- und Verlustvorträgen und dem Jahresüberschuss bzw. -fehlbetrag des laufenden Jahres zusammensetzt. Ansatz und Bewertung von Vermögensgegenständen und Schulden richten sich im Rahmen der Bilanzierung nach den einschlägigen Rechnungslegungsvorschriften. Für den Einzelabschluss sind hier die Vorschriften des HGB maßgeblich, für den Konzernabschluss können bzw. müssen auch die IFRS Verwendung finden. Bilanzierungsprinzipien wie das Anschaffungskostenprinzip (kein Ausweis stiller Reserven), das Realisationsprinzip (kein Ausweis unrealisierter Gewinne) oder das Imparitätsprinzip (Ausweis wahrscheinlicher aber noch nicht realisierter Verluste), schrän-

---

[1] IDW S1 i. d. F. 2008, Tz. 152.
[2] § 11 Abs. 2 Satz 3 BewG.
[3] IDW S1 i. d. F. 2008, Tz. 5.
[4] IDW S1 i. d. F. 2008, Tz. 140.
[5] IDW S1 i. d. F. 2008, Tz. 87.
[6] IDW S1 i. d. F. 2008, Tz. 60.

ken den Blick auf das „vorhandene" Eigenkapital im Sinne des Gläubigerschutzes stark ein. Das bilanzielle Eigenkapital kommt in der Restwertphase dann als Unternehmenswert zum Einsatz, wenn nur noch die Eigenkapitalkosten verdient werden, also über das eingesetzte Eigenkapital hinaus kein Unternehmenswert mehr geschaffen wird. Der Unternehmenswert dieser Phase entspricht dann dem bilanziellen Eigenkapital.[1]

Ertragswertverfahren:

Die Ausschüttungen an die Gesellschafter des Unternehmens sind Gegenstand der Bewertung.

> „Das Ertragswertverfahren ermittelt den Unternehmenswert durch Diskontierung der den Unternehmenseignern künftig zufließenden finanziellen Überschüsse, die aus den künftigen handelsrechtlichen Erfolgen (Ertragsüberschussrechnung) abgeleitet werden."[2]

IDW S1 i. d. F. 2008 ändert diese Definition, indem es nunmehr auch möglich sein soll, die zu diskontierenden Ausschüttungen aus Planungsrechnungen auf Grundlage einer Rechnungslegung nach IFRS bzw. US GAAP abzuleiten.

> „…wobei diese üblicherweise aus den für die Zukunft geplanten Jahresergebnissen abgeleitet werden. Die dabei zugrunde liegende Planungsrechnung kann nach handelsrechtlichen oder nach anderen Vorschriften (z. B. IFRS, US GAAP) aufgestellt sein."[3]

Diese Neuerung durch IDW S1 i. d. F. 2008 ist kritisch zu betrachten. Denn solange die Grundlage eines gesellschaftsrechtlich korrekten Ausschüttungsbeschlusses der Bilanzgewinn eines handelsrechtlichen Einzelabschlusses ist, solange können Planungsrechnungen nach IFRS oder US GAAP nur als Zwischenschritt zur Ableitung eines ausschüttungsfähigen Ergebnisses nach HGB fungieren.[4]

Die Bewertung im Ertragswertverfahren erfolgt über die Bildung eines Barwertes der zukünftigen Zahlungen an die Gesellschafter. Die Zahlungen müssen zu Konsumzwecken frei verfügbar sein, deshalb sind auch persönliche Ertragsteuern zum Abzug zu bringen. Kalkulationszinssatz ist die Rendite der besten verfügbaren, aber nicht mehr realisierbaren Investitionsalternative. Diese Rendite stellt damit Opportunitätskosten im Sinne einer entgangenen Eigenkapitalrendite dar. Der Kalkulationszinssatz wird deshalb als Eigenkapitalkosten bezeichnet. Die Eigenkapitalkosten können auch über das Capital Asset Pricing Model (CAPM) bestimmt werden. Damit der Vergleich der Zahlungen mit den Eigenkapitalkosten zu sinnvollen Ergebnissen führt und damit das Ergebnis der Unternehmenswert und nicht nur ein Barwert ist, müssen die Äquivalenzprinzipien eingehalten werden. Damit muss die beste verfügbare Alternativrendite unter anderem auch noch risikoäquivalent sein.

Discounted Cashflow Verfahren:

Bewertet werden die freien Cashflows (Zahlungsüberschüsse) im Unternehmen, die für eine Auszahlung an die Gesellschafter zur Verfügung stehen, also nicht mehr für Investitionen benötigt werden. Diese Zahlungsüberschüsse entsprechen nicht den gesellschaftsrechtlich ausschüttungsfähigen Beträgen. In den vom IDW konzipierten Anforderungen an DCF-Verfahren, müssen

---

[1] Siehe Gliederungspunkt 9.16.2.
[2] IDW Standard: Grundsätze zur Durchführung von Unternehmensbewertungen (IDW S1), 18. 10. 2005, Tz. 111.
[3] IDW S1 i. d. F. 2008, Tz. 102.
[4] Siehe Gliederungspunkt 13.1.

die Cashflows die für eine Auszahlung an die Gesellschafter frei sind, den ausschüttungsfähigen Beträgen des Ertragswertverfahrens entsprechen.

„Die Cashflows stellen erwartete Zahlungen an die Kapitalgeber dar."[1]

„Auch bei der Unternehmensbewertung nach den DCF-Verfahren bestimmt sich der Wert des Unternehmens für den Unternehmenseigner nach den ihm zufließenden Nettoeinnahmen."[2]

Nach den Vorgaben des IDW sind auch die persönlichen Ertragsteuern zum Abzug zu bringen, wobei dieser Abzug bei den DCF-Verfahren international nicht gebräuchlich ist. Die Eigenkapitalkosten werden über das CAPM bestimmt. Ein so konzipiertes DCF-Verfahren, mit einer Berücksichtigung von Ausschüttungssperren und persönlichen Ertragsteuern, unterscheidet sich nicht mehr vom Ertragswertverfahren.

Mischverfahren bzw. Praktikerverfahren:

Hierunter werden Mischwerte verstanden, die sich aus dem Ertragswert und dem Substanzwert zusammensetzen. Als Mischverhältnis kann z. B. ein Verhältnis von 50 : 50 zur Anwendung kommen. Die Kombination wie auch das Mischungsverhältnis entziehen sich einer wissenschaftlichen Begründung. Die Motivation für diese Verbindung ist historisch zu betrachten. Die vermeintliche Unsicherheit des modernen Gedankens eines prognostischen Ertragswertes sollte durch den altbekannten und vermeintlich gut „greifbaren" Substanzwert relativiert werden.

Stuttgarter Verfahren:

Das Stuttgarter Verfahren ist ein Bewertungsverfahren der Finanzverwaltung, das vor der Erbschaftsteuerreform für die Wertermittlung nicht notierter Anteile verwendet wurde und zur Ermittlung der Bemessungsgrundlage für die Erbschaft- und Schenkungssteuer diente.[3] Die Kombination von Vermögens- und Ertragshundertsatz erinnert an die Misch- bzw. Praktikerverfahren. Die Kritik an diesen Verfahren richtet sich somit auch gegen das Stuttgarter Verfahren. Der Ertragswertanteil des so gebildeten Unternehmenswertes wird anhand der gewichteten, bereinigten Gewinne der letzten 3 Jahre gebildet. Es fehlt somit der Zukunftsbezug. Das Verfahren findet sich relativ häufig in Gesellschaftsverträgen zur Bestimmung von Abfindungswerten und ist in diesen Fällen auch für die Bewertung maßgeblich (beachte allerdings die Rechtsprechung zu Buchwertklauseln).[4] Durch den Erbschaftsteuerbeschluss des Bundesverfassungsgerichts vom 7. 11. 2006 wurde das Stuttgarter Verfahren in seiner Konzeption erschüttert, da in der Berücksichtigung von Steuerbilanzwerten eine Verhinderung der Abbildung gemeiner Werte gesehen wird.[5]

Vereinfachtes Ertragswertverfahren:

Dieses Verfahren ersetzt für Zwecke der Erbschaftsteuer und Schenkungsteuer das Stuttgarter Verfahren. Grundlage für die „Prognose" zukünftiger nachhaltiger Gewinne sind die modifizierten Jahresüberschüsse der letzten 3 Jahre vor dem Bewertungsstichtag. Diese 3 Jahresergebnisse der Vergangenheit werden nicht mehr wie im Stuttgarter Verfahren gewichtet, sondern zu

---

1 IDW S1 i. d. F. 2008, Tz. 124.
2 IDW S1 i. d. F. 2008, Tz. 139.
3 ErbStR R 95 ff. a. F.
4 Siehe hierzu *Sauter, W.*, in: Beck'sches Handbuch der Personengesellschaften, 2009, S. 575 ff.
5 *Spiegelberger, S.*, Der Erbschaftsteuerbeschluss des BVerfG v. 7. 11. 2006: Eine kritische Würdigung, Stbg 2007, S. 308 u. 311.

einem arithmetischen Durchschnitt verrechnet. Die Beimischung eines Substanzwertes oder Vermögenswertes unterbleibt. Die Diskontierung der ermittelten Durchschnittsgewinne erfolgt mit einem für alle Unternehmen verbindlichen und ohne Berücksichtigung individueller Risikoverhältnisse konzipierten Kalkulationszinssatz.[1]

Börsenwert:

Dieser Wert stellt den Marktpreis einer Aktie dar. Die Summe aller mit dem Börsenkurs bewerteten Aktien eines Unternehmens ergibt noch nicht den Unternehmenswert. Bei der Bewertung börsennotierter Gesellschaften stellt der Börsenkurs der Aktien den Mindestwert der Abfindung dar.[2]

Multiplikatorverfahren:

Anhand von Börsenkursen (Comparable Company Approach) oder verfügbarer Informationen über aktuell gezahlte Unternehmenskaufpreise (Comparable Transaction Approach) werden Verhältniszahlen gebildet. Die so gebildete Verhältniszahl bzw. der Multiplikator (z. B. Börsenwert / Jahresüberschuss = Multiplikator oder Verkaufspreis / Umsatz = Multiplikator des/der Vergleichsunternehmen(s), d. h. der Peer Group) wird auf die entsprechende Größe (z. B. Jahresüberschuss oder Umsatz) des zu bewertenden Unternehmens angewendet. Problem des Verfahrens ist die Identifizierung „nahtlos" vergleichbarer Unternehmen.

Realoptionsverfahren:

Realoptionen orientieren sich konzeptionell an den auf Kapitalmärkten gehandelten Finanzoptionen. Realoptionsverfahren stellen keine eigenen Bewertungsverfahren dar, sondern ergänzen die Zukunftserfolgsverfahren (Ertragswertverfahren, DCF-Verfahren) um die Bewertungseinflüsse zukünftiger Handlungsalternativen. Das Black-Scholes Modell zur Bewertung von Optionen hat Eingang in die Rechtsprechung der Finanzgerichte genommen bzw. ist Grundlage zur Bewertung derivativer Finanzinstrumente § 285 Nr. 18 HGB.[3]

Zwischenergebnis:

Das Ertragswertverfahren oder auch das DCF-Verfahren stellen die Bewertungsverfahren dar, die das Bewertungsziel konzeptionell am schlüssigsten verfolgen. Das Ertragswertverfahren wird von der Rechtsprechung als Verfahren zur Unternehmensbewertung akzeptiert.[4]

4. Konzept des objektivierten Unternehmenswertes

4.1 Objektive, subjektive und objektivierte Unternehmenswerte

Die in diesem Kapitel vorgestellte Begriffsdifferenzierung ist keine akademische Trockenübung, sondern hat für den konkreten Bewertungsfall elementare Konsequenzen. Die jeweilige Bewertungssituation bzw. der jeweilige Bewertungsfall stellt unterschiedliche Anforderungen an eine Unternehmensbewertung und die Adressaten der Bewertungsgutachten verbinden unterschied-

---

[1] §§ 200 bis 203 BewG.
[2] IDW S1 i. d. F. 2008, Tz. 16.
[3] BFH v. 24.1.2001 – I R 119/98, *Perridon/Steiner*, Finanzwirtschaft der Unternehmung, 2007, S. 325 ff.; IDW S1 i. d. F. 2008, Tz. 16.
[4] *Großfeld, B.*, Unternehmens- und Anteilsbewertung im Gesellschaftsrecht, 2002, S. 152 mit weiteren Nachweisen.

liche Vorstellungen mit dem Ergebnis einer Bewertung. Wirtschaftsprüfer haben deshalb bei Bewertungsaufgaben strikt zwischen subjektiven und objektivierten Unternehmenswerten zu unterscheiden.[1]

Der subjektive Unternehmenswert ist zu ermitteln, wenn ein Unternehmen gekauft oder verkauft werden soll. Ziel der Bewertung ist die Beantwortung der Frage, ab welchem Kaufpreis oder Verkaufspreis die Transaktion für die jeweilige Partei vorteilhaft ist. Die Unternehmensplanung ist subjektiv, da sie alle Möglichkeiten und Ideen berücksichtigt, die das Bewertungssubjekt mit dem Unternehmen in der Zukunft verwirklichen kann oder will. Damit ist die Unternehmensplanung Ausdruck der strategischen Fähigkeit eines Unternehmers, mit einem Unternehmen Gewinne zu erwirtschaften.[2] Der Kalkulationszinssatz ist subjektiv, da er die beste aller alternativen äquivalenten Anlagerenditen darstellt, die dem Bewertungssubjekt offen stehen. Der Zugriff auf derartige Investitionsalternativen ist so individuell verschieden, wie die persönlichen Fähigkeiten einer Person, die Geschicke eines Unternehmens zu leiten. Bewertungsergebnisse für ein bestimmtes Unternehmen sind somit keine isolierte Qualität dieses Unternehmens, sondern Werturteil eines bestimmten Unternehmers hinsichtlich eines bestimmten Unternehmens.[3] Die Beziehung Unternehmer/Unternehmen bzw. Bewertungssubjekt/Bewertungsobjekt stellt somit für die Logik des abgeleiteten Unternehmenswertes eine unauflösliche Verbindung bzw. Voraussetzung dar.

„Der Wert eines Gutes als Ausdruck einer Subjekt-Objekt-Beziehung lässt sich durch den Nutzen ausdrücken, den sich ein Individuum von dem Gut verspricht."[4]

Wir entwickeln den Gedanken weiter, welches Ziel die Bewertung hat. Im Ergebnis stellt der subjektive Unternehmenswert des Verkäufers gleichzeitig den Preis dar, den er mindestens im Verkauf erzielen muss um seine Vermögensposition nicht zu verschlechtern.[5] Erzielt er mehr, hat er seine Vermögensposition gegenüber dem Behalten des Unternehmens sogar verbessert. Der Käufer kann dagegen maximal den von ihm ermittelten subjektiven Unternehmenswert als Preis bezahlen, da er sonst offensichtlich Vermögen verliert. Kauft er zu einem niedrigeren Preis, hat er ein gutes Geschäft gemacht. Die subjektiven Unternehmenswerte der Parteien haben somit die Aufgabe, die Preise, die für die Parteien gerade noch akzeptabel sind, aus der Menge möglicher Preise abzugrenzen. Die subjektiven Unternehmenswerte entsprechen damit den jeweiligen Grenzpreisen der Parteien.

---

1 WP-Handbuch, Band II, 2008, S. 7 f.; IDW S1 i. d. F. 2008, Tz. 12.
2 Bei Kapitalgesellschaften haben die Gesellschafter die Möglichkeit, diese Aufgabe auf eine fähige Geschäftsführung oder einen fähigen Vorstand zu delegieren.
3 *Matschke/Brösel*, Unternehmensbewertung, 2005, S. 18.
4 *Münstermann, H.*, Wert und Bewertung der Unternehmung, 1966, S. 11.
5 Allerdings vernachlässigt dieses Kalkül regelmäßig die Steuern auf den Veräußerungsgewinn des Veräußerers (siehe hierzu *Mandl/Rabel*, Unternehmensbewertung, 1997, S. 409).

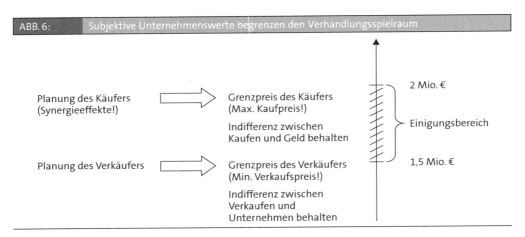

ABB. 6: Subjektive Unternehmenswerte begrenzen den Verhandlungsspielraum

BEISPIEL Der Inhaber des Unternehmens als potenzieller Verkäufer ermittelt den Wert seines Unternehmens von 1,5 Mio. € auf der Grundlage seines Unternehmenskonzepts und seiner Investitionsalternativen. Mehrere Investoren interessieren sich für den Kauf des Unternehmens. Sie ermitteln folgende Unternehmenswerte:

Investor A	1,0 Mio. €
Investor B	1,5 Mio. €
Investor C	2,0 Mio. €

Die Abschlusswahrscheinlichkeit mit dem Investor C ist je nach Verhandlungsgeschick des Inhabers am größten, da eine verhandlungstaktisch vorgetragene Kaufpreisforderung von z.B. 1,6 Mio. € (im Bewusstsein, dass gegebenenfalls Nachlässe zugestanden werden müssen) den Grenzpreis selbst von Investor B bereits übersteigt. Mit Investor A ist ein Abschluss selbst bei Offenlegung des Inhaber-Grenzpreises von 1,5 Mio. € ausgeschlossen. Es wird deutlich, dass es für ein Unternehmen so viele „richtige" Unternehmenswerte wie Inhaber bzw. Interessenten gibt.

Die Verhandlungsparteien schweigen sich im Rahmen eines Unternehmenskaufs über ihre Grenzpreise regelmäßig aus. Sie versuchen so im Verhandlungswege einen möglichst großen Teil des Spielraums zwischen Käuferwert und Verkäuferwert für sich zu gewinnen. Die Aufteilung des Verhandlungsspielraumes und damit die Einigung auf einen Verkaufspreis ist keine Frage der Unternehmensbewertung sondern eine Frage von Verhandlungsgeschick und Macht. Die ermittelten Unternehmenswerte sind damit aber nicht überflüssig, sondern stellen im Rahmen des Unternehmensverkaufs Grenzpreise dar, Demarkationslinien der eigenen Verhandlungsbereitschaft der Parteien, die nicht über- bzw. unterschritten werden dürfen. Andernfalls würde der Indifferenzgedanke und damit die jeweilige Vermögensposition der Parteien verletzt werden. Der Käufer würde für die zu erwartenden Gewinne mehr bezahlen, als er beim Kauf der Alternative für diese Gewinne bezahlen müsste. Der Verkäufer würde weniger erhalten, als er bei Fortführung des Unternehmens erwarten kann.

BEISPIEL Käufer C erwirbt das Unternehmen aus obigem Beispiel zum Preis von 2,1 Mio. €. Sein Kalkulationszinssatz sei 10% (Alternativrendite!). Damit hatte er einen Unternehmenswert von 2,0 Mio. € ermittelt, der sich auf Basis seiner Planung uniformer „Unternehmensgewinne" von 200 T€ ergibt (200 T€ / 0,10 = 2,0 Mio. €). Der Kauf des Unternehmens zum Preis von 2,1 Mio. € ist damit unökonomisch, da der Käufer C aus einer Anlage von „nur" 2,0 Mio. in seiner Alternative ebenfalls 10% Rendite bzw. jährliche Zahlungen von 200 T€ erwarten könnte.

So schlüssig und überzeugend das Konzept subjektiver Unternehmenswerte auch sein mag, war es doch lange Zeit umstritten und wurde erst in den 1970er Jahren mit der Kölner Funktionenlehre endgültig hoffähig. Ergebnis der Funktionenlehre ist die Erkenntnis, dass es nicht den einen richtigen Unternehmenswert gibt, sondern dass Unternehmenswerte in Abhängigkeit vom Bewertungszweck und damit im Fall von Unternehmenskäufen auch in Abhängigkeit vom Bewertungssubjekt zu ermitteln sind. Jedes Bewertungssubjekt verfügt aber über unterschiedliche Erwartungen hinsichtlich eines Unternehmens und unterschiedliche Investitionsalternativen.

BEISPIEL ▶ Ein Unternehmen X verspricht einen nachhaltigen Gewinn von 1.000 € pro Jahr für einen unendlichen Zeitraum. Investor A kann alternativ 10 % erwirtschaften, Investor B verfügt über eine Investitionsalternative, die 20 % Rendite erbringt. Beide bewerten das Unternehmen X. Der Wert des Unternehmens beträgt für A 1.000 € / 0,10 = 10.000 €. Der Wert des Unternehmens beträgt für Investor B 1.000 € / 0,20 = 5.000 €. D. h. selbst bei einheitlichen Erwartungen der Investoren hinsichtlich der künftigen Unternehmensgewinne, ergeben sich aus dem unterschiedlichen Alternativenumfeld unterschiedliche Unternehmenswerte.

Seit dem Anfang des letzten Jahrhunderts wurde konkurrierend zum Konzept subjektiver Unternehmenswerte die Lehrmeinung vertreten, Unternehmenswerte seien objektiv.[1] Im Gegensatz zu der im Rahmen subjektiver Unternehmenswerte dargestellten Beziehung zwischen Bewertungssubjekt und Bewertungsobjekt, sahen die Vertreter des Gedankens eines objektiven Unternehmenswertes den Unternehmenswert losgelöst vom Bewertungssubjekt.[2] Der Unternehmenswert sollte ein Wert an sich sein, ein Wert für „Jedermann", unabhängig von den verschiedenen Interessenlagen von Käufer und Verkäufer.[3] Für die Bewertung des Unternehmens sollten nicht die Positionen von Käufer oder Verkäufer relevant sein, sondern die Position des zu bewertenden Unternehmens als einer dritten „Partei".[4] Die Unternehmenserfolge sollten nicht auf Grundlage der am Bewertungsstichtag von einem Bewertungssubjekt erwarteten Planwerte in die Unternehmensbewertung eingehen, sondern als normalisierte Erfolge.[5] Die Vertreter objektiver Unternehmenswerte konnten allerdings nicht erklären, warum Unternehmen dann gekauft oder verkauft werden, wenn deren Wert letztlich für alle Beteiligten gleich ist.

Das Konzept des objektiven Unternehmenswertes hat sich überlebt und spielt in der heutigen Diskussion keine Rolle mehr, auch wenn zwischen den Begriffen objektiv und objektiviert nicht immer eindeutig differenziert wird.[6] Der Grundgedanke der Objektivität ist allerdings aktueller denn je und stellt sich, im Wirtschaftsprüfer-Handbuch erstmals 1977 genannt, als „objektivierter" Unternehmenswert dar.[7]

---

1 Übersicht dazu bei *Henselmann, K.*, Unternehmensrechnungen und Unternehmenswert, 1999, S. 18 f.; *Drukarczyk, J.*, Unternehmensbewertung, 2003, S. 130.
2 Siehe dazu eine Literaturübersicht in *Born, K.*, Unternehmensanalyse und Unternehmensbewertung, 2003, S. 17 bzw. die Darstellung der historischen Entwicklung der Unternehmensbewertung in: Drukarczyk, J., Unternehmensbewertung, 2003, S. 130.
3 *Künnemann, M.*, Objektivierte Unternehmensbewertung, 1985, S. 14 ff.
4 *Mellerowicz, K.*, Der Wert der Unternehmung als Ganzes, 1952, S. 11 f.
5 *Mellerowicz, K.*, Der Wert der Unternehmung als Ganzes, 1952, S. 58 f.; *Viel/Bredt/Renard*, Die Bewertung von Unternehmungen und Unternehmungsanteilen, 1975, S. 106 f.
6 Siehe hierzu die Übersicht bei *Piltz, D.*, Die Unternehmensbewertung in der Rechtsprechung, 1994, S. 92 f.
7 WP-Handbuch, 1977, S. 1134; in der wissenschaftlichen Literatur wurde der Begriff schon früher verwendet, siehe *Ruf, W.*, Die Grundlagen eines betriebswirtschaftlichen Wertbegriffes, 1955, S. 96, zitiert nach *Künnemann, M.*, Objektivierte Unternehmensbewertung, S. 22, Fn. 2.

4. Konzept des objektivierten Unternehmenswertes

Objektivierte (nicht objektive) Unternehmenswerte müssen immer dann ermittelt werden, wenn die Bewertung gesetzlich angeordnet ist. Hierbei geht es regelmäßig darum, dass in die Rechtsposition eines Gesellschafters zu dessen Nachteil und gegen seinen Willen eingegriffen wurde und nun zu klären ist, welche Kompensation an ihn hierfür zu leisten ist. Zielstellung für die Bemessung der Kompensation ist der Betrag, den der Gesellschafter bei einer freien Desinvestition erhalten hätte, allerdings ohne Berücksichtigung individueller Besonderheiten. Das Ausblenden der jeweiligen persönlichen Verhältnisse der einzelnen Gesellschafter soll bei einer Vielzahl abzufindender Gesellschafter sicherstellen, dass einheitliche Abfindungen ermittelt werden. Diese Ent-Subjektivierung wird als Typisierung bezeichnet.

Typisiert werden wie ausgeführt die Verhältnisse des abzufindenden Gesellschafters, wie z. B.:

- die Anlagealternative besteht in einem Aktienportfolio
- als persönlicher Steuersatz wird ein durchschnittlicher Steuersatz verwendet

Typisiert werden aber auch Verhältnisse der Gesellschaft, wie z. B.:

- das nachhaltige Ausschüttungsverhalten
- der Weg zur Ableitung der internen Wiederanlagerendite thesaurierter Mittel

Die Definition des objektivierten Unternehmenswertes unterlag seit Einführung des Begriffes einem steten Wandel.

TAB. 11:	Entwicklung der Definition „objektivierter Unternehmenswert"
WP-Handbuch, 1977, S. 1134 f.	Wert für jeden Kapitalanleger. Einigungswert zweier gleich starker Verhandlungsparteien beim Kauf oder Verkauf. Erfassung der Faktoren, die realistisch und bewertbar sind. Nicht das fiktive, sondern das reale Unternehmen wird bewertet.
Empfehlung der UEC, 1980, 2. b) ba), in Helbling, C., Unternehmensbewertung und Steuern, 1998, S. 614	Bewertung des Unternehmens, wie es im Rahmen seiner Pläne und Zukunftserwartungen dasteht. Der Wert des Unternehmens für jeden Investor, ohne Berücksichtigung subjektiver Wertschätzungen.
HFA 2/1983, 4. a) und b)	Der Wert des Unternehmens im Rahmen des vorhandenen Unternehmenskonzeptes, so wie es steht und liegt.
IDW S1, 28. 6. 2000, Tz. 12	Der objektivierte Unternehmenswert ist ein typisierter Zukunftserfolgswert, der sich bei Fortführung des Unternehmens in unverändertem Konzept ergibt.
IDW S1, 18. 10. 2005, Tz. 41	Der objektivierte Unternehmenswert stellt einen typisierten … Zukunftserfolgswert aus der Perspektive einer inländischen, unbeschränkt steuerpflichtigen natürlichen Person als Anteilseigner dar, der sich bei Fortführung des Unternehmens in unverändertem Konzept … ergibt.

Der Bewertungsstandard IDW S1 vom 18. 10. 2005 definiert den objektivierten Unternehmenswert im vollständigen Wortlaut wie folgt:

„Der objektivierte Unternehmenswert stellt einen typisierten und intersubjektiv nachprüfbaren Zukunftserfolgswert aus der Perspektive einer inländischen, unbeschränkt steuerpflichtigen natürlichen Person als Anteilseigner dar, der sich bei Fortführung des Unternehmens in unverändertem Konzept und mit allen realistischen Zukunftserwartungen im Rahmen der Marktchancen, -risiken und finanziellen Möglichkeiten des Unternehmens sowie sonstigen Einflussfaktoren ergibt."[1]

Der aktuelle IDW S1 i. d. F. 2008 modifiziert erneut die Definition des objektivierten Unternehmenswertes:

„Der objektivierte Unternehmenswert stellt einen intersubjektiv nachprüfbaren Zukunftserfolgswert aus Sicht der Anteilseigner dar. Dieser ergibt sich bei Fortführung des Unternehmens auf Basis des bestehenden Unternehmenskonzepts und mit allen realistischen Zukunftserwartungen im Rahmen der Marktchancen, -risiken und finanziellen Möglichkeiten des Unternehmens sowie sonstigen Einflussfaktoren. Wegen der Wertrelevanz der persönlichen Ertragsteuern sind zur Ermittlung des objektivierten Unternehmenswerts anlassbezogene Typisierungen der steuerlichen Verhältnisse der Anteilseigner erforderlich."[2]

Das Konzept der Typisierung, bei der Definition des objektivierten Unternehmenswertes im IDW S1 bisher gewissermaßen vor die Klammer gezogen, wird im IDW S1 i. d. F. 2008 auf die steuerlichen Verhältnisse der Anteilseigner eingeschränkt. Diese veränderte Definition hinsichtlich der Typisierung stellt kein Aufgeben des Typisierungskonzeptes im Rahmen objektivierter Unternehmenswerte dar. Die Typisierung stellt ja letztlich die konzeptionelle Grundlage des objektivierten Unternehmenswertes dar. Vielmehr ist darin eine Betonung der Rolle der persönlichen Ertragsteuern der Anteilseigner im Rahmen der Bewertung zu sehen. Über die Form der Berücksichtigung der Einkommensteuer entscheidet im neuen IDW S1 i. d. F. 2008 die anlassbezogene Typisierung. Eine dieser Typisierungen stellt der neue Begriff der „mittelbaren Typisierung" dar.

„Häufig ist der Wirtschaftsprüfer als neutraler Gutachter zur Ermittlung eines objektivierten Unternehmenswerts im Rahmen unternehmerischer Initiativen tätig, ... ist in diesen Fällen eine mittelbare Typisierung der steuerlichen Verhältnisse der Anteilseigner sachgerecht."[3]

Der objektivierte Unternehmenswert stellt keinen Rückschritt zu alten Bewertungsvorstellungen eines objektiven Unternehmenswertes dar.[4] Allerdings bedeutet er historisch gesehen die Wiedereröffnung eines zweiten Bewertungskonzeptes neben dem anerkannten Konzept des subjektiven Unternehmenswertes.

Auch das Konzept des objektivierten Unternehmenswertes erkennt an, dass Unternehmenswerte nicht aus der Sicht des Unternehmens ermittelt werden, sondern dass diese die Position des Anteilseigners berücksichtigen müssen und insofern typisiert subjektiv sind.[5]

„Der objektivierte Unternehmenswert stellt einen intersubjektiv nachprüfbaren Zukunftserfolgswert aus Sicht der Anteilseigner dar."[6]

Allerdings kann die Bewertungsarbeit bei der Analyse der Beziehung zwischen Bewertungsobjekt (Unternehmen) und Bewertungssubjekt (Gesellschafter) an Praktikabilitätsgrenzen stoßen, etwa wenn der Abfindungswert für eine Vielzahl ausgeschlossener Aktionären zu ermitteln ist. Zudem steht einer streng subjektbezogenen Betrachtung der gesellschaftsrechtliche Gleich-

---

1 IDW Standard: Grundsätze zur Durchführung von Unternehmensbewertungen (IDW S1), 18.10.2005, Tz. 41.
2 IDW S1 i. d. F. 2008, Tz. 29.
3 IDW S1 i. d. F. 2008, Tz. 30.
4 WP-Handbuch, Band II, 2002, S. 11, Tz. 34.
5 *Siepe/Dörschel/Schulte*, Der neue IDW Standard: Grundsätze zur Durchführung von Unternehmensbewertungen (IDW S1), Wpg 2000, S. 948 f.
6 IDW S1 i. d. F. 2008, Tz. 29 ändert die Formulierung gegenüber IDW S1 i. d. F. 2005 und stellt auf einen internationalen Anteilseigner ab, da der Hinweis auf inländisch und unbeschränkt steuerpflichtig entfallen ist.

behandlungsgrundsatz entgegen, welcher z. B. in § 53a AktG und § 3 Abs. 1 WpÜG kodifiziert ist. Der Gleichbehandlungsgrundsatz besagt, dass im Verhältnis zwischen dem Verband und seinen Mitgliedern gleiche Sachverhalte gleich behandelt werden müssen.[1] Als privatrechtliche Zweck-„Verbände" gelten z. B. BGB-Gesellschaft, OHG, KG, AG und GmbH. Nicht zu den privatrechtlichen Zweck-„Verbänden" gehören die Erbengemeinschaft und die eheliche Gütergemeinschaft.[2] Eine unmittelbare Anwendung des Gleichbehandlungsgrundsatzes auf Abfindungsfälle des Familien- und Erbrechts ist damit nicht möglich.[3]

Die Rechtsprechung definiert den objektivierten Unternehmenswert mit Blick auf den Maßstab der Abfindung wie folgt:

> „Der objektivierte Unternehmenswert ist der Wert, „...der aus Sicht eines objektiv-vernünftigen dritten Betrachters als angemessen gelten kann."[4]

In gesetzlichen Bewertungsfällen sind aufgrund der Abstraktion des „objektiv-vernünftigen Dritten" deshalb Typisierungen des Bewertungssubjekts notwendig, die zum objektivierten Unternehmenswert führen.[5]

TAB. 12:	Unternehmenswertarten in Abhängigkeit vom Bewertungssubjekt
Bewertungskonzept	**Bewertungssubjekt**
Objektiver Unternehmenswert	Unternehmen
Subjektiver Unternehmenswert	Gegenwärtiger oder zukünftiger Eigentümer
Objektivierter Unternehmenswert	Typisierter Eigentümer

Zwischenergebnis:

Gegenwärtiger Stand der Bewertungspraxis ist, dass je nach Anlass der Unternehmensbewertung unterschiedliche Bewertungskonzepte (subjektiv und objektiviert) zu verfolgen sind und subjektive wie auch objektivierte Unternehmenswerte je nach Aufgabenstellung ihre Existenzberechtigung haben. Der Hinweis, es gebe so viele Unternehmenswerte für ein Unternehmen wie Verkäufer und Investoren ist somit noch um den Hinweis zu ergänzen, dass je nach Bewertungsanlass auch unterschiedliche Bewertungskonzepte zum Einsatz kommen.

4.2 Unternehmenswert, Verkehrswert und Preis

Subjektive Unternehmenswerte sind Ausdruck individueller Wertschätzung. Darin finden alle Möglichkeiten die das Bewertungsobjekt eröffnet und alle Handlungsalternativen des Bewertungssubjekts ihren Ausdruck. Der subjektive Unternehmenswert stellt damit auch den Grenzpreis dar. Objektivierte Unternehmenswerte sind typisierte Werturteile, die im Abfindungsfall

---

1 *Schmidt, K.*, Gesellschaftsrecht, 2002, S. 462.
2 *Schmidt, K.*, Gesellschaftsrecht, 2002, S. 4.
3 Siehe auch WP-Handbuch, Band II, 2008, S. 184, Tz. 518.
4 LG Dortmund v. 19. 3. 2007 – 18 AktE 5/03, AG, 2007, S. 793.
5 Auch der Gedanke einer Bewertung für eine typisierte Personengruppe im Sinne eines objektivierten Unternehmenswertes ist nicht neu und wurde ebenfalls als Unternehmenswert für Jedermann bezeichnet. Siehe *Münstermann, H.*, Wert und Bewertung der Unternehmung, 1966, S. 22.

den durch Gesetz und Rechsprechung angeordneten wahren Unternehmenswert oder vollen Abfindungswert abbilden sollen.

Die Zielstellung der Rechtsprechung bei der Bestimmung von Abfindungswerten orientiert sich grundsätzlich nicht an der Terminologie der Bewertungslehre. Gefordert wird vielmehr die „angemessene Abfindung", der „wahre Wert", der „wirkliche Wert" und der „volle Abfindungswert", wobei diese unbestimmten Rechtsbegriffe[1] durch den Begriff des Verkehrswertes interpretiert werden.[2] Zum Teil nehmen jüngere Urteile aber auf den Idealfall dessen Bezug, was Abfindung leisten sollte und verwenden den betriebswirtschaftlichen Begriff des Grenzpreises.[3]

> „Zu ermitteln ist der Grenzpreis, zu dem der außenstehende Aktionär ohne Nachteil aus der Gesellschaft ausscheiden kann."[4]

Die gerichtliche Wertsuche orientiert sich somit nicht am Gedanken des Schadenersatzes – i. S. der Gesellschafter ist so zu stellen, als hätte das schädigende Ereignis (z. B. squeeze-out) nicht stattgefunden – sondern am hypothetischen Verkaufsergebnis des Gesellschafters im Sinne des § 738 BGB, d. h. was hätten die Gesellschafter (und damit quotal der einzelne Gesellschafter) bei der freien Desinvestitionsentscheidung erzielt.[5]

Diesem streng auf das Individuum als Bewertungssubjekt bezogenen Abfindungsmaßstab kann die Rechtsprechung aber weder aus Gründen der Praktikabilität (Vielzahl von Abfindungsberechtigten!) noch aufgrund rechtlicher Limitationen (Gleichbehandlungsgrundsatz!) gerecht werden. Vielmehr wird, auch soweit man sich zum persönlichen und damit subjektiven Grenzpreis bekennt, dem Gedanken des allgemeinen (im Sinne von nicht subjektiven) Verkehrswertes gefolgt.

Der Gesetzgeber verwendet den Begriff des Verkehrswertes in verschiedenen Gesetzen und Zusammenhängen, allerdings mit einheitlichem Tenor.

> „§ 194 Baugesetzbuch
>
> Der Verkehrswert (Marktwert) wird durch den Preis bestimmt, der in dem Zeitpunkt, auf den sich die Ermittlung bezieht, im gewöhnlichen Geschäftsverkehr nach den rechtlichen Gegebenheiten und tatsächlichen Eigenschaften, der sonstigen Beschaffenheit und der Lage des Grundstücks oder des sonstigen Gegenstands der Wertermittlung ohne Rücksicht auf ungewöhnliche oder persönliche Verhältnisse zu erzielen wäre."

Der Verkehrswert entspricht wegen seiner Abstraktion vom Persönlichen gerade nicht dem Grenzpreis.

---

[1] *Meyer, S.-M.*, Abfindung und Unternehmensbewertung, 2004, S. 87.
[2] *Hüttemann, R.*, Rechtsfragen der Unternehmensbewertung, in: Heintzen/Kruschwitz (Hrsg.), Unternehmen bewerten, 2003, S. 158.
[3] LG Frankfurt a. M. v. 21. 3. 2006 – 3-5 O 153/04, AG, 2007, S. 42; siehe auch BGH v. 4. 3. 1998 – II ZB 5/97, AG, 1998, S. 286; BayObLG v. 11. 9. 2001 – 3Z BR 101/99, AG, 2002, S. 393; OLG München v. 17. 7. 2007 – 31 Wx 060/06, AG, 2008, S. 29 verwendet den Begriff Grenzwert.
[4] OLG München v. 19. 10. 2006, AG, 2007, S. 288.
[5] Siehe hierzu BVerfG v. 27. 4. 1999 – 1 BvR 1613/94, DB, 1999, S. 1693; BVerfG v. 29. 11. 2006 – 1 BvR 704/03, AG, 2007, S. 120.

4. Konzept des objektivierten Unternehmenswertes

Das Steuerrecht verwendet den Begriff des gemeinen Wertes, der sich im Kern mit der Definition des Verkehrswertes deckt.[1]

> „Der gemeine Wert wird durch den Preis bestimmt, der im gewöhnlichen Geschäftsverkehr nach der Beschaffenheit des Wirtschaftsgutes bei einer Veräußerung zu erzielen wäre. Dabei sind alle Umstände, die den Preis beeinflussen, zu berücksichtigen. Ungewöhnliche oder persönliche Verhältnisse sind nicht zu berücksichtigen."[2]

Der Begriff des gemeinen Wertes findet auch außerhalb des Steuerrechts Anwendung.

> „Der Wert einer Sache ist der gemeine Wert. Er wird durch den Preis bestimmt, der im gewöhnlichen Geschäftsverkehr nach der Beschaffenheit der Sache unter Berücksichtigung aller den Preis beeinflussenden Umstände bei einer Veräußerung zu erzielen wäre; ungewöhnliche oder nur persönliche Verhältnisse bleiben außer Betracht."[3]

Die Bestimmungsgrößen des gemeinen Wertes und damit des Verkehrswertes werden wie folgt definiert:[4]

- ▶ der erzielbare Preis ist nicht mit einem einmal tatsächlichen erzielten Preis gleichzusetzen (diese lassen nur gewisse Rückschlüsse zu)
- ▶ Gewöhnlicher Geschäftsverkehr ist der Handel am freien Markt, auf dem – wenn auch auf einen kleineren Kreis beschränkt – Preise durch Angebot und Nachfrage bestimmt werden.

Der Markt ist dabei wie folgt definiert:

> „Ein Markt ist eine Ansammlung von Käufern und Verkäufern, die durch ihre tatsächlichen oder potenziellen Interaktionen den Preis eines Produktes oder eines Produktsortiments bestimmen."[5]

Auf einem Markt mit vollständigem Wettbewerb bildet sich durch Angebot und Nachfrage ein einziger Marktpreis.[6] Von einem Markt ist auch auszugehen, wenn nur ein Anbieter und wenige Nachfrager vorhanden sind oder wenn im Extremfall ein bilaterales Monopol mit einem Verkäufer und einem Käufer gegeben ist.[7] Allerdings bildet sich für diesen Fall ein Marktpreis immer nur im Verhandlungswege und nicht durch das Zusammenspiel von Angebot und Nachfrage heraus.[8] Dieser „Marktpreis im Verhandlungswege" ist kein Marktpreis im Sinne des Verkehrswertes oder des gemeinen Wertes, da im Rahmen der Verhandlung die persönlichen Verhältnisse der jeweiligen Parteien, wie z. B. Macht und Einfluss, eine entscheidende Rolle spielen werden. Informationen über den gängigen Marktpreis im Sinne eines Gleichgewichtspreises sind damit trotz eines theoretisch vorhandenen Marktes nicht verfügbar.

> „Es gibt für Handelsunternehmen wegen ihrer individuellen Verschiedenheit keinen Markt, auf dem sich ein Preis bilden könnte."[9]

---

[1] *Halaczinsky, R.*, § 9, Tz. 1 in: Rössler/Troll (Hrsg.), Bewertungsgesetz; siehe auch zur Identität von gemeinem Wert, Verkehrswert und Teilwert bei Immobilien BFH v. 2. 2. 1990 – III R 173/86, BStBl II 1990 S. 497.
[2] § 9 Abs. 2 BewG.
[3] § 19 Abs. 1 Gesetz über die Kosten in Angelegenheiten der freiwilligen Gerichtsbarkeit (Kostenordnung).
[4] Gemeiner Wert, Gablers Wirtschaftslexikon, 1993, S. 1271; *Horn, H.-J.*, in: Fischer/Jüptner/Pahlke, ErbStG Kommentar, 2009, S. 422 f.
[5] *Pindyck/Rubinfeld*, Mikroökonomie, 2005, S. 30.
[6] *Varian, H. R.*, Mikroökonomie, 2007, S. 342.
[7] *Halaczinsky, R.*, § 9, Tz. 3 u. 4 in Rössler/Troll (Hrsg.), Bewertungsgesetz.
[8] *Schultze, W.*, Methoden der Unternehmensbewertung, 2001, S. 15.
[9] BGH v. 17. 1. 1973 – IV ZR 142/70, NJW, 1973, S. 509; siehe auch BGH v. 1. 7. 1982 – IX ZR 34/81, NJW, 1982, S. 2441.

Wäre dieser Marktpreis allerdings verfügbar, würde sich die Ermittlung eines Unternehmenswertes erübrigen. D. h. es ist noch einmal zu betonen, dass Ziel der gerichtlichen Suche nach einem wahren Wert der erzielbare Preis ist. Gäbe es einen von persönlichen Einflüssen freien Markt für Unternehmen, wäre das Problem ohne Inanspruchnahme der Erkenntnisse der Unternehmensbewertungslehre gelöst. In diesem Sinne ist die Nutzung von zeitnahen Verkaufspreisen in familienrechtlichen Abfindungsfällen zu verstehen.[1] In einer aktuellen Entscheidung führt das LG Köln aus, das primäres Verfahrensziel nicht die Suche nach dem zutreffenden objektivierten Unternehmenswert ist, sondern dieser nur eine obsolete Hilfsfunktion hat, sobald ein Marktpreis verfügbar ist.

> „Lässt sich der Verkehrswert des Unternehmens aus dem Marktgeschehen herleiten, bedarf es der "Hilfskrücke" der Ertragswertschätzung nicht mehr. … Einen Vorrang der gutachterlichen Ertragswertberechnung gegenüber realisierten Marktpreisen kann es nicht geben. Der IDW S1 begründet den absoluten Vorrang der Ertragswertberechnung und damit den Vorrang eines modellhaften, geschätzten und damit höchst unsicheren Wertes gegenüber realisierten Marktpreisen auch nicht näher."[2]

Das Urteil nimmt Bezug auf folgende Aussage in IDW S1:

> „Tatsächlich gezahlte Preise für Unternehmen und Unternehmensanteile können – sofern Vergleichbarkeit mit dem Bewertungsobjekt und hinreichende Zeitnähe gegeben sind – zur Beurteilung der Plausibilität von Unternehmenswerten und Anteilswerten dienen, sie ersetzen aber keine Unternehmensbewertung."[3]

Die Position des IDW S1 erklärt sich aus der oben dargestellten Erkenntnis, dass es für Unternehmen keine Marktpreise im Sinne des Verkehrswertes gibt und eine Übertragung von gezahlten Preisen auf den konkreten Abfindungsfall damit ausscheidet. Das gilt grundsätzlich auch für Börsenpreise.

> „Denn der Börsenkurs wird von verschiedenen Faktoren beeinflußt und gibt den Unternehmenswert nicht zuverlässig wieder. Ein unmittelbarer Zusammenhang zwischen dem Preis einzelner Aktien oder Aktienpakete und dem Wert des Unternehmens besteht daher nicht."[4]

Am Ende der Begriffsanalyse befindet man sich also wieder am Ausgangspunkt der Untersuchung, nämlich bei dem Unternehmenswert, der geeignet ist, den vollen Abfindungswert zu bestimmen.

Der Unternehmenswert hat als Abfindungswert im Rechtssinne folgende Randbedingungen zu erfüllen:[5]

▶ Entschädigung zu bieten für den Verlust des verfassungsrechtlich abgesicherten Eigentums i. S. des Art. 14 Abs. 1 GG,

▶ in dem Umfang, wie es zum Zeitpunkt des Verlustes des Eigentums bestand,

---

1 BGH v. 17. 3. 1982 – IVa ZR 27/81, NJW, 1982, S. 2497 ff.; BGH v. 13. 3. 1991 – IV ZR 52/90, NJW-RR, 1991, S. 900; BGH v. 20. 12. 2000 – XII ZR 237/98, NJW 2001, S. 793 ff.
2 LG Köln v. 24. 7. 2009 – 82 O 10/08, BB-Online BBL2009 – 2363-1.
3 IDW S1 i. d. F. 2008, Tz. 13.
4 OLG Celle v. 31. 7. 1998 – 9-W-128/97, Datev, DokNr. 0900078.
5 *Großfeld, B.*, Unternehmens- und Anteilsbewertung im Gesellschaftsrecht, 2002, S. 30; *Großfeld, B.*, Unternehmens- und Anteilsbewertung im Gesellschaftsrecht, 2009, S. 40 ff.; *Piltz, D.*, Die Unternehmensbewertung in der Rechtsprechung, 1994, S. 236; *Weiland, N. G.*, Synergieeffekte bei der Abfindung außenstehender Gesellschafter, 2003, S. 94 f.

- dabei den Gleichbehandlungsgrundsatz des Gesellschaftsrechts zu respektieren (z. B. § 53a AktG, § 3 Abs. 1 WpÜG),[1]
- die gesellschaftliche Treuepflicht zu beachten,
- die Schutzfunktion der Abfindung zu berücksichtigen,
- und der Beweiswürdigung durch den Richter zugänglich zu sein (§ 286 ZPO).

Der Abfindungsprozess führt somit zu Vorgaben an den Gutachter, die aus dem jeweiligen Rechtsverhältnis und den anzuwendenden Gesetzen herzuleiten sind.[2] Das Rechtsverhältnis als Anlass der Bewertung gibt damit auch den Zweck und die Funktion der Bewertung vor. Unter diesen Beschränkungen rechtlicher Anforderungen ist zumindest eines geklärt, der gesuchte Unternehmenswert kann kein subjektiver Unternehmenswert sein. Vielmehr muss der Unternehmenswert typisiert sein, um einheitliche Abfindungen zu gewährleisten.[3] Das Typisierungserfordernis spricht damit für den objektivierten Unternehmenswert, als dem einzig verbleibenden und auch praktisch realisierbaren Bewertungskonzept.

> „Das folgt vor allem aus dem heute allgemein anerkannten Grundsatz, dass ein Unternehmen oder eine Unternehmensbeteiligung nach dem künftigen finanziellen Ertrag für den Eigner des Unternehmens oder der Beteiligung zu bewerten ist und die Bewertung deshalb notwendigerweise auf Prognosen über künftige Entwicklungen gestützt werden muss, von denen es nicht nur eine Richtige gibt und die im seltensten Fall auch so wie vorhergesagt eintreffen. Es kommt hinzu, dass für Bewertungen, nach denen die gleichmäßige (§ 53a AktG) Kompensation für eine Vielzahl von Anteilseignern festzulegen ist, nicht auf subjektive Wertvorstellungen eines einzelnen Eigners abgestellt werden kann, weshalb in weitem Umfang mit typisierten Annahmen gerechnet werden muss. Das alles gilt unabhängig davon, ob der Anteilswert mittelbar über den Unternehmensertragswert aus internen Unternehmensdaten oder unmittelbar aus Marktdaten abgeleitet wird. Der so ermittelte Wert ist deshalb nicht, wie oft formuliert wird, ein "wahrer" Wert, sondern notwendigerweise ein typisierter, eher fiktiver Wert."[4]

Es ist erstaunlich dass, in Kenntnis der Funktionsabhängigkeit der Unternehmensbewertung, dem Konzept der objektivierten Unternehmensbewertung von Seiten der betriebswirtschaftlichen Forschung noch immer mit Ablehnung oder bestenfalls Skepsis begegnet wird.[5]

Zwischenergebnis:

Die subjektiven Unternehmenswerte des Käufers und des Verkäufers legen die Höhe der Grenzpreise des Käufers und des Verkäufers fest. Der Grenzpreis ist der Preis, bei dem der Verkäufer gegenüber der Fortführung des Unternehmens eine unveränderte Vermögensposition beibe-

---

[1] Der Gleichbehandlungsgrundsatz, nach dem im Verhältnis zwischen dem Verband und seinen Mitgliedern gleiche Sachverhalte gleich behandelt werden müssen, gilt uneingeschränkt nur für privatrechtliche Zweck-„Verbände". Als Zweck-Verbände gelten z. B. BGB-Gesellschaft, OHG, KG, AG und GmbH. Nicht zu den privatrechtlichen Zweck-„Verbänden" gehören die Erbengemeinschaft und die eheliche Gütergemeinschaft, weswegen hier eine unmittelbare Anwendung des Gleichbehandlungsgrundsatzes nicht möglich ist. Im IDW S1 i. d. F. 2008 findet sich der Gleichbehandlungsgrundsatz in, Tz. 13. Danach entspricht der objektivierte Wert des Unternehmensanteils dem quotalen Anteil am objektivierten Unternehmenswert.
[2] *Meyer, S.-M.*, Abfindung und Unternehmenswert, 2004, S. 91.
[3] *Weiland, N. G.*, Synergieeffekte bei der Abfindung außenstehender Gesellschafter, 2003, S. 95; *Piltz, D.*, Die Unternehmensbewertung in der Rechtsprechung, 1994, S. 98.
[4] OLG Stuttgart v. 14. 2. 2008 – 20 W 9/06, AG, 2008, S. 784.
[5] *Drukarczyk/Schüler*, Unternehmensbewertung, 2007, S. 105; *Ballwieser, W.*, IDW S1 und objektivierter Unternehmenswert, in: Fairness Opinion, Essler/Lobe/Röder (Hrsg.), 2008, S. 140.

hält.[1] Der Käufer der zu seinem Käufer-Grenzpreis erwirbt, erzielt ebenso keinen Vermögensvorteil gegenüber dem Nichtkauf und der Beibehaltung seiner Liquiditätsposition. Der Grenzpreis wäre im Idealfall der Abfindungsbetrag im gesetzlichen Bewertungsfall. Dem stehen Gründe der Praktikabilität und des Gesellschaftsrechts entgegen. Die Rechtsprechung zielt bei der Bestimmung der „vollen Abfindung" deshalb auf den Verkehrswert der Beteiligung bzw. des Unternehmens ab. Der Verkehrswert ist kein Unternehmenswert im Sinne der Bewertungskonzepte, sondern der Marktpreis des Unternehmens für einen durchschnittlichen Gesellschafter. Die Antwort der Ökonomen auf diese gesellschaftsrechtliche Anforderung einer Quadratur des Kreises ist ein typisierter Unternehmenswert für einen typisierten Gesellschafter, der objektivierte Unternehmenswert.

4.3 Der objektivierte Unternehmenswert – ein Verfahren zur Berechnung von Verkehrswerten?

Bei der Bemessung von Abfindungen im Gesellschaftsrecht, Erbrecht und Familienrecht ist der Verkehrswert des Unternehmens heranzuziehen.

> „Der Verkehrswert eines Unternehmens oder einer Beteiligung an einem Unternehmen ist der Wert, der im üblichen Verkehr für ein Unternehmen oder eine Unternehmensbeteiligung als Verkaufspreis erzielt werden kann."[2]

Da Unternehmen keine homogenen marktgängigen Güter sind, existieren für sie jedoch keine Verkehrswerte im Sinne von Gleichgewichtspreisen, die sich aus den Angeboten und der Nachfrage einer Vielzahl von Marktteilnehmern ergeben.[3] Verkaufspreise für Unternehmen resultieren vielmehr aus dem Machtspiel einer Verhandlungssituation.[4] Sie sind Ergebnis der Knappheit und der Bedeutung eines spezifischen Unternehmens im Markt. Für den Marktführer sind damit höhere Verkaufspreise zu erzielen, als für einen unbedeutenden Teilnehmer im Markt.

Daneben hat die Verkehrsfähigkeit bzw. Fungibilität des Unternehmens Einfluss auf den zu erzielenden Kaufpreis. Börsennotierte Unternehmen erzielen somit tendenziell höhere Preise als nicht börsennotierte Unternehmen. Das hat sich in der Rechtsprechung des Bundesverfassungsgerichts vom 27.4.1999[5] niedergeschlagen, wonach der mittels Bewertungsverfahren ermittelte Verkehrswert des Unternehmens dann nicht maßgeblich ist, wenn der Verkehrswert der vom Unternehmen ausgegebenen Aktien zu einer höheren „Marktbewertung" führt. Die Verkehrsfähigkeit der Aktie ist bei der Wertbestimmung nicht außer Betracht zu lassen.[6] Zur Bestimmung des Verkehrswertes eines Unternehmens ist somit immer eine Bewertung des Unternehmens erforderlich, unabhängig davon, ob es sich um börsennotierte oder nicht börsennotierte Unternehmen handelt.

---

1 Die Steuerpflicht des Veräußerungsgewinns ist in diesem Kalkül nicht berücksichtigt. Damit betrifft diese Grenzpreisdefinition nur steuerfreie Veräußerungen von Aktien oder GmbH-Anteilen unterhalb der 1%-Schwelle des § 17 EStG und außerhalb der Geltungsbereichs des § 23 EStG (Rechtsstand vor Unternehmensteuerreform 2008).
2 Palandt BGB, 2003, § 738, Tz. 5.
3 *Hüffer/Schmidt-Aßmann/Weber*, Anteilseigentum, Unternehmenswert und Börsenkurs, 2005, S. 29; *Schultze, W.*, Methoden der Unternehmensbewertung, 2003, S. 18.
4 *Achleitner/Dresig*, Mergers & Acquisitions, Sp.1563, in: Gerke/Steiner (Hrsg.), Handwörterbuch des Bank- und Finanzwesens, 2001.
5 BVerfG v. 27.4.1999 – 1 BvR 1613/94, DB, 1999, S. 1693.
6 BVerfG v. 27.4.1999 – 1 BvR 1613/94, DB, 1999, S. 1693.

4. Konzept des objektivierten Unternehmenswertes

> „Nach der ständigen Rechtsprechung des erkennenden Senats ist der Beteiligungswert auf der Grundlage des wirklichen Wertes des lebenden Unternehmens zu errechnen (einschließlich der stillen Reserven und des good will des Unternehmens). Dieser ergibt sich im Allgemeinen aus dem Preis, der bei einem Verkauf des Unternehmens als Einheit erzielt würde. Bei der Wertermittlung ist nach § 738 Abs. 2 BGB eine Schätzung möglich. Diese hat jedoch aufgrund konkreter Unterlagen zu erfolgen, so daß im allgemeinen ein Sachverständigengutachten erforderlich sein wird. Dabei wird regelmäßig mit der heute herrschenden Auffassung von dem Ertragswert auszugehen sein."[1]

Die Anforderungen der Rechtsprechung an ein Bewertungsverfahren bei gesetzlichen Bewertungsanlässen bestehen darin, möglichst marktgerechte, realistische Unternehmenswerte zu ermitteln, die tatsächlich gezahlten Preisen (unter „normalen" Bedingungen!) nahe kommen.[2] Als kleinster gemeinsamer Nenner der oben angeführten Verkehrswertdefinitionen kann festgehalten werden, dass dabei ein Preis gesucht ist, der ohne Berücksichtigung von Besonderheiten erzielbar ist. Aus ökonomischer Sicht ist diese Anforderung problematisch, da ein Gradmesser für Normalität schwer widerspruchsfrei zu formulieren sein wird. Die Frage nach der Eignungsfähigkeit eines Bewertungsverfahrens, zur Erreichung des Zieles „Berechnung realisierbarer Preise", kann somit theoretisch durch zwei denkbare Preiskategorien beantwortet werden, wie sie sich am Markt in der Realität bilden könnten:

a) der Preis wird in einer Höhe bezahlt werden, sodass ein abzufindender Gesellschafter ohne Nachteil aus der Gesellschaft ausscheiden kann,

b) der Preis wird in einer Höhe bezahlt werden, sodass der abzufindende Gesellschafter den Wertausgleich nach a) zuzüglich eines Anteils am Wertzuwachs, der durch den Übernehmer realisiert werden kann, erhält.[3]

Die Rechtsprechung folgt der Lösung a).

> „Für die nach § 305 Abs. 1 und 3 AktG geschuldete angemessene Abfindung ist der Betrag zu ermitteln, mit dem der Aktionär aus seiner Gesellschaft ausscheiden kann, ohne wirtschaftliche Nachteile zu erleiden. Dieser Wert bestimmt sich maßgeblich danach, wie die Gesellschaft ohne Abschluss des Unternehmensvertrages wertmäßig zu beurteilen wäre."[4]

Der abzufindende Gesellschafter erleidet damit keinen Nachteil gegenüber der Situation in der er sich befand, bevor das die gesetzliche Bewertung auslösende Ereignis eintrat. Der der Abfindung zugrunde zu legende Preis oder Verkehrswert orientiert sich somit am Unternehmen in der Stand-Alone-Situation. Die Abfindung ist Ausgleich für die Beeinträchtigung und den Verlust von Mitgliedsrechten.[5] Echte Synergien dürfen sich in diesem Marktpreis nicht niederschlagen.[6]

Es stellt sich die Frage, ob sich der in der Rechtsprechung zugrunde gelegte Verkehrswert durch empirische Transaktionsdaten bestätigen lässt. Informationen über gezahlte Transaktionspreise sind, zumal in Deutschland, dünn gesät. Eine Studie zur Gegenüberstellung von fiktiven Stand-Alone-Preisen und gezahlten Transaktionspreisen ist nach Kenntnis des Verfassers nicht existent. Nach allgemeiner Erfahrung kann aber Folgendes festgehalten werden. Unternehmenskäu-

---
1 BGH v. 24.9.1984 – II ZR 256/83, DB, 1985, S. 167.
2 *Hüttemann, R.*, Rechtsfragen der Unternehmensbewertung, in: Heintzen/Kruschwitz (Hrsg.), Unternehmen bewerten, 2003, S. 157.
3 *Hüttemann, R.*, Unternehmensbewertung als Rechtsproblem, ZHR, 1998, S. 570.
4 BayObLG v. 29.9.1998 – 3 – ZBR – 159/94, AG, 1999, S. 43.
5 *Hüffer, U.*, AktG, 1999, § 305, Tz. 1; BVerfG v. 29.11.2006 – 1 BvR 704/03, AG, 2007, S. 121.
6 OLG Celle v. 31.7.1998 – 9-W-128/97, Datev, DokNr. 0900078.

fer sind tendenziell nicht bereit Phantasien zukünftiger Unternehmensentwicklungen zu bezahlen, wenn diese sich noch nicht durch Realisierung nachweisen lassen. Kaufpreisrelevant ist vielmehr das umgesetzte Unternehmenskonzept. Dieses Verhalten ist durchaus von Zeitgeist, Trends, Machtverhältnissen, Bieterkonstellationen und Branchen geprägt. Insbesondere nach den Enttäuschungen der Phase des Neuen Marktes waren konservative Käuferhaltungen aber verstärkt zu beobachten.

Echte Synergien des Käufers im Verkaufspreis zu verhandeln stößt auf das Problem, dass sich die tatsächlich möglichen Synergien der Kenntnis der Verkäuferseite meistens entziehen.[1] Lassen sie sich identifizieren, ist das Argument, Synergien seien erst noch umzusetzen und der Effekt daraus spekulativ, schwer zu widerlegen. Die einschlägigen Studien zu überschätzten Synergiepotenzialen und fehlgeschlagenen Integrationen sprechen hier eine eindeutige Sprache.[2] Es liegt allerdings auch auf der Hand, dass sich die Preisbildung bei „Perlen" (Preisführer, Technologieführer, etc.) der obigen Argumentation entzieht. Hier werden aufgrund der Machtposition des Verkäufers, gegebenenfalls in Kombination mit Kaufpreis treibenden Auktionen, hohe Zugeständnisse des Käufers verhandelbar sein. Allerdings decken sich diese Situationen nicht mehr nahtlos mit den oben angeführten Verkehrswert-Definitionen eines Verkaufs im üblichen Verkehr, sind somit in keinem Fall zu verallgemeinern.

Wenn die Ausführungen zur Bildung von Transaktionspreisen im unterstellten „Normalfall" ein zutreffendes Bild der Realität zeichnen, ist die Verkehrswertfiktion der Rechtsprechung tatsächlich der richtige Maßstab zur Ermittlung dessen, was abzufindende Gesellschafter (u.U. Minderheitsgesellschafter) bekämen, wenn sie ihre Anteile im üblichen Verkehr verkaufen würden. Es verbleibt aber zugegebenermaßen das Problem, dass sich Preisbildungsprozesse für nicht homogene Güter kaum verallgemeinern lassen. Zumindest kann aber untersucht werden, inwiefern sich subjektiv gefärbte Transaktionserfahrungen, die sich insofern mit der Rechtsprechung und ihren Annahmen decken, in bestimmten Bewertungsverfahren wiederfinden lassen.

Als Verfahren zur Ermittlung von Verkehrswerten könnten, nahe liegend, Multiplikatorverfahren zum Einsatz kommen, da diese unmittelbar Preisinformationen zur Bewertung nutzen. Multiplikatorenbewertungen anhand bekannter Unternehmenskäufe oder Unternehmensverkäufe scheitern aber regelmäßig an der unzureichenden Datenbasis[3], fehlender Vergleichbarkeit der in Bezug zu nehmenden Transaktionen[4] und offenen Fragen hinsichtlich der Bereinigung spezifischer Werteinflüsse.[5] Börsennotierungen für Aktien sind bestenfalls Anhaltspunkte für den Verkehrswert des Unternehmens.[6]

> „Hat die Aktie, deren Wert festgestellt werden soll, einen Börsenkurs, der auch aussagekräftig ist, weil er nicht von einem zu engen Markt oder von Manipulationen beeinflusst wird, so wird er in der Regel den

---

[1] Die Einbeziehung von Steuervorteilen (Tax Amortisation Benefit, ein gewissermaßen unechter Synergieeffekt), in den objektivierten Unternehmenswert schlägt Brähler vor, *Brähler, G.,* Der Wertmaßstab der Unternehmensbewertung nach § 738 BGB, Wpg 2008, S. 211.
[2] *Kröger/Zeisel,* Das Endspiel, Harvard Business Manager, November 2004, S. 60.
[3] *Diehm, S.,* Erfolgspotenzialbasierte Unternehmensbewertung durch Marktvergleich, 2003, S. 58.
[4] *Kelleners, A.,* Risikoneutrale Unternehmensbewertung und Multiplikatoren, 2004, S. 199 f.
[5] *Krolle/Schmitt/Schwetzler,* Multiplikatorverfahren in der Unternehmensbewertung, 2005, S. 7.
[6] *Esser, K.,* Marktbewertung und Aktionärsinteressen – an der Börse, bei Wachstumsfinanzierungen, bei Unternehmensübernahmen, in: Börsig/Coenenberg (Hrsg.), Bewertung von Unternehmen, 2003, S. 52 u. 57.

"Verkehrswert" mindestens ebenso zutreffend angeben, wie eine langwierige Berechnung des Unternehmenswertes durch Sachverständige nach der Ertragswertmethode."[1]

Bewertungen auf der Grundlage von Multiplikatoren, abgeleitet aus Börsennotierungen, teilen dieses Schicksal.[2]

Die Rechtsprechung hält deshalb das Ertragswertverfahren für geeignet, Verkehrswerte zu ermitteln.

> „Im Rahmen des Ertragswertverfahrens als geeignetem Verfahren zur Ermittlung des Verkehrswertes eines Unternehmens …"[3]

> „Als bester und plausibelster Weg zur Ermittlung des objektivierten Unternehmenswertes gilt nach wie vor die sog. Ertragswertmethode. Sie ist in Rechtsprechung und Schrifttum allgemein anerkannt."[4]

Ertragswertverfahren existieren in den bewertungszweckabhängigen Varianten subjektiver und objektivierter Unternehmenswert. Deren Eignung zur Verkehrswertbestimmung im obigen Sinne soll nachfolgend untersucht werden.

Subjektive Unternehmenswerte lassen sich durch zwei Aspekte beschreiben:

a) Die subjektive strategische Ausrichtung des Unternehmens, dokumentiert in einem Unternehmenskonzept und quantifiziert in der Unternehmensplanung.

b) Die subjektive Verfügbarkeit oder Verfolgung von Alternativrenditen.

Es stellt sich die Frage, inwiefern eine gewisse Realitätsferne hinsichtlich der beiden subjektiven Bestimmungsgrößen zur Ablehnung eines Unternehmenswertes, als subjektivem Unternehmenswert, führen würde. Punkt a) umfasst alle praktischen oder theoretischen Möglichkeiten eines Bewertungssubjekts, ein Unternehmen zukünftig zu entwickeln oder Synergien zu heben. Der Nachweis der Unzulässigkeit einzelner Planannahmen kann und muss nicht geführt werden, da dieser nur wieder einen anderen subjektiven Unternehmenswert zum Ergebnis hätte bzw. verfolgt. Die Alternativrendite des subjektiven Unternehmenswertes muss ebenso nicht real verfügbar sein, sondern kann Zielrendite sein, die eine wie auch immer zu messende persönliche Risikoaversion befriedigen soll. Denn wenn die beste verfügbare Alternative nicht nach der individuellen Vorstellung des Bewertungssubjekts risikoäquivalent ist, dann wird die Alternativrendite durch Risikozuschlag zur subjektiv bestimmten Zielrendite. Ob dieser Risikozuschlag oder die so geschaffene Zielrendite dann Rationalität für sich in Anspruch nehmen kann bleibt unbewiesen. Daran ändert weder die Verprobung an einem wiederum subjektiv bestimmten Worst Case Szenario in der Unternehmensplanung[5] noch eine subjektive Risikonutzenfunktion etwas, die möglicherweise im Zeitablauf nicht stabil ist[6] oder sich einer exakten Messung entzieht. Subjektive Unternehmenswerte ermitteln somit auf der Käufer- wie der Verkäuferseite individuelle Grenzpreise. Ihre Aufgabe besteht aber gerade nicht darin, realisierbare Marktpreise oder allgemeingültige Verkehrswerte zu ermitteln.[7] Ganz abgesehen von der

---

1 BayObLG v. 29.9.1998 – 3 - ZBR – 159/94, AG, 1999, S. 43.
2 *Ballwieser, W.,* Betriebswirtschaftliche (kapitalmarkttheoretische) Anforderungen an die Unternehmensbewertung, Wpg, Sonderheft 2008, S. 103.
3 Hessisches Finanzgericht v. 15.5.2001 – 4-V-5281/00, Datev DokNr. 0572464.
4 LG Dortmund v. 19.3.2007 – 18 AktE 5/03, AG, 2007, S. 793.
5 Siehe hierzu *Ballwieser, W.,* Unternehmensbewertung und Komplexitätsreduktion, 1993, S. 172.
6 *Drukarczyk, J.,* Unternehmensbewertung, 2001, S. 137.
7 *Drukarczyk/Schüler,* Unternehmensbewertung, 2007, S. 102.

4.3 Der objektivierte Unternehmenswert – ein Verfahren zur Berechnung von Verkehrswerten?

Schwierigkeit, solche Werte intersubjektiv nachvollziehen und überprüfen zu können, scheiden Grenzpreise schon konzeptionell für die Zwecke der Verkehrswertbestimmung aus, wenn man den Abfindungszweck und die Verkehrswertvorstellung der Rechtsprechung zugrunde legt.

Objektivierte Unternehmenswerte erzielen dagegen größere Deckung zur Verkehrswertbestimmung im obigen Sinne. Hinsichtlich der strategischen Unternehmensausrichtung wird die vorhandene Ertragskraft bewertet. Eine Fortführung des Unternehmens im bisherigen Konzept ist im Markt tendenziell eher widerspruchsfrei kommunizierbar. Eine Bewertung auf dieser Basis wird damit eine breite Basis der Akzeptanz finden, Voraussetzung für einen Marktpreis. Da die Bestimmung der Vergleichsinvestition bei objektivierten Unternehmenswerten über das CAPM bzw. Tax-CAPM erfolgt[1], werden dem Unternehmenserfolg Marktpreise für Renditen äquivalenten Risikos gegenübergestellt.[2] Ziel des Einsatzes des CAPM ist gerade die Marktbewertung.[3] Abgesehen von der Grundsatzkritik am CAPM, die trotz ihrer Berechtigung regelmäßig im Hinweis auf Alternativenlosigkeit ihr Ende findet, bietet der objektivierte Unternehmenswert als Verkehrswert auch aus diesem Blickwinkel wenig Angriffsfläche.

Kritik erfährt der objektivierte Unternehmenswert als Ermittlungsverfahren des Verkehrswertes, da sich die Synergien angekündigter Unternehmensverbindungen zwar im Börsenpreis der Aktien niederschlagen sollen, eine Erfassung echter Synergieeffekte im objektivierten Unternehmenswert dagegen konzeptionell ausgeschlossen ist.[4] Nach der Entscheidung des Bundesverfassungsgerichtes vom 27.4.1999[5] sind Abfindungen nach unten durch den Börsenkurs begrenzt, auch wenn die Ermittlung des objektivierten Unternehmenswertes geringere Werte ergibt. Dies ist im Rahmen des aktienrechtlichen Spruchstellenverfahrens zu berücksichtigen.[6] Die Wertermittlung des objektivierten Unternehmenswertes ist damit um Informationen zum Börsenkurs zu ergänzen.[7] Daraus ergeben sich der Hinweis und auch die Kritik, objektivierte Unternehmenswerte würden in der vorliegenden Konzeption ihrer Aufgabe nicht gerecht, Verkehrswerte zu ermitteln.

Hier ist anzumerken, dass weder Ertragswert- noch DCF-Verfahren den Anspruch erheben, Mittel zur Bestimmung von Aktienkursen zu sein. Letztere sind das Ergebnis von Spekulationen, Psychologie und Fundamentaldaten und dies in börsentäglich wechselnder Mischung. Aktienkurse sind abgesehen davon Verkehrswerte von Aktien[8], objektivierte Unternehmenswerte versuchen dagegen den Verkehrswert von Unternehmen zu bestimmen.

Ergänzend ist auf eine Trendwende in der Rechtsprechung zur Berücksichtigung von Börsenwerten hinzuweisen. Anlass dafür ist die bisherige Handhabung der Ermittlung von Börsen-Durchschnittskursen, die als Vergleichswert zum ermittelten Ertragswert dienen sollen. Der BGH hatte mit Urteil vom 12.3.2001 und in der Folge des Urteils des BVerG vom 27.4.1999 entschie-

---

1 IDW S1 i. d. F. 2008, Tz. 118.
2 *Drukarczyk, J.*, Unternehmensbewertung, 2001, S. 138.
3 *Mandl/Rabel*, Unternehmensbewertung, 1997, S. 284.
4 Kritik *Hüttemann, R.*, Rechtsfragen der Unternehmensbewertung, in: Heintzen/Kruschwitz (Hrsg.), Unternehmen bewerten, 2003, S. 160.
5 BVerfG v. 27.4.1999 – 1 BvR 1613/94, DB, 1999, S. 1693.
6 *Hüttemann, R.*, Rechtsfragen der Unternehmensbewertung, in: Heintzen/Kruschwitz (Hrsg.), Unternehmen bewerten, 2003, S. 168; Kölner Kommentar zum SpruchG, 2005, Anh. § 11, S. 325, Tz. 52.
7 IDW S1 i. d. F. 2008, Tz. 16.
8 BayObLG v. 29.9.1998 – 3 – ZBR – 159/94, AG, 1999, S. 43.

den, dass der Durchschnittskurs aus Gründen der Rechtssicherheit mit Bezug auf den Stichtag gemäß § 305 Abs. 3 Satz 2 AktG zu bilden und damit für den Zeitraum der letzten 3-Monate vor dem Hauptversammlungsbeschluss zu ermitteln sei.[1] Der so bestimmte Referenzzeitraum führte regelmäßig zu besonders lebhaften Börsenumsätzen in den betroffenen Aktien und tendenziell ansteigenden Kursen. Der BGH hatte in seinem Urteil vom 12.3.2001 diese Kurssteigerungen mit dem Hinweis auf normale Marktmechanismen gebilligt und damit die Berücksichtigung von echten Synergien im Rahmen der Abfindung akzeptiert.[2] Das Schrifttum hatte sich überwiegend gegen eine derartige Durchschnittskursermittlung gewandt, in der sich Kurse bilden die keine Reaktion auf zu erwartende Synergieeffekte sind, sondern die die Erwartungshaltung der zu erwartenden Abfindung spiegeln.[3]

Das OLG Stuttgart hatte zu dieser Thematik die sofortigen Beschwerden in einem Spruchverfahren dem BGH zur Entscheidung vorgelegt.[4] Das OLG Stuttgart verweist bei seiner Rechtsauffassung auf den Referenzzeitraum nach § 5 Abs. 1 WpÜG-Angebotsverordnung. Dort hat der Gesetzgeber einen Durchschnittszeitraum bestimmt, der 3 Monate vor Bekanntgabe der Maßnahme (und nicht vor dem Hauptversammlungsbeschluss) umfasst. Auf diese Weise können sich im Börsenkurs weder Kurssteigerungen bilden, die Folge einer zu erwartenden Abfindung sind, noch ist dann eine kurstechnische Abbildung von Synergieeffekten möglich. Damit würden sich Abfindungen auf der Basis von Börsenkursen nicht in dem Maße wie bisher von einer Bewertung nach dem Ertragswertverfahren entfernen. Das Vorlageverfahren des OLG Stuttgart ist nicht zu Ende geführt worden, da die Beschwerde zurückgenommen worden war.

Das OLG Düsseldorf hat sich mit seiner Entscheidung vom 9.9.2009[5] zu einem Squeeze-out der Rechtsauffassung des OLG Stuttgart angeschlossen. Begründet wird dies damit, dass die vom BGH entwickelten Kriterien das Problem der auf Abfindungserwartungen zurückzuführenden Kursentwicklungen nicht wirksam beseitigen. Entsprechend erhöhten „echte Verbundvorteile" den Börsenkurs. Dies würde durch einen Referenzzeitraum von 3 Monaten vor Bekanntgabe der Maßnahme verhindert.

Sollte sich diese Sichtweise allgemein durchsetzen, wäre die Kritik, die auf eine mangelhafte Abbildung von Verkehrswerten im objektivierten Unternehmenswert abzielt (mangels Berücksichtigung echter Synergieeffekte), mit dieser Trendwende gegenstandslos geworden.

Zwischenergebnis:

Die Rechtsprechung fordert ein Bewertungsverfahren zur möglichst realistischen Ermittlung von Verkehrswerten. Grundlage der Preisbildung ist der Wert des Unternehmens mit der vorhandenen Ertragskraft und in einer Stand-Alone-Situation, wobei die Abfindung Entschädigung für die Beeinträchtigung der Gesellschafterposition darstellt. Das Erfordernis, dass sich der gesuchte Preis im üblichen Verkehr bilden soll und dabei möglichst realistisch zu ermitteln ist führt, neben der Vermeidung praktischer Ermittlungsprobleme, zur Abkehr vom subjektiven Grenzpreisgedanken, hin zur Notwendigkeit der Typisierung des Bewertungsansatzes.

---

1 BGH v. 12.3.2001 – I ZB 15/00, AG, 2001, S. 417.
2 BGH v. 12.3.2001 – I ZB 15/00, AG, 2001, S. 417.
3 Siehe ausführlich, *Wasmann, D.*, Bewegung im Börsenkurs: Kippt die „Dreimonats"-Rechtsprechung?, BB, 2007, S. 684.
4 OLG Stuttgart v. 16.2.2007 – 20 W 6/06, AG, 2007, S. 212.
5 OLG Düsseldorf v. 9.9.2009 – I-26 W 13/06 (AktE), AG, 2010, S. 35.

Über die Verwendung des CAPM bildet der objektivierte Unternehmenswert einen wichtigen Aspekt der Marktpreisbildung ab. Die Beschränkung der Unternehmenskonzeption auf die vorhandene Ertragskraft kommt der Forderung der Rechtsprechung entgegen, die Stand-Alone-Situation ohne Berücksichtigung echter Synergien zu bewerten.

Bei börsennotierten Gesellschaften ist, ergänzend zum objektivierten Unternehmenswert, der Börsenkurs bei der Abfindungsbemessung zu berücksichtigen. Hier zeichnet sich eine Trendwende bei der Ermittlung des Durchschnittskurses ab, bei der unter Umständen auch im Börsenkurs künftig keine spekulativen oder synergiebasierten Aufschläge mehr enthalten sind, da der 3-Monatszeitraum vor der Bekanntgabe der Maßnahme als Referenzzeitraum zu allgemeiner Bedeutung kommen könnte. Damit könnten in Zukunft markante Differenzen zwischen Unternehmensbewertung und Börsenkurs der Vergangenheit angehören. Hinsichtlich des Konzeptes eines objektivierten Unternehmenswertes entfällt damit ein Angriffspunkt bzw. wird das Vertrauen in dessen Fähigkeit gestärkt, Verkehrswerte im Rechtssinne zu ermitteln.

4.4 Begründung des Bewertungskonzeptes objektivierter Unternehmenswert

Unternehmenswerte sind subjektiv. Dies ist das Ergebnis eines langen Findungsprozesses in der Bewertungstheorie. Was rechtfertigt nun in der Bewertungspraxis die Existenz objektivierter Unternehmenswerte?

Es sei einleitend der Hinweis erlaubt, dass sich die Kunst der Unternehmensbewertung, zumindest nach den Erfahrungen des Verfassers, in ihrer ganzen Schönheit und Detailverliebtheit nur im Rahmen objektivierter Unternehmenswerte abspielt. Subjektive Unternehmenswerte werden in der breiten Masse der Praxis regelmäßig pragmatisch, hemdsärmlig und ohne irgendeine Rücksicht auf theoretische Konsistenz ermittelt. Der Theoriebezug gilt als störend da unverständlich und damit akademisch. Das wissenschaftlich korrekte Konzept subjektiver Unternehmenswerte kann in der Praxis bereits als anspruchsvoll umgesetzt beurteilt werden, wenn irgendeine Art von Kapitalisierung vollzogen wird, was und wie auch immer diskontiert wird. Käufer und Verkäufer rechnen vielmehr nach Gusto als gäbe es keine Lehre der Unternehmensbewertung und – einigen sich auf einen Wert der den persönlichen Vorstellungen entspricht oder das Kräfteverhältnis der Parteien widerspiegelt. Ein kurioses Ergebnis: Der objektivierte Unternehmenswert existiert für die Wissenschaft nicht.[1] Aber nur in seinen Anwendungsfällen wird auf die gesamte (oder fast die gesamte) Klaviatur der wissenschaftlichen Erkenntnisse zurückgegriffen. Ein tragischer Fall unerwiderter Liebe. Die Unternehmensbewertungslehre ist damit gut beraten das hässliche Entlein „objektivierter Unternehmenswert" am Leben zu lassen, da ihre Lehre sonst nur noch in Seminaren zur Anwendung kommt.

Zunächst zum Bewertungsanlass. Der Gesetzgeber lässt in bestimmten Fällen zu, dass im Zusammenhang mit der Verfolgung wirtschaftspolitischer Ziele, Mehrheitsgesellschafter in die Vermögensposition von Minderheitsgesellschaftern eingreifen. Dabei wird das Ziel verfolgt, Unternehmen die Realisierung von Einsparungsmöglichkeiten durch Umstrukturierung zu ermögli-

---

1 *Coenenberg, A.*, Unternehmensbewertung aus der Sicht der Hochschule, in: Busse von Colbe/Coenenberg, Unternehmensakquisition und Unternehmensbewertung, 1992, S. 92.

chen und damit ihre Wettbewerbsfähigkeit zu stärken.[1] Beispiele hierfür sind z. B. der Abschluss von Beherrschungs- und Gewinnabführungsverträgen, Eingliederungen oder der Ausschluss von Minderheitsaktionären, das Squeeze-out.[2] Aus der Eigentumsgarantie des Art. 14 Abs. 1 GG ergibt sich, dass gesetzliche Regelungen auch den vollen Ausgleich für etwaige Vermögensverluste sicherzustellen haben.[3] Derartige Kompensationsregelungen finden sich z. B. in den §§ 304, 320, 327b AktG. Regelungen dieser Art werden aber auch für das Ausscheiden aus der Personengesellschaft § 738 BGB, für den „Austritt" des Ehegatten aus der Zugewinngemeinschaft § 1378 BGB oder den Ausschluss eines Erben aus einer Erbengemeinschaft § 2303 BGB benötigt.

Die Aufgabenstellung, den Umfang der Kompensation zu bewerten, hat verschiedene Lösungsansätze hervorgebracht. Die betriebswirtschaftliche Bewertungsliteratur präferiert hierbei einen Schiedswert, der sich aus der Bestimmung und Gegenüberstellung der subjektiven Grenzpreise von Abfindungsverpflichteten und Abfindungsberechtigten und einer Aufteilung dieser Verhandlungsbreite zwischen den Parteien, in welcher Art auch immer, ergibt.[4]

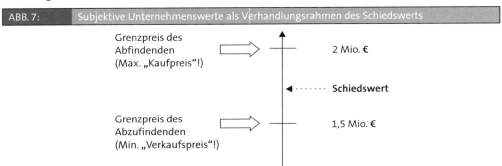

ABB. 7: Subjektive Unternehmenswerte als Verhandlungsrahmen des Schiedswerts

Dies setzt natürlich voraus, dass die Grenzpreise der Parteien ermittelt werden können. Selbst die Vertreter dieses Lösungsansatzes halten aber die Sachverhaltsaufklärung in dieser Hinsicht für nicht möglich und akzeptieren einen Rückgriff auf Typisierungen.[5] Als Typisierung ist dann die objektive Einschätzung eines Gutachters hinsichtlich der subjektiven Vorstellungen der Parteien zu verstehen. Diese sprachliche Pirouette zeigt bereits die Komplexität des Problems auf. Es erscheint somit illusorisch, dass die einzelnen Gesellschafter der Konfliktparteien ein Interesse daran haben könnten ihre wahren subjektiven Vorstellungen und damit ihre Grenzpreise offen zu legen.[6] Die von den Parteien (unterschiedlich) prognostizierte Unternehmenszukunft und die daraus abgeleiteten und kommunizierten Unternehmenswerte werden somit die Anwen-

---

1 *Maul, K.-H.*, Unternehmensbewertung in Spruchstellenverfahren, S. 261, in: Festschrift Drukarczyk, Richter/Schüler/Schwetzler (Hrsg.), Kapitalgeberansprüche, Marktwertorientierung und Unternehmenswert, 2003.
2 §§ 291, 319, 327a AktG.
3 *Meilicke, W.*, Die Barabfindung für den ausgeschlossenen oder ausscheidungsberechtigten Minderheits-Kapitalgesellschafter, 1975, S. 19.
4 *Drukarczyk, J.*, Zum Problem der angemessenen Barabfindung bei zwangsweise ausscheidenden Anteilseignern, AG, 1973, S. 357 f.; *Matschke/Brösel*, Unternehmensbewertung, 2005, S. 484 f.; *Moxter, A.*, Grundsätze ordnungsmäßiger Unternehmensbewertung, 1991, S. 19.
5 *Drukarczyk, J.*, Zum Problem der angemessenen Barabfindung bei zwangsweise ausscheidenden Anteilseignern, AG, 1973, S. 360 f.
6 *Maul, K.-H.*, Unternehmensbewertung in Spruchstellenverfahren, S. 268, in: Festschrift Drukarczyk, Richter/Schüler/Schwetzler (Hrsg.), Kapitalgeberansprüche, Marktwertorientierung und Unternehmenswert, 2003; OLG München, 26. 7. 2007 – 31 Wx 099/06, AG, 2008, S. 462.

dung einer Schiedswertregelung in der Praxis unmöglich machen. Da die Abfindungsberechtigten geneigt sein könnten, eine überaus positive Unternehmensentwicklung zu prognostizieren, die Abfindungsverpflichteten dagegen vor allem die zukünftigen Risiken im Auge behalten werden, sind aufteilbare Einigungsbereiche nicht zu erwarten.[1] Bei Minderheitsgesellschaftern im Sinne von Kleinanlegern kann man davon ausgehen, dass sie auch nicht die Fähigkeit haben ihre Vorstellungen zur Unternehmenszukunft zu formulieren.[2] Aus Sicht der Bewertungstheorie lässt sich somit festhalten, dass ein Schiedswert zwischen Parteien zwar im Idealzustand auf die individuellen Grenzpreise zurückgreifen sollte, dieser Ansatz in der Realität aber schon am Informationsdefizit des Gutachters scheitert.[3]

Gegen die formale Zulässigkeit eines Schiedswertes auf der Grundlage eines Schiedswertgutachtens wird aus juristischer Sicht eingewendet, dass hierfür ein Schiedsgutachtenvertrag zwischen den Gesellschaftern notwendig wäre.[4] Diese Konstellation entspricht nicht der Abfindungssituation.

In der Rechtsprechung und der rechtswissenschaftlichen Literatur wird deshalb ein anderer Gedanke als Lösungsweg verfolgt und der vom Berufsstand der Wirtschaftsprüfer entwickelte objektivierte Unternehmenswert als Repräsentant des Verkehrswertes zugrunde gelegt.[5] Wenn ein Richter über Abfindungsansprüche zu entscheiden hat, dann hat er sich weniger an wissenschaftliche Theorien, sondern zuerst an Gesetz, Rechtsprechung und seine Überzeugung zu halten.[6] Ist die Unternehmensbewertung zur gerichtlichen Klärung einer gesellschaftsrechtlich geforderten Abfindung damit Rechtsfrage[7] oder Tatfrage? Die Entscheidung, ob die Unternehmensbewertung im gesetzlichen Bewertungsanlass Rechts- oder Tatfrage ist, betrifft das Verhältnis zwischen dem Gericht und dem Sachverständigen.[8] Hat zum Beispiel der Sachverständige oder das Gericht zu entscheiden, welches Bewertungsverfahren zum Einsatz kommt?

Die zugrunde liegende Rechtsnorm bestimmt, welche Wert bildenden Faktoren zu berücksichtigen sind.

---

1 *Fischer-Winkelmann, W.*, IDW Standard: Grundsätze zur Durchführung von Unternehmensbewertungen (IDW S1) – in: Aere Aedificatus!, in: Fischer-Winkelmann, W., (Hrsg.), MC – Management-Consulting & Controlling, 2003, S. 137; *Schäfer, M.*, Entschädigungsstandard und Unternehmensbewertung bei Enteignungen im allgemeinen Völkerrecht, 1997, S. 183.

2 *Meyer, S.-M.*, Abfindung und Unternehmensbewertung, 2004, S. 94.

3 *Braunhofer, H.*, Unternehmens- und Anteilsbewertung zur Bemessung von familien- und erbrechtlichen Ausgleichsansprüchen, 1995, S. 26; *Henselmann, K.*, Gründe und Formen typisierender Unternehmensbewertung, BFuP, 2006, S. 149; *Brähler, G.*, Der Wertmaßstab der Unternehmensbewertung nach § 738 BGB, Wpg 2008, S. 211; WP-Handbuch, Band II, 2008, S. 11, Tz. 29.

4 *Ammon, L.*, Rechtliche Anforderungen an die Unternehmensbewertung, S. 309, in Kapitalmarktorientierte Unternehmensüberwachung, IDW (Hrsg.), 2001.

5 *Hüttemann, R.*, Unternehmensbewertung als Rechtsproblem, ZHR 1998, S. 563-593; *Riegger, B.*, Unternehmensbewertung, S. 298, Tz. 3, in: Kölner Kommentar zum SpruchG, Riegger/Wasmann (Hrsg.), 2005; *Krieger, G.*, in: Münchener Handbuch des Gesellschaftsrechts, Hoffmann-Becking, M. (Hrsg.), Aktiengesellschaft, 2007, S. 1258, Tz. 127; LG Dortmund, 19.3.2007 – 18 AktE 5/03, AG, S. 793; *Simon/Leverkus*, Unternehmensbewertung, S. 333, Tz. 25, in: Spruchverfahrensgesetz, Simon, S., (Hrsg.), 2007.

6 *Großfeld, B.*, Unternehmens- und Anteilsbewertung im Gesellschaftsrecht, 2002, S. 20; *Mandl/Rabel*, Unternehmensbewertung, 1997, S. 396; *Hüttemann, R.*, Zur „rückwirkenden" Anwendung neuer Bewertungsstandards bei der Unternehmensbewertung – Korreferat zum Beitrag von Bungert, Wpg 2008, S. 811, Wpg 2008, S. 823.

7 *Ränsch, U.*, Die Bewertung von Unternehmen als Problem der Rechtswissenschaften, AG, 1984, S. 204; *Gude, C.*, Strukturänderungen und Unternehmensbewertung zum Börsenkurs, 2004, S. 11.

8 *Lausterer, M.*, Unternehmensbewertung zwischen Betriebswirtschaftslehre und Rechtsprechung, 1997, S. 90.

4. Konzept des objektivierten Unternehmenswertes

„Das Rechtsverhältnis zwischen dem Anspruchsteller und dem Anspruchsgegner beherrscht die Bewertung."[1]

Beispiele, in denen die Normen darüber hinausgehend auch das Bewertungsverfahren bestimmen, lassen sich mit § 11 Abs. 2 BewG oder § 2049 BGB anführen. Schreibt die Norm dagegen kein Bewertungsverfahren vor, stellt die Konkretisierung der Bewertungsaufgabe eine Rechtsfrage dar.[2] Das gerichtliche Ermessen bei der Methodenwahl wird allerdings durch das Gesetzesziel begrenzt, den objektivierten Unternehmenswert bestmöglich abzubilden.[3] Die Bewertung der Wert bildenden Faktoren ist wiederum eine betriebswirtschaftliche Tatsachenfrage. Zu dieser Tatsachenfrage darf der Tatrichter – der im Regelfall nicht über die nötige Sachkunde verfügt – nicht ohne Einholung eines Sachverständigengutachtens entscheiden.[4] Der Gutachter für Bewertungsfragen hat aber nur eine Hilfsfunktion und ist Gehilfe des Richters.[5] Der Unternehmenswert wird nach § 287 Abs. 2 ZPO durch das Gericht geschätzt. Im Ergebnis hat das Gericht im Rahmen der Wertfindung damit Rechts- wie auch Tatfragen zu entscheiden.[6]

Ausgangspunkt für die Bestimmung eines Bewertungszieles im Rechtssinne ist § 738 Abs. 1 Satz 2 BGB. Danach kann ein abzufindender Gesellschafter das verlangen, was er bekommen hätte, wenn zum Zeitpunkt seines Ausscheidens die Gesellschaft (nicht das Unternehmen!)[7] aufgelöst worden wäre. Dann aber würden Dritte das Vermögen der zerschlagenen Unternehmung übernehmen, gegebenenfalls aber auch einen funktionsfähigen Betrieb bzw. Teilbetrieb daraus erwerben. Die bestmögliche Verwertung gilt stillschweigend als Liquidationsziel.[8] Der Schritt zum gemeinen Wert bzw. Verkehrswert des Unternehmens, als Zielstellung der Unternehmenswertermittlung zum Zwecke der Abfindungsbemessung, ist damit nicht mehr weit. Abzufindende Gesellschafter haben über ihren Anspruch auf bestmögliche Verwertung, Anspruch auf den Markt- oder Verkehrswert des Unternehmens und damit auf das, was eine nicht weiter identifizierte Gruppe dritter Käufer zu zahlen bereit ist.[9] Die Bewertungsvorgabe der Rechtsprechung formuliert dazu, dass Ausgangspunkt der Abfindungsbemessung der Preis des Unternehmens ist, der bei einem Verkauf als Einheit erzielt würde. Der subjektive Grenzpreis

---

1 *Piltz, D.*, Die Unternehmensbewertung in der Rechtsprechung, 1994, S. 121; siehe auch *Großfeld, B.*, Unternehmens- und Anteilsbewertung in der Rechtsprechung, 2002, S. 27.
2 *Hüttemann, R.*, Zur „rückwirkenden" Anwendung neuer Bewertungsstandards bei der Unternehmensbewertung – Korreferat zum Beitrag von Bungert, Wpg 2008, S. 811, Wpg 2008, S. 822.
3 *Bungert, H.*, Rückwirkende Anwendung von Methodenänderungen bei der Unternehmensbewertung, Wpg 2008, S. 814.
4 BGH v. 21. 5. 2007 – II ZR 266/04, AG, 2007, S. 625.
5 *Großfeld, B.*, Unternehmens- und Anteilsbewertung im Gesellschaftsrecht, 2002, S. 30.
6 *Hüttemann, R.*, Zur „rückwirkenden" Anwendung neuer Bewertungsstandards bei der Unternehmensbewertung – Korreferat zum Beitrag von Bungert, Wpg 2008, S. 811, Wpg 2008, S. 822; *Weiland, N.*, Synergieeffekte bei der Abfindung außenstehender Gesellschafter, 2003, S. 79.
7 Damit folgt aus dem Gesetzeswortlaut nicht automatisch der Ansatz des Liquidationswertes, da bei Auflösung der Gesellschaft nicht nur die Zerschlagung des Unternehmens sondern auch die Veräußerung des Unternehmens zum Ertragswert als Option zur Verfügung steht.
8 *Hüttemann, R.*, Rechtliche Vorgaben für ein Bewertungskonzept, Wpg 2007, S. 815.
9 *Piltz, D.*, Die Unternehmensbewertung in der Rechtsprechung, 1994, S. 69 u. 93; *Großfeld, B.*, Unternehmens- und Anteilsbewertung im Gesellschaftsrecht, 2002, S. 4; *Hüttemann, R.*, Rechtsfragen der Unternehmensbewertung, in: Heintzen/Kruschwitz (Hrsg.), Unternehmen bewerten, 2003, S. 154, 159; a. A. *Neuhaus, C.*, Unternehmensbewertung und Abfindung, 1990, S. 85; *Meilicke, W.*, Die Barabfindung für den ausgeschlossenen oder ausscheidungsberechtigten Minderheits-Kapitalgesellschafter, 1975, S. 53.

des ausscheidenden Gesellschafters spielt hierbei ebenso wenig eine Rolle wie der subjektive Grenzpreis des verbleibenden bzw. die Anteile übernehmenden Gesellschafters.[1]

> „...weil für Bewertungen, nach denen die gleichmäßige (§ 53a AktG) Kompensation für eine Vielzahl von Anteilseignern festzulegen ist, nicht auf subjektive Wertvorstellungen eines einzelnen Eigners abgestellt werden kann, sondern in weitem Umfang mit typisierten Annahmen gerechnet werden muss, ..."[2]

Im praktischen Fall wird ein Abfindungsberechtigter nur den objektivierten Unternehmens- bzw. Beteiligungswert realisieren können.[3]

Hält man sich den konkreten Bewertungsfall vor Augen, wäre eine Bewertungsvorgabe zur Berücksichtigung individueller Wertvorstellungen auch nicht realisierbar. Weder Gutachter noch Richter wären in der Lage, die subjektiven Positionen der Parteien zu analysieren.[4] Heerscharen abzufindender Aktionäre könnten auf die Relevanz ihrer persönlichen steuerlichen Situation bei der Bestimmung ihrer subjektiven Grenzpreise verweisen.[5] Das Ziel der Bewertung zum Verkehrswert gilt ausgehend von § 738 BGB nicht nur für das Gesellschaftsrecht, sondern gleichermaßen für das Familien- und Erbrecht.[6] Die Bewertung im Rechtssinne auf der Grundlage des objektivierten Unternehmenswertes befindet sich im Einklang mit dem gesellschaftsrechtlichen Gleichbehandlungsgrundsatz, kodifiziert z. B. in § 53a AktG, § 3 Abs. 1 WpÜG, der eine unterschiedliche Behandlung als Folge individueller Grenzpreise ohnehin ausschließt.[7]

Zwischenergebnis:

Dem objektivierten Unternehmenswert kommt kein Platz in der Wissenschaft zu.[8] Die Ausgangsfrage lautet, warum diesem Wert dann ein so bedeutender Platz in der Bewertungspraxis eingeräumt wird. Die Antwort darauf lässt sich wie folgt zusammenfassen. Der betriebswirtschaftliche Ansatz, der Abfindung den subjektiven Grenzpreis zugrunde zu legen, liefert eine präzise Lösung zu einer Frage, die sich rechtlich so nicht stellt. Hierzu besteht allerdings zugegebenermaßen eine Vielfalt von Meinungen. Käme man zu dem Ergebnis, dass der rechtliche Lösungsvorschlag zur Abfindungsproblematik falsch ist, bliebe immer noch das Problem, dass die ideale betriebswirtschaftliche Lösung nicht umsetzbar ist, zumindest nicht ohne die Bemühung der aus Sicht der reinen Lehre indiskutablen Objektivierungskrücke. Letztere ist aber unter anderem Erfordernis des gesellschaftsrechtlichen Gleichbehandlungsgrundsatzes.[9] Eine operationale Handlungsanweisung an den Gutachter, wie er die subjektiven Positionen der Parteien zu objektivieren hat, ohne sich dem Vorwurf des Ermessensmissbrauchs auszusetzen, existiert nach Ansicht des Verfassers noch nicht. Als kleinster gemeinsamer Nenner bleibt damit der objektivierte Unternehmenswert, der bei aller Kritik zumindest eine Verfahrensgrundlage für die Lösung der

---

1 OLG Stuttgart v. 19.3.2008 – 20 W 3/06, AG, 2008, S. 512; siehe auch OLG Celle v. 31.7.1998 – 9-W-128/97, Datev DokNr 0900078.
2 OLG Stuttgart v. 19.3.2008 – 20 W 3/06, AG, 2008, S. 512.
3 *Brähler, G.,* Der Wertmaßstab der Unternehmensbewertung nach § 738 BGB, Wpg 2008, S. 211.
4 *Simon/Leverkus,* Unternehmensbewertung, S. 333, Tz. 24, in: Spruchverfahrensgesetz, Simon, S., (Hrsg.), 2007.
5 *Piltz, D.,* Die Unternehmensbewertung in der Rechtsprechung, 1994, S. 94 f.
6 *Hüttemann, R.,* Unternehmensbewertung als Rechtsproblem, ZHR 1998, S. 580 u. S. 581; *Hüttemann, R.,* Rechtsfragen der Unternehmensbewertung, in: Heintzen/Kruschwitz (Hrsg.), Unternehmen bewerten, 2003, S. 154; siehe auch *Richter, B.,* Die Abfindung ausscheidender Gesellschafter unter Beschränkung auf den Buchwert, 2002, S. 64.
7 *Schmidt, K.,* Gesellschaftsrecht, 2002, S. 462 f.
8 *Coenenberg, A.,* Unternehmensbewertung aus der Sicht der Hochschule, in: Busse von Colbe/Coenenberg, Unternehmensakquisition und Unternehmensbewertung, 1992, S. 92.
9 *Simon/Leverkus,* Unternehmensbewertung, S. 333, Tz. 24, in: Spruchverfahrensgesetz, Simon, S., (Hrsg.), 2007.

gegebenen Problematik liefert. Die Wirtschaftsprüfer und der objektivierte Unternehmenswert orientieren sich damit zu Recht an den rechtlichen Erfordernissen.[1] Da Unternehmensbewertungen immer zweckabhängig sind, lässt sich dieses Vorgehen auch durch die Funktionenlehre theoretisch begründen.

4.5 Funktionen des Gutachters bei Unternehmensbewertungen

Wir halten fest, dass es Bewertungsanlässe gibt, für die nicht subjektive Unternehmenswerte zu ermitteln sind, sondern objektivierte Unternehmenswerte. Durch die unterschiedliche Herangehensweise bei der Wertermittlung ist es für das Verständnis eines Bewertungsgutachtens wichtig zu erkennen, ob ein subjektiver oder objektivierter Unternehmenswert ermittelt wurde. Das IDW hat deshalb für seine Berufsträger im IDW S1 festgelegt, dass jeder Wirtschaftsprüfer der ein Unternehmenswertgutachten erstellt, darin zu erklären hat, welche Art von Unternehmenswert ermittelt wurde.

> „Bei der Bewertung von Unternehmen kann der Wirtschaftsprüfer in verschiedenen Funktionen tätig werden:
>
> Neutraler Gutachter
>
> In der Funktion als neutraler Gutachter wird der Wirtschaftsprüfer als Sachverständiger tätig, der mit nachvollziehbarer Methodik einen objektivierten, von den individuellen Wertvorstellungen betroffener Parteien unabhängigen Wert des Unternehmens – den objektivierten Unternehmenswert – ermittelt.
>
> Berater
>
> In der Beratungsfunktion ermittelt der Wirtschaftsprüfer einen subjektiven Entscheidungswert, der z. B. angeben kann, was – unter Berücksichtigung der vorhandenen individuellen Möglichkeiten und Planungen – ein bestimmter Investor für ein Unternehmen höchstens anlegen darf (Preisobergrenze) oder ein Verkäufer mindestens verlangen muss (Preisuntergrenze), um seine ökonomische Situation durch die Transaktion nicht zu verschlechtern.
>
> Schiedsgutachter/Vermittler
>
> In der Schiedsgutachter-/Vermittlungsfunktion wird der Wirtschaftsprüfer tätig, der in einer Konfliktsituation unter Berücksichtigung der verschiedenen subjektiven Wertvorstellungen der Parteien einen Einigungswert als Schiedsgutachter feststellt oder als Vermittler vorschlägt."[2]

Die Art des Unternehmenswertes lässt tendenzielle Rückschlüsse zu, auf „wessen Seite" der Gutachter steht, d. h. ist der Wirtschaftsprüfer Berater einer Partei oder neutraler Gutachter. Das IDW überlässt es aber nicht dem Leser des Gutachtens, spekulativ Rückschlüsse zu ziehen, sondern schreibt Wirtschaftsprüfern ebenfalls vor, dass sie die Funktion zu benennen haben, in der sie im Rahmen der Unternehmensbewertung tätig werden.

> „Aus dem Bewertungsgutachten muss ersichtlich sein, in welcher Funktion der Wirtschaftsprüfer die Bewertung vorgenommen hat und welches Wertkonzept (objektivierter Unternehmenswert, subjektiver Entscheidungswert, Einigungswert) der Bewertung zugrunde liegt."[3]

Dabei kommt nicht das System der Kölner Funktionenlehre (funktionale Unternehmensbewertung) zur Anwendung, sondern der nicht deckungsgleiche Funktionskatalog des IDW. Der Unterschied der beiden Funktionskataloge soll anhand der jeweiligen Systeme dargestellt werden.[4]

---

[1] *Aha, C.*, Aktuelle Aspekte der Unternehmensbewertung im Spruchstellenverfahren, AG, 1996, S. 36.
[2] IDW S1 i. d. F. 2008, Tz. 12.
[3] IDW S1 i. d. F. 2008, Tz. 176.
[4] Eine Gegenüberstellung der Funktionenlehren findet sich in *Matschke/Brösel*, Unternehmensbewertung, 2005, S. 53; kritisch zu den Unterschieden *Schildbach, T.*, Kölner versus phasenorientierte Funktionenlehre, BFuP 1993 S. 25 ff.

Die Kölner Funktionenlehre unterscheidet nach Aufgaben bzw. Funktionen, die den Unternehmenswerten je nach Bewertungsanlass zukommen können:

TAB. 13:	Aufgaben von Unternehmenswerten nach der Kölner Funktionenlehre
Funktion des Unternehmenswertes	**Bewertungskonzept**
Entscheidungsfunktion	Subjektiver Unternehmenswert; stellt den Grenzpreis einer Partei dar (min. Verkaufspreis des Verkäufers, max. Kaufpreis des Käufers).
Vermittlungsfunktion	Kompromiss zwischen subjektiven Unternehmenswerten zweier Parteien.
Argumentationsfunktion	Modifizierter subjektiver Unternehmenswert: der Verkäufer fordert einen Verkaufspreis > Verkäufer-Grenzpreis; der Käufer bietet einen Kaufpreis < Käufer-Grenzpreis, jeweils mit dem Ziel einer günstigen Ausgangsbasis für Verhandlungen.

Das IDW differenziert dagegen nicht nach den Aufgaben des Unternehmenswertes, sondern nach der Aufgabenstellung des Wirtschaftsprüfers, die dieser im Rahmen der Unternehmensbewertung übernommen hat.

Der Wirtschaftsprüfer kann im Rahmen von Unternehmensbewertungen in folgenden Funktionen tätig werden und ermittelt in diesem Zusammenhang folgende Unternehmenswerte[1]:

TAB. 14:	Aufgaben des Wirtschaftsprüfers im Rahmen der Unternehmensbewertung
Funktion des Wirtschaftsprüfers	**Bewertungskonzept**
Berater	Subjektiver Unternehmenswert (Entscheidungswert)
Schiedsgutachter	Einigungswert (Vermittlungswert)
Neutraler Gutachter	Objektivierter Unternehmenswert

Ein Vergleich der Funktionskataloge zeigt, dass die Funktionen des Wirtschaftsprüfers als Berater mit der Entscheidungsfunktion und die Funktion als Schiedsgutachter mit der Vermittlungsfunktion in Einklang zu bringen sind. Die nicht zuordenbare Argumentationsfunktion der Kölner Funktionenlehre, ursprünglich aus Sicht der Wirtschaftsprüfer mit § 43 Abs. 1 Satz 2 WPO und der Unparteilichkeit von Wirtschaftsprüfern nicht vereinbar, lässt sich letztlich mit der Aufgabe des Wirtschaftsprüfers als Berater verbinden.[2] Lediglich der objektivierte Unternehmenswert findet keine Entsprechung im System der Kölner Funktionenlehre. Der objektivierte Unterneh-

---

[1] IDW S1 i.d.F. 2008, Tz. 12.
[2] WP-Handbuch, Band II, 1992, S. 5, Tz. 9; *Schultze, W.*, Methoden der Unternehmensbewertung, 2003, S. 10.

menswert hat eben keinen Platz in der Wissenschaft.[1] Dafür kommt ihm aber ein umso bedeutenderer Platz in der Praxis zu.[2]

Zwischenergebnis:

Der objektivierte Unternehmenswert findet sich nur in der Bewertungssystematik des IDW. Wenn der Wirtschaftsprüfer diesen ermittelt, hat er darauf im Gutachten explizit hinzuweisen, ebenso wie auf seine damit verknüpfte Funktion als neutraler Gutachter. In der Wissenschaft ist der objektivierte Unternehmenswert ein Unding, in der Praxis dagegen eine Notwendigkeit.

4.6 Bewertungsanlässe für objektivierte Unternehmenswerte

Unternehmensbewertungen nach dem Konzept des objektivierten Unternehmenswertes können bei folgenden Bewertungsanlässen zum Einsatz kommen (die Auflistung erfolgt nach den gesetzlichen Bewertungsgrundlagen):

1	AktG	Abschluss eines Gewinnabführungs- oder Beherrschungsvertrages	§ 305
2	AktG	Eingliederung	§§ 319, 320
3	AktG	Squeeze-out, Ausschluss von Minderheitsaktionären	§ 327a
4	AktG	Gründung und Sacheinlage eines Unternehmens in die AG	§ 33
5	AktG	Kapitalerhöhung und Sacheinlage eines Unternehmens in die AG	§ 183
6	AktG	Fairness Opinion	§ 93 Abs. 1 Satz 2
7	BewG	Bewertung nicht notierter Anteile von Kapitalgesellschaften und Betriebsvermögen für Zwecke der Erbschaft- und Schenkungsteuer	§ 11 Abs. 2, § 199 bis § 203
8	BGB	Austritt eines Gesellschafters aus einer Personengesellschaft (BGB-Gesellschaft, OHG, KG) durch Kündigung	§ 738
9	BGB	Ausschluss eines lästigen Gesellschafters aus einer Personenhandelsgesellschaft (OHG, KG)	§ 140 Abs. 1
10	BGB	Ehescheidung bei Zugewinnausgleich	§ 1378
11	BGB	Ehescheidung bei Gütergemeinschaft	§§ 1564 ff.
12	BGB	Vertragliche Erbauseinandersetzung	§ 2042
13	BGB	Erbfall und Pflichtteilsanspruch	§ 2311

---

1 *Coenenberg, A.*, Unternehmensbewertung aus der Sicht der Hochschule, in: Busse von Colbe/Coenenberg, Unternehmensakquisition und Unternehmensbewertung, 1992, S. 92; *Ballwieser, W.*, IDW S1 und objektivierter Unternehmenswert, in: Essler/Lobe/Röder, Fairness Opinion, 2008, S. 140.

2 *Siepe/Dörschell/Schulte*, Der neue IDW Standard: Grundsätze zur Durchführung von Unternehmensbewertungen (IDW S1), Wpg 2000, S. 948.

14	BGB	Vorweggenommene Erbfolge und Pflichtteilsanspruch (Nachfolgeregelung)	§ 2311
15	BHO	Privatisierung	§ 63 Abs. 3 Satz 1
16	BörsG	Delisting bzw. Going Privat	§ 38
17	GG	Enteignung	Art. 14.GG
18	GmbHG	Austritt eines Gesellschafters aus der GmbH	§§ 27 Abs. 1, 34
19	GmbHG	Ausschluss eines lästigen Gesellschafters aus einer GmbH	§ 34
20	GmbHG	Amortisation bzw. Einziehung von GmbH-Anteilen	§ 34
21	GmbHG	Gründung und Sacheinlage eines Unternehmens	§ 8
22	HGB	Bewertungen im Rahmen der Bilanzierung von Beteiligungen	§ 253 Abs. 2 Satz 3
23	InsO	Fortführungsprognose im Rahmen der Überschuldungsprüfung	§ 19 Abs. 2
24	UmwG	Verschmelzung, Aufspaltung, Abspaltung und Umtauschverhältnis	§ 12
25	UmwG	Formwechsel, Verschmelzung, Aufspaltung, Abspaltung und Barabfindung	§ 30
26	UmwStG	Sacheinlage via Ausgliederung oder Einzelrechtsnachfolge	§ 20
27	ÜRLUG	Sell-out, Andienungsrecht von Minderheitsaktionären	
28	WpÜG-AngVO	Angemessenheit des öffentlichen Pflichtangebotes zur Übernahme börsennotierter Aktien	§ 5
29	IDW S1	Grundlage zur Kaufpreisbestimmung	Tz. 30
30	KStG	Zur Bestimmung des möglichen Verlustabzugs bei entgeltlosen Umstrukturierungen im Konzernbereich	§ 8c KStG

In den angeführten Einsatzgebieten kann der objektivierte Unternehmenswert zum Einsatz kommen. Warum kann? Antwort: Bewertungsanlässe sind kein eindeutiges Ordnungskriterium für bestimmte Bewertungskonzepte. Zu den gesetzlichen bzw. vertraglichen Bewertungsanlässen, bei denen in der Regel der objektivierte Unternehmenswert zum Einsatz kommt siehe die folgenden Erläuterungen:

Zu Pos. 1 Abschluss eines Gewinnabführungs- oder Beherrschungsvertrages

Grundlage eines vertraglichen Unterordnungskonzerns ist ein Beherrschungsvertrag. Damit unterstellt eine AG oder eine KGaA die Leitung ihrer Gesellschaft einem anderen Unternehmen (§ 291 Abs. 1 AktG). In der Praxis werden Beherrschungsverträge immer im Zusammenhang mit einem Gewinnabführungsvertrag geschlossen, um das steuerliche Ziel einer Organschaft zu erreichen (§ 14 KStG, § 2 Abs. 2 GewStG). Das beherrschte Unternehmen führt damit Gewinne gemäß §§ 291, 301 AktG ab. Verluste werden gemäß § 302 AktG ausgeglichen. Für die außen stehenden Aktionäre ist ein angemessener Ausgleich im Gewinnabführungsvertrag vorzusehen

(§ 304 Abs. 1 Satz 1 AktG).[1] Außen stehende Aktionäre sind sämtliche Aktionäre, mit Ausnahme des anderen Vertragsteils.[2] Alternativ hat der Aktionär gemäß § 305 Abs. 1 AktG Anspruch auf eine Abfindung. Die Abfindung bestimmt sich nach den Voraussetzungen des § 305 Abs. 2 AktG entweder

- als Abfindung in Aktien der beherrschenden Gesellschaft (§ 305 Abs. 2 Nr. 1 AktG),
- oder als Barabfindung gegen Übernahme der Aktien (§ 305 Abs. 2 Nr. 2 und Nr. 3 AktG).

Erfolgt die Abfindung in Aktien, sind beherrschende Gesellschaft und beherrschte Gesellschaft zu bewerten und der Aktienaustausch anhand der Verschmelzungswertrelation zu bestimmen (§§ 304 Abs. 2 Satz 3, 305 Abs. 3 Satz 1 AktG). Erfolgt die Abfindung als Barabfindung gegen Übertragung der Aktien, ist der Unternehmenswert der beherrschten Gesellschaft zu ermitteln. Als Unternehmenswert ist in allen Fällen der objektivierte Unternehmenswert zu ermitteln.[3]

Zu Pos. 2 Eingliederung

Die Eingliederung gemäß §§ 319, 320 AktG steht systematisch zwischen dem Beherrschungsvertrag und der Verschmelzung. Gegenüber der Beherrschung unterwirft sich die eingegliederte Gesellschaft noch weitergehend den Weisungen der Hauptgesellschaft und einem Zugriff auf ihr Vermögen. Dabei bleibt die Gesellschaft im Vergleich zu einer Verschmelzung allerdings noch rechtlich selbständig bestehen. Die Hauptgesellschaft hat die Verluste der eingegliederten Gesellschaft zu übernehmen und haftet für deren Verbindlichkeiten. Eingliederungen sind nur zwischen Aktiengesellschaften möglich.[4] Zu unterscheiden sind Eingliederungen 100 %iger Tochtergesellschaften gemäß § 319 AktG und Eingliederungen von Gesellschaften, an denen die künftige Hauptgesellschaft zu mindestens 95 % beteiligt ist gemäß § 320 AktG. Bei einer niedrigeren Beteiligung ist eine Eingliederung nicht möglich. Mit der Eintragung der Eingliederung im Handelsregister, gehen gemäß § 320a AktG alle Aktien, die sich noch nicht in der Hand der Hauptgesellschaft befinden, automatisch auf diese über, ohne dass es einer besonderen Übertragung bedarf. Als Abfindung erhalten die ausgeschiedenen Aktionäre entweder Aktien der Hauptgesellschaft (§ 320b Abs. 1 Satz 2 AktG) oder eine Barabfindung (§ 320b Abs. 1 Satz 3 AktG). Für die Bestimmung der Angemessenheit der Abfindung gelten die Regelungen zum Abschluss von Beherrschungs- und Gewinnabführungsverträgen (§ 320b Abs. 1 Satz 4 und Satz 5 AktG).[5]

Zu Pos. 3 Squeeze-out, Ausschluss von Minderheitsaktionären

Auf Verlangen eines Hauptaktionärs, dem 95 % des Grundkapitals gehören, kann die Hauptversammlung einer Aktiengesellschaft die Übertragung der Aktien der Minderheitsaktionäre gegen

---

[1] *Popp, M.*, Fester Ausgleich bei Beherrschungs- und/oder Gewinnabführungsverträgen, Wpg 2008, S. 23 ff.
[2] *Hoffmann-Becking, M.*, in: Münchener Handbuch des Gesellschaftsrechts, Aktiengesellschaft, 2007, S. 1236, Tz. 79.
[3] *Hoffmann-Becking, M.*, in: Münchener Handbuch des Gesellschaftsrechts, Aktiengesellschaft, 2007, S. 1259 f., Tz. 131; zur Bewertung bei nachfolgenden Bewertungsanlässen siehe *Popp, M.*, Squeeze-out-Abfindung bei Beherrschungs- und Gewinnabführungsverträgen, AG, 2010, S. 1 ff.
[4] *Krieger, G.*, in: Münchener Handbuch des Gesellschaftsrechts, Aktiengesellschaft, Hoffmann-Becking (Hrsg.), 2007, § 73, S. 1344, Tz. 4.
[5] Siehe dazu oben, Ausführungen zu Pos. 1, Abschluss eines Gewinnabführungs- oder Beherrschungsvertrages.

angemessene Barabfindung auf den Hauptaktionär verlangen.[1] Ein Squeeze-out ist auch möglich, wenn sich die Aktiengesellschaft in der Liquidation befindet.[2] Die hinausgedrängten Aktionäre haben Anspruch auf Abfindung.[3] Diese bemisst sich bei einem Squeeze-out nach dem objektivierten Unternehmenswert.[4] Als besonders problematisch gilt im Squeeze-out die Bestimmung des Beta-Faktors. Soll der Beta-Faktor des in Mehrheitsbesitz befindlichen Unternehmens für die Bewertung verwendet werden, wird dieser zwangsläufig aufgrund zu geringer Handelsaktivitäten gegen Null gehen.[5] Damit wären Diskontierungen nur noch mit dem risikofreien Basiszins vorzunehmen. Alternativ soll der Beta-Faktor des beherrschten Unternehmens aus dem Beta-Faktor des beherrschenden Unternehmens abgeleitet werden. Als dritte Möglichkeit wählt die Bewertungspraxis ganz überwiegend die Verwendung von Peer Group-Betas.[6]

Zu Pos. 4 Gründung und Sacheinlage eines Unternehmens in die AG[7]

Bei der Sacheinlage hat ein Gründer einen Vermögensgegenstand als Gegenleistung für die von der Aktiengesellschaft gewährten Aktien einzubringen. Gegenstand einer Sacheinlage können u. a. Aktien, GmbH-Anteile, Anteile an Personengesellschaften oder Sachgesamtheiten im Sinne von Betrieben oder Teilbetrieben sein.[8] Das Verbot der Unterpariemission gemäß § 9 Abs. 1 AktG gilt auch für Sacheinlagen und ist Ausdruck des Grundsatzes der realen Kapitalaufbringung.[9] Ziel des Gebotes der realen Kapitalaufbringung ist der Gläubigerschutz.

Ist Gegenstand der Sacheinlage ein Unternehmen, so ist dessen Wert gemäß § 33 Abs. 2 Nr. 4 AktG im Rahmen der Gründungsprüfung zu überprüfen.[10] Eine Gründungsprüfung bei der Sacheinlage von „Unternehmen" entfällt, wenn notierte Anteile gemäß § 33a Abs. 1 Nr. 1 AktG eingebracht werden oder die Bewertung gemäß Gutachten eines Sachverständigen im Sinne § 33a Abs. 1 Nr. 2 AktG vorgenommen wird.[11]

---

1 Siehe hierzu, *Korsten, M.*, Vermögensrechtliche Ansprüche der Minderheitsaktionäre beim Squeeze-out und bei der Übernahme, 2006; *Mauerer, C.*, Squeeze-out und die Unternehmensbewertung, 2006; *Meyer, S.-M.*, Abfindung und Unternehmensbewertung, 2004; *Ehrhardt/Nowak*, Viel Lärm um Nichts? – Zur Irrelevanz der Risikoprämie für die Unternehmensbewertung im Rahmen von Squeeze-outs, Fair Valuations, Sonderheft AG, 20. November 2005; *Popp, M.*, Squeeze-out-Abfindung bei Beherrschungs- und Gewinnabführungsverträgen, Wpg 2006, S. 436 ff.
2 BGH v. 18. 9. 2006 – II ZR 225/04, BB, 2006, S. 2543.
3 BGH v. 25. 10. 2005 – II ZR 327/03, AG, 2005, S. 921.
4 IDW S1 i. d. F. 2008, Tz. 31; empirische Daten zu durchgeführten Unternehmensbewertungen im Squeeze-out liefert Hachmeister/Kühnle/Lampenius, Unternehmensbewertung in Squeeze-out-Fällen: eine empirische Analyse, Wpg 2009, S. 1234 ff.
5 *Ehrhardt/Nowak*, Viel Lärm um Nichts? – Zur Irrelevanz der Risikoprämie für die Unternehmensbewertung im Rahmen von Squeeze-outs, Fair Valuations, Sonderheft AG, 20. November 2005, S. 8.
6 *Hachmeister/Kühnle/Lampenius*, Unternehmensbewertung in Squeeze-out-Fällen: eine empirische Analyse, Wpg 2009, S. 1243.
7 Siehe auch *Delmas, B.*, Die Bewertung von Sacheinlagen in der Handelsbilanz von AG und GmbH, 1997, S. 35 und S. 132; WP-Handbuch, Band II, 2002, S. 195 ff.
8 WP-Handbuch, Band II, 2008, S. 245, Tz. 75.
9 *Pentz, A.*, in: Münchener Kommentar, Aktiengesetz, Goette/Habersack (Hrsg.), 2008, § 27, S. 683, Tz. 44.
10 *Hoffmann-Becking, M.*, in: Münchener Handbuch des Gesellschaftsrechts, Aktiengesellschaft, 2007, S. 33 f., Tz. 29 u. 35.
11 Das Gesetz zur Umsetzung der Aktionärsrechterichtlinie (ARUG) v. 30. 7. 2009 ist am 4. 8. 2009 im Bundesgesetzblatt verkündet worden (vgl. BGBl 2009 I S. 2479). Das Gesetz ist am 1. 9. 2009 in Kraft getreten. Mit dem Gesetz erfolgte durch Einfügung des § 33a AktG unter anderem eine Deregulierung der Sachgründung bei der AG.

4. Konzept des objektivierten Unternehmenswertes

Bewertungsstichtag ist der Tag der Anmeldung zum Handelsregister.[1] Da dieser Zeitpunkt vom Gründungsprüfer oder Sachverständigen nicht mit Sicherheit vorherbestimmt werden kann, ist faktisch der Zeitpunkt der Prüfung bzw. Wertermittlung maßgeblich.[2]

Der Wert der Sacheinlage muss gemäß § 34 Abs. 1 Nr. 2 AktG mindestens den Nennwert der ausgegebenen Aktien oder den höheren Ausgabebetrag erreichen. Erreicht der Wert der Sacheinlage bzw. der Unternehmenswert nicht den Nennwert der ausgegebenen Aktien oder den höheren Ausgabebetrag liegt eine unzulässige Überbewertung der Sacheinlage vor. Ob eine Überbewertung auch vorliegt, wenn der Wert der Sacheinlage zwar den Nennbetrag der ausgegebenen Aktien erreicht, aber nicht den höheren Ausgabebetrag, beantwortet § 36a AktG. Danach muss der Wert der Sacheinlage gemäß § 36a Abs. 2 Satz 3 AktG auch den höheren Ausgabebetrag erreichen.

Konsequenz der Überbewertung von Sacheinlagen ist die Ablehnung der Eintragung der Gesellschaft durch den Registerrichter gemäß § 38 Abs. 2 Satz 2 AktG. In den Fällen der Sachgründung ohne externe Gründungsprüfung gemäß § 33a AktG sind die §§ 37a (Vorlage des Sachverständigengutachtens bei Anmeldung) und 38 Abs. 3 AktG (eingeschränkter Umfang der Werthaltigkeitsprüfung durch das Gericht) zu beachten. Erfolgt die Eintragung trotzdem, lebt die Differenzhaftung verschuldensunabhängig gegen den Inferenten[3] bzw. bei schuldhafter Fehlbewertung eine Haftung gegenüber dem Sachverständigen[4] auf. Falsche Angaben zum Wert der Sacheinlage erfüllen den Straftatbestand des § 399 Abs. 1 Nr. 1 AktG.

Liegt der Wert der Sacheinlage bzw. der Unternehmenswert über dem Nennwert der ausgegebenen Aktien bzw. dem höheren Ausgabebetrag, liegt ein Fall der Unterbewertung vor, dessen Zulässigkeit umstritten ist.[5] Dafür spricht, dass sich die aktienrechtliche Kapitalsicherung nur auf das ausgewiesene, nicht aber auf das wirkliche Kapital bezieht.[6] Dagegen spricht, dass auch willkürliche stille Reserven den Einblick in die Gesellschaft gefährden können.[7] Ein Ausweis der Wertdifferenz, die sich aus dem Wert der Sacheinlage gegenüber dem Nennwert der Aktien ergibt, hat in einer Kapitalrücklage nach § 272 Abs. 2 Nr. 1 HGB zu erfolgen.[8]

Bewertungsmaßstab für die Bewertung der Sacheinlage bzw. des Unternehmens ist der Zeitwert, wobei dieser aus Sicht der Gesellschaft zu ermitteln ist.[9] Der Begriff des Zeitwertes ist zu klären. Dazu bieten sich folgende Definitionen an:

Gemäß IDW PS 315:

> „Der beizulegende Zeitwert entspricht demnach im Wesentlichen dem Einzelveräußerungspreis des Vermögenswerts bzw. der Schuld."[10]

---

1 *Pentz, A.*, in: Münchener Kommentar, Aktiengesetz, Goette/Habersack (Hrsg.), 2008, § 27, S. 680, Tz. 38.
2 WP-Handbuch, Band II, 2008, S. 247, Tz. 77; *Pentz, A.*, in: Münchener Kommentar, Aktiengesetz, Goette/Habersack (Hrsg.), 2000, § 34, S. 723, Tz. 16.
3 *Pentz, A.*, in: Münchener Kommentar, Aktiengesetz, Goette/Habersack (Hrsg.), 2008, § 27, S. 683, Tz. 44.
4 *Bayer*, in: GmbH-Gesetz, Lutter/Hommelhoff (Hrsg.), 2009, § 5, S. 226, Tz. 29.
5 *Hoffmann-Becking, M.*, in: Münchener Handbuch des Gesellschaftsrechts, Aktiengesellschaft, 2007, S. 29., Tz. 17; WP-Handbuch, Band II, 2008, S. 247, Tz. 77.
6 *Angermayer, B.*, Die aktienrechtliche Prüfung von Sacheinlagen, 1994, S. 305.
7 *Pentz, A.*, in: Münchener Kommentar, Aktiengesetz, Goette/Habersack (Hrsg.), 2008, § 27, S. 681, Tz. 39.
8 WP-Handbuch, Band II, 2008, S. 247, Tz. 77.
9 WP-Handbuch, Band II, 2008, S. 247, Tz. 77; *Pentz, A.*, in: Münchener Kommentar, Aktiengesetz, Goette/Habersack (Hrsg.), 2008, § 27, S. 681, Tz. 39.
10 IDW Prüfungsstandard: Die Prüfung von Zeitwerten, i. d. F. 8. 12. 2005, IDW PS 315, Tz. 7.

Gemäß IDW RH HFA 1.005:

> „Der beizulegende Zeitwert reflektiert den für Vermögensgegenstände durch Verkauf oder Glattstellung erzielbaren bzw. für die Begleichung von Schulden aufzuwendenden Betrag, wobei Transaktionskosten vernachlässigt werden."[1]

Gemäß IDW RS HFA 16:

> „Der beizulegende Zeitwert ist der Betrag, zu dem ein Vermögenswert zwischen sachverständigen, vertragswilligen und voneinander unabhängigen Geschäftspartnern getauscht oder zu dem eine Schuld beglichen werden könnte…. Dabei ist nicht vom konkreten Erwerber auszugehen, sondern objektivierend ein hypothetischer Erwerber zu unterstellen. Dementsprechend tritt die Verwendungsabsicht des konkreten Erwerbers (acquirer's intention) zugunsten der Einschätzung der hypothetischen Erwerber zurück, sodass keine erwerberspezifischen wertrelevanten Faktoren im beizulegenden Zeitwert berücksichtigt werden dürfen."[2]

Die juristische Literatur definiert den Zeitwert als den Wert, der bei der Beschaffung aufzuwenden wäre, höchstens aber den Wert, der bei einer Veräußerung zu erzielen wäre.[3] Die Definition des Zeitwertes als Verkehrswert bzw. Veräußerungspreis deckt sich damit mit den Definitionen der angeführten IDW-Verlautbarungen.

Aus der Definition des Zeitwertes lässt sich das im Rahmen der Unternehmensbewertung anzuwendende Bewertungskonzept ableiten, indem bestimmte Bewertungsaspekte ausgeschlossen werden. So können im Rahmen des fiktiven Verkaufs echte Synergieeffekte[4] des den Betrieb oder die Anteile „verkaufenden" Unternehmens keine Rolle spielen, da sie für die Entscheidung und Bewertung des Käufers irrelevant wären. Das einzulegende Unternehmen, das unter der Verkaufsfiktion bewertet wird, ist somit unter dem Stand-Alone-Prinzip[5] (d. h. ohne die Berücksichtigung von echten Synergieeffekten) zu betrachten. Die möglichen echten Synergieeffekte eines hypothetischen Käufers können schon praktisch nicht abgeschätzt werden. Dieses Ergebnis deckt sich mit der obigen Zeitwert-Definition in IDW RS HFA 16, bei der von erwerberspezifischen wertrelevanten Faktoren (also z. B. echten Synergievorteilen) zu abstrahieren ist. Echte Synergieeffekte können somit im Rahmen des auszuwählenden Bewertungskonzeptes keine Rolle spielen. Aus dem Blickwinkel des Gläubigerschutzes ist dieses Ergebnis naheliegend. In der Literatur wurden demgegenüber Überlegungen zur Berücksichtigung echter Synergieeffekte im Rahmen der Sacheinlagenbewertung vorgetragen.[6] Diese Überlegungen decken sich aber nicht mit dem anzuwendenden Bewertungsmaßstab „Zeitwert" für Sacheinlagen und sind somit abzulehnen.[7]

---

1 IDW Rechnungslegungshinweis: Anhangangaben nach § 285 Satz 1 Nr. 18 u. 19 HGB sowie Lageberichterstattung nach § 289 Abs. 2 Nr. 2 HGB in der Fassung des Bilanzrechtsreformgesetzes, i. d. F. 18. 3. 2005, IDW RH HFA 1005, Tz. 8.
2 IDW Stellungnahme zur Rechnungslegung: Bewertungen bei der Abbildung von Unternehmenserwerben und bei Werthaltigkeitsprüfungen nach IFRS, i. d. F. 18. 10. 2005, IDW RS HFA 16, Tz. 7.
3 *Bayer*, in: GmbH-Gesetz, Lutter/Hommelhoff (Hrsg.), 2009, § 5, S. 225, Tz. 25, mit weiteren Nachweisen.
4 Zur Unterscheidung von echten und unechten Synergieeffekten siehe Gliederungspunkt 9.7.7.
5 IDW S1 i. d. F. 2008, Tz. 34, das Stand-alone-Prinzip leitet sich aus der Vorgabe ab, im Rahmen der Ermittlung von objektivierten Unternehmenswerten keine echten Synergieeffekte zu berücksichtigen.
6 *Reuter, A.*, Unternehmensbewertung bei Sacheinlagen: Der neue IDW-Standard S1 auf dem Prüfstand des Kapitalaufbringungsrechts, BB 2000, S. 2303; *Reuter/Lenz*, Unternehmensbewertungen nach der Neufassung des IDW-Standards S1 – Modifikation für aktienrechtliche Zwecke, DB, 2006, S. 1693; *Kunowski/Popp*, Berücksichtigung von Steuern, in: Praxishandbuch der Unternehmensbewertung, Peemöller (Hrsg.), 2009, S. 963.
7 Siehe im Ergebnis zustimmend, *Franken/Schulte*, Auswirkungen des IDW RS HFA 10 auf andere Bewertungsanlässe, BB, 2003, S. 2677.

4. Konzept des objektivierten Unternehmenswertes

Wird die Berücksichtigung echter Synergieeffekte aus dem auszuwählenden Bewertungskonzept ausgeschlossen, fällt die Wahl automatisch auf den objektivierten Unternehmenswert.

> „Im Rahmen der Ermittlung des objektivierten Unternehmenswerts sind *nur*[1] die Überschüsse aus unechten Synergieeffekten zu berücksichtigen; ..."[2]

Dieser stellt auch tatsächlich das für die Bewertung von Sacheinlagen anzuwendende Bewertungskonzept dar.[3] Allerdings soll wie oben ausgeführt, der Zeitwert (bzw. bei Unternehmen der objektivierte Unternehmenswert) aus Sicht der die Sacheinlage aufnehmenden Gesellschaft bestimmt werden. Das Bewertungssubjekt würde sich damit nicht mit der üblichen Bewertungsperspektive des objektivierten Unternehmenswertes decken.

> „Bei gesellschaftsrechtlichen und vertraglichen Bewertungsanlässen wird der objektivierte Unternehmenswert im Einklang mit der langjährigen Bewertungspraxis und deutschen Rechtsprechung aus der Perspektive einer inländischen unbeschränkt steuerpflichtigen natürlichen Person als Anteilseigner ermittelt."[4]

Allerdings sind nun Zweifel erlaubt, ob der Hinweis der gesellschaftsrechtlichen Literatur, der Zeitwert sei aus der Sicht der Gesellschaft zu ermitteln, auch auf den Bestimmungsfaktor für die Wahl des Bewertungssubjekts abzielt. Nach Ansicht des Verfassers nein und zwar mit folgender Begründung.

Der Bewertungsmaßstab des Zeitwertes ist aus der Zielverfolgung des Gläubigerschutzes zu verstehen. Durch die Einlage eines Vermögensgegenstandes fehlt die Wertverprobung durch den Markt. Eine Überbewertung soll durch den Verweis auf den fiktiven Transaktionspreis vermieden werden, der höchstens bei einer Veräußerung des Vermögensgegenstandes erzielbar wäre. Dabei wird auf den hypothetischen Verkäufer „die Sacheinlage aufnehmende Gesellschaft" und nicht den Inferenten abgestellt. Das ist mit der Sicht der Gesellschaft in der gesellschaftsrechtlichen Literatur gemeint. Soll der fiktive Transaktionspreis im Sinne eines maximalen Verkaufspreises allerdings im Rahmen einer Bewertung ermittelt werden, ist als Bewertungssubjekt zwangsläufig auf einen hypothetischen Käufer und dessen Perspektive abzustellen, da andernfalls der Zeitwert nicht ermittelt werden kann. Aus dem Hinweis „aus Sicht der Gesellschaft" lässt sich somit nicht auf die zu wählende Bewertungsperspektive schließen. Dies ergibt sich aus den oben angestellten Überlegungen zum Ausschluss echter Synergieeffekte, wie aus den hier angestellten Überlegungen zur praktischen Umsetzung des Bewertungsvorganges.

Akzeptiert man die angestellten Überlegungen, ist im Rahmen der Bewertung auch die Einkommensteuer des fiktiven Käufers, wie im Bewertungskonzept des objektivierten Unternehmenswertes üblich, zu berücksichtigen. Das Ergebnis deckt sich mit dem Bewertungsansatz, der für Zwecke der Bilanzierung von Beteiligungen verfolgt wird. Hier wird zur Abbildung eines hypothetischen Verkaufspreises auf den objektivierten Unternehmenswert unter Berücksichtigung typisierter Einkommensteuer abgestellt.

---

1 Einfügung des Verfassers.
2 IDW S1 i. d. F. 2008, Tz. 34.
3 *Angermayer, B.*, Die aktienrechtliche Prüfung von Sacheinlagen, 1994, S. 302.
4 IDW S1 i. d. F. 2008, Tz. 31.

"Aus Sicht eines potenziellen Erwerbers bestimmt sich der Wert einer Beteiligung durch den Barwert der ihm aus dem Eigentum an dem Unternehmen zukommenden Nettozuflüsse, d. h. nach Abzug ...typisierte(r) persönliche(r) Ertragsteuern."[1]

Anderslautenden Vorschlägen der Literatur, die Einkommensteuer in Sacheinlagefällen nicht zu berücksichtigen, kann damit nicht gefolgt werden.[2]

Mit dem am 12.12.2006 verkündeten SEStEG, ist das Maßgeblichkeitsprinzip der Handelsbilanz für die Steuerbilanz für Einbringungen aufgegeben worden. Einbringungen können damit handelsrechtlich zum gemeinen Wert erfolgen, ohne eine Versteuerung der stillen Reserven auszulösen §§ 20 ff. UmwStG. Voraussetzung für die Steuerneutralität ist die Beantragung des Buchwertes für steuerliche Zwecke. Die unterschiedlichen Bewertungen führen zu einem Auseinanderfallen von Handelsbilanz und Steuerbilanz.[3]

Zu Pos. 5 Kapitalerhöhung und Sacheinlage eines Unternehmens in die AG

Die Kapitalerhöhung mit Sacheinlagen unterliegt wie die Sachgründung einer Prüfung § 183 Abs. 3 AktG. Von einer Prüfung kann gemäß § 183a AktG unter den Voraussetzungen des § 33a AktG abgesehen werden. Der Wert der Sacheinlage muss dabei auch den höheren Ausgabebetrag der Aktien erreichen § 188 Abs. 2 Satz 1 AktG. Im Übrigen siehe die Ausführungen zur Gründung und Sacheinlage eines Unternehmens in die AG.

Zu Pos. 6 Fairness Opinion

Fairness Opinions sind Stellungnahmen eines unabhängigen Sachverständigen zur finanziellen Angemessenheit eines Transaktionspreises im Rahmen einer unternehmerischen Initiative. Die Fairness Opinion beschränkt sich nicht nur auf öffentliche Übernahmen sondern wird auch für Transaktionen bei nicht-börsennotierten Gesellschaften eingesetzt.[4] Fairness Opinions werden vermehrt nachgefragt. Dies kann im Zusammenhang mit den anhaltenden Diskussionen zur Haftung von Vorständen und Aufsichtsräten gesehen werden. Eine gesetzliche Verpflichtung zur Einholung einer Fairness Opinion besteht nicht. Allerdings führt § 93 Abs. 1 Satz 2 AktG aus, dass keine Pflichtverletzung vorliegt, wenn der Vorstand bei einer unternehmerischen Entscheidung auf der Grundlage angemessener Informationen davon ausgehen konnte, dass diese zum Wohle der Gesellschaft erfolgt. Vorstände und Aufsichtsräte stellen die Adressaten der Fairness Opinion dar und verwenden diese somit zur rechtlichen Absicherung ihrer Transaktionsentscheidungen. Faktisch entwickelt sich die Fairness Opinion zum Marktstandard.[5]

---

1 IDW Stellungnahme zur Rechnungslegung: Anwendung der Grundsätze des IDW S 1 bei der Bewertung von Beteiligungen und sonstigen Unternehmensanteilen für die Zwecke eines handelsrechtlichen Jahresabschlusses (IDW RS HFA 10), 18.10.2005, Tz. 12.
2 Siehe zu diesem Vorschlag *Reuter, A.*, Unternehmensbewertung bei Sacheinlagen: Der neue IDW-Standard S1 auf dem Prüfstand des Kapitalaufbringungsrechts, BB, 2000, S. 2301; *Reuter/Lenz*, Unternehmensbewertungen nach der Neufassung des IDW-Standards S1 – Modifikation für aktienrechtliche Zwecke, DB 2006, S. 1693.
3 *Mitsch, B.*, Einbringungen in Kapitalgesellschaften nach dem SEStEG, INF 2007, S. 227; *Ritzer/Rogall/Stangl*, Die Einbringung in eine Kapitalgesellschaft nach dem SEStEG, Wpg 2006, S. 1213.
4 *Rosen von, R.*, in: Essler/Lobe/Röder, Fairness Opinion, 2008, S. VII.
5 *Lobe/Essler/Röder*, Welche Anforderungen stellen deutsche Vorstände und Aufsichtsratsvorsitzende an Fairness Opinions?, Wpg 2007, S. 468 f.

4. Konzept des objektivierten Unternehmenswertes

Der Einsatz des objektivierten Unternehmenswertes bei der Erstellung einer Fairness Opinion kann dazu dienen, hochfliegenden Kaufpreisphantasien einen gewissen Rahmen zu geben bzw. deren Angemessenheit abzusichern. Den Einsatz des objektivierten Unternehmenswertes für diesen Zweck sieht auch der IDW S1 vor.

> „Häufig ist der Wirtschaftsprüfer als neutraler Gutachter zur Ermittlung eines objektivierten Unternehmenswerts im Rahmen unternehmerischer Initiativen tätig, bei denen die Bewertung als objektivierte Informationsgrundlage (z. B. für Kaufpreisverhandlungen, Fairness Opinions, Kreditwürdigkeitsprüfungen) dient."[1]

Hier sind aber Änderungen absehbar. Für die Erstellung von Fairness Opinions hat der FAUB den Entwurf des IDW Standards ES 8 „Grundsätze für die Erstellung von Fairness Opinions" am 19. 8. 2009 verabschiedet. Die billigende Kenntnisnahme durch den HFA erfolgte am 9. 9. 2009.[2] Der IDW ES 8 wird abweichend zur Regelung im IDW S 1 ein Schwergewicht auf kapitalmarktorientierte Vergleichsverfahren legen.

Unabhängig vom Einsatz kapitalmarktorientierter Vergleichsverfahren (Multiples!) kann eine ergänzende Überprüfung der Kaufpreisvorstellungen, durch Gegenüberstellung des objektivierten Unternehmenswertes mit dem angestrebten subjektiven Transaktionswert, den Umfang erwarteten Wachstums bzw. zu entgeltender echter Synergien feststellen und transparent machen. Dem objektivierten Unternehmenswert kommt hier als vergleichsweise manipulationsresistenter Größe eine entscheidende Kontroll- und Nachweisfunktion zu. Da die Anwendung des CAPM zur Bestimmung des Kalkulationszinssatzes bei großen Transaktionen ohnehin zum Standard gehört, spricht einiges dafür, dass ein möglicherweise aufzudeckendes Bewertungsdelta auf synergiebezogene Planungsunterschiede zurückzuführen ist. Dieses Planungsdelta wird durch den objektivierten Unternehmenswert aufgedeckt, da spätere Abweichungen der realisierten Planwerte von den Planzielen am (konservativen und typisierten) Planungsrahmen des objektivierten Unternehmenswertes verprobt werden können. Der von der Literatur empfohlenen Verwendung subjektiver Unternehmenswerte[3] oder von Multiple-Bewertungen für die Fairness Opinion fehlt dagegen genau diese Korrekturfunktion. Möglicherweise später auftretende Planverfehlungen können nur noch an der ursprünglichen, aber eben individuellen und damit dehnbaren Wertsicht „verprobt" werden. Werden die Multiple-Bewertungen aus einem Bullen-Markt abgeleitet, ist jeder überhöhte Kaufpreis wiederum Beleg für den nächsten Investor, einen überhöhten Kaufpreis als angemessen bestätigt zu bekommen.[4]

Für die Fairness Opinion ist damit als Mittel des Aktionärsschutzes ergänzend immer auch ein objektivierter Unternehmenswert zu fordern. Betrachtet man die Wertvernichtung an Aktionärsvermögen in den letzten Jahren (z. B. BMW und Rover, Daimler und Chrysler), die durchwegs auf eine Überschätzung der positiven Synergieeffekte zurückzuführen ist, sollten hierzu gesetzliche Vorgaben erwogen werden.

---

1 IDW S1 i. d. F. 2008, Tz. 30.
2 IDW Fachnachrichten Nr. 1-2/2010, S. 20 ff.
3 *Westhoff, A. O.*, Die Fairness Opinion, 2006, S. 128.
4 *Wollny, C.*, Bewertung junger Unternehmen, Unternehmermagazin, Heft 7/8, 2001, S. 44; siehe ebenso *Franke/Hax*, Finanzwirtschaft des Unternehmens und Kapitalmarkt, 2004, S. 402.

4.6 Bewertungsanlässe für objektivierte Unternehmenswerte

Zu Pos. 7 Bewertung nicht notierter Anteile von Kapitalgesellschaften und Betriebsvermögen für Zwecke der Erbschaft- und Schenkungsteuer

Mit der Entscheidung des BVerfG vom 7.11.2006 war der Gesetzgeber aufgefordert, ein gerechtes Erbschaftsteuerrecht sicherzustellen. Hier ist vor allem für eine einheitliche Bewertung des Vermögens zum gemeinen Wert bzw. zum Verkehrswert Sorge zu tragen.[1] Die Bewertung nicht notierter Anteile von Kapitalgesellschaften nach dem Stuttgarter Verfahren bzw. von Personengesellschaften unter Verwendung der Steuerbilanzwerte für Zwecke der Erbschaftsteuer und Schenkungsteuer war damit nicht mehr haltbar.[2] Als Lösung zur Umsetzung der Vorgaben des BVerfG bietet sich als Bewertungskonzept der objektivierte Unternehmenswert an.[3]

Seit dem Erbschaftsteuerreformgesetz vom 24.12.2008[4], anzuwenden ab dem 1.1.2009, können zwei Varianten des Ertragswertverfahrens zur Bewertung nicht notierter Anteile verwendet werden. Der Steuerpflichtige kann zum einen eine reguläre Unternehmensbewertung auf der Grundlage des IDW S1 erstellen, oder die Wertermittlung auf Grundlage des neu geschaffenen vereinfachten Ertragswertverfahrens durchführen.

> „Ist der gemeine Wert von Anteilen an einer Kapitalgesellschaft … zu ermitteln, kann das vereinfachte Ertragswertverfahren (§ 200) angewendet werden, wenn dieses nicht zu offensichtlich unzutreffenden Ergebnissen führt."[5]

> „Ist der gemeine Wert des Betriebsvermögens oder eines Anteils am Betriebsvermögen …zu ermitteln, kann das vereinfachte Ertragswertverfahren (§ 200) angewendet werden, wenn dieses nicht zu offensichtlich unzutreffenden Ergebnissen führt."[6]

Diese Kann-Vorschrift eröffnet mit dem vereinfachten Ertragswertverfahren somit eine Alternative zur Durchführung einer regulären Unternehmensbewertung nach den Vorgaben des IDW S1. Durch Erlass wurden die Finanzämter allerdings angewiesen, grundsätzlich nach dem vereinfachten Ertragswertverfahren – gewissermaßen als Soll-Vorschrift – zu bewerten.

> „Das FA hat den im vereinfachten Ertragswertverfahren ermittelten Wert zugrunde zu legen, wenn das Ergebnis nicht offensichtlich unzutreffend ist."[7]

Somit weicht der Erlass „nur" hinsichtlich der Prüfungsreihenfolge vom Gesetz ab. Während das Gesetz von einer regulären Bewertung nach IDW S1 ausgeht, auf Wunsch aber auch eine Alternativrechnung zulässt, geht der Erlass regulär von der Alternativrechnung in Form des vereinfachten Ertragswertverfahrens aus.

---

1 *Landsittel, R.*, Geklärte Fragen und neue Probleme bei der Erbschaft- und Schenkungsteuer – Auswirkungen auf das Gesetz zur Erleichterung der Unternehmensnachfolge, ZErb 2007, S. 95.
2 Für ertragsteuerliche Zwecke existiert ein Leitfaden der Oberfinanzdirektion Münster, Bewertung von (Anteilen an) Kapitalgesellschaften für ertragsteuerliche Zwecke, Stand Januar 2007, http://www.ofd-muenster.de/die_ofd_ms/aktuelles/05_leitfaden_kapital.php.
3 Siehe dazu auch *Beumer/Duscha*, Steuerliche Bewertungsmaßstäbe, in: Peemöller (Hrsg.), Praxishandbuch der Unternehmensbewertung, 2009, S. 1034.
4 Erbschaftsteuerreformgesetz v. 24.12.2008 – ErbStRG, BGBl I S. 3018.
5 § 199 Abs. 1 BewG.
6 § 199 Abs. 2 BewG.
7 Bewertung, Anteile an Kapitalgesellschaften, Betriebsvermögen Gleichlautende Ländererlasse v. 25.6.2009 Anwendung der §§ 11, 95 bis 109 und 199 ff. BewG in der Fassung durch das ErbStRG, BStBl 2009 I S. 690, Abschn. 19, Abs. 3, Satz 2.

Gesetz wie auch Erlass wollen das vereinfachte Ertragswertverfahren aber dann nicht zum Zuge kommen lassen, wenn damit offensichtlich unzutreffende Ergebnisse ermittelt werden. Für Unternehmen mit Beteiligungs- und Tochtergesellschaften und einem gewissen Komplexitätsgrad der Mutter-Tochter-Beziehungen wird eingeräumt, dass das vereinfachte Ertragswertverfahren keine zutreffenden Ergebnisse produzieren kann.

> „Bei komplexen Strukturen von verbundenen Unternehmen kann davon ausgegangen werden, dass das vereinfachte Ertragswertverfahren regelmäßig zu unzutreffenden Ergebnissen führen wird."[1]

Zu klären bleibt aber, wann das Bewertungsergebnis aus der Verwendung des vereinfachten Ertragswertverfahrens „offensichtlich unzutreffend" ist. Der Erlass führt bereits Fallkonstellationen auf, woraus unzutreffende Bewertungsergebnisse resultieren können.

1. „Vorliegen zeitnaher Verkäufe, wenn diese nach dem Bewertungsstichtag liegen;
2. Vorliegen von Verkäufen, die mehr als ein Jahr vor dem Bewertungsstichtag liegen;
3. Erbauseinandersetzungen, bei denen die Verteilung der Erbmasse Rückschlüsse auf den gemeinen Wert zulässt."[2]

Die angeführten drei Punkte beleuchten allesamt Aspekte, die eigentlich für die Bewertung irrelevant sind (da sie z. B. das Stichtagsprinzip verletzen) aber Rückschlüsse auf das Vorliegen möglicher Fehlbewertungen zulassen sollen.

Wenn von „unzutreffenden Ergebnissen" die Rede ist, stellt sich die Frage, wann das Ergebnis zutreffend ist. Dies muss nach den Vorgaben des Bundesverfassungsgerichts dann gegeben sein, wenn der gemeine Wert oder Verkehrswert ermittelt wurde. Unterstellt, eine reguläre Unternehmensbewertung gemäß IDW S1 ermittelt gemeine Werte oder Verkehrswerte, dann ist ein unzutreffendes Ergebnis jedes Ergebnis des vereinfachten Ertragswertverfahrens, welches von einer Bewertung gemäß IDW S1 abweicht.

Konträr zu dieser Position entwickelt sich im Moment allerdings eine rege Diskussion, die sich im Kern um prozentuale Abweichungen dreht, deren Höhe ein Urteil zulassen soll, ob ein Ergebnis „noch" zutreffend oder bereits unzutreffend ist.

Die Diskussion um Prozentsätze ist nach Meinung des Verfassers verfehlt. Eine große oder kleine Abweichung ist zunächst eine Abweichung. Es bleibt den Parteien Finanzamt und Steuerpflichtiger im Einzelfall überlassen, aus dem ermittelten absoluten Bewertungsdelta Schlüsse zu ziehen. Anders formuliert. Bei Gesellschaftern eines kleinen Unternehmens können die Steuerfolgen die mit einer 10 %igen Abweichung des Unternehmenswertes von 1 Million Euro verbunden sind gravierend sein. Bei einem großen Unternehmen mit einem Unternehmenswert von 1 Milliarde Euro kann eine 1 %ige Abweichung ausreichender Grund für eine Neubewertung sein.

Der Steuerpflichtige hat die Möglichkeit dem Bewertungsergebnis der Finanzverwaltung eine Bewertung nach den üblichen Bewertungsregeln des IDW S1 entgegenzuhalten.

---

1 Bewertung, Anteile an Kapitalgesellschaften, Betriebsvermögen Gleichlautende Ländererlasse v. 25.6.2009 Anwendung der §§ 11, 95 bis 109 und 199 ff. BewG in der Fassung durch das ErbStRG, BStBl 2009 I S. 690, Abschn. 19, Abs. 5, Satz 1.
2 Bewertung, Anteile an Kapitalgesellschaften, Betriebsvermögen Gleichlautende Ländererlasse v. 25.6.2009 Anwendung der §§ 11, 95 bis 109 und 199 ff. BewG in der Fassung durch das ErbStRG, BStBl 2009 I S. 690, Abschn. 19, Abs. 4.

„Will der Steuerpflichtige von dem im vereinfachten Ertragswertverfahren ermittelten Wert abweichen, trägt er die Feststellungslast für die Ermittlung eines abweichenden Werts."[1]

D. h. wenn sich der Steuerpflichtige nicht auf die Bewertungen gemäß vereinfachtem Ertragswertverfahren seitens der Finanzverwaltung verlassen will, wird er gezwungen sein, immer eine reguläre Bewertung nach IDW S1 durchführen zu lassen. Ob dieses reguläre Bewertungsgutachten gemäß IDW S1 anschließend vor dem Finanzamt Verwendung findet, ergibt sich erst aus der Gegenüberstellung zum Bewertungsergebnis des Finanzamtes.

Wenn eine reguläre Bewertung von einem Wirtschaftsprüfer durchgeführt werden soll, muss die Frage nach der Art dieses Unternehmenswertes beantwortet werden.[2] Ein Hinweis, ob es sich bei dem regulären Unternehmenswert gemäß IDW S1 um einen subjektiven oder einen objektivierten Unternehmenswert handelt, fehlt im Gesetz wie auch im einschlägigen Erlass. Der ursprüngliche Diskussionsentwurf für eine Rechtsverordnung zur Bewertung von Unternehmen für Zwecke der Erbschaft- und Schenkungsteuer verwendete noch den Begriff des objektivierten Unternehmenswertes.[3] Die aufgeworfenen Fragen nach der Konsequenz und Relevanz von Bewertungsdifferenzen lassen bei der Wahl des Wertkonzeptes eigentlich ohnehin nur den objektivierten Unternehmenswert zu, da ihm durch die notwendigen Typisierungen ein hohes Maß an Manipulationsresistenz attestiert werden kann, auf welche die Finanzverwaltung kaum verzichten wird.

Die Justiziabilität des objektivierten Unternehmenswertes kann auf eine lange Tradition zurückblicken. Die durch den IDW S1 normierten Bewertungsgrundlagen stellen ein, wenn schon nicht objektives, so doch objektiviertes Bewertungsverfahren sicher. Bei Meinungsverschiedenheiten hinsichtlich des von der Finanzverwaltung abgeleiteten vereinfachten Ertragswertes eröffnet ein „Parteigutachten" auf der Grundlage des objektivierten Unternehmenswertes, die Möglichkeit die Steuerlast zu reduzieren.[4]

Zu Pos. 8 Austritt eines Gesellschafters aus einer Personengesellschaft (BGB-Gesellschaft, OHG, KG, GmbH & Co. KG, Partnerschaftsgesellschaft) durch Kündigung

Jeder Gesellschafter kann gemäß § 723 Abs. 1 Satz 1 BGB durch einseitige Erklärung die Gesellschaft verlassen. Mangels vertraglicher Abfindungsregelungen kommen die gesetzlichen Abfindungsregelungen zum Tragen. Die gesetzlichen Abfindungsregelungen §§ 738 bis 740 BGB gelten einheitlich für alle Personengesellschaften.[5] Durch das Ausscheiden aus der Gesellschaft wandelt sich der Anspruch auf ein Auseinandersetzungsguthaben in einen Abfindungsanspruch. Der Anteil am Gesellschaftsvermögen wächst gemäß § 738 Abs. 1 Satz 1 BGB den anderen Gesellschaftern zu. Der Abfindungsanspruch beschränkt sich nicht auf den Liquidationserlös, wie § 738 Abs. 1 Satz 2 BGB nach dem Wortlaut festlegt. Literatur und Rechtsprechung ge-

---

[1] Bewertung, Anteile an Kapitalgesellschaften, Betriebsvermögen Gleichlautende Ländererlasse v. 25. 6. 2009 Anwendung der §§ 11, 95 bis 109 und 199 ff. BewG in der Fassung durch das ErbStRG, BStBl 2009 I S. 690, Abschn. 19, Abs. 7.
[2] IDW S1 i. d. F. 2008, Tz. 176.
[3] Diskussionsentwurf für eine Verordnung zur Durchführung des § 11 Abs. 2 des Bewertungsgesetzes – Anteils- und Betriebsvermögensbewertungsverordnung – (AntBVBewV), Bearbeitungsstand 8. 2. 2008, 8:22 Uhr.
[4] *Henselmann, K.*, Neue Aufgaben für Unternehmensbewerter durch Reform der Erbschaftsteuer, BewertungsPraktiker, Nr. 4, 2007, S. 15.
[5] *Sauter, W.*, in: Beck'sches Handbuch der Personengesellschaften, 2009, S. 567; siehe §§ 105 Abs. 3, 161 Abs. 2 HGB, § 1 Abs. 4 PartGG.

4. Konzept des objektivierten Unternehmenswertes

hen vielmehr von einer optimalen „Verwertung" der Gesellschaft im Abfindungszeitpunkt aus.[1] Diese würde u.U. durch den Verkauf des lebenden Unternehmens realisiert. Die Liquidationshypothese des § 738 BGB steht dem tatsächlich nicht entgegen, denn auch im Rahmen der Liquidation kann das fortführungswürdige Unternehmen im Ganzen verkauft werden.[2] Die Zerschlagungsintensität[3] ist in diesem Fall minimal und das entspricht dem Gesetzeswortlaut, der von der Liquidation der Gesellschaft, aber nicht der Liquidation des Unternehmens spricht.[4] Der Abfindungsanspruch bemisst sich demgemäß nach dem „wirklichen" oder „wahren" Wert oder Verkehrswert, d. h. dem Wert den ein potentieller Erwerber zu zahlen bereit wäre.[5]

> „Diese sind verpflichtet, dem Ausscheidenden … dasjenige zu zahlen, was er bei der Auseinandersetzung erhalten würde, wenn die Gesellschaft zur Zeit seines Ausscheidens aufgelöst worden wäre"[6] – *bzw. was aus dem Verkauf der Gesellschaft bei Unternehmensfortführung erlöst worden wäre* (Ergänzung des Verfassers nach heutiger Gesetzesauslegung).

Da dieser subjektive Unternehmenswert eines potentiellen Käufers im Abfindungsfall durch den Gutachter nicht antizipiert werden kann, kommt der objektivierte Unternehmenswert zur Anwendung. Dies ergibt sich auch daraus, dass subjektive Vorstellungen der verbleibenden Gesellschafter zur Fortführungskonzeption des Unternehmens ohne Bedeutung sind.[7] Allerdings ist der Umstand des Ausscheidens eines Gesellschafters im Rahmen der Unternehmensplanung zu berücksichtigen (z.B. der Wegfall einzelner Kundenbeziehungen).[8] Der in der Gesellschaft durch die Abfindungsverpflichtung entstehende Aufwand darf den Unternehmenswert nicht mindern.[9] Eine infolge der Abfindung auf den Veräußerungsgewinn des ausscheidenden Gesellschafters entfallende Steuer ist nicht Teil des Abfindungsanspruchs.[10] Der Abfindungsanspruch entsteht mit dem Zeitpunkt des Ausscheidens. Damit ist auch der Bewertungsstichtag festgelegt.[11]

Eine zur Feststellung des Abfindungsanspruchs von Rechtsprechung und Schrifttum geforderte Abschichtungsbilanz wird nach herrschender Meinung als nicht mehr notwendig erachtet, da die Aufgabe der Ermittlung des anteiligen Unternehmenswertes von einer Unternehmens-

---

1 *Hüttemann, R.*, Rechtsfragen der Unternehmensbewertung, in: Heintzen/Kruschwitz (Hrsg.), Unternehmen bewerten, 2003, S. 154.
2 *Schmidt, K.*, Gesellschaftsrecht, 2002, S. 1478.
3 Zur Liquidation siehe Gliederungspunkt 9.17.2.
4 *Piehler/Schulte*, in: Münchener Handbuch des Gesellschaftsrechts, Kommanditgesellschaft GmbH & Co. KG Publikums-KG Stille Gesellschaft, 2009, S. 755.
5 *Schuhmann, H.*, Abfindung von Gesellschaftern, 1996, S. 22; *Piehler/Schulte*, in: Münchener Handbuch des Gesellschaftsrechts, BGB-Gesellschaft Offene Handelsgesellschaft PartG EWIV, 2009, S. 1415 f. u. 1417; *Sauter, W.*, in: Beck'sches Handbuch der Personengesellschaften, 2009, S. 568.
6 § 738 Abs. 1 Satz 2 BGB.
7 *Piehler/Schulte*, in: Münchener Handbuch des Gesellschaftsrechts, Kommanditgesellschaft GmbH & Co. KG Publikums-KG Stille Gesellschaft, 2009, S. 759.
8 *Piehler/Schulte*, in: Münchener Handbuch des Gesellschaftsrechts, Kommanditgesellschaft GmbH & Co. KG Publikums-KG Stille Gesellschaft, 2009, S. 759.
9 *Piehler/Schulte*, in: Münchener Handbuch des Gesellschaftsrechts, Kommanditgesellschaft GmbH & Co. KG Publikums-KG Stille Gesellschaft, 2009, S. 758.
10 *Piehler/Schulte*, in: Münchener Handbuch des Gesellschaftsrechts, Kommanditgesellschaft GmbH & Co. KG Publikums-KG Stille Gesellschaft, 2009, S. 759.
11 *Piehler/Schulte*, in: Münchener Handbuch des Gesellschaftsrechts, Kommanditgesellschaft GmbH & Co. KG Publikums-KG Stille Gesellschaft, 2009, S. 757.

bewertung übernommen wird.[1] Um alle wechselseitigen Ansprüche zwischen Gesellschaft und Abfindungsberechtigten unter dem Gebot der Durchsetzungssperre berechnen zu können, wird statt einer Abschichtungsbilanz aber immer noch ein Rechenwerk in Form einer Abrechnung[2] oder Gesamtabrechnung[3] gefordert. Der Notwendigkeit dieser Abrechnung ist zuzustimmen, da im Rahmen der Unternehmensbewertung zwar aus der Perspektive der Unternehmung alle wechselseitigen Ansprüche zwischen Gesellschaft und Gesellschafter berücksichtigt werden (z. B. Tilgung von Verbindlichkeiten gegenüber dem Gesellschafter, Einziehung von Forderungen gegen den Gesellschafter), diese wechselseitigen Ansprüche aber aus Sicht des Gesellschafters gemeinsam mit dem anteiligen Unternehmenswert zu einem Abfindungsanspruch zu verrechnen sind.

Negative Kapitalkonten eines Kommanditisten sind wegen § 167 Abs. 3 HGB von diesem nicht auszugleichen, soweit er seine Einlage erbracht hat. Der ausscheidende Kommanditist hat somit keine Bar-Ausgleichsverpflichtung. Vielmehr wächst sein negatives Kapitalkonto den verbleibenden Gesellschaftern gemäß § 738 Abs. 1 Satz 1 BGB zu und „verschwindet" insofern. Die Anwachsung führt zu einer Verteilung des negativen Kapitalkontos auf die Kapitalkonten der verbleibenden Gesellschafter gemäß Ergebnisverteilungsschlüssel.[4] Werden durch diese Verteilung auch die Kapitalkonten der verbliebenen Gesellschafter negativ oder erhöht sich dadurch deren negativer Saldo, so sinkt damit c. p. der für die Abfindung maßgebliche Unternehmenswert, da der für Entnahmen vorausgesetzte Ausgleich der Kapitalkonten in die Zukunft verschoben wird.

Zu Pos. 9 Ausschluss eines lästigen Gesellschafters aus einer Personenhandelsgesellschaft (OHG, KG)

Durch Ausschließungsklage kann der Gesellschafter einer OHG oder KG ausgeschlossen werden § 133, 161 Abs. 2 HGB. Die Ausschließung bedarf eines wichtigen Grundes. Der ausgeschlossene Gesellschafter hat Anspruch auf eine Abfindung. Mangels vertraglicher Abfindungsregelungen kommen die gesetzlichen Abfindungsregelungen zum Tragen. Der Abfindungsanspruch berechnet sich gemäß § 738 Abs. 1 Satz 2 BGB i.V. m. §§ 105 Abs. 3, 161 Abs. 2 HGB auf der Grundlage des Ertragswertes.[5] Siehe dazu die Ausführungen zum Austritt eines Gesellschafters aus einer Personengesellschaft (BGB-Gesellschaft, OHG, KG) durch Kündigung. Der Bewertungsstichtag bestimmt sich gemäß § 140 Abs. 2 HGB nach dem Tag der Klageerhebung.

---

1 *Sauter, W.*, in: Beck'sches Handbuch der Personengesellschaften, 2009, S. 571; *Lorz, R.*, in: Ebenroth/Boujong/Joost/Strohn, Handelsgesetzbuch Band I, 2008, S. 1526, Tz. 102; Piehler/Schulte, in: Münchener Handbuch des Gesellschaftsrechts, Kommanditgesellschaft GmbH & Co.KG Publikums-KG Stille Gesellschaft, 2009, S. 765, Tz. 44; so allerdings schon *Piltz, D.*, Die Unternehmensbewertung in der Rechtsprechung, 1994, S. 141.
2 *Sauter, W.*, in: Beck'sches Handbuch der Personengesellschaften, 2009, S. 571.
3 *Piehler/Schulte*, in: Münchener Handbuch des Gesellschaftsrechts, Kommanditgesellschaft GmbH & Co. KG Publikums-KG Stille Gesellschaft, 2009, S. 763.
4 *Weipert, R.*, in: Ebenroth/Boujong/Joost/Strohn, Handelsgesetzbuch Band I, 2008, S. 1772 f.
5 *Schmidt, K.*, Gesellschaftsrecht, 2002, S. 1477.

4. Konzept des objektivierten Unternehmenswertes

Zu Pos. 10 Ehescheidung bei Zugewinnausgleich[1]

Im Scheidungsfall ist der Vermögenszuwachs zwischen den Ehepartnern gerecht aufzuteilen. Dabei ist von jedem Ehegatten der während der Ehe erzielte Vermögenszuwachs durch Vergleich seines Anfangs- und Endvermögens zu bestimmen. Übersteigt der Vermögenszuwachs des einen Ehepartners den des anderen, hat der letztere Anspruch auf die Hälfte des Zugewinnüberschusses des ersteren §§ 1363 bis 1390 BGB. Gehört einem der Ehepartner ein Unternehmen, ist der Unternehmenswert Teil dieser Vermögensbetrachtung. Hat ein Ehepartner das Unternehmen während der Ehe gegründet und aufgebaut, ist das Unternehmen nur Teil des Endvermögens. Hat ein Ehepartner das Unternehmen bereits mit in die Ehe gebracht, ist der Unternehmenswert zu zwei Zeitpunkten zu ermitteln.[2] Erster Bewertungszeitpunkt zur Bestimmung des Anfangsvermögens ist der Zeitpunkt des Eintrittes in den Ehestand § 1376 Abs. 1 BGB. Der Unternehmenswert ist in diesem Fall mit den Preisverhältnissen zum Zeitpunkt des Endvermögens zu indexieren. Der Zeitpunkt für die Bestimmung des Endvermögens ergibt sich aus dem Zeitpunkt der Rechtshängigkeit des Scheidungsantrages § 1384 BGB. Der Unternehmenswert ist als fairer Einigungswert oder Schiedswert zu ermitteln. Ausgangsgrundlage hierfür ist der objektivierte Unternehmenswert, der letztlich auch die in der Praxis relevante Größe bei der Wertermittlung darstellt, da eine Grenzpreisbestimmung nur für den Unternehmer-Ehegatten sinnvoll möglich wäre. D.h. nur der Ehegatte, der Unternehmensinhaber ist, könnte als fiktiver „Verkäufer" seinen subjektiven Unternehmenswert benennen.[3]

Zu Pos. 11 Ehescheidung bei Gütergemeinschaft

Siehe grundsätzlich die Ausführungen zur Ehescheidung bei Zugewinnausgleich.

Zu Pos. 12 Vertragliche Erbauseinandersetzung[4]

Die Miterbengemeinschaft ist keine Dauergemeinschaft, sondern auf Liquidation angelegt. Die Auseinandersetzung kann durch vertragliche Auseinandersetzung erfolgen.[5] Damit verpflichten sich die Erben einzelne Vermögensgegenstände, etwa die Anteile an einem Unternehmen, zu übernehmen und einen wechselseitigen Wertausgleich durchzuführen. Ein bestimmtes Bewertungsverfahren ist nicht vorgeschrieben. Die Bewertung von Unternehmen wird, mit Blick auf nicht unerhebliches Streitpotenzial zwischen den Erben, den Verkehrswert im Auge haben. Die Bewertung wird damit zum objektivierten Unternehmenswert erfolgen.[6] Hier ist allerdings zu berücksichtigen, inwiefern beim Versterben des bisherigen Unternehmensinhabers eine Weiter-

---

[1] *Olbrich, M.*, Zur Unternehmensbewertung bei Scheidung des Unternehmers, DBW, 2005, S. 411; *Braunhofer, H.*, Unternehmens- und Anteilsbewertung zur Bemessung von familien- und erbrechtlichen Ausgleichsansprüchen, 1995; Stellungnahme HFA 2/1995: Zur Unternehmensbewertung im Familien und Erbrecht, Wpg 1995, S. 522 ff.; *Horn, C.-H.*, Unternehmensbewertung im Zugewinnausgleich, NWB Nr. 34, 21. 8. 2006, Fach 19, S. 3537; zur Bedeutung regulär erzielter zeitnaher Kaufpreise im Zusammenhang mit familienrechtlichen Bewertungsanlässe siehe HFA 2/1995, III, 4.
[2] WP-Handbuch, Band II, 2008, S. 184, Tz. 520.
[3] *Henselmann, K.*, Gründe und Formen typisierender Unternehmensbewertung, BFuP 2006, S. 149.
[4] Zur Bedeutung regulär erzielter zeitnaher Kaufpreise im Zusammenhang mit familienrechtlichen Bewertungsanlässe siehe HFA 2/1995, III, 4.
[5] *Erker/Oppel*, in: Münchener Anwaltshandbuch, Erbrecht, 2002, S. 930.
[6] *Kasper, M. A.*, in: Münchener Anwaltshandbuch, Erbrecht, 2002, S. 1037.

4.6 Bewertungsanlässe für objektivierte Unternehmenswerte

führung des Unternehmens möglich ist. Bei Verneinung dieser Frage ist eine Bewertung des Unternehmens zum Liquidationswert die Folge.[1]

Zu Pos. 13 Erbfall und Pflichtteilsanspruch[2]

Pflichtteilsberechtigt ist nach § 1938 BGB, wer gesetzlicher Erbe wäre, aber durch eine Verfügung von Todes wegen vom Erbe ausgeschlossen wurde. Er erhält gemäß § 2303 Abs. 1 Satz 2 BGB einen Pflichtteil in Höhe der Hälfte des gesetzlichen Erbteils. Der Pflichtteilsanspruch ist eine Geldforderung.[3] Der Wert des Nachlasses bestimmt sich nach § 2311 BGB. Maßgeblich ist der Verkehrswert (für Unternehmen damit regelmäßig nach dem objektivierten Unternehmenswert[4] zu ermitteln) zum Zeitpunkt des Todesfalls, wobei gemäß § 2311 Abs. 2 Satz 2 BGB eine Wertbestimmung des Erblassers nicht maßgebend ist. Pflichtteilsberechtigte haben gemäß § 2314 Abs. 1 Satz 2 BGB einen Auskunfts- und Wertermittlungsanspruch gegen die Erben. Die Kosten der Wertermittlung fallen gemäß § 2314 Abs. 2 BGB dem Nachlass zur Last.

Zu Pos. 14 Vorweggenommene Erbfolge und Pflichtteilsanspruch (Nachfolgeregelung)

Siehe hierzu die Ausführungen zu Erbfall und Pflichtteilsanspruch.

Zu Pos. 15 Privatisierung

Hier ist der Staat Unternehmensverkäufer. Die Ausführungen zur Enteignung können sinngemäß verwendet werden.

Zu Pos. 16 Delisting bzw. Going Privat[5]

Ein gesetzliches Anspruchsrecht auf Abfindung besteht nach der Literaturmeinung derzeit nicht.[6] Allerdings stütz der BGH einen Abfindungsanspruch auf Art. 14 GG. Die Verwendung des objektivierten Unternehmenswertes ist damit naheliegend. Der für die Bemessung der Abfindung relevante Verkehrswert der Aktien kann unter bestimmten Bedingungen aus dem Kaufpreis abgeleitet werden, den der Großaktionär bei der Übernahme der zu delistenden Gesellschaft innerhalb eines Jahres zuvor bezahlt hat. In diesem Fall bedarf es keiner Ermittlung eines objektivierten Unternehmenswerts.[7]

Zu Pos. 17 Enteignung

Hier ist der Staat Unternehmenskäufer. Eine Bewertung anhand subjektiver Kriterien scheidet damit aus, da das Bewertungssubjekt Käufer nicht als Individuum in das Kalkül einbezogen wer-

---

1 IDW S1 i. d. F. 2008, Tz. 42.
2 Zur Bedeutung regulär erzielter zeitnaher Kaufpreise im Zusammenhang mit familienrechtlichen Bewertungsanlässe siehe HFA 2/1995, III, 4.
3 *Alpmann/Schmidt*, Erbrecht, 2006, S. 188.
4 WP-Handbuch, Band II, 2008, S. 182, Tz. 510.
5 *Adolff, J.*, Unternehmensbewertung im Recht der börsennotierten Aktiengesellschaft, 2007, S. 278 ff.
6 *Gutte, R.*, Das reguläre Delisting von Aktien, 2006, S. 195 ff.; siehe aber *Lüdemann, U. W.*, Probleme bei der Abfindung außenstehender Aktionäre, 2006, S. 237 ff.
7 Delisting: Bei Vorliegen eines verlässlichen Marktpreises keine Unternehmensbewertung nach IDW S1 erforderlich, BB 2009, S. 2363; LG Köln, 24. 7. 2009 – 82 O 10/08, BB-Online, BBL2009-2363-1.

den kann. Der Enteignete kann Entschädigung verlangen, die auch unter dem Verkehrswert bleiben kann Art. 14 Abs. 3 GG.[1] D. h. der zu Entschädigende ist höchstens so zu stellen, wie er ohne den Eingriff in seine Vermögensposition gestanden hätte.[2] Die Enteignungsentschädigung orientiert sich somit am Verkehrswert des entzogenen Unternehmens. Dieser kann schon aus Nachweisgründen nur mittels des objektivierten Unternehmenswertes bestimmt werden.[3]

Zu Pos. 18 bis 20 Austritt eines Gesellschafters aus der GmbH, Ausschluss eines lästigen Gesellschafters aus einer GmbH, Amortisation bzw. Einziehung von GmbH-Anteilen

Im Gesellschaftsvertrag finden sich regelmäßig Bewertungsklauseln für die Bemessung einer Abfindung im Falle eines Gesellschafterausschlusses. Sind die festgelegten Bewertungsregeln angemessen, d. h. besteht zwischen statutarischem Abfindungsanspruch und tatsächlichem Verkehrswert des verlorenen Unternehmensanteils kein eklatanter Unterschied, dann bemisst sich die Abfindung nach den definierten Abfindungsregeln, z. B. unter Anwendung eines Stuttgarter Verfahrens. Wurde dagegen zum Beispiel eine Buchwertklausel vereinbart und führt diese nach Treu und Glauben bereits bei Abschluss der Vereinbarung zu einer erheblichen Benachteiligung des austretenden bzw. ausgeschlossenen Gesellschafters, dann erfolgt die Abfindung zum vollen wirtschaftlichen Verkehrswert.[4] Damit kommt es zur Anwendung des objektivierten Unternehmenswertes.

Zu Pos. 21 Gründung und Sacheinlage eines Unternehmens in die GmbH[5]

Eine Gründungsprüfung wie im AktG existiert für die GmbH nicht. Allerdings ist bei der Handelsregisteranmeldung der Wert des eingelegten Unternehmens nachzuweisen § 8 Abs. 1 Nr. 5 GmbHG. Als Wert gilt der Verkehrswert, der bei Unternehmen als Ertragswert zu ermitteln ist. Dabei ist der „objektive Zeitwert" nachzuweisen.[6] Der Zeitwert ist aus Sicht der Gesellschaft zu bestimmen.[7] Der Unternehmenswert muss den Wert der Stammeinlage erreichen. Wie im Aktiengesetz gilt das Verbot der Unterpariemission §§ 9, 9c Abs. 1 Satz 2 GmbHG, mit der Konsequenz der Ablehnung der Sachgründung, soweit der Wert des eingelegten Unternehmens den

---

1 *Piltz, D.*, Die Unternehmensbewertung in der Rechtsprechung, 1994, S. 86.
2 *Aust/Jacobs/Pasternak*, Die Enteignungsentschädigung, 2002, S. 325.
3 A. A. *Piltz, D.*, Die Unternehmensbewertung in der Rechtsprechung, 1994, S. 106; siehe auch *Schäfer, M.*, Entschädigungsstandard und Unternehmensbewertung bei Enteignungen im allgemeinen Völkerrecht, 1997, S. 219; WP-Handbuch, Band II, 1992, S. 6, Tz. 10.
4 *Kort, M.*, in: Münchener Handbuch des Gesellschaftsrechts, Band 3, Gesellschaft mit beschränkter Haftung, 2009, S. 576, Tz. 23.
5 Siehe auch *Delmas, B.*, Die Bewertung von Sacheinlagen in der Handelsbilanz von AG und GmbH, 1997, S. 35 u. 132; *Fischer, M.*, Sacheinlagen im Gesellschafts- und Steuerrecht der GmbH, 1997, S. 94 ff.; WP-Handbuch, Band II, 2002, S. 195 ff.
6 *Freitag/Riemenschneider*, in: Münchener Handbuch des Gesellschaftsrechts, Gesellschaft mit beschränkter Haftung, 2009, S. 144, Tz. 34.
7 *Bayer*, in: GmbH-Gesetz, Lutter/Hommelhoff (Hrsg.), 2009, § 5, S. 225, Tz. 25; zur Bestimmung des objektivierten Unternehmenswertes als Bewertungskonzept siehe oben die Ausführungen zu Pos. 4 Gründung und Sacheinlage eines Unternehmens in die AG.

4.6 Bewertungsanlässe für objektivierte Unternehmenswerte

Wert der Stammeinlage unterschreitet. Für den Zeitpunkt des Nachweises der Wertverhältnisse ist der Zeitpunkt der Anmeldung zum Handelsregister maßgeblich § 9 Abs. 1 GmbHG.[1]

Zu Pos. 22 Bewertungen im Rahmen der Bilanzierung von Beteiligungen

Beteiligungen im Sinne § 271 Abs. 1 HGB sind im handelsrechtlichen Einzelabschluss zu Anschaffungskosten zu bilanzieren § 253 Abs. 1 Satz 1 HGB. Beteiligungen können nicht planmäßig abgeschrieben werden, da ihre Nutzung nicht zeitlich begrenzt ist. Wenn am Bilanzstichtag der beizulegende Wert unter die Anschaffungskosten gesunken ist und diese Wertminderung voraussichtlich nicht dauerhaft ist, dann gilt ein Abwertungswahlrecht § 253 Abs. 2 Satz 3 1. HS HGB, § 279 Abs. 1 HGB. Bei voraussichtlich dauernder Wertminderung besteht eine Abwertungspflicht § 253 Abs. 2 Satz 3 2.HS HGB. Die Anwendung des IDW S1 bei der Bewertung von Beteiligungen im handelsrechtlichen Einzelabschluss wird von der IDW Stellungnahme IDW RS HFA 10[2] geregelt. Hinsichtlich der Bewertungskonzepte unterscheidet IDW RS HFA 10 zwei Fälle. Wird das Beteiligungsverhältnis fortgesetzt, dann erfolgt die Überprüfung der Werthaltigkeit der Beteiligung nach dem subjektiven Unternehmenswert, der letztlich auch der Akquisitionsentscheidung zugrunde lag. Dabei wird die Perspektive der die Beteiligung haltenden Gesellschaft eingenommen.

> „Bei der Einbeziehung von Ertragsteuern in die Beteiligungsbewertung ist grundsätzlich ebenso wie bei der Berücksichtigung von Synergieeffekten die Perspektive der die Beteiligung haltenden Gesellschaft maßgeblich."[3]

Auf die Berücksichtigung der Einkommensteuer ist somit bei der Bestimmung der Diskontierungsgröße „Ausschüttung" zu verzichten.[4] Ebenso ist bei der Ableitung des Kalkulationssatzes auf die Berücksichtigung der Einkommensteuer zu verzichten.[5] Der Kalkulationszinssatz hat trotz der Ermittlung eines subjektiven Unternehmenswertes Typisierungserfordernissen zu entsprechen.[6] Durch den Verweis auf ein Alternativinvestment in Unternehmensanteile bedeutet dies die Anwendung des CAPM und die Regelung zur Bestimmung von Kalkulationszinssätzen wie bei objektivierten Unternehmenswerten.

---

[1] *Freitag/Riemenschneider,* in: Münchener Handbuch des Gesellschaftsrechts, Gesellschaft mit beschränkter Haftung, 2009, S. 144, Tz. 33.

[2] IDW Stellungnahme zur Rechnungslegung: Anwendung der Grundsätze des IDW S 1 bei der Bewertung von Beteiligungen und sonstigen Unternehmensanteilen für die Zwecke eines handelsrechtlichen Jahresabschlusses (IDW RS HFA 10), 18.10.2005.

[3] IDW Stellungnahme zur Rechnungslegung: Anwendung der Grundsätze des IDW S 1 bei der Bewertung von Beteiligungen und sonstigen Unternehmensanteilen für die Zwecke eines handelsrechtlichen Jahresabschlusses (IDW RS HFA 10), 18.10.2005, Tz. 8.

[4] IDW Stellungnahme zur Rechnungslegung: Anwendung der Grundsätze des IDW S 1 bei der Bewertung von Beteiligungen und sonstigen Unternehmensanteilen für die Zwecke eines handelsrechtlichen Jahresabschlusses (IDW RS HFA 10), 18.10.2005, Tz. 8.

[5] IDW Stellungnahme zur Rechnungslegung: Anwendung der Grundsätze des IDW S 1 bei der Bewertung von Beteiligungen und sonstigen Unternehmensanteilen für die Zwecke eines handelsrechtlichen Jahresabschlusses (IDW RS HFA 10), 18.10.2005, Tz. 10.

[6] IDW Stellungnahme zur Rechnungslegung: Anwendung der Grundsätze des IDW S 1 bei der Bewertung von Beteiligungen und sonstigen Unternehmensanteilen für die Zwecke eines handelsrechtlichen Jahresabschlusses (IDW RS HFA 10), 18.10.2005, Tz. 9.

4. Konzept des objektivierten Unternehmenswertes

Ist die Veräußerung der Beteiligung beabsichtigt, dann ist die Bewertung auf der Basis des objektivierten Unternehmenswertes durchzuführen.[1] Bei der Bewertung ist die Perspektive eines Erwerbers einzunehmen.

> „Denn unter Veräußerungsgesichtspunkten ist der Beteiligung der Wert beizulegen, den ein potenzieller Erwerber für die Beteiligung zu zahlen bereit wäre."[2]

Damit ist in diesem Fall auch die persönliche Einkommensteuerbelastung in typisierter Form zu berücksichtigen.

> „Aus Sicht eines potenziellen Erwerbers bestimmt sich der Wert einer Beteiligung durch den Barwert der ihm aus dem Eigentum an dem Unternehmen zukommenden Nettozuflüsse, d. h. nach Abzug …typisierte(r) persönliche(r) Ertragsteuern …."[3]

Damit ist die typisierte persönliche Ertragsteuerbelastung auch im Kalkulationszinssatz zu berücksichtigen.

Der Ansatz eines objektivierten Unternehmenswertes wird obsolet, wenn ein konkretes Kaufangebot vorliegt. Dann ist dieser Angebotswert zur Beteiligungsbewertung zu verwenden.[4]

Zu Pos. 23 Fortführungsprognose im Rahmen der Überschuldungsprüfung

Im Rahmen des § 19 Abs. 2 Satz 2 InsO ist im Falle einer Überschuldungssituation nicht nur die Unternehmenszerschlagung sondern auch eine Fortführung des Unternehmens in Betracht zu ziehen.[5] Die Überschuldungsprüfung hat auf dieser Grundlage zu Fortführungswerten zu erfolgen.[6] Damit ist der Ertragswert Grundlage der Analyse.[7] Die Rechtsprechung hat noch keine Vorgaben zum Bewertungsgang festgestellt. Allerdings lässt sich aus Entscheidungen zur Vorbelastungshaftung auf den objektivierten Unternehmenswert schließen.[8] Nicht anwendbar ist die Ertragswertmethode im Konkursstrafrecht zur Feststellung der Überschuldung, da die Strafbarkeit eines Menschen nicht von unsicheren Prognosen abhängig sein darf.[9]

---

1 IDW Stellungnahme zur Rechnungslegung: Anwendung der Grundsätze des IDW S 1 bei der Bewertung von Beteiligungen und sonstigen Unternehmensanteilen für die Zwecke eines handelsrechtlichen Jahresabschlusses (IDW RS HFA 10), 18. 10. 2005, Tz. 11.
2 IDW Stellungnahme zur Rechnungslegung: Anwendung der Grundsätze des IDW S 1 bei der Bewertung von Beteiligungen und sonstigen Unternehmensanteilen für die Zwecke eines handelsrechtlichen Jahresabschlusses (IDW RS HFA 10), 18. 10. 2005, Tz. 11.
3 IDW Stellungnahme zur Rechnungslegung: Anwendung der Grundsätze des IDW S 1 bei der Bewertung von Beteiligungen und sonstigen Unternehmensanteilen für die Zwecke eines handelsrechtlichen Jahresabschlusses (IDW RS HFA 10), 18. 10. 2005, Tz. 12.
4 IDW Stellungnahme zur Rechnungslegung: Anwendung der Grundsätze des IDW S 1 bei der Bewertung von Beteiligungen und sonstigen Unternehmensanteilen für die Zwecke eines handelsrechtlichen Jahresabschlusses (IDW RS HFA 10), 18. 10. 2005, Tz. 13.
5 *Drukarczyk/Schüler*, Unternehmensbewertung, 2007, S. 402.
6 *Mönning, R.-D.*, § 19, Satz 4, Tz. 13, in: InsO, Nerlich/Römermann (Hrsg.).
7 A. A. *Zisowski, U.*, Grundsätze ordnungsmäßiger Überschuldungsrechnung, 2001, S. 140.
8 *Drews, E.*, Der Insolvenzgrund der Überschuldung bei Kapitalgesellschaften, 2003, S. 149 und 157 f.
9 Siehe *Piltz, D.*, Die Unternehmensbewertung in der Rechtsprechung, 1994, S. 141.

4.6 Bewertungsanlässe für objektivierte Unternehmenswerte

Zu Pos. 24 Verschmelzung, Aufspaltung, Abspaltung und Umtauschverhältnis[1]

Vereinbaren etwa die Allein-Gesellschafter zweier Gesellschaften ihre Unternehmen zu verschmelzen, dann ist das angemessene Umtauschverhältnis vernünftigerweise durch die Bewertung der Unternehmen zu ermitteln. Diese Bewertung wird Ausdruck der subjektiven Wertvorstellungen sein. Auf einen Verschmelzungsbericht und dessen Prüfung können die Parteien verzichten §§ 8 Abs. 2 und 3, 12 Abs. 2 UmwG. Das angemessene Umtauschverhältnis ist dann nicht Rechts- sondern Machtfrage. Im Rahmen der Verschmelzung börsennotierter Gesellschaften kann auf subjektive Wertvorstellungen keine Rücksicht genommen werden. Hier ist der objektivierte Unternehmenswert zur Ermittlung des Umtauschverhältnisses zu verwenden.[2]

Bei der Verschmelzung geht die übertragende Gesellschaft unter. Im Verschmelzungsvertrag muss gemäß § 5 Abs. 1 Nr. 3 UmwG ein angemessenes Umtauschverhältnis festgelegt sein. Das Umtauschverhältnis muss im Verschmelzungsbericht nach § 8 Abs. 1 UmwG erläutert und begründet werden. Grundlage für das Umtauschverhältnis sind die Unternehmenswerte der zu verschmelzenden Gesellschaften. Auf den Verschmelzungsbericht und dessen Prüfung kann bei Publikumsgesellschaften regelmäßig nicht verzichtet werden.

> „Bei einer Verschmelzung kann die ausgehandelte Wertrelation nur dann übernommen werden, wenn den Verhandlungen beiderseits eine gründliche Bewertung vorausgegangen ist. Andernfalls ist eine neue Bewertung vorzunehmen."[3]

Für die Bewertung der Gesellschaften ist ein einheitliches Bewertungsverfahren anzuwenden.[4] Die Angemessenheit des Umtauschverhältnisses kann im Spruchverfahren §§ 305 bis 312 UmwG überprüft werden. Bei der Spaltung von Gesellschaften ist ebenfalls ein angemessenes Umtauschverhältnis festzulegen § 126 Abs. 1 Nr. 3 UmwG.

Zu Pos. 25 Formwechsel, Verschmelzung, Aufspaltung, Abspaltung und Barabfindung

Legen Gesellschafter gegen einen Verschmelzungsbeschluss Widerspruch ein, haben diese einen Anspruch auf Austritt aus der Gesellschaft und damit Anspruch auf Abfindung §§ 29 Abs. 1, 30 Abs. 1 UmwG. Für diesen Fall muss die Barabfindung im Verschmelzungsbericht nach § 8 Abs. 1 UmwG erläutert und begründet werden Die Angemessenheit der Barabfindung kann nach §§ 34, 305 bis 312 UmwG einer gerichtlichen Nachprüfung unterzogen werden.

Beim Rechtsformwechsel einer Gesellschaft haben die Gesellschafter, die Widerspruch gegen den Umwandlungsbeschluss einlegen, Anspruch auf ein Barabfindungsangebot § 207 UmwG. Dieses kann nach § 305 ff. UmwG im Spruchverfahren hinsichtlich seiner Angemessenheit gerichtlich überprüft werden.

---

[1] Siehe *Müller, W.*, Unternehmensbewertung und Verschmelzungsrelationen, Abfindungen, S. 397 ff., in: Semler/Volhard, Arbeitshandbuch für Unternehmensübernahmen, 2001.
[2] WP-Handbuch, Band II, 2002, S. 245, Tz. 54.
[3] LG Stuttgart v. 4.8.2006 – 32 AktE 3/99 KfH, AG, 2007, S. 52.
[4] *Müller, W.*, Unternehmensbewertung und Verschmelzungsrelationen, Abfindungen, S. 453, in: Semler/Volhard, Arbeitshandbuch für Unternehmensübernahmen, 2001.

Zu Pos. 26 Sacheinlage via Ausgliederung oder Einzelrechtsnachfolge

Werden Betriebe, Teilbetriebe oder Mitunternehmeranteile durch Sacheinlage auf eine Tochtergesellschaft (Kapitalgesellschaft oder Genossenschaft) übertragen, kann dies gemäß § 20 UmwStG auf Antrag steuerneutral erfolgen. Wird die so geschaffene Beteiligung innerhalb der folgenden sieben Jahre veräußert, kommt es gemäß § 22 Abs. 1 Satz 1 UmwStG zu einer rückwirkenden Aufhebung der Steuerneutralität und einer Nachversteuerung. Maßgeblich hierfür sind die stillen Reserven zum Zeitpunkt der Einbringung § 22 Abs. 1 Satz 3 UmwStG. Zum Zwecke der Dokumentation und des Wertnachweises empfiehlt sich bereits im Zeitpunkt der Einbringung die Bewertung des übertragenen Betriebes.[1] Hier dürfte einem objektivierten Unternehmenswert ein hohes Maß an Beweiskraft zukommen.[2]

Zu Pos. 27 Sell-out, Andienungsrecht von Minderheitsaktionären

Das Übernahmerichtlinien-Umsetzungsgesetz wurde am 15. 2. 2006 vom Bundeskabinett gebilligt. Damit werden grenzüberschreitende Unternehmensübernahmen geregelt. Das WpÜG wird damit auf Zielgesellschaften im europäischen Ausland anwendbar.

Zu Pos. 28 Angemessenheit des öffentlichen Pflichtangebotes zur Übernahme börsennotierter Aktien

Sind Börsenkurse innerhalb der letzten 3 Monate vor einem öffentlichen Übernahmeangebot an weniger als einem Drittel der Börsentage festgestellt worden und weichen mehrere nacheinander festgestellte Börsenkurse um mehr als 5 % voneinander ab, ist eine Unternehmensbewertung durchzuführen § 5 Abs. 4 WpÜG-AVO.

Zu Pos. 29 Grundlage zur Kaufpreisbestimmung

Der objektivierte Unternehmenswert soll im Rahmen sogenannter unternehmerischer Initiativen Verwendung finden. Die Bewertung findet damit auf Basis des vorhandenen Unternehmenskonzepts statt. Die Berücksichtigung persönlicher Einkommensteuer entfällt. Schwierigkeiten dürften sich bei der Verwendung des objektivierten Unternehmenswertes m. E. im Zusammenhang mit dem Stichtagsprinzip ergeben. Es dürfte schwer fallen einem Unternehmenskäufer zu vermitteln, dass nach dem beabsichtigten Stichtag des ggf. rückwirkenden wirtschaftlichen Übergangs eingetretene Veränderungen (insbesondere nachteilige) von Märkten, Konkurrenzverhältnissen und der Unternehmensperformance, bei der Wertermittlung nicht berücksichtigt werden dürfen, da für objektivierte Unternehmenswerte eben das strikte Stichtagsprinzip im Sinne der zivilrechtlichen Wurzeltheorie gilt.

---

1 *Heß/Schnitger*, Einbringung von Unternehmensteilen in eine Kapitalgesellschaft oder Genossenschaft und Anteilstausch, in: PricewaterhouseCoopers AG (Hrsg.), Reform des Umwandlungssteuerrechts, 2007, S. 214; *Hörtnagl, R.*, Die Einbringung von Betrieben, Teilbetrieben und Mitunternehmeranteilen in eine Kapitalgesellschaft nach dem SEStEG, Stbg, 2007, S. 266.
2 Für ertragsteuerliche Zwecke existiert ein Leitfaden der Oberfinanzdirektion Münster, Bewertung von (Anteilen an) Kapitalgesellschaften für ertragsteuerliche Zwecke, Stand Januar 2007, http://www.ofd-muenster.de/die_ofd_ms/aktuelles/05_leitfaden_kapital.php.

4.7 Bestimmungsgrößen objektivierter Unternehmenswerte gemäß IDW S1

Die Ermittlung von Unternehmenswerten wird in den oben angeführten Bewertungsanlässen vom Gesetz gefordert. Der Unternehmenswert muss damit auch von einem Gericht beurteilt werden können, er wird zum Rechtsproblem. Diesen besonderen Anforderungen versucht das IDW durch die Vorgabe von Verfahrensregeln für Wirtschaftsprüfer zur Ermittlung objektivierter Unternehmenswerte entgegenzukommen.[1] Die Verfahrensregeln sind im IDW S1 wie nachfolgend dargestellt formuliert und zur Verdeutlichung den Empfehlungen zur Ermittlung „normaler" subjektiver Unternehmenswerte gegenübergestellt.

TAB. 15:	Bestimmungskriterien des objektivierten und des subjektiven Unternehmenswertes gemäß IDW S1 (die Textziffern beziehen sich auf den objektivierten Unternehmenswert)	
Tz.	Objektivierter Unternehmenswert	Subjektiver Unternehmenswert
29	Fortführung des Unternehmens auf Basis des bestehenden Unternehmenskonzepts.	Unternehmenskonzept und Unternehmensplanung ergibt sich aus individuellen Vorstellungen.
32	Bewertung der am Bewertungsstichtag vorhandenen Ertragskraft.	Bewertung auf Grundlage der geplanten Unternehmensausrichtung.
32	Bereits eingeleitete Maßnahmen sind zu berücksichtigen.	Nicht nur eingeleitete Maßnahmen, sondern auch geplante Maßnahmen sind in der Unternehmensplanung zu berücksichtigen.
32	Hinreichend konkretisierte Maßnahmen (z. B. Erweiterungsinvestitionen / Desinvestitionen) sind ebenso zu berücksichtigen.	Künftige Vorhaben sind bewertungsrelevant, unabhängig davon inwieweit sie bereits dokumentiert oder konkretisiert (umgesetzt) sind.
34	Unechte Synergieeffekte, soweit bereits eingeleitet oder im bisherigen Unternehmenskonzept dokumentiert, sind zu berücksichtigen.	Jede Form von Synergieeffekten (echte und unechte) ist bewertungsrelevant, unabhängig vom Dokumentationsgrad oder dem Grad der Umsetzung.
36	Für die erste Planungsphase sind die Ausschüttungen laut Unternehmenskonzept zu planen.	Ausschüttungen werden nach individuellen Zielstellungen geplant.
36	Liegt kein Unternehmenskonzept vor, ist auch in der ersten Planungsphase von einer sachgerechten Prämisse (typisierten Ausschüttung und kapitalwertneutraler Anlage der Thesaurierungen) auszugehen.	Ausschüttungen werden nach individuellen Zielstellungen geplant.

---

[1] A. A. *Hüttemann, R.*, Rechtsfragen der Unternehmensbewertung, in: Heintzen/Kruschwitz (Hrsg.), Unternehmen bewerten, 2003, S. 159.

37	Für die zweite Planungsphase ist generell das Ausschüttungsverhalten der Alternativanlage zu unterstellen, sowie eine kapitalwertneutrale Anlage der Thesaurierungen anzunehmen.	Ausschüttungen werden nach individuellen Zielstellungen geplant.
39	Die Beibehaltung des bestehenden Managements wird grundsätzlich unterstellt.	Das Erfolgspotenzial des Managements und seine Vergütung werden nach individuellen Zielstellungen geplant.
40	Bei Unternehmen mit erkennbarer Erfolgsabhängigkeit von der Persönlichkeit einzelner Unternehmer sind bei Ausscheiden dieser Unternehmer die personenbezogenen positiven wie negativen Erfolgsbeiträge zu neutralisieren.	entfällt
40	Managementvergütungen sind an das Marktniveau für nichtbeteiligte Geschäftsführer anzupassen.	Die Managementvergütung wird nach individuellen Zielstellungen geplant.
31	Typisierte Perspektive eines (inländischen) Anteilseigners.	Die Perspektive des Bewertungssubjektes ist relevant. Dieses kann im Inland oder Ausland ansässig sein.
31	Der Anteilseigner ist eine natürliche Person.	Anteilseigner kann für Bewertungszwecke auch eine juristische Person sein.
31	Der Anteilseigner ist im Sitzland des zu bewertenden Unternehmens ansässig. *IDW S1 i. d. F. 2008 verzichtet nunmehr auf einen eigenen Gliederungspunkt. Das Sitzlandprinzip gilt aber nach wie vor (siehe auch WP-Handbuch 2008, Band II, S. 37, Tz. 110)*	Anteilseigner und zu bewertendes Unternehmen können auch in unterschiedlichen Ländern ansässig sein.
31	Die natürliche Person ist unbeschränkt steuerpflichtig.	Die Steuerpflicht des Anteilseigners ergibt sich aus seiner individuellen Situation.
43 und 47	Der Einkommensteuersatz einschließlich Kirchensteuer und Solidaritätszuschlag wird bei Einzelunternehmen und Gesellschaftern von Personengesellschaften mit dem typisierten Satz von 35 % bzw. einer sachgerechten Typisierung angenommen. *IDW S1 i. d. F. 2008 verzichtet auf die Angabe des typisierten Steuersatzes.*	Der Steuersatz einer natürlichen Person als Bewertungssubjekt ergibt sich aus deren individueller steuerlicher Situation (Einkommensteuertarif, Kirchensteuersatz, Solidaritätszuschlag, Verlustvorträge, etc.).

44	Für natürliche Personen als Anteilseigner von Kapitalgesellschaften gilt ein (gesetzlich) typisierter Steuersatz aufgrund der Abgeltungsteuer von 25 % zzgl. SoliZ. *IDW S1 i. d. F. 2008 verzichtet auf die Angabe des typisierten Steuersatzes.*	dito.
127	Der Basiszinssatz zur Ableitung des Kalkulationszinssatzes wird auf der Grundlage der aktuellen Zinsstrukturkurve bestimmt.[1]	Der Kalkulationszinssatz bestimmt sich durch die individuell geforderte Zielrendite (hurdle rate). Eine stufenweise Entwicklung des Kalkulationszinssatzes, ausgehend vom Basiszinssatzsatz, ist nicht erforderlich.
118 und 135	Die Risikoprämie kann anhand des CAPM oder Tax-CAPM bestimmt werden.	Der Kalkulationszinssatz bestimmt sich durch die individuell geforderte Zielrendite (hurdle rate). Die Risikoprämie kann anhand des CAPM oder Tax-CAPM bestimmt werden.

4.8 Historische Entwicklung des Bewertungsstandards IDW S1

Die Grundlagen des IDW S1 liegen rund 30 Jahre zurück. Seither wurde der Bewertungsstandard kontinuierlich modernisiert und an die aktuellen Erkenntnisse der Wissenschaft und die Erfordernisse der Praxis angepasst. Den zeitlichen Ablauf der Entwicklung des Bewertungsstandards IDW S1 stellt nachfolgende Übersicht dar.

TAB. 16:	Entwicklungsstufen der IDW-Grundsätze zur Durchführung von Unternehmensbewertungen	
Verabschiedung	Stellungnahme zur Unternehmensbewertung	Neuerung
1980	Entwurf einer Verlautbarung des AKU: Grundsätze zur Durchführung von Unternehmensbewertungen	
1983	Stellungnahme HFA 2/1983: Grundsätze zur Durchführung von Unternehmensbewertungen	- Ertragswertverfahren
28. 6. 2000	IDW Standard: Grundsätze zur Durchführung von Unternehmensbewertungen (IDW S1)	- DCF-Verfahren - CAPM - Berücksichtigung der ESt
30. 12. 2004	Entwurf IDW Standard: Grundsätze zur Durchführung von Unternehmensbewertungen (IDW ES 1 n. F.)	- Aufgabe Vollausschüttung - Zinsstrukturkurve - Tax-CAPM

---

[1] Fachausschuss für Unternehmensbewertung und Betriebswirtschaft (FAUB), Erläuterung der Vorgehensweise bei der Ableitung von Zerobond-Zinssätzen anhand eines Beispiels für Bewertungsstichtage im Juli 2006.

18.10.2005	IDW Standard: Grundsätze zur Durchführung von Unternehmensbewertungen (IDW S1)	
5.9.2007	Entwurf IDW Standard: Grundsätze zur Durchführung von Unternehmensbewertungen (IDW ES 1 i. d. F. 2007)	- Differenzierte Typisierung der persönlichen Ertragsteuerbelastung
2.4.2008	IDW Standard: Grundsätze zur Durchführung von Unternehmensbewertungen (IDW i. d. F. 2008)	x

x gültiger Standard

Für besondere Aufgabengebiete der Bewertung im weiteren Sinne wurden vom IDW flankierend Bewertungsstandards herausgegeben, die auf den IDW S1 verweisen bzw. auf die IDW S1 verweist. Dabei handelt es sich um folgende Standards:

Verabschiedung	Flankierende Standards zu IDW S1	
1995	Stellungnahme HFA 2/1995: Zur Unternehmensbewertung im Familien- und Erbrecht	x
1997	Stellungnahme HFA 6/1997: Bewertung kleiner und mittlerer Unternehmen	x
28.6.2000	IDW Standard: Grundsätze zur Bewertung immaterieller Vermögenswerte (IDW S5)	x
18.10.2005	IDW Stellungnahme zur Rechnungslegung: Anwendung der Grundsätze des IDW S1 bei der Bewertung von Beteiligungen und sonstigen Unternehmensanteilen für die Zwecke eines handelsrechtlichen Jahresabschlusses (IDW RS HFA 10)	x
18.10.2005	IDW Stellungnahme zur Rechnungslegung: Bewertung bei der Abbildung von Unternehmenserwerben und bei Werthaltigkeitsprüfungen nach IFRS (IDW RS HFA 16)	x
19.8.2008	Entwurf IDW Standard: Grundsätze für die Entwicklung von Fairness Opinions (IDW ES 8)	x

x gültiger Standard

4.9 Rückwirkende Anwendung des Bewertungsstandards IDW S1

4.9.1 Praxis

Durch den Hauptfachausschuss bzw. *den zuständigen Fachausschuss* des IDW neu verabschiedete Bewertungsstandards bzw. Entwürfe dazu, ersetzen jeweils den vorhergehenden Bewertungsstandard.[1] In dem am 18.10.2005 verabschiedeten IDW S1 wird darauf hingewiesen, dass dieser Standard (mit seiner Verabschiedung) den Standard vom 28.6.2000 ersetzt.[2] Allerdings soll IDW S1 vom 18.10.2005 nicht nur auf Bewertungsstichtage ab dem 18.10.2005 angewendet werden, sondern „grundsätzlich auch auf Bewertungsstichtage vor seiner Verabschiedung."[3] Die rückwirkende Anwendbarkeit des IDW S1 vom 18.10.2005 auf Bewertungsstichtage vor seiner Verabschiedung erklärt sich mit dem Änderungsgrund des IDW S1, der Berücksichtigung des seit 1.1.2001 geltenden Halbeinkünfteverfahrens.

Eine ähnliche Konstellation ergibt sich mit dem am 2.4.2008 verabschiedeten IDW S1 i.d.F. 2008, der IDW S1 vom 18.10.2005 mit Wirkung vom 2.4.2008 ersetzt.[4] IDW S1 vom 2.4.2008 ist auch (eingeschränkt!) auf Bewertungsstichtage vor dem 2.4.2008 anzuwenden, hier allerdings explizit auf Bewertungsstichtage ab dem 7.7.2007. Beweggrund einer rückwirkenden Anwendung sind auch hier steuerliche Änderungen.

> „Die Neufassung des IDW Standards 1 dient im Wesentlichen der Anpassung der Grundsätze zur Ermittlung von objektivierten Unternehmenswerten an die Neuregelungen der Unternehmensteuerreform 2008."[5]

Der Unternehmensteuerreform 2008 hatte der Bundesrat am 6.7.2007 zugestimmt. Der Hinweis auf die Rückwirkung ist nicht ganz eindeutig, da rückwirkend ausdrücklich nur die „Neuerungen" anzuwenden sein sollen.

> „Die Neuerungen sind damit für die Ermittlung objektivierter Unternehmenswerte hinreichend konkretisiert und für Bewertungsstichtage ab dem 07.07.2007 zu berücksichtigen."[6]

Damit gilt IDW S1 vom 18.10.2005 für Bewertungsstichtage bis zum 2.4.2008, mit Ausnahme betreffend die steuerlichen Neuerungen im Zusammenhang mit der Unternehmensteuerreform 2008. Für diese ist ab dem 7.7.2007 IDW S1 i.d.F. 2008 anzuwenden.

---

1 Ohne Kenntnis der internen Kompetenzregelungen des IDW gilt dies hinsichtlich der vom FAUB verabschiedeten Entwürfe zumindest für die praktische Bewertungsarbeit.
2 IDW Standard: Grundsätze zur Durchführung von Unternehmensbewertungen (IDW S1), 18.10.2005, Tz. 3.
3 IDW Standard: Grundsätze zur Durchführung von Unternehmensbewertungen (IDW S1), 18.10.2005, S. 1, Fn. 1.
4 IDW S1 i.d.F. 2008, Tz. 3.
5 IDW S1 i.d.F. 2008, S. 1, Fn. 1.
6 IDW S1 i.d.F. 2008, S. 1, Fn. 1.

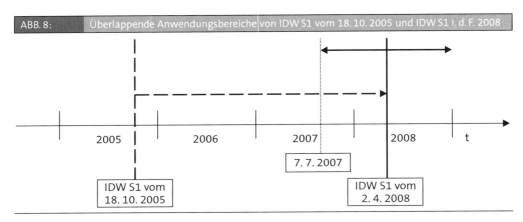

ABB. 8: Überlappende Anwendungsbereiche von IDW S1 vom 18. 10. 2005 und IDW S1 i. d. F. 2008

Eine Unternehmensbewertung mit z. B. Bewertungsstichtag 10. 7. 2007 ist damit auf der Grundlage des IDW S1 vom 18. 10. 2005 vorzunehmen. Eingeschränkt wird die Anwendung von IDW S1 vom 18. 10. 2005 allerdings im Zusammenhang mit den Änderungen, die sich durch die Unternehmensteuerreform 2008 ergeben. Hierfür ist auf IDW S1 i. d. F. 2008 zurückzugreifen, soweit dieser zum Zeitpunkt der Gutachtenerstellung schon vorliegt, d. h. für Bearbeitungszeiträume ab dem 2. 4. 2008.

Soweit die Grundlagen. Etwas unübersichtlich wird die Situation durch den Entwurf einer Neufassung des IDW Standards ES1 i. d. F. 2007[1] vom 5. 9. 2007. Dieser nimmt zum einen die oben beschriebene Empfehlung des IDW S1 i. d. F. 2008 zur rückwirkenden Anwendung der steuerlichen Änderungen schon vorweg[2] und ersetzt seinerseits mit Wirkung zum 5. 9. 2007 bereits den IDW S1 vom 18. 10. 2005[3]. D. h. für Zeitpunkte der Gutachtenerstellung ab dem 5. 9. 2007 (bis zum 2. 4. 2008) waren die steuerlichen Neuerungen der Unternehmensteuerreform 2008 auf der Grundlage des IDW ES1 i. d. F. 2007 anzuwenden, und zwar rückwirkend für Bewertungsstichtage ab dem 7. 7. 2007. Die auch rückwirkende Anwendung insbesondere von Entwürfen zu Bewertungsstandards wird von der Literatur empfohlen, wenn ihre Anwendung vom IDW empfohlen wird und nicht damit zu rechnen ist, dass sich der Stand der Entwurfsfassung noch wesentlich ändert.[4] Zustimmend wenn auch differenzierend wird in der Literatur vorgeschlagen Entwürfe von Bewertungsstandards für die Erstbewertung anzuwenden wenn das IDW die Anwendung empfiehlt, diese allerdings nicht zur Überprüfung einer Unternehmensbewertung im Spruchverfahren zuzulassen.[5]

---

1 Entwurf einer Neufassung des IDW Standards: Grundsätze zur Durchführung von Unternehmensbewertungen (IDW ES1 i. d. F. 2007) (Stand 5. 9. 2007).
2 Entwurf einer Neufassung des IDW Standards: Grundsätze zur Durchführung von Unternehmensbewertungen (IDW ES1 i. d. F. 2007) (Stand 5. 9. 2007), Seite 1, Fn. 1.
3 Entwurf einer Neufassung des IDW Standards: Grundsätze zur Durchführung von Unternehmensbewertungen (IDW ES1 i. d. F. 2007) (Stand 5. 9. 2007), Tz. 3.
4 Lenz, S., Gesellschaftsrechtliches Spruchverfahren: Die Rückwirkung geänderter Grundsätze zur Unternehmensbewertung auf den Bewertungsstichtag – Zugleich Besprechung der Beschlüsse des BayObLG v. 28. 10. 2005 und des LG Bremen v. 18. 2. 2002, Wpg 2006, S. 1164.
5 Bungert, H., Rückwirkende Anwendung von Methodenänderungen bei der Unternehmensbewertung, Wpg 2008, S. 820 f.

4.9 Rückwirkende Anwendung des Bewertungsstandards IDW S1

TAB. 17: Rückwirkende Anwendung von Bewertungsstandards

	Rückwirkende Anwendung	Keine rückwirkende Anwendung
Entwurf eines neuen Bewertungsstandards	- Empfehlung des IDW - Keine Änderungen zu erwarten - Erkenntnisgewinn ist anzuwenden	- Keine Empfehlung des IDW - Rechtsunsicherheit
Neuer Bewertungsstandard	- neue Rahmenbedingungen, als Auslöser der Änderungen, liegen vor - Hinsichtlich der neuen Methoden-Erkenntnisse	- Soweit die Neuerungen im Zusammenhang mit geänderten Rahmenbedingungen stehen (z. B. steuerliche Verhältnisse) und diese Rahmenbedingungen in der Vergangenheit noch nicht vorliegen

Bei der rückwirkenden Anwendung von IDW S1 i. d. F. 2008, dessen Regelungsbereich zur Bewertung sich via Rückwirkungsregelung über zwei steuerlich unterschiedlich behandelte Zeiträume erstreckt, ist der korrekten Abbildung der steuerlichen Aspekte im Bewertungskalkül besonderes Augenmerk zu schenken.

Zur Veranschaulichung der Thematik soll die nachfolgende Abbildung dienen.

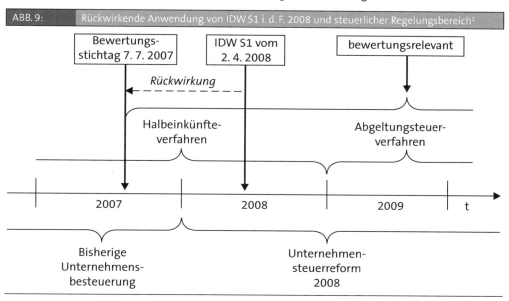

ABB. 9: Rückwirkende Anwendung von IDW S1 i. d. F. 2008 und steuerlicher Regelungsbereich[1]

---

[1] Zur Berücksichtigung der steuerlichen Änderungen im Rahmen der Bewertung wird auf die Gliederungspunkte 9.20.4.5 sowie 10.2.2.2 verwiesen.

Bindungswirkung entfalten die oben dargestellten Anwendungsregeln für Bewertungsstandards bzw. deren Entwürfe nur für Wirtschaftsprüfer.[1] Diese erstellen ihre Bewertungsgutachten im Regelungsrahmen des jeweiligen IDW S1, aber auf der Grundlage ihrer Eigenverantwortlichkeit gemäß § 43 WPO.

> „Dieser IDW Standard legt ... die Grundsätze dar, nach denen Wirtschaftsprüfer Unternehmen bewerten. Die Ausführungen stellen wesentliche allgemeine Grundsätze dar. Jeder Bewertungsfall verlangt seine eigene fachgerechte Problemlösung. Insoweit können die Grundsätze nur den Rahmen festlegen, in dem die eigenverantwortliche Lösung im Einzelfall liegen muss."[2]

Grundsätzlich unbeeinflusst vom Standard-Setting des IDW fällen dagegen die mit Unternehmensbewertungsfällen befassten Tatrichter ihre Urteile. Der einzige Maßstab des Tatrichters ist seine Überzeugung, dass ein Bewertungsverfahren sachlich geeignet ist, eine angemessene Abfindung zu ermitteln.[3] Da die Bewertungsgutachten für gerichtlich zu klärende Abfindungsfälle regelmäßig von Wirtschaftsprüfern erstellt werden, war abzusehen dass auch zur Thematik Anwendung bzw. rückwirkende Anwendung von IDW S1 Standards von den Gerichten Position bezogen würde.

Praktisch entsteht dieser Entscheidungsbedarf vor allem durch die sich über viele Jahre hinziehenden Spruchverfahren. Verfahrensdauern von 6 bis 10 Jahren sind hier keine Seltenheit.[4] Wird zum Beispiel das Umtauschverhältnis im Rahmen einer Verschmelzung bestimmt, dann untersucht der gerichtlich bestellte Verschmelzungsprüfer nur die Wertansätze und Prognosen des betreffenden Rechtsträgers auf ihre Vertretbarkeit. Er legt aber kein eigenes Bewertungsgutachten vor. Wird später im Rahmen eines Spruchverfahrens, mit dem Ziel einer Verbesserung des Umtauschverhältnisses, ein Sachverständigengutachten eingeholt, dann nimmt der gerichtliche Bewertungsgutachter eine von Grund auf neue Bewertung vor. An die Prognosen und Ermessensentscheidungen der Organe des Rechtsträgers ist er nicht gebunden.[5] Verwendet der Sachverständige dann einen ggf. zwischenzeitlich neu verabschiedeten IDW Standard S1 oder einzelne Vorgaben daraus für den zurückliegenden Bewertungsstichtag, entsteht unter Umständen gerichtlicher Entscheidungsbedarf.

Damit stellt sich grundsätzlich auch für das Gericht die Frage, ob

▶ der Bewertungsstichtag der Unternehmensbewertung,

▶ der Bewertungszeitpunkt der Gutachtenerstellung oder

▶ der Zeitpunkt der Beschlussfassung des Gerichtes

maßgeblich für die Anwendung eines zu diesem Zeitpunkt gültigen Bewertungsstandards sein soll oder ob generell auf die neuesten Erkenntnisse der aktuellen Bewertungsstandards bzw. Entwürfen dazu zurückzugreifen ist. Zur Behandlung dieser Thematik können exemplarisch die nachfolgenden Entscheidungen angeführt werden.

---

1 *Dörner, W.*, Grundsätze zur Durchführung von Unternehmensbewertungen, Wpg 1983, S. 549.
2 IDW S1 i. d. F. 2008, Tz. 1.
3 *Hüttemann, R.*, Zur „rückwirkenden" Anwendung neuer Bewertungsstandards bei der Unternehmensbewertung – Korreferat zum Beitrag von Bungert, Wpg 2008, S. 811, Wpg 2008, S. 823.
4 *Seetzen, U.*, Unternehmensbewertung im Spruchstellenverfahren, Wpg 1991, S. 166.
5 OLG Düsseldorf v. 21. 12. 2000 – 19 W 5/00 AktE, DB 2001, S. 190.

4.9.2 Rechtsprechung

Das BayObLG führt in der Entscheidung vom 28.10.2005[1] zu der Rückwirkungsproblematik Folgendes aus. Für die Beurteilung einer Bewertung zum 8.3.1989 standen grundsätzlich die Stellungnahme HFA 2/1983, der IDW S1 vom 28.6.2000 und der Entwurf einer Neufassung des IDW S1 vom 30.12.2004 zur Verfügung. Die Anwendung des Entwurfs einer Neufassung des IDW S1 lehnte das Gericht aus zeitlichen Gründen sowie mit der Begründung ab, dass der Entwurf noch keine abschließend bestimmte Berufsauffassung der Wirtschaftsprüfer darstelle und sich die Rechtsprechung darauf verlassen müsse, dass die angewandten Methoden eine allgemeine Berufsauffassung der Wirtschaftsprüfer darstellten. Die Anwendung des Standards IDW S1 vom 28.6.2000 wurde mit der Begründung abgelehnt, dass der allgemeine Rechtsgedanke aus Art. 170 EGBGB, Schuldverhältnisse seien nach dem Recht zu beurteilen, das zum Zeitpunkt der Entstehung gilt, grundsätzlich auch auf die auszuwählenden Bewertungskriterien anwendbar sei. Dabei verkenne der Senat nicht, dass die Bewertungsgrundsätze IDW S1 keine Rechtsnormen sind. Die Entscheidung wurde damit vor allem dadurch bestimmt, dass das Gericht keinen entscheidenden Erkenntnisgewinn durch die Anwendung der Standards IDW S1 28.6.2000 bzw. IDW ES1 vom 30.12.2004 und damit das neu eingeführte Capital Asset Pricing Model (CAPM) erwartete. Vor allem müssten gerichtliche Entscheidungen in angemessener Zeit ergehen (Art. 6 EMRK). Dieses Ziel würde gefährdet, wenn während der Dauer eines Verfahrens immer wieder Änderungen der betriebswirtschaftlichen Auffassungen nachvollzogen werden müssten.

Der Vollständigkeit halber sei darauf hingewiesen, dass der Entwurf des IDW ES1 vom 30.12.2004 und der Standard IDW S1 vom 18.10.2005 durch die Einführung des Tax-CAPM in der Tendenz zu niedrigeren objektivierten Unternehmenswerten und damit einer Verschlechterung der Abfindungsbeträge führten.[2] Demgemäß argumentierte das OLG München mit Urteil vom 30.12.2006[3], dass Aktionäre eine allein durch Zeitablauf (Bewertungsstichtag 14.12.1995) und eine damit verbundene Anwendung eines neuen Bewertungsstandards (IDW S1 vom 18.10.2005) sich ergebende Reduzierung ihres Abfindungsanspruchs von Rechts wegen nicht hinnehmen müssten. Zwar bestehe eine Verpflichtung des Gerichts, nachvollziehbare methodische Verbesserungen sofort anzuwenden. Diese Voraussetzung sehe das Gericht aber hinsichtlich der Verwendung des CAPM bzw. des Tax-CAPM als nicht gegeben an.

Das OLG München hält in seiner Entscheidung vom 17.7.2007[4] die Anwendung des CAPM schon aus dem Grunde für nicht angebracht, da der Bewertungsstichtag 17.10.1997 vor dem Beschlussdatum des IDW S1 vom 18.10.2005 liegt. Die Bemessung des Risikozuschlags nach dem CAPM sei bei dem vorliegenden Bewertungsstichtag ohnehin nicht einschlägig, da die damals geltenden Bewertungsgrundsätze der Wirtschaftsprüfer diese Methode noch nicht vorgegeben hätten. Diese Linie wird in dem Urteil jedoch nicht stringent verfolgt, da eine Berücksichtigung der Einkommensteuer im Rahmen der Bewertung mit dem Argument vertreten wird,

---

[1] BayObLG v. 28.10.2005 – 3Z BR 71/00, DB, 2006, S. 39.
[2] Presseinformation des IDW 11/04, Wirtschaftsprüfer als neutrale Gutachter, S. 3; Grundsätzlich *Wenger, E.*, Verzinsungsparameter in der Unternehmensbewertung – Betrachtungen aus theoretischer und empirischer Sicht, AG, Sonderheft 2005, S. 9 ff.
[3] OLG München v. 30.11.2006 – 31 Wx 059/06, AG, 2007, S. 412.
[4] OLG München v. 17.7.2007 – 31 Wx 060/06, AG, 2008, S. 30 f.

dies sei derzeit herrschende Übung, unabhängig davon dass zum Bewertungsstichtag seitens des IDW noch eine andere Ansicht vertreten wurde.

In der Argumentation ähnlich lehnt das LG Dortmund in seiner Entscheidung vom 19.3.2007[1] eine Anwendung des IDW S1 vom 28.6.2000 und eine Nach-Einkommensteuer-Bewertung ab, da dieser Bewertungsstandard erst nach dem Bewertungsstichtag 24.2.2000 verabschiedet worden sei. Unter Berücksichtigung des Stichtagsprinzips sei es damit richtig, die Grundsätze des IDW S1 vom 28.6.2000 noch nicht anzuwenden. Es herrsche zwar in Rechtsprechung und Literatur Einigkeit darüber, dass neue wissenschaftliche Erkenntnisse in Abweichung vom Stichtagsprinzip Anwendung zu finden haben, wenn dies zu zutreffenden Ergebnissen führe. Die Existenz von Ertragsteuern sei aber keine neue wissenschaftliche Erkenntnis, weshalb die Nach-Einkommensteuerbetrachtung des IDW S1 vom 28.6.2000 keine neue Erkenntnis, sondern nur eine neue Betrachtungsweise, ein anderes Kalkül sei.

Nach der Entscheidung des LG Bremen vom 18.2.2002[2] handelt es sich bei den Bewertungsgrundsätzen der IDW Standards nicht um Rechtsnormen, weswegen der allgemeine Rechtsgedanke, Schuldverhältnisse seien nach dem Recht zu beurteilen, dass in ihrem Entstehungszeitpunkt galt, nicht zur Anwendung kommen kann. Darüber hinaus gelte das Stichtagsprinzip nicht für die anzuwendenden Bewertungsmethoden, sondern nur für den Erkenntnisstand der bewertungsrelevanten Umstände.

Gleichlautend urteilt das LG Frankfurt in der Entscheidung vom 21.3.2006.

„Bewertungsgrundsätze sind nämlich nicht mit dem zum Stichtag geltenden Recht vergleichbar, sondern eher mit der zum Stichtag geltenden Rechtsprechung. In beiden Fällen geht es um Erkenntnisse im wissenschaftlichen Sinne. Soweit es um die Anwendung von der Rechtsprechung entwickelter Grundsätze geht, ist jeweils grundsätzlich die neueste Rechtsprechung anzuwenden, auch wenn sie zum Zeitpunkt des zu beurteilenden Sachverhalts noch nicht gegolten hat."[3]

Zum gleichen Ergebnis kommt die Entscheidung des OLG Karlsruhe vom 16.7.2008.[4] Danach ist für die Bewertung der Angemessenheit eines Unternehmenswertes und der angemessenen Abfindung nicht nur der Bewertungsstandard des Bewertungsstichtages allein maßgeblich. Verbesserte und präzisere Bewertungsmethoden können damit auch auf in der Vergangenheit liegende Vorgänge angewendet werden. Art. 170 EGBGB steht dem nicht entgegen, da es sich bei den IDW-Standards nicht um Rechtsnormen handelt. Deswegen sei auch das CAPM anzuwenden, weil Weiterentwicklungen wirtschaftswissenschaftlicher Entwicklungen dann zu beachten seien, wenn hierdurch nicht die gerichtliche Entscheidung in angemessener Zeit behindert wird.

Auch das OLG Celle befürwortet in seiner Entscheidung vom 19.4.2007[5] die rückwirkende Anwendung des IDW S1 vom 18.10.2005 (auf den Stichtag 1.12.2000) und weist das Gegenargument der Wurzeltheorie zurück. Diese beziehe sich auf wertbildende Faktoren im Hinblick auf das Unternehmen. Bei der Frage der Anwendung von Bewertungsstandards gehe es aber nicht um die Bewertung bestimmende Umstände sondern um eine Methodenwahl. Da das Spruch-

---

1 LG Dortmund v. 19.3.2007 – 18 AktE 5/03, AG, 2007, S. 794.
2 LG Bremen v. 18.2.2002 – 13 O 458/96, AG, 2003, S. 214; siehe dazu auch *Lenz, S.,* Gesellschaftsrechtliches Spruchverfahren: Die Rückwirkung geänderter Grundsätze zur Unternehmensbewertung auf den Bewertungsstichtag – Zugleich Besprechung der Beschlüsse des BayObLG v. 28.10.2005 und des LG Bremen v. 18.2.2002, Wpg 2006, S. 1165.
3 LG Frankfurt a. M. v. 21.3.2006 – 3-5 O 153/04, AG, 2007, S. 45.
4 OLG Karlsruhe v. 16.7.2008 – 12 W 16/02, AG, 2009, S. 50 f.
5 OLG Celle v. 19.4.2007 – 9 W 53/06, AG, 2007, S. 866.

verfahren dazu diene, den wahren Unternehmenswert zu ermitteln, spreche vieles dafür auf die neueste Bewertungsmethode abzustellen.

Kritisch zum Stand der Rechtsprechung in dieser Frage äußert sich das LG Frankfurt.

> „Hier stellt sich in allen Fällen die Frage, inwieweit eine Änderung des Standards, die nach dem Stichtag der Bewertung erfolgte, im späteren gerichtlichen Verfahren Anwendung finden soll. Die Gerichte haben die Frage bisher unterschiedlich beantwortet, eine einheitliche Linie fehlt. Auch die Literatur ist gespalten. In vielen Fällen führt aber die Anwendung der verschiedenen Standards bei gleichem prognostiziertem Ertrag zu nicht unbeträchtlich unterschiedlichen Unternehmens- und Anteilswerten. Wenn die Frage der Anwendung eines bestimmten Standards auch letztlich eine Rechtsfrage ist, die von den Gerichten zu beantworten ist, zeigt dies dennoch, dass hier eine gewisse Beliebigkeit der Bewertung innewohnt."[1]

Zusammenfassend kann aber festgehalten werden, dass die rückwirkende Anwendung der Bewertungsstandards des IDW in der Rechtsprechung grundsätzlich dann Anwendung findet, soweit es sich dabei um die Anwendung neuerer wissenschaftlicher Erkenntnisse zur Verbesserung der Berechnung des Unternehmenswertes handelt. Darin wird insofern keine Verletzung des Stichtagsprinzips gesehen. Die nachfolgende Abbildung soll diese Zusammenhänge verdeutlichen.

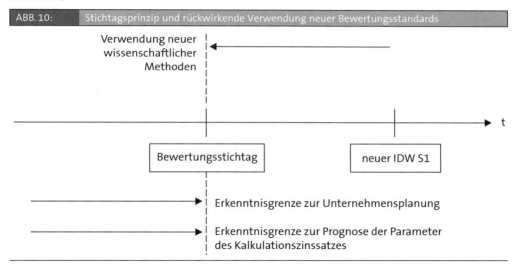

ABB. 10: Stichtagsprinzip und rückwirkende Verwendung neuer Bewertungsstandards

Zwischenergebnis:

Bessere methodische Erkenntnisse können uneingeschränkt auch für Unternehmensbewertungen verwendet werden, deren Bewertungsstichtag vor dem Datum der Veröffentlichung eines neuen Bewertungsstandards liegt. Soweit sich die Änderungen des Bewertungsstandards aus geänderten Rahmenbedingungen ergeben (wie z.B. der Einführung der Abgeltungsteuer), sind die Änderungen des Bewertungsstandards rückwirkend nur insoweit anzuwenden, soweit die veränderten Rahmenbedingungen zum Bewertungsstichtag auch gegeben waren.[2]

---

[1] LG Frankfurt v. 13.3.2009 – 3-5 O 57/06, AG, 2009, S. 753.
[2] *Dörschell/Franken*, Rückwirkende Anwendung des neuen IDW-Standards zur Durchführung von Unternehmensbewertungen, DB, 2005, S. 2257.

4.10 Der objektivierte Unternehmenswert im Funktionskatalog des IDW

Der objektivierte Unternehmenswert findet bei gesetzlich motivierten Bewertungsanlässen, bei Bewertungen auf vertraglicher Grundlage und bei Bewertungen für Zwecke der Rechnungslegung Verwendung.[1] Wirtschaftsprüfer ermitteln diesen Unternehmenswert als neutrale, d. h. unparteiische Gutachter.[2] Dabei soll nach Meinung des IDW durch den Gutachter eine Kommunikationsfunktion übernommen werden.[3] Aus Sicht der Bewertungstheorie übernimmt der neutrale Gutachter dagegen eine Schieds- oder Vermittlungsfunktion.[4]

Explizit betitelt der Funktionskatalog des IDW den Schiedswert als Einigungswert, den der Wirtschaftsprüfer als Schiedsgutachter ermittelt. Hier soll auf die subjektiven Grenzpreise der Parteien zurückgegriffen werden.

> „…In der Schiedsgutachter-/Vermittlerfunktion wird der Wirtschaftsprüfer tätig, der in einer Konfliktsituation unter Berücksichtigung der verschiedenen subjektiven Wertvorstellungen der Parteien einen Einigungswert als Schiedsgutachter feststellt oder als Vermittler vorschlägt."[5]

Allerdings entsteht in diesem Zusammenhang wieder die Problematik, dass eine Preisgabe der „wahren" Informationen zur Bestimmung der subjektiven Grenzpreise der Parteien von diesen nicht erwartet werden kann.[6] Als Lösung dieses Dilemmas bietet das IDW eine Berechnung des objektivierten Unternehmenswertes als Ausgangspunkt der Berechnung an, der noch zu modifizieren ist.[7] Hinsichtlich der Synergieeffekte sollen unechte Synergieeffekte in dem Umfang berücksichtigt werden, soweit sie mit einer Vielzahl von Partnern realisiert werden können (Paradebeispiel hierfür sind steuerliche Verlustvorträge).[8] Diese Vorgabe der Rechtsprechung ist aber ohnehin schon Teil des objektivierten Unternehmenswertes.[9] Der Hinweis, der Gutachter müsse darüber hinaus gewisse Vorstellungen über die Preisgrenzen der Parteien entwickeln und so Preisgrenzen „simulieren" kann nur als wenig hilfreiche Leerformel bezeichnet werden.[10]

Der Schiedswert ist damit wieder ein verkappter objektivierter Unternehmenswert, der insbesondere bei Bewertungen im Familien- und Erbrecht eine Rolle spielen soll.[11] Denn wie bei der Abfindung von Minderheitsaktionären ist zu bezweifeln, inwiefern Ehegatten oder Pflichtteilsberechtigte im Einzelfall tatsächlich in der Lage oder Willens sind, ihre subjektiven Grenzpreise

---

1 WP-Handbuch, Band II, 2008, S. 5 f., Tz. 12-14.
2 IDW S1 i. d. F. 2008, Tz. 12, 30 u. 64; WP-Handbuch, Band II, 2008, S. 8, Tz. 19; der IDW Standard: Grundsätze zur Bewertung immaterieller Vermögenswerte (IDW S 5) (Stand: 12. 7. 2007) verwendet für eine entsprechende Aufgabenstellung den Begriff des unabhängigen Sachverständigen, Tz. 7 u. 8.
3 WP-Handbuch, Band II, 2002, S. 11, Tz. 34; WP-Handbuch, Band II, 2008, S. 8, Tz. 19; nach jüngster Meinung ist die Kommunikationsfunktion als Informationsfunktion zu sehen, bei der Entscheider mit Informationen versorgt werden, siehe dazu *Brösel, G.*, Systematisierung der Nebenfunktionen der Unternehmensbewertung, BFuP 2006 S. 140; diese Sichtweise scheint ebenfalls nicht ganz trennscharf zu sein, da auch die Ermittlung von Grenzpreisen, also die Entscheidungsfunktion, letztlich der Informationsversorgung von Personen, nämlich Käufer und Verkäufer, dient.
4 *Ballwieser, W.*, Unternehmensbewertung, 2004, S. 4, siehe dort auch Nachweise in Fn. 10.
5 IDW S1 i. d. F. 2008, Tz. 12.
6 *Mandl/Rabel*, Unternehmensbewertung, 1997, S. 21; dieses Umsetzungsproblem wird auch vom IDW bestätigt, WP-Handbuch, Band II, 2008, S. 11, Tz. 29; OLG München v. 26. 7. 2007 – 31 Wx 099/06, AG, 2008, S. 462.
7 WP-Handbuch, Band II, 2008, S. 12, Tz. 30.
8 WP-Handbuch, Band II, 2002, S. 38, Tz. 117; WP-Handbuch, Band II, 2002, S. 34, Tz. 110.
9 WP-Handbuch, Band II, 2002, S. 14, Tz. 49.
10 WP-Handbuch, Band II, 2008, S. 12, Tz. 30 f.
11 WP-Handbuch, Band II, 2002, S. 134, Tz. 373, S. 14, Tz. 46 u. 49; WP-Handbuch, Band II, 2008, S. 12, Tz. 33.

durch individuelle strategische Konzepte zur Unternehmensfortführung zu unterlegen.[1] In der Praxis wird somit hinsichtlich des Bewertungsvorgangs eine Trennung zwischen Schiedsgutachterfunktion und neutraler Gutachterfunktion nicht möglich sein. Sie wird deshalb in der Praxis auch nicht vollzogen.[2] Die Trennung der Funktionen hat damit nur noch theoretische Bedeutung oder ist sogar entbehrlich.[3]

TAB. 18:	Funktionen des Wirtschaftsprüfers bei der Ermittlung von Unternehmenswerten gemäß IDW S1
Funktion des Wirtschaftsprüfers	**Bewertungsgang**
Berater	Subjektiver Unternehmenswert (Entscheidungswert) unter Berücksichtigung des individuellen Unternehmenskonzeptes und Alternativenumfeldes
Schiedsgutachter	Einigungswert (Vermittlungswert, Schiedswert) = Objektivierter Unternehmenswert, +/- subjektive Wertpotenziale, die intersubjektiv angemessen und fair sind, +/- Anteil an Synergieeffekten, die intersubjektiv angemessen und fair sind, mit dem Ziel, die simulierten Grenzpreise der Parteien zu berücksichtigen.
Neutraler Gutachter	Objektivierter Unternehmenswert als Stand-Alone-Wert unter Fortführung des bisherigen Unternehmenskonzeptes und eines typisierten Alternativenumfeldes in Form des CAPM

Es lässt sich somit zusammenfassen. Im Konfliktfall sind die Grenzpreise der Parteien aufgrund eines Informationsdefizits nicht ermittelbar. Die Schiedssituation ist ein Konfliktfall. Der von den Schiedsparteien mit der Gutachtenerstellung beauftragte Wirtschaftsprüfer muss damit rechnen, dass dieser Konflikt vor Gericht entschieden wird. Für die Rechtsprechung, als Adressaten von Schiedswerten, sind subjektive Wertvorstellungen kaum überprüfbar und damit nicht maßgeblich. Vielmehr orientiert sich die Rechtsprechung an einem Unternehmenswert, den das Unternehmen für einen gedachten „objektiven" Dritten als möglichem Unternehmenserwerber hat und damit an einem objektivierten Unternehmenswert.[4] In der Bewertungspraxis werden Schiedswerte deshalb als objektivierte Unternehmenswerte ermittelt. Der Funktionskatalog des IDW ließe sich demnach wie folgt bereinigen:

---

[1] *Henselmann, K.*, Gründe und Formen typisierender Unternehmensbewertung, BFuP 2006 S. 149.
[2] *Henselmann, K.*, Gründe und Formen typisierender Unternehmensbewertung, BFuP 2006 S. 150 u. 152.
[3] *Henselmann, K.*, Gründe und Formen typisierender Unternehmensbewertung, BFuP 2006 S. 150; *Mandl/Rabel*, Unternehmensbewertung, 1997, S. 27.
[4] WP-Handbuch, Band II, 2008, S. 12, Tz. 32.

TAB. 19:	In der Praxis wahrgenommene Funktionen des Wirtschaftsprüfers bei der Ermittlung von Unternehmenswerten
Funktion des Wirtschaftsprüfers	**Bewertungsgang**
Berater	Subjektiver Unternehmenswert einer Partei (Entscheidungswert) und Argumentationswert
Neutraler Gutachter bzw. Schiedsgutachter	Objektivierter Unternehmenswert

Eine systematisch unglückliche Position nimmt der objektivierte Unternehmenswert bei der ihm erstmals im IDW ES1 i. d. F. 2007 zugedachten Rolle einer Verwendung im Rahmen „unternehmerischer Initiativen", d. h. z. B. bei „Kaufpreisverhandlungen" oder „Unternehmensveräußerungen" ein.

> „Häufig ist der Wirtschaftsprüfer als neutraler Gutachter zur Ermittlung eines objektivierten Unternehmenswerts im Rahmen unternehmerischer Initiativen tätig, bei denen die Bewertung als objektivierte Informationsgrundlage (z. B. für Kaufpreisverhandlungen, ...) dient."[1]

In dieser Domäne des subjektiven Unternehmenswertes soll der objektivierte Unternehmenswert, zumindest den Ausführungen des WP-Handbuchs folgend, eine Art Zwischenstufenergebnis liefern.[2] Gemäß den Ausführungen in IDW ES1 i. d. F. 2007 bzw. jetzt IDW S1 i. d. F. 2008, soll der objektivierte Unternehmenswert wohl eher unmittelbar für Kaufpreisverhandlungen zu verwenden sein. Eine derartige Verwendung ist abzulehnen, da sie aus konzeptioneller Sicht zu Konfusionen führen muss und keinen erkennbaren Mehrwert liefert. Konfusionen ergeben sich zunächst im Zusammenhang mit der Funktion des Gutachters. Der Bewertungsstandard S1 reserviert für die Ermittlung objektivierter Unternehmenswerte die Funktion des neutralen Gutachters.[3] Im Rahmen unternehmerischer Initiativen ist der Gutachter allerdings als Berater tätig und hat damit im Gutachten zwangsläufig zwei Funktionen – einmal als neutraler Gutachter und einmal als Berater – anzugeben.[4] Das IDW führt dazu aus, es komme zu Verschiebungen zwischen den Funktionen.[5]

Dabei erfordert die Ermittlung objektivierter Unternehmenswerte eine strenge Berücksichtigung der Wurzeltheorie, angemessener Geschäftsführervergütungen, der Stand-alone-Position, der Ausschüttungsrestriktionen, der Wiederanlageprämissen, einer typisierten Risikoaversion (abgebildet durch das CAPM) und der steuerlichen Typisierungen. Diese Einschränkungen müssten aber eigentlich nicht so ernst genommen werden, da im zweiten Schritt ja ohnehin eine Berücksichtigung der subjektiven Vorstellungen (zwangsläufig die Berücksichtigung einer individuellen Risikoaversion[6]) erfolgen kann.[7] Welche Qualität darf man dann aber von so einem objektivierten Unternehmenswert „erster Stufe" erwarten? Trägt dieser objektivierte Unternehmenswert den Namen dann zu recht oder stellt er einen objektivierten Unternehmenswert „light" dar? Mit Verweis auf den erheblichen Arbeitsaufwand, der mit der Erstellung einer Unternehmensplanung (gleich ob für eine objektivierte oder subjektive Unternehmensbewertung)

---

1 IDW ES1 i. d. F. 2007, Tz. 30; jetzt IDW S1 i. d. F. 2008, Tz. 30.
2 WP-Handbuch, Band II, 2008, S. 10, Tz. 25.
3 IDW S1 i. d. F. 2008, Tz. 12.
4 WP-Handbuch, Band II, 2008, S. 9 f.; IDW S1 i. d. F. 2008, Tz. 12 u. 174.
5 WP-Handbuch, Band II, 2008, S. 9, Tz. 20.
6 WP-Handbuch, Band II, 2008, S. 45, Tz. 139.
7 WP-Handbuch, Band II, 2008, S. 10, Tz. 25.

verbunden ist, ist nur schwer vorstellbar dass ein Gutachter tatsächlich die Arbeit der Entwicklung eines „echten" objektivierten Unternehmenswertes auf sich nimmt, um dessen konzeptionelle Grundlagen anschließend sofort wieder zu vernichten – denn nur so kann ein subjektiver Entscheidungswert ermittelt werden. Die zweistufige Vorgehensweise zur Ermittlung subjektiver Unternehmenswerte wird auch vom IDW als nicht zwingend beurteilt.[1] Eine Löschung dieses Einsatzgebietes des objektivierten Unternehmenswertes erscheint damit im Sinne der Klarheit als wünschenswert, da auch die Ausführungen im WP-Handbuch nicht überzeugen.[2]

Tatsächlich sieht man für diese Einsatzfunktion im IDW S1 aber sogar noch einen erhöhten Bedarf, da nun erstmals Regelungen zur sogenannten mittelbaren Berücksichtigung der Ertragsteuern der Anteilseigner (also keine Berücksichtigung der Einkommensteuer!) aufgenommen wurden, soweit objektivierte Unternehmenswerte im Rahmen unternehmerischer Initiativen zum Einsatz kommen. So wird unter dem Kapitel „Finanzielle Überschüsse bei Ermittlung eines objektivierten Unternehmenswerts" ausgeführt:

> „Bei Unternehmensbewertungen im Rahmen von <u>Unternehmensveräußerungen und anderen unternehmerischen Initiativen</u> ist eine mittelbare Typisierung sachgerecht, …. Entsprechend dieser Annahme kann in diesen Fällen auf eine unmittelbare Berücksichtigung persönlicher Steuern bei den finanziellen Überschüssen verzichtet werden."[3]

Zwischenergebnis:

Wenn der Wirtschaftsprüfer als neutraler Gutachter auftritt, ermittelt er einen objektivierten Unternehmenswert. Soll der Wirtschaftsprüfer eine Funktion als Schiedsgutachter einnehmen, kann und wird er in der Praxis ebenfalls einen objektivierten Unternehmenswert ermitteln, ohne Berücksichtigung der individuellen Grenzpreisvorstellungen der Schiedsparteien.

4.11 Objektivierter Unternehmenswert auf Basis des Ertragswertverfahrens oder des Discounted Cashflow Verfahrens?

> „Wenn Du nun deinem Nächsten etwas verkaufst oder ihm etwas abkaufst, soll keiner seinen Bruder übervorteilen, sondern nach der Zahl der Jahre vom Erlassjahr an sollst du es von ihm kaufen; danach, wie viel Jahre noch Ertrag bringen, soll er dir´s verkaufen. Sind es noch viele Jahre, so darfst du den Kaufpreis steigern; sind es noch wenige Jahre, sollst du den Kaufpreis verringern; denn die Zahl der Ernten verkauft er dir."[4]

4.11.1 Grundlagen

Zunächst sollen die dogmatischen Grundpositionen der beiden Verfahrenswelten skizziert werden, um diese Positionen anschließend zu relativieren.

---

[1] WP-Handbuch, Band II, 2008, S. 10, Tz. 15.
[2] WP-Handbuch, Band II, 2008, S. 8, Tz. 19.
[3] IDW S1 i. d. F. 2008, Tz. 45.
[4] Die Bibel, Das Dritte Buch Mose, Levitikus, Kapitel 25, S. 14 ff.

4. Konzept des objektivierten Unternehmenswertes

Zum Ertragswertverfahren:

Ertragswertverfahren diskontieren Jahresüberschüsse nach Abzug der Einkommensteuer. Der Kalkulationszinssatz wird als Basiszinssatz zuzüglich eines angemessenen Risikozuschlags und abzüglich der Einkommensteuerbelastung ermittelt.

In der Tat gehen Ertragswertverfahren vom Jahresüberschuss aus und berücksichtigen damit die handelsrechtlichen und gesellschaftsrechtlichen Ausschüttungsregeln. Diskontiert wird aber nur, was als Ausschüttung auch finanzierbar ist, d. h. durch freien Cashflow unterlegt ist.[1] Die Diskontierung von Zahlungen ist die aus theoretischer Sicht richtige Vorgehensweise, da Unternehmensbewertung ein investitionstheoretisches Problem darstellt.[2]

> „Das Ertragswertverfahren ermittelt den Unternehmenswert durch Diskontierung der den Unternehmenseignern künftig zufließenden finanziellen Überschüsse, die aus den künftigen handelsrechtlichen Erfolgen (Ertragsüberschussrechnung) abgeleitet werden."[3]

Die Rechtsprechung akzeptierte in letzter Zeit auch Bewertungsgrundlagen in Form von Abschlüssen nach IFRS und US-GAAP.[4] IDW S1 reagiert darauf mit folgender neuen Formulierung:

> „Das Ertragswertverfahren ermittelt den Unternehmenswert durch Diskontierung der den Unternehmenseignern künftig zufließenden finanziellen Überschüsse, <u>wobei diese üblicherweise aus den für die Zukunft geplanten Jahresergebnissen abgeleitet werden. Die dabei zugrunde liegende Planungsrechnung kann nach handelsrechtlichen oder nach anderen Vorschriften (z. B. IFRS, US GAAP) aufgestellt sein.</u>"[5]

Trotzdem bleibt auch nach dem BilMoG der handelsrechtliche Jahresabschluss die Grundlage zur Bestimmung der Gewinnausschüttung und der steuerlichen Gewinnermittlung.[6]

Der Kalkulationszinssatz wird im Ertragswertverfahren entscheidungstheoretisch korrekt anhand der individuellen Risikonutzenfunktion des Bewertungssubjekts bestimmt.[7] Ertragswertverfahren gelten damit als individualistische Bewertungsverfahren.[8] Im Praxisgebrauch bestimmt sich der Kalkulationszinssatz anhand der besten verdrängten äquivalenten Alternativrendite. Für den objektivierten Unternehmenswert wird der Kalkulationszinssatz nach dem CAPM bzw. Tax-CAPM ermittelt, um der Objektivierung und der intersubjektiven Nachprüfbarkeit Rechnung zu tragen.[9]

> „Der Kapitalisierungszinssatz setzt sich bei unmittelbarer Berücksichtigung von persönlichen Steuern aus dem um die typisierte persönliche Ertragsteuer gekürzten Basiszinssatz und der auf der Basis des Tax-CAPM ermittelten Risikoprämie zusammen.."[10]

---

1 *Münstermann, H.*, Wert und Bewertung der Unternehmung, 1966, S. 47; *Helbling, C.*, Unternehmensbewertung und Steuern, 1998, S. 101; *Seppelfricke, P.*, Handbuch Aktien- und Unternehmensbewertung, 2005, S. 21; *Ernst/Schneider/Thielen*, Unternehmensbewertungen erstellen und verstehen, 2006, S. 10; *Hering, T.*, Unternehmensbewertung, 2006, S. 32; *Ballwieser, W.*, Unternehmensbewertung, 2004, S. 178; *Drukarczyk/Schüler*, Unternehmensbewertung, 2007, S. 234.
2 *Perridon/Steiner*, Finanzwirtschaft der Unternehmung, 2004, S. 226.
3 IDW Standard: Grundsätze zur Durchführung von Unternehmensbewertungen (IDW S1), 18. 10. 2005, Tz. 111.
4 Siehe dazu Gliederungspunkt 13.1.
5 IDW S1 i. d. F. 2008, Tz. 102.
6 Neues Bilanzrecht: Milliardenentlastung für den deutschen Mittelstand beschlossen, Newsletter, Bundesministerium der Justiz, Berlin, 26. März 2009.
7 WP-Handbuch, Band II, 2008, S. 45, Tz. 139 und S. 112, Tz. 309.
8 *Drukarczyk/Schüler*, Unternehmensbewertung, 2007, S. 235.
9 WP-Handbuch, Band II, 2008, S. 45, Tz. 139 und S. 103, Tz. 284.
10 IDW S1 i. d. F. 2008, Tz. 122.

Das Tax-CAPM berücksichtigt die persönlichen Ertragsteuern der Anteilseigner.

Eine Erklärung der empirisch beobachtbaren Aktienrenditen erfolgt durch das Tax-CAPM, welches das CAPM um die explizite Berücksichtigung der Wirkungen persönlicher Ertragsteuern erweitert.[1]

Zum DCF-Verfahren:

DCF-Verfahren diskontieren Cashflows ohne Berücksichtigung der Ausschüttungsfähigkeit.[2] *Die Einkommensteuer wird, wie international üblich, nicht abgezogen. Der Kalkulationszinssatz wird durch das CAPM bestimmt.*

Nach der Ausgestaltung der DCF-Verfahren durch das IDW im S1, werden auch bei den DCF-Verfahren Ausschüttungsregeln beachtet.

„DCF-Verfahren bestimmen den Unternehmenswert durch Diskontierung von Cashflows. Die Cashflows stellen erwartete Zahlungen an die Kapitalgeber dar."[3]

„Die künftigen Free Cashflows sind jene finanziellen Überschüsse, die unter Berücksichtigung gesellschaftsrechtlicher Ausschüttungsgrenzen allen Kapitalgebern des Unternehmens zur Verfügung stehen."[4]

Die Einkommensteuer ist in der Ausgestaltung der DCF-Verfahren im IDW S1 zu berücksichtigen.

„Auch bei der Unternehmensbewertung nach den DCF-Verfahren bestimmt sich der Wert des Unternehmens für den Unternehmenseigner nach den ihm zufließenden Nettoeinnahmen. Die für das Ertragswertverfahren geltenden Grundsätze zur Berücksichtigung persönlicher Ertragsteuern finden gleichermaßen für die DCF-Verfahren Anwendung."[5]

Das Zwischenergebnis einer Gegenüberstellung der Verfahren ist damit so banal wie nachvollziehbar. Werden für Bewertungsverfahren einheitliche Anforderungen definiert, führen sie zu identischen Ergebnissen.[6]

„Ertragswert- und Discounted Cash Flow-Verfahren beruhen auf der gleichen konzeptionellen Grundlage (Kapitalwertkalkül); in beiden Fällen wird der Barwert zukünftiger finanzieller Überschüsse ermittelt. Konzeptionell können sowohl objektivierte Unternehmenswerte als auch subjektive Entscheidungswerte mit beiden Bewertungsverfahren ermittelt werden. Bei gleichen Bewertungsannahmen ..., führen beide Verfahren zu gleichen Unternehmenswerten."[7]

Die Wahl des Bewertungsverfahrens, DCF-Verfahren oder Ertragswertverfahren, hat somit keinen Einfluss auf das Bewertungsergebnis.[8]

---

[1] IDW S1 i. d. F. 2008, Tz. 119.
[2] *Mandl, G.*, Können die DCF-Verfahren die an die Unternehmensbewertung gestellten Anforderungen besser erfüllen als die Ertragswertverfahren?, S. 58, in: Egger, E., (Hrsg.) Unternehmensbewertung – quo vadis?, 1999; *Copeland/Koller/Murrin*, Valuation, 2000, S. 134; *Spremann, K.*, Finanzanalyse und Unternehmensbewertung, 2002, S. 163.
[3] IDW S1 i. d. F. 2008, Tz. 124.
[4] IDW S1 i. d. F. 2008, Tz. 127.
[5] IDW S1 i. d. F. 2008, Tz. 139.
[6] *Ballwieser, W.*, Unternehmensbewertung, Sp. 2091, in: Gerke/Steiner (Hrsg.), Handwörterbuch des Bank- und Finanzwesens, 2001.
[7] IDW S1 i. d. F. 2008, Tz. 101; siehe auch *Ballwieser, W.*, Unternehmensbewertung, 2004, S. 177.
[8] WP-Handbuch, Band II, 2008, S. 85, Tz. 236.

4.11.2 Discounted Cashflow Verfahren

Es gibt nicht nur das eine DCF-Verfahren. Vielmehr sind mehrere Varianten von DCF-Verfahren zu unterscheiden, Entity- und Equity-Verfahren bzw. gleichbedeutend Brutto- und Nettoverfahren.[1] Als Entity-Verfahren sind WACC-Verfahren, Total Cashflow Verfahren und Adjusted Present Value-Verfahren zu nennen.[2] Die Entity-Verfahren verfolgen einen Brutto-Ansatz (Brutto-Verfahren) und ermitteln somit zunächst einen Gesamt-Unternehmenswert, von dem aus durch Abzug des Marktwertes des Fremdkapitals der Eigenkapitalwert oder Unternehmenswert ermittelt wird. Das Equity-Verfahren oder Flow-to-Equity-Verfahren, verfolgt den Netto-Ansatz (Netto-Verfahren) und ermittelt, wie das Ertragswertverfahren, direkt den Wert des Eigenkapitals, den Unternehmenswert.

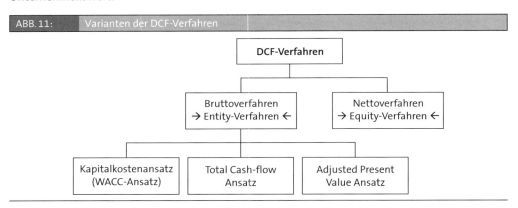

ABB. 11: Varianten der DCF-Verfahren

Das Equity-Verfahren weist somit durch seinen direkten Rechenweg konzeptionell eine große Ähnlichkeit wenn nicht Identität zum Ertragswertverfahren auf.[3] In der dogmatischen Lehrbuchfassung stellt sich das Verfahren wie folgt dar:[4]

ABB. 12: DCF-Verfahren in der Variante Equity-Verfahren (Netto-Verfahren, Flow-to-Equity)

$$UW_0 = \sum_{t=1}^{T} \underbrace{(FCF_t - Z_t)}_{FTE} (1 + r_{EKvESt})^{-t}$$

UW_0: Unternehmenswert
FTE: Flow to Equity vor ESt
Z_t: Zins- und Tilgungszahlungen an die Fremdkapitalgeber
FCF: freier Cash flow (Free Cash Flow) nach Unternehmenssteuern, vor ESt
r_{EKvESt}: Eigenkapitalkosten vor ESt

---

1 *Mandl/Rabel*, Unternehmensbewertung, 1997, S. 285.
2 *Ballwieser, W.*, Unternehmensbewertung, 2004, S. 111; *Mandl/Rabel*, Unternehmensbewertung, 1997, S. 285.
3 Siehe dazu die Definition der Bewertungsgröße in IDW S1 i. d. F. 2008, Tz. 138.
4 Ausschüttungsfähigkeit wird unterstellt, keine Berücksichtigung der persönlichen Einkommensteuer, d. h. diese Vor-Einkommensteuer-Fassung deckt sich nicht mit der Formulierung von DCF-Verfahren in IDW S1, siehe IDW S1 i. d. F. 2008, Tz. 139 und entspricht dem insbesondere in englischsprachigen Lehrbüchern verfolgten Konzept, siehe dazu auch WP-Handbuch, Band II, 2008, S. 126, Tz. 343.

DCF-Verfahren diskontieren die im Unternehmen geplanten Zahlungsüberschüsse oder Cashflows.[1] Jedes der genannten DCF-Verfahren (jedes Brutto-Verfahren bzw. das Nettoverfahren) benötigt aufgrund unterschiedlicher Formulierungen des Kalkulationszinssatzes eine besondere Ermittlung des Cashflows.

> „DCF-Verfahren bestimmen den Unternehmenswert durch Diskontierung von Cashflows. Die Cashflows stellen erwartete Zahlungen an die Kapitalgeber dar. Je nach Verfahren sind sie unterschiedlich definiert."[2]

Bei der Ermittlung des bewertungsrelevanten Cashflows für das WACC-Verfahren (Brutto- oder Entity-Verfahren) kommen die geplanten Investitionsauszahlungen zum Abzug. Die Kürzung um notwendige Investitionsauszahlungen erfolgt, da die Cashflows für die Kapitalgeber, Eigen- wie Fremdkapitalgeber, zur freien Verfügung stehen sollen und damit entziehbar sein müssen.[3]

Die Cashflows, die mit der Unternehmensfinanzierung im Zusammenhang stehen bleiben unberücksichtigt, da das WACC-Verfahren bei der Cashflow-Ermittlung von der Fiktion eines rein eigenfinanzierten Unternehmens ausgeht.[4] Bei dem WACC-Verfahren wird so aus dem operativen Cashflow der bewertungsrelevante „Free Cashflow".[5]

DCF-Verfahren gehen von der Annahme aus, dass die Cashflows des Unternehmens den Kapitalgebern auch zufließen können.[6] Diskontiert werden Cashflows, die den Saldo der Einzahlungen und Auszahlungen eines Unternehmens (je nach Verfahren definiert) darstellen.[7] Cashflows werden aber mit einem handelsrechtlichen und damit ausschüttungsfähigen Bilanzgewinn bzw. Jahresüberschuss in der Regel nicht deckungsgleich sein.[8] Der Ersatz von Ausschüttungsprognosen durch Cashflow-Prognosen führt dann grundsätzlich zu Bewertungsfehlern.[9]

BEISPIEL

	Direkte Cashflow Ermittlung		Retrograde Cashflow Ermittlung
Einzahlungen	100.000	Jahresüberschuss	30.000
Auszahlungen	60.000	Abschreibungen	10.000
Cashflow	40.000	Cashflow	40.000

DCF-Verfahren unterstellen Ausschüttungsfähigkeit als Verfahrensvereinfachung.[10] Grundlage hierfür ist das Theorem der Irrelevanz der Ausschüttungspolitik von Modigliani/Miller, das unter

---

1 Der „Cashflow" lässt sich gedanklich in drei Teile unterscheiden: 1. Operativer Cashflow, 2. Cashflow aus Desinvestitionen und Investitionen und 3. Cashflow aus Finanzierungsmaßnahmen.
2 IDW S1 i. d. F. 2008, Tz. 124.
3 WP-Handbuch, Band II, 2008, S. 126, Tz. 344.
4 WP-Handbuch, Band II, 2008, S. 127, Tz. 346.
5 WP-Handbuch, Band II, 2008, S. 126, Fn. 559 mit weiteren Nachweisen.
6 *Sieben, G.*, Unternehmensbewertung: Discounted Cash-Flow Verfahren und Ertragswertverfahren – Zwei völlig unterschiedliche Ansätze?, in: Lanfermann, J., (Hrsg.), Internationale Wirtschaftsprüfung, Festschrift für Hans Havermann, 1995, S. 722.
7 *Koller/Goedhart/Wessels*, Valuation – Measuring and Managing the Value of Companies, 2005, S. 101; *Schultze, W.*, Methoden der Unternehmensbewertung, 2003, S. 360, 414; *Adolff, J.*, Unternehmensbewertung im Recht der börsennotierten Aktiengesellschaft, 2007, 228.
8 *Münstermann, H.*, Wert und Bewertung der Unternehmung, 1966, S. 47.
9 *Ballwieser, W.*, Unternehmensbewertung, Sp. 2083, in: Gerke/Steiner (Hrsg.), Handwörterbuch des Bank- und Finanzwesens, 2001.
10 *Schultze, W.*, Methoden der Unternehmensbewertung, 2003, S. 360 ff., *Mandl/Rabel*, Unternehmensbewertung, 1997, S. 286.

stark vereinfachten Modellannahmen Gültigkeit hat, die Realität aber nur ungenügend abbildet.[1] Die Diskontierung von Cashflows wird zum Teil damit begründet, dass der Teil der nicht ausschüttungsfähigen Cashflows, als Annahme, im Unternehmen kapitalwertneutral angelegt werden kann.[2] Darüber hinaus sind Konstellationen vorstellbar, dass Ausschüttungssperren (Bilanzgewinn < Free Cashflow) durch Gestaltungsmaßnahmen wie die Auflösung von Gewinnrücklagen oder Kapitalrücklagen, Aktienrückkaufaktionen, etc. behebbar sind.[3] Um die sich aus diesem Annahmenkatalog ergebenden Fehlbewertungen zu vermeiden, wird die Erstellung von Nebenrechnungen empfohlen, auf deren Basis die Ausschüttungsfähigkeit des Cashflows zu verproben ist.[4] Bei Erstellung derartiger Nebenrechnungen befindet man sich unmittelbar in der Notwendigkeit, eine integrierte Unternehmensplanung bestehend aus GuV-Planung, Finanzplanung und Bilanzplanung zu erstellen.[5] Wird auf dieser Basis die Möglichkeit der Ausschüttungsfähigkeit berücksichtigt, befindet man sich zumindest hinsichtlich der zu diskontierenden Größe auf der Ebene des Ertragswertverfahrens bzw. des Dividend Discount Verfahrens.[6]

Auch die Ermittlung der Unternehmenssteuern setzt bei den DCF-Verfahren vereinfachend an Bemessungsgrundlagen an, die noch nicht steuerlich modifiziert worden sind. Körperschaftsteuer und Gewerbesteuer werden durch einen Teilsteuersatz auf der Basis EBIT berechnet.[7] Da hier definitionsgemäß noch keine Erträge aus nicht betriebsnotwendigem Vermögen enthalten sein sollen, muss die Besteuerung der aus nicht betriebsnotwendigem Vermögen resultierenden Erträge in einer Nebenrechnung erfasst werden.[8] Obwohl die steuerlichen Wirkungen der Fremdfinanzierung durch entsprechende Modifikationen des Kalkulationszinssatzes oder auch des Cashflows Berücksichtigung finden, ist die Behandlung der Unternehmensbesteuerung in den DCF-Modellen regelmäßig von einer realitätsgerechten Behandlung weit entfernt.[9] Themen wie steuerliche Verlustvorträge sollen etwa durch Nebenrechnungen erfasst werden.[10]

Die Berücksichtigung der Einkommensteuer ist in der internationalen Bewertungspraxis nicht geläufig.[11] DCF-Verfahren weisen in der „dogmatischen Variante" deshalb auch keine Berücksichtigung der Einkommensteuer auf.[12] Die Einkommensteuer auf Gesellschafter-Ebene setzt damit zwangsläufig wiederum an Größen (Cashflow) an, die mit zu versteuernden Ausschüttungen wohl nur zufällig deckungsgleich sind. Voraussetzung für eine korrekte Erfassung von Ausschüttungsbegrenzungen und Steuerwirkungen wäre somit eine „Nebenrechnung", die genau die Werte ermittelt, die auch das Ertragswertverfahren nutzt.

Die DCF-Verfahren in der Bedingungsstruktur des IDW S1 modifizieren deshalb die dogmatische DCF-Welt. So wird zunächst die Ausschüttungsfähigkeit des Cashflows gefordert.

---

1 *Ballwieser, W.*, Unternehmensbewertung, Marktorientierung und Ertragswertverfahren, S. 22, in: Festschrift Loitlsberger, *Wagner, H.*, (Hrsg.), Zum Erkenntnisstand der Betriebswirtschaftslehre am Beginn des 21. Jahrhunderts, 2003.
2 *Schultze, W.*, Methoden der Unternehmensbewertung, 2003, S. 362.
3 *Drukarczyk, J.*, Unternehmensbewertung, 2003, S. 146.
4 *Ernst/Schneider/Thielen*, Unternehmensbewertungen erstellen und verstehen, 2006, S. 92.
5 IDW S1 i. d. F. 2008, Tz. 27.
6 *Schultze, W.*, Methoden der Unternehmensbewertung, 2003, S. 73 f.
7 *Ernst/Schneider/Thielen*, Unternehmensbewertungen erstellen und verstehen, 2006, S. 32.
8 *Ernst/Schneider/Thielen*, Unternehmensbewertungen erstellen und verstehen, 2006, S. 123.
9 *Mandl/Rabel*, Unternehmensbewertung, 1997, S. 317.
10 *Ernst/Schneider/Thielen*, Unternehmensbewertungen erstellen und verstehen, 2006, S. 123.
11 WP-Handbuch, Band II, 2008, S. 126, Tz. 343.
12 *Loderer/Jörg/Pichler/Roth/Zgraggen*, Handbuch der Bewertung, 2002, S. 292 ff.

> „Die künftigen Free Cashflows sind jene finanziellen Überschüsse, die unter Berücksichtigung gesellschaftsrechtlicher Ausschüttungsgrenzen allen Kapitalgebern des Unternehmens zur Verfügung stehen."[1]

Allerdings wird unmittelbar an diese Forderung im IDW S1 ein retrograd ermittelter Free Cashflow präsentiert, der die Ausschüttungsfähigkeit gerade nicht berücksichtigt.

> „Handelsrechtliches Jahresergebnis
> + Fremdkapitalzinsen
> − Unternehmenssteuer-Ersparnis infolge der Abzugsfähigkeit der Fremdkapitalzinsen (tax shield)
> + Abschreibungen und andere zahlungsunwirksame Aufwendungen
> − zahlungsunwirksame Erträge
> − Investitionsauszahlungen (*abzüglich Einzahlungen aus Desinvestitionen*)
> + / − Verminderung/Erhöhung des Nettoumlaufvermögens
> = Free Cashflow"[2]

Der so berechnete Free Cashflow ist wohl dergestalt zu interpretieren, dass er insoweit in die Unternehmensbewertung eingeht, soweit er kleiner oder gleich dem Bilanzgewinn des Unternehmens ist und damit Ausschüttungsfähigkeit gegeben ist.

Auch die international übliche Rechnung ohne Einkommensteuer wird für die DCF-Verfahren im IDW S1 aufgegeben.

> „Die für das Ertragswertverfahren geltenden Grundsätze zur Berücksichtigung persönlicher Ertragsteuern finden gleichermaßen für die DCF-Verfahren Anwendung."[3]

Somit kann festgehalten werden, dass DCF-Verfahren (in der Modifikation des IDW) sich damit in den Grundannahmen nicht mehr vom Ertragswertverfahren unterscheiden. „Optische" Unterschiede ergeben sich allerdings noch in der Rechentechnik, insbesondere soweit Bruttoverfahren verwendet werden. Equity-Verfahren weisen dagegen als Netto-Verfahren unter den Annahmen des IDW auch „optisch" keinen Unterschied mehr gegenüber dem Ertragswertverfahren auf. Netto- und Brutto-DCF-Verfahren müssen zu gleichen Ergebnissen kommen.

> „Ungeachtet der Unterschiede in der Rechentechnik führen die einzelnen DCF-Verfahren bei konsistenten Annahmen grundsätzlich zu übereinstimmenden Ergebnissen."[4]

Da zum einen das DCF-Verfahren in der Equity-Variante weder von den Annahmen noch hinsichtlich der Rechentechnik Unterschiede zum Ertragswertverfahren aufweist und zum anderen das DCF-Verfahren nach der Equity-Variante keine anderen Ergebnisse als die DCF-Verfahren in der Brutto-Konzeption ermitteln darf ist offensichtlich, dass auch zwischen dem Ertragswertverfahren und den DCF-Verfahren (wie oben bereits ausgeführt) keine Berechnungsunterschiede auftreten dürfen.

Die große Popularität der (dogmatisch angewendeten) DCF-Verfahren begründet sich aus deren internationaler Anwendbarkeit. Die offen kommunizierten Vereinfachungen erlauben bei regel-

---

[1] IDW S1 i. d. F. 2008, Tz. 127.
[2] IDW S1 i. d. F. 2008, Tz. 127 (Zusatz gegenüber IDW S1 kursiv).
[3] IDW S1 i. d. F. 2008, Tz. 139.
[4] IDW S1 i. d. F. 2008, Tz. 124.

mäßig unter großem Zeitdruck ablaufenden M&A-Transaktionen eine schnelle Indikation verhandelbarer Wertgrößen. Für die Berücksichtigung der landesspezifischen Ausschüttungsregeln und die „liebevolle" Behandlung aller steuerlichen nationalen und internationalen Feinheiten ist weder Zeit noch Budget verfügbar. Kaufpreisverhandlungen bei Großtransaktionen bewegen sich in Schritten, die Millionenbeträge bestenfalls noch als Rundungsgröße wahrnehmen. Die Orientierung der DCF-Verfahren an Maximal-Werten[1] ist damit problemlos. Ob die Anwendung von DCF-Verfahren allerdings für rechtlich motivierte Bewertungsanlässe das angemessene Mittel ist, muss sicher auch vor diesem Hintergrund beurteilt werden.

Ein ganz erheblicher Grund für den Siegeszug der DCF-Verfahren ist deren Rückgriff auf das Capital Asset Pricing Model (CAPM) zur Bestimmung des Kalkulationszinssatzes. Das CAPM ist ein kapitalmarkttheoretischer Ansatz zur Ableitung objektiv risikoäquivalenter Risikoprämien.[2] Zur Lösung eines investitionstheoretischen Problems wird auf ein finanzierungstheoretisches Konzept zurückgegriffen. Nicht mehr die individuelle Risikoeinstellung des Investors ist Maßstab für den Risikozuschlag im Kalkulationszinssatz, um Äquivalenz zum Unternehmensrisiko herzustellen, sondern Basis der Risikomessung ist vielmehr die am Aktienmarkt beobachtbare Überrendite von Aktien gegenüber festverzinslichen Anlagen. Diese Risikoprämie wird mit dem Beta-Faktor multipliziert, um den unternehmensspezifischen Risikozuschlag zu ermitteln. Der Beta-Faktor ist ein relatives Schwankungsmaß, das die Veränderung der Unternehmensrendite eines Vergleichsunternehmens (Peer Group) bei Schwankung der gesamten Marktrendite ausdrückt.[3] Trotz breiter Kritik am CAPM[4], die am realitätsfernen Annahmegerüst, mangelnder empirischer Bestätigung und fehlender Eignung für die Ermittlung von Entscheidungswerten ansetzt, ist es, mangels funktionsfähiger Alternativen, dass erfolgreichste da einzige etablierte Verfahren zur Ermittlung von Risikoprämien.

4.11.3 Ertragswertverfahren

Ertragswertverfahren streben nicht nur theoretisch die Bewertung der Netto-Zahlungen im Verfügungsbereich des Investors an, sondern diskontieren auch die Ausschüttungen, die unter Berücksichtigung handelsrechtlicher Ausschüttungsbeschränkungen möglich und im Hinblick auf die relevanten Cashflows finanzierbar sind.

> „Das Ertragswertverfahren ermittelt den Unternehmenswert durch Diskontierung der den Unternehmenseignern künftig zufließenden finanziellen Überschüsse, wobei diese üblicherweise aus den für die Zukunft geplanten Jahresergebnissen abgeleitet werden. Die dabei zugrunde liegende Planungsrechnung kann nach handelsrechtlichen oder nach anderen Vorschriften (z. B. IFRS, US GAAP) aufgestellt sein.."[5]

IDW S1 bezieht gegenüber IDW S1 vom 18.10.2005 nunmehr auch Planungsrechnungen nach IFRS und US GAAP ein, obwohl diese keine Grundlage eines handelsrechtlichen Ausschüttungs-

---

[1] *Schultze, W.*, Methoden der Unternehmensbewertung, 2003, S. 419.
[2] *Drukarczyk, J.*, Unternehmensbewertung, 2003, S. 141.
[3] WP-Handbuch, Band II, 2008, S. 110, Tz. 300; *Ernst/Schneider/Thielen*, Unternehmensbewertungen erstellen und verstehen, 2006, S. 68.
[4] *Schneider, D.*, Investition, Finanzierung und Besteuerung, 1992, S. 517; *Coenenberg, A.*, Unternehmensbewertung aus der Sicht der Hochschule, in: Busse von Colbe/Coenenberg, Unternehmensakquisition und Unternehmensbewertung, 1992, S. 107; *Ballwieser, W.*, Unternehmensbewertung und Komplexitätsreduktion, 1993, S. 177; *Hering, T.*, Unternehmensbewertung, 2006, S. 215 ff.
[5] IDW S1 i. d. F. 2008, Tz. 102.

beschlusses darstellen können. Es muss also unterstellt werden, dass die Planungsrechnungen nach IFRS oder US GAAP nur als Zwischenschritt bei der Ableitung eines handelsrechtlich ausschüttungsfähigen Ergebnisses zu verstehen sind.[1]

Das Ertragswertverfahren stellt sich formal wie folgt dar:

ABB. 13: Ertragswertverfahren

$$UW_0 = \sum_{t=1}^{T} D_t \, (1 + r_{EK})^{-t}$$

UW_0: Ertragswert
D_t: Ausschüttung in t, nach persönlichen Ertragsteuern
r_{EK}: Eigenkapitalkosten nach persönlichen Ertragsteuern (ggf. CAPM)

Da das Ertragswertverfahren die beiden Rechengrößen Bilanzgewinn und Cashflow zu berücksichtigen hat, ist der Einsatz integrierter Planungsmodelle bestehend aus GuV-Planung, Finanzplanung und Bilanzplanung unabdingbar. Diese Planungs-Modelle beinhalten regelmäßig auch Berechnungsmodule zur realistischen Ermittlung der Unternehmensbesteuerung und erfassen rechtsformspezifische Besonderheiten bei der Ermittlung der steuerlichen Bemessungsgrundlagen.

> „Eine ordnungsgemäße Unternehmensbewertung setzt aufeinander abgestimmte Plan-Bilanzen, Plan-Gewinn- und Verlustrechnungen sowie Finanzplanungen voraus. Hierbei können ergänzende Rechnungen zur Ermittlung der steuerlichen Bemessungsgrundlagen notwendig werden."[2]

Da die Werteffekte nicht betriebsnotwendigen Vermögens nicht wie bei den DCF-Verfahren durch die Definition von EBIT separiert werden, können die Besteuerungswirkungen dort vorhandener und ggf. aufgedeckter stiller Reserven in einem Planungs- und Rechengang berücksichtigt werden.[3]

Die korrekte Erfassung der auf Unternehmensebene und auf Unternehmerebene relevanten Steuerbelastungen ist damit systembedingt in einem geschlossenen Ansatz und ohne Bemühung einer Vielzahl von Nebenrechnungen möglich. Selbst wenn die notwendigen Informationen zum Modellaufbau nur eingeschränkt verfügbar sind, etwa bei Bewertungen durch Unternehmensexterne, ist das Ertragswertverfahren bei der Bestimmung der Bewertungsgrößen auf alle Fälle das eindeutig leistungsfähigere und anspruchsvollere Verfahren, da es die unnötigen Annahmen der international üblichen Formen der DCF-Verfahren hinsichtlich der Ausschüttungsfähigkeit und Besteuerung vermeidet.

Das CAPM zur Ableitung von Kalkulationszinssätzen ist zwar ein Erkennungsmerkmal der DCF-Verfahren, aber nicht zwangsläufig auf diese beschränkt. Das Ertragswertverfahren lässt sich

---

1 Siehe Gliederungspunkt 13.1.
2 IDW S1 i. d. F. 2008, Tz. 27.
3 Zur Berücksichtigung des nicht betriebsnotwendigen Vermögens im Rahmen der Unternehmensbewertung siehe Gliederungspunkt 9.17.3.

problemlos mit dem CAPM kombinieren.[1] Diese Systemkombination ist mittlerweile auch fester Bestandteil der Bewertungspraxis.[2]

4.11.4 Plädoyer für das Ertragswertverfahren in gesetzlichen Bewertungsfällen

Ertragswertverfahren berücksichtigen die Ausschüttungsfähigkeit der Jahresüberschüsse bzw. Bilanzgewinne und sind damit am Cashflow orientiert. Diskontiert werden die beim Gesellschafter netto verfügbaren Dividenden, d. h. nach Abzug der Einkommensteuer. In der Definition der DCF-Verfahren durch das IDW besteht weder in den Grundannahmen ein Unterschied zu dem Ertragswertverfahren, noch darf sich eine Ergebnisabweichung zwischen den Verfahren (Brutto- bzw. Netto-DCF-Wert, Ertragswert) ergeben.[3] Die DCF-Verfahren im Sinne des IDW entsprechen damit nicht den DCF-Methoden im internationalen Verständnis.[4] Letztere berücksichtigen vereinfachend weder die Kriterien der Ausschüttungsfähigkeit, da auf die kapitalwertneutrale Wiederanlage nicht ausschüttbarer Cashflows hingewiesen wird, noch die persönlichen Ertragsteuern und können damit im Vergleich mit dem Ertragswertverfahren gerade keine deckungsgleichen Ergebnisse ermitteln.[5]

> „Will man sich damit nicht zufrieden geben und die Auswirkungen von Einbehaltungen auf künftige Ausschüttungen inklusive ihrer steuerlichen Implikationen in der Unternehmensbewertung abbilden, muss die Kapitalflussrechnung so aufgestellt werden, dass nicht die ermittelten Free Cashflows ausgeschüttet werden, sondern der handelsrechtlich mögliche bzw. steuerlich sinnvolle Teil der Ertragsüberschüsse."[6]

Im Sinne der Klarheit, insbesondere bei gesetzlichen Bewertungsanlässen, spricht somit alles für die Verwendung des Ertragswertverfahrens, da hier keine Ausführungen zu den Unterschieden zwischen den DCF-Verfahren gemäß der Interpretation des IDW und der klassischen Anwendung der DCF-Verfahren notwendig sind.[7]

Das CAPM-Modell wird zusehends in der Bewertungspraxis mit Ertragswertverfahren kombiniert. Im Zusammenhang mit der Ermittlung objektivierter Unternehmenswerte ist die Verwendung des CAPM bzw. Tax-CAPM nur zu begrüßen. Das Ziel objektivierter Unternehmensbewertung, Willkürfreiheit einzuschränken und intersubjektive Nachprüfbarkeit sicherzustellen ist damit hinsichtlich der Ermittlung der Risikoprämie einen entscheidenden Schritt vorangekommen. Tatsache ist auch, dass trotz der Möglichkeit auf eine Theorie zurückgreifen zu können, die Gestaltungsfreiräume des Gutachters immer noch erheblich sind.

---

1 *Ballwieser, W.,* Unternehmensbewertung, Sp. 2086 u. 2089 f., in: Gerke/Steiner (Hrsg.), Handwörterbuch des Bank- und Finanzwesens, 2001, *Ballwieser, W.,* Stand und Entwicklung der Unternehmensbewertung in Deutschland, S. 32, in: Egger, E., (Hrsg.) Unternehmensbewertung – quo vadis?, 1999.
2 IDW S1 i. d. F. 2008, Tz. 118.
3 IDW S1 i. d. F. 2008, Tz. 101 u. 124.
4 *Copeland/Koller/Murrin,* Valuation, 2000, S. 134; *Schultze, W.,* Methoden der Unternehmensbewertung, 2003, S. 95, *Spremann, K.,* Finanzanalyse und Unternehmensbewertung, 2002, S. 163.
5 *Schultze, W.,* Methoden der Unternehmensbewertung, 2003, S. 422 f.
6 *Schultze, W.,* Methoden der Unternehmensbewertung, 2003, S. 423.
7 *Baetge/Krause,* Die Berücksichtigung des Risikos bei der Unternehmensbewertung, BFuP 1994 S. 453.

Zwischenergebnis:

DCF-Verfahren, in der dogmatischen Anwendung, unterscheiden sich von Ertragswertverfahren in zentralen Berechnungsgrundlagen und damit zwangsläufig in den Berechnungsergebnissen. In der Definition bzw. Modifikation der DCF-Verfahren gemäß IDW, darf zwischen den Verfahren (DCF-Verfahren und Ertragswertverfahren) kein Berechnungsunterschied mehr auftreten, insbesondere da die Ermittlung des Kalkulationszinssatzes über das CAPM bzw. Tax-CAPM fester Bestandteil des Ertragswertverfahrens geworden ist. Auf die notwendige Gleichheit der Berechnungsergebnisse von Ertragswert- und DCF-Verfahren weist IDW S1 explizit hin. Diese Schlussfolgerung ergibt sich aber auch durch die Definition der Bewertungsgröße im Equity-Verfahren, die keinen Unterschied zum Ertragswertverfahren aufweist. Zum anderen dürfen zwischen den unterschiedlichen DCF-Verfahren keine Bewertungsunterschiede auftreten. Damit empfiehlt sich, das von Hause aus an rechtlichen Rahmenbedingungen orientierte Ertragswertverfahren für gesetzliche Bewertungsfälle zu wählen und sich Ausführungen zu einem verwendeten DCF-Verfahren zu ersparen, in denen darzulegen wäre, an welchen Punkten dieses DCF-Verfahren gerade nicht mehr den DCF-Verfahren im internationalen Verständnis entspricht.

4.11.5 Rechtsprechung

Das Ertragswertverfahren wurde vom Bundesverfassungsgericht als zulässiges Verfahren gebilligt.[1] Obwohl eine bestimmte Bewertungsmethode zur Ermittlung von angemessenen Abfindungen nicht vorgeschrieben ist, entspricht die Verwendung der Ertragswertmethode fast durchgängig der Praxis der Gerichte.[2] Der Ertragswert wird wie folgt definiert:

> „Der Ertragswert eines Unternehmens ist der Unternehmenswert, der durch Diskontierung der den Unternehmenseignern künftig zufließenden finanziellen Überschüsse, die aus den künftigen handelsrechtlichen Erfolgen abgeleitet werden, gewonnen wird."[3]

Die Rechtsprechung übernimmt damit fast wörtlich die Formulierung des IDW S1.

Das Ertragswertverfahren beruht dabei auf einer Vielzahl von Prognosen, weswegen die Berechnung eines mathematisch exakten Wertes auf „Euro und Cent" nicht möglich ist.[4] Allerdings stellt das Ertragswertverfahren einen geordneten Rahmen dar, innerhalb dessen die Schätzung des Unternehmenswertes stattfinden kann.[5] Das Gericht hat damit unter Verwendung des Bewertungsgutachtens den Unternehmenswert nach § 287 Abs. 2 ZPO zu schätzen. Dieser Schätzung steht nicht entgegen, dass das Ertragswertverfahren auf Prognosen aufbaut und damit eine Überprüfung der aus der unbekannten Zukunft abgeleiteten Bewertungsgrundlagen durch Dritte nicht mit Sicherheit möglich ist.[6] Unabhängig davon formuliert das LG Dortmund:

> „Als bester und plausibelster Weg zur Ermittlung des objektivierten Unternehmenswertes gilt nach wie vor die sog. Ertragswertmethode. Sie ist in Rechtsprechung und Schrifttum allgemein anerkannt."[7]

---

1 BVerfG v. 27. 4. 1999 – 1 BvR 1613/94, DB, 1999, S. 1693.
2 BGH v. 21. 7. 2003 – II ZB 17/01, AG, 2003, S. 627; OLG München v. 17. 7. 2007 – 31 Wx 060/06, AG, 2008, S. 29.
3 LG Frankfurt a. M. v. 21. 3. 2006 – 3-5 O 153/04, AG, 2007, S. 43; OLG München v. 17. 7. 2007 – 31 Wx 060/06, AG, 2008, S. 29.
4 LG Frankfurt a. M. v. 21. 3. 2006 – 3-5 O 153/04, AG, 2007, S. 43.
5 *Großfeld, B.*, Unternehmens- und Anteilsbewertung im Gesellschaftsrecht, 2002, S. 152.
6 BGH v. 13. 3. 1978, siehe dazu *Piltz, D.,* Die Unternehmensbewertung in der Rechtsprechung, 1994, S. 140
7 LG Dortmund v. 19. 3. 2007 – 18 AktE 5/03, AG, 2007, S. 793.

5. Das Äquivalenzprinzip

5.1 Grundlagen

Bewerten heißt vergleichen.[1] Die Bewertung wird durchgeführt, indem der bekannte Preis einer in jeder Hinsicht vergleichbaren Investitionsalternative gesucht wird. Der Preis dieser Alternative ist der gesuchte Wert für das zu bewertende Unternehmen. Der Vergleich erfolgt aus Gründen der Praktikabilität nicht unmittelbar zwischen den Zahlungsströmen des zu bewertenden Unternehmens und den Zahlungsströmen der Alternativanlage. Die Alternativanlage wird vielmehr durch deren interne Rendite abgebildet.[2] Die Bewertung des Unternehmens erfolgt durch Diskontierung der Zahlungsströme des Unternehmens mit der internen Rendite der Alternative. Der so ermittelte Bruttokapitalwert oder Unternehmenswert oder Zukunftserfolgswert ist als Grenzpreis konzipiert. Der Grenzpreis ist der Kaufpreis, der maximal aufgewendet werden kann, ohne dass sich die bisherige Vermögensposition des Käufers verschlechtert.[3] Da Investoren Nutzenmaximierung betreiben und dieser Nutzen an rein finanziellen Größen gemessen wird, kann nicht die interne Rendite irgendeiner Alternativinvestition verwendet werden. Vielmehr ist die interne Rendite der besten verfügbaren äquivalenten Alternativinvestition heranzuziehen.[4] Für den objektivierten Unternehmenswert wird die Suche nach der besten verfügbaren Alternativinvestition durch die Verwendung des CAPM beantwortet.[5] Es wird damit typisierend fingiert, dass Anleger als Alternative ein Investment in ein Aktienportfolio in Betracht ziehen.

Für einen zulässigen Vergleich zwischen Unternehmen und Alternativinvestition ist das Äquivalenzprinzip zu beachten, d. h. es muss sichergestellt sein, dass die Alternativanlage in ihren Bestimmungsgrößen (abgebildet durch die interne Rendite und ihre Zusammensetzung) äquivalent zur Qualität und Struktur der Ausschüttungen aus dem Bewertungsobjekt ist. Damit soll salopp formuliert, der Vergleich von Äpfeln und Birnen vermieden werden. Die Anforderungen des Äquivalenzprinzips gelten auch, wenn für objektivierte Unternehmenswerte auf das CAPM als Verfahren zur Bestimmung der Alternativrendite abgestellt wird.

Die Äquivalenz des Vergleichsobjektes (Alternativrendite) wird anhand

► der Unsicherheitsdimension,

► der Breite und

► der zeitlichen Struktur

---

1 *Moxter, A.*, Grundsätze ordnungsmäßiger Unternehmensbewertung, 1991, S. 123.
2 *Schultze, W.*, Methoden der Unternehmensbewertung, 2003, S. 247.
3 *Hering, T.*, Unternehmensbewertung, 2006, S. 37.
4 *Ballwieser/Leuthier*, Betriebswirtschaftliche Steuerberatung: Grundprinzipien, Verfahren und Probleme der Unternehmensbewertung, DStR, 1986, S. 606.
5 IDW S1 i. d. F. 2008, Tz. 118; WP-Handbuch, Band II, 2008, S. 103, Tz. 285.

des mit ihm erzielbaren Zahlungsstroms beurteilt.[1] Die Alternativinvestition hat damit hinsichtlich der Äquivalenz im Einzelnen folgende Anforderungen zu erfüllen.[2]

- ▶ Laufzeitäquivalenz:
  - Gleiche Dauer und Struktur des Zahlungsstroms, wie bei dem zu bewertenden Unternehmen.
- ▶ Arbeitseinsatzäquivalenz bzw. Kapitaleinsatzäquivalenz:[3]
  - Gleiche einzusetzende Arbeitsleistung zur Erzeugung des Zahlungsstroms, wie bei dem zu bewertenden Unternehmen.
- ▶ Steueräquivalenz bzw. Verfügbarkeitsäquivalenz:[4]
  - Nachsteuerbetrachtung, wie bei dem zu bewertenden Unternehmen.
- ▶ Ausschüttungsäquivalenz:
  - Verfolgung einer Ausschüttungspolitik, wie bei dem zu bewertenden Unternehmen.
- ▶ Kaufkraftäquivalenz:
  - Gleiche Verfahrensweise zur Berücksichtigung der Geldentwertung wie bei dem zu bewertenden Unternehmen.
- ▶ Währungsäquivalenz:
  - Gleiche Währung wie bei dem zu bewertenden Unternehmen.
- ▶ Risiko- oder Unsicherheitsäquivalenz:
  - Identische Unsicherheit des prognostizierten zukünftigen Zahlungsstroms wie bei dem zu bewertenden Unternehmen.

Im IDW S1 werden die folgenden Äquivalenzkriterien im Zusammenhang mit der Ermittlung objektivierter Unternehmenswerte genannt:

- ▶ Äquivalenz hinsichtlich der Fristigkeit,[5]
- ▶ Äquivalenz hinsichtlich des Risikos,[6]
- ▶ Äquivalenz hinsichtlich der Besteuerung,[7]
- ▶ Äquivalenz hinsichtlich der Ausschüttungsquote.[8]

---

1 *Wagner/Jonas/Ballwieser/Tschöpel*, Weiterentwicklung der Grundsätze zur Durchführung von Unternehmensbewertungen (IDW S1), Wpg 2004, S. 890.
2 *Ballwieser/Leuthier*, Betriebswirtschaftliche Steuerberatung: Grundprinzipien, Verfahren und Probleme der Unternehmensbewertung, DStR, 1986, S. 608; *Mandl/Rabel*, Unternehmensbewertung, 1997, S. 75 f., *Moxter, A.*, Grundsätze ordnungsmäßiger Unternehmensbewertung, 1991, S. 125 ff.; *Hayn, M.*, Bewertung junger Unternehmen, 2000, S. 400; *Ballwieser, W.*, Unternehmensbewertung, 2004, S. 82 ff.; *Wagner/Jonas/Ballwieser/Tschöpel*, Weiterentwicklung der Grundsätze zur Durchführung von Unternehmensbewertungen (IDW S1), Wpg 2004, S. 890.
3 Für Arbeitseinsatzäquivalenz findet sich auch der Ausdruck Kapitaleinsatzäquivalenz, siehe *Ballwieser, W.*, Unternehmensbewertung, 2004, S. 88.
4 Die Steueräquivalenz (siehe *Moxter, A.*, Grundsätze ordnungsmäßiger Unternehmensbewertung, 1991, S. 177) wird in der Literatur teilweise als Verfügbarkeitsäquivalenz bezeichnet, siehe z. B. *Mandl/Rabel*, Unternehmensbewertung, 1997, S. 77; *Ballwieser, W.*, Unternehmensbewertung, 2004, S. 100.
5 IDW S1 i. d. F. 2008, Tz. 114 u. 117.
6 IDW S1 i. d. F. 2008, Tz. 114.
7 IDW S1 i. d. F. 2008, Tz. 114.
8 IDW S1 i. d. F. 2008, Tz. 37.

sowie die Kriterien, die im IDW S1 zwar nicht als Äquivalenzkriterien benannt werden, aber als solche zu verstehen sind:

- Äquivalenz hinsichtlich der Kaufkraft,[1]
- Äquivalenz hinsichtlich des Arbeitseinsatzes,[2]
- Äquivalenz hinsichtlich der Haltedauer.[3]

Das notwendige Kriterium der Währungsäquivalenz wird im IDW S1 nicht benannt. Im WP-Handbuch findet sich dagegen ein Hinweis dazu.[4]

Das System der Äquivalenzkriterien, der Umfang der geforderten Äquivalenz, der Maßstab der Äquivalenz und die von IDW S1 explizit geforderte Äquivalenz stellen sich in einer Übersicht wie folgt dar:

ABB. 14: Äquivalenzkriterien und deren Berücksichtigung im IDW S1 i. d. F. 2008

Äquivalenzkriterium	BO maßgeblich für	AI maßgeblich für	Umfang der Äquivalenz	S1	Tz.
Laufzeitäquivalenz	=>		gleiche Laufzeit	ja	114 und 117
Risikoäquivalenz	=>		gleiche Risikohöhe	ja	114
Besteuerungsäquivalenz	=>		einheitlich Nachsteuerbetrachtung, nicht gleiche Steuersätze	ja	114
Kaufkraftäquivalenz	=>		einheitlich nominal oder real, nicht gleiche Inflationsrate	ja	94
Arbeitseinsatzäquivalenz	=>		einheitliche Separierung von Arbeitseinkommen	ja	40
Währungsäquivalenz	=>		gleiche Währung	nein	-
Ausschüttungsäquivalenz		<=	gleiche Ausschüttungsquote	ja	37
Haltedaueräquivalenz			gleiche Haltedauer	ja	44

BO: Bewertungsobjekt
AI: Alternativinvestment

Da sich die bewertungsrelevanten Eigenschaften des Bewertungsobjekts im Kalkulationszinssatz, als dem Repräsentanten der Alternative, wieder finden müssen, darf die Bedeutung des Kalkulationszinssatzes nicht auf seine finanzmathematische Diskontierungsfunktion reduziert werden.[5] Ein Barwert des prognostizierten zukünftigen Zahlungsstroms des Unternehmens kann mit jedem x-beliebigen Kalkulationszinssatz ermittelt werden. Damit der Barwert als Un-

---

1 IDW S1 i. d. F. 2008, Tz. 94.
2 IDW S1 i. d. F. 2008, Tz. 40.
3 IDW S1 i. d. F. 2008, Tz. 44.
4 WP-Handbuch, Band II, 2008, S. 59, Tz. 174.
5 *Moxter, A.*, Grundsätze ordnungsmäßiger Unternehmensbewertung, 1991, S. 125.

ternehmenswert zu interpretieren ist, müssen in der Alternativrendite die Äquivalenzkriterien erfüllt sein.

5.2 Risikoäquivalenz

Die Bestimmung der Risikoäquivalenz stellt das größte Problem der Unternehmensbewertung dar. Das Problem kann wie folgt veranschaulicht werden. Werden die prognostizierten und damit unsicheren Ausschüttungen des Unternehmens mit einer sicheren Kapitalmarktanlage, genannt Basiszinssatz, verglichen, dann herrscht offensichtlich keine Risikoäquivalenz. Ließe sich das Risiko des Unternehmens quantifizieren, dann könnte der Basiszinssatz um einen Risikozuschlag exakt so erhöht werden, sodass die Alternative (wenn auch so nicht real verfügbar!) risikoäquivalent ist. Der so gebildete Kalkulationszinssatz würde dann das Unternehmensrisiko perfekt widerspiegeln. Der Unternehmenswert könnte durch Diskontierung des Erwartungswertes der Ausschüttungen mit diesem Kalkulationszinssatz bestimmt werden.

> **BEISPIEL** Der sichere Anlagezins (i) sei 4 %. Unternehmen A erbringt laufende erwartete Ausschüttungen von 120 T€. Um Risikoäquivalenz herzustellen hält Investor X einen Risikozuschlag von 2 % für erforderlich. Der Kalkulationszinssatz beträgt damit 4 % + 2 % = 6 %, der Unternehmenswert beträgt damit 120 T€ / 0,06 = 2.000 T€.
>
> Das Unternehmen B erbringt ebenfalls laufende erwartete Ausschüttungen von 120 T€. Allerdings haben die Ausschüttungs-Szenarien, die zu diesem Erwartungswert führen, eine größere Streuung und sind damit risikoreicher.[1] Um Risikoäquivalenz herzustellen hält Investor X einen Risikozuschlag von 3,5 % für erforderlich. Der Kalkulationszinssatz beträgt damit 4 % + 3,5 % = 7,5 %. Der Unternehmenswert beträgt damit nur 120 T€ / 0,075 = 1.600 T€.

Diese Vorgehensweise, ausgehend von einem Basiszinssatz den Kalkulationszinssatz zu ermitteln wird Risikozuschlagsmethode genannt. Nach welchem Verfahren dieser Risikozuschlag ermittelt werden soll, ergibt sich durch den dargestellten Zusammenhang allerdings nicht. Erforderlich zur Ableitung eines individuellen Risikozuschlags wäre die Kenntnis des Risikoverhaltens des Investors, oder genauer gesagt die Kenntnis seiner Risikonutzenfunktion.

Die alternative Vorgehensweise besteht darin, die prognostizierten Zahlungen des Unternehmens durch Abschläge sicher zu machen. Dies soll durch Befragung des Investors möglich sein.[2] Der risikoscheue Investor soll angeben, welche niedrigere sichere Zahlungsreihe er der (unsicheren!) Wahrscheinlichkeitsverteilung zukünftiger Zahlungen aus dem Unternehmen gleich schätzt, d. h. den gleichen Nutzen zuordnet. Die gleich geschätzten Beträge werden Sicherheitsäquivalente genannt. Die Methode wird Sicherheitsäquivalenzmethode oder Risikoabschlagsmethode genannt. Diese Befragung erfordert die Unterstützung des Investors, damit sichergestellt ist, dass die Ermittlung der Sicherheitsäquivalente konsistent erfolgt, d. h. einem bestimmten Muster folgt.[3] Ergebnis dieser Befragung wäre die Risikonutzenfunktion des Investors. Die Sicherheitsäquivalente können als „sichere" künftige Zahlungen mit dem sicheren Basiszinssatzsatz (i) diskontiert werden.

---

1 Das Risiko wird als Schwankungsbreite der erwarteten Ergebnisse definiert. Bezugspunkt der Schwankungsbreite ist der Erwartungswert. Die Schwankungsbreite ergibt als Abweichungsbetrag zwischen dem Erwartungswert der Ausschüttungen eines Planjahres und der Ausschüttungshöhe der einzelnen geplanten Szenarien für dieses Planjahr. Risiko ist also nicht nur die negative Abweichung vom Erwartungswert.
2 Hayn, M., Bewertung junger Unternehmen, 2000, S. 411; Drukarczyk, J., Unternehmensbewertung, 2003, S. 139.
3 Drukarczyk, J., Unternehmensbewertung, 2003, S. 138.

BEISPIEL ▶ Investor X ordnet den erwarteten jährlichen Ausschüttungen aus Unternehmen A (120 T€ p. a.) ein Sicherheitsäquivalent von 80 T€ zu (120 T€ - Risikoabschlag 40 T€) und ermittelt damit bei einem sicheren Basiszinssatzsatz (i) von 4 % einen Unternehmenswert A von 80 T€ / 0,04 = 2.000 T€. Der Risikoabschlag von 40 T€ entspricht einem Risikozuschlag auf den Kalkulationszinssatz von 2 %.

Den jährlichen erwarteten Ausschüttungen aus dem risikoreicheren Unternehmen B ordnet Investor X ein Sicherheitsäquivalent von 64 T€ zu (120 T€ - Risikoabschlag 56 T€) und ermittelt damit einen Unternehmenswert B von 64 T€ / 0,04 = 1.600 T€. Der Risikoabschlag von 56 T€ entspricht einem Risikozuschlag auf den Kalkulationszinssatz von 3,5 %.

Risikozuschlagsmethode und Sicherheitsäquivalenzmethode (Risikoabschlagsmethode) sind zwei Seiten ein und desselben Problems.[1] Beide Ansätze zielen darauf ab, den individuell angemessenen Zuschlag (auf den Basiszinssatz) oder Abschlag (von den erwarteten Zahlungen aus dem Unternehmen) zur Herstellung der Risikoäquivalenz zwischen diesen Investitionsmöglichkeiten abzuleiten. Die Sicherheitsäquivalenzmethode kann für sich in Anspruch nehmen, dass hier zumindest ein Weg beschrieben wird, wie die Daten zur Einschätzung individueller Risikoscheu bzw. Risikoaversion erhoben werden könnten. Da die erforderlichen Befragungen aber nur unter Laborbedingungen realisierbar sein dürften, ist dem individualistischen Ansatz zur Risikoprämienermittlung zu attestieren, dass es sich um eine Theorie handelt, die zur Lösung praktischer Entscheidungsprobleme kaum beiträgt.[2]

Verfolgt man den individualistischen Ansatz trotzdem, zeigt sich ein Konflikt mit dem Opportunitätsgedanken. Investoren sollen bei der Bestimmung von Entscheidungswerten die interne Rendite der besten verfügbaren Investitionsalternative (Opportunitätskosten) zur Ableitung des Kalkulationszinssatzes verwenden.[3]

„Die Erwartungen der an der Bewertung interessierten Parteien über die künftigen finanziellen Überschüsse sowohl des Bewertungsobjekts als auch der bestmöglichen Alternativinvestition …."[4]

Daneben soll aber auch Risikoäquivalenz zwischen Unternehmensrisiko und Alternativrendite eingehalten werden. Beide Ziele können im Konflikt zueinander stehen. Wenn sich im Entscheidungsfeld des Investors eine überaus renditestarke Investitionsmöglichkeit findet, die alle anderen Alternativen dominiert, dann wäre diese Rendite zunächst auszuwählen. Angenommen die Risikonutzenfunktion könnte für den Investor abgeleitet werden und würde zeigen, dass eine geringere Rendite als die mögliche Alternativrendite risikoäquivalent ist – wie sollte sich der Investor dann verhalten? Aus Opportunitätsgedanken und bei Verfolgung des Zieles Gewinnmaximierung, kann nur die „überhöhte" Rendite und nicht die risikoäquivalente Rendite für die Bewertung des Unternehmens Verwendung finden.[5] Denn nur wenn ein Erwerb des Unternehmens zu dem Preis realisiert wird, der mit der überhöhten Rendite berechnet wurde, kann diese bei Eintritt der Unternehmensplanung auch erzielt werden.

---

1 IDW S1 i. d. F. 2008, Tz. 89, WP-Handbuch, Band II, 2008, S. 63, Tz. 184 f.; auf die dritte Möglichkeit, Erwartungswerte mit risikoneutralen Wahrscheinlichkeiten zu berechnen, wird nur der Vollständigkeit halber hingewiesen.
2 *Tschöpel, A.*, Risikoberücksichtigung bei Grenzpreisbestimmungen im Rahmen der Unternehmensbewertung, 2004, S. 243.
3 *Drukarczyk/Schüler*, Unternehmensbewertung, 2007, S. 11; IDW S1 i. d. F. 2008, Tz. 123; *Münstermann, H.*, Wert und Bewertung der Unternehmung, 1966, S. 74; *Schmidt/Terberger*, Grundzüge der Investitions- und Finanzierungstheorie, 1997, S. 151.
4 IDW S1 i. d. F. 2008, Tz. 23.
5 *Münstermann, H.*, Wert und Bewertung der Unternehmung, 1966, S. 74; siehe auch *Bretzke, W.-R.*, Das Prognoseproblem bei der Unternehmensbewertung, 1975, S. 57 f.

5.2 Risikoäquivalenz

Ein ökonomisch sinnvoller Vergleich[1] erfordert dagegen die Vergleichbarkeit von Unternehmung und Alternativrendite und damit die Risikoäquivalenz[2], woraus sich die Notwendigkeit einer Erhöhung oder Reduzierung der Alternativrendite zur Herstellung der Risikoäquivalenz ergibt.[3] Die risikoäquivalente Rendite stellt somit eine Minimalbedingung fest, die Alternativrenditen zu erfüllen haben. Ihre Kenntnis ist dem Ansatz folgend erforderlich um eine Über- oder Untererfüllung der Renditeforderung identifizieren zu können.

BEISPIEL ▸ Investor A soll ein Unternehmen X bewerten. Das Unternehmen erbringt erwartete ewige Ausschüttungen von 100 T€. Als Alternative bietet sich der Erwerb von Unternehmen Y an. Auch dieses Unternehmen erbringt erwartete ewige Ausschüttungen von 100 T€. Der Verkäufer B von Unternehmen Y fordert einen Kaufpreis von 1.000 T€ (fraglich ist, wie der Verkäufer B diesen Wert ermittelt hat). Die interne Rendite der Alternative beträgt somit 10 %. Als weitere Alternative Z steht A eine Anlage mit einer Rendite von 5 % zur Verfügung. Die Rendite in Höhe von 10 % kann A nur dann als Kalkulationszinssatz zur Bewertung von Unternehmen X verwenden, wenn Unternehmen X und Y in jeder Hinsicht, also auch hinsichtlich der Unsicherheit, äquivalent sind und, ganz entscheidend, wenn sich die Risikoeinstellung von A und B gleichen (was sich in der Akzeptanz des Kaufpreises von 1.000 T€ durch A ausdrücken würde). Bei der Ermittlung der Risikonutzenfunktion von A stellt sich heraus, das A für den Erwerb von Unternehmen X eine risikoäquivalente Rendite von 8 % fordern muss. Um den Opportunitätsgedanken Rechnung zu tragen, müsste A aber 10 % als Kalkulationszinssatz zum Ansatz bringen.

Unternehmen X: 100 T€ p. a., (Bewertungsobjekt)
Alternative Y: 100 T€ p. a., 1.000 T€ VP, 10 % Rendite, (beste Alternative!)
Alternative Z: 100 T€ p. a., 2.000 T€ VP, 5 % Rendite,

Unternehmenswert X bei KZF 10 % = 100 T€ / 0,10 = 1.000 T€

Unternehmenswert X bei KZF 8 % = 100 T€ / 0,08 = 1.250 T€

Eine risikoäquivalente Entscheidung würde somit einen Kaufpreis von 1.250 T€ zulassen, obwohl den Nutzen maximierend der Kaufpreis von 1.000 T€ ist.

Das theoretische Konzept der individualistischen Risikoberücksichtigung, sei es mittels der Sicherheitsäquivalenzmethode oder mittels der Risikozuschlagsmethode, scheitert spätestens bei Bewertungsanlässen, bei denen Unternehmenswerte für eine Vielzahl von Investoren festgestellt werden sollen.[4] Wessen Risikonutzenfunktion ist dann zu verwenden? Wie überprüft ein Gericht die auf Basis individueller Risikonutzenfunktionen ermittelten Risikoprämien? Das Bewertungskonzept „Objektivierter Unternehmenswert" muss für diese Situation eine Lösung anbieten. In den typischen Bewertungsanlässen objektivierter Unternehmenswerte muss für eine Vielzahl von Investoren eine äquivalente Risikoprämie bestimmt werden. Diese Risikoprämie muss auf Grundlage eines intersubjektiv nachprüfbaren Ermittlungsmusters abgeleitet worden sein, um justiziabel zu sein und einheitlich hoch sein, um den gesellschaftsrechtlichen Gleichbehandlungsgrundsatz[5] nicht zu verletzen.

---

1 *Schmidt/Terberger*, Grundzüge der Investitions- und Finanzierungstheorie, 1997, S. 128.
2 *Tschöpel, A.*, Risikoberücksichtigung bei Grenzpreisbestimmungen im Rahmen der Unternehmensbewertung, 2004, S. 28; *Mandl/Rabel*, Unternehmensbewertung, 1997, S. 132; *Schmidt/Terberger*, Grundzüge der Investitions- und Finanzierungstheorie, 1997, S. 199.
3 *Münstermann, H.*, Wert und Bewertung der Unternehmung, 1966, S. 77; *Munkert, M. J.*, Der Kapitalisierungszinssatz in der Unternehmensbewertung, 2005, S. 118.
4 *Drukarczyk, J.*, Unternehmensbewertung, 2003, S. 140 f.; *Ballwieser, W.*, Unternehmensbewertung und Komplexitätsreduktion, 1993, S. 171.
5 Siehe z. B. § 53a AktG.

Um Äquivalenzprinzipien für die Ermittlung objektivierter Unternehmenswerte nutzbringend einzusetzen, muss man sich von individuellen Risikoeinschätzungen und damit von subjektiven Grenzpreisen in ihrer reinsten Form verabschieden. Erforderlich ist vielmehr ein Verfahren zur normierten Bestimmung des Risikos in Ziel- und Vergleichsunternehmen, also losgelöst von der Risikoeinstellung des Investors und ausschließlich bezogen auf die Unternehmensebene.

> „Die konkrete Höhe des Risikozuschlags wird in der Praxis insbesondere hinsichtlich unterschiedlicher Grade der Risikoaversion nur mithilfe von Typisierungen und vereinfachenden Annahmen festzulegen sein."[1]

Damit ist der Weg zum Capital Asset Pricing Model (CAPM) gewiesen.

> „Eine marktgestützte Ermittlung des Risikozuschlags kann insbesondere auf der Basis des Capital Asset Pricing Model (CAPM) oder des Tax-Capital Asset Pricing Model (Tax-CAPM) vorgenommen werden."[2]

Nach IDW S1 haben die im Rahmen der Ermittlung objektivierter Unternehmenswerte verwendeten Kalkulationszinssätze das Erfordernis der Risikoäquivalenz zu erfüllen, welches durch die Verwendung des CAPM sichergestellt wird.[3]

> „Aus den am Kapitalmarkt empirisch ermittelten Aktienrenditen können mit Hilfe von Kapitalmarktpreisbildungsmodellen (CAPM, Tax-CAPM) Risikoprämien abgeleitet werden."[4]

Die Forderung nach adäquaten Kalkulationszinssätzen wird in den begrifflichen Grundlagen des IDW S1 als Generalnorm für Unternehmenswerte formuliert.[5] Im Rahmen der Bestimmung von Kalkulationszinssätzen bei objektivierten Unternehmenswerten wird Adäquanz als Äquivalenz interpretiert.[6] Demgegenüber wird für die Ermittlung subjektiver Unternehmenswerte keine Risikoäquivalenz des Kalkulationszinssatzes gefordert.[7] Diese muss jedoch auch für subjektive Unternehmenswerte unterstellt werden, wenn das Diskontierungsergebnis als Unternehmenswert interpretiert werden soll.

5.3 Laufzeitäquivalenz

Gemäß der Laufzeitäquivalenz müssen das zu bewertende Unternehmen und die Alternativinvestition dieselbe Lebensdauer bzw. Laufzeit aufweisen. Für Unternehmen wird grundsätzlich eine unendliche Laufzeit unterstellt.[8] Dem widerspricht die Insolvenzstatistik. Das Postulat, Unternehmen hätten eine unendliche Lebensdauer, ist damit eher Ausdruck einer Ohnmacht, die genaue Lebensdauer eines Unternehmens zu prognostizieren, als dass dies aus der Erfahrung zu belegen wäre.[9] Allerdings relativiert sich der Einfluss dieser Arbeitshypothese auf den Unternehmenswert durch den Diskontierungseffekt erheblich.

---

1 IDW S1 i. d. F. 2008, Tz. 91.
2 IDW S1 i. d. F. 2008, Tz. 92.
3 IDW S1 i. d. F. 2008, Tz. 114 u. 118; WP-Handbuch, Band II, 2008, S. 174.
4 IDW S1 i. d. F. 2008, Tz. 118.
5 IDW S1 i. d. F. 2008, Tz. 4.
6 IDW S1 i. d. F. 2008, Tz. 114.
7 IDW S1 i. d. F. 2008, Tz. 123.
8 IDW S1 i. d. F. 2008, Tz. 85; WP-Handbuch, Band II, 2008, S. 60, Tz. 176.
9 *Ballwieser, W.*, Der Kalkulationszinssatz in der Unternehmensbewertung: Komponenten und Ermittlungsprobleme, Wpg 2002, S. 737.

Die Gegenaussage, ein bestimmtes Unternehmen habe eine bestimmte Restlebenserwartung wird nur in Einzelfällen möglich sein.[1] Denkbar wäre dies für Bergbauunternehmen, Kiesgruben[2], Atomkraftwerke oder bei Vorliegen entsprechender vertraglicher Grundlagen, die ein Ende des Unternehmens prognostizierbar machen. In den meisten Bewertungsfällen ist somit eine Alternativinvestition mit ebenfalls unendlicher Lebensdauer zu suchen.

Die in der Realität verfügbaren Alternativanlagen weisen aber alle einen grundsätzlichen Mangel auf – sie entsprechen ohne Adjustierungen nicht den Äquivalenzkriterien (enthalten z. B. nicht das äquivalente Risiko), sind also unmittelbar nicht zum Bewertungsobjekt vergleichbar (vorausgesetzt der Vergleich soll ökonomisch sinnvoll sein).[3] Damit bleibt nur die Lösung, den Kalkulationszinssatz zu entwickeln. Zur synthetischen Herstellung einer äquivalenten Alternativanlage bzw. des Kalkulationszinssatzes wird als Ausgangspunkt der Überlegungen der sichere Basiszinssatz benötigt.[4] Dass überhaupt auf den Basiszinssatz als „Alternative erster Stufe" zurückgegriffen wird, erklärt sich am einfachsten mit Verweis auf die Sicherheitsäquivalenzmethode, bei der ein sicherer Basiszinssatz die Alternativrendite darstellt. Wie oben gezeigt wurde, müssen Risikozuschlagsmethode und Risikoabschlagsmethode (Sicherheitsäquivalenzmethode) aber immer zu gleichen Ergebnissen kommen.[5] Damit ist der Basiszinssatz für die Risikozuschlagsmethode wie auch für die Sicherheitsäquivalenzmethode eine Grundlage des Bewertungskalküls.

ABB. 15: Risikozuschlagsmethode und Sicherheitsäquivalenzmethode

$$UW_0 = \sum_{t=1}^{T} D_t \left(1 + (i + z)\right)^{-t} \triangleq \sum_{t=1}^{T} S_t \left(1 + i\right)^{-t}$$

UW_0: Unternehmenswert zum Bewertungsstichtag
D_t: erwarteter Nettozufluss in t
S_t: Sicherheitsäquivalent in t
z: Risikozuschlag
i: risikoloser Basiszins

Für die Entwicklung eines in jeder Hinsicht äquivalenten Kalkulationszinssatzes wird somit zunächst ein laufzeitäquivalenter Basiszinssatz benötigt.

> „Bei der Festlegung des Basiszinssatzes ist zu berücksichtigen, dass die Geldanlage im zu bewertenden Unternehmen mit einer fristadäquaten alternativen Geldanlage zu vergleichen ist, sodass der Basiszinssatz ein fristadäquater Zinssatz sein muss (Laufzeitäquivalenz)."[6]

Zunächst ist aber zu fragen, warum das Kriterium der Laufzeitäquivalenz erfüllt werden soll?

---

[1] IDW S1 i. d. F. 2008, Tz. 85; WP-Handbuch, Band II, 2008, S. 62, Tz. 180.
[2] In der Regel werden in der Kiesabbaubranche jedoch über den Abschluss von Kaufoptionen für Anschlussgrundstücke Abbauzeiträume abgesichert, die ebenfalls die Bewertungsannahme unendliche Laufzeit zulassen.
[3] *Munkert, M. J.,* Der Kapitalisierungszinssatz in der Unternehmensbewertung, 2005, S. 120.
[4] Die Notwendigkeit dieser Vorgehensweise, ausgehend vom Basiszinssatz durch einen Risikozuschlag den Kalkulationszinssatz zu ermitteln, besteht nur bei objektivierten Unternehmenswerten. Für subjektive Unternehmenswerte ist die „gewünschte" Zielrendite des Bewertungssubjekts entscheidend (siehe z. B. IDW S1 i. d. F. 2008, Tz. 123). Allerdings kann auch hier der Basiszinssatz als Ausgangspunkt der Überlegungen hilfreich sein (*Moxter, A.,* Grundsätze ordnungsmäßiger Unternehmensbewertung, 1991, S. 146).
[5] Siehe Gliederungspunkt 3.4.3.
[6] IDW S1 i. d. F. 2008, Tz. 117.

5. Das Äquivalenzprinzip

Die Antwort lautet, dass sich Änderungen des Basiszinssatzes auf den Unternehmenswert und den Wert der Alternativinvestition gleichermaßen auswirken sollen.

BEISPIEL [1] Ein Unternehmen mit unendlicher Laufzeit erzielt jährliche Sicherheitsäquivalente von 100 T€. Die Alternativrendite (Basiszinssatzsatz) beträgt 10 % und ergibt sich aus einem festverzinslichen Wertpapier mit unendlicher Laufzeit.

Der Unternehmenswert beträgt damit auf Basis der Rentenformel für unendliche Renten 100 T€ / 0,10 = 1.000 T€. Soll das Unternehmen nach 2 Jahren verkauft werden und liegt das Marktzinsniveau dann bei 5 %, ändert sich der Unternehmenswert und beträgt nunmehr 100 T€ / 0,05 = 2.000 T€.

Das Wertpapier, Anschaffungskosten 1.000 T€, erzielt bei 10 % Verzinsung 100 T€ Zinsen p. a. Sinkt der Marktzins auf 5 %, dann steigt der Kurswert des Wertpapiers auf 100 T€ / 0,05 = 2.000 T€. Die Marktzinssenkung wirkt sich somit beim Unternehmen und der Alternative dank identischer Laufzeiten gleichermaßen aus.

Bei einer Laufzeit des festverzinslichen Wertpapiers von 10 Jahren, könnte sich die Marktzinssenkung nicht entsprechend auswirken. Bei einem Verkauf des Wertpapiers nach 2 Jahren ergibt sich folgender Wert:

ABB. 16: Barwert eines festverzinslichen Wertpapiers bei endlicher Laufzeit

$$1.323.160{,}64 = \sum_{t=1}^{8} 100\,T€ \times 1{,}05^{-t} + 1.000\,T€ \times 1{,}05^{-8}$$

Die unterschiedlichen Laufzeiten von Unternehmen und Alternativanlage führen somit dazu, dass die Investitionen wegen unterschiedlicher Reaktionen auf eine Marktzinsänderung nicht mehr einheitlich reagieren und damit nicht mehr vergleichbar sind. Das Erfordernis der Laufzeitäquivalenz ergibt sich somit aus dem Ziel, unterschiedliche Bewertungseinflüsse aus Marktzinsänderungen bei dem Bewertungsobjekt und der Alternative zu vermeiden.

Für den Standardfall der Unternehmensbewertung (der Bewertung unter der Annahme unendlicher Laufzeit des Unternehmens) werden somit sichere und festverzinsliche Wertpapiere, als Repräsentant des Basiszinssatzes, mit unendlicher Laufzeit gesucht.

„Sofern ein Unternehmen mit zeitlich unbegrenzter Lebensdauer bewertet wird, müsste daher als Basiszinssatz die am Bewertungsstichtag beobachtbare Rendite aus einer Anlage in zeitlich nicht begrenzte Anleihen der öffentlichen Hand herangezogen werden."[2]

Derartige Anleihen sind am Markt aber nicht verfügbar.

Hilfsweise wurden und werden in der Bewertungspraxis Anleihenrenditen mit den längsten verfügbaren Laufzeiten als Basiszinssatz verwendet werden. So formuliert noch IDW S1 vom 18.10.2005.

„Als Ausgangspunkt kann vereinfachend der Rückgriff auf öffentliche Anleihen mit langen Restlaufzeiten dienen."[3]

Damit stellt sich die Frage, wie die Anschlussverzinsung nach dem Ende der Restlaufzeit der Anleihe zu bestimmen ist. Laufzeitäquivalenz im oben beschriebenen Sinne lässt sich in der Realität nur näherungsweise erreichen. Praktisch kann dieses Ziel umgesetzt werden, indem der Basiszinssatz phasenbezogen bestimmt wird.

---

[1] In Anlehnung an das Beispiel bei *Drukarczyk, J.*, Unternehmensbewertung, 2003, S. 353 f.
[2] IDW S1 i. d. F. 2008, Tz. 117.
[3] IDW Standard: Grundsätze zur Durchführung von Unternehmensbewertungen (IDW S1), 18.10.2005, Tz. 127; kritisch dazu mit Verweis auf die Laufzeitäquivalenz, OLG Stuttgart v. 26.10.2006 – 20 W 14/05, AG, 2007, S. 131.

Diese Phasen sind nicht mit den Phasen der Unternehmensplanung (Detailplanungsphase, Konvergenzplanungsphase und Restwertphase) zu verwechseln. Für die Bestimmung der Phasen der Unternehmensplanung und die Bestimmung der Phasen der Entwicklung des Basiszinssatzes ist vielmehr von abweichenden Phasen auszugehen.

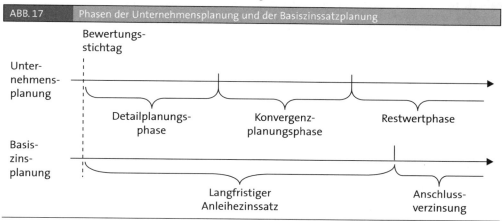

ABB. 17 — Phasen der Unternehmensplanung und der Basiszinssatzplanung

Zinssätze liegen für 10-jährige, 30-jährige und im Einzelfall sogar 50-jährige Anleihen vor.[1] Für Unternehmen mit endlicher Lebensdauer lässt sich also grundsätzlich Laufzeitäquivalenz herstellen, indem die Renditen aus Anleihen mit Laufzeiten verwendet werden, deren Laufzeit mit der Lebensdauer des Unternehmens übereinstimmen. Für Unternehmen mit unendlicher Lebensdauer ist ein Phasenmodell zu verwenden.[2] Für die erste Phase können nach verbreiteter Literaturmeinung Anleihenrenditen aus Anleihen mit den längsten verfügbaren Laufzeiten, meist 30-Jahres-Anleihen, verwendet werden.[3] Für die zweite Phase „...kann zur Orientierung" die Anschlussverzinsung aus der von der Deutschen Bundesbank veröffentlichten Zinsstrukturkurve abgeleitet werden.[4]

> „Als Ausgangspunkt kann vereinfachend der Rückgriff auf öffentliche Anleihen mit langen Restlaufzeiten dienen. Für die dabei erforderliche Wiederanlage kann zur Orientierung die aktuelle Zinsstrukturkurve herangezogen werden."[5]

Den Anregungen der Literatur, sich insgesamt der Informationen der Zinsstrukturkurve zu bedienen, war man bei der Neufassung des IDW ES1 i. d. F. 2007 noch nicht nachgekommen. Im IDW S1 i. d. F. 2008 wird nun aber uneingeschränkt die Verwendung der Zinsstrukturkurve empfohlen.[6] Allerdings wurde vom Arbeitskreis Unternehmensbewertung des IDW bereits 2006 eine

---

[1] Französische Staatsanleihen mit 50-jähriger Laufzeit, Emission Februar 2005.
[2] *Munkert, M. J.*, Der Kapitalisierungszinssatz in der Unternehmensbewertung, 2005, S. 131.
[3] *Ballwieser, W.*, Unternehmensbewertung, 2004, S. 85; *Wenger, E.*, Der unerwünscht niedrige Basiszinssatz als Störfaktor bei der Ausbootung von Minderheiten, S. 487, in: Festschrift Drukarczyk, Richter/Schüler/Schwetzler (Hrsg.), Kapitalgeberansprüche, Marktwertorientierung und Unternehmenswert, 2003; a. A. *Widmann/Schieszl/Jeromin*, FB, 2003, S. 801.
[4] IDW Standard: Grundsätze zur Durchführung von Unternehmensbewertungen (IDW S1) v. 18. 10. 2005, Tz. 127; IDW ES1 i. d. F. 2007, Tz. 117; Arbeitskreis Unternehmensbewertung (AKU), Eckdaten zur Bestimmung des Kapitalisierungszinssatzes bei der Unternehmensbewertung - Basiszinssatzsatz, IDW Fachnachrichten, 2005, S. 556 (http://www.bundesbank.de/stat/download/stat_zinsstruktur.pdf).
[5] IDW Standard: Grundsätze zur Durchführung von Unternehmensbewertungen (IDW S1), 18. 10. 2005, Tz. 127; IDW ES1 i. d. F. 2007, Tz. 117.
[6] IDW S1 i. d. F. 2008, Tz. 117.

Empfehlung zur Abbildung des Basiszinssatzes mittels Zinsstrukturkurve veröffentlicht.[1] Wird die Zinsstrukturkurve „nur" zur Bestimmung der Anschlussverzinsung verwendet, stellt sich die Herstellung der Laufzeitäquivalenz wie folgt dar:

> **BEISPIEL** Für das zu bewertende Unternehmen gibt es keine Indikatoren für eine endliche Lebensdauer. Damit ist von einer unendlichen Lebenszeit auszugehen. Die erwarteten uniformen (unendlichen) Ausschüttungen betragen 100 T€. Als Basiszinssatz (i) werden Anleihenrenditen von 30-Jahres-Anleihen mit 4% verwendet. Aus der Zinsstrukturkurve ergibt sich eine durchschnittliche Anschlussverzinsung (nach Laufzeitende der Anleihe) von 4,4%. Der Risikozuschlag betrage 2%. Der Kalkulationszinssatz (r_{EK}) beträgt somit 6% bzw. 6,4%. Für die Kapitalwert- bzw. Unternehmenswertberechnung liegen zwei separat zu diskontierende Zeiträume vor. Phase 1 für den Zeitraum Jahr 1 bis Jahr 30 mit r_{EK} = 6%. Phase 2 für den Zeitraum Jahr 31 bis unendlich mit r_{EK} = 6,4%. Der Unternehmenswert ermittelt sich aus der Addition der Phasenwerte (PW) wie folgt:
>
> Phase 1 (Jahre 1 bis 30, Anwendung der Formel für eine endliche Rente[2])
>
> PW_1 = 100 T€ × $(1{,}06^{30} - 1) / (0{,}06 \times 1{,}06^{30})$ = 1.376.483 €
>
> Phase 2 (Jahre 31 bis unendlich, Anwendung der Formel für eine unendliche Rente)
>
> PW_2 = 100 T€ / 0,064 / $1{,}06^{30}$ = 272.047 €[3]
>
> UW = $PW_1 + PW_2$ = 1.648.530 €

Durch die zweite Phase wird die Laufzeitlücke gegenüber der Investition in das (unendlich lebende) Unternehmen geschlossen. Es ergibt sich Laufzeitäquivalenz.

Das Phasenmodell zur Sicherstellung der Laufzeitäquivalenz ist nicht zu verwechseln mit dem Phasenmodell der Unternehmensplanung.[4] Im Phasenmodell der Unternehmensplanung[5] wird nach

▶ der ersten Phase der noch detailliert planbaren Zukunft,

▶ der zweiten Phase zur Herstellung der Konvergenz zwischen 1. Phase und 3. Phase und

▶ der dritten Phase zur Ermittlung des Restwertes unterschieden.

Die Phasenlängen können gegenüber den Phasen, für die Alternativrenditen vorhanden sind, abweichen.

> **BEISPIEL** Das zu bewertende Unternehmen hat eine unendliche Lebensdauer. Die erwarteten Ausschüttungen betragen in der noch detailliert prognostizierbaren 5-jährigen Detailplanungsphase 90 T€. Anschließend werden uniforme (unendliche) Ausschüttungen in Höhe von 100 T€ geplant (Konvergenzplanungsphase und Restwertphase).
>
> Anleihenrenditen von 30-Jahres-Anleihen sollen 4% betragen. Aus der Zinsstrukturkurve ergibt sich eine durchschnittliche Anschlussverzinsung von 4,4% (nach Laufzeitende der Anleihe). Der Risikozuschlag betrage 2%. Der Kalkulationszins (r_{EK}) beträgt somit 6% bzw. 6,4%.
>
> Für die Kapitalwert- bzw. Unternehmenswertberechnung liegen drei separat zu diskontierende Zeiträume vor. Phase 1 für den Zeitraum Jahr 1 bis Jahr 5 mit r_{EK} = 6%. Phase 2 für den Zeitraum Jahr 6 bis Jahr

---

1 Fachausschuss für Unternehmensbewertung und Betriebswirtschaft (FAUB), Erläuterung der Vorgehensweise bei der Ableitung von Zerobond-Zinssätzen anhand eines Beispiels für Bewertungsstichtage im Juli 2006; 30.8.2006.

2 Kapitalwert einer endlichen Rente = $((1+r) - 1)^n / (1 + r)^n \times r$, zur Ableitung siehe *Schmidt/Terberger*, Grundzüge der Investitions- und Finanzierungstheorie, 1997, S. 129.

3 Der Exponent 30 zur Abzinsung des Rentenbarwertes auf den Bewertungsstichtag ist korrekt, da der Barwert der unendlichen Rente (Zahlungen ab Jahr 31) auf das Jahr 30 abgezinst wird.

4 IDW S1 i.d.F. 2008, Tz. 77 f.

5 Hier wird das ältere 3-Phasenmodell präferiert. Der IDW S1 schlägt aktuell das 2-Phasenmodell vor, siehe, Tz. 77 in IDW S1 i.d.F. 2008.

30 mit r_{EK} = 6 %. Phase 3 für den Zeitraum Jahr 31 bis unendlich mit r_{EK} = 6,4 %. Der Unternehmenswert ermittelt sich aus der Addition der 3 Phasenwerte (PW) wie folgt:

Phase 1 (Jahre 1 bis 5, Anwendung der Formel für die endliche Rente)

PW_1 = 90 T€ × $(1,06^5 - 1)$ / $(0,06 \times 1,06^5)$ = 379.112 €

Phase 2 (Jahre 6 bis 30, Anwendung der Formel für die endliche Rente)

PW_2 = 100 T€ × $(1,06^{25} - 1)$ / $(0,06 \times 1,06^{25})$ / 1,065 = 955.246 €

Phase 3 (Jahre 31 bis unendlich, Anwendung der Formel für die unendliche Rente)

PW_3 = 100 T€ / 0,064 / $1,06^{30}$ = 272.047 €[1]

UW = PW_1 + PW_2 + PW_3 = 1.606.405 €

Das Ziel Laufzeitäquivalenz sicherzustellen und die Umsetzung der Phasenplanung sind somit aufeinander abzustimmen.

Im IDW S1 i. d. F. 2008 wird nun zur Herstellung der Laufzeitäquivalenz uneingeschränkt die Verwendung der Zinsstrukturkurve empfohlen.

„Sofern ein Unternehmen mit zeitlich unbegrenzter Lebensdauer bewertet wird, müsste daher als Basiszinssatz die am Bewertungsstichtag beobachtbare Rendite aus einer Anlage in zeitlich nicht begrenzte Anleihen der öffentlichen Hand herangezogen werden. In Ermangelung solcher Wertpapiere empfiehlt es sich, den Basiszins ausgehend von aktuellen Zinsstrukturkurven und zeitlich darüber hinausgehenden Prognosen abzuleiten."[2]

Die Zinsstrukturkurve stellt eine statistisch entwickelte Zinsprognose dar. In der Literatur wurde die Verwendung der Zinsstrukturkurve zur Ableitung eines fristadäquaten Basiszinssatzes schon lange empfohlen.[3] Das heißt, ohne Vorschalten einer Anleiherendite kann mit der Zinsstrukturkurve für jede zu diskontierende erwartete Zahlung ein Kalkulationszinssatz mit dem für diese Periode geltenden Zerobondzinssatz verwendet werden.[4] Für Unternehmen mit begrenzter Lebensdauer finden die Zinssätze der Zinsstrukturkurve Verwendung, die innerhalb des Zeitraumes der Lebensdauer angegeben werden.[5] Nur die Verwendung der Zinssätze aus der Zinsstrukturkurve stellt die Einhaltung der Laufzeitäquivalenz sicher.[6] Die Anschlussverzinsung kann bei der Zinsstrukturkurve durch Verwendung des für das Jahr 30 (als letzten durch Marktdaten hinterlegten Wert) ermittelten Zinssatzes sichergestellt werden.[7]

5.4 Arbeitseinsatzäquivalenz

Gemäß der Arbeitseinsatzäquivalenz muss die Alternativinvestition denselben Arbeitseinsatz des Investors erfordern, wie das zu bewertende Unternehmen. Strebt der Investor im zu bewer-

---

1 Der Exponent 30 zur Abzinsung des Rentenbarwertes auf den Bewertungsstichtag ist korrekt, da der Barwert der unendlichen Rente (Zahlungen ab Jahr 31) auf das Jahr 30 abgezinst wird.
2 IDW S1 i. d. F. 2008, Tz. 117.
3 *Mandl/Rabel*, Unternehmensbewertung, 1997, S. 133 ff.
4 WP-Handbuch, Band II, 2008, S. 106, Tz. 291.
5 WP-Handbuch, Band II, 2008, S. 107, Tz. 292.
6 *Gebhardt/Daske*, Kapitalmarktorientierte Bestimmung von risikofreien Zinssätzen für die Unternehmensbewertung, Wpg 2005, S. 653.
7 Details dazu siehe Gliederungspunkt 10.1.2.5.

tenden Unternehmen eine Mitarbeit an, reduziert der daraus folgende Personalaufwand das Unternehmensergebnis.[1] Wird für diesen Fall nicht das Äquivalenzprinzip verletzt, da der Investor bei der Investitionsalternative (Investition in den Kapitalmarkt) keine Mitarbeit zu erbringen hätte? Antwort: Nein.

Ziel der Unternehmensbewertung ist festzustellen, welcher Wert den Gesellschaftsanteilen oder der Eigentümerposition isoliert von sonstigen Aktivitäten des Gesellschafters beizumessen ist. Mit Gesellschafts- oder Eigentumsrechten ist der Anspruch auf Ausschüttungen oder Entnahmen verbunden. Unabhängig davon können schuldrechtliche Beziehungen zwischen Gesellschafter bzw. Unternehmer und dem Bewertungsobjekt aufgrund eines Arbeitsvertrages bestehen. Gesellschaftsrechtliche Ansprüche und schuldrechtliche Ansprüche aus einem Arbeitsvertrag müssen allerdings für die Bewertung getrennt werden. Dabei sind die Gehaltsansprüche in der Buchhaltung des Unternehmens in einer Höhe zu berücksichtigen, die einem Drittvergleich standhalten.[2]

> „Soweit für die Mitarbeit der Inhaber in der bisherigen Ergebnisrechnung kein angemessener Unternehmerlohn berücksichtigt worden ist, sind die künftigen finanziellen Überschüsse entsprechend zu korrigieren. Die Höhe des Unternehmerlohns wird nach der Vergütung bestimmt, die eine nichtbeteiligte Geschäftsführung erhalten würde."[3]

Eine derartige Korrektur wird in der Regel nicht notwendig sein, wenn das Management durch externe Geschäftsführer oder Vorstände ohne gesellschaftsrechtlichen Einfluss repräsentiert wird. Für kleine und mittlere eigentümergeführte Unternehmen wird eine Überprüfung des Drittvergleichs dagegen regelmäßig notwendig sein.

> „Neben dem Unternehmerlohn kann auch fiktiver Lohnaufwand für bislang unentgeltlich tätige Familienangehörige des Eigentümers zu berücksichtigen sein."[4]

> „Da bei kleinen und mittelgroßen Unternehmen die Höhe der künftigen finanziellen Überschüsse maßgeblich vom persönlichen Engagement und den persönlichen Kenntnissen, Fähigkeiten und Beziehungen der Eigentümer abhängig ist, hat die Bewertung des Managementfaktors (Unternehmerlohn unter Berücksichtigung sämtlicher personenbezogener Wertfaktoren) besondere Bedeutung."[5]

Das Erfordernis für einen Drittvergleich ist in diesen Fällen nicht steuerlich motiviert, sondern soll sicherstellen, dass der Unternehmenswert nicht durch überhöhte oder zu niedrige Gehaltsaufwendungen verzerrt und damit fehlerhaft berechnet wird.

Das Prinzip, dass die Investitionsalternative dieselben Kriterien zu erfüllen hat wie das zu bewertende Unternehmen, um einen sinnvollen Vergleich sicherzustellen, wird damit durch die beschriebenen Maßnahmen nicht umgekehrt. Nicht die „Beschäftigungsfreiheit", die mit einem Investment in den Kapitalmarkt als Investitionsalternative verbunden ist, führt zum Abzug des Gesellschafter-Gehaltsaufwandes bei den Unternehmensergebnissen. Diese Maßnahme ist vielmehr Ausdruck der Zielrichtung der Unternehmensbewertung, den wahren Wert der Eigentümerposition (den Unternehmenswert) zu ermitteln. Soweit der Eigentümer in seinem Unterneh-

---

[1] Das gilt handelsrechtlich auch für Einzelunternehmen oder Personengesellschaften. Das steuerrechtlich der Gehaltsaufwand der Unternehmer oder Gesellschafter wieder gemäß § 15 Abs. 1 EStG hinzuzurechnen ist, ist für die Bemessung des zu bewertenden Gewinns irrelevant und nur für die Ermittlung der korrekten Gewerbesteuerbelastung von Bedeutung.
[2] WP-Handbuch, Band II, 2008, S. 33, Tz. 101.
[3] IDW S1 i. d. F. 2008, Tz. 40.
[4] IDW S1 i. d. F. 2008, Tz. 40.
[5] IDW S1 i. d. F. 2008, Tz. 160.

men mitarbeitet, muss hierfür wie für einen angestellten Geschäftsführer ein Gehalt verrechnet werden, um danach die reinen Gewinnansprüche eines Eigentümers und daraus wiederum den reinen Unternehmenswert zu ermitteln. Die Investitionsalternative hat ebenfalls diesem Kriterium zu entsprechen. Bei einem alternativen Investment in eine Kapitalmarktanlage, wie durch das CAPM beschrieben ist die Arbeitseinsatzäquivalenz zumindest hinsichtlich der Alternative automatisch sichergestellt.

BEISPIEL Ein Unternehmen erzielt nachhaltige erwartete (unendliche) Ausschüttungen von 100 T€. Der Kalkulationszinssatz beträgt 10 %. Der vorläufige Unternehmenswert ermittelt sich demnach als:

UW = 100 T€ / 0,10 = 1.000 T€

Eine Durchsicht der Planungsunterlagen ergibt, dass für den Gesellschafter-Geschäftsführer kein Gehaltsaufwand berücksichtigt wurde. Der angemessene jährliche Gehaltsaufwand für einen Geschäftsführer in dieser Position beträgt 100 T€. Die zu erwartenden Ausschüttungen aus dem Unternehmen betragen damit 100 T€ - 100 T€ = 0. Der Unternehmenswert beträgt somit 0 €. Der vorläufige Unternehmenswert repräsentierte somit tatsächlich den Wert des Arbeitsvertrages (bei unendlicher Arbeitskraft!) und nicht den Wert des Unternehmens.

5.5 Besteuerungsäquivalenz

Steueräquivalenz bedeutet nicht, dass die Alternativrendite der gleichen Besteuerung unterworfen ist wie die Zuflüsse aus dem Bewertungsobjekt.[1] Äquivalenz bedeutet in diesem Zusammenhang vielmehr, dass die Zuflüsse und die Alternativrendite im Rahmen der Bewertung entweder einheitlich in einer Vorsteuerbetrachtung oder einheitlich in einer Nachsteuerbetrachtung (mit den jeweilgen Besteuerungswirkungen auf die Ausschüttungen und die Alternative) zu verwenden sind. Bewertungsrelevant sind nur die Zuflüsse aus dem Unternehmen, die der Eigentümer aufgrund seiner gesellschaftsrechtlichen Position erhält.[2] Diese Zuflüsse müssen ihm für Konsumzwecke zur freien Verfügung stehen, da die Investitions- und Finanzierungstheorie Unternehmen nur als Mittel zur privaten Einkommenserzielung sieht.[3] Die Bewertung hat damit als Nach- Einkommensteuerbetrachtung zu erfolgen.[4] Das erklärt sich insbesondere für den objektivierten Unternehmenswert (typisierter Grenzpreis), bei dem die daraus abgeleiteten Abfindungen den Abgefundenen in den Stand setzen sollen, mit der Abfindungssumme durch Wiederanlage die gleich hohen Ergebnisse zu erzielen, wie vor dem die Abfindung auslösenden Ereignis.[5] Abgeführte Einkommensteuer kann aber nicht zur Wiederanlage verwendet werden.

Die Berücksichtigung der Besteuerung gilt zum einen für das Bewertungsobjekt:

„Der Wert eines Unternehmens wird durch die Höhe der Nettozuflüsse an den Investor bestimmt, die er zu seiner freien Verfügung hat. Diese Nettozuflüsse sind unter Berücksichtigung der inländischen und

---

[1] *Moxter, A.*, Grundsätze ordnungsmäßiger Unternehmensbewertung, 1991, S. 183; siehe auch *Wagner/Jonas/Ballwieser/Tschöpel*, Weiterentwicklung der Grundsätze zur Durchführung von Unternehmensbewertungen (IDW S1), Wpg 2004, S. 890, Fn. 14.

[2] IDW S1 i. d. F. 2008, Tz. 24.

[3] *Kruschwitz, L.*, Investitionsrechnung, 2005, S. 12; *Drukarczyk, J.*, Unternehmensbewertung, 2003, S. 116.

[4] Siehe z. B. *Kruschwitz/Löffler/Essler*, Unternehmensbewertung für die Praxis, 2009, S. 54; *Ballwieser/Kruschwitz/Löffler*, Einkommensteuer und Unternehmensbewertung – Probleme mit der Steuerreform 2008, Wpg 2007, S. 765.

[5] Siehe z. B. OLG Düsseldorf v. 23. 1. 2008 – I-26 W 6/06 AktE, AG, 2008, S. 823; LG Frankfurt a. M. v. 21. 3. 2006 – 3-5 O 153/04, AG, 2007, S. 43; OLG Stuttgart v. 16. 2. 2007 – 20 W 6/06, AG, 2007, S. 216; OLG Karlsruhe v. 16. 7. 2008 – 12 W 16/02, AG, 2009, S. 49; OLG Stuttgart v. 19. 3. 2008 – 20 W 3/06, AG, 2008, S. 513.

ausländischen Ertragsteuern des Unternehmens und grundsätzlich der aufgrund des Eigentums am Unternehmen entstehenden persönlichen Ertragsteuern der Unternehmenseigner zu ermitteln."[1]

Zum anderen ist dem Bewertungsobjekt die Alternative in einer Nachsteuerbetrachtung gegenüberzustellen:

„Sofern die zu diskontierenden finanziellen Überschüsse um persönliche Ertragsteuern vermindert werden, ist der Kapitalisierungszinssatz ebenfalls unter unmittelbarer Berücksichtigung persönlicher Ertragsteuern anzusetzen."[2]

Die Notwendigkeit der Berücksichtigung persönlicher Ertragsteuern lässt sich auch nicht mit dem (betagten) Argument aus der Welt schaffen, man könne die Steuersätze in der Bewertungsformel wegkürzen. Diese theoretische Möglichkeit besteht nur bei Anwendung der Formel der ewigen Rente und soweit die Steuerbelastung für die Zuflüsse und die Alternativrendite gleich hoch ist.

ABB. 18: Ewige Rente und Kürzung der Einkommensteuer

$$\frac{D_t}{(i+z)} = \frac{D_t\,(1-s)}{(i+z)\,(1-s)}$$

D_t: Ausschüttung vor ESt
s: Einkommensteuersatz
i: Basiszinssatz
z: Risikozuschlag

Die Voraussetzung ist z. B. bei der Bewertung von Personengesellschaften schon deshalb nicht gegeben, da hier bei objektivierter Bewertung als Alternative das CAPM zu verwenden ist, welches den Besteuerungskriterien von Kapitalgesellschaften (Tax-CAPM) unterliegt.[3] Unabhängig davon stellt die Einkommensteuer bei Personengesellschaften die relevante Besteuerungsgröße dar.[4]

„Die Bewertung eines Einzelunternehmens oder einer Personengesellschaft erfordert stets eine Berücksichtigung persönlicher Ertragsteuern, wenn – wie im Fall des derzeitigen Steuersystems – die persönliche Einkommensteuer teilweise oder ganz an die Stelle der in der Alternativrendite bereits berücksichtigten Unternehmensteuer tritt."[5]

Die vereinfachten Verhältnisse sind bei praktischen Unternehmensbewertungen in steuerlicher Hinsicht und durch Verwendung von Detailplanungsphasen damit regelmäßig nicht gegeben. Damit entfällt eine Kürzung des persönlichen Steuerbelastungssatzes selbst unter vereinfachten Bewertungsbedingungen, zumindest im Bereich der Detailplanung.

---

[1] IDW S1 i. d. F. 2008, Tz. 28.
[2] IDW S1 i. d. F. 2008, Tz. 93.
[3] Siehe auch die Hinweise zur mittelbaren Typisierung in WP-Handbuch, Band II, 2008, S. 1, Tz. 3.
[4] Mit der Unternehmensteuerreform 2008 verbessert sich die Anrechenbarkeit der Gewerbesteuer auf die Einkommensteuer bis zur fast vollständigen Kompensation der Gewerbesteuer. Die Ermittlung objektivierter Unternehmenswerte von Einzelunternehmen und Personengesellschaften erfordert damit stets eine Berücksichtigung der Einkommensteuer.
[5] IDW S1 i. d. F. 2008, Tz. 47.

5.5 Besteuerungsäquivalenz

BEISPIEL Aus einer GmbH, sind folgende ausschüttungsfähige Jahresüberschüsse zu erwarten: 100 T€ (Jahr 1), 120 T€ (Jahr 2), 150 T€ (Jahr 3). Gemäß Abgeltungsteuer unterliegen die Ausschüttungen einer ESt von 25 %. Die Alternativrendite von 10 % nach Unternehmenssteuern unterliegt ebenfalls 25 % ESt. Der Unternehmenswert ermittelt sich damit wie folgt:

$$UW = \frac{100\,(1-0{,}25)}{0{,}10\,(1-0{,}25)^1} + \frac{120\,(1-0{,}25)}{0{,}10\,(1-0{,}25)^2} + \frac{150\,(1-025)}{0{,}10\,(1-0{,}25)^3}$$

In der Entwicklung der Terme wird deutlich, dass der Nenner mit dem Exponenten der entsprechenden Periode wächst. Der Zähler enthält dagegen keinen Exponenten. Ein Kürzen des einheitlichen Steuersatzes 25 % ist damit in der Detailplanungsphase nicht möglich.

IDW S1 i.d.F. 2008 regelt als Neuerung die Berücksichtigung der Einkommensteuer im Bewertungskalkül, je nach Bewertungszweck. So gilt für die klassischen Anwendungsfelder des objektivierten Unternehmenswertes nach wie vor eine unmittelbare Berücksichtigung der Einkommensteuer.

„Bei gesellschaftsrechtlichen und vertraglichen Bewertungsanlässen (z. B. Squeeze-out) wird der objektivierte Unternehmenswert ... aus der Perspektive einer inländischen unbeschränkt steuerpflichtigen natürlichen Person als Anteilseigner ermittelt. Bei dieser Typisierung sind demgemäß zur unmittelbaren Berücksichtigung der persönlichen Ertragsteuern sachgerechte Annahmen zu deren Höhe sowohl bei den finanziellen Überschüssen als auch beim Kapitalisierungszinssatz zu treffen."[1]

„Für Unternehmensbewertungen aufgrund gesellschaftsrechtlicher oder vertraglicher Vorschriften, ... sind wegen der Typisierung einer inländischen unbeschränkt steuerpflichtigen natürlichen Person als Anteilseigner weitergehende Analysen zu den effektiven Auswirkungen der persönlichen Steuern auf die künftigen Nettozuflüsse und den Kapitalisierungszinssatz erforderlich."[2]

Wird der objektivierte Unternehmenswert im Rahmen sogenannter „unternehmerischer Initiativen" verwendet, z. B. als Grundlage für Fairness Opinions oder als (Ausgangs-)Grundlage für Kaufpreisverhandlungen, dann soll auf die explizite Einbeziehung der Einkommensteuer verzichtet werden können. Die damit beabsichtigte implizite Berücksichtigung der Einkommensteuer (d. h. die Bewertung ohne Einkommensteuer) wird als mittelbare Typisierung[3] bezeichnet.

„Hierbei wird die Annahme getroffen, dass die Nettozuflüsse aus dem Bewertungsobjekt und aus der Alternativinvestition in ein Aktienportfolio auf der Anteilseignerebene einer vergleichbaren persönlichen Besteuerung unterliegen. Im Bewertungskalkül wird dann auf eine explizite Berücksichtigung persönlicher Ertragsteuern bei der Ermittlung der finanziellen Überschüsse und des Kapitalisierungszinssatzes verzichtet."[4]

„Bei Unternehmensbewertungen im Rahmen von Unternehmensveräußerungen und anderen unternehmerischen Initiativen ist eine mittelbare Typisierung sachgerecht, die davon ausgeht, dass im Bewertungsfall die persönliche Ertragsteuerbelastung der Nettozuflüsse aus dem zu bewertenden Unternehmen der persönlichen Ertragsteuerbelastung der Alternativinvestition in ein Aktienportfolio entspricht. Entsprechend dieser Annahme kann in diesen Fällen auf eine unmittelbare Berücksichtigung persönlicher Steuern bei den finanziellen Überschüssen verzichtet werden."[5]

Vor-Einkommensteuerrechnung und Nach-Einkommensteuerrechnung führen bekanntermaßen zu unterschiedlichen Ergebnissen. Dazu folgendes Beispiel:

---

1 IDW S1 i.d.F. 2008, Tz. 31.
2 IDW S1 i.d.F. 2008, Tz. 46.
3 WP-Handbuch, Band II, 2008, S. 35, Tz. 106 und S. 103, Tz. 285; siehe auch *Dörschell/Franken/Schulte*, Ermittlung eines objektivierten Unternehmenswertes für Personengesellschaften nach der Unternehmensteuerreform 2008, Wpg 2008, S. 445.
4 IDW S1 i.d.F. 2008, Tz. 30.
5 IDW S1 i.d.F. 2008, Tz. 45.

| ABB. 19: | Mittelbare und unmittelbare Typisierung bzw. Berücksichtigung der Einkommensteuer in der Unternehmensbewertung |

Mittelbare Typisierung

Perioden	0	1	2	3	4	5	Ewige Rente
Ausschüttungen		200	300	400	500	600	600
Kalkulationssatz	10 %						
Barwertfaktoren		0,9091	0,8264	0,7513	0,6830	0,6209	
Barwert ewige Rente							6.000
Barwerte		182	248	301	342	373	3.726
Unternehmenswert	5.170						

Unmittelbare Typisierung

Perioden	0	1	2	3	4	5	Ewige Rente
Ausschüttungen vor ESt		200	300	400	500	600	600
ESt auf Ausschüttungen	25 %	50	75	100	125	150	150
Ausschüttungen nach ESt		150	225	300	375	450	450
Kalkulationszinssatz vor ESt	10 %						
ESt	25 %						
Kalkulationszinssatz nach ESt	7,50 %						
Barwertfaktoren		0,9302	0,8653	0,8050	0,7488	0,6966	
Barwert ewige Rente							6.000
Barwerte		140	195	241	281	313	4.179
Unternehmenswert	5.349						

Die Erhöhung des Unternehmenswertes in der Unternehmensbewertung mit Berücksichtigung der Einkommensteuer wird als Steuerparadoxon bezeichnet. Begründet wird der Zusammenhang damit, dass die Einkommensteuer nicht investitionsneutral ist.[1] Dies gilt für den Fall der Detailplanung wie im Beispiel dargestellt. Keine Bedeutung hat das Steuerparadoxon im Fall der ewigen Rente, da sich hier die Steuersätze (unter der oben in ABB. 18 dargestellten Bedingung gleicher Steuersätze) kürzen lassen. Für Unternehmensbewertungen in der Praxis spricht zumindest aus den abweichenden Ergebnissen vieles für die Berücksichtigung der Einkommensteuer.[2] Gegen die Berücksichtigung der Einkommensteuer werden z. B. internationale Gepflogenheiten eingewendet.[3]

---

[1] *Ballwieser/Kruschwitz/Löffler*, Einkommensteuer und Unternehmensbewertung – Probleme mit der Steuerreform 2008, Wpg 2007, S. 766.
[2] Unter den praktischen Bedingungen einer Bewertung und unter Verwendung des CAPM (Vor-ESt) und des Tax-CAPM (nach ESt) kann sich die Höhe der Abweichungen in der Bewertung verändern.
[3] *Jonas, M.*, Relevanz persönlicher Steuern? – Mittelbare und unmittelbare Typisierung der Einkommensteuer in der Unternehmensbewertung, Wpg 2008, S. 826; differenzierend *Ballwieser/Kruschwitz/Löffler*, Einkommensteuer und Unternehmensbewertung – Probleme mit der Steuerreform 2008, Wpg 2007, S. 769.

Aus der mittelbaren Typisierung ergibt sich Handlungsbedarf für den Widerspruch, der dadurch gegenüber IDW RS HFA 10 entsteht, da dort für die Bewertung von Beteiligungen bei Veräußerungsabsicht der objektivierte Unternehmenswert unter Berücksichtigung der Einkommensteuer vorgeschrieben ist.

> „Aus Sicht eines potenziellen Erwerbers bestimmt sich der Wert einer Beteiligung durch den Barwert ... nach Abzug seiner persönlichen Ertragsteuern. Für einen beliebigen potenziellen unbeschränkt steuerpflichtigen Inländer als Erwerber sind nach den Grundsätzen für die Ermittlung objektivierter Unternehmenswerte typisierte persönliche Ertragsteuern zu berücksichtigen."[1]

Hier wäre nunmehr gemäß IDW S1 i. d. F. 2008 die mittelbare Typisierung einschlägig, da es sich um die Verwendung objektivierter Unternehmenswerte im Rahmen unternehmerischer Initiativen handelt. Im Ergebnis könnte IDW RS HFA 10 nun danach differenzieren, ob als Käufer ein Inländer oder ein Ausländer anzunehmen ist oder im Verkaufsfall einheitlich die mittelbare Typisierung unterstellen. Im letzteren Fall wäre die Thematik Berücksichtigung der Einkommensteuer im IDW RS HFA 10 dann vollständig aufgehoben.

Zwischenergebnis:

IDW S1 i. d. F. 2008 differenziert hinsichtlich der Berücksichtigung der Einkommensteuer bei objektivierten Unternehmenswerten nach dem Einsatzgebiet des objektivierten Unternehmenswertes. Eine unmittelbare Typisierung der Einkommensteuer, d. h. eine Bewertung unter Berücksichtigung der Einkommensteuer, ist bei gesetzlichen und vertraglichen Bewertungsanlässen (Ermittlung von Abfindungen) vorzunehmen. Eine mittelbare Typisierung (d. h. eine Bewertung ohne Berücksichtigung der Einkommensteuer) soll bei unternehmerischen Initiativen (Kaufpreisbestimmung, Fairness Opinion) sachgerecht sein, bei denen der Einsatz des objektivierten Unternehmenswertes ebenfalls vorgeschlagen wird. Hier ergibt sich ein Widerspruch zur Bewertung von Beteiligungen bei Verkaufsabsicht im Rahmen der Bilanzierung, da hierfür die unmittelbare Berücksichtigung der Einkommensteuer vorgesehen ist.

Die Notwendigkeit der Berücksichtigung der Einkommensteuer bei der Bewertung von Personengesellschaften ergibt sich in steuerlicher Hinsicht zum einen aus der unterschiedlichen Besteuerung von Bewertungsobjekt und Alternative und aus der Bedeutung der Einkommensteuer durch die Anrechenbarkeit der Gewerbesteuer. Eine mittelbare Typisierung ist hier nicht möglich.

5.6 Ausschüttungsäquivalenz

Das Kriterium der Ausschüttungsäquivalenz wurde durch IDW S1 vom 18. 10. 2005 erstmalig explizit in die Bewertungsgrundsätze eingeführt.[2] Die Sicherstellung der Ausschüttungsäquivalenz ist eng mit der grundsätzlichen Annahme verknüpft, welche Ausschüttungsphilosophie der Unternehmensbewertung bei der Bestimmung objektivierter Unternehmenswerte zugrunde zu legen ist. Zentraler Grundsatz der Ermittlung objektivierter Unternehmenswerte war bis zur Neufassung des IDW S1 vom 18. 10. 2005 die Vollausschüttungshypothese.

---

1 IDW Stellungnahme zur Rechnungslegung: Anwendung der Grundsätze des IDW S1 bei der Bewertung von Beteiligungen und sonstigen Unternehmensanteilen für die Zwecke eines handelsrechtlichen Jahresabschlusses (IDW RS HFA 10) v. 18. 10. 2005, Tz. 12.
2 IDW Standard: Grundsätze zur Durchführung von Unternehmensbewertungen (IDW S1) v. 18. 10. 2005, Tz. 45-47.

5.6.1 Inhalt der Vollausschüttungshypothese

Die Unternehmensbewertung bewertet Zahlungen, die der Gesellschafter auf der Grundlage seiner Gesellschafterposition aus dem Unternehmen zukünftig erhält.[1] Damit beeinflusst die Ausschüttungspolitik eines Unternehmens grundsätzlich dessen Wert.[2] Die Vollausschüttungshypothese stellte die bisher verfolgte Ausschüttungsfiktion bei der Ermittlung objektivierter Unternehmenswerte dar.

> „Grundsätzlich ist bei der Ermittlung des objektivierten Unternehmenswerts von der Vollausschüttung derjenigen finanziellen Überschüsse auszugehen, die nach Berücksichtigung des unveränderten Unternehmenskonzeptes (Substanzerhaltung, Finanzierungsstruktur) und rechtlicher Restriktionen (z. B. Bilanzgewinn, ausschüttbarer handelsrechtlicher Jahresüberschuss) zur Ausschüttung zur Verfügung stehen."[3]

Diese Fiktion wird nur im Rahmen der Unternehmensbewertung unterstellt und muss bzw. wird keine Entsprechung im realen Ausschüttungsverhalten des zu bewertenden Unternehmens finden.[4]

5.6.2 Ziele der Vollausschüttungshypothese

Mit der Vollausschüttungshypothese wurden im Rahmen der Ermittlung objektivierter Unternehmenswerte mehrere Ziele verfolgt:

▶ Bewertung der vorhandenen Ertragskraft bzw. des vorhandenen Unternehmensumfangs

Der Abzufindende soll gemäß Art. 14 Abs. 1 GG das als Entschädigung erhalten, was ihm durch Gestaltungsmaßnahmen einer Mehrheit entzogen wird.[5] Entzogen wird ihm der Anteil an einem Unternehmen, wie es sich zum Bewertungsstichtag hinsichtlich der vorhandenen Ertragskraft darstellt.[6] Mit der Formel vom Unternehmen „wie es steht und liegt" soll der für die Abfindungsbemessung zugrunde zu legende Unternehmensumfang definiert werden.[7] Dieser Umfang wird weitestgehend konserviert, wenn dem Modell-Unternehmen durch die Vollausschüttungsvorgabe die Möglichkeiten zur Thesaurierung und damit zur Finanzierung von Erweiterungsinvestitionen, der Mittelanlage am Kapitalmarkt oder der Rückführung von Krediten entzogen wird.[8]

▶ Fixierung der Kapitalstruktur

Mit der Vollausschüttungshypothese werden Thesaurierungen, soweit nicht wie bei gesetzlichen Rücklagen zwingend zu bilden, ausgeschlossen und somit jede potenzielle Verstärkung des Eigenkapitals planungstechnisch für die Zukunft verhindert. Das Eigenkapital wird auf dem Stand des Bewertungsstichtages eingefroren, die Entwicklungsfähigkeit des Unternehmens damit beschränkt. Eine Konstanz der Eigenkapitalquote bzw. des Verschuldungsgrades ist damit

---

[1] IDW S1 i. d. F. 2008, Tz. 4.
[2] *Heidorn, T.*, Finanzmathematik in der Bankpraxis, 2006, S. 16.
[3] IDW Standard: Grundsätze zur Durchführung von Unternehmensbewertungen (IDW S1) v. 28. 6. 2000, Tz. 44.
[4] *Wagner/Jonas/Ballwieser/Tschöpel*, Unternehmensbewertung in der Praxis – Empfehlungen und Hinweise zur Anwendung von IDW S1, Wpg 2006, S. 1025, Fn. 144.
[5] Siehe auch *Klöhn, L.*, Der Abfindungsanspruch des Aktionärs als Aufopferungsanspruch, AG 2002, S. 452.
[6] WP-Handbuch, 1992, S. 32, Tz. 56.
[7] WP-Handbuch, 1977, S. 1146 f.
[8] WP-Handbuch, Band II, 1998, S. 31, Tz. 102.

aber noch nicht sichergestellt. Können Preissteigerungen nicht im vollen Umfang an die Kunden weitergegeben werden, reichen die über Abschreibungen zurückbehaltenen „Gewinne" nicht mehr zur späteren Reinvestition aus. Das Unternehmen muss dann planungstechnisch und als Konsequenz der Bewertungslogik Kredite aufnehmen, um die Substanzerhaltung sicherzustellen. Die Konstanz der Kapitalstruktur wird somit durch die Vollausschüttungshypothese zwar angestrebt, ist aber im Zuge der Berücksichtigung der Inflationswirkungen kaum zu erreichen. Nominales Unternehmenswachstum muss vollständig fremdfinanziert werden, womit der Verschuldungsgrad ansteigt.

Die Vollausschüttung nimmt damit auf den Gläubigerschutz keine Rücksicht.[1] Das Unternehmen bewegt sich in dieser Ausschüttungshypothese tendenziell in Richtung einer schlechteren Bonität, da ohnehin jede Ausschüttung ein wenn auch noch so geringes Insolvenzrisiko erhöht.[2] Die Annahme der Vollausschüttung ist damit wenig realistisch, auch wenn sie nur eine modelltheoretische Annahme darstellt. Denn wenn der Umfang der geplanten Ausschüttungen den Unternehmenswert bestimmt, dann muss eine Vollausschüttungshypothese auch in der Realität denkbar und möglich sein, da sonst der auf dieser Basis abgeleitete Unternehmenswert Ausdruck investitionstheoretischer Phantasmen ist. So ein Unternehmenswert kann aber nicht Basis der Bestimmung einer fairen Abfindung im Rahmen gerichtlicher Entscheidungen sein.

▶ Vermeidung von Doppelzählungen

Durch das Gebot der Vollausschüttung sollte einem technischen Bewertungsfehler begegnet werden. Werden Jahresüberschüsse als Grundlage der Bewertung definiert, müssen sie dem Unternehmen planungstechnisch auch entzogen werden, da es sonst zu Doppelzählungen kommt.[3] Würde man nämlich die Jahresüberschüsse diskontieren und gleichzeitig Thesaurierungen zulassen, enthielten die künftigen Jahresüberschüsse Erträge aus den Thesaurierungen (Rendite der internen Verwendung!), womit die Bewertung fehlerhaft wäre.[4] Dieser Fehler ist allerdings nur unter sehr vereinfachenden Bewertungsroutinen denkbar, da bei Verwendung einer (heute gebräuchlichen) integrierten Unternehmensplanung Ausschüttungen auch als Auszahlung (im Modell!) das Unternehmen verlassen.[5] Die Planung einer Ausschüttung reduziert den Cashflow im Planungsmodell. Die Erfassung von Erträgen auf thesaurierte Gewinne und die gleichzeitige Erfassung dieser Gewinne als Ausschüttung im Bewertungsmodell ist damit ausgeschlossen. Das „Gespenst" der Doppelzählung hat sich damit heute softwareunterstützt verflüchtigt.

▶ Sicherstellung des Gleichbehandlungsgrundsatzes

Würde sich die Abfindung nur nach tatsächlichen Ausschüttungen richten, käme es zu einer Ungleichbehandlung von Mehrheits- und Minderheitsanteilen, da letztere keinen Einfluss auf die Ausschüttungsentscheidung haben. Die Vollausschüttung sorgte somit für eine Erfassung des vollen Wertes auch für einflusslose Anteile.[6]

---

1 IDW S1 i. d. F. 2008, Tz. 64.
2 *Pellens/Crasselt/Sellhorn*, Solvenztest zur Ausschüttungsbemessung – Berücksichtigung unsicherer Zukunftserwartungen, zfbf 2007, S. 266.
3 *Moxter, A.*, Grundsätze ordnungsmäßiger Unternehmensbewertung, 1991, S. 79.
4 *Moxter, A.*, Grundsätze ordnungsmäßiger Unternehmensbewertung, 1991, S. 79.
5 IDW S1 i. d. F. 2008, Tz. 27 u. 81.
6 *Großfeld, B.*, Unternehmens- und Anteilsbewertung im Gesellschaftsrecht, 2002, S. 228.

5. Das Äquivalenzprinzip

▶ Objektivierung der Bewertung

Die Vollausschüttung führte zu einer über alle Planungsphasen wirksamen Typisierung des Ausschüttungsverhaltens der Unternehmung. Welche Anteile der Jahresüberschüsse sich im Unternehmenswert niederschlagen konnten, war damit der Dispositionsfreiheit der Geschäftsleitung des Bewertungsobjekts wie auch des Gutachters entzogen. Die Teil-Ausschüttungshypothese seit IDW S1 vom 18.10.2005 eröffnet demgegenüber erhebliche Gestaltungsspielräume, da eine kapitalwertneutrale Wiederanlageprämisse nur für die zweite Planungsphase vorgesehen ist.

Planungsphase I:

„Soweit die Planung zwei Phasen unterscheidet, ist die Aufteilung der finanziellen Überschüsse auf Ausschüttungen und Thesaurierungen für die erste Phase der Planung (Detailplanungsphase) auf der Basis des individuellen Unternehmenskonzepts und unter Berücksichtigung der bisherigen und geplanten Ausschüttungspolitik, der Eigenkapitalausstattung und der steuerlichen Rahmenbedingungen vorzunehmen. Sofern für die Verwendung thesaurierter Beträge keine Planungen vorliegen und auch die Investitionsplanung keine konkrete Verwendung vorsieht, ist eine sachgerechte Prämisse zur Mittelverwendung zu treffen."[1]

Planungsphase II:

„Im Rahmen der zweiten Phase wird grundsätzlich angenommen, dass das Ausschüttungsverhalten des zu bewertenden Unternehmens äquivalent zum Ausschüttungsverhalten der Alternativanlage ist, sofern nicht Besonderheiten der Branche, der Kapitalstruktur oder der rechtlichen Rahmenbedingungen zu beachten sind. Für die thesaurierten Beträge wird die Annahme einer kapitalwertneutralen Verwendung getroffen."[2]

▶ Maximierung des Unternehmenswertes

Mit dem Steuersenkungsgesetz vom 23.10.2000[3] und der Einführung des Halbeinkünfteverfahrens zum 1.1.2001, wurde ein einheitlicher Körperschaftsteuersatz von 25 % eingeführt und die Anrechenbarkeit der Körperschaftsteuer auf die persönliche Einkommensteuer aufgehoben.[4] Die Körperschaftsteuer ist damit, wie schon bisher die Gewerbesteuer, definitiv, d.h. unabhängig von der Entscheidung „Ausschüttung oder Thesaurierung". Mit dem Unternehmensteuerreformgesetz 2008 vom 14.8.2007[5] reduzieren sich die Tarife der Unternehmensbesteuerung sowie die Besteuerung der Anteilseigner. Die Besteuerungswirkungen der Vollausschüttung im alten Anrechnungsverfahren, im Halbeinkünfteverfahren und bei der ab 1.1.2009 geltenden Abgeltungsteuer stellen sich wie folgt dar:

---

1 IDW S1 i.d.F. 2008, Tz. 36.
2 IDW S1 i.d.F. 2008, Tz. 37.
3 Steuersenkungsgesetz v. 23.10.2000 (BStBl I 2000 S. 1428).
4 Zur erstmaligen Anwendung siehe BMF v. 6.11.2003, IV A 2 – S 1910 - 156/03.
5 Unternehmensteuerreformgesetz 2008 v. 14.8.2007 (BGBl I 2007 S. 1912).

5.6 Ausschüttungsäquivalenz

ABB. 20: Anrechnungsverfahren, Halbeinkünfteverfahren und Abgeltungsteuer im Steuerbelastungsvergleich bei Vollausschüttung

		Anrechnungs-verfahren		Halbeinkünfte-Verfahren		Abgeltungs-steuer
Jahresüberschuss vor Steuern		100,00		100,00		100,00
GewSt-Satz (H = 400 %)	16,67 %	16,67		16,67	14,00 %	14,00
KSt-Bemessungsgrundlage		83,33		83,33		100,00
KSt-Thesaurierungssatz	40,00 %	33,33				
KSt-Ausschüttungssatz	30,00 %	25,00				
KSt-Definitivbelastung	25,00 %			20,83	15,00 %	15,00
Jahresüberschuss		50,00		62,50		71,00
Ausschüttung	100,00 %	58,33		62,50		71,00
ESt-Bemessungsgrundlage		83,33		31,25		71,00
ESt-Satz (typisiert)	35,00 %	29,17		10,94	25,00 %	17,75
KSt-Gutschrift		25,00		0,00		0,00
ESt-Belastung		4,17		10,94		17,75
Netto-Dividende		54,17		51,56		53,25
Steuerfolgen Ausschüttung:						
KSt-Esparnis	+	8,33		0,00		0,00
ESt-Belastung	−	4,17		10,94		17,75
Steuerersparnis		4,17				
Steuererhöhung				10,94		17,75

Damit zeigt sich, dass Ausschüttungen auch im Anrechnungsverfahren zu einer zusätzlichen Einkommensteuerbelastung führten. Dies gilt zumindest für den typisierten Einkommensteuersatz von 35 %, der bis zur Anwendung der Abgeltungsteuer im Rahmen der Ermittlung objektivierter Unternehmenswerte verwendet wird.[1] Im Gegensatz zum Halbeinkünfteverfahren bzw. Abgeltungsteuersystem führte die Ausschüttung aber auch zu einer Steuerersparnis im Bereich der Körperschaftsteuer, da im Ausschüttungsfall der niedrigere Ausschüttungssteuersatz von 30 %, gegenüber dem Thesaurierungssteuersatz von 40 %, zum Ansatz gebracht werden konnte. In Summe war im Anrechnungsverfahren die Vollausschüttung somit eine die Steuerlast minimierende Ausschüttungspolitik. Damit war die Vollausschüttung auch eine den Unternehmenswert maximierende Ausschüttungsannahme.

Im Rahmen der Verfolgung der Vollausschüttungshypothese waren allerdings folgende Restriktionen zu beachten:[2]

– Rechtliche Ausschüttungsbeschränkungen, d.h. Ausschüttung nur des handelsrechtlichen Ausschüttungspotenzials (Jahresüberschuss bzw. Bilanzgewinn) unter Berücksichtigung der Bildung gesetzlicher Rücklagen.

---

[1] Zur Darstellung einer Umkehr der Vorteilhaftigkeit, in Abhängigkeit vom persönlichen Steuersatz siehe *Schultze, W.*, Methoden der Unternehmensbewertung, 2003, S. 441.
[2] IDW Standard: Grundsätze zur Durchführung von Unternehmensbewertungen (IDW S1), 28.6.2000, Tz. 27, 44 f.

- Finanzielle Ausschüttungsbeschränkungen, d.h. Ausschüttung nur der finanzierbaren Beträge über die, nach Vornahme von Investitionen zum Erhalt des Unternehmens (und der Sicherstellung der laufenden Liquidität), noch verfügt werden kann.
- Steuerpolitische Ausschüttungsbeschränkungen, d.h. Ausschüttung der Beträge, die ohne steuerliche Nachteile ausgeschüttet werden können.

Ergebnis war damit im alten IDW S1 i.d.F. 28.6.2000 eine Vollausschüttungshypothese ohne Vollausschüttung, da z.B. die Ausschüttung von Auslandsdividenden aus dem verwendbaren Eigenkapital EK 01 oder die Ausschüttung bei steuerlichen Verlustvorträgen vermieden werden musste, um keinen Steuernachteil in Form einer Körperschaftsteuererhöhung auszulösen. Grundsätzlich führte die angestrebte Vollausschüttung aber zu einer Reduzierung der Gesamtsteuerbelastung.

Im Halbeinkünfteverfahren führen Ausschüttungen dagegen immer zu einer steuerlichen Zusatzbelastung. Diese Zusatzbelastung steigt, wie oben dargestellt, im Rahmen der Abgeltungsteuer sogar noch an. Eine optimale Steuerpolitik vor Augen, müsste diese Erkenntnis im Halbeinkünfteverfahren bzw. im Rahmen der Abgeltungsteuer zu einer Ausschüttungspolitik der Vollthesaurierung bzw. Null-Ausschüttung führen. Nur so könnte die steuerliche Zusatzbelastung in Form der Einkommensteuer vermieden werden. Unschöner Nebeneffekt dieser steuerlichen Optimierung wären allerdings wertlose Unternehmen.

„Nun ist ein Unternehmen, das buchstäblich niemals Dividende an seine Eigentümer ausschüttet, aus logischen Gründen keinen Heller wert."[1]

▶ Sicherstellung der Ausschüttungsäquivalenz

Ausschüttungsäquivalenz wurde auch im alten IDW S1 i.d.F. 28.6.2000 berücksichtigt, wenn auch nur implizit. Die Bewertungsvorgaben zur automatischen Sicherstellung der Ausschüttungsäquivalenz bei objektivierten Unternehmenswerten waren:

a) die Vollausschüttungshypothese und
b) die Verwendung des „Landesüblichen Zinssatzes" als Alternativanlage[2].

Im Anrechnungsverfahren passten (Voll-)Ausschüttungshypothese, optimale Steuerpolitik und Ausschüttungsäquivalenz nahtlos zusammen. Die Vollausschüttung führte zur Steuerminimierung und damit zur Unternehmenswertmaximierung. Die Alternativinvestition in Form einer festverzinslichen Anlage entsprach, aufgrund der jährlichen „Vollausschüttung" der Zinszahlungen, ideal dem theoretischen Vollausschüttungsverhalten des Bewertungsobjektes und war somit ausschüttungsäquivalent.

Allerdings ist einzuschränken, dass zwar frühere Interpretationen[3] der Vollausschüttungshypothese noch geeignet waren, Ausschüttungsäquivalenz zwischen dem Bewertungsobjekt und der Alternativinvestition, in Form des „landesüblichen Zinssatzes", herzustellen. Aber bereits die Einschränkungen der Vollausschüttungshypothese, die etwa gemäß WP-Handbuch 1998, Band II, oder IDW S1 vom 28.6.2000 zu beachten waren, führten zu einer Verletzung der Ausschüttungsäquivalenz. Für das Bewertungsobjekt konnte die Vollausschüttung aufgrund der restrikti-

---

1 *Kruschwitz/Löffler*, Unendliche Probleme bei der Unternehmensbewertung, DB 1998, S. 1041.
2 IDW Standard: Grundsätze zur Durchführung von Unternehmensbewertungen (IDW S1), 28.6.2000, Tz. 120.
3 WP-Handbuch 1986/1987, S. 1075; WP-Handbuch, 1992, S. 28, 47 u. 75.

ven Vorgaben nicht mehr konsequent umgesetzt werden.[1] Die Investitionsalternative repräsentierte dagegen als Zinsertrag aus Anleihen nach wie vor die Vollausschüttung in reinster Form. Die Vollausschüttungshypothese lässt sich hinsichtlich ihrer Interpretationsgenese somit wie folgt darstellen:

TAB. 20: Entwicklung der Vollausschüttungshypothese	
Quelle	Interpretation Vollausschüttungshypothese
bis WP-Handbuch, Band II, 1992, (Tz. 45)	Konzept zur Vermeidung der Doppelerfassung von Erfolgen.
ab WP-Handbuch, Band II, 1998, (Tz. 104)	Grundsätzlich Vollausschüttung, es sei denn Teilausschüttung vermeidet steuerliche Nachteile (z. B. bei steuerlichen Verlustvorträgen oder Auslandsgewinnen) oder ergibt sich aus Ausschüttungsbeschränkungen.
seit IDW S1 vom 18. 10. 2005 (Tz. 45 bis 47)	Aufgabe der Vollausschüttungshypothese, da Vollausschüttung generell zu steuerlichen Nachteilen führt.

5.6.3 Regelung der Ausschüttungsäquivalenz im IDW S1 vom 18. 10. 2005 bzw. IDW S1 i. d. F. 2008

Durch die Aufgabe der Vollausschüttungshypothese im IDW S1 vom 18. 10. 2005, als Reaktion auf das Halbeinkünfteverfahren, soll die Ausschüttungsäquivalenz nun wieder hergestellt werden, indem Bewertungsobjekte mit Teilausschüttungspolitik mit Alternativrendit en mit Teilausschüttungspolitik verglichen werden. Die Teilausschüttungspolitik lässt sich für börsennotierte Gesellschaften empirisch belegen. So verfolgen deutsche Aktiengesellschaften eine stetige Dividendenpolitik mit festgelegten Thesaurierungsquoten und erleichtern damit zum einen den Aktionären die Einkommensplanung, bzw. sorgen zum anderen für eine Kurspflege der Papiere.[2] Zusammengefasst sollen durch die Aufgabe der Vollausschüttungshypothese und die Verfolgung der Teilausschüttungshypothese folgende Ziele erreicht werden:[3]

1. Unternehmenswertmaximierung durch Anpassung an die Steuerverhältnisse nach Wegfall des Anrechnungsverfahrens.[4]

2. Abbildung eines realitätsnahen Ausschüttungsverhaltens des Bewertungsobjekts (überprüft anhand empirischer Ausschüttungsquoten der als Investitionsalternativen fungierenden europäischen, börsennotierten Aktiengesellschaften).[5]

---

[1] WP-Handbuch, Band II, 1998, S. 32, Tz. 104; IDW Standard: Grundsätze zur Durchführung von Unternehmensbewertungen (IDW S1), 28. 6. 2000, Tz. 27 u. 45.

[2] *Hering, T.,* Unternehmensbewertung, 2006, S. 24; *Wagner/Jonas/Ballwieser/Tschöpel,* Weiterentwicklung der Grundsätze zur Durchführung von Unternehmensbewertungen (IDW S1), Wpg 2004, S. 894.

[3] *Wagner/Jonas/Ballwieser/Tschöpel,* Weiterentwicklung der Grundsätze zur Durchführung von Unternehmensbewertungen (IDW S1), Wpg 2004, S. 894 f.

[4] *Wagner/Jonas/Ballwieser/Tschöpel,* Weiterentwicklung der Grundsätze zur Durchführung von Unternehmensbewertungen (IDW S1), Wpg 2004, S. 894.

[5] *Wagner/Jonas/Ballwieser/Tschöpel,* Weiterentwicklung der Grundsätze zur Durchführung von Unternehmensbewertungen (IDW S1), Wpg 2004, S. 894; siehe auch Hering, T., Unternehmensbewertung, 2006, S. 24.

3. Ausschüttungsäquivalenz zu einer systemgerechten Alternativrendite, die über das CAPM bzw. Tax-CAPM bestimmt wird.[1]
4. Vermeidung steuerlich induzierter, nachhaltiger Werteinflüsse, durch einheitliche Annahmen zum Ausschüttungsverhalten zwischen Bewertungsobjekt und Alternativanlage im Fortführungswert.[2]
5. Sicherstellung intersubjektiver Nachprüfbarkeit des Ausschüttungsverhaltens in der Restwertphase bei objektivierten Unternehmenswerten.[3]

Bemerkenswert ist in diesem Zusammenhang Folgendes. Grundsätzlich besteht das Äquivalenzprinzip darin, dass das Bewertungsobjekt Maßstab der Eigenschaften ist, die eine Alternative zu erfüllen hat.[4] Der IDW S1 vom 18.10.2005 stellt das Äquivalenzprinzip allerdings hinsichtlich der Ausschüttungsäquivalenz auf den Kopf, da nunmehr die Ausschüttungspolitik der Alternativinvestition die Ausschüttungspolitik des Bewertungsobjektes bestimmen soll. Diese Regelung gilt entsprechend in IDW S1 i. d. F. 2008.

> „Im Rahmen der zweiten Phase wird grundsätzlich angenommen, dass das Ausschüttungsverhalten des zu bewertenden Unternehmens äquivalent zum Ausschüttungsverhalten der Alternativanlage ist, ..."[5]

Hinsichtlich der Ausschüttungsplanung für objektivierte Unternehmenswerte ist somit im Detail Folgendes geregelt:[6]

a) für die erste Phase oder Detailplanungsphase sind für die zu bewertenden Ausschüttungen folgende Aspekte relevant und zu beachten:

   a. soweit das Unternehmenskonzept des Bewertungsobjektes eine Ausschüttungsplanung und eine Verwendungsplanung thesaurierter Mittel enthält, sind zu beachten:

   i. Planungen zur Verwendung thesaurierter Beträge,

   ii. die bisherige Ausschüttungspolitik,

   iii. die geplante Ausschüttungspolitik,

   iv. die Eigenkapitalausstattung,

   v. die steuerlichen Rahmenbedingungen.

   b. Soweit das Unternehmenskonzept des Bewertungsobjektes keine Ausschüttungsplanung und keine Verwendungsplanung thesaurierter Mittel enthält, sind zu beachten:

   i. Unterstellung der Ausschüttungsquote der Peer Group,[7]

---

[1] *Wagner/Jonas/Ballwieser/Tschöpel*, Weiterentwicklung der Grundsätze zur Durchführung von Unternehmensbewertungen (IDW S1), Wpg 2004, S. 894.
[2] *Wagner/Jonas/Ballwieser/Tschöpel*, Weiterentwicklung der Grundsätze zur Durchführung von Unternehmensbewertungen (IDW S1), Wpg 2004, S. 895.
[3] *Wagner/Jonas/Ballwieser/Tschöpel*, Weiterentwicklung der Grundsätze zur Durchführung von Unternehmensbewertungen (IDW S1), Wpg 2004, S. 895.
[4] Siehe dazu auch die Übersicht zu den Äquivalenzprinzipien in Gliederungspunkt 5.1.
[5] IDW S1 i. d. F. 2008, Tz. 37.
[6] IDW S1 i. d. F. 2008, Tz. 35-37.
[7] Dieser Hinweis ergibt sich nicht aus IDW S1 i. d. F. 2008, Tz. 35-37, sondern aus *Wagner/Jonas/Ballwieser/Tschöpel*, Unternehmensbewertung in der Praxis – Empfehlungen und Hinweise zur Anwendung von IDW S1 v. 18.10.2005, Wpg 2006, S. 1009.

ii. Unterstellung einer Thesaurierung zum Kalkulationszinssatz vor Unternehmenssteuern und Einkommensteuer (kapitalwertneutrale Thesaurierung).

iii. Alternativ, Unterstellung einer wertgleichen Vollausschüttung,

iv. es sei denn, geringere Anlagerenditen, fehlende Marktchancen oder fehlende Möglichkeiten für Aktienrückkäufe stehen der Annahme kapitalwertneutraler Thesaurierung entgegen.

b) für die nachfolgende <u>zweite Phase</u> wird dagegen generell typisierend angenommen,

   a. „…dass das Ausschüttungsverhalten des zu bewertenden Unternehmens äquivalent zum Ausschüttungsverhalten der Alternativanlage (*Peer Group*) ist,

   b. sofern nicht Besonderheiten der Branche, der Kapitalstruktur oder der rechtlichen Rahmenbedingungen zu beachten sind".[1]

   c. Die Thesaurierung erfolgt typisierend kapitalwertneutral.

Zu den so formulierten Regeln der Ausschüttungsäquivalenz ist Folgendes anzumerken.

Mit der Ausschüttungsregel a., die in der <u>ersten</u> Planungsphase anzuwenden ist, wird der Geschäftsleitung des Bewertungsobjekts ein breiter Gestaltungsfreiraum eröffnet.

Mit der Ausschüttungsregel Punkt a., die in der <u>zweiten</u> Planungsphase anzuwenden ist, wird ein Novum in der Geschichte der Äquivalenzgrundsätze formuliert. Bisher galt für alle Äquivalenzkriterien, dass das Bewertungsobjekt die Anforderungen repräsentiert, die von der Alternativrendite zu erfüllen sind. Nunmehr bestimmt die neue Formulierung der Ausschüttungsäquivalenz, dass das Bewertungsobjekt die Ausschüttungspolitik der Alternativinvestition anzuwenden hat – oder – der Schwanz wedelt jetzt mit dem Dackel. Der neue Regelungsinhalt findet in der Literatur keine uneingeschränkte Zustimmung.[2]

Stellt diese Umkehrung der Maßgeblichkeit der Äquivalenz wirklich ein Novum dar, oder kennen wir dies nicht auch von der Herstellung der Risikoäquivalenz, etwa mittels Anwendung der Sicherheitsäquivalenzmethode?[3] Antwort: nein. Bei der Sicherheitsäquivalenzmethode werden zwar die erwarteten Nettozuflüsse aus dem zu bewertenden Unternehmen auf ein sicheres Niveau reduziert, da als Kalkulationszinssatz der sichere Anlagezins Verwendung finden kann. D. h. man könnte versucht sein anzunehmen, dass auch hier ein Äquivalenzkriterium der Alternative auf das Bewertungsobjekt übertragen wird. Der Umfang der Kürzung der erwarteten Nettozuflüsse entspricht jedoch dem Risiko des Bewertungsobjektes. Die Verfahrensweise variiert also nur den Bereich, an dem die Korrektur vorgenommen wird. Der Umfang der Korrektur wird dagegen vom Bewertungsobjekt bestimmt.

---

[1] IDW S1 i. d. F. 2007, Tz. 37.
[2] *Schwetzler, B.*, Halbeinkünfteverfahren und Ausschüttungsäquivalenz – die „Übertypisierung" der Ertragswertbestimmung, Wpg 2005, S. 601 ff.; a. A. *Wiese, J.*, Wachstums- und Ausschüttungsannahmen im Halbeinkünfteverfahren, Wpg 2005, S. 617 ff.
[3] So die Meinung in *Wagner/Jonas/Ballwieser/Tschöpel*, Weiterentwicklung der Grundsätze zur Durchführung von Unternehmensbewertungen (IDW S1), Wpg 2004, S. 895.

5.6.4 Ausschüttungsäquivalenz und Objektivierung

Versteht man den objektivierten Unternehmenswert als typisierten, manipulationsresistenten und subjektiven Parteieninteressen entzogenen[1], sowie Gerechtigkeitsüberlegungen folgenden Unternehmenswert, dann stellen die neuen Vorgaben zur Ausschüttungsannahme ein Scheunentor zum Einlass der Gestaltungsfreiheit dar. Da die Detailplanungsphase (erste Planungsphase) zeitlich nicht limitiert ist,[2] bietet sich die zeitliche Ausdehnung dieser Planungsphase an, etwa von 5 auf 10 Planjahre.[3] In dieser Phase kann, durchaus sinnvoll, die Entwicklung von Investitionszyklen bzw. langfristigen Kredit- oder Leasingverhältnissen simuliert und explizit dargestellt werden. Am Rande kann allerdings auch eine gezielte Ausschüttungspolitik in den Dienst der Verfolgung von Parteiinteressen gestellt werden. Kapitalwertneutralität wird für die Detailplanungsphase gerade nicht gefordert. Werden Maßnahmen wie das Squeeze-out mittelfristig geplant, lässt sich auch eine „bisherige Ausschüttungspolitik" gestalten. Für den Gutachter wird die Situationsanalyse damit nicht einfacher.

> „Die Bestimmung der Ausschüttungsquote durch den neutralen Gutachter erfordert die gleiche Sorgfalt wie die Bestimmung der bisher schon relevanten Bewertungsparameter."[4]

Wie soll der Gutachter etwa auf eine Ausschüttungspolitik reagieren, die in den letzten Jahren vor dem Bewertungsstichtag auf Ausschüttungen vollständig verzichtet hat und deshalb auch in der, gegebenenfalls ausgedehnten, Detailplanungsphase keine Ausschüttungen plant? Der Unmut des Kapitalmarktes wird hier nur für die kleine Anzahl börsennotierter Gesellschaften ein mögliches Korrektiv darstellen. Die Anwendung des IDW S1 ist aber nicht auf börsennotierte Gesellschaften beschränkt.[5]

Eine Überprüfung der in der Detailplanungsphase vorgesehenen Ausschüttungen ist wie folgt durchzuführen:

> „…sind die Ausschüttungen der finanziellen Überschüsse sowie die Verwendung thesaurierter Beträge für die erste Phase der Planung (Detailplanungsphase) auf der Basis des individuellen Unternehmenskonzepts und unter Berücksichtigung der bisherigen und geplanten Ausschüttungspolitik, der Eigenkapitalausstattung und der steuerlichen Rahmenbedingungen zu bestimmen."[6]

Berechnungsgrundlage der geplanten Ausschüttungspolitik ist die Unternehmensplanung. Der Unternehmensplanung hat der Gutachter zu folgen (auch in der Detailplanungsphase!), soweit diese vollständig und konsistent, somit plausibel ist.[7] Die Plausibilisierung der Ausschüttungspolitik soll anhand des individuellen Unternehmenskonzeptes und der Ausschüttungspolitik der Vergangenheit vorgenommen werden.[8] Damit ist die Planung einer Nullausschüttung in der Detailplanungsphase plausibilisiert, auch wenn die Unternehmensplanung von der Erzielung von Jahresüberschüssen ausgeht, diese aber gemäß Unternehmensplanung und Unternehmenskon-

---

[1] IDW S1 i. d. F. 2008, Tz. 12.
[2] IDW S1 i. d. F. 2008, Tz. 77 (siehe insbesondere den letzten Satz).
[3] Zu einer Detailplanungsphase bis 10 Jahre siehe, *Loderer/Jörg/Pichler/Roth/Zgraggen*, Handbuch der Bewertung, 2005, S. 636.
[4] *Wagner/Jonas/Ballwieser/Tschöpel*, Unternehmensbewertung in der Praxis – Empfehlungen und Hinweise zur Anwendung von IDW S1, Wpg 2006, S. 1009.
[5] IDW S1 i. d. F. 2008, Tz. 1.
[6] IDW S1 i. d. F. 2008, Tz. 36.
[7] *Wagner/Jonas/Ballwieser/Tschöpel*, Unternehmensbewertung in der Praxis – Empfehlungen und Hinweise zur Anwendung von IDW S1, Wpg 2006, S. 1008.
[8] IDW S1 i. d. F. 2008, Tz. 36.

zept in der Detailplanungsphase zu 100 % thesauriert werden sollen. Die internen Anlagerenditen sind ebenfalls der Unternehmensplanung bzw. dem Unternehmenskonzept zu entnehmen, soweit diese mit einer Thesaurierungsplanung vorgelegt wird. Eine Absicherung bei der Ermittlung eines Abfindungsbetrages über eine kapitalwertneutrale Anlage entfällt damit. Es zeigt sich, dass der IDW S1 i.d.F. 2008 für diese Fälle keinen der Vollausschüttungshypothese vergleichbaren und justiziablen Ausschüttungsimperativ bereithält, um eine Objektivierung des Unternehmenswertes sicherzustellen. Denn wo keine Ausschüttung, dort kein Unternehmenswert.[1] Das individuelle Unternehmenskonzept im Gesamtkonzept der Ausschüttungsäquivalenz erweist sich als absehbare Einbruchstelle des objektivierten Unternehmenswertes. Der Detailplanungsphase wird in Zukunft ein besonderes Augenmerk zu schenken sein.[2] Von der Manipulationsresistenz der historischen Vollausschüttungshypothese ist das neue Ausschüttungskonzept somit meilenweit entfernt.

5.6.5 Herstellung der Ausschüttungsäquivalenz

Die Bestimmung der Ausschüttungsquote (q) für das Bewertungsobjekt stellt sich im Überblick wie folgt dar:

TAB. 21:	Bestimmung der Ausschüttungsquote und internen Anlagerendite[3]		
	Detailplanungszeitraum, mit Ausschüttungsannahmen	Detailplanungszeitraum, ohne Ausschüttungsannahmen	Restwertphase
Ausschüttungen	geplant	Nicht geplant	Typisierung
Anlageprämisse	geplant	Nicht geplant	Typisierung
Ermittlung von q	q = Ausschüttung / Jahresüberschuss	Prognose von q bzw. alternativ Typisierung	Typisierung
Datenbasis	Unternehmensplanung	Ausschüttungsverhalten der Alternative bzw. des Aktienmarktes	Ausschüttungsverhalten der Alternative bzw. des Aktienmarktes

---

1 *Kruschwitz/Löffler*, Unendliche Probleme bei der Unternehmensbewertung, DB 1998, S. 1041.
2 *Schwetzler, B.*, Halbeinkünfteverfahren und Ausschüttungsäquivalenz – die „Übertypisierung" der Ertragswertbestimmung, Wpg 2005, S. 617.
3 Siehe hierzu *Wagner/Jonas/Ballwieser/Tschöpel*, Unternehmensbewertung in der Praxis – Empfehlungen und Hinweise zur Anwendung von IDW S1, Wpg 2006, S. 1008 f.

Überprüfung anhand	Analyse der Ausschüttungs- und Investitionspolitik der Vergangenheit, Unternehmenskonzept, Eigenkapitalausstattung, steuerliche Rahmenbedingungen, Wachstumsstrategie, Managementgespräche, tatsächliche Verwendungsmöglichkeiten der Thesaurierungsbeträge (Expansion, Beteiligungserwerb, Fremdmittelrückzahlung)	Analyse der Ausschüttungs- und Investitionspolitik der Vergangenheit, Unternehmenskonzept, Eigenkapitalausstattung, steuerliche Rahmenbedingungen, Wachstumsstrategie, Managementgespräche, tatsächliche Verwendungsmöglichkeiten der Thesaurierungsbeträge (Expansion, Beteiligungserwerb, Fremdmittelrückzahlung)	Branchenbesonderheiten, typische Kapitalstruktur, rechtliche Rahmenbedingungen,
Interne Anlagerendite r	E_r = Jahresüberschuss$_t$ / Eigenkapital$_{t-1}$	Prognose von E_r bzw. alternativ Kalkulationszinssatz vor Unternehmenssteuern und Einkommensteuer (kapitalwertneutral)	Kalkulationszinssatz vor Unternehmenssteuern und Einkommensteuer (kapitalwertneutral)

Im IDW S1 hat die Unternehmensleitung nunmehr die Möglichkeit, die bewertungsrelevante Beschaffenheit des zu bewertenden Unternehmens zu beeinflussen. Dies erfolgt über die Planung der Ausschüttungsquote, die interne Anlagerendite der Thesaurierungsbeträge und die Bemessung der Länge des Detailplanungszeitraums. Die Detailplanungsphase stellt einen hinsichtlich der zeitlichen Dimension nicht geregelten, nun aber besonders bewertungssensiblen Zeitraum dar.

Für die Restwertphase (letzte bzw. zweite Planungsphase) erlangt die Ausschüttungsquote der Alternativinvestition Bedeutung. Diese wird über die Dividendenrendite (der Peer Group-Unternehmen) abgeleitet. In diesem Umfang wird auch bei dem zu bewertenden Unternehmen das Ausschüttungsverhalten typisiert. Allerdings kann auch hier von der Typisierung abgewichen werden.

„Im Rahmen der zweiten Phase wird grundsätzlich typisierend angenommen, dass das Ausschüttungsverhalten des zu bewertenden Unternehmens äquivalent zum Ausschüttungsverhalten der Alternativanlage ist, sofern nicht Besonderheiten der Branche, der Kapitalstruktur oder der rechtlichen Rahmenbedingungen zu beachten sind."[1]

Da nicht vollzogene Ausschüttungen die bewertungsrelevanten Zahlungen an die Anteilseigner schmälern und damit der Unternehmenswert sinken würde, wird für die Restwertphase eine Annahme hinsichtlich der Anlagerendite der nicht ausgeschütteten Gewinne getroffen. Für diese thesaurierten Beträge wird eine kapitalwertneutrale Anlage unterstellt. D. h. die interne Ren-

---

1 IDW S1 i. d. F. 2008, Tz. 37.

dite der thesaurierten Mittel gleicht die fehlenden Ausschüttungen im Unternehmenswert aus. Das Argument, das Unternehmen könne nachhaltig keine kapitalwertneutrale Rendite erwirtschaften, wäre allerdings keine Begründung, um von der vorgegebenen Ausschüttungssystematik des IDW S1 i. d. F. 2008 im Fortführungswert abzuweichen. Vielmehr folgte in diesem Fall als Handlungsempfehlung der Ansatz des Liquidationswertes[1], da das Unternehmen dann nachhaltig Wert vernichtende Eigenkapitalrenditen unterhalb der Eigenkapitalkosten erwirtschaften würde.[2]

5.7 Kaufkraftäquivalenz

Bei der Planung zukünftiger Ausschüttungen ist klarzustellen, inwiefern steigende Umsatzerlöse, steigende Kosten und steigende Jahresüberschüsse bzw. Ausschüttungen auf Preiserhöhungen zurückzuführen sind, die die kontinuierliche Geldentwertung kompensieren sollen. Umsatzerlöse von 1,1 Mio. € im Jahr 2009, gegenüber 1 Mio. € Umsatzerlöse in 2008, könnten also durch eine weiterverrechnete Inflationsrate von 10 % ausgelöst sein. Real hätte damit das Unternehmen in 2009 nicht mehr erlöst als in 2008.

Die Inflation spielt auch in der Alternativanlage eine Rolle. Marktzinssätze enthalten immer eine Komponente, die Anleger für die Geldentwertung kompensieren soll.[3]

> „Ebenso enthält der landesübliche risikofreie Zinssatz, der bei der Ermittlung eines objektivierten Unternehmenswerts einen Bestandteil des Kapitalisierungszinssatzes darstellt, eine Geldentwertungsprämie und ist damit eine Nominalgröße."[4]

Der Basiszinssatzsatz, als Grundlage des Kalkulationszinssatzes, kann somit auch entweder nominal oder real betrachtet werden. Das Gebot der Kaufkraftäquivalenz erfordert nunmehr, dass Zähler und Nenner des Bewertungskalküls entweder einheitlich real oder einheitlich nominal gegenübergestellt werden.

> „Finanzielle Überschüsse und Kapitalisierungszinssatz sind in einer Nominalrechnung einschließlich erwarteter Preissteigerungen zu veranschlagen."[5]

BEISPIEL Als Daten für ein Beispiel sollen gelten: Ausschüttung ohne Berücksichtigung der Inflation 100, jährliche Inflationsrate 2 %, Basiszinssatzsatz (d. h. Marktzinssatz) 10 %, Realzins 7,8 %, wobei sich der Realzins nach folgender Formel ermittelt:

ABB. 21: Ermittlung des Realzinses

$$i_r = \frac{(1 + i)}{(1 + g)} - 1$$

i_r: Realzins
i: Nominalzins
g: Inflationsrate

---

1 Aber nicht notwendigerweise dessen Ansatz bei der Bestimmung des Abfindungsanspruchs, siehe dazu Gliederungspunkt 9.17.2.
2 Siehe hierzu Gliederungspunkt 9.16.2.
3 *Moxter, A.*, Grundsätze ordnungsmäßiger Unternehmensbewertung, 1991, S. 189.
4 IDW S1 i. d. F. 2008, Tz. 94.
5 IDW S1 i. d. F. 2008, Tz. 94.

5. Das Äquivalenzprinzip

Realrechnung und Nominalrechnung lassen sich dann wie folgt darstellen:

TAB. 22:	Realrechnung				
Periode real		0	1	2	3
	KZF		7,8 %	7,8 %	7,8 %
	Ausschüttung		100	100	100
Barwert		258,44	92,73	85,98	79,73

TAB. 23:	Nominalrechnung				
Periode nominal		0	1	2	3
	KZF		10 %	10 %	10 %
	Ausschüttung		102	104,04	106,1208
Barwert		258,44	92,73	85,98	79,73

Da in den dargestellten Berechnungen reale Ausschüttungen mit realen Kalkulationszinssätzen oder nominale Ausschüttungen mit nominalen Kalkulationszinssätzen verglichen wurden, ist das Prinzip der inneren Kaufkraftäquivalenz erfüllt.[1] Es verwundert nicht, dass damit in der einen wie der anderen Rechnung das gleiche Ergebnis ermittelt wird.[2]

5.8 Währungsäquivalenz

Aus der Forderung nach Kaufkraftäquivalenz, im Sinne der auf eine Volkswirtschaft bezogenen inneren Kaufkraft, lässt sich die Forderung nach äußerer (länderübergreifender) Kaufkraftäquivalenz schlussfolgern.[3] D. h. Zähler und Nenner bzw. Ausschüttungen und Alternativrendite müssen sich auf einen einheitlichen Währungsraum beziehen, da sonst wiederum unterschiedliche Kaufkraftniveaus verglichen würden.[4] Trotz einer zunehmenden Ausrichtung des IDW S1 auf internationale Transaktionen, entbehrt IDW S1 vom 18.10.2005 wie auch IDW S1 i.d.F. 2008 bis heute eines Hinweises auf die Notwendigkeit der Einhaltung der Währungsäquivalenz, obwohl dieses Thema insbesondere bei der Bestimmung des „sichersten" Basiszinssatzes Bedeutung gewinnt.[5]

Dagegen findet sich nunmehr ein Hinweis im neuen WP-Handbuch 2008, Band II.[6] Danach ist bei Bewertungsaufgaben im Rahmen unternehmerischer Initiativen und der Diskontierung von Überschüssen aus ausländischen Unternehmen auf die Wahl entsprechender ausländischer Staatspapiere bzw. Aktienportfolios zur Ableitung der Alternativrendite zu achten.

---

[1] Differenzierung nach innerer Kaufkraftäquivalenz (Inflation) und äußerer Kaufkraftäquivalenz (Währungsäquivalenz) bei *Obermaier, R.*, Bewertung, Zins und Risiko, 2003, S. 175; bei *Moxter* auch als Homogenitätsprinzip bezeichnet; *Moxter, A.*, Grundsätze ordnungsmäßiger Unternehmensbewertung, 1991, S. 185.

[2] Dies setzt im realen Fall voraus, dass das Unternehmen inflationsinduzierte Kostensteigerungen vollständig über Preissteigerungen an die Kunden überwälzen kann.

[3] *Obermaier, R.*, Bewertung, Zins und Risiko, 2003, S. 175.

[4] *Ballwieser, W.*, Unternehmensbewertung, 2004, S. 88.

[5] Siehe hierzu Gliederungspunkt 10.1.1.4.

[6] WP-Handbuch, Band II, 2008, S. 104, Tz. 286.

Bei der Ermittlung von Abfindungen gilt für den objektivierten Unternehmenswert auch im IDW S1 i. d. F. 2008 das Sitzlandprinzip.[1] Damit sind für den Abzufindenden Zahlungen in Euro und inländische Investitionsalternativen entscheidungsrelevant.[2] In der Konsequenz ist die Alternativrendite in Euro abzuleiten.[3]

5.9 Haltedaueräquivalenz

Durch die Unternehmensteuerreform 2008 wurde die Steuerfreiheit von Kursgewinnen im Privatvermögen aufgehoben. In der Literatur wird nun diskutiert, inwiefern die Steuerbelastung aus den Veräußerungen der Beteiligung am Bewertungsobjekt sowie der Alternativanlage im Bewertungskalkül zu erfassen sind. Die Frage nach der Zuflussäquivalenz wird gestellt, die hier unter dem Begriff der Haltedaueräquivalenz angeführt wird, um eine klare Abgrenzung von den Themen Ausschüttungsäquivalenz und Vor- oder Nachsteuerbetrachtung sicherzustellen.

Wird ein Anteil unendlich lange gehalten, geht die Steuerbelastung aus seiner Veräußerung gegen Null.[4] Dies gilt für den Anteil am Bewertungsobjekt wie auch am alternativen Aktienportfolio. Bisher ging der Regelfall der Unternehmensbewertung, die Planung einer unendlichen Unternehmenslebensdauer und die Bewertung eines Anteils daran Hand in Hand. Die Einführung der Abgeltungsteuer auf Kursgewinne ist somit nur eine Randgröße für diesen Paradigmenwechsel der Einführung einer Haltedauer, da diese Steuer nach bisheriger Verfahrensweise gegen Null gehen würde.[5] Anlass ist somit vielmehr der Versuch, vergleichbar mit der Aufgabe der Vollausschüttungshypothese, mehr Realität im Bewertungskalkül zu berücksichtigen.

Die Berücksichtigung der Haltedaueräquivalenz bedeutet damit, dass beim Bewertungsobjekt wie bei der Alternativinvestition Annahmen zur Haltedauer (und damit zur Veräußerungsgewinnbesteuerung) zu treffen sind, die nicht unbedingt deckungsgleich sein müssen.[6] Veräußerungsgewinne aus nicht wesentlichen Beteiligungen (kein § 17 EStG) sind erst bei Bewertungsstichtagen ab dem 1. 1. 2009 zu berücksichtigen.[7]

5.10 Rechtsprechung

Die Äquivalenzprinzipien werden nur ausnahmsweise wörtlich thematisiert.[8] Allerdings wird regelmäßig auf die notwendige Vergleichbarkeit des zu bewertenden Zahlungsstromes mit dem Vergleichs-Zahlungsstrom hinsichtlich ihrer qualitativen Eigenschaften Fristigkeit, Unsicherheit, Verfügbarkeit und Kaufkraft hingewiesen.[9]

---

1 Siehe dazu Gliederungspunkt 9.4.
2 WP-Handbuch, Band II, 2008, S. 104, Tz. 286; *Kruschwitz/Löffler/Essler*, Unternehmensbewertung für die Praxis, 2009, S. 74.
3 *Dörschell/Franken/Schulte*, Der Kapitalisierungszinssatz in der Unternehmensbewertung, 2009, S. 216.
4 Siehe hierzu Gliederungspunkt 9.20.4.4.
5 Überlegungen zur Berücksichtigung der Steuer auf den Veräußerungsvorgang wurden z. B. bereits von *Mandl/Rabel* angestellt, siehe *Mandl/Rabel*, Unternehmensbewertung, 1997, S. 409.
6 *Wiese, J.*, Unternehmensbewertung und Abgeltungsteuer, Wpg 2007, S. 375.
7 Mitteilung des IDW v. 13. 7. 2007, Auswirkungen der Unternehmensteuerreform 2008 auf die Ermittlung von objektivierten Unternehmenswerten nach IDW S1, S. 2.
8 OLG München v. 17. 7. 2007 – 31 Wx 060/06, AG 2007, S. 30.
9 OLG Düsseldorf v. 20. 10. 2005 – I – 19 W 11/04 AktE, AG, 2006, S. 289.

6. Der Bewertungsstichtag

6.1 Theorie

Der Wert eines Unternehmens und der Stichtag, zu dem dieser Wert ermittelt wurde, sind ein untrennbares Datenpaar. Der Unternehmenswert hat also nur Bestand und innere Logik durch die gleichzeitige Nennung des Bewertungsstichtages, da durch den Bewertungsstichtag eine zeitliche Fixierung der Ausgangslage des Unternehmens und der Plattform, von der aus die Zukunft betrachtet wird, erfolgt. Der Bewertungsstichtag definiert damit im Konzept der Zukunftsbezogenheit der Unternehmensbewertung, welcher Zeitraum als Vergangenheit und welcher Zeitraum als Zukunft gilt.

Die Vergangenheitsdaten werden in Form thesaurierter Gewinne implizit Teil des Unternehmenswertes für ein Bewertungssubjekt, da hierdurch die Eigenkapitalausstattung des Unternehmens bzw. die Position „Schulden" bestimmt wird. Zwar geht nicht die bilanzielle Eigenkapitalausstattung in den Verschuldungsgrad des Unternehmens und damit den Beta-Faktor des CAPM[1] ein, aber Thesaurierungen wurden entweder zur Rückführung von Schulden verwendet oder haben das Entstehen von Schulden verhindert. Dieser Umstand schlägt sich über den zukünftig zu erwartenden und ceteris paribus höheren Cashflow im Unternehmenswert nieder.

In die Prognose des zukünftig erwarteten Cashflows aus Sicht des Bewertungsstichtages fließen alle Erkenntnisse und Vorhaben ein, soweit sie verfügbar, beabsichtigt oder realisierbar sind. Inwiefern Informationsstände berücksichtigungsfähig sind, ist eine Frage der Ermittlung entweder objektivierter oder subjektiver Unternehmenswerte.[2] Ebenfalls zum Stichtag, wird den Cashflows der Kalkulationszinssatz, in Form der zum Stichtag verfügbaren Alternative, gegenübergestellt.

Bewertungsstichtag ist der Tag, auf den die aus dieser Perspektive zukünftigen Ausschüttungen diskontiert werden. Im Rahmen der Übertragung von Unternehmen, zu deren Zweck die Unternehmensbewertung angefertigt wird, ist dieser Tag identisch mit dem Übergang des wirtschaftlichen Eigentums. Das sachenrechtliche „faktische" Geschäft einer Unternehmensübertragung (ob Share Deal oder Asset Deal) kann nicht rückwirkend erfolgen, sondern kann nur auf den Zeitpunkt der Vertragsunterzeichnung oder auf einen zukünftigen Zeitpunkt bezogen werden. Man kann eben nicht heute vereinbaren, jemandem etwas gestern zu überreichen. Allenfalls kann man etwas jetzt überreichen oder vereinbaren, dass man etwas künftig überreichen wird.[3] Beispiel hierfür sind aufschiebend bedingte Übertragungen.

Unabhängig davon können die daraus erwachsenden schuldrechtlichen Ansprüche oder Verpflichtungen auch rückwirkend vereinbart werden. Beispiel hierfür ist der das abgelaufene Geschäftsjahr betreffende Dividendenanspruch. Der (schuldrechtliche) Übergang des wirtschaftlichen Eigentums, also der Zeitpunkt des Übergangs von Rechten und Pflichten, und der sachenrechtliche Übergang können somit voneinander abweichen.

---

1 Siehe dazu Gliederungspunkt 10.2.2.6.
2 IDW S1 i. d. F. 2008 differenziert hier nicht, Tz. 23.
3 Nur schuldrechtlich kann vereinbart werden, dass Rechte und Pflichten so zu regeln sind, als hätte man Dinge und daraus erwachsende Ansprüche und Verpflichtungen gestern übergeben.

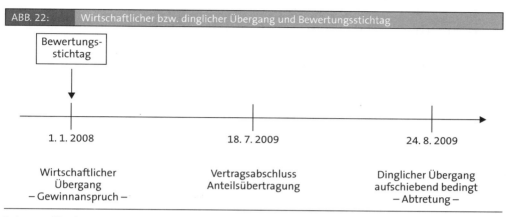

Relevant für die Unternehmensbewertung bei einem Unternehmensverkauf ist der wirtschaftliche Übergang des Unternehmens bzw. der Anteile, da auf diesen Zeitpunkt insbesondere der Anspruch auf den Jahresüberschuss geregelt wird, über den noch nicht disponiert wurde. Das ist regelmäßig der Jahresüberschuss des letzten Wirtschaftsjahres, für das unter Umständen noch kein Jahresabschluss, kein Jahresabschlussprüfungsbericht bzw. noch kein Feststellungs- bzw. Verwendungsbeschluss vorliegt. Damit ist der Stichtag des wirtschaftlichen Übergangs der Unternehmensanteile die Zäsur, ab der spätestens die Ausschüttungen dem Erwerber des Unternehmens zustehen sollen und somit in seinem Unternehmenswert Eingang finden müssen. Auch subjektive Unternehmenswerte können immer nur unter Annahmen zur Zuordnung der laufenden Gewinne ermittelt werden. Im Zuge der Vertragsverhandlungen sind hier gegebenenfalls Anpassungen zur ursprünglichen Bewertung erforderlich. Überlegungen zur Bestimmung des Bewertungsstichtages sind bei der Ermittlung objektivierter Unternehmenswerte unnötig. Hier bestimmt das Gesetz den maßgeblichen Bewertungsstichtag und damit, ab wann der Anspruch auf Abfindung entsteht.[1]

Technische Probleme können sich bei der Berücksichtigung von Stichtagen ergeben, die vom Jahresabschlussstichtag des Bewertungsobjekts abweichen.[2] Hier ist der prognostizierte Ausschüttungsstrom zunächst auf den ersten Tag des ersten, vollständigen Planjahres zu diskontieren. Anschließend ist dieser Barwert gemeinsam mit dem anteiligen Gewinn des durch den Stichtag zertrennten Wirtschaftsjahres auf den Stichtag zu diskontieren.

BEISPIEL Aus einem Unternehmen sind Ausschüttungen nach Steuern von 1 Mio. € p. a. als unendliche Rente möglich. Der Kalkulationszinssatz nach allen Steuern beträgt 10 %. Tag des wirtschaftlichen Übergangs der Anteile und damit Bewertungsstichtag ist der 1. 10. 2008. Der Gewinn des Jahres 2008 steht dem Käufer anteilig zu. Die Diskontierung erfolgt auf Basis von 360 Zinstagen.

Der Barwert der zukünftigen Ausschüttungen beträgt zum 1. 1. 2009

1 Mio. / 0,10 = 10 Mio. €. Der anteilige Gewinn des Jahres 2008 (ausschüttungsfähig in 2009) betrifft die Monate Oktober bis Dezember 2008 und damit 25 % des Jahresgewinns, also 250 T€. Somit sind 10,25 Mio. € auf den 1. 10. 2008 zu diskontieren, d. h. um 90 Zinstage bzw. 0,25 Jahre abzuzinsen.

$$UW = 10.250.000 € / (1 + 0{,}10)^{0{,}25} = 10.008.654{,}42 €$$

---

[1] Siehe hierzu Gliederungspunkt 6.3; WP-Handbuch, Band II, 2008, S. 17, Tz. 52.
[2] Siehe hierzu auch OLG Stuttgart v. 14. 2. 2008 – 20 W 10/06, bb-online.

Ein häufiger Fehler im Zusammenhang mit ewigen Renten besteht darin, den Rentenbarwert zunächst auf den Beginn des Wirtschaftsjahres zu berechnen, in dem sich der Stichtag befindet. Im vorliegenden Beispiel wäre dies der 1.1.2008 und von diesem ausgehend auf den Stichtag aufzuzinsen. Der Rentenbarwert beträgt auf den 1.1.2008 wiederum 10 Mio. €. Eine Aufzinsung ergibt allerdings:

10 Mio. € × $(1 + 0{,}10)^{0{,}75}$ = 10.740.995,00 €

Der Fehler liegt zum einen in der vollständigen Zurechnung des Ausschüttungsbetrages 2008 an den Käufer und zudem in der Verzinsung des gesamten Barwertes auf den Bewertungsstichtag. Soll die Berechnung vom Anfang des Wirtschaftsjahres aus vorgenommen werden, in dem sich der abweichende Stichtag befindet, ergibt sich im vorliegenden Fall.

10.250.000 € / $(1 + 0{,}10)^1$ = 9.318.181,82 € und nach Aufzinsung auf den 1.10.2008

UW = 9.318.181,82 € × $(1 + 0{,}10)^{0{,}75}$ = 10.008.654,42 €

6.2 Praxis

Bei gesetzlichen Bewertungsanlässen ergibt sich der Bewertungsstichtag aus dem Gesetz. Für die Bemessung von Abfindungen bei aktien- und umwandlungsrechtlichen Bewertungsanlässen ist maßgeblicher Bewertungsstichtag der Tag der Beschlussfassung durch die Hauptversammlung der Gesellschaft. Ist die Hauptversammlung auf mehrere Tage angesetzt, gilt der letzte Tag als Bewertungsstichtag.[1] Da zwischen dem Vorschlag der Strukturmaßnahme und dem Beschluss der Hauptversammlung ein längerer Zeitraum liegen kann, hat der Wirtschaftsprüfer sein Bewertungsergebnis zum Bewertungsstichtag in der sogenannten Stichtagserklärung zu bestätigen.[2]

„Unternehmenswerte sind zeitpunktbezogen auf den Bewertungsstichtag zu ermitteln."[3]

Der Bewertungsstichtag des subjektiven oder objektivierten Unternehmenswertes hat zunächst die oben beschriebene Aufgabe der Trennung von, aus Bewertungssicht, relevanten von irrelevanten Ausschüttungsansprüchen zu erfüllen. IDW S1 vom 18.10.2005 formulierte dazu noch:

„Mit dem vertraglich vereinbarten oder gesetzlich bestimmten Bewertungsstichtag wird zum einen festgelegt, welche finanziellen Überschüsse nicht mehr zu berücksichtigen sind, weil sie den bisherigen Eigentümern des Unternehmens bereits zugeflossen sind, und ab welchem Zeitpunkt zu erwartende bzw. schon realisierte finanzielle Überschüsse den künftigen Eigentümern zuzurechnen sind."[4]

Der Bewertungsstichtag ist daneben der Zeitpunkt zur Bestimmung der verfügbaren Alternativrendite.[5] Für objektivierte Unternehmenswerte legt er darüber hinaus die Demarkationslinie zur Abgrenzung der bewertungsrelevanten Maßnahmen und Erkenntnisse fest.

---

1 WP-Handbuch, Band II, 2008, S. 168, Tz. 475.
2 WP-Handbuch, Band II, 2008, S. 168, Tz. 475.
3 IDW S1 i. d. F. 2008, Tz. 22.
4 IDW Standard: Grundsätze zur Durchführung von Unternehmensbewertungen (IDW S1) v. 18.10.2005, Tz. 22.
5 WP-Handbuch, Band II, 2008, S. 19, Tz. 58.

Durch die Wahl oder Vorgabe des Bewertungsstichtages entscheidet sich damit beim objektivierten Unternehmenswert,

a) welche Ausschüttungen bewertungsrelevant sind,

b) welche Daten zur Ableitung des Kalkulationszinssatzes zur Anwendung kommen[1],

c) welche Maßnahmen[2] in der Unternehmensplanung noch Berücksichtigung finden dürfen bzw.

d) welche unechten Synergieeffekte[3] im Rahmen der Unternehmensplanung zu berücksichtigen sind bzw.

e) welche Entwicklungen und Vorkommnisse Teil der Unternehmensprognose werden.[4]

Als Maßnahmen sind z. B. Investitionen (im Sinne von Erweiterungsinvestitionen) oder Desinvestitionen zu verstehen.[5] Sind diese Maßnahmen am Bewertungsstichtag begonnen oder hinreichend konkretisiert, dann können sie auch im Rahmen der Unternehmensplanung und damit der Bewertung Berücksichtigung finden.

> „Die bewertbare Ertragskraft beinhaltet die Erfolgschancen, die sich zum Bewertungsstichtag aus bereits eingeleiteten Maßnahmen oder aus hinreichend konkretisierten Maßnahmen im Rahmen des bisherigen Unternehmenskonzepts und der Marktgegebenheiten ergeben."[6]

Als hinreichend konkretisiert gelten dokumentierte Planungen, die sich durch Beschlüsse der Geschäftsführung, des Vorstands bzw. von Aufsichtsorganen manifestiert haben.[7]

Der objektivierte Unternehmenswert zielt auf die Bewertung der vorhandenen Substanz ab, wobei hierbei Substanz auch als Ausdruck des zum Bewertungsstichtag manifestierten Unternehmenskonzepts zu verstehen ist.[8] Die Bedeutung dieser Regelung wird deutlich, wenn man sie wegdenkt. Ohne die Fixierung einer Ausgangsposition würde das Bewertungsobjekt seine Greifbarkeit und seine Beschreibbarkeit einbüßen. Dann könnte Gegenstand der Unternehmensbewertung plötzlich nicht mehr das real existierende Unternehmen sein, sondern vage Vorstellungen über eine Unternehmensfiktion, die sich auf phantasievolle Expansionspläne und daraus abgeleitete Wachstumsraten stützt.

> „Ideen allein sind im Rahmen der Ermittlung eines objektivierten Unternehmenswerts nicht bewertbar."[9]

Als unechte Synergien gelten Effekte, die sich ohne den die Bewertung auslösenden Anlass realisieren lassen.[10] Die Maßnahmen, mit denen die Synergieeffekte gehoben werden, müssen am Bewertungsstichtag eingeleitet sein bzw. in einem Unternehmenskonzept dokumentiert sein. Es fällt auf, dass es für die Berücksichtigung der Synergie-Maßnahmen gemäß obigem Punkt d) ausreichen soll, dass die Maßnahmen im Unternehmenskonzept dokumentiert sind.

---

1 WP-Handbuch, Band II, 2008, S. 19, Tz. 58.
2 IDW S1 i. d. F. 2008, Tz. 32.
3 IDW S1 i. d. F. 2008, Tz. 34.
4 WP-Handbuch, Band II, 2002, S. 26, Tz. 85; WP-Handbuch, Band II, 2008, S. 17, Tz. 52.
5 WP-Handbuch, Band II, 2002, S. 35, Tz. 108, WP-Handbuch, Band II, 2008, S. 28, Tz. 81.
6 IDW S1 i. d. F. 2008, Tz. 32.
7 WP-Handbuch, Band II, 2002, S. 36, Tz. 110.
8 Siehe hierzu Gliederungspunkt 9.7; WP-Handbuch, Band II, 2008, S. 28, Tz. 80.
9 WP-Handbuch, Band II, 2008, S. 28, Tz. 81.
10 IDW S1 i. d. F. 2008, Tz. 34.

> „Im Rahmen der Ermittlung des objektivierten Unternehmenswerts sind die Überschüsse aus unechten Synergieeffekten zu berücksichtigen; jedoch nur insoweit, als die synergiestiftenden Maßnahmen bereits eingeleitet oder im Unternehmenskonzept dokumentiert sind."[1]

Dagegen müssen die Maßnahmen gemäß obigem Punkt c) ausreichend konkretisiert sein.

> „Die bewertbare Ertragskraft beinhaltet die Erfolgschancen, die sich zum Bewertungsstichtag aus bereits eingeleiteten Maßnahmen oder aus hinreichend konkretisierten Maßnahmen im Rahmen des bisherigen Unternehmenskonzepts und der Marktgegebenheiten ergeben."[2]

Soll einem Unternehmenskonzept Glaubwürdigkeit zukommen, wird man auch von ihm verlangen, dass es durch Beschlüsse der Geschäftsführung bzw. der Aufsichtsorgane legitimiert ist. Im Ergebnis wird somit der sprachlichen Differenzierung zwischen „dokumentiert" und „konkretisiert" in IDW S1 i. d. F. 2008 keine materielle Bedeutung zukommen, da soweit synergiestiftende Maßnahmen[3] bzw. Maßnahmen[4] noch nicht eingeleitet sind, auf entsprechende Beschlusslagen zurückgegriffen werden muss. Auf der Zeitachse lässt sich der Grad der Realisierung somit wie folgt darstellen:

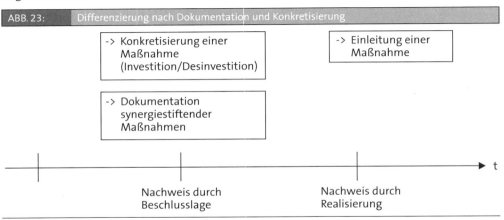

ABB. 23: Differenzierung nach Dokumentation und Konkretisierung

Für den „zulässigen" Erkenntnisstand hinsichtlich wertrelevanter Entwicklungen, Trends und Vorkommnisse, gilt im bilanzrechtlichen Zusammenhang das Wertaufhellungsprinzip.[5] D. h. insbesondere bei Bewertungen für weit zurückliegende Stichtage wird die Differenzierung schwierig sein hinsichtlich Erkenntnissen nach dem Bewertungsstichtag, die die Verhältnisse zum Bewertungsstichtag aufhellen und Erkenntnissen nach dem Bewertungsstichtag, die die Verhältnisse zum Bewertungsstichtag zwar aufhellen, aber aus der Perspektive des Bewertungsstichtages nicht erwartet werden konnten.[6] Die Rechtsprechung zur Unternehmensbewertung hat in diesem Zusammenhang die Wurzeltheorie[7] entwickelt, mit der danach differenziert wird, inwie-

---

1 IDW S1 i. d. F. 2008, Tz. 34.
2 IDW S1 i. d. F. 2008, Tz. 32.
3 IDW S1 i. d. F. 2008, Tz. 34.
4 IDW S1 i. d. F. 2008, Tz. 32.
5 WP-Handbuch, Band II, 2002, S. 26, Tz. 82; Beck'scher Bilanzkommentar, 2006, § 252, Tz. 38; *Leffson, U.,* Die Grundsätze ordnungsmäßiger Buchführung, 1987, S. 238.
6 Siehe auch *Küting/Kaiser,* Aufstellung oder Feststellung: Wann endet der Wertaufhellungszeitraum?, Wpg 2000, S. 579.
7 WP-Handbuch, Band II, 2008, S. 17, Tz. 54, S. 28, Tz. 80 und S. 168, Tz. 475.

fern ein Ereignis in seiner Ursache (Wurzel) bereits vor dem Bewertungsstichtag angelegt und absehbar war und deshalb im Rahmen der Bewertung berücksichtigungsfähig ist.[1]

Derartige Erkenntnisse können das Auftreten technischer Neuerungen und Entwicklungen, den Eintritt von Wettbewerbern auf dem Markt oder das Verschwinden von Wettbewerbern auf dem Markt, das Offenbarwerden von Mängeln der eigenen Produktlinie, usw. betreffen.

BEISPIEL Am 25.9.2006 wurde das neue Unternehmenskonzept verabschiedet, dass Umsatzausweitungen in den Niederlassungen in Moskau und Peking vorsieht. Die bereits eingestellten Niederlassungsleiter sollen die sich bietenden Umsatzpotenziale realisieren. Teil der Beschlusslage ist die Investition in eine weitere Produktionshalle. Hier soll insbesondere Raum für die Fertigung der Exportversion der Firmenprodukte geschaffen werden, um das geplante Umsatzniveau in Moskau und Peking auch bedienen zu können. Am 2.1.2007 reicht die Gattin des Firmeninhabers die Scheidung ein. Am 2.3.2007 tritt überraschend ein großer Serienschaden in der Exportversion der Firmenprodukte auf. Die Seriennummern belegen die Fertigung in 2006. Der Schaden für das Renommé des Unternehmens ist in Folge des Serienschadens so groß, dass die Niederlassungen in Moskau und Peking am 10.5.2007 geschlossen werden müssen.

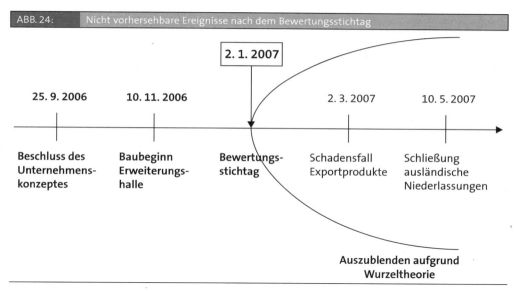

ABB. 24: Nicht vorhersehbare Ereignisse nach dem Bewertungsstichtag

Ergebnis:

Die Rechtshängigkeit des Scheidungsantrages stellt gemäß § 1384 BGB den Bewertungsstichtag dar. Zum Bewertungsstichtag waren der Schadensfall und die Kette der Folgeereignisse, die zur Aufgabe der Auslandsaktivitäten führten, auch für Firmeninsider nicht absehbar. Der Hinweis auf eine Fertigungsserie aus dem Jahr 2006 ändert daran nichts, da „…eine wie auch immer geartete Kausalkette…" zwischen auslösender Ursache und Konzept änderndem Ereignis nicht ausreicht, um eine Ursache (Wurzel) noch vor den Bewertungsstichtag zu legen.[2] Die Bewertung des Unternehmens hat unter Außerachtlassung dieses Umstandes zu erfolgen.

---

[1] Siehe zur Rechtsprechung zur Wurzeltheorie Gliederungspunkt 6.3.
[2] BGH v. 17.1.1973 – IV ZR 142/70, DB 1973, S. 563.

6. Der Bewertungsstichtag

Der Verweis auf eine nach dem Bewertungsstichtag tatsächlich eingetretene Entwicklung ist keine Leitlinie für den Umgang mit diesem Stichtagsproblem.[1] Planungs- und damit Bewertungsrelevant ist allein, was man aus der Perspektive des Bewertungsstichtages vernünftigerweise erwarten konnte. Für objektivierte Unternehmenswerte gilt damit:

> „Bei Auseinanderfallen des Bewertungsstichtags und des Zeitpunkts der Durchführung der Bewertung ist daher nur der Informationsstand zu berücksichtigen, der bei angemessener Sorgfalt zum Bewertungsstichtag hätte erlangt werden können."[2]

IDW S1 i. d. F. 2008 sollte bei dieser Beschränkung allerdings nach dem Bewertungszweck differenzieren. Die Regelung nimmt das Gedankengut der zivilrechtlichen Wurzeltheorie auf und entspricht damit dem Bewertungsziel des objektivierten Unternehmenswertes. Da die Regelung im IDW S1 i. d. F. 2008 aber im allgemeinen Teil aufgenommen ist, soll sie jedoch auch für subjektive Unternehmenswerte anzuwenden sein. Bei der Ermittlung von Grenzpreisen im Rahmen eines Unternehmenskaufs ist es aber illusorisch anzunehmen, der Käufer würde bei einem rückwirkenden Erwerb und in der Zwischenzeit eingetretenen bewertungserheblichen Veränderungen, dieses Wissen bei der Bewertung ausblenden.

Dass das Stichtagsprinzip im Sinne der Wurzeltheorie für den Gutachter im Einzelfall extrem schwer zu handhaben ist, bleibt außer Frage. Zum Beispiel könnten folgende Ereignisse zu Erkenntnisproblemen an einem relevanten Bewertungsstichtag führen:

- die Erdölkrise in den 80er Jahren
- der „Untergang" der Schmalfilmtechnologie in den 90er Jahren
- die deutsche Wiedervereinigung am 9.11.1989[3]
- der Hype der Internettechnologien am Ende des 20. Jahrhunderts
- der Zusammenbruch des Neuen Marktes und damit der Internet-Branche
- die Steuerreform mit dem Halbeinkünfteverfahren
- der Anschlag auf das World Trade Center am 11.9.2001 und
- der anschließende Zusammenbruch der Börsennotierungen
- die Finanzkrise, ultimativ ausgelöst durch die Insolvenzanmeldung von Lehman Brothers am 15.9.2008.

Jedes dieser Ereignisse könnte im Einzelfall von existentieller Bedeutung für ein Unternehmenskonzept sein und muss durch den Gutachter, unter Ausblendung seines realen Erkenntnisstandes, hinsichtlich der Prognosefähigkeit (aus dem Blickwinkel des Bewertungsstichtages) und der daraus abzuleitenden Konsequenzen eingeschätzt werden. Eine Aufgabe, die wohl regelmäßig nur mit Abstrichen zu bewältigen sein wird.

Große praktische Bedeutung erlangt in der Regel auch die Frage, inwieweit am Bewertungsstichtag geplante Steuerrechtsänderungen im Rahmen der Bewertung zu berücksichtigen sind, denn Maßstab ist, was man bei angemessener Sorgfalt hätte erkennen können.[4]

---

1 WP-Handbuch, Band II, 2002, S. 26, Tz. 83.
2 IDW S1 i. d. F. 2008, Tz. 23.
3 Siehe hierzu OLG Celle v. 31.7.1998 – 9-W-128/97, Datev, DokNr. 0900078.
4 Zur Position der Rechtsprechung siehe nachfolgenden Gliederungspunkt 6.3.

> „Dies gilt auch für den Informationsstand über die Ertragsteuerbelastung der finanziellen Überschüsse, d. h. maßgeblich ist das am Bewertungsstichtag geltende bzw. das mit Wirkung für die Zukunft vom Gesetzgeber beschlossene Steuerrecht."[1]

Anlass zu dieser Fragestellung ist z. B. die Unternehmensteuerreform 2008. So veröffentlichte das IDW am 5. 3. 2007 eine Verlautbarung des FAUB aus der Sitzung vom 2. 3. 2007 zur Berücksichtigungsfähigkeit der aus der Unternehmensteuerreform zu erwartenden Einflüsse. Der FAUB positionierte sich darin wie folgt:

> „Derzeit sind die künftigen Änderungen des Steuerrechts noch nicht hinreichend konkretisiert und haben daher noch keine Auswirkungen auf die Ermittlung objektivierter Unternehmenswerte gemäß IDW S 1. Nach Ansicht des FAUB sind die steuerlichen Neuregelungen bei der Ermittlung objektivierter Unternehmenswerte erst für Bewertungsstichtage ab dem Tag der Zustimmung des Deutschen Bundesrats zur Unternehmensteuerreform zu berücksichtigen."[2]

Nach der Billigung des Unternehmensteuerreformgesetzes 2008 durch den Bundesrat am 6. 7. 2007 veröffentliche das IDW folgenden Hinweis:

> „Am 6. Juli 2007 hat der Bundesrat das Unternehmensteuerreformgesetz 2008 gebilligt. Die Neuregelungen sind damit für die Ermittlung objektivierter Unternehmenswerte hinreichend konkretisiert und für Bewertungsstichtage ab dem 7. Juli 2007 zu berücksichtigen."[3]

Die Berücksichtigung der Steuerrechtsänderungen durch eine Steuerreform knüpft demgemäß bei objektivierten Unternehmenswerten nicht am Inkrafttreten des Gesetzes an[4], sondern an der kumulativen Zustimmung durch Bundestag und Bundesrat. Die Verfahrensweise entspricht damit den Regelungen zur Bewertung von latenten Steueransprüchen und latenten Steuerschulden gemäß IFRS, die sich nach den am Bilanzstichtag geltenden bzw. im Zuge von Steuerrechtsänderungen angekündigten Steuersätzen richtet.[5] Für Deutschland gelten derartige Änderungen als angekündigt, wenn Bundestag und Bundesrat dem Gesetz zugestimmt haben.[6] Diese Verfahrensweise stellt ein umsetzbares Handlungskonzept dar, um die Position der Rechtsprechung (…Berücksichtigung wenn Änderung im Ursprung angelegt und für den Fachmann erkennbar war) in diesem Zusammenhang umsetzen zu können.[7]

Als kritischer Hinweis zur Berücksichtigungsfähigkeit zu erwartender Steuerrechtsänderungen sei angemerkt, dass im Rahmen der Unternehmensbewertung regelmäßig der Gesamtlebenszeitraum des Unternehmens geplant und verarbeitet wird. Dies alles im Bewusstsein mehr oder weniger großer Planungsunsicherheit aller Bewertungsparameter. Der Anspruch, bei Steuerrechtsänderungen (mit zweifelhafter Halbwertszeit) möglichst Sicherheit als Voraussetzung für deren Berücksichtigung zu fordern, steht in einem gewissen Widerspruch zur Zukunftsbezogenheit des Unternehmenswertes.

---

1 IDW S1 i. d. F. 2008, Tz. 23.
2 IDW v. 5. 3. 2007, Auswirkungen der Unternehmensteuerreform auf die Ermittlung objektivierter Unternehmenswerte gemäß IDW S1.
3 IDW v. 13. 7. 2007, Auswirkungen der Unternehmensteuerreform 2008 auf die Ermittlung von objektivierten Unternehmenswerten nach IDW S1.
4 Veröffentlichung des Unternehmensteuerreformgesetzes 2008 im Bundesgesetzblatt Teil I v. 17. 8. 2007.
5 IFRS 2007, Wiley Text, IAS 12.48, S. 146.
6 Bewertungsreport, Zeitpunkt der Berücksichtigung des Unternehmensteuerreformgesetzes 2008 für die Bewertung von Steueransprüchen, FB 2007, S. 442.
7 Siehe dazu nachfolgenden Gliederungspunkt 6.3.

Nun muss die Frage erlaubt sein, warum den aufgeführten Planungsrestriktionen für den objektivierten Unternehmenswert so große Bedeutung beigemessen wird und der subjektive Unternehmenswert ohne derartig kategorische Einschränkungen auskommt. Subjektive Unternehmenswerte sind der Ausgangspunkt von Kaufpreisverhandlungen zwischen zwar nicht notwendigerweise kräftegleichen Parteien, aber zwischen Parteien die im Notfall die Handlungsoption „Abbruch der Verhandlung" wählen können. Hat nun z. B. der Verkäufer den Wert seines Unternehmens durch besonders viel substanzlosen Phantasiereichtum aufgeladen, dann stehen die Chancen für einen Verhandlungsabbruch grundsätzlich nicht schlecht, wenn man rationales Verhalten auf der Käuferseite unterstellt. Der Markt reguliert damit Blütenträume.

Ganz anders die Situation bei objektivierten Unternehmenswerten, bei denen regelmäßig ein Gutachter die Regulierungsfunktion übernehmen soll, wobei die Option „Verhandlungsabbruch" nicht Teil seiner Alternativen ist. Er muss einen Einigungswert zwischen den Parteiinteressen, zumindest rechentechnisch, „erzwingen". Damit ist es vernünftig, Spielregeln für den Umgang mit Phantasien aufzustellen, um Nachprüfbarkeit zu gewährleisten und die Wahrscheinlichkeit einer einvernehmlichen Einigung zwischen den Parteien zu erhöhen. Eine dieser Spielregeln ist die Bewertung der am Bewertungsstichtag vorhandenen Substanz, auf der Grundlage des konkretisierten Unternehmenskonzepts.

Die Bedeutung des Bewertungsstichtages wurde dargelegt. Diese Bedeutung manifestiert sich allerdings nicht in den Angaben, die IDW S1 i. d. F. 2008 für die Darstellung eines Bewertungsgutachtens als notwendig erachtet. Der Gliederungspunkt „9. Dokumentation und Berichterstattung" des IDW S1 i. d. F. 2008 geht mit keiner Silbe auf den Bewertungsstichtag ein.[1] Ein entsprechender Hinweis sollte im Rahmen einer Überarbeitung des IDW S1 i. d. F. 2008 Berücksichtigung finden.

6.3 Rechtsprechung und Wurzeltheorie

Wie Theorie und Praxis, geht auch die Rechtsprechung davon aus, dass die Bewertung stichtagsbezogen zu erfolgen hat.

> Dies ...„hat zur Folge, dass hinsichtlich des Kenntnisstandes für die Unternehmensbewertung zu unterstellen ist, dass das gesamte gerichtliche Spruchverfahren nur eine „juristische" Sekunde andauert."[2]

So verweisen die §§ 305 Abs. 3 Satz 2, 320b Abs. 1 Satz 5 AktG und § 30 Abs. 1 Satz 1 UmwG darauf, dass die Verhältnisse der Gesellschaft im Zeitpunkt der Beschlussfassung relevant sind. Das heißt im Falle eines Beherrschungs- und Gewinnabführungsvertrages, dass der Zustimmungsbeschluss der Hauptversammlung der beherrschten Gesellschaft den Bewertungsstichtag festlegt, die Zeitpunkte des Vertragsabschlusses oder der Eintragung in das Handelsregister dagegen für die Bewertung irrelevant sind.[3]

---

[1] IDW S1 i. d. F. 2008, Tz. 175-179.
[2] LG Dortmund v. 19. 3. 2007 – 18 AktE 5/03, AG 2007, S. 793.
[3] OLG München v. 17. 7. 2007 – 31 Wx 060/06, AG 2008, S. 29.

ABB. 25:	Stichtage für gesetzliche Bewertungsanlässe	
Gesetzlicher Bewertungsanlass	**Bewertungsstichtag**	**Rechtsnorm**
Beherrschungs- und Gewinnabführungsvertrag	Tag des Beschlusses der Hauptversammlung der beherrschten Gesellschaft	§ 305 Abs. 3 Satz 2 AktG
Eingliederung	Tag des Beschlusses der Hauptversammlung der einzugliedernden Gesellschaft	§ 320b Abs. 1 Satz 5 AktG
Squeeze-out	Tag des Beschlusses der Hauptversammlung der Gesellschaft für die das Squeeze-out durchgeführt wird	§ 327b AktG
Verschmelzung	Tag der Beschlussfassung der Anteilseigner der übertragenden Gesellschaft	§ 30 Abs. 1 UmwG
Delisting	Tag des Widerrufs der börsenrechtlichen Zulassung	Rechtsprechung
Sacheinlage bei AG	Zeitpunkt der Prüfung des Sacheinlagewertes[1]	§ 34 Abs. 1 Nr. 2 AktG
Sacheinlage bei GmbH	Zeitpunkt der Anmeldung zum Handelsregister	§ 9 Abs. 1 GmbHG
Ehescheidung	Zeitpunkt der Rechtshängigkeit des Scheidungsantrags	§ 1384 BGB
Pflichtteil im Erbfall	Zeitpunkt des Erbfalls	§ 2311 BGB
Ausschluss aus OHG, KG	Zeitpunkt der Klageerhebung auf Ausschließung	§ 140 Abs. 1 HGB
Austritt aus BGB-Gesellschaft, OHG, KG	Zeitpunkt des Ausscheidens	§ 738 Abs. 1 Satz 2. BGB §§ 105 Abs. 3, 161 Abs. 2 HGB

Die Bestimmung des Bewertungsstichtages ist im Rahmen objektivierter Unternehmenswerte somit keine Verhandlungsposition der wirtschaftlichen Zuordnung von Gewinnansprüchen, sondern ein gesetzliches Datum. Zur Abgrenzung der zum Stichtag zu berücksichtigenden Ereignisse hat die Rechtsprechung die sogenannte Wurzeltheorie entwickelt.[2] Für die Unternehmensbewertung (das sind für den Zähler die Unternehmensplanung und für den Nenner der Kalkulationszinssatz) sind damit nur Ereignisse berücksichtigungsfähig, die zum Bewertungsstichtag bereits „in der Wurzel" angelegt waren, d. h. für Sachverständige erkennbar waren.

> „Maßgeblich ist das sog. Stichtagsprinzip. Denn der formwandelnde Rechtsträger hat den Anteilsinhabern gem. § 207 Abs. 1 UmwG ein Abfindungsangebot zu machen, das den Wert ihrer Aktien gerade an dem Tag widerspiegelt, an dem die Beschlussfassung stattfindet (§ 30 Abs. 1 UmwG). Infolge dessen ist die Ertragsentwicklung aus der Sicht des Stichtages zu prognostizieren. Spätere Entwicklungen und Er-

---

1 Zum Bewertungszeitpunkt der Sacheinlage siehe *Schiller, A.*, Die Prüfung von Sacheinlagen im Rahmen der aktienrechtlichen Gründungsprüfung, AG 1992, S. 27.
2 BGH v. 17.1.1973 – IV ZR 142/70, DB 1973, S. 563.

kenntnisse können nur berücksichtigt werden, wenn sie in ihren Ursprüngen bereits am Stichtag angelegt und erkennbar waren (sog. Wurzeltheorie)."[1]

Diese Sichtweise folgt dem Umstand, dass die Unternehmensbewertung immer von den jeweils verfügbaren Informationen abhängt, sodass auch im Nachhinein allein diejenigen Informationen verwendet werden dürfen, die am Bewertungsstichtag tatsächlich verfügbar waren.[2]

Das LG Frankfurt stellt in Frage, ob diese Bindung an die Verhältnisse des Bewertungsstichtages auch für die Ermittlung des Kalkulationszinssatzes gilt.

„Fraglich ist zunächst, ob es gerechtfertigt ist, die Marktzinssätze und Marktrenditen zum Stichtag der Hauptversammlung anzusetzen, oder bei nicht zeitnaher Abfindung, bzw. Ausgleichs-/Zuzahlung auf den Zeitpunkt des Zuflusses beim Aktionär. Das Gesetz spricht bei der Normierung des Stichtagsprinzips nur von den Verhältnissen der Gesellschaft, wozu jedoch die Parameter der Abzinsung nicht gehören."[3]

Das OLG Stuttgart geht am 19.3.2008 von der Maßgeblichkeit der Wurzeltheorie auch für die Bestimmung des Kalkulationszinssatzes aus.

„Nach dem aus §§ 208, 30 UmwG folgenden Stichtagsprinzip ist grundsätzlich (bei der Bestimmung des Basiszinssatzes) auf den Zeitpunkt der Beschlussfassung abzustellen. Wie der Senat im Beschluss vom 26.10.2006 näher dargelegt hat, sind trotz dieser Stichtagsbezogenheit spätere Entwicklungen zu berücksichtigen, die zu diesem Zeitpunkt bereits angelegt und absehbaren waren. Zu ermitteln ist der aus der Sicht des Stichtages von kurzfristigen Einflüssen bereinigte, künftig auf Dauer zu erzielende Nominalzinssatz."[4]

Am 20.10.2006 hatte das OLG Stuttgart ausgeführt:

„Nach dem aus § 327b Abs. 1 Satz 1 AktG folgenden Stichtagsprinzip ist grundsätzlich auf den Zeitpunkt der Beschlussfassung abzustellen. …Hieraus folgt jedoch gerade nicht, dass es auf den zum Stichtag aktuellen Zinssatz ankommt, der mehr oder weniger zufällig ist, je nach dem, ob der Stichtag in eine Hochzinsphase oder eine Niedrigzinsphase fällt."[5]

Der BGH war bereits am 21.7.2003 im Zusammenhang mit einem Gewinnabführungsvertrag und der Bestimmung der Abfindung und des Ausgleichs davon ausgegangen, dass auch der Kalkulationszinssatz zu den Komponenten einer Unternehmensbewertung gehört, die zum Stichtag zu ermitteln sind.

„Dieses Stichtagsprinzip wird jedoch nicht in Frage gestellt, weil bei der Festsetzung des Ausgleichs der durchschnittlich verteilbare Bruttogewinn als feste Größe aus dem objektiven Wert des Unternehmens, „wie es am Stichtag steht und liegt", abzuleiten ist, sodass nur die Organisationsverhältnisse und die wirtschaftlichen und rechtlichen Strukturen des Unternehmens maßgeblich sind, die am Bewertungsstichtag vorhanden waren. Dazu gehören als feste Größen die betriebswirtschaftlichen Eckdaten des Unternehmens und der Kapitalisierungszinssatz, mit dem der Bruttowert des Ausgleichs ermittelt wird, …"[6]

Bei der „Verwurzelung" von Verhältnissen und Ereignissen am Bewertungsstichtag kann nicht auf jede Entwicklung abgestellt werden, die sich rückblickend durch eine irgendwie geartete Kausalkette bis vor den Bewertungsstichtag zurückverfolgen lässt.[7] Es kommt vielmehr darauf an was für einen objektiven Betrachter aus der Perspektive des Bewertungsstichtages erkennbar

---

1 LG Dortmund v. 19.3.2007 – 18 AktE 5/03, AG 2007, S. 793.
2 *Emmerich, V.*, in: Emmerich/Habersack, Aktien- und GmbH-Konzernrecht, 2008, § 305, S. 392, Tz. 56.
3 LG Frankfurt v. 13.3.2009 – 3-5 O 57/06, AG 2009, S. 754.
4 OLG Stuttgart v. 19.3.2008 – 20 W 3/06, AG 2008, S. 514.
5 OLG Stuttgart v. 26.10.2006 – 20 W 14/05, AG 2007, S. 131.
6 BGH v. 21.7.2003 – II ZB 17/01, AG 2003, S. 629.
7 LG Dortmund v. 14.2.1996 – 20 AktE 3/94, AG 1996, S. 279.

war. Die mangelnde Trennschärfe dieses Abgrenzungskriteriums wird in der Literatur kritisiert.¹ Die subjektive Kenntnis der Organe des zu bewertenden Unternehmens ist nicht entscheidend.

> „Dies gilt entgegen der Auffassung der Beklagten insbesondere auch, soweit sich aufgrund von Umstrukturierungsmaßnahmen bei der Muttergesellschaft der Beklagten in den USA im EDV-Bereich die von den Vertriebsgesellschaften zu zahlenden sogenannten Management Fees auf ca. die Hälfte reduziert haben. Ohne Erfolg beruft sich die Beklagte insoweit darauf, dass sie zum Bewertungsstichtag 30. 6. 2001 hiervon keine Kenntnis gehabt habe. Die Richtigkeit dieses Vortrags unterstellt, kommt es indes auf die fehlende Erkenntnis der Beklagten als Tochtergesellschaft hinsichtlich weitgreifender Umstrukturierungsmaßnahmen bei der Muttergesellschaft nicht entscheidend an. Maßgeblich ist vielmehr, ob bei objektivierter Betrachtung in einem bestimmten Ereignis die Wurzel künftiger Effekte ausgemacht werden konnte."²

Die Wurzeltheorie findet eine Entsprechung in der bilanzrechtlichen Differenzierung zwischen am Bilanzstichtag berücksichtigungsfähigen wertaufhellenden Tatsachen und nicht berücksichtigungsfähigen wertbeeinflussenden Tatsachen.

> „Dies folge aus dem nachvollziehbar und überzeugend begründeten Sachverständigengutachten des Dr. M., der hinsichtlich einiger Bewertungskriterien (insbesondere Rohgewinn-Marge und Management Fees) nach der von der Rechtsprechung anerkannten Wurzeltheorie zu Recht auch Entwicklungen in diesen Bereichen berücksichtigt habe, die nach dem Bewertungsstichtag eingetreten seien, jedoch bereits in den am Stichtag herrschenden Verhältnissen angelegt gewesen seien."³

Die Unternehmensplanung und damit die Prognose des Ausschüttungspotenzials haben somit aus der Perspektive des Bewertungsstichtages zu erfolgen.⁴ Nur solche positiven und negativen Entwicklungen dürfen berücksichtigt werden, die zum Bewertungsstichtag angelegt oder absehbar sind.

> „Maßgeblich ist grundsätzlich, was man bei angemessener Sorgfalt zum Stichtag wissen konnte und was absehbar war. Zukünftig nachweisbare Erfolgschancen können bei der Bewertung der Ertragskraft nur berücksichtigt werden, wenn die Voraussetzung der Nutzung dieser Chancen bereits am Stichtag im Ansatz geschaffen war. Jedoch müssen Entwicklungen, die erst später eintreten, aber schon in den am Stichtag bestehenden Verhältnissen angelegt sind, berücksichtigt werden."⁵

Dieser Punkt ist z. B. auch im Zusammenhang mit im objektivierten Unternehmenswert berücksichtigungsfähigen Erweiterungsinvestitionen von Bedeutung. Die Kapazitätsgrundlagen des Wachstums müssen damit zum Bewertungsstichtag abschließend festgelegt sein.⁶ Organisationsverhältnisse und Strukturen müssen am Bewertungsstichtag vorhanden sein.⁷

Eine ex post Betrachtung der tatsächlichen Entwicklung, die etwa aufgrund der Dauer von Spruchverfahren theoretisch denkbar wäre um eine Prognose zu ersetzen, ist unzulässig.

> „Deshalb ist es auch an sich unzulässig, anstelle von Prognosen eine wegen der Dauer des Spruchverfahrens im Einzelfall durchaus mögliche ex post Betrachtung der realen Geschehnisse zu setzen."⁸

---

1 Weiland, N. G., Synergieeffekte bei der Abfindung außenstehender Gesellschafter, 2003, S. 94.
2 OLG München v. 15. 12. 2004 – 7 U 5665/03, AG 2005, S. 486, juris, Tz. 53.
3 OLG München v. 15. 12. 2004 – 7 U 5665/03, AG 2005, S. 486, juris, Tz. 15.
4 OLG Düsseldorf v. 31. 1. 2003 – 19 W 9/00 AktE, AG 2003, S. 332.
5 OLG München v. 17. 7. 2007 – 31 Wx 060/06, AG 2008, S. 32.
6 IDW S1 i. d. F. 2008, Tz. 32.
7 OLG München v. 17. 7. 2007 – 31 Wx 060/06, AG 2008, S. 32.
8 OLG Düsseldorf v. 31. 1. 2003 – 19 W 9/00 AktE, AG 2003, S. 332; LG Frankfurt a. M. v. 21. 3. 2006 – 3-5 O 153/04, AG 2007, S. 43.

6. Der Bewertungsstichtag

Werden Erkenntnisse berücksichtigt, die ihre Wurzel nach dem Bewertungsstichtag haben, ist das Bewertungsgutachten nicht verwertbar.

> „Demgegenüber hat der Sachverständige selbst noch in seinem Ausgangsgutachten vom 21. 4. 1998 (vgl. dort S. 148 ff.) darauf hingewiesen, dass eine Einbeziehung sog. Nachstichtagsergebnisse in die Bewertung sowohl betriebswirtschaftlichen Grundsätzen als auch der von der obergerichtlichen Rechtsprechung (vgl. BGH, DB 1973, S. 563) entwickelten "Wurzeltheorie" widerspreche. Dieser Methodenwechsel des Sachverständigen beruht daher weder auf einer rechtlichen Vorgabe des Senats, noch steht er im Einklang mit der insoweit ganz eindeutigen obergerichtlichen Rechtsprechung zum "Stichtagsprinzip". Der Sachverständige hat sich hier vielmehr in eigenmächtiger Weise über eine eindeutige Weisung des Senats hinweggesetzt, <u>weswegen seine ergänzende Stellungnahme vom 21. 8. 2001 keine Grundlage für die vom Senat zu treffende Entscheidung mehr darstellen kann.</u>"[1]

Allerdings kann die Entwicklung zur Plausibilitätsprüfung herangezogen werden.[2] Diese Verwendung tatsächlicher Entwicklungen wird zum Teil kritisch gesehen.

> „Problematisch ist dabei auch, inwieweit letztlich im Spruchverfahren überhaupt die tatsächliche Entwicklung nach dem Stichtag zur Frage der Plausibilität der Planung herangezogen werden kann." [3]

Gerichte und Gutachter haben bei langjährigen Spruchstellenverfahren längst vergangene Zeiträume zu beurteilen, ohne dass die in der jahrelangen Zwischenzeit eingetretenen Entwicklungen berücksichtigt werden dürfen.[4] Hierzu gibt es allerdings auch entgegengesetzte Vorschläge:

> „Der spätere Verlauf ist dann heranzuziehen, wenn sich daraus Rückschlüsse auf den Wert einer Beteiligung ziehen lassen. Tatsachen sind zudem allemal besser als bloße Schätzungen aus vergangener Sicht. Auch unter diesem Gesichtspunkt kann man bei einem normalen Verlauf das tatsächlich Eingetretene als Indiz für das am Stichtag „in der Wurzel" Angelegte nehmen."[5]

Dieselbe Argumentationslinie verfolgte bereits der Aktionärsvertreter in einem Verfahren vor dem OLG Hamburg zum Abschluss eines Beherrschungs- und Gewinnabführungsvertrages und wendete sich gegen das Stichtagsprinzip, das nicht die Gewinne, wie sie sich tatsächlich ergeben haben, zugrunde lege, sondern die prognostizierte Gewinnerwartung einer Scheinwelt. Die Prognose müsse an der Wirklichkeit gemessen werden. Das OLG Hamburg argumentierte in der Entscheidung vom 3. 8. 2000 wie folgt:

> „Nicht zu beanstanden ist weiter, dass für die Feststellung des Unternehmenswertes nach dem Stichtagsprinzip vorgegangen wurde und künftige Entwicklungen, auch soweit sie bei Fertigstellung des Gutachtens bereits eingetreten waren, nur soweit für die Bewertung herangezogen wurden, wie ihre Wurzel bereits zum Stichtag gelegt war. Dabei verkennt der Senat nicht die von den gemeinsamen Vertretern der Aktionäre angesprochene Problematik dass Gutachter und Gericht die Ertragsaussichten der Gesellschaft rückblickend beurteilen, ohne die in der jahrelangen Zwischenzeit eingetretene Entwicklung berücksichtigen zu dürfen. Dennoch ist an dem in § 305 Abs. 3 Satz 2 AktG gesetzlich verankerten Stichtagsprinzip festzuhalten, zumal das Ergebnis der Bewertung nicht von der Zufälligkeit der Verfahrensdauer abhängen kann."[6]

---

1 OLG Stuttgart v. 1. 10. 2003 – 4-W-34/93, AG 2004, S. 43, Datev, DokNr 015351, S. 5.
2 BayObLG v. 11. 7. 2001 – 3-ZBR-172/99, DB 2002, S. 732; *Großfeld, B.*, Unternehmens- und Anteilsbewertung im Gesellschaftsrecht, 2002, S. 62.
3 LG Frankfurt v. 13. 3. 2009 – 3-5 O 57/06, AG 2009, S. 753.
4 OLG Stuttgart v. 1. 10. 2003 – 4-W-34/93, DB 2003, S. 2429.
5 OLG Karlsruhe v. 16. 7. 2008 – 12 W 16/02, AG 2009, S. 52.
6 OLG Hamburg v. 3. 8. 2000 – 11 W 36/95, AG 2001, S. 480; entsprechend, BayObLG v. 28. 10. 2005 – 3Z BR 071/00, AG 2006, S. 43.

An dem Stichtagsprinzip ist somit festzuhalten, da sich sonst das Ergebnis der Bewertung. bzw. die Ertragswertberechnung bei längerer Verfahrensdauer stets selbst überholen würde.[1] Das gilt selbst dann, wenn sich durch die tatsächlichen Entwicklungen zeigt, dass sich die Ertragsprognose als grundfalsch erweist.[2] Für eine ex-post-Betrachtung ist somit grundsätzlich kein Raum.

Das OLG Celle begegnet der Auffassung, die Verhältnisse des Bewertungsstichtages seien nur ergänzend und wie jeder andere Zeitpunkt zu berücksichtigen mit dem Argument, die Wurzeltheorie schütze die Abzufindenden vor Manipulationen.

> „Entgegen der Auffassung der Beschwerdeführer kommt es darauf, daß der Vertrag zu einem anderen Zeitpunkt – hier mit Wirkung zum 1. Oktober 1989 – in Kraft treten sollte, nicht maßgeblich an. Zwar ist den Beschwerdeführern zuzugestehen, daß der Wortlaut des § 305 Abs. 3 Satz 2 AktG lediglich vorschreibt, daß die Verhältnisse der Gesellschaft im Zeitpunkt der Beschlußfassung zu "berücksichtigen" sind, also auch ein Verständnis zuläßt, nach dem die Verhältnisse zu anderen Zeitpunkten ebenfalls Berücksichtigung finden können. Doch wird diese von den Beschwerdeführern bemühte Auslegung dem Gesetzeszweck des § 305 Abs. 3 Satz 2 AktG nicht gerecht. Die §§ 304, 305 AktG sollen sicherstellen, daß die außenstehenden Aktionäre den objektiven Wert ihrer Unternehmensanteile ausgeglichen erhalten. Dies ist aber nur dann möglich, wenn auf den Zeitpunkt abgestellt wird, der für die Wirksamkeit eines Unternehmensvertrages maßgeblich ist. Dies ist gemäß § 293 Abs. 1 Satz 1 AktG der Zeitpunkt, an dem die Hauptversammlung dem Unternehmensvertrag zustimmt. Nur durch die Festlegung auf dieses Stichtagsprinzip kann eine Manipulation des Unternehmenswertes zum Nachteil der außenstehenden Aktionäre verhindert werden. Denn durch das Hinausschieben oder das Vorverlegen des Zeitpunktes, an dem der Unternehmensvertrag im Verhältnis zwischen den beteiligten Unternehmen in Kraft treten soll, könnten diese die Bewertungsgrundlagen ändern und damit die Höhe des zu zahlenden Ausgleiches bzw. der zu zahlenden Barabfindung beeinflussen."[3]

Hinsichtlich geplanter Steuerrechtsänderungen gilt der Grundsatz, dass diese nicht zu berücksichtigen sind.

> „Positive Veränderungen durch die Steuergesetzgebung sind grundsätzlich nicht zu berücksichtigen, da allein die Steuersituation am Bewertungsstichtag maßgeblich ist."[4]

Eine Berücksichtigung kommt allerdings in Betracht, wenn die Änderung im Ursprung angelegt und für den Fachmann erkennbar war. Das LG Mannheim weist darauf hin, das in dem entschiedenen Fall die Gesetzgebungsabsichten zwar bekannt und für den Fachmann erkennbaren waren, aber durch die notwendige Mitwirkung des Bundesrates keinesfalls klar war, ob die Steuerrechtsänderung mit Sicherheit in dieser Form in Kraft treten würde.[5] Eine Berücksichtigung der Steuerrechtsänderung hatte somit zu unterbleiben, da der für diese Entscheidung relevante Wegfall der Vermögensteuer und Gewerbekapitalsteuer Gegenstand von Diskussionen war und erst nach politischen und parlamentarischen Auseinandersetzungen beschlossen wurde. Das OLG Hamburg argumentiert zu einem Beherrschungs- und Gewinnabführungsvertrag in der Entscheidung vom 7.8.2002 ähnlich wie in der oben angeführten Entscheidung vom 3.8.2000:

> „Gegen die Berücksichtigung der Steuersenkung spricht im Übrigen auch der Umstand, dass es dann allein von der Dauer des Spruchstellenverfahrens abhängen würde, ob eine nach Jahren vorgenommene

---

1 LG Dortmund v. 19.3.2007 – 18 AktE 5/03, AG, 2007, S. 793.
2 *Emmerich, V.*, in Emmerich/Habersack, Aktien- und GmbH-Konzernrecht, 2008, § 304, S. 351, Tz. 41.
3 OLG Celle v. 31.7.1998 – 9-W-128/97, Datev, DokNr. 0900078.
4 LG Mannheim v. 29.3.1999 – 23 AktE 1/95, AG, 2000, S. 86.
5 LG Mannheim v. 29.3.1999 – 23 AktE 1/95, AG, 2000, S. 86.; siehe auch OLG Hamburg v. 7.8.2002 – 11 W 14/94, AG, 2003, S 583, Der Konzern, 2003, S. 60.

Änderung des Steuersatzes oder des Steuersystems zu berücksichtigen wäre; das kann aber kein geeignetes Kriterium sein."[1]

7. Ermittlung der Bewertungsgrößen – Jahresüberschuss oder Cashflow

7.1 Theorie

Unternehmen sind Mittel zum Zweck und sollen den Eigentümern ein höheres Konsumeinkommen ermöglichen. Je höher das zu erwartende Konsumeinkommen ist, desto höher sind der Nutzen des Unternehmens und damit der Unternehmenswert.[2] Voraussetzung für Konsumeinkommen und die damit angestrebte Nutzenmaximierung des Investors ist Gewinn, aber nur soweit er dem Investor zufließt.[3]

Welchen Wert die an den Investor zukünftig fließenden Gewinne haben ist somit zum einen ein Problem der Investitionsrechnung und zum anderen eine Frage der Spielregeln, nach denen sich Ausschüttungen im Rahmen der §§ 238 ff. HGB und des Gesellschaftsrechts bestimmen. Was ausgeschüttet werden kann richtet sich demgemäß nach folgenden Größen:

▶ Erwartete zukünftige freie Liquidität
▶ Erwarteter zukünftiger Bilanzgewinn.

Die erwartete freie Liquidität ist durch eine integrierte Unternehmensplanung zu antizipieren und ergibt sich aus Einzahlungen – Auszahlungen + positivem oder negativem Liquiditätsvortrag (ggf. abzüglich einer konstant aufrecht zu erhaltenden notwendigen Betriebsliquidität). Der Bilanzgewinn, als gesellschaftsrechtlich für die Vornahme einer Ausschüttung erforderliche Größe, wird durch die Rechnungslegungsvorschriften definiert und ist ein Saldo aus folgenden Größen:

TAB. 24:	Ermittlung der Grundlage für einen Ausschüttungsbeschluss
	Jahresüberschuss / Jahresfehlbetrag
+	Gewinnvortrag
-	Verlustvortrag (handelsrechtlich)
+	Auflösung Kapitalrücklagen
+	Auflösung von Gewinnrücklagen
-	Einstellung in die Gewinnrücklagen
=	Bilanzgewinn / Bilanzverlust

Personengesellschaften unterliegen per Gesetz geringeren Restriktionen hinsichtlich ihrer Ausschüttungsfähigkeit. Dies liegt an der persönlichen Haftung der Gesellschafter. Im Gesellschaftsvertrag werden die Ausschüttungsvoraussetzungen aber üblicherweise an die strengeren

---

[1] OLG Hamburg v. 7.8.2002 – 11 W 14/94, AG, 2003, S. 585.
[2] *Ballwieser, W.*, Unternehmensbewertung, Sp. 2084, in: Gerke/Steiner (Hrsg.), Handwörterbuch des Bank- und Finanzwesens, 2001.
[3] *Schmidt/Terberger*, Grundzüge der Investitions- und Finanzierungstheorie, 1997, S. 49.

Vorschriften für Kapitalgesellschaften angepasst. Für die üblichen Gesellschaftsformen ergeben sich damit folgende gesetzliche Entnahme- bzw. Ausschüttungsregeln:

TAB. 25:	Rechtsformunterschiede bei der Ausschüttungsbemessung	
OHG	§§ 109, 121, 122 HGB:	Grundsätzlich keine Entnahmebeschränkung
GmbH	§ 29 GmbHG, § 272 HGB:	Bilanzgewinn kann ausgeschüttet werden, Gewinnrücklagen dürfen aufgelöst werden, Kapitalrücklagen dürfen aufgelöst werden. Ausnahme: §§ 42 Abs. 2, 58 ff. GmbHG
AG	§§ 58 Abs. 4, 150 AktG	Bilanzgewinn kann ausgeschüttet werden, Gewinnrücklagen dürfen aufgelöst werden, Kapitalrücklagen dürfen grundsätzlich nicht aufgelöst werden. Ausnahme: § 272 Abs. 2 Nr. 4 HGB

Ein Ausschüttungsbeschluss setzt neben der Größe Bilanzgewinn oder gegebenenfalls auch Jahresüberschuss voraus, dass das Unternehmen auch fähig ist, eine Ausschüttung zu finanzieren. Jahresüberschuss ist aber nicht notwendigerweise ein Indikator für verfügbare Liquidität. So kann zum Beispiel der im Zuge eines Jahresüberschusses erzielte Liquiditätsüberschuss (Cashflow) durch Investitionen in Anlagevermögen und Working Capital verbraucht sein. Eine Ausschüttung ist dann trotz hoher „Gewinne" nicht möglich.

Aber auch verfügbarer Cashflow kann ohne Ausschüttungsbeschluss, für den die obigen Voraussetzungen gegeben sein müssen, nicht an den Gesellschafter ausgeschüttet werden. Cashflow stellt nur den Saldo zwischen den Einzahlungen und Auszahlungen eines Unternehmens dar. Die Zahlungsströme können aus dem operativen Bereich oder den Finanzierungs- oder Investitionsentscheidungen des Unternehmens herrühren. Eine Übereinstimmung mit ausschüttungsfähigen Größen muss nicht gegeben sein.

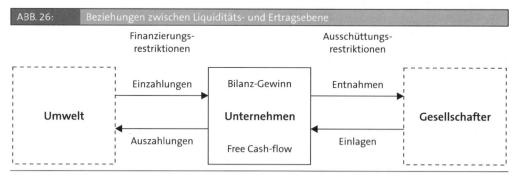

ABB. 26: Beziehungen zwischen Liquiditäts- und Ertragsebene

Gegenstand der Unternehmensbewertung ist damit der Bilanzgewinn, soweit seine Ausschüttung auch finanzierbar ist.[1] Im Ergebnis besteht hinsichtlich der Ausschüttungsbemessung zwischen Jahresüberschuss/Bilanzgewinn und Cashflow keine Entweder-oder-Beziehung, sondern es gilt ein sowohl als auch.

---

1 *Drukarczyk, J.*, Unternehmensbewertung, 2003, S. 175.

Wird im Rahmen der Unternehmensbewertung nur auf den freien Cashflow abgestellt, wird dessen Ausschüttungsfähigkeit unterstellt. Diese Annahme kann gerechtfertigt sein, wenn man sich die Bewertung eigenkapitalstarker Unternehmen vorstellt, denen es keine Probleme bereitet, in Jahren mit geringem Jahresüberschuss die angestrebte Ausschüttung durch die Auflösung vorhandener Gewinnrücklagen sicherzustellen. Allerdings benötigt die Unternehmensplanung auch in diesen Fällen Angaben zu den Bemessungsgrundlagen der Unternehmensteuern und damit als Ausgangsbasis hierfür, die GuV-Planung.[1]

> „Entziehbare (ausschüttbare) Überschüsse sind nur präzise ermittelbar in einer Rechnung, die Investitions-, Finanz- und Steuerplanung mit Planbilanzen und Plan-GuV-Rechnungen verknüpft."[2]

7.2 Praxis

Nach IDW S1 i.d.F. 2008 soll die Ermittlung eines objektivierten Unternehmenswertes sowohl auf der Basis des Ertragswertverfahrens wie auch auf der Grundlage von Discounted Cashflow Verfahren möglich sein.

> „Konzeptionell können sowohl objektivierte Unternehmenswerte als auch subjektive Entscheidungswerte mit beiden Bewertungsverfahren ermittelt werden."[3]

Auszuschüttende Bilanzgewinne müssen finanzierbar sein.

> „Bei der Ermittlung des objektivierten Unternehmenswerts ist von der Ausschüttung derjenigen finanziellen Überschüsse auszugehen, die nach Berücksichtigung des zum Bewertungsstichtag dokumentierten Unternehmenskonzepts und rechtlicher Restriktionen (z. B. Bilanzgewinn, ausschüttbares Jahresergebnis) zur Ausschüttung zur Verfügung stehen."[4]

Cashflows können nur im Rahmen gesellschaftsrechtlicher Schranken ausgeschüttet werden.

> „Die künftigen Free Cashflows sind jene finanziellen Überschüsse, die unter Berücksichtigung gesellschaftsrechtlicher Ausschüttungsgrenzen allen Kapitalgebern des Unternehmens zur Verfügung stehen."[5]

Werden die wechselseitigen Restriktionen der Ausschüttungsfähigkeit und der Finanzierbarkeit der Ausschüttung beachtet, dann besteht zwischen der zu diskontierenden Größe des Ertragswertverfahrens und des Discounted Cashflow Verfahrens kein Unterschied. Da IDW S1 entgegen internationaler Handhabung auch bei DCF-Verfahren die gesellschaftsrechtliche Ausschüttungsfähigkeit fordert[6], kann in der Tat weder in den Planungsgrundlagen noch im Ergebnis (bei einheitlicher Anwendung des Tax-CAPM) ein Bewertungsunterschied entstehen.

7.3 Rechtsprechung

Als Gegenstand der Bewertung gelten in einer kleinen Auswahl der Rechtsprechung der letzten zehn Jahre:

---

1 *Kohl/Schulte*, Ertragswertverfahren und DCF-Verfahren – Ein Überblick vor dem Hintergrund der Anforderungen des IDW S1, Wpg 2000, S. 1161.
2 *Drukarczyk/Schüler*, Unternehmensbewertung, 2007, S. 124.
3 IDW S1 i.d.F. 2008, Tz. 101.
4 IDW S1 i.d.F. 2008, Tz. 35.
5 IDW S1 i.d.F. 2008, Tz. 127.
6 IDW S1 i.d.F. 2008, Tz. 127.

- die prognostizierten Einnahmen und Ertragsüberschüsse,[1]
- die künftigen Erträge,[2]
- die zukünftigen Überschüsse der Einnahmen über die Ausgaben,[3]
- die in der Zukunft erwirtschafteten Erträge,[4]
- die zukünftigen Gewinnüberschüsse,[5]
- die den Unternehmenseignern künftig zufließenden finanziellen Überschüsse, die aus den künftigen handelsrechtlichen Erfolgen abgeleitet werden.[6]

Damit wird deutlich, dass es zu der zu bewertenden Größe keine einheitliche Sprachregelung, aber wohl ein einheitliches Verständnis gibt. Eine Orientierung am Handelsrecht und damit an Größen der Rechnungslegung wird zumindest deutlich. Unmissverständlich und präzise dagegen das zuletzt angeführte Urteil, das Ausschüttungsvoraussetzung und Finanzierbarkeit gleichermaßen berücksichtigt und dem nichts mehr hinzuzufügen ist.[7]

8. Unternehmensanalyse

8.1 Vergangenheitsanalyse

„Es kommt bei dem Werte einer Unternehmung, ebenso wie bei den Werten anderer Sachen, nicht darauf an, was dieser Gegenstand gekostet hat, was er geleistet hat oder was sonst in der Vergangenheit von ihm bekannt ist, sondern lediglich zukünftige Umstände sind für den Wert des Gegenstandes bestimmend. Nur deshalb, weil wir nicht in die Zukunft sehen können und weil wir das für die Zukunftsschätzung nötige Material aus der Vergangenheit gewinnen müssen, hat das Vergangene für unsere Schätzung Interesse. Man sollte glauben, dass dieser Fundamentansatz der Bewertungslehre viel zu selbstverständlich sei, als dass er verdiente, ausgesprochen zu werden. Aber man findet in der praktischen Bewertungstechnik Verstöße gegen diese Regeln in großer Zahl."[8]

8.1.1 Begründung für eine Vergangenheitsanalyse

Unternehmensbewertung ist zukunftsbezogen und verdichtet Ausschüttungen der Zukunft in einem heute gültigen Wert, dem Barwert. Warum also soll man sich mit der Vergangenheit des Unternehmens beschäftigen? Nun, weil Vorhersagen besonders schwierig sind, wenn sie die Zukunft betreffen.[9] Anders formuliert, wir wissen nur wenig über die Zukunft, sind auf Annahmen und Arbeitshypothesen angewiesen. Vergangenheitsanalyse wird also nur betrieben, weil man als Gutachter eine Basis für diese Annahmen und damit die Unternehmensplanung benötigt. Die Vergangenheitsanalyse soll Aufschluss geben über die durch das Unternehmen nachgewiesene Ertragskraft. Damit wird verhindert, dass Entwicklungen der Vergangenheit unkritisch in

---

1 OLG Stuttgart v. 4.2.2000 – 4 W 15/98, AG, 2000, S. 429; OLG Karlsruhe v. 16.7.2008 – 12 W 16/02, AG 2009, S. 49.
2 OLG Hamburg v. 3.8.2000 – 11 W 36/95, AG, 2001, S. 480; OLG Stuttgart v. 19.3.2008 – 20 W 3/06, AG, 2008, S. 512.
3 BayObLG v. 11.7.2001 – 3 Z BR 172/99, AG, 2002, S. 389.
4 BayObLG v. 18.12.2002 – 3Z BR 116/00, AG, 2003, S. 570.
5 LG Frankfurt a. M. v. 6.2.2002 – 3/3 O 150/94, AG, 2002, S. 359.
6 LG Frankfurt a. M. v. 21.3.2006 – 3-5 O 153/04, AG, 2007, S. 43; OLG München v. 19.10.2006 – 31 Wx 092/05, AG, 2007, S. 288.
7 Zur Anwendbarkeit von IFRS-Daten als Ausschüttungsgrundlage siehe die Rechtsprechung unter Gliederungspunkt 13.1.3.
8 *Schmalenbach, E.,* Die Beteiligungsfinanzierung, 1954, S. 36.
9 *Mark Twain,* 1835-1910.

die Zukunft fortgeschrieben werden oder Prognosen losgelöst von der tatsächlichen Performance entwickelt werden.[1]

Wüsste man, wie sich die Zukunft des zu bewertenden Unternehmens entwickeln wird, wäre jede Beschäftigung mit der Vergangenheit des Unternehmens Zeitverschwendung.[2] So aber ist die Vergangenheitsanalyse ein notwendiger Zwischenschritt auf dem Weg zur Prognose, allerdings auch nicht mehr als ein Zwischenschritt. Das heißt, eine schlichte Hochrechnung der Ergebnisse der Vergangenheitsanalyse als Planwerte ist nicht Sinn und Zweck der Vergangenheitsanalyse.

„Die Vergangenheitsanalyse kann die Prognose der künftigen finanziellen Überschüsse nicht ersetzen."[3]

Auch die im Rahmen der Phasenmethode insbesondere für die ewige Rente verwendete „pauschale Planungsmethode"

„…darf keinesfalls so verstanden werden, dass die finanziellen Überschüsse der Vergangenheit oder der näheren Phase ohne weitere Überlegungen fortgeschrieben werden."[4]

Die Zukunft ist ein Kind der Gegenwart und ein Enkelkind der Vergangenheit.[5] Die einfachste Form der Vergangenheitsanalyse bestünde somit darin, einen Durchschnittswert der Jahresüberschüsse der vergangenen Jahre zu ermitteln und anzunehmen, dass dieser Durchschnittswert auch in der Zukunft als Jahresüberschuss anfallen wird. Einen ähnlichen Weg, allerdings mit Gewichtungsfaktoren, die die Aktualität der Vergangenheitsdaten zum Ausdruck bringen sollen, geht das Stuttgarter Verfahren, als (mittlerweile überholtes)[6] steuerliches Bewertungsmodell. Eine Planungsannahme, das Durchschnittsergebnis der vergangenen Jahre sei repräsentativ für die Zukunft, wäre aber unter anderem schon deshalb falsch, weil in den Unternehmenszahlen der Vergangenheit in aller Regel eine Vielzahl von Sondereinflüssen ihren Niederschlag gefunden hat und diese mehr oder weniger einmaligen Ereignisse somit in die Zukunft extrapoliert würden. Konsequenterweise sieht deshalb auch das Stuttgarter Verfahren eine Korrektur der Vergangenheitszahlen vor.[7] Die Identifizierung von Sondereinflüssen in den Unternehmenszahlen der Vergangenheit und deren Neutralisierung sind damit ein wichtiger Aspekt der Vergangenheitsanalyse.

Die Bereinigung der Daten der Vergangenheit dient der Ermittlung der Unternehmensergebnisse, wie sie unter normalen Umständen entstanden wären. Eine Gegenüberstellung dieser normalisierten Vergangenheitsergebnisse mehrerer Jahre, frei von den einmaligen Sondereinflüssen, könnte im Ergebnis eine stabile operative Ergebnissituation für den Untersuchungszeitraum offenbaren oder einen gewissen Trend in der Unternehmensentwicklung andeuten.

---

1 WP-Handbuch, Band II, 2008, S. 51, Tz. 151.
2 *Schmalenbach, E.*, Die Beteiligungsfinanzierung, 1954, S. 36; *Mellerowicz, K.*, Der Wert der Unternehmung als Ganzes, 1952, S. 47.
3 WP-Handbuch, Band II, 2008, S. 52, Tz. 155.
4 WP-Handbuch, Band II, 2008, S. 54, Tz. 160.
5 Anonym.
6 Mit dem ErbStRG v. 24.12.2008, BGBl 2008 I S. 3018, wurde ab dem 1.1.2009 das Stuttgarter Verfahren zur Bewertung nicht notierter Anteile durch neue Bewertungsvorgaben ersetzt (z. B. das vereinfachte Ertragswertverfahren bzw. ein reguläres Ertragswertverfahren im Sinne des IDW S1). Die Regelung erfolgte in den §§ 199 bis 203 BewG. Erläuterungen dazu in Erlasse vom 25.6.2009, BStBl 2009 I S. 690 und S. 704.
7 Erbschaftsteuer-Richtlinien 2003, (ErbStR 2003) R 95 ff.

TAB. 26:	Ableitung der bereinigten Vergangenheitsdaten (Jahresergebnis)				
	2002	2003	2004	2005	2006
Jahresüberschuss / Jahresfehlbetrag	2.590.340,00	-589.333,21	4.339.292,38	2.500.000,10	2.200.023,92
Bereinigungen, nach Steuern	-20.876,00	2.549.887,12	-1.789.555,43	0,00	499.822,41
Jahresüberschuss / Jahresfehlbetrag, bereinigt	2.569.464,00	1.960.553.91	2.549.736,95	2.500.000,10	2.699.846,33

Auf dieser, nunmehr aufbereiteten, Datenbasis könnte folgende Aussage getroffen werden: Wenn sich die Welt und das Unternehmen nicht verändern, dann kann theoretisch auch für die Zukunft von einem entsprechenden Unternehmensergebnis ausgegangen werden. Im obigen Beispiel hieße dies, das analysierte Unternehmen würde in der Zukunft ein Ergebnis von rund 2,5 bis 2,7 Mio. € erwirtschaften, wenn man das Ergebnis 2003 als Ausreißer klassifiziert. Da sich die Annahme einer statischen Welt nicht unbedingt mit der Erfahrung unseres Alltags deckt, wird die Vergangenheitsanalyse nur der erste Schritt zur Unternehmensplanung sein.

8.1.2 Vergangenheitsdaten und objektivierter Unternehmenswert

Um Missverständnissen vorzubeugen sei an dieser Stelle noch einmal betont, dass auch bei der Ermittlung objektivierter Unternehmenswerte auf zukünftige Ertragsverhältnisse und damit Prognosen und Unternehmensplanungen abgestellt wird.[1] Zwar ist konzeptionelle Grundlage des Bewertungskonzeptes „objektivierter Unternehmenswert" die

> „...Fortführung des Unternehmens auf Basis des bestehenden Unternehmenskonzepts,..."[2] und „...der am Bewertungsstichtag vorhandenen Ertragskraft,"[3]

allerdings unter Berücksichtigung von

> „...allen realistischen Zukunftserwartungen im Rahmen der Marktchancen, -risiken und finanziellen Möglichkeiten des Unternehmens sowie sonstigen Einflussfaktoren."[4]

> „Im Rahmen des Ertragswertverfahrens ...sind die in der Vergangenheit erzielten Ergebnisse unter dem Gesichtspunkt zu beurteilen, ob sie eine Grundlage für die Schätzung des Zukunftsertrages bilden. Hiervon ausgehend ist zu untersuchen, ob die bisher dokumentierte Ertragskraft in Zukunft gleich bleiben, sich erhöhen oder mindern wird."[5]

Damit werden auch objektivierte Unternehmenswerte nicht durch eine Fortschreibung oder Extrapolation der Vergangenheitswerte, sondern auf Grundlage einer Unternehmensplanung ermittelt. Die Vergangenheit stellt somit eine wichtige Schätzgrundlage dar, allerdings nur insoweit, als nicht aus der Sicht des Bewertungsstichtages Abweichungen hiervon für die Zukunft wahrscheinlich sind.[6]

> „Aufgabe des WP im Rahmen seiner Funktion als neutraler Gutachter ist es, den objektivierten Unternehmenswert mit nachvollziehbarer Methodik auf der Grundlage der – aus der Vergangenheit und/oder

---

1 Limitierend bei der Berücksichtigung der Zukunft wirken nur die Wurzeltheorie und das Stand-alone-Prinzip. Siehe hierzu Gliederungspunkte 6.3, 9.2 und 9.5.
2 IDW S1 i. d. F. 2008, Tz. 29.
3 IDW S1 i. d. F. 2008, Tz. 32.
4 IDW S1 i. d. F. 2008 ,Tz. 29.
5 Hessisches Finanzgericht v. 15. 5. 2001 – 4-V-5281/00, Datev, DokNr. 0572464.
6 *Pilz, D.*, Die Unternehmensbewertung in der Rechtsprechung, 1994, S. 150.

durch Plausibilitätsschlüsse sowie der Unternehmensplanungsrechnung abgeleiteten – (künftigen) Ertragsverhältnisse zu ermitteln."[1]

8.1.3 Datenbasis der Vergangenheitsanalyse

Der Unternehmenswert leitet sich aus den zukünftig zu erwartenden Ausschüttungen ab. Ausschüttungen werden von den Gesellschaftern des Unternehmens auf der Grundlage des handelsrechtlichen Einzelabschlusses der Gesellschaft beschlossen. Konzernabschlüsse oder Abschlüsse nach IAS/IFRS oder US-GAAP sind damit für Ausschüttungsbeschlüsse und damit auch für die Prognose von Ausschüttungen (zumindest soweit keine Überleitungsrechnung vorhanden ist) zum Zwecke der objektivierten Unternehmensbewertung irrelevant.[2] Die Datenbasis zur Analyse sind damit geprüfte handelsrechtliche Jahresabschlüsse bzw. die Prüfungsberichte der Jahresabschlüsse und hier insbesondere die Gewinn- und Verlustrechnungen.

„Grundsätzlich sind die (bereinigten) Überschüsse der Vergangenheit unter Verwendung geprüfter Jahresabschlüsse abzuleiten."[3]

„Falls Jahresabschlüsse nicht geprüft worden sind, hat sich der WP von der Verlässlichkeit der wesentlichen Basisdaten zu überzeugen und seine hierzu getroffenen Feststellungen im Bewertungsgutachten darzulegen."[4]

Die ausgewiesenen Jahresüberschüsse sind, als Ergebnis einer Aufwands- und Ertragsrechnung, anfällig gegenüber den Einflüssen der firmeninternen Bilanz- und Steuerpolitik. Unabhängig von aktiven Gestaltungen können aber auch außergewöhnliche Vorfälle den „normalen" Ergebnisausweis verfälscht haben. Mit dem Ziel, ein nachhaltiges Ergebnis zu ermitteln, sind somit Bereinigungen auf der Ebene Aufwendungen und Erträge erforderlich.

„Um die in der Vergangenheit wirksamen Erfolgsursachen erkennbar zu machen, sind die Vergangenheitsrechnungen zu bereinigen."[5]

„Es ist sachgerecht, eine Bereinigung der Vergangenheitserfolgsrechnung für die folgenden wesentlichen Tatbestände vorzunehmen:

▶ Eliminierung der Aufwendungen und Erträge des nicht betriebsnotwendigen Vermögens
▶ Bereinigung zur Ermittlung eines periodengerechten Erfolgsausweises
▶ Bereinigung zum Ausgleich ausgeübter Bilanzierungswahlrechte
▶ Bereinigung um personenbezogene und andere spezifische Erfolgsfaktoren
▶ Erfassung von Folgeänderungen vorgenommener Bereinigungsvorgänge."[6]

Die Auswirkungen der Bereinigung hinsichtlich der Liquiditätssituation können über eine Kapitalflussrechnung (retrograde Cashflow-Rechnung) nachvollzogen werden.

---

1 WP-Handbuch, Band II, 2008, S. 9, Tz. 20 und S. 182, Tz. 511.
2 Siehe hierzu Gliederungspunkt 13.1.
3 IDW S1 i. d. F. 2008, Tz. 83; zur Bewertung ungeprüfter Unternehmen siehe Gliederungspunkt 13.5.
4 WP-Handbuch, Band II, 2008, S. 58, Tz. 170.
5 IDW S1 i. d. F. 2008, Tz. 73.
6 IDW S1 i. d. F. 2008, Tz. 103.

8.1.4 Die Durchführung der Bereinigung von Sondereinflüssen

8.1.4.1 Sondereinflüsse

Ereignisse, die im Rechnungswesen des Unternehmens berücksichtigt wurden, aber nicht Teil der im Geschäftsmodell angelegten und nachhaltig ablaufenden Geschäftsprozesse sind, sollen als Sondereinflüsse definiert werden.[1] Diese Sondereinflüsse treten im Geschäftsablauf auf als:

a) außergewöhnliches Ereignis von dessen regelmäßiger Wiederholung vernünftigerweise nicht ausgegangen werden kann,

b) Aufwand oder Ertrag aus nicht betriebsnotwendigem Vermögen. Da nicht betriebsnotwendiges Vermögen im Rahmen der Unternehmensbewertung isoliert betrachtet wird, ist dieser Ergebniseinfluss vorab zu neutralisieren.[2]

Forderungsausfälle können in einer bestimmten Höhe Teil des Geschäftsmodells sein, etwa als üblicher Ausfall in einem Versandhandel. Forderungsausfälle können aber auch ein (zu bereinigender außergewöhnlicher) Sondereinfluss sein, etwa im Falle eines Forderungsausfalls bei einem Anlagenbauer, dessen Auftraggeber insolvent geworden ist. Eine bestimmte Kategorie von Vorkommnissen, wie etwa „Forderungsausfall", ist damit allein noch kein Indikator für einen zu korrigierenden Sondereinfluss. Erst die Qualifizierung, dass dieses Vorkommnis im laufenden Geschäftsprozess des zu untersuchenden Unternehmens üblicherweise nicht oder nicht in dieser Höhe zu erwarten ist, führt zum Bereinigungserfordernis.

BEISPIEL Ein Versandhändler hat regelmäßig Forderungsausfälle von rund 1 % der Umsatzerlöse zu verzeichnen. Dieser Forderungsausfall ist nicht zu korrigieren, da auch in der Zukunft von diesem Zusammenhang auszugehen ist.

Ein Anlagenbauer mit jährlichen Umsatzerlösen von 70 Mio. € hat eine Chemieaufbereitungsanlage in die Mongolei geliefert. Der Kontrakt ist nicht vollständig abgesichert. Der Auftraggeber wird zahlungsunfähig. Der Forderungsausfall beträgt 8 Mio. €. Von regelmäßigen Forderungsausfällen dieser Größenordnung kann bei dem Geschäftsmodell des Unternehmens nicht ausgegangen werden. Der Forderungsausfall ist zu bereinigen.

8.1.4.2 Zeitlicher Einflussbereich der Sondereinflüsse

Sondereinflüsse können in einem durch die Vergangenheitsanalyse untersuchten Jahr aufgetreten sein, ohne dass sich daraus unmittelbare Wirkungen auf die folgenden Jahre ergeben würden. Als Beispiel kann ein außergewöhnlich hoher Forderungsausfall, ein Versicherungsschaden oder eine Versicherungsentschädigung genannt werden. Derartige Vorkommnisse berühren jeweils nur ein bestimmtes Jahr. Von ihrem Auftreten sind keine systematischen Folgewirkungen für die Detailplanungsphase bzw. Konvergenzplanungsphase zu erwarten.[3]

Sondereinflüsse können aber auch planbar nachhaltig wirken. Investitionszuschüsse, die bei den Anschaffungskosten einer Investition gekürzt werden, sorgen für ein förderpolitisch motiviertes und nachhaltig reduziertes Abschreibungsniveau. Diese reduzierten Abschreibungshöhen können über den Zeitraum der Vergangenheitsanalyse hinaus in den Zeitraum der De-

---

1 Siehe dazu auch das Bereinigungsschema des DVFA/SG, *Busse von Colbe* (et al), Ergebnis je Aktie nach DVFA/SG, 2000.
2 WP-Handbuch, Band II. 2008, S. 89, Tz. 247.
3 Abgesehen von der Umsatzsteuerkorrektur bzw. der Versicherungsentschädigung.

tail- bzw. Konvergenzplanung wirken und sind im Rahmen der Bereinigungen entsprechend differenziert zu behandeln.

8.1.4.3 Das nachhaltige Ergebnis ohne Sondereinflüsse – Korrekturstufe 1

Sondereinflüsse können ausschließlich im Jahr des Eintretens auf das ausschüttungsfähige Ergebnis des Unternehmens einwirken, sie können aber auch mittelfristig den Strom der Ausschüttungen beeinflussen. Spätestens für die Planung der Restwertphase (ewige Rente) wird ein von jeglichen Sondereinflüssen befreites Unternehmensergebnis benötigt. Damit sind in einem ersten Schritt die zu analysierenden Vergangenheitsergebnisse um alle Sondereinflüsse zu bereinigen, unabhängig von ihrer zeitlichen Reichweite und daraus folgender Ergebnisbeeinflussung der Folgejahre.

Motivation für diese Totalbereinigung ist die Arbeitshypothese, dass der Bestand der bis in die mittelfristige Konvergenzplanungsphase wirkenden Sondereinflüsse, für die ferne Zukunft der Fortbestehensprognose nicht mehr unterstellt werden kann.[1] So ist zum Beispiel im Zuge der Aufnahme weiterer EU-Mitglieder davon auszugehen, dass sich die regionalen Fördergrenzen mittelfristig weiter nach Osten verschieben werden und von den hohen Fördersätzen in den neuen Bundesländern nicht bis „in alle Ewigkeit" und damit nicht mehr in der Restwertphase ausgegangen werden kann. Im nachfolgenden Beispiel sind Korrekturen unter den Positionen A (ohne Folgewirkung) und B (mit Folgewirkung) dargestellt.

ABB. 27:	Vollständige Korrektur von Sondereinflüssen					
		2002	2003	2004	2005	2006
	Jahresüberschuss/Jahresfehlbetrag	500.000,00	320.000,00	690.000,00	490.000,00	530.000,00
A	Brandschaden		250.000,00			
	Versicherungsentschädigung			-250.000,00		
B	Veräußerungsgewinn	-1.000.000,00				
	6b-Abschreibung	1.000.000,00				
	reduzierte Abschreibung	30.000,00	30.000,00	30.000,00	30.000,00	30.000,00
	normale Abschreibung	-80.000,00	-80.000,00	-80.000,00	-80.000,00	-80.000,00
	Summe Bereinigungen	-50.000,00	200.000,00	-300.000,00	-50.000,00	-50.000,00
	Steuereffekt Bereinigungen s = 40 %	20.000,00	-80.000,00	120.000,00	20.000,00	20.000,00
	Jahresüberschuss/Jahresfehlbetrag korrigiert	470.000,00	440.000,00	510.000,00	460.000,00	500.000,00

Soweit das Ergebnis des letzten Analysejahres als repräsentativ für die Zukunft eingeschätzt werden kann, ist dieser um alle Sondereinflüsse bereinigte Wert als Grundlage für die Planung der Restwertphase verwendbar.

---

[1] Annahme einer 3-Phasenplanung bestehend aus 1. Phase (Detailplanungsphase), 2. Phase (Konvergenzplanungsphase) und 3. Phase (Restwertphase). Das IDW favorisiert seit dem IDW S1 v. 28. 6. 2000 eine 2-Phasenmethode (siehe auch IDW S1 v. 18. 10. 2005, Tz. 85); IDW S1 i. d. F. 2008, Tz. 77; zum Einsatz der 3-Phasen-Methode siehe OLG Düsseldorf v. 20. 10. 2005 – I-19 W 11/04 AktE, AG, 2006, S. 289.

8.1.4.4 Sondereinflüsse mit Wirkung auf das nachhaltige Ergebnis – Korrekturstufe 2

Für die Detail- und Konvergenzplanungsphase der Unternehmensplanung, die je nach zu planenden Einflussgrößen ein Zeitfenster von 5 bis 20 Jahren[1] abdecken wird, ist ein nachhaltiges Ergebnis als Planungsbasis erforderlich, dass die Unternehmensrealität abbildet. D. h. soweit mittelfristige Sondereinflüsse im Zeitraum der Vergangenheitsanalyse aufgetreten sind und bereinigt wurden (für Zwecke der Planung der Restwertphase), sind diese Korrekturen der Korrekturstufe 1 nun wieder zu neutralisieren.

Ergebnis dieser Korrekturstufe 2 ist ein Ergebnis, das bei einem statischen Umfeld im Zeitraum der Detailplanungsphase und ggf. der Konvergenzplanungsphase so erwartet werden kann. Dass dieses Ergebnis damit z. B. durch steuerlich motivierte „außergewöhnliche" Abschreibungen beeinflusst ist, ändert nichts daran, dass das Unternehmen auch in der zu beurteilenden Zukunft davon profitieren wird. Ob zukünftige „Zusatz"-Gewinne aus besonders glücklichen Geschäftsabschlüssen resultieren oder Ergebnis der Nutzung besonders glücklicher Förderbedingungen sind, ist für die Qualität der dadurch generierten erhöhten Ausschüttungen ohne Belang und damit auch bereinigungstechnisch entsprechend zu würdigen. Im nachfolgenden Beispiel ist die Neutralisierung der Korrektur unter der Korrektur B dargestellt.

ABB. 28: Neutralisierung der Korrekturen mittelfristig bestehender Sondereinflüsse

		2002	2003	2004	2005	2006
	Jahresüberschuss/Jahresfehlbetrag	500.000,00	320.000,00	690.000,00	490.000,00	530.000,00
A	Brandschaden		250.000,00			
	Versicherungsentschädigung			-250.000,00		
B	Veräußerungsgewinn	-1.000.000,00				
	6b-Abschreibung	1.000.000,00				
	reduzierte Abschreibung	0,00	0,00	0,00	0,00	0,00
	normale Abschreibung	0,00	0,00	0,00	0,00	0,00
	Summe Bereinigungen	0,00	250.000,00	-250.000,00	0,00	0,00
	Steuereffekt Bereinigungen s = 40 %	0,00	-100.000,00	100.000,00	0,00	0,00
	Jahresüberschuss/Jahresfehlbetrag korrigiert	500.000,00	470.000,00	540.000,00	490.000,00	530.000,00

Die so bereinigten Ergebnisse stellen die Grundlage für die Mittelfristplanung (Detail- und ggf. teilweise Konvergenzplanungsphase) dar und enthalten bewusst die Sondereinflüsse, die sich auch in den Folgejahren noch im Zahlenwerk des Unternehmens niederschlagen werden.

8.1.4.5 Zusätzliche Sondereinflüsse bei objektivierten Unternehmenswerten

Während obige Sondereinflüsse in jeder Form von Unternehmensbewertung (subjektiv oder objektiviert) zu beurteilen sein werden, können sich darüber hinaus insbesondere aus dem Bedürfnis des objektivierten Unternehmenswertes heraus zusätzliche Korrekturnotwendigkeiten erge-

---

[1] Zu einem 30-jährigen „Detailplanungsmodell" nach der 3-Phasenmethode siehe OLG Düsseldorf v. 20.10.2005 – I-19 W 11/04 AktE, AG, 2006, S. 289.

ben. Hier sind vor allem Geschäftsführerbezüge der Gesellschafter im Zusammenhang mit der Wahrung der Arbeitseinsatzäquivalenz zu nennen.[1]

Werden Bezüge für Gesellschafter-Geschäftsführer vereinbart, besteht die Gefahr, dass deren Höhe vor allem durch die Gesellschafterposition geprägt ist und einem Drittvergleich nicht standhält. Jede wesentliche Über- oder Unterschreitung des üblichen Entgeltniveaus verschiebt aber Unternehmenswertkomponenten in den Bereich des Anstellungsvertrages und ist deshalb zu korrigieren. Die Korrektur ist selbst dann vorzunehmen, wenn die Ausstattung der Geschäftsführerposition auch in der Zukunft unverändert bleiben wird. Die Korrektur ergibt sich im Rahmen objektivierter Unternehmenswerte aus dem Objektivierungserfordernis, womit auch für die Geschäftsführerbezüge „Marktpreise" zu unterstellen sind.

„Die Höhe des Unternehmerlohns wird nach der Vergütung bestimmt, die eine nichtbeteiligte Geschäftsführung erhalten würde."[2]

Auch bei subjektiven Unternehmenswerten kann eine derartige Korrektur erforderlich werden, wenn nach dem Anteilsübergang ein Ersatz der Geschäftsführerposition durch einen Fremdgeschäftsführer vorgesehen ist, oder die Konditionen an das im erwerbenden Konzern übliche Niveau angepasst werden sollen. Das Konzept des objektivierten Unternehmenswertes simuliert also an dieser Stelle nur Maßnahmen, die bei Unternehmenstransaktionen tatsächlich regelmäßig umgesetzt werden. Im nachfolgenden Beispiel ist die Korrektur unter der Korrektur C dargestellt.

ABB. 29:	Bereinigung um angemessene marktübliche Geschäftsführerbezüge				
	2002	2003	2004	2005	2006
Jahresüberschuss/Jahresfehlbetrag	500.000,00	320.000,00	690.000,00	490.000,00	530.000,00
A Brandschaden		250.000,00			
Versicherungsentschädigung			-250.000,00		
B Veräußerungsgewinn	-1.000.000,00				
6b-Abschreibung	1.000.000,00				
reduzierte Abschreibung	0,00	0,00	0,00	0,00	0,00
normale Abschreibung	0,00	0,00	0,00	0,00	0,00
C Geschäftsführergehalt Ist	40.000,00	40.000,00	40.000,00	40.000,00	40.000,00
Geschäftsführergehalt angemessen	-120.000,00	-120.000,00	-120.000,00	-120.000,00	-120.000,00
Summe Bereinigungen	-80.000,00	170.000,00	-330.000,00	-80.000,00	-80.000,00
Steuereffekt Bereinigungen s = 40 %	0,00	0,00	0,00	0,00	0,00
Jahresüberschuss/ Jahresfehlbetrag korrigiert	420.000,00	490.000,00	360.000,00	410.000,00	450.000,00

Damit sind die bereinigten Ergebnisse, in den unterschiedlichen Bereinigungsstufen, im Planungszeitraum wie folgt als Planungsgrundlage einzusetzen:

---

1 *Münstermann, H.*, Wert und Bewertung der Unternehmung, 1966, S 44; WP-Handbuch, Band II, 2008, S. 90; siehe dazu auch Gliederungspunkt 5.4.
2 IDW S1 i. d. F. 2008, Tz. 40.

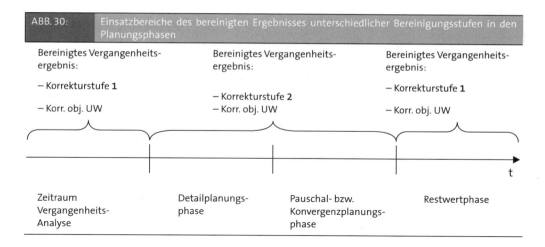

8.1.5 Bereinigungen zur Herstellung eines periodengerechten Erfolgsausweises

Das WP-Handbuch schlägt vor, im Rahmen der Vergangenheitsanalyse den Ergebnisausweis unfertiger Erzeugnisse und unfertiger Leistungen, insbesondere bei langfristiger Fertigung, zu periodisieren. Ergänzend sind wesentliche Effekte aus der Buchung von Rückstellungen periodengerecht zuzuordnen.[1]

Die Periodisierung eines repräsentativen langfristigen Fertigungsauftrages kann sinnvoll sein, wenn das Unternehmen ein Großprojekt nach dem anderen abwickelt. Setzt sich die Entwicklung der Gesamtleistung allerdings aus einer Vielzahl von langfristig abgewickelten Aufträgen zusammen, dann stellt der sich daraus ersichtliche Ergebnisausweis eine wertvolle Information dar, die nicht künstlich eingeebnet werden sollte. Vielmehr können auch Durchschnittswerte der Gesamtleistung (bestehend aus Umsatzerlösen und Bestandsveränderungen) als Grundlage der Prognose in der Restwertphase (ewige Rente) Verwendung finden.

8.1.6 Ergebnisbereinigung um Aufwendungen und Erträge aus nicht betriebsnotwendigem Vermögen

Der Unternehmenswert ergibt sich als Barwert der potentiellen Ausschüttungen, die aus dem betriebsnotwendigen Vermögen erwirtschaftet werden können, sowie aus dem Liquidationswert des nicht betriebsnotwendigen Vermögens.[2] Ein Ansatz des nicht betriebsnotwendigen Vermögens mit dem Fortführungswert kommt nur in Betracht, wenn dieser höher als der Liquidationswert ist.[3] Es stellen sich folgende Fragen:

a) Was ist nicht betriebsnotwendiges Vermögen?
b) Warum erfolgt die Bewertung separiert vom betriebsnotwendigen Vermögen?

---

1 WP-Handbuch, Band II, 2008, S. 90.
2 IDW S1 i. d. F. 2008, Tz. 5.
3 WP-Handbuch, Band II. 2002, S. 50, Tz. 151; IDW S1 i. d. F. 2008, Tz. 60; siehe auch Gliederungspunkt 9.17.3.

Zu a) kann auf die funktionale und die wertmäßige Abgrenzung verwiesen werden. Nach der funktionalen Abgrenzung kann nicht betriebsnotwendiges Vermögen aus dem Unternehmen entfernt werden, ohne das sich an der Fähigkeit die Unternehmensaufgaben zu erfüllen etwas ändert. Nach der wertmäßigen Abgrenzung ändert eine Herauslösung des nicht betriebsnotwendigen Vermögens nichts oder kaum etwas am Ausschüttungspotenzial des Unternehmens. Entscheidend für die Identifizierung des nicht betriebsnotwendigen Vermögens ist die funktionale Abgrenzung.[1]

Die Antwort zur Frage b) lautet, dass nur die aus dem operativen Geschäftsfeld resultierenden Ausschüttungspotenziale sinnvoll mit dem korrespondierenden Kalkulationszinssatz diskontiert werden können. Dagegen haben z. B. Erträge aus der Vermietung nicht betriebsnotwendiger Immobilien keine Entsprechung im zu Diskontierungszwecken ermittelten Kalkulationszinssatz, da dieser das operative Geschäftsrisiko des Unternehmenszwecks widerspiegelt. Damit ist nicht betriebsnotwendiges Vermögen isoliert mit dem Liquidationswert zu erfassen, wenn der Barwert der Überschüsse des nicht betriebsnotwendigen Vermögens geringer ist als der Liquidationswert.[2]

Teil der Vergangenheitsanalyse ist damit auch eine Bereinigung um die Ergebnisbeiträge aus dem nicht betriebsnotwendigen Vermögen. Dies können z. B. sein:[3]

▶ Grundsteuern für nicht betriebsnotwendige Immobilien

▶ Erträge bzw. Verluste aus nicht betriebsnotwendigen Beteiligungen

▶ Darlehenszinsen im Zusammenhang mit nicht betriebsnotwendigem Vermögen

Hinsichtlich der zeitlichen Berücksichtigung der Korrekturen gilt Folgendes. Da das nicht betriebsnotwendige Vermögen gegebenenfalls mit dem Liquidationswert zu berücksichtigen ist, müssen alle daraus resultierenden Einflüsse auf den Jahresüberschuss neutralisiert werden. Die Bereinigungen stellen somit Werte der Korrekturstufe 1 dar, d. h. Korrekturen die auch das Ergebnis der Restwertphase ändern.

8.1.7 Analyse der Vermögens-, Finanz- und Ertragslage

Die Durchführung der Vergangenheitsanalyse ist notwendige Voraussetzung einer Unternehmensplanung.[4] Die Umsetzung erfordert die Erfassung der Jahresabschlussdaten des Bewertungsobjekts in einem Tabellenkalkulationsprogramm, um daraus Kennzahlen zur Ergebnisbeurteilung abzuleiten.

---

1 WP-Handbuch, Band II, 2008, S. 43, Tz. 131; IDW S1 i. d. F. 2008, Tz. 59.
2 IDW S1 i. d. F. 2008, Tz. 60.
3 WP-Handbuch, Band II, 2008, S. 89, Tz. 247.
4 IDW S1 i. d. F. 2008, Tz. 72.

8.1 Vergangenheitsanalyse

ABB. 31: Strukturierte Gewinn- und Verlustrechnung zur Vergangenheitsanalyse

Währungsangaben in T€			2003	2004	2005	2006
Umsatzerlöse			14.961	14.579	17.495	15.644
Bestandsveränderungen			354	- 282	86	135
Andere aktivierte Eigenleistungen						
Gesamtleistung			**15.315**	**14.297**	**17.581**	**15.779**
	Wachstum p. a.		42,2 %	- 6,6 %	23,0 %	- 10,3 %
Materialaufwand			10.158	8.339	11.189	9.473
Rohertrag			**5.157**	**5.958**	**6.392**	**6.306**
	Rohertrag-Marge		33,7 %	41,7 %	36,4 %	40,0 %
Abschreibungen		bu	3.463	4.072	4.324	4.507
			251	245	228	223
Sonst. betriebl. Aufwendungen		bu	1.422	1.017	1.386	1.350
Sonstige Steuern			4	3	7	8
Operatives Ergebnis			**18**	**621**	**447**	**218**
	Operatives Ergebnis-Marge		0,1 %	4,3 %	2,5 %	1,4 %
Sonstige betriebl. Erträge		b	413	180	348	272
Betriebsergebnis			**432**	**801**	**796**	**490**
	Betriebsergebnis-Marge		2,8 %	5,6 %	4,5 %	3,1 %
EBIT			**432**	**801**	**796**	**490**
	EBIT-Marge		2,8 %	5,6 %	4,5 %	3,1 %
EBITDA (= EBIT + Abschreibungen)			**682**	**1.047**	**1.024**	**714**
	EBITDA-Marge		4,5 %	7,3 %	5,8 %	4,5 %
Sonstige Zinsen u. ä. Erträge			46	1	18	3
Sonstige Zinsen u. ä. Aufwendungen			206	165	101	103
Finanzergebnis			- 159	- 164	- 83	- 99
Finanz- und Beteiligungsergebnis			**- 159**	**- 164**	**- 83**	**- 99**
Ergebnis der gewöhnlichen Geschäftstätigkeit			**272**	**638**	**712**	**391**
	EGT-Marge		1,8 %	4,5 %	4,1 %	2,5 %
a. o. & neutrale Erträge			978	41	122	171
a. o. & neutrale Aufwendungen			954	69	- 24	- 68
a. o. & neutrales Ergebnis			**24**	**- 29**	**147**	**239**
Ergebnis vor Steuern			**296**	**609**	**859**	**630**
Steuern vom Einkommen und Ertrag			- 13	242	323	232
Jahresüberschuss / -fehlbetrag			**309**	**368**	**536**	**398**
	Jahresüberschuss/ -fehlbetrag-Marge		2,0 %	2,6 %	3,1 %	2,5 %

8. Unternehmensanalyse

Die Bereinigung von Sondereinflüssen, die Bildung von Verhältniszahlen und Kennzahlen und die Entwicklung der Stufen des Unternehmenserfolgs, liefert Erkenntnisse über die Ertragslage des Unternehmens.

ABB. 32: Analyse der Ertragssituation auf Basis strukturierter GuV-Daten					
Währungsangaben in T€		2003	2004	2005	2006
Umsatzerlöse	T€	14.961	14.579	17.495	15.644
Gesamtleistung	T€	15.315	14.297	17.581	15.779
Umsatzwachstum p. a.	%	44,7 %	-2,6 %	20,0 %	-10,6 %
Gesamtleistungswachstum p. a.	%	42,2 %	-6,6 %	23,0 %	-10,3 %
Gesamtleistung	GL/GL	100,00 %	100,00 %	100,00 %	100,00 %
Materialaufwand	MA/GL	66,3 %	58,3 %	63,6 %	60,0 %
Personalaufwand	PA/GL	22,6 %	28,5 %	24,6 %	28,6 %
Abschreibungen	AfA/GL	1,6 %	1,7 %	1,3 %	1,4 %
Sonstige betriebl. Aufwendungen	sbA/GL	9,3 %	7,1 %	7,9 %	8,6 %
Summe betriebl. Aufwendungen	betA/GL	99,9 %	95,7 %	97,5 %	98,6 %
Eigenleistung	T€	13.919	13.281	15.687	14.790
Operatives Ergebnis	T€	18	621	447	218
Betriebsergebnis	T€	432	801	796	490
EBITDA	T€	682	1.047	1.024	714
EBIT	T€	432	801	796	490
Ergebnis der gewöhnl. Geschäftstätigkeit	T€	272	638	712	391
Jahresüberschuss / -fehlbetrag	T€	309	368	536	398
Eigenleistung	EL/GL	90,9 %	92,9 %	89,2 %	93,7 %
Operatives Ergebnis	OE/GL	0,1 %	4,3 %	2,5 %	1,4 %
Betriebsergebnis	BE/GL	2,8 %	5,6 %	4,5 %	3,1 %
Ergebnis der gewöhnl. Geschäftstätigkeit	EGT/GL	1,8 %	4,5 %	4,1 %	2,5 %
Jahresüberschuss / -fehlbetrag	JE/GL	2,0 %	2,6 %	3,1 %	2,5 %
Umsatzrentabilität	%	3,4 %	3,7 %	3,6 %	3,2 %
Kapitalumschlagshäufigkeit	Anz.	2,02	1,69	2,01	1,75
Gesamtkapitalrentabilität	%	6,9 %	6,2 %	7,3 %	5,6 %
Eigenkapitalrentabilität	%	22,3 %	19,0 %	22,7 %	14,7 %

Auf Basis der Gewinn- und Verlustrechnung sowie der Bilanzdaten lässt sich die Entwicklung der Liquiditätssituation des Unternehmens durch Aufbau einer Kapitalflussrechnung darstellen und analysieren.

ABB. 33: Kapitalflussrechnung auf Basis der Vergangenheitsdaten				
Währungsangaben in T€	2003	2004	2005	2006
Jahresüberschuss / -fehlbetrag	309	368	536	398
(+) Abschreibungen / (-) Zuschreibungen	251	245	228	223
+ Z-A - Pensionsrückstellungen	44	48	51	98
Z-A – Sonderposten mit Rücklageteil	-215	-76	-75	-67
Standard Cashflow	**389**	**585**	**741**	**652**
(-) Cashflow aus staatlicher Förderung	-317	-11	-11	-47
+/- Verlust/Gewinn aus Anlagenabgängen	-632	0	0	0
(-) Aufbau / (+) Abbau übriger operativer Aktivbestände	-2.402	249	658	-1.040
(-) Aufbau / (+) Abbau übriger operativer Passivbestände	745	598	-208	23
Cashflow aus der Geschäftstätigkeit	**-2.217**	**1.422**	**1.179**	**-412**
Cashflow aus der Investitionstätigkeit	**174**	**-370**	**-250**	**-342**
Cashflow aus Eigenkapitalfinanzierung	-80		-80	-100
davon Ausschüttungen	-80		-80	-100
Cashflow aus Fremdfinanzierung	39	-626	-587	414
Cashflow aus staatlicher Förderung	1.453	198	11	47
Cashflow aus der Finanzierungstätigkeit	**1.412**	**-428**	**-656**	**361**
laufende Liquidität	-631	624	274	-393
Liquidität mit Vortrag	302	926	1.200	807

Der Nutzen der Kapitalflussrechnung besteht darin, die Quellen der Liquiditätsentwicklung für die Vergangenheit aufzudecken. Daraus können schon die ersten Eindrücke gewonnen werden, ob es dem Unternehmen auch in der Zukunft eher schwer oder leicht fallen wird, die Liquidität für die Durchführung der Ausschüttungen zu generieren. Für diesen Schluss notwendig ist a) die Arbeitshypothese, die Geschäftsentwicklung des Unternehmens bleibt im Wesentlichen unverändert und b) die Information über absehbar notwendige Investitionen.

8.2 Die Marktanalyse

„Dass ohne fundierte Kenntnisse des spezifischen Marktes, in dem ein Unternehmen tätig ist, eine Unternehmensplanung weder verifiziert noch modelliert werden kann, versteht sich ja im Grunde von selbst."[1]

Selbst wenn man nach Durchführung der Vergangenheitsanalyse ein gewisses „Gespür" für die Mechanik des Geschäftsmodells des Bewertungsobjekts bekommen hat, scheitern Aussagen über die mögliche Stabilität oder Änderung der Geschäftsentwicklung immer an der Frage, was der Rest der Welt macht. Bisher wurde ja nur der Mikrokosmos Unternehmen hinsichtlich der Ist-Daten analysiert. Das Unternehmen befindet sich jedoch in einem Leistungsaustausch mit

---

[1] Habbel/Krause/Ollmann, Die Relevanz von Branchenanalysen für die Unternehmensbewertung, in: Drukarczyk/Ernst (Hrsg.), Branchenorientierte Unternehmensbewertung, 2010, S. 11.

seinem ökonomischen Umfeld. Letzteres wird bestimmt von Kunden, Lieferanten, Wettbewerbern und gesetzlichen Rahmenbedingungen. Hierzu einige Beispiele:

- Emissionsschutzbestimmungen
- Arbeitsschutzvorschriften
- Tarifverträge
- Preisentwicklungen an den Rohstoffbörsen
- Steuerrechtsentwicklung
- Zulassungsvoraussetzungen
- Gesetze zu den Themen Energieerzeugung und Energieverteilung
- Gesetze zum Transportwesen
- Marktmacht der Hauptlieferanten
- Definition des Marktes geografisch und nach Zielgruppen
- Marktposition der Konkurrenten

Die Analyse des Marktes ist notwendiger Bestandteil jeder Unternehmensbewertung.[1] Warum? Weil das Unternehmen an diesen Markt seine Lieferungen oder Dienstleistungen erbringt, von dort seine Arbeitskräfte und Rohstoffe bezieht, dort mit Wettbewerbern konkurriert und von dort Chancen und Risiken durch veränderte Rahmenbedingungen zu erwarten sind. Folgendes Zitat mag das unterstreichen.

> „Valuation is 95 % research and analysis. The actual calculations take about 30 seconds on a calculator. It is rigorous. There is no substitute for analysing your company, analysing your target, analysing its place in its industry and analysing that industry's place in the economy."[2]

Obwohl die Beschäftigung mit dem Markt dringend geboten ist, sind die zeitlichen Restriktionen der Gutachtenentwicklung zu berücksichtigen. Die Durchführung langfristiger Marktstudien ist damit im Regelfall ausgeschlossen.[3] Allerdings bietet die Beantwortung der zentralen Fragen, die sich aus dem sogenannten Porter-Modell ergeben, einen strukturierten und auch zeitlich zu bewältigenden Weg, mit überschaubarem Aufwand, Einblick in die das Unternehmen bestimmende Marktmechanik zu gewinnen. Das Porter-Modell wird durch die folgenden Fragestellungen, mit Bezug auf das Bewertungsobjekt, definiert:[4]

1. Welche Macht haben die Kunden des Unternehmens?
2. Welche Macht haben die Lieferanten des Unternehmens?
3. Welche Macht haben die Wettbewerber des Unternehmens?
4. Welche Gefahr geht von Ersatzprodukten aus?

---

1 IDW S1 i. d. F. 2008, Tz. 75; zu den Besonderheiten der Unternehmensbewertung, abhängig von der Branche des Bewertungsobjektes, siehe Drukarczyk/Ernst, Branchenorientierte Unternehmensbewertung, 2007.
2 Financial Times, 1990.
3 Markt- und Branchenanalysen werden von spezialisierten Beratungshäusern angeboten.
4 *Porter, M. E.*, Wettbewerbsstrategie, 1999, S. 34; siehe auch die Vorgehensweise bei *Rappaport, A.*, Shareholder Value, 1995, S. 91 ff.

Daraus lässt sich folgende Darstellung des Unternehmens im Verhältnis zu seinem Markt ableiten:

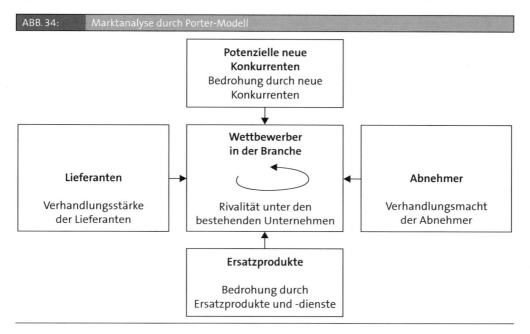

ABB. 34: Marktanalyse durch Porter-Modell

Die Antworten auf diese vier Fragen legen das strategische Fundament für die Unternehmensplanung. Allerdings betreffen diese Fragen nur das Unternehmensumfeld. Zur Beantwortung der Fragen wäre es hilfreich zu wissen, welche Stärken und Fähigkeiten das Unternehmen diesen Machtpositionen im Umfeld entgegenzusetzen hat, aber auch welche Schwächen es gegenüber den formulierten Machtpositionen anfällig macht. Denn wenn im Unternehmen die Voraussetzungen fehlen, bleiben Strategien Wunschträume.[1] Werden die Machtpositionen in die Kategorien Chancen und Bedrohungen eingeteilt, ist man im Bereich der SWOT-Analyse angelangt. SWOT steht für:

▶ S (Strength = Stärken und besonderen Fähigkeiten des Unternehmens)
▶ W (Weakness = Schwächen und Defizite des Unternehmens)
▶ O (Opportunities = Chancen die sich für das Unternehmen daraus ergeben)
▶ T (Threats = Bedrohungen für die Unternehmensposition im Markt)

---

[1] *Winkelmann, P.*, Marketing und Vertrieb, 2006, S. 74.

8. Unternehmensanalyse

Gemäß der SWOT-Analyse sind folgende Fragen zu beantworten:

ABB. 35: SWOT-Analyse[1]

		"Opportunities"	"Threats"
Ressourcen und Fähigkeiten	"Strength"	• Haben wir die Stärken, um Chancen zu nutzen?	• Haben wir die Stärken, um Risiken zu bewältigen?
	"Weaknesses"	• Welche Chancen verpassen wir wegen unserer Schwächen?	• Welchen Risiken sind wir wegen unserer Schwächen ausgesetzt?

Makro- und Branchenumwelt

---

[1] *Horváth/Gleich*, Neugestaltung der Unternehmensplanung, 2003, S. 252.

8.2 Die Marktanalyse

Eine SWOT-Analyse könnte für ein Maschinenbauunternehmen etwa wie folgt aussehen:

ABB. 36: SWOT-Analyse für ein Maschinenbau-Unternehmen

Stärken (**S**trength)

- Klare strategische Positionierung, Etablierung einer systematischen strategischen und operativen Planung (rollierender 5 Jahresplan)
- Hoher Innovationsgrad des Unternehmens, hohe Verfahrens- und Methodenkompetenz der Mitarbeiter
- Marktetablierung des Systembaukastens xxx
- Exponierte Stellung beim derzeitigen Hauptkunden xxx
- Modernste Anlagenausstattung sowie eigene Betriebsimmobilie mit Erweiterungsmöglichkeiten
- Organisierte Nachfolgeregelung

Möglichkeiten (**O**pportunity)

- Optimales Branchenumfeld, zweistellige Wachstumsprognosen im Markt für Montage- und Handhabungstechnik und Laseranlagen
- Steigende Bedeutung der Automationstechnik insbesondere für die von der TARGET stark belieferte Automotive-Branche
- Ausweitung der Geschäftsaktivitäten in andere wachstumsstarke Branchen (z. B. Maschinenbau) und Regionen (z. B. Asien)

Schwächen (**W**eakness)

- Grad des Aufbaus des Vertriebssystems
- Grad des Ausbaus des „Service und Wartung"-Geschäftes innerhalb des Anlagenbaus
- Geringe Exportquote
- Konzentration auf wenige Kunden innerhalb der Automotive-Branche

Bedrohungen (**T**hreat)

- Konjunkturrisiken durch Fokussierung auf Automobilindustrie
- Technologie- und Preisrisiken durch hohe Komplexität des Sonderanlagenbaus
- Hohe Qualitätsanforderungen mit „Null-Fehler-Toleranz"
- Tendenzielle Erhöhung von Länderrisiken bei systematischer Steigerung der Exportquote (Einsatz von Sicherungsinstrumenten)

Auf der Grundlage der Untersuchungen nach dem Porter-Modell, kombiniert mit einer SWOT-Analyse, lässt sich einschätzen, ob das Unternehmen in der Zukunft

▶ seinen Marktanteil ausbauen und damit den Umsatz steigern kann,

▶ eine Anhebung der Verkaufspreise durchsetzen kann,

▶ erhöhte Rohstoffpreise zu erwarten hat,

▶ die Wettbewerbsfähigkeit der Produkte erhalten kann,

▶ absehbar im Bestand gesichert ist.

Natürlich baut auch nach den genannten Arbeitsschritten die notwendige Unternehmensplanung oder Prüfung der Unternehmensplanung auf mehr oder weniger vagen Annahmen auf. Eine Unternehmensplanung und Unternehmensbewertung ohne die Beantwortung dieser Fragen hat aber bestenfalls Unterhaltungswert. Anschaulich macht dies auch das folgende Zitat:

„Nicht die intime Kenntnis finanzmathematischer Verfahren und entscheidungstheoretischer Modelle macht den Unterschied zwischen einer guten und einer schlechten Unternehmensbewertung aus, sondern die Fähigkeit zur Einschätzung von Produkten, Märkten und Strategien."[1]

8.3 Rechtsprechung

Für die Wahl des Zeitraumes, den die Vergangenheitsanalyse abzudecken hat, gibt es keine verbindlichen Vorgaben. Ein Analysezeitraum von 3 bis 5 Jahren wurde als sachgerecht bestätigt.[2] Die Bestimmung des relevanten Analysezeitraums und auch die Ausgrenzung gegebenenfalls nicht repräsentativer Jahre aus diesem Analysezeitraum ist eine Ermessensentscheidung des Sachverständigen.[3]

Auch die Rechtsprechung geht davon aus, dass nur um Sondereinflüsse bereinigte Vergangenheitsergebnisse eine Grundlage für eine fundierte Unternehmensplanung ausschüttungsfähiger Ergebnisse sein können, soweit die Vergangenheit überhaupt repräsentativ für eine Prognose sein kann.[4]

„Im Rahmen des Ertragswertverfahrens als geeignetem Verfahren zur Ermittlung des Verkehrswertes eines Unternehmens sind die in der Vergangenheit erzielten Ergebnisse unter dem Gesichtspunkt zu beurteilen, ob sie eine Grundlage für die Schätzung des Zukunftsertrages bilden, dabei sind die Ergebnisse der Vergangenheit um die Auswirkungen außergewöhnlicher Ereignisse zu bereinigen".[5]

9. Unternehmenskonzept und Unternehmensplanung

„Alles, was erfunden werden kann, ist erfunden worden."[6]

„Zukunft ist als Raum unserer Möglichkeiten auch der Raum unserer Freiheit"[7]

9.1 Prüfung der Unternehmensplanung

Die Unternehmensplanung kann dem Gutachter entweder von dem Geschäftsführungsorgan des Bewertungsobjektes zur Verfügung gestellt werden oder sie ist im Zweifel vom Gutachter zur erstellen. Letzterer Fall wird bei der Bewertung von kleinen und mittleren Unternehmen, etwa im Zuge von familien- und erbrechtlichen Bewertungsanlässen, häufiger anzutreffen sein.[8] Im aktien- und umwandlungsrechtlichen Bewertungsanlass werden dagegen regelmäßig Planungsunterlagen vorhanden sein, sodass dem Gutachter die Aufgabe zukommt, die Stimmigkeit der Planung zu überprüfen. Eine Verwendung von Unternehmensplanungsunterlagen für eine Unternehmensbewertung, ohne Überprüfung deren Stimmigkeit, ist in keinem Fall mit der Tätigkeit als neutraler Gutachter oder als Schiedsgutachter zu vereinbaren.[9]

---

1 *Bretzke, W.-R.*, Risiken in der Unternehmensbewertung, zfbf, 1988, S. 823.
2 OLG Frankfurt v. 9. 1. 2003 – 20 W 434/93, AG, 2003, S. 581.
3 OLG Stuttgart v. 1. 10. 2003 – 4 W 34/93, AG, 2004, S. 44.
4 OLG Düsseldorf v. 8. 7. 2003 – 19 W 6/00 AktE, AG, 2003, S. 690.
5 Hessisches Finanzgericht v. 15. 5. 2001 – 4-V-5281/00, Datev, DokNr 0572464.
6 *Charles H. Duell*, Beauftragter des USA Patentamtes, 1899.
7 *Karl Jaspers*, 1932.
8 Siehe dazu Gliederungspunkt 9.15.2.2.
9 WP-Handbuch, Band II, 2008, S. 58, Tz. 171.

9.2 Planungsbeschränkungen für den objektivierten Unternehmenswert – Bewertung des Unternehmens „wie es steht und liegt"

Aufgrund des Objektivierungserfordernisses, können nicht alle Zukunftsvisionen unbesehen im objektivierten Unternehmenswert Berücksichtigung finden.

> „Der objektivierte Unternehmenswert ... ergibt sich bei Fortführung des Unternehmens auf Basis des bestehenden Unternehmenskonzepts und mit allen realistischen Zukunftserwartungen im Rahmen der Marktchancen, -risiken und finanziellen Möglichkeiten des Unternehmens sowie sonstigen Einflussfaktoren."[1]

Der objektivierte Unternehmenswert stellt wie jeder stichtagsbezogene Wert eine Momentaufnahme dar. Diese Momentaufnahme betrifft einen Zeitraum, nämlich die Prognose hinsichtlich der Entwicklung des Unternehmenswertes aus dem Blickwinkel des Stichtages.[2] Die Ausgangsbasis dieser Prognose bzw. Planung ist der Unternehmenserfolg der Vergangenheit, manifestiert in den am Stichtag vorliegenden Vermögens- und Ertragsverhältnissen bzw. den hierzu implementierten strategischen Erfolgsfaktoren. Das Unternehmen wird bewertet, wie es am Stichtag „steht und liegt".

> „...weil bei der Festsetzung des Ausgleichs der durchschnittlich verteilbare Bruttogewinn als feste Größe aus dem objektiven Wert des Unternehmens, „wie es am Stichtag steht und liegt", abzuleiten ist, sodass nur die Organisationsverhältnisse und die wirtschaftlichen und rechtlichen Strukturen des Unternehmens maßgeblich sind, die am Bewertungsstichtag vorhanden waren."[3]

Diese besondere, verengte Sichtweise der Unternehmenszukunft ist beim objektivierten Unternehmenswert verfahrenstechnisch bedingt und gewollt. Somit werden nicht alle sich dem Unternehmen bietenden Chancen Teil der Unternehmensplanung und damit Teil des Unternehmenswertes, sondern nur die Möglichkeiten, die am Bewertungsstichtag Teil des Unternehmenskonzeptes sind oder bereits in die Realisierungsphase getreten sind.

> „Die bewertbare Ertragskraft beinhaltet die Erfolgschancen, die sich
>
> ▶ zum Bewertungsstichtag
> ▶ aus der vorhandenen Ertragskraft (beruht auf vorhandenen Erfolgsfaktoren)
> ▶ aus bereits eingeleiteten Maßnahmen oder aus
> ▶ hinreichend konkretisierten Maßnahmen
> ▶ im Rahmen des bisherigen Unternehmenskonzepts und der Marktgegebenheiten ergeben."[4]

Diese Aussage lässt sich anhand der Ausführungen des IDW S1 zum subjektiven Unternehmenswert präzisieren, da die Beurteilung der „hinreichenden Konkretisierung einer Maßnahme" im Zweifel Probleme bereiten kann.

> „Bei der Ermittlung eines subjektiven Entscheidungswerts für den potentiellen Erwerber eines Unternehmens sind auch solche strukturverändernden Vorhaben sowie bereits erkannte und realisierbare Möglichkeiten zu berücksichtigen, die (noch) nicht Bestandteil des zum Bewertungsstichtag dokumentierten Unternehmenskonzepts sind."[5]

---

1 IDW S1 i. d. F. 2008, Tz. 29.
2 Die Rechtsprechung hat für diesen Erkenntnishorizont den Begriff der „Wurzeltheorie" geprägt, siehe z. B. BGH v. 17.1.1973 – IV ZR 142/70, NJW, 1973, S. 511; OLG Stuttgart v. 19.3.2008 – 20 W 3/06, AG, 2008, S. 514.
3 BGH v. 21.7.2003 – II ZB 17/01, AG, 2003, S. 629.
4 IDW S1 i. d. F. 2008, Tz. 32.
5 IDW S1 i. d. F. 2008, Tz. 49.

Daraus ist zu schließen, dass der Dokumentation einer Maßnahme im Unternehmenskonzept die entscheidende Bedeutung zukommt, wenn es darum geht, ob eine noch nicht eingeleitete Maßnahme im objektivierten Unternehmenswert Berücksichtigung finden kann. Denn da die beabsichtigte Maßnahme noch nicht eingeleitet wurde, befindet sie sich somit zwangsläufig noch in der Planungsphase. Die Dokumentation bzw. Datengrundlage hierfür muss sich dann aus Nachweisgründen im wie auch immer definierten Unternehmenskonzept auffinden lassen, um die Maßnahme über den Status einer reinen Idee herauszuheben.

Trotz den Beschränkungen in der planungstechnischen Erfassung sich bietender Handlungsoptionen, stellt die Unternehmensplanung für einen objektivierten Unternehmenswert keine „einfache Trendfortschreibung" dar.[1] Trendfortschreibungen erfolgen mit Hilfe mathematisch-statistischer Verfahren und münden in eine Trendextrapolation. D. h. die Dynamik einer wirtschaftlichen Entwicklung wird nur zeitabhängig modelliert.[2] „Zeitabhängige Funktionen haben aber für sich genommen keinen Erklärungswert."[3]

Im Rahmen der Planung objektivierter Unternehmenswerte sind dagegen folgende Maßnahmen zu berücksichtigen, die die bisherige Ertragskraft des Unternehmens verändern:

TAB. 27:	Zugelassene Änderungen des Unternehmens „wie es steht und liegt" gemäß IDW S1		
Grundsatz	IDW S1	Berücksichtigungsfähige Änderungen	IDW S1
Unverändertes Unternehmenskonzept	Tz. 29 - 31	Im Unternehmenskonzept hinreichend konkretisierte (dokumentierte) Maßnahmen (Strukturveränderungen)	Tz. 32 Tz. 49
Vorhandene Ertragskraft	Tz. 32	Eingeleitete Maßnahmen (Investitionen / Desinvestitionen)	Tz. 34
		Eingeleitete synergiestiftende Maßnahmen unechter Synergien	Tz. 34
		Im Unternehmenskonzept dokumentierte Maßnahmen unechter Synergien	Tz. 34

Damit sind in der Unternehmensplanung des objektivierten Unternehmenswertes bestimmte, die Ertragskraft ändernde Einflussgrößen zu berücksichtigen. Die Planung hat diese Änderungen über den Planungszeitraum abzubilden. Die als berücksichtigungsfähig definierten Maßnahmen können den Ertragsstatus des Unternehmens „wie es steht und liegt" damit für die Zukunft gravierend ändern. Diese Konsequenzen sind in der Detailplanungsphase, ggf. der Konvergenzplanungsphase und in der Restwertphase bzw. im Restwert zu berücksichtigen. Dabei sind alle Konsequenzen geplanter Maßnahmen zu berücksichtigen.[4]

---

1 A. A. siehe *Henselmann, K.*, Unternehmensrechnungen und Unternehmenswert, 1999, S. 114, der das Konzept des „wie es steht und liegt" zu eng auslegt.
2 *Weiler, A.*, Verbesserung der Prognosegüte bei der Unternehmensbewertung, 2005, S. 43.
3 *Bretzke, W.-R.*, Das Prognoseproblem bei der Unternehmensbewertung, 1975, S. 155.
4 WP-Handbuch, Band II, 2002, S. 36, Tz. 110.

9.3 Die Typisierung des Anteilseigners

Unternehmenswerte drücken den Wert eines Bewertungsobjektes für ein Bewertungssubjekt aus. Da Grundlage der Unternehmensbewertung potenzielle Ausschüttungen sind, ist damit auch geklärt, dass Unternehmenswerte aus der Perspektive der Anteilseigner ermittelt werden, sie sind das Bewertungssubjekt. Bei den Anteilseignern einer zu bewertenden Gesellschaft kann es sich um natürliche oder juristische Personen oder Personengesellschaften handeln. Diese können im Inland oder im Ausland ansässig sein, bzw. ihren Sitz haben. Letztlich ist auch zu klären, ob Unternehmen im Holdingbesitz aus Sicht der Muttergesellschaft oder aus Sicht der dahinter stehenden natürlichen Personen zu bewerten sind. Weder die Art des Anteilseigners, noch seine Einkommensverhältnisse oder sein Sitz hätten allerdings für die gesellschaftsrechtlich motivierte Bewertung Bedeutung, wenn damit nicht steuerliche Konsequenzen verbunden wären.[1]

Für die Ermittlung objektivierter Unternehmenswerte kann in aktienrechtlichen Abfindungsfällen bei einer Vielzahl von Aktionären schon aus technischen Gründen nicht auf die individuellen steuerlichen Verhältnisse Rücksicht genommen werden, zum anderen steht dem ohnehin der Gleichbehandlungsgrundsatz entgegen (§ 53a AktG). Um das Ziel der Nachtsteuerbetrachtung zu erreichen – der abgefundene Anteilseigner soll mit der Investition der Abfindung in der Alternative den gleichen Einkommensstrom erzielen wie bisher[2] – entsteht das Erfordernis der Typisierung der steuerlichen Verhältnisse des Anteilseigners. Eine steuerliche Typisierung ist aber nur möglich, soweit typisierende Annahmen zum Anteilseigner selbst getroffen werden.

Die notwendigerweise zu typisierenden Aspekte des Anteilseigners sind zum einen Reflex der steuerlichen Rahmenbedingungen und zum anderen Folge des Bewertungsanlasses, für den ein Unternehmenswert Verwendung finden soll.[3] Hier setzen die Änderungen des IDW S1 i.d.F. 2008 hinsichtlich der steuerlichen Typisierung des Anteilseigners an. Zum einen sollten die Formulierungen abstrakt gehalten werden, ohne Ausführungen zu den im Einzelfall anzuwendenden steuerlichen Vorschriften und Steuertarifen. Änderungen des IDW S1 aufgrund von Änderungen der steuerlichen Rahmenbedingungen sollen so verhindert werden.[4] Zum anderen werden die Einsatzgebiete und damit Bewertungsanlässe für den objektivierten Unternehmenswert aufgefächert und damit auch die Typisierung der steuerlichen Verhältnisse der Anteilseigner. Als Konsequenz daraus verwendet IDW S1 i.d.F. 2008 nun die Formulierungen der anlassbezogenen bzw. sachgerechten Typisierung.

„In Abhängigkeit vom zu ermittelnden Unternehmenswert (objektivierter Unternehmenswert, subjektiver Entscheidungswert, Einigungswert) ergeben sich i.d.R. unterschiedliche Annahmen über die Prognose und Diskontierung der künftigen finanziellen Überschüsse, Art und Umfang einzubeziehender Synergien sowie zu persönlichen Verhältnissen der Anteilseigner bzw. deren anlassbezogener Typisierung."[5]

„Von der Unternehmensbewertungstheorie und -praxis sowie der Rechtsprechung ist die Notwendigkeit der Berücksichtigung persönlicher Ertragsteuern allgemein anerkannt. Daher sind die wertrelevanten

---

[1] Bei gesellschaftsrechtlich motivierten Bewertungen kommt der Gleichbehandlungsgrundsatz zum Tragen, womit unterschiedliche Beteiligungshöhen nicht bewertungsrelevant sind.
[2] BVerfG v. 29.11.2006 – 1 BvR 704/03, AG, 2007, S. 119.
[3] IDW S1 i.d.F. 2008, Tz. 17.
[4] *Wagner/Saur/Willershausen*, Zur Anwendung der Neuerungen der Unternehmensbewertungsgrundsätze des IDW S1 i.d.F. 2008 in der Praxis, Wpg 2008, S. 732; siehe Gliederungspunkt 9.20.4.4.
[5] IDW S1 i.d.F. 2008, Tz. 17.

steuerlichen Verhältnisse der Anteilseigner bei der Ermittlung des objektivierten Unternehmenswertes im Bewertungskalkül sachgerecht zu typisieren."[1]

Die Flexibilisierung hinsichtlich der anlassbezogenen bzw. sachgerechten steuerlichen Typisierung zielt zum einen auf den Einkommensteuertarif des Bewertungssubjekts ab, wobei eine derart spezifische Berücksichtigung der steuerlichen Verhältnisse wie bei subjektiven Unternehmenswerten nicht beabsichtigt ist.[2] Im jeweiligen Anwendungsfall einer objektivierten Unternehmensbewertung können damit bei Personenhandelsgesellschaften auch Durchschnittsteuersätze abweichend von den bisher verwendeten typisierten 35 % sachgerecht sein.[3]

Zum anderen soll damit die Möglichkeit einer Vor-Einkommensteuerbewertung eröffnet werden. Für den Bewertungsanlass „unternehmerischer Initiativen" soll mit Rücksicht auf international gebräuchliche Vor-Einkommensteuerbewertungen eine mittelbare Typisierung sachgerecht sein.

„Häufig ist der Wirtschaftsprüfer als neutraler Gutachter zur Ermittlung eines objektivierten Unternehmenswerts im Rahmen unternehmerischer Initiativen tätig, bei denen die Bewertung als objektivierte Informationsgrundlage (z. B. für Kaufpreisverhandlungen, Fairness Opinions, Kreditwürdigkeitsprüfungen) dient. Im Hinblick auf das Informationsbedürfnis und die Informationserwartungen der Adressaten der Bewertung sowie vor dem Hintergrund der Internationalisierung der Kapitalmärkte und der Unternehmenstransaktionen ist in diesen Fällen eine mittelbare Typisierung der steuerlichen Verhältnisse der Anteilseigner sachgerecht. Hierbei wird die Annahme getroffen, dass die Nettozuflüsse aus dem Bewertungsobjekt und aus der Alternativinvestition in ein Aktienportfolio auf der Anteilseignerebene einer vergleichbaren persönlichen Besteuerung unterliegen. Im Bewertungskalkül wird dann auf eine explizite Berücksichtigung persönlicher Ertragsteuern bei der Ermittlung der finanziellen Überschüsse und des Kapitalisierungszinssatzes verzichtet."[4]

Die der mittelbaren Typisierung zugrunde liegende Annahme gleicher Steuerbelastungen des Bewertungsobjekts und der Alternativinvestition des Anteilseigners lassen eine Verwendung für die Bewertung von Einzelunternehmen und Personengesellschaften unabhängig vom Bewertungsanlass nicht zu.

„Die Bewertung eines Einzelunternehmens oder einer Personengesellschaft erfordert stets eine Berücksichtigung persönlicher Ertragsteuern, wenn – wie im Fall des derzeitigen Steuersystems – die persönliche Einkommensteuer teilweise oder ganz an die Stelle der in der Alternativrendite bereits berücksichtigten Unternehmensteuer tritt."[5]

Unverändert gilt für den aktien- und umwandlungsrechtlichen Abfindungsfall im IDW S1 i. d. F. 2008 die unmittelbare Typisierung.

„Für Unternehmensbewertungen aufgrund gesellschaftsrechtlicher oder vertraglicher Vorschriften, insbesondere zur Ermittlung eines Abfindungsanspruchs bei Verlust von Eigentums- und Gesellschafterrechten, z. B. Squeeze-out, sind wegen der Typisierung einer inländischen unbeschränkt steuerpflichtigen natürlichen Person als Anteilseigner weitergehende Analysen zu den effektiven Auswirkungen der persönlichen Steuern auf die künftigen Nettozuflüsse und den Kapitalisierungszinssatz erforderlich."[6]

---

1 IDW S1 i. d. F. 2008, Tz. 43.
2 *Wagner/Saur/Willershausen*, Zur Anwendung der Neuerungen der Unternehmensbewertungsgrundsätze des IDW S1 i. d. F. 2008 in der Praxis, Wpg 2008, S. 733.
3 *Popp, M.*, Ausgewählte Aspekte der objektivierten Bewertung von Personengesellschaften, Wpg 2008, S. 937.
4 IDW S1 i. d. F. 2008, Tz. 30.
5 IDW S1 i. d. F. 2008, Tz. 47.
6 IDW S1 i. d. F. 2008, Tz. 46.

9.3 Die Typisierung des Anteilseigners

Durch den für Ausschüttungen aus Kapitalgesellschaften ab dem 1.1.2009 geltenden einheitlichen Abgeltungsteuersatz, sind hier nur noch Typisierungen zur Haltedauer erforderlich. Im Regelfall kommen 50 % des Abgeltungsteuersatzes zur Anwendung.[1] Die Kriterien zur Bestimmung des Anteilseignertypus sind unverändert geblieben.

> „Bei gesellschaftsrechtlichen und vertraglichen Bewertungsanlässen (z. B. Squeeze-out) wird der objektivierte Unternehmenswert im Einklang mit der langjährigen Bewertungspraxis und deutschen Rechtsprechung aus der Perspektive einer <u>inländischen unbeschränkt steuerpflichtigen natürlichen Person</u> als Anteilseigner ermittelt."[2]

Für diesen Typus eines Anteilseigners gilt nach wie vor die Annahme, dass er eine Beteiligung unterhalb der Wesentlichkeitsgrenze des § 17 Abs. 1 Satz 1 EStG (gegenwärtig 1 %) im Privatvermögen hält.[3] Damit kommt ab dem 1.1.2009 auch hinsichtlich der Ermittlung des effektiven Steuersatzes im Rahmen der Typisierung der Haltedauer der Abgeltungsteuersatz von 25 % (§ 32d Abs. 1 EStG) zur Anwendung und nicht das Teileinkünfteverfahren (§ 3 Nr. 40 Satz 1c EStG).

TAB. 28: Typisierungen des Anteilseigners in IDW S1 vom 18.10.2005 und in IDW S1 i. d. F. 2008

IDW S1 v. 18.10.2005	IDW S1 i. d. F. 2008			
	Unmittelbare Typisierung			Mittelbare Typisierung
	Kapitalgesellschaft		Personengesellschaft/Einzelunternehmen	Kapitalgesellschaft
	Aktien- und umwandlungsrechtlicher Abfindungsfall	Abfindungsfall	Abfindungsfall u. unternehmerische Initiative	Unternehmerische Initiative bei Kapitalgesellschaften
natürliche Personen, im Inland ansässig, unbeschränkt steuerpflichtig, Anteile im Privatvermögen	natürliche Personen, im Inland ansässig, unbeschränkt steuerpflichtig, Anteile im Privatvermögen			
Steuersatz 17,5 % bei Ausschüttungen (KapGes)	Steuersatz 25 % bei Ausschüttungen	Anlassbezogene Typisierung		ohne ESt, Verwendung von Vorsteuerrenditen
Steuersatz 35 % bei Entnahmen (EU, PersGes)			Anlassbezogene Typisierung	
Beteiligung unter 1 %	Beteiligung unter 1 %			
–	lange Haltedauer, 50 % des Abgeltungsteuersatzes			

---

1 *Wagner/Saur/Willershausen*, Zur Anwendung der Neuerungen der Unternehmensbewertungsgrundsätze des IDW S1 i. d. F. 2008 in der Praxis, Wpg 2008, S. 736; siehe Gliederungspunkt 9.20.4.4.
2 IDW S1 i. d. F. 2008, Tz. 31.
3 *Wagner/Saur/Willershausen*, Zur Anwendung der Neuerungen der Unternehmensbewertungsgrundsätze des IDW S1 i. d. F. 2008 in der Praxis, Wpg 2008, S. 733.

9.4 Sitzlandprinzip

Das Sitzlandprinzip typisiert die geografische Zuordnung des Bewertungssubjekts.

„Die Ermittlung eines objektivierten Werts erfolgt grundsätzlich unter der Annahme, dass die Unternehmenseigner im Sitzland des zu bewertenden Unternehmens ansässig sind."[1]

Dies erfolgt über eine Verknüpfung mit dem Sitzland des zu bewertenden Unternehmens. Da z. B. das Aktiengesetz oder das Umwandlungsgesetz nur Wirkung für Unternehmen mit Sitz im Inland entfalten, kann der Gegenstand einer objektivierten Unternehmensbewertung im Zusammenhang mit Abfindungsfällen nur ein inländisches Unternehmen sein. Das Bewertungssubjekt ist damit typisiert ein Inländer.

Das Sitzlandprinzip wurde im IDW S1 i. d. F. 2008 nicht mehr als gesonderter Gliederungspunkt berücksichtigt. Allerdings ändert sich dadurch nichts an der Gültigkeit des Sitzlandprinzips bei vertraglichen oder gesetzlichen Bewertungsanlässen.[2]

„Bei gesellschaftsrechtlichen und vertraglichen Bewertungsanlässen (z. B. Squeeze-out) wird der objektivierte Unternehmenswert im Einklang mit der langjährigen Bewertungspraxis und deutschen Rechtsprechung aus der Perspektive einer inländischen unbeschränkt steuerpflichtigen natürlichen Person als Anteilseigner ermittelt."[3]

Aus dem Sitzlandprinzip ergeben sich die Grundlagen zur Bestimmung der relevanten Steuerbelastung, die Rahmenbedingungen des Wachstums und die zu verwendenden Kapitalmarktdaten.[4]

Der „Wegfall" des ausdrücklichen Sitzlandprinzips für den objektivierten Unternehmenswert im IDW S1 i. d. F. 2008 ist im Zusammenhang mit der Öffnung dieses Bewertungskonzepts für „unternehmerische Initiativen" insbesondere im Zusammenhang mit internationalen Transaktionen zu sehen.

9.5 Stand-alone-Prinzip

Was genau unter dem Stand-alone-Prinzip zu verstehen ist, erläutert weder IDW S1 i. d. F. 2008 noch das WP-Handbuch. Klar wird das Prinzip bei einer beabsichtigten Unternehmensverbindung und einer in diesem Zusammenhang veranlassten Bewertung. Da der Bewertungsstichtag auf den Beschlusstag der Versammlung der Anteilsinhaber für diese Maßnahme festgelegt ist, sind die Verhältnisse der Gesellschaft vor der Umsetzung der beabsichtigten Unternehmensverbindung relevant.[5] Damit werden die Ertragswerte der Unternehmen unter der fiktiven Annahme des selbständigen Fortbestands der beteiligten Rechtsträger ermittelt.[6]

Befindet sich das zu bewertende Unternehmen allerdings bereits in einer Unternehmensverbindung, bedeutet die Stand-alone-Bewertung nicht die fiktive Herauslösung aus dem Unternehmensverbund. Die Bewertung berücksichtigt vielmehr die Einbindung des Unternehmens durch

---

1 IDW Standard: Grundsätze zur Durchführung von Unternehmensbewertungen (IDW S1) v. 18. 10. 2005, Tz. 55.
2 WP-Handbuch, Band II, 2008, S. 37, Tz. 110.
3 IDW S1 i. d. F. 2008, Tz. 31.
4 WP-Handbuch, Band II, 2008, S. 38, Tz. 111.
5 § 30 Abs. 1 UmwG.
6 OLG Stuttgart v. 8. 3. 2006 – 20W 5/05, AG, 2006, S. 426; OLG Düsseldorf v. 27. 2. 2004 – 19W 3/00 AktE, AG, 2004, S. 327; OLG Celle v. 31. 7. 1998 – 9 W 128/97, AG, 1999, S. 130.

die Berücksichtigung der sogenannten unechten Synergieeffekte.[1] Eine Stand-alone-Bewertung ist somit als Bewertung des Status quo zu verstehen.

9.6 Konstanz des Managementfaktors

Die Bewertung des Unternehmens wie es steht und liegt heißt auch, dass von einer gleichbleibenden Qualität des Managements auszugehen ist. So urteilt der BGH im Zusammenhang mit einem Gewinnabführungsvertrag und der Bemessung von Abfindung und Ausgleich:

> „...weil bei der Festsetzung des Ausgleichs der durchschnittlich verteilbare Bruttogewinn als feste Größe aus dem objektiven Wert des Unternehmens, „wie es am Stichtag steht und liegt", abzuleiten ist, sodass nur die Organisationsverhältnisse und die wirtschaftlichen und rechtlichen Strukturen des Unternehmens maßgeblich sind, die am Bewertungsstichtag vorhanden waren."[2]

Dieses Ziel kann auf zweierlei Wegen erreicht werden:[3]

a) das vorhandene Management steht dem Unternehmen auch in der Zukunft (nach dem Bewertungsstichtag) zur Verfügung

b) das vorhandene Management wird durch ein gleichwertiges Management ersetzt.

> „Das Verbleiben des Managements oder ein gleichwertiger Ersatz wird zur Ermittlung des objektivierten Unternehmenswerts i. d. R. unterstellt,..."[4]

9.7 Unternehmenskonzept

Objektivierte Unternehmenswerte werden grundsätzlich auf der Grundlage des bestehenden Unternehmenskonzeptes ermittelt.[5] Was unter dem Begriff "Unternehmenskonzept" genau zu verstehen ist, welcher in IDW S1[6], IDW S2[7] und IDW RS HFA 10[8], IDW RH HFA 1.012[9], IDW PS 350[10] und IDW PS 800[11] Erwähnung findet, wird weder in den genannten Fundstellen, noch in den WP-Handbüchern (Bände I 2006 und II 2008), noch in den sonstigen Prüfungsstandards oder Stellungnahmen des IDW beschrieben. Der Verweis im IDW S2 auf FAR 1/1991[12],

---

1 Siehe hierzu den Gliederungspunkt 9.11.2.1.
2 BGH v. 21. 7. 2003 – II ZB 17/01, AG, 2003, S. 629.
3 WP-Handbuch, Band II, 2008, S. 33, Tz. 99, bzw. zur Abgrenzung siehe hinsichtlich der Ermittlung subjektiver Unternehmenswerte, S. 42, Tz. 126.
4 IDW S1 i. d. F. 2008, Tz. 39.
5 DW S1 i. d. F. 2008, Tz. 32.
6 IDW S1 i. d. F. 2008, Tz. 14, 29, 32, 35 f., 52, 79 u. 151.
7 IDW Standard: Anforderungen an Insolvenzpläne (IDW S 2) v. 10. 2. 2000, Tz. 11.
8 IDW Stellungnahme zur Rechnungslegung: Anwendung der Grundsätze des IDW S1 bei der Bewertung von Beteiligungen und sonstigen Unternehmensanteilen für die Zwecke eines handelsrechtlichen Jahresabschlusses (IDW RS HFA 10) v. 18. 10. 2005, Tz. 11.
9 IDW Rechnungslegungshinweis: Externe (handelsrechtliche) Rechnungslegung im Insolvenzverfahren (IDW RH HFA 1.012), Tz. 15.
10 IDW Prüfungsstandard: Prüfung des Lageberichts (IDW PS 350), Tz. 17.
11 IDW Prüfungsstandard: Beurteilung eingetretener oder drohender Zahlungsunfähigkeit bei Unternehmen (IDW PS 800), Tz. 21.
12 Nunmehr ersetzt durch den Entwurf IDW Standard: Anforderungen an die Erstellung von Sanierungskonzepten (IDW ES 6). IDW ES 6 verwendet den Begriff Unternehmenskonzept nicht mehr.

„Insolvenzpläne werden im Wesentlichen auf der Grundlage der nachfolgend aufgeführten Unterlagen…erstellt: <u>Unternehmenskonzept</u> (Umgestaltungskonzept bei Fortführungs- bzw. Liquidationsstrategie) gemäß der Stellungnahme FAR 1/1991…"[1]

geht zunächst fehl, da dort letztlich der Inhalt eines Sanierungskonzeptes beschrieben wird. Im IDW S1 wird die Bedeutung des Unternehmenskonzeptes auch im Zusammenhang mit der Bewertung ertragsschwacher Unternehmen erwähnt.[2] Dieser Hinweis, sowie der Hinweis zur Überschneidung von Sanierungskonzepten mit der Vorgehensweise bei Unternehmensbewertungen, legt die Interpretation der Inhalte des Unternehmenskonzeptes auf Basis des Sanierungskonzeptes nahe.[3]

Kern des Unternehmenskonzeptes ist danach das Leitbild des Unternehmens, als Vision des Unternehmens.[4] Darunter ist letztlich die strategische Ausrichtung des Unternehmens zu verstehen. Da der objektivierte Unternehmenswert auf der Grundlage des Unternehmenskonzeptes ermittelt wird, wird die langfristige, d.h. strategische Planung unmittelbar Teil der Bewertung. Letztlich ist dies zwangsläufig eine Folge der Berücksichtigung einer Restwertphase in der Unternehmensplanung und Unternehmensbewertung.

Eine in der Literatur vertretene Definition des Unternehmenskonzeptes wird mit dem Leitbild des Unternehmens gleichgesetzt und stellt sich wie folgt dar:

„**Unternehmensleitbild**, Unternehmenskonzept, Unternehmensphilosophie.

1. Charakterisierung: Instrument der unternehmenspolitischen Rahmenplanung (-> Unternehmensplanung II), das Unternehmensgrundsätze, Policies usw. in expliziter Weise formulieren soll. Es kann dabei primär, nach innen oder nach außen gerichtet sein, rational oder emotional ansprechen wollen:

a) Ein nach außen gerichtetes U. wird – insbesondere wenn es eine primär emotionale Ansprache versucht – weitgehend Funktionen von Public Relations (PR) erfüllen.

b) Ein nach innen gerichtetes U. wird – sofern sich nicht eine charismatische Unternehmerpersönlichkeit etabliert hat – i. a. eine rationale Ansprache versuchen. Im letzteren Fall kann ein U. ein langfristig orientiertes und entwicklungsfähiges Konzept für die Unternehmenspolitik (vgl. auch strategisches Management) darstellen, das für die Mitarbeiter anspruchsvolle Funktionen (vgl. 2) erfüllen soll.

2. Funktionen:

a) *Orientierungsfunktion*: In expliziter Form wird die Soll-Identität des Unternehmens zum Ausdruck gebracht.

b) *Motivationsfunktion*: Die Identifikation der Mitarbeiter mit dem Unternehmen wird verstärkt; eine anspruchsvolle, zugleich aber konsensfähige (und realistische) Zielvorstellung wird formuliert.

c) *Legitimationsfunktion*: Die verschiedenen Interessenten werden über die handlungsleitenden Grundsätze aufgeklärt und diese zugleich begründet. Inwieweit diese Funktionen tatsächlich erfüllt werden können, ist davon abhängig, auf welche Weise die Mitarbeiter in den Prozess der Leitbilderstellung integriert sind und in welchem Umfang das Leitbild im Unternehmen diffundiert."[5]

Für Zwecke der Bewertung wird das nach innen gerichtete, d. h. für interne Zwecke zu verwendende Leitbild bzw. Unternehmenskonzept von Bedeutung sein. Hierin wird die Unternehmenspolitik definiert um die Soll-Ziele zu erreichen.

---

1 IDW Standard: Anforderungen an Insolvenzpläne (IDW S2), Tz. 11.
2 IDW S1 i.d. F. 2008, Tz. 151.
3 WP-Handbuch, Band II, 2008, S. 406., Tz. 4.
4 WP-Handbuch, Band II, 2008, S. 548, Tz. 568.
5 Gabler Wirtschaftslexikon, 1993, S. 3406.

9.7 Unternehmenskonzept

Zielkataloge und Leitlinien der Unternehmensführung werden auch im mittelständischen Unternehmensbereich dann anzutreffen sein, wenn der Gesellschafterkreis Fremdgeschäftsführer mit der Führung der Geschäfte beauftragt hat. Bei Aktiengesellschaften wurden die Anforderungen, die ein Unternehmenskonzept zu erfüllen hat, durch das KonTraG[1] in Form einer geänderten Formulierung in § 90 AktG aufgenommen. Danach hat der Vorstand gemäß § 90 Abs. 1 Nr. 1 AktG über die beabsichtigte Geschäftspolitik und die Unternehmensplanung (insbesondere Finanz-, Investitions- und Personalplanung) an den Aufsichtsrat zu berichten, wobei jeweils Soll-Ist-Abweichungen zu erläutern sind. Der Hinweis auf zu erläuternde Soll-Ist-Abweichungen bedeutet, dass der Vorstand über die Umsetzung von Unternehmensplanungen der Vergangenheit zu berichten hat. Die Berichtpflicht bezieht sich gemäß § 90 Abs. 1 Satz 2 AktG auch auf die Unternehmen im Konzernverbund. In welchem Verhältnis die Begriffe Geschäftspolitik und Unternehmensplanung zueinander stehen, ist rechtlich nicht eindeutig geklärt.[2] Unter der Unternehmensplanung wird eine aussagekräftige und damit zwangsläufig integrierte Unternehmensplanung zu verstehen sein. Diese ist in Form einer kurzfristigen Planung (Budget) und langfristigen Planung (strategische Planung) zu erstellen.[3] Der Bericht über die Geschäftspolitik wird die Grundsätze und Absichten des Vorstands (siehe dazu § 76 AktG)[4] und damit des Unternehmens verbal erläutern. Die wesentlichen Inhalte eines Unternehmenskonzeptes finden damit in § 90 AktG eine gesetzliche Grundlage.

Ein Unternehmenskonzept könnte durch folgende Themenkreise, jeweils dokumentiert durch quantitative Planungen und Erläuterungen hierzu, beschrieben werden:

- die Beschreibung der anzubietenden Produkte und Dienstleistungen (Ist und Plan),
- die Beschreibung der zu bearbeitenden Märkte (Ist und Plan),
- die Beschreibung der Rolle des Unternehmens auf diesen Märkten (Ist und Plan),
- die Beschreibung der notwendigen Kapazitäten hinsichtlich Menschen, Produktionsmittel und Finanzen (Ist und Plan),
- die Beschreibung der Maßnahmen in den Bereichen Forschung und Entwicklung, Produktion, Vertrieb und Finanzen, um diese Ziele zu erreichen.

Das Unternehmenskonzept nur als Unternehmensplanung zu interpretieren, greift allerdings zu kurz.[5] Diesen Schluss lässt auch ein Hinweis in IDW S2 zu:

„Das Unternehmenskonzept und insbesondere der darauf basierende und aus dem Ergebnisplan abgeleitete Finanzplan sind betriebswirtschaftliche Grundlagen der Fortbestehensprognose, die ihrerseits Ansatz und Bewertung im Überschuldungsstatus determiniert."[6]

Damit ist die Unternehmensplanung nur ein Bestandteil des Unternehmenskonzeptes, wenn auch derjenige, in dem die quantitativen Konsequenzen der strategischen und operativen Ausrichtung des Unternehmens dargestellt sind.

---

1 Gesetz zur Kontrolle und Transparenz im Unternehmensbereich vom 27. 4. 1998.
2 *Hefermehl/Spindler*, in: Münchener Kommentar, Aktiengesetz, Kropff/Semler (Hrsg.), 2010, § 90, Tz. 16, S. 387.
3 *Wiesner, G.*, in: Münchener Handbuch des Gesellschaftsrechts, Hoffmann-Becking, M. (Hrsg.), Aktiengesellschaft, 2007, § 25, S. 301, Tz. 7 und § 25, S. 304, Tz. 16.
4 Der Vorstand ist gemäß § 76 Abs. 1 AktG berechtigt und verpflichtet, die künftige Unternehmenspolitik festzulegen.
5 WP-Handbuch, Band II, 2008, S. 27, Tz. 77 und S. 31, Tz. 92.
6 IDW Standard: Anforderungen an Insolvenzpläne (IDW S 2) v. 10. 2. 2000, Tz. 14.

9.8 Risiko und Unternehmensplanung – Unbeachtlichkeit des Vorsichtsprinzips

In der Unternehmensbewertung und hier der Unternehmensplanung findet das bilanzielle Vorsichtsprinzip keine Anwendung.[1] Das heißt nicht, dass die Handelsbilanz, die als „Startbilanz" Ausgangspunkt der integrierten Unternehmensplanung ist, nicht entsprechend der üblichen, das Vorsichtsprinzip befolgenden Bilanzierungsprinzipien, aufgestellt wäre bzw. bliebe.

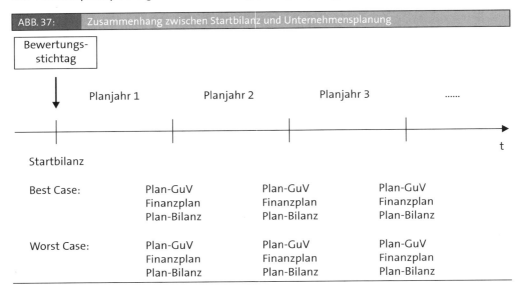

ABB. 37: Zusammenhang zwischen Startbilanz und Unternehmensplanung

Unternehmensplanungen, die in mehreren Szenarien zu entwickeln sind (z. B. Best Case, Worst Case), vermitteln einen Eindruck von dem Risiko, das mit einem zu bewertenden Unternehmen verbunden ist.[2] Das Risiko darf aber an dieser Stelle noch nicht „berücksichtigt" werden, indem z. B.:

▶ die Eintrittswahrscheinlichkeit (p) für das Best Case Szenario entsprechend reduziert wird,
▶ der Best Case auf ein risikobereinigtes Niveau „heruntergerechnet" wird oder
▶ nur die Szenarien berücksichtigt werden, in denen das Unternehmen geringe bis schlechte Ergebnisse erzielt.

Die Unternehmensplanung beschreibt das Risiko indem die Streuung der Ergebnisse deutlich wird, der Risikozuschlag im Rahmen der Ermittlung des Kalkulationszinssatzes berücksichtigt dieses Risiko. Bei objektivierten Unternehmenswerten ist der Kalkulationszinssatz Ausdruck einer typisierten Risikoaversion.[3]

---

[1] WP-Handbuch, Band II, 2008, S. 45, Tz. 137; IDW S1 i. d. F. 2008, Tz. 64 f.
[2] Siehe hierzu IDW S1 i. d. F. 2008, Tz. 80 sowie Gliederungspunkt 9.22.
[3] WP-Handbuch, Band II, 2008, S. 45, Tz. 139.

9.9 Planung des Ausschüttungspotenzials aus betriebsnotwendigem Vermögen

Bereits im Rahmen der Vergangenheitsanalyse waren die Ergebnisse aus dem nicht betriebsnotwendigen Vermögen aus den bisher erzielten Jahresüberschüssen zu separieren. Prognosebasis und damit auch Gegenstand der Unternehmensplanung sind nur die Vermögens-, Finanz- und Liquiditätswirkungen aus dem betriebsnotwendigen Vermögen. Das nicht betriebsnotwendige Vermögen wird entweder durch den Ansatz seines Liquidationswertes im Rahmen einer planungstechnisch fingierten Liquidation oder durch die separierte Planung der daraus erzielbaren Überschüsse erfasst.[1] Diese separierte Planung findet nicht außerhalb, sondern im Rahmen der integrierten Unternehmensplanung statt, soll aber eine Aussage zulassen, ob der Barwert der daraus zu erwartenden Überschüsse den Liquidationswert des nicht betriebsnotwendigen Vermögens übersteigt. Trifft dies nicht zu, werden die geplanten Überschüsse durch den Liquidationswert ersetzt.

9.10 Integrierte Unternehmensplanung

9.10.1 Aufbau einer integrierten Unternehmensplanung

Die notwendigen Komponenten einer Unternehmensplanung können leicht aus den Fragestellungen abgeleitet werden, die eine Unternehmensbewertung implizit zu beantworten hat.[2] Diese stellen sich wie folgt dar:

ABB. 38: Anforderungen an eine Unternehmensplanung

Welche Ausschüttungen sind zu erwarten?	> GuV-Planung
Welche Liquidität steht hierfür zur Verfügung?	> Finanzplanung
Welche Investitionen sind erforderlich, welche Finanzierungsspielräume sind hierfür vorhanden?	> Bilanzplanung

Als integriert wird eine Unternehmensplanung bezeichnet, wenn Planungsschritte in ihren wechselseitigen Auswirkungen hinsichtlich Aufwand/Ertrag, Liquidität und Vermögen/Schulden in den drei Planungsebenen abgebildet werden.

---

[1] Siehe hierzu den Gliederungspunkt 9.17.3.
[2] Siehe hierzu auch IDW Standard: Anforderungen an die Erstellung von Sanierungskonzepten (IDW S 6), Tz. 104 ff.; zu den „Grundsätzen ordnungsmäßiger Unternehmensplanung" siehe www.bdu.de, bzw. den Hinweisen darauf in Wpg 2007.

9. Unternehmenskonzept und Unternehmensplanung

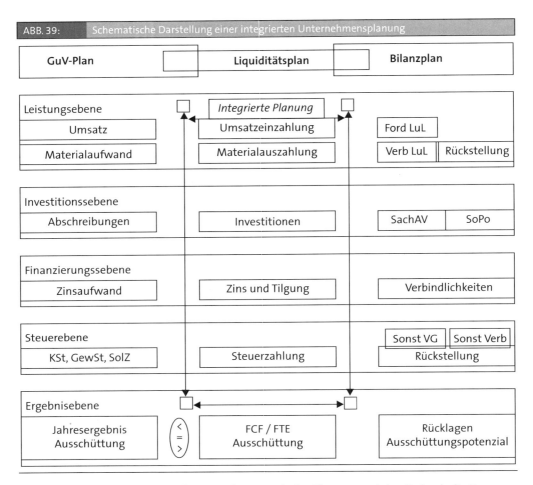

ABB. 39: Schematische Darstellung einer integrierten Unternehmensplanung

Da das zu bewertende Unternehmen nicht erst mit der Planung und damit durch die Prognose entsteht, stellt die Bilanz zum Bewertungsstichtag den Beginn der Unternehmensplanung dar. Im Zeitablauf stellt sich eine integrierte Unternehmensplanung somit wie folgt dar:

9.10 Integrierte Unternehmensplanung

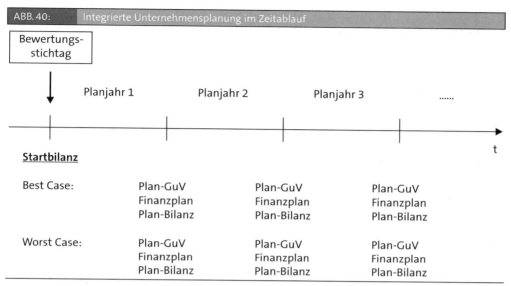

ABB. 40: Integrierte Unternehmensplanung im Zeitablauf

Derartig konzipierte Planungsmodelle stehen mittlerweile als Softwarelösung für unterschiedliche Anforderungsniveaus zur Verfügung. Eine Unternehmensbewertung auf einer integrierten Unternehmensplanung aufzubauen ist grundsätzlich Standard jeder Unternehmensbewertung.

> „Eine ordnungsgemäße Unternehmensbewertung setzt aufeinander abgestimmte Plan-Bilanzen, Plan-Gewinn- und Verlustrechnungen sowie Finanzplanungen voraus."[1]

Schwachpunkt „gängiger" Unternehmensplanungen ist regelmäßig die fehlende Abbildung der Liquiditätswirkung einzelner Planungsschritte sowie deren Verknüpfung zur Plan-Bilanz. Hierzu seien ein paar signifikante Planungsblöcke erläutert.

Umsatzerlöse, Umsatzeinzahlungen, Forderungen:

Geplanter Umsatz führt erst nach Ablauf der firmenüblichen Debitorenlaufzeiten zu Umsatzeinzahlungen. Diese können für Kundengruppen, aber auch projektbezogen zu planen sein. Im Planjahr nicht als Einzahlung geplante Umsatzerlöse schlagen sich als Forderungen aus Lieferungen und Leistungen in der Plan-Bilanz nieder. Die umsatzsteuerlichen Konsequenzen werden differenziert nach umsatzsteuerpflichtigen und umsatzsteuerbefreiten Vorgängen und unter Berücksichtigung einer unterstellten Dauerfristverlängerung durch eine hinterlegte Routine geplant. In der Startbilanz der Planung enthaltene Forderungen werden im Planungszeitraum als Liquiditätszugang geplant oder bei zwischenzeitlich erkennbarer Uneinbringlichkeit abgeschrieben.

Materialaufwand, Materialauszahlungen, Verbindlichkeiten:

Wareneinkauf führt erst nach der in Anspruch genommenen Kreditorenlaufzeit zu Materialauszahlungen. Materialaufwand ist dagegen erst bei Verbrauch von Material zu berücksichtigen. Eine Vereinfachung zur Berücksichtigung wachsenden Working Capital Bedarfs bei wachsenden Umsätzen ist die Annahme „Materialverbrauch = Materialauszahlung". Damit wird eine Just-in-

---

[1] IDW S1 i. d. F. 2008, Tz. 27.

time-Fertigung unterstellt und der planungstechnische Umweg, über die Planung von Materialbeständen, vermieden. Diese Annahme wird bei Planung einer Serienfertigung zulässig sein, bei der Planung eines Anlagenbauers ausscheiden. Die umsatzsteuerliche Planung entspricht grundsätzlich der Routine zum Planungsblock Umsatzerlöse. In der Startbilanz der Planung vorhandene Verbindlichkeiten sowie Rückstellungspositionen werden je nach Liquiditätswirksamkeit im Planungszeitraum als Liquiditätsabgang geplant.

Steueraufwand, Steuerzahlungen

Steueraufwand ist nach den jeweiligen Bemessungsgrundlagen für die Gewerbesteuer und die Körperschaftsteuer zu planen. Steuerliche Verlustvorträge, in zwangsläufig unterschiedlichem Umfang für die Gewerbesteuer und Körperschaftsteuer, sind zu verbrauchen. Die Abzugsfähigkeit der Gewerbesteuer bei der eigenen Bemessungsgrundlage sowie der Körperschaftsteuer ist für Planungszeiträume bis zum 1.1.2008 zu berücksichtigen. Mit der Unternehmensteuerreform 2008 entfällt diese Abzugsfähigkeit ab dem 1.1.2008. Die Hinzurechnung von Dauerschuldzinsen ist bei der Ermittlung der Bemessungsgrundlage der Gewerbesteuer für Planungszeiträume bis zum 1.1.2008 zu erfassen. Ab dem 1.1.2008 erfolgt im Zuge der Unternehmensteuerreform die Hinzurechnung von Entgelten für Schulden unabhängig davon, ob begrifflich Dauerschuldzinsen vorliegen. Steuerzahlungen sind explizit und nach den Bedingungen des Bewertungsobjektes zu planen. Vereinfachend kann eine periodengenaue Zahlung unterstellt werden, d. h. Steueraufwand = Steuerzahlung. Finanzierungsspielräume werden für diesen Fall bewusst nicht ausgenutzt. Diese Vorgehensweise ist durch die Annahme von Steuervorauszahlungen gerechtfertigt, die „in der richtigen Höhe" prognostiziert wurden.

Bankguthaben, Bankverbindlichkeiten

Der durch die Vornahme von Auszahlungen geplante Liquiditätsbedarf muss im Planungsmodell immer gedeckt sein. Ein negatives Delta zwischen Einzahlungen und Auszahlungen muss somit durch die Ausnutzung einer freien Kreditlinie gespeist werden. Dass diese Linienbedingungen auch in der Realität gegeben sind, ist durch entsprechende Analysen sicherzustellen.

„Die Prognose der künftigen finanziellen Überschüsse ist auf ihre Plausibilität hin zu beurteilen."[1]

Die Ausnutzung der Linie wird in der Regel zu anderen Zinskonditionen zu planen sein, als die zur Finanzierung von Investitionen vorgesehenen langfristigen Kredite.

BEISPIEL Der Kauf einer Maschine soll nachfolgend anhand der notwendigen Planungsschritte in einem Beispiel verdeutlicht werden.

Auf der Aktivseite der Bilanz erhöht sich das Anlagevermögen, auf der Passivseite der Posten Verbindlichkeiten aus Lieferungen. Da ein Teil der Investitionen annahmegemäß langfristig finanziert werden muss, ist ein Bankdarlehen auf der Passivseite zu berücksichtigen. Die Darlehensauszahlung dient zum Ausgleich der Restverbindlichkeit, die nicht durch Bankguthaben beglichen werden kann.

Für das Darlehen sind Zins- und Tilgungskonditionen im Planungsmodell anzulegen. Die Zinszahlungen führen über den Tilgungszeitraum des Darlehens zu Zinsaufwand in der Plan-GuV und zu Zinszahlungen in der Finanzplanung. Die Tilgungen führen zu Auszahlungen in der Finanzplanung.

Für die Investition können Investitionszuschüsse in Anspruch genommen werden. Der Zufluss der Zuschüsse wird als Einzahlung in der Finanzplanung und als Zugang zur Position Bankguthaben in der Bilanz erfasst, sowie als sonstiger betrieblicher Ertrag in der Plan-GuV.

---

[1] IDW S1 i. d. F. 2008, Tz. 81.

Die Investitionen sind über die Nutzungsdauer abzuschreiben. Der Abschreibungsaufwand ist in der Plan-GuV zu planen. Die Abschreibungen reduzieren die Position Anlagevermögen in der Planbilanz. Die Tilgungszahlungen reduzieren die Position Bankverbindlichkeiten auf der Passivseite.

Die Zinsaufwendungen sind, für die Ermittlung der Gewerbesteuer, der Bemessungsgrundlage für die Gewerbesteuer zu 25 % hinzuzurechnen. Die bezahlte Umsatzsteuer für die Investitionen ist, unter Nutzung der unterstellten Dauerfristverlängerung, im Segment Umsatzsteuerplanung als Vorsteuererstattungsanspruch zu berücksichtigen.

Das Beispiel soll verdeutlichen, das der solide Aufbau einer Unternehmensplanung nur unter Zuhilfenahme von Software-Unterstützung zu bewältigen ist. Häufig wird bei der Beschreibung der Komplexität einer Unternehmensplanung der Vorwurf laut, so eine Planung erzeuge eine Scheingenauigkeit, da die Zukunft ja unsicher sei und auf Annahmen beruhe. Dem Verfasser scheinen diese Argumente eher für als gegen eine komplexe Unternehmensplanung zu sprechen, denn

▶ die Entwicklung solch einer Unternehmensplanung ist schlichtes Handwerk, sorgt aber zumindest für eine in sich stimmige Planungslogik.
▶ Änderungen der Planungsannahmen können sehr schnell die Einflüsse auf das Bewertungsergebnis simulieren und „go's" und „no go's" festlegen.
▶ Aus den simulierten Änderungen der Rahmenbedingungen können die wahrscheinlichsten Szenarien abgeleitet werden und damit eine Bandbreite denkbarer Unternehmensplanungen und damit Unternehmenswerte aufgespannt werden.

Die Zukunft ist zugegebenermaßen weitgehend ungewiss.[1] Wenn aber ein inkonsistentes und nur mit „dünnen" Informationen bestücktes Planungsmodell selbst zum schwer einzuschätzenden Zufallsfaktor wird, hat man sich aus falsch verstandenen Ambitionen zur Komplexitätsreduktion um eine Chance gebracht, etwas mehr Erkenntnis und Sicherheit hinsichtlich der möglichen Zukunft zu gewinnen.

9.10.2 Bedeutung der Startbilanz bei einer integrierten Unternehmensplanung

Ausgangspunkt einer integrierten Unternehmensplanung ist eine Startbilanz. Diese stellt eine Stichtagsbilanz zum Bewertungsstichtag dar. Aus dem vorhandenen Anlagevermögen und dessen Zustand ergeben sich die zu planenden Abschreibungen bzw. die notwendigen Reinvestitionen. Forderungen werden in der ersten Planperiode zu Einzahlungen, Verbindlichkeiten werden zu Auszahlungen. Der Zeitraum bis zur Cash-Wirksamkeit wird durch die Debitoren- und Kreditorenlaufzeit festgelegt. Die vorhandenen Bankguthaben stellen Liquidität dar, die gegebenenfalls auch zur Dotierung von Ausschüttungen verwendet werden kann, soweit der laufende Cashflow für die Finanzierung von Investitionen Verwendung findet. Der Bestand an Gewinnrücklagen und Kapitalrücklagen beschreibt grundsätzlich den Spielraum zur Dotierung von Ausschüttungen[2], soweit das laufende Jahresergebnis hinter den finanziellen Möglichkeiten zur Vornahme von Ausschüttungen zurückbleibt. Liquiditätsbestand und Eigenkapitalbestand ha-

---
[1] Zur Schwierigkeit naturwissenschaftliche Verfahren auf komplexe gesellschaftliche Zusammenhänge zu übertragen, siehe von *Hayek, F. A.*, Die Anmaßung von Wissen, 1996, S. 13.
[2] Hinsichtlich der Ausschüttungsfähigkeit von Rücklagen sind ggf. weitere Analysen in Gesetz, Satzung oder Gesellschaftsvertrag erforderlich, siehe etwa die Ausschüttungssperre für gesetzliche Rücklagen und Kapitalrücklagen bei Aktiengesellschaften (§ 272 Abs. 2 Nr. 1 bis 3 HGB i.V. m. § 150 AktG).

ben daneben Einfluss auf die Refinanzierungsmöglichkeiten des Unternehmens, dokumentieren die Bonität und stellen damit eine Weichenstellung für die Realisierung von Wachstum dar.

9.10.3 Beispiel einer integrierten Unternehmensplanung

Zur Erläuterung der Wechselwirkungen einzelner Planungsschritte anhand einer integrierten Unternehmensplanung sei auf folgendes Beispiel verwiesen:

ABB. 41: GuV-Planung						
GuV-Planung	1	2	3	4	5	6
Währungsangaben in T€	2007	2008	2009	2010	2011	2012
Umsatzerlöse	1.200	1.200	1.200	1.300	1.400	1.500
Aufwand zusammengefasst	600	600	600	650	700	750
Abschreibungen	100	100	100	300	300	200
EBIT	**500**	**500**	**500**	**350**	**400**	**550**
Zinsaufwendungen	8	6	5	3	2	
Ergebnis vor Steuern	**492**	**494**	**495**	**347**	**398**	**550**
Steuern vor Einkommen u. Ertrag	191	191	192	134	154	213
Jahresüberschuss / -fehlbetrag	**301**	**302**	**304**	**213**	**244**	**337**
Jahresüberschuss / -fehlbetrag - Marge	25,1%	25,2%	25,3%	16,4%	17,5%	22,5%

Das Anlagevermögen wird über 5 Jahre abgeschrieben. Die Abschreibungen ändern sich erst, nachdem im Jahr 2010 eine Investition in Höhe von 1 Mio. € vorgenommen wird. Auch diese Investition wird über 5 Jahre abgeschrieben. Ein langfristiger Bankkredit von 100 T€ wird über 5 Jahre getilgt und zu 8% auf den Restsaldo verzinst.

ABB. 42: Bilanzplanung							
Bilanzplanung AKTIVA		1	2	3	4	5	6
Währungsangaben in T€ (31.12.)	1.1.07	2007	2008	2009	2010	2011	2012
Anlagevermögen	500	400	300	200	900	600	400
Forderungen aus LuL		300	300	300	325	350	375
Liquide Mittel	200	331	714	1.097	569	1.073	1.589
Bilanzsumme	**700**	**1.031**	**1.314**	**1.597**	**1.794**	**2.023**	**2.364**
Bilanzplanung PASSIVA							
Währungsangaben in T€ (31.12.)	1.1.07	2007	2008	2009	2010	2011	2012
Gezeichnetes Kapital	600	600	600	600	600	600	600
Bilanzgewinn / -verlust		301	604	907	1.120	1.364	1.702
Verbindlichkeiten ggü. Kreditinstituten	100	80	60	40	20		
Verbindlichkeiten aus LuL		50	50	50	54	58	62
Bilanzsumme	**700**	**1.031**	**1.314**	**1.597**	**1.794**	**2.023**	**2.364**

Die Startbilanz per (31.12.2006) 1.1.2007 enthält 500 T€ Anlagevermögen, 200 T€ Liquide Mittel, 600 T€ Stammkapital und 100 T€ langfristige Bankverbindlichkeiten. Die Debitorenlaufzeit beträgt 90 Tage, die Kreditorenlaufzeit 30 Tage. Eine Investition in Höhe von 1 Mio. € wird eigenfinanziert. Der Gewinn wird vollständig thesauriert.

ABB. 43:	Liquiditätsplanung						
Liquiditätsplan		1	2	3	4	5	6
Währungsangaben in T€		2007	2008	2009	2010	2011	2012
Umsatzeinzahlungen		900	1.200	1.200	1.275	1.375	1.475
Aufwandszahlungen zusammengefasst		-550	-600	-600	-646	-696	-746
Zinsauszahlungen		-8	-6	-5	-3	-2	
Ertragsteuerauszahlungen		-191	-191	-192	-134	-154	-213
Anlagekäufe					-1.000		
Aufnahme und Tilgung Darlehn		-20	-20	-20	-20	-20	
laufende Liquidität		131	382	384	-528	504	517
Liquidität mit Vortrag	200	331	714	1.097	569	1.073	1.589

Die Zahlung der Ertragsteuern ist phasengleich unterstellt. D. h. die Steuervorauszahlungen entsprechen genau dem Betrag der laufenden Steuerbelastung. Die laufende Liquidität entspricht dem Cashflow, die Liquidität mit Vortrag dem Bestand an Bankguthaben bzw. Bankkrediten. So findet sich der Liquiditätsbestand von 1.589 T€ exakt als Bankguthaben 2012 in der Bilanz wieder. Die Liquiditätsplanung erfolgt direkt und nicht durch Rückrechnung (retrograd) aus dem Jahresüberschuss.

9.11 Synergieeffekte

9.11.1 Theorie

9.11.1.1 Der Synergiebegriff

Der Begriff Synergie kann mit „Zusammenwirkung" bzw. „Zusammenarbeit" übersetzt werden. Als Synergieeffekt werden Prozessergebnisse bezeichnet, bei denen das Zusammenwirken von Elementen überadditiv ausfällt.[1] In wirtschaftlichen Zusammenhängen lässt sich der Synergiebegriff deshalb mit dem Schlagwort 1 + 1 = 3 einprägsam beschreiben. D. h. im Zusammenhang mit Synergien gilt das betriebswirtschaftliche Interesse der Frage, inwiefern sich der Jahresüberschuss bei der Verbindung von zwei oder mehreren Unternehmen über das hinaus erhöht, was aus der reinen Addition der Unternehmensergebnisse resultiert. Für den Begriff der Synergien lässt sich festhalten, dass Voraussetzung für das Entstehen von Synergien das Zusammenwirken von mehreren Elementen, im wirtschaftlichen Bereich, das Zusammenwirken von mehreren Unternehmen, logische Voraussetzung ist.[2]

---

[1] *Ziegler, M.*, Synergieeffekte bei Unternehmenskäufen, 1997, S. 15.
[2] *Weiland, N. G.*, Synergieeffekte bei der Abfindung außenstehender Gesellschafter, 2003, S. 28.

9.11.1.2 Synergiepotenzial und Synergieeffekt

Betrachten wir Synergien im Zusammenhang mit der Verbindung von Unternehmen, dann ist zwischen Synergiepotenzialen und Synergieeffekten zu differenzieren. Synergiepotenziale sind das, was aus der Unternehmensverbindung an Mehrergebnis resultieren könnte. Synergieeffekte sind das, was aus der Unternehmensverbindung tatsächlich an Mehrergebnis resultiert. Die Differenzierung zielt somit auf die Frage nach theoretischer Möglichkeit und praktischer Umsetzung. Die Umsetzung der Unternehmensverbindung ist Sache des Managements. Die notwendigen organisatorischen Maßnahmen, die in diesem Zusammenhang zu organisieren sind, werden auch als Post Merger Integration bezeichnet. Ein wesentlicher Teil fehlgeschlagener Unternehmensverbindungen lässt sich auf Defizite beim Realisieren der Synergiepotenziale zurückführen.[1] Dies kann an einer Fehleinschätzung der tatsächlich vorhandenen Synergiepotenziale liegen oder auf Managementfehler in der Post Merger Integrationsphase zurückzuführen sein.

9.11.1.3 Systematisierung von Synergien

Synergieeffekte lassen sich nach unterschiedlichen Kriterien systematisieren:

TAB. 29:	Synergien differenziert nach dem Planungshorizont[2]
Strategische Synergien	- z. B. Öffnung neuer regionaler Absatzmärkte
	- z. B. Nutzung einer starken Marke
	- Attraktivität für Leistungsträger
	- Ergebniseffekt schwer planbar
	- Wesentlicher Anteil an Akquisitionsprämien
Operative Synergien	- z. B. Konsolidierung gleichartiger Geschäftsaktivitäten
	- z. B. Wechselseitige Ergänzung der Produktpalette
	- Ergebniseffekt gut planbar
	- Anlass für 10 % bis 50 % des Akquisitionspreises

Strategische Synergien[3] sind mit der langfristigen strategischen Planung verknüpft, d. h. mit der Aufgabe die <u>richtigen Dinge</u> zu tun. Operative, kurz- bis mittelfristige Unternehmensentscheidungen können nur erfolgreich sein, wenn sie auf klar definierten Strategien aufbauen. Operative Synergien sind dabei mit der operativen Planung verknüpft, d. h. mit der Aufgabe <u>Dinge richtig</u> zu tun.[4]

---

[1] *Kröger/Zeisel*, Das Endspiel, Harvard Business Manager, November 2004, S. 60.
[2] Siehe hierzu *Mattern/Heidegger/Lottner*, Fusionsmanagement, S. 936 f., in: Gerke/Steiner (Hrsg.), Handwörterbuch des Bank- und Finanzwesens, 2001.
[3] Siehe hierzu *Köppen, J.*, Synergieermittlung im Vorfeld von Unternehmenszusammenschlüssen, 2004, S. 76.
[4] WP-Handbuch, Band II, 2002, S. 401, Tz. 254.

9.11 Synergieeffekte

TAB. 30:	Synergien differenziert nach dem Entstehungsbereich[1]
Synergien im Leistungsbereich	- Steigerung der Absatzmengen - Steigerung der Absatzpreise, z. B. wegen besserer Marktdurchdringung
Synergien im Kostenbereich	- Senkung der Einkaufspreise der Produktionsfaktoren, z. B. wegen größerer Einkaufsmacht - Senkung der Verbrauchsmengen der Produktionsfaktoren, z. B. wegen Einsparungseffekten größerer Produktionsmengen
Synergien im Finanzbereich	- Senkung der Finanzierungskosten - z. B. Übertragung des besseren Ranking - z. B. besserer Zugang zum Kapitalmarkt - Reduzierung der Steuerbelastung - z. B. Nutzung des Besteuerungsgefälles einer internationalen Beteiligungsstruktur - z. B. Nutzung steuerlicher Verlustvorträge

Synergiepotenziale verbleiben auf dem Niveau theoretischer Chancen der Ergebnisverbesserung, wenn nicht durch richtige Managemententscheidungen eine Realisierung derselben erreicht wird. Synergieeffekte setzen somit in der Regel ausreichende Managementkapazitäten der notwendigen Güte voraus.

Die Erfassung von Synergien im Rahmen der Unternehmensbewertung erfordert immer eine Prüfung der Realisierbarkeit. Diese beschränkt sich nicht nur auf die technischen Voraussetzungen, d. h. auf die Identifizierung der Synergiepotenziale, sondern umfasst auch die Einschätzung der einzusetzenden Managementkapazitäten, d. h. die Abschätzung der daraus generierbaren Synergieeffekte.

TAB. 31:	Synergien differenziert nach positiven und negativen Auswirkungen[2]
Positive Synergien	- Mehrergebnis durch Unternehmensverbund - z. B. wegen Qualitätsverbesserung durch Konsolidierung der Forschung und Entwicklung - z. B. Nutzung des größeren Vertriebsnetzes - z. B. Auslastung freier Kapazitäten - z. B. durch Nutzung von Preisvorteilen im Einkauf - z. B. durch Abbau von Doppelfunktionen in der Verwaltung

---

1 Siehe hierzu *Ziegler, M.*, Synergieeffekte bei Unternehmenskäufen, 1997, S. 17; *Weber, E.*, Berücksichtigung von Synergieeffekten bei der Unternehmensbewertung, S. 104, in: Baetge, J., (Hrsg.), Akquisition und Unternehmensbewertung, 1991; Differenzierung nach Input-, Prozess und Output-Synergien siehe *Nieland, B.*, Probleme der Unternehmensbewertung in der Praxis, 2006, S. 47.

2 Siehe hierzu *Weiland, N. G.*, Synergieeffekte bei der Abfindung außenstehender Gesellschafter, 2003, S. 35; *Weber, E.*, Berücksichtigung von Synergieeffekten bei der Unternehmensbewertung, S. 109 ff., in: Baetge, J., (Hrsg.), Akquisition und Unternehmensbewertung, 1991.

Negative Synergien	- Minderergebnis durch Unternehmensverbund
	- z. B. Reibungsverluste im Management wegen unvereinbarer Unternehmenskulturen
	- z. B. Anstieg der Personalkosten auf das höchste Niveau im Unternehmensverbund
	- z. B. Kostensteigerungen wegen höherer Anforderungen an Organisation, Rechnungswesen und Reporting
	- z. B. wegen Kundenverlustes als Reaktion auf die höhere Marktmacht

Synergien können positiv wie auch negativ sein.[1] Dies steht nicht im Widerspruch zur eingangs geforderten Überadditivität. Positive wie negative Synergieeffekte können dabei in den unterschiedlichen Synergiebereichen parallel auftreten. Für das angestrebte Ziel der Unternehmensverbindung ist letztlich nur entscheidend, dass die positiven Effekte überwiegen.

9.11.1.4 Die Bewertung von Synergieeffekten

Die identifizierten Synergiepotenziale lassen sich wie jede andere Prognosegröße in der Unternehmensplanung abbilden. Die Varianten ihrer Realisierbarkeit lassen sich in Szenarien darstellen. Synergien des Leistungsbereichs lassen sich z. B. als Umsätze zusätzlicher Vertriebsregionen planen. Günstigere Einkaufskonditionen lassen sich durch reduzierten Materialaufwand berücksichtigen und Fixkostendegressionen schlagen sich in, begründet durch höhere Produktionszahlen und günstigere Verkaufspreise, höheren geplanten Absatzzahlen nieder. Die Einflüsse auf den Plan-Jahresüberschuss werden über höhere erwartete Ausschüttungen Teil des Unternehmenswertes. Synergieeffekte lassen sich damit wie jede andere Planvariation auch regulär bewerten.[2] Teilweise wird die von der Unternehmensplanung abgekoppelte Bewertung der Synergieeffekte vorgeschlagen.[3] Von dieser separierten, d. h. nicht in die Gesamtunternehmensplanung eingebetteten Bewertung von Synergieeffekten muss abgeraten werden, da auf diese Weise Wechselwirkungen zwischen den einzelnen Synergieeffekten und der Basisplanung nur schwerlich abgebildet werden können.[4]

Eine Hürde bei der Arbeit mit Synergiepotenzialen wird im Bereich der Datenbeschaffung zu sehen sein. In Kauf- bzw. Verkaufsituationen werden Informationen über vorhandene bzw. die vermuteten Synergiepotenziale regelmäßig sehr zurückhaltend behandelt. Damit ist es für die Parteien wechselseitig schwierig, deren Realisierbarkeit vernünftig einzuschätzen.[5] Das Informationsgefälle dürfte sich aber vor allem in Richtung des Verkäufers bewegen. Der Käufer hat über das Instrument der Due Diligence sehr gute Möglichkeiten Synergien abzuschätzen und auf die-

---

1 *Lechner, H.*, Negative Synergien bei Unternehmenszusammenschlüssen, 2007, S. 101.
2 Zur isolierten Abbildung des Synergieeffektes werden die zu verbindenden Unternehmen isoliert bewertet und die Summe dieser Werte der Bewertung des Unternehmensverbunds gegenübergestellt. Die Differenz daraus stellt den Synergieeffekt dar, siehe dazu WP-Handbuch, Band II, 2008, S. 303, Tz. 55.
3 *Weber, E.*, Berücksichtigung von Synergieeffekten bei der Unternehmensbewertung, S. 101, in Baetge, J., (Hrsg.), Akquisition und Unternehmensbewertung, 1991.
4 *Weiland, N. G.*, Synergieeffekte bei der Abfindung außenstehender Gesellschafter, 2003, S. 37; siehe auch WP-Handbuch, Band II, 2008, S. 40, Tz. 123.
5 *Werner, W.*, Die Behandlung von Verbundeffekten bei Abfindungen nach den §§ 305 und 320 AktG, FS Steindorff, 1990, S. 317.

ser Grundlage seinen Argumentationswert zu bestimmen. Der Verkäufer ist in dieser Situation zur Passivität gezwungen und kann nur vermuten, was an Synergien dem Käufer zugute kommt. In Abfindungsfällen ist diese Situation noch schwieriger zu bewältigen, da der Gutachter hier die Synergiepotenziale von zwei Parteien einzuschätzen hat, die wechselseitig nur wenig Interesse daran haben können, ihre wahre Position mitzuteilen.[1]

Steuerliche Verlustvorträge werden unter der Kategorie unechte Synergien klassifiziert.[2] Diese Zuordnung ist nicht ganz glücklich, da

a) ihre Nutzung keiner Kombination durch eine Strukturmaßnahme bedarf und

b) die Bewertung auf die isolierte Nutzung durch die zu bewertende Gesellschaft abstellt[3] und

c) eine Strukturmaßnahme zur Kombination dieses unechte Synergiepotenzial grundsätzlich zunichte macht (im Gegensatz zu wirklichen unechten Synergien).[4]

Im Einzelfall kann die Bewertung der steuerlichen Verlustvorträge erforderlich werden. Hier unterscheidet die Literatur die direkte und die indirekte Ermittlung. Letztere vergleicht Unternehmenswerte mit und ohne steuerliche Verlustvorträge. Erstere kapitalisiert den Wert der Steuerersparnisse.[5]

9.11.1.5 Synergieeffekte und strategische Zuschläge

Es stellt sich an dieser Stelle die folgende Frage: Welche Berechtigung haben die im Zusammenhang mit Synergien häufig genannten strategischen Zuschläge[6], die bei Akquisitionen teils Schwindel erregende Größenordnungen von 10 % bis 150 % auf den Börsenwert ausmachen?[7] So ein Vorgehen könnte dazu verleiten, von einer grundsätzlichen Notwendigkeit strategischer Zuschläge zum Unternehmenswert auszugehen.[8] Die genannten Zuschläge beziehen sich jedoch auf den Börsenwert, d. h. auf den Marktpreis einzelner Aktien, ggf. multipliziert mit der Anzahl übernommener Aktien. Sie stellen damit keine Brücke zwischen Unternehmenswert und „Unternehmens"-Preis, sondern zwischen subjektivem Unternehmenswert und Aktienpreis dar.

---

1 *Ränsch, U.*, Die Bewertung von Unternehmen als Problem der Rechtswissenschaften, AG, 1984, S. 207; Die Berücksichtigung von Synergiepotenzialen in Abfindungsfällen wird teilweise von der Literatur gefordert, siehe hierzu z. B. *Drukarczyk, J.*, Zum Problem der angemessenen Barabfindung bei zwangsweise ausscheidenden Anteilseignern, AG, 1973, S. 359 f.; von der Rechtsprechung wird die Berücksichtigung von echten Synergieeffekten im Abfindungsbetrag abgelehnt. Der objektivierte Unternehmenswert orientiert sich an der Position der Rechtsprechung.
2 WP-Handbuch, Band II, 2008, S. 29, Tz. 83.
3 Siehe Gliederungspunkt 9.11.2.2.
4 Siehe § 8c KStG.
5 Siehe hierzu *Piehler/Schwetzler*, Zum Wert ertragsteuerlicher Verlustvorträge, zfbf, 2010, S. 60; *Popp, M.*, Unternehmensbewertung bei Verlustvorträgen vs. Bewertung von Verlustvorträge, BB, 1999, S. 1154; *Peemöller/Popp*, Unternehmensbewertung bei ertragsteuerlichen Verlustvorträgen, BB, 1997, S. 303.
6 WP-Handbuch, Band II, 2008, S. 41.
7 *Betsch/Groh/Lohmann*, Corporate Finance, 1998, S. 143 (15 %-150 %); *Copeland/Koller/Murrin*, Unternehmenswert, 1998, S. 441 (40 %); *Ernst/Häcker*, Realoptionen im Investment Banking, 2002, S. 32 (29 %-34 %); *Pratt/Reilly/Schweihs*, Valuing a Business, 2000, S. 356 (27,3 %-44,7 %); *Scholz, J.*, Wert und Bewertung internationaler Akquisitionen, 2000, S. 4 (12 %-53 %).
8 *Valcárel, S.*, Ermittlung und Beurteilung des „strategischen Zuschlags" als Brücke zwischen Unternehmenswert und Marktpreis, DB, 1992, S. 590.

9. Unternehmenskonzept und Unternehmensplanung

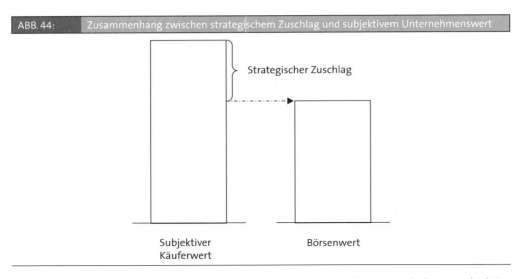

ABB. 44: Zusammenhang zwischen strategischem Zuschlag und subjektivem Unternehmenswert

Einzelne Aktien vermitteln keinerlei Einfluss auf das Unternehmensgeschehen.[1] Subjektive Wertkomponenten in Form einer Berücksichtigung von Synergieeffekten für einen Käufer einer Kontrollmehrheit, drücken sich im Börsenwert deshalb nicht aus. Strategische Zuschläge auf den Börsenwert sind somit für einen Käufer der Mehrheit der Aktien nichts, was zu Erstaunen führen sollte. Ganz sicher sind diese Vorgänge kein Anlass um am Konzept des Ertragswertverfahrens zu zweifeln oder seine Krise herbeizureden.[2]

Ausgelöst durch die Kurseuphorien am Neuen Markt, war der Ruf nach neuen Bewertungsverfahren laut geworden, da sich Bewertungsergebnisse und gezahlte Aktienpreise nicht in Deckung bringen ließen. Dass dies auch gar nicht notwendig war, hätte die Funktion des Börsenpreises oder die Geschichte des holländischen Tulpenwahns im 17. Jahrhundert lehren müssen.[3] Aber Psychologie und Herdentrieb sind finanzmathematischen Verfahren nicht unmittelbar zugänglich (das hat auch die in 2008 ausgelöste Finanzkrise wieder eindrucksvoll bewiesen). Die Börseneuphorie des Neuen Marktes hat so geendet, wie auch der Tulpenwahn geendet hat; in der nüchternen Erkenntnis dass Gewinne die Grundlage von Börsenwerten sind und ein Amsterdamer Stadthaus drei Tulpenzwiebeln allemal vorzuziehen ist.[4] Somit blieb es dann dabei:

> „Using a classic Discounted Cashflow approach to valuation, buttressed by microeconomic analysis and probability-weighted scenarios, is the best way to value Internet companies."[5]

Sollen strategische Zuschläge, regelmäßig abgeleitet aus strategischen Synergiepotenzialen, nicht auf Börsenwerte, sondern auf einen subjektiven Unternehmenswert verrechnet werden, sind sie dagegen fehl am Platze. Denn wenn diese Synergiepotenziale quantifizierbar sind, kön-

---

[1] Siehe hierzu Gliederungspunkt 3.2.
[2] „Die New Economy braucht neue Bewertungsverfahren", FAZ v. 7. 5. 2000.
[3] *Malkiel, B. G.*, Börsenerfolg ist kein Zufall, 2000, S. 32.
[4] Am Höhepunkt des holländischen Tulpenwahns zwischen 1634 und 1637 wurde ein Amsterdamer Stadthaus für 3 Tulpenzwiebeln verkauft. Siehe *Galbraith, J. K.*, Eine kurze Geschichte der Spekulation, 2010, S. 45.
[5] *Copeland/Koller/Murrin*, Valuation, 2000, S. 315.

nen sie über die Unternehmensplanung Eingang in den Unternehmenswert finden, ohne dass es zusätzlicher Zuschläge bedürfte. Wenn diese Potenziale nicht quantifizierbar sind, dann können sie auch als Zuschlag rechentechnisch nicht begründet werden. Als Begründung für den Mehrwert der Kontrollmehrheit taugen sie ebenso wenig, denn Kontrolle führt zur Herrschaft über die Unternehmenszukunft und damit zur Möglichkeit, eine veränderte Unternehmensplanung zu entwickeln und durchzusetzen, was sich wiederum im erhöhten Ertragswert bzw. in diesem Fall, im erhöhten subjektiven Unternehmenswert niederschlägt. Es kann damit festgehalten werden, dass weder Synergieeffekte noch andere Einflussgrößen, wie das Erlangen der Kontrollmehrheit, eine stichhaltige Begründung für strategische Zuschläge sind, die ergänzend zum subjektiven Unternehmenswert berücksichtigt werden sollten.[1]

Wird die Ermittlung des subjektiven Unternehmenswertes dagegen, ausgehend vom objektivierten Unternehmenswert (der frei von echten Synergieeffekten ist) vollzogen, können strategische Zuschläge in Form berücksichtigter Synergieeffekte zutreffend vorgenommen werden. Der objektivierte Unternehmenswert wird dann als ein finanzieller Basiswert betrachtet, von dem aus subjektive Unternehmenswerte ermittelt werden können.[2]

9.11.1.6 Die Aufteilung von Synergieeffekten

In der Verhandlungssituation zwischen Käufer und Verkäufer, aber auch zwischen Abfindungsverpflichteten und Abfindungsberechtigten, stellt sich die Frage nach der Aufteilung von Synergieeffekten.[3] Zur Lösung dieser Aufteilungsproblematik muss man sich zunächst verdeutlichen, dass die unterschiedlichen Vorstellungen der Parteien zum Unternehmenswert in deren subjektiven Unternehmenswerten zum Ausdruck kommen. Die Differenz zwischen den Grenzpreisen der Parteien ist unter anderem auf die identifizierten Synergiepotenziale (des Käufers) zurückzuführen.[4] Niedrigere Kapitalkosten des Unternehmenskäufers, die zu einem niedrigeren Kalkulationszinssatz führen, können dabei ebenfalls als den Unternehmenswert des Bewertungsobjekts erhöhende Synergieeffekte interpretiert werden.

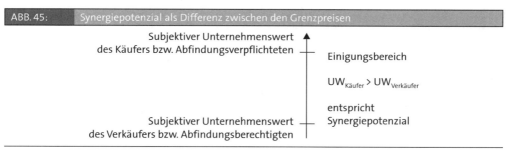

ABB. 45: Synergiepotenzial als Differenz zwischen den Grenzpreisen

---

1 *Dirrigl, H.*, Konzepte Anwendungsbereiche und Grenzen einer strategischen Unternehmensbewertung, BFuP 1994 S. 423; *Born, K.*, Unternehmensanalyse und Unternehmensbewertung, 2003, S. 21.
2 WP-Handbuch, Band II, 2008, S. 10, Tz. 25.
3 In der Literatur wurde die Berücksichtigung echter Synergieeffekte in Abfindungsfällen kontrovers diskutiert, siehe hierzu die Hinweise in *Werner, W.*, Die Behandlung von Verbundeffekten bei Abfindungen nach den §§ 305 und 320 AktG, FS Steindorff, 1990, S. 310 ff.; Die Rechtsprechung berücksichtigt keine echten Synergieeffekte im Abfindungsfall. Entsprechend wird der objektivierte Unternehmenswert ohne echte Synergieeffekte ermittelt.
4 *Drukarczyk, J.*, Zum Problem der angemessenen Barabfindung bei zwangsweise ausscheidenden Anteilseignern, AG, 1973, S. 359.

Hinsichtlich der „verordneten" Vorschläge zur Aufteilung dieser Differenz in dominierten Situationen (Abfindungsfällen) ergeben sich die Lösungsmöglichkeiten, die auch in einer Verkaufssituation denkbar sind.[1]

1. Der Verkäufer bzw. Abzufindende erhält „nur" seinen Grenzpreis. Die Synergien bleiben vollständig beim Käufer bzw. Abfindungsverpflichteten.

2. Der Verkäufer bzw. Abzufindende erhält den Grenzpreis des Käufers oder Abfindungsverpflichteten. Die Synergien kommen damit voll dem Verkäufer oder Abfindungsberechtigten zugute.

3. Der Unterschiedsbetrag wird wie folgt aufgeteilt:

    a) Hälftige Teilung

    b) Nach dem Verhältnis der subjektiven Unternehmenswerte

    c) Nach den Beiträgen zum Entstehen der Synergien.

Eine Thematisierung der Aufteilung von Synergieeffekten bedeutet, sich für den Schiedswert oder Fairen Einigungswert als Unternehmenswertkategorie zu entscheiden. Die Interpretation der Rechtsprechung durch das IDW führt jedoch zur Verwendung der Unternehmenswertkategorie „Objektivierter Unternehmenswert". Damit erhält der Abzufindende nur seinen typisierten Grenzpreis (Variante Nr. 1) im Sinne des objektivierten Unternehmenswertes, d.h. das was er aufgibt.

9.11.2 Praxis

9.11.2.1 Die Begriffe echter und unechter Synergien

Für rechtlich motivierte Bewertungsanlässe sieht IDW S1 grundsätzlich den objektivierten Unternehmenswert vor.

> „Bei gesellschaftsrechtlichen und vertraglichen Bewertungsanlässen (z.B. Squeeze-out) wird der objektivierte Unternehmenswert im Einklang mit der langjährigen Bewertungspraxis und deutschen Rechtsprechung ... ermittelt."[2]

Mit der Anwendung des objektivierten Unternehmenswertes ist die Berücksichtigung von echten Synergieeffekten ausgeschlossen, da Basis dieses Bewertungskonzeptes die Fortführung des Unternehmens im unveränderten Unternehmenskonzept ist – d.h. das Unternehmen wird stand-alone bewertet. Die Wahl dieses Bewertungskonzeptes ist als Anlehnung an die Entscheidungsgründe der Rechtsprechung zu verstehen, die die Berücksichtigung von Synergieeffekten bei der Bemessung von Abfindungen ablehnt.[3] Letztlich ist diese Haltung auch praxisorientiert, da eine Identifikation und Bemessung der Synergievorteile der erwerbenden bzw. abfindungsverpflichteten Partei ohnehin kaum gelingen wird.[4]

---

[1] *Weiland, N. G.*, Synergieeffekte bei der Abfindung außenstehender Gesellschafter, 2003, S. 109 f.; siehe zu Aufteilungsverfahren auch WP-Handbuch, Band II, 2008, S. 305, Tz. 58 ff.
[2] IDW S1 i.d.F. 2008, Tz. 31.
[3] Siehe hierzu Gliederungspunkt 9.11.3.
[4] *Drukarczyk, J.*, Zum Problem der angemessenen Barabfindung bei zwangsweise ausscheidenden Anteilseignern, AG, 1973, S. 360; WP-Handbuch, Band II, 2002, S. 13, Tz. 45.

9.11 Synergieeffekte

Das IDW differenziert das Thema „Berücksichtigung von Synergieeffekten" seit Herausgabe des WP-Handbuchs II, 1998, nach echten und unechten Synergieeffekten.[1] Echte Synergieeffekte, nicht berücksichtigungsfähig im objektivierten Unternehmenswert[2], sind Synergien im nachfolgend definierten Sinne.

> „Unter Synergieeffekten versteht man die Veränderung der finanziellen Überschüsse, die durch den wirtschaftlichen Verbund zweier oder mehrerer Unternehmen entstehen und von der Summe der isoliert entstehenden Überschüsse abweichen."[3]

Im objektivierten Unternehmenswert müssen dagegen unechte Synergieeffekte Berücksichtigung finden. IDW S1 vom 28.6.2000 definierte unechte Synergieeffekte noch wie folgt:

> „Sogenannte unechte Synergieeffekte sind dadurch gekennzeichnet, dass sie sich ohne Berücksichtigung der Auswirkungen aus dem Bewertungsanlass realisieren lassen oder mit einer nahezu beliebigen Vielzahl von Partnern realisierbar sind."[4]

Damit wurden zwei Kategorien unechter Synergieeffekte unterschieden, nämlich Synergien, die:

1. „...sich ohne Berücksichtigung der Auswirkungen aus dem Bewertungsanlass realisieren lassen..."

oder

2. „...mit einer nahezu beliebigen Vielzahl von Partnern erzielbar sind."

Nach IDW S1 i.d.F. 2008 hat nun nur noch die Kategorie des 1.Halbsatzes Bestand. Dies ergibt sich zumindest aus dem Wortlaut in IDW S1 i.d.F. 2008. Nunmehr gilt:

> „Sogenannte unechte Synergieeffekte sind dadurch gekennzeichnet, dass sie sich ohne Durchführung der dem Bewertungsanlass zugrunde liegenden Maßnahme realisieren lassen."[5]

Allerdings bietet das WP-Handbuch (in der für IDW ES1 i.d.F. 2007 bzw. IDW S1 i.d.F. 2008 gültigen Fassung) hierzu nun mehrere, teils widersprüchliche Erklärungsansätze an:

a) Unechte Synergien können ...„ohne Durchführung der dem Bewertungsanlass zugrunde liegenden Maßnahmen durch Kooperation des zu bewertenden Unternehmens mit einer nahezu beliebigen Vielzahl von Partnern realisiert werden..."[6]

b) „Unechte Synergien sind dadurch gekennzeichnet, dass sie sich auch ohne die dem Bewertungsanlass zugrunde liegenden Maßnahmen realisieren lassen."[7]

c) Unechte Synergieeffekte sind „...solche, die sich ohne Berücksichtigung der Auswirkungen aus dem Bewertungsanlass realisieren lassen oder mit einer beinahe beliebigen Anzahl von Partnern erzielbar sind."[8]

---

1 WP-Handbuch; Band II, 1998, S. 34, Tz. 110; zur Differenzierung siehe *Werner, W.*, Die Behandlung von Verbundeffekten bei Abfindungen nach den §§ 305 und 320 AktG, FS Steindorff, 1990, S. 303 ff.
2 IDW S1 i.d.F. 2008, Tz. 33; zu Withholding taxes als echte Synergien siehe WP-Handbuch, Band II, 2008, S. 38.
3 IDW S1 i.d.F. 2008, Tz. 33.
4 IDW Standard: Grundsätze zur Durchführung von Unternehmensbewertungen (IDW S1) v. 28.6.2000, Tz. 43; WP-Handbuch, Band II, 2002, S. 37, Tz. 112.
5 IDW S1 i.d.F. 2008, Tz. 34.
6 WP-Handbuch, Band II, 2008, S. 29, Tz. 83.
7 WP-Handbuch, Band II, 2008, S. 29, Tz. 85.
8 WP-Handbuch, Band II, 2008, S. 190, Tz. 538.

d) Unechte Synergien sind solche, „…die im eigenen Unternehmensverbund realisiert werden können und die ohne die Veräußerung realisierbar wären…"[1]

e) Unechte Synergien sind solche, „… die mit jeder beliebigen Partei zu verwirklichen wären."[2]

IDW RS HFA 10 bietet ebenfalls eine Definition an:

> „…unechte Synergieeffekte, d. h. Synergien, die sich ohne Berücksichtigung der Auswirkungen aus dem Bewertungsanlass realisieren lassen oder mit einer nahezu beliebigen Vielzahl von Partnern erzielbar sind, …"[3]

Die Erklärung aus IDW RS HFA 10 entspricht damit wörtlich der Fassung des IDW S1 vom 28. 6. 2000.

Die Definition a) aus dem WP-Handbuch stellt eine Art Mischform zwischen IDW S1 vom 28. 6. 2000 und IDW i. d. F. 2008 dar und deckt sich damit weder mit der Formulierung unechter Synergien des IDW S1 vom 28. 6. 2000 – dort galten über das „oder" noch zwei alternative Interpretationsmöglichkeiten – noch mit IDW S1 i. d. F. 2008, bei der nur die Unabhängigkeit vom Bewertungsanlass Identifikationsmerkmal ist.

Die Definition b) deckt sich fast wörtlich mit dem aktuellen IDW S1 i. d. F. 2008.

Die Definition c) gibt den Wortlaut aus IDW S1 vom 28. 6. 2000 wörtlich wider und dürfte damit ebenso wenig aktuell sein wie die Definition in IDW RS HFA 10.

Die Definition d) deckt sich inhaltlich mit IDW S1 i. d. F. 2008.

Die Definition e) gibt den 2.Halbsatz aus dem Wortlaut des IDW S1 vom 28. 6. 2000 wider.

Da das WP-Handbuch eine Interpretationshilfe zum IDW S1 darstellen soll,[4] könnte man annehmen, dass die Definition a) die maßgebende sein soll, da sie über die reine Wiedergabe der Definition unechter Synergien im aktuell gültigen IDW S1 i. d. F. 2008 hinausgeht.

Der Begriff unechter Synergieeffekte bleibt somit zunächst erklärungsbedürftig. Synergieeffekte (i. S. echter Synergieeffekte) sind wie oben ausgeführt Kombinationseffekte, die sich aus der Verbindung ganz bestimmter Unternehmen ergeben – etwa zur Nutzung von Patenten durch ein Technologieunternehmen in Kombination mit einem bestimmten Vertriebsunternehmen und seinem „einmaligen" Marktzugang. Unechte Synergieeffekte sollen sich bereits in der bestehenden Unternehmenskonstellation realisieren lassen. Also Kombinationseffekte ohne Kombination? Allerdings verweist das WP-Handbuch in der oben unter a) genannten Erklärung, entgegen dem Wortlaut des IDW S1 i. d. F. 2008, auf eine bestimmte Voraussetzung zur Hebung der unechten Synergieeffekte, nämlich die Kooperation des zu bewertenden Unternehmens mit einer Vielzahl von Partnern. Also Kooperation oder doch Kombination als Voraussetzung? Als Beispiele nennt das WP-Handbuch:[5]

---

[1] WP-Handbuch, Band II, 2008, S. 39, Tz. 119.
[2] WP-Handbuch, Band II, 2008, S. 304.
[3] IDW Stellungnahme zur Rechnungslegung: Anwendung der Grundsätze des IDW S1 bei der Bewertung von Beteiligungen und sonstigen Unternehmensanteilen für die Zwecke eines handelsrechtlichen Jahresabschlusses (IDW RS HFA 10) v. 18. 10. 2005, Tz. 11.
[4] WP-Handbuch, Band II, 2008, S. 1, Tz. 1.
[5] WP-Handbuch, Band II, 2008, S. 29, Tz. 83; zu weiteren Beispielen siehe WP-Handbuch, Band II, 2008, S. 169.

- Kostenreduktion durch <u>wechselseitige Nutzung</u> des Rechnungswesens und der Informationstechnologie,
- <u>Zusammenlegung</u> des Rechnungswesens und der Informationstechnologie,
- Ausnutzung von <u>Größeneffekten</u>,
- Nutzung steuerlicher Verlustvorträge.

Auch die Beispiele helfen bei dem Interpretationsversuch der unechten Synergieeffekte nicht weiter, denn wie soll diese Form von Effekten ohne konkrete Kenntnis des fiktiven Kombinations- oder Kooperationspartners quantifiziert werden? Für welches Umsatzvolumen sollen die Größeneffekte geplant werden, welches Gewinnniveau soll der Nutzung der steuerlichen Verlustvorträge zugrunde gelegt werden – denn der Gewinnanfall je Planjahr und damit der Realisationszeitraum der Steuerersparnis ist bei der Bewertung des Steuerspareffekts ja nicht ganz unerheblich. Ganz abgesehen davon dürften gerade steuerliche Verlustvorträge auf Grundlage des § 8c KStG nur noch unter der Annahme des Spezialfalles der Sanierung durch die Verbindung von Unternehmen nutzbar sein. Also doch nur Kooperation? Was sind somit unechte Synergieeffekte?

Offensichtlich zunächst vor allem eine unglückliche Begriffswahl kombiniert mit wenig hilfreichen Erläuterungsversuchen. Trennt man die oben problematisierte Thematik in das Begriffspaar unrealisierte Synergieeffekte und realisierte Synergieeffekte, wird die Lösung schnell sichtbar.

Unechte Synergieeffekte sind realisierte Kombinationseffekte, aus einer bereits vor dem Bewertungsanlass bestehenden Unternehmenskombination. Die unechten Synergieeffekte befinden sich damit bereits in der Umsetzung, wogegen die echten Synergieeffekte noch nicht realisiert sind und damit wegen des Stand-alone-Prinzips des objektivierten Unternehmenswertes auch nicht berücksichtigt werden können. Dem Stand-alone-Prinzip widerspricht es aber nicht, bei einem Unternehmen, dass sich bereits via Eingliederung, Unternehmensvertrag oder Verschmelzung, in einem Abhängigkeitsverhältnis gemäß § 17 AktG zur Konzernobergesellschaft befindet, die umgesetzten Synergien im Zusammenhang mit einer erneuten organisatorischen Maßnahme zu berücksichtigen.[1] Die sich aus dieser bereits bestehenden Beziehung ergebenden realisierten Verbundvorteile oder Synergieeffekte gelten als unechte (da nicht durch den Bewertungsanlass verursacht) und damit zu berücksichtigende Synergien. Die Bewertung des Unternehmens „wie es steht und liegt" hat die vorhandenen Wertpotenziale zu berücksichtigen, auch soweit sie Synergieeffekte darstellen. Abzufindende Anteilseigner sollen auch im Umfang dieser vorhandenen Vorteile kompensiert werden.[2]

Neben dem sachlichen Umfang denkbarer unechter Synergieeffekte ist auch deren zeitliche Dimension zu beachten. Vor Einführung des IDW S1 vom 18.10.2005 war Voraussetzung für die Berücksichtigung unechter Synergieeffekte, dass die synergiestiftenden Maßnahmen am Bewertungsstichtag bereits eingeleitet sein mussten.[3] Seither hat sich eine flexiblere Regelung erge-

---

[1] *Siepe/Dörschell/Schulte*, Der neue IDW Standard: Grundsätze zur Durchführung von Unternehmensbewertungen (IDW S1), Wpg 2000, S. 949.
[2] *Dörschell/Franken/Schulte*, Ermittlung eines objektivierten Unternehmenswertes für Personengesellschaften nach der Unternehmensteuerreform 2008, Wpg 2008, S. 448.
[3] WP-Handbuch, Band II, 2002, S. 37, Tz. 115; IDW Standard: Grundsätze zur Durchführung von Unternehmensbewertungen (IDW S1) v. 28.6.2000, Tz. 43.

ben (unverändert auch im IDW S1 i. d. F. 2008), da nunmehr bereits die Dokumentation der synergiestiftenden Maßnahmen ausreichen soll.

> „Im Rahmen der Ermittlung des objektivierten Unternehmenswerts sind die Überschüsse aus unechten Synergieeffekten zu berücksichtigen; jedoch nur insoweit, als die Synergie stiftenden Maßnahmen bereits eingeleitet oder im Unternehmenskonzept dokumentiert sind."[1]

Zur Abgrenzung der Begriffe Dokumentation (synergiestiftende Maßnahmen) und Konkretisierung (Maßnahmen) siehe die Ausführungen zum Bewertungsstichtag.[2]

9.11.2.2 Die Bewertung unechter Synergien

Unechte Synergieeffekte haben sich als umgesetzte Kombinationsmaßnahmen bereits im Rechnungswesen des zu bewertenden Unternehmens niedergeschlagen (z. B. als erhöhtes Umsatzvolumen aufgrund der Nutzung eines weltweiten Vertriebsnetzes, als reduzierter Verwaltungs-, Produktions- und Vertriebsaufwand aufgrund der Zusammenlegung von Abteilungen, der Beseitigung von Doppelfunktionen und der Nutzung freier Kapazitäten). Die Vergangenheitsanalyse gibt Aufschluss über den Umfang der „gehobenen" Einsparungseffekte. Diese bestehenden Einspareffekte werden in der Unternehmensplanung weitergeführt und gehen so in den Unternehmenswert ein.

> „Nach dem Gutachten bestehen die Synergieeffekte für das abhängige Unternehmen Sch (jetzt: Sa) im vorliegenden Fall in der Verwendung bereits vorhandener Rezepturen, in der Optimierung der Maschinenbelegung und der Ablaufsteuerung, in einer einheitlichen Forschung und Entwicklung, in der Nutzung des Vertriebsapparates von HP sowie im EDV-Bereich und in der Verwaltung. Diese Synergieeffekte liegen nicht in Form berechenbarer Größen vor, sondern wurden in der Planungsrechnung implizit bei der Bemessung der Aufwendungen und Erträge berücksichtigt."[3]

9.11.2.3 Steuerliche Verlustvorträge als unechte Synergien

Zu den viel zitierten steuerlichen Verlustvorträgen,[4] die als unechte Synergien im objektivierten Unternehmenswert zu berücksichtigen sind, ist Folgendes anzumerken. IDW S1 i. d. F. 2008 differenziert die Berücksichtigungsfähigkeit von Verlustvorträgen als unechte Synergien nicht weiter nach dem Bewertungsanlass. Bezeichnet man steuerliche Verlustvorträge als unechte Synergien, sind sie nach IDW S1 i. d. F. 2008 unabhängig vom Bewertungsanlass zu berücksichtigen.

> „Sogenannte unechte Synergieeffekte sind dadurch gekennzeichnet, dass sie sich ohne Durchführung der dem Bewertungsanlass zugrunde liegenden Maßnahme realisieren lassen. Im Rahmen der Ermittlung des objektivierten Unternehmenswerts sind die Überschüsse aus unechten Synergieeffekten zu berücksichtigen; ..."[5]

Je nach Bewertungsanlass zeigt sich jedoch, dass die Folgen des Bewertungsanlasses insbesondere aufgrund § 8c KStG eine anschließende Nutzung der steuerlichen Verlustvorträge unmöglich machen können.[6] So gehen die steuerlichen Verlustvorträge z. B. durch eine Verschmelzung

---

1 IDW Standard: Grundsätze zur Durchführung von Unternehmensbewertungen (IDW S1) v. 18. 10. 2005, Tz. 44; IDW S1 i. d. F. 2008, Tz. 34.
2 Gliederungspunkt 6.2.
3 OLG Stuttgart v. 4. 2. 2000 – 4-W-15/98, Datev, DokNr. 0163454, S. 3.
4 WP-Handbuch, Band II, 2008, S. 29, Tz. 83.
5 IDW S1 i. d. F. 2008, Tz. 34.
6 Durch das Wachstumsbeschleunigungsgesetz v. 22. 12. 2009, BGBl 2009 I S. 3950, wurde die Mantelkaufregelung entschärft und durch eine Konzernklausel § 8c Abs. 1 Satz 5 KStG sowie eine Regelung hinsichtlich vorhandener stiller Reserven § 8c Abs. 1 Satz 6 KStG eine Vernichtung der steuerlichen Verlustvorträge in diesen Fällen ausgenommen.

unter, wogegen ein Squeeze-out die Voraussetzungen zum Erhalt der steuerlichen Verlustvorträge gemäß § 8c KStG nicht verletzt. Beim Ausscheiden eines Gesellschafters aus einer Personengesellschaft geht dagegen der anteilige gewerbesteuerliche Verlustvortrag gemäß § 10a Satz 9 GewStG unter, da die im Gewerbesteuergesetz geforderte Unternehmeridentität für den ausscheidenden Gesellschafter verloren geht. Die gewerbesteuerlichen Verlustvorträge gehen auch unter, soweit der Betrieb der Personengesellschaft verkauft wird, da dann die Unternehmensidentität verloren geht. Bei Teilvertriebsveräußerungen geht der gewerbesteuerliche Verlustvortrag im dem Umfang unter, der dem Anteil des Teilbetriebs entspricht.[1]

Der objektivierte Unternehmenswert wird allerdings unter Maßgabe der jeweiligen Abfindungsnormen ermittelt. Damit können sich Abweichungen von den realen Folgen des Bewertungsanlasses ergeben. Die Unterschiede zwischen den realen Konsequenzen des Bewertungsanlasses und einer normierten Bewertung (die der gängigen Rechtsprechung[2] folgt) zeigen sich für ausgewählte Bewertungsanlässe in nachfolgender Übersicht.

TAB. 32: Reale und fiktive Folgen ausgewählter Bewertungsanlässe für steuerliche Verlustvorträge

Bewertungsanlass	Verschmelzung	Beherrschungs- und Gewinnabführungsvertrag	Squeeze-out	Abfindung bei Personengesellschaften
	§§ 29 und 36 UmwG	§ 305 AktG	§ 327a AktG	§ 738 BGB
Folgen für steuerliche Verlustvorträge	Verlustvorträge gehen i. R. des § 8c KStG bzw. § 12 Abs. 3 UmwStG unter.	Verlustvorträge werden bis zur Beendigung der Organschaft eingefroren (§ 10a Satz 3 GewStG).	Verlustvorträge bleiben erhalten (§ 8c KStG).	Verlustvorträge gehen in Höhe der Beteiligungsquote des ausscheidenden Gesellschafters unter (§ 10a Satz 9 GewStG).
Bewertungsfiktion	Verhältnisse der übertragenden Rechtsträger im Zeitpunkt der Beschlussfassung über die Verschmelzung.	Verhältnisse der Gesellschaft im Zeitpunkt der Beschlussfassung ihrer Hauptversammlung.	Verhältnisse der Gesellschaft im Zeitpunkt der Beschlussfassung ihrer Hauptversammlung.	Unternehmensverkauf.
Folgen der Bewertungsfiktion für die steuerlichen Verlustvorträge	Verlustvorträge bleiben erhalten.	Verlustvorträge bleiben erhalten.	Verlustvorträge bleiben erhalten.	Verlustvorträge gehen vollständig unter.

---

1 BFH v. 7. 8. 2008 – IV R 86/05.
2 Siehe OLG München v. 17. 7. 2007 – 31 Wx 060/06, AG, 2008, S. 31; OLG Stuttgart v. 19. 3. 2008 – 20 W 3/06, AG, 2008, S. 515; OLG Düsseldorf v. 28. 1. 2009 – I-26 W 7/07 (AktE), AG, 2009, S. 669.

Entfallen die steuerlichen Verlustvorträge durch die Umsetzung des Bewertungsanlasses, stellt dies einen negativen Synergieeffekt dar, da in dieser Hinsicht der Kombinationswert die Summe der isolierten Einzelwerte unterschreitet. Wie erklärt sich dann die Berücksichtigung steuerlicher Verlustvorträge im Rahmen der Ermittlung der aktien- und umwandlungsrechtlichen Abfindung?

Nach der Generalnorm der Eigentumsgarantie des Art. 14 GG wird das Anteilseigentum in seiner konkreten Ausgestaltung am Bewertungsstichtag geschützt.[1] Teil dieses Anteilseigentums ist, vor Umsetzung einer Strukturmaßnahme, der Vorteil aus den mit den steuerlichen Verlustvorträgen erzielbaren Steuerersparnissen. In diesem Kontext ist auch der Verweis auf die notwendige Bewertung im Stand-alone-Zustand zu verstehen, d. h. die Bewertung hat ohne Berücksichtigung der beabsichtigten Maßnahme zu erfolgen. Folgt man dieser Leitlinie, partizipiert der abzufindende Gesellschafter nicht von positiven Synergieeffekten, er hat sich aber auch keine negativen Synergieeffekte, wie den Wegfall steuerlicher Verlustvorträge, hinsichtlich seiner Abfindung entgegenhalten zu lassen. Ein gleiches Ergebnis folgt aus dem Hinweis, die Abfindung des Minderheitsaktionärs hätte den vollen Wert des Anteils im Sinne eines Grenzpreises abzubilden. Der Grenzpreis des Anteilswerts markiert den Indifferenzpunkt zwischen Behalten und Abgabe des Anteils. D. h. den Grenzpreis muss der Anteilseigner mindestens beim Verkauf oder über die Abfindung erhalten, um sich gegenüber dem Behalten des Anteils hinsichtlich seiner Vermögensposition nicht schlechter zu stellen. Dieser Grenzpreis des Anteilseigners berücksichtigt zwingend die steuerlichen Verlustvorträge.

Es bleibt damit festzuhalten, dass die Bewertung der Abfindung gemäß der gesetzlichen Vorgaben und gemäß des Berechnungskonzepts des objektivierten Unternehmenswertes zwar nicht bei jedem Bewertungsanlass die Konsequenzen des Bewertungsanlasses abbilden, dieser Mangel an Realitätsbezug aber im Sinne des aktienrechtlichen- und umwandlungsrechtlichen Abfindungsgedankens zu verstehen ist.

Eine etwas andere Beurteilung ergibt sich im Zusammenhang mit Abfindungen an Gesellschafter von Personengesellschaften auf gesetzlicher Grundlage. Die §§ 738 bis 740 BGB gelten für die Abfindung von Gesellschaftern einer BGB-Gesellschaft und über § 105 Abs. 3 HGB auch für die Abfindung von Gesellschaftern von Personenhandelsgesellschaften. Hier würde eine Abfindungsregelung, die auf den Grenzpreis des Bewertungssubjektes „Gesellschafter einer Personengesellschaft" Bezug nimmt ebenso dazu führen, dass die gewerbesteuerlichen Verlustvorträge werterhöhend berücksichtigt werden. Allerdings steht dem die Abfindungsregelung in § 738 BGB entgegen. § 738 BGB gibt nach einhelliger Literaturmeinung für die Ermittlung des Abfindungsanspruchs vor, dass von einer Veräußerung des Unternehmens bzw. Betriebes auszugehen ist.[2] Konsequenz dieser Fiktion ist gemäß § 10a Satz 9 GewStG die vollständige Vernichtung aller gewerbesteuerlichen Verlustvorträge durch Aufhebung der Unternehmensidentität. D. h. entgegen der Regelung im aktien- und umwandlungsrechtlichen Abfindungsverfahren kommt dem abzufindenden Gesellschafter einer Personengesellschaft ein vorhandener Verlustvortrag aufgrund einer anderslautenden Bewertungsfiktion nicht zugute.[3] Die Gegenüberstel-

---

1 *Paulsen, A.-J.*, in: Münchener Kommentar, Aktiengesetz, Goette/Habersack (Hrsg.), 2010, § 305, S. 747.
2 *Lorz, R.*, in: Ebenroth/Boujong/Joost/Strohn, Handelsgesetzbuch Band I, 2008, S. 1515, Tz. 64.
3 *Kunowski/Popp*, in: Praxishandbuch der Unternehmensbewertung (Hrsg. Peemöller), 2009, S. 955.

lung dieser Bewertungssituationen macht noch einmal deutlich, dass im gesetzlichen und ggf. vertraglichen[1] Bewertungsanlass die Wertermittlung nicht primär durch die realitätsgerechte Berechnung, sondern die rechtliche Bewertungsvorgabe dominiert wird.

9.11.3 Rechtsprechung

Die Rechtsprechung spricht sich im Kern gegen eine Berücksichtigung von echten Synergieeffekten im Unternehmenswert aus, soweit dieser einer Abfindungsregelung zugrunde gelegt werden soll.[2]

> „Unter einem Synergieeffekt wird ein zusätzlicher Ertrag verstanden, der erst durch die Kooperation von zwei Unternehmen entsteht....Nach wohl herrschender Meinung sind jedoch Synergieeffekte, die durch den Beherrschungsvertrag erst gewonnen werden, in die Bewertung der Ausgleichszahlung nicht einzubeziehen, jedenfalls ist dies rechtlich nicht geboten, weil zukünftige Synergieeffekte in aller Regel <u>subjektive Bestandteile</u> der Unternehmensbewertung darstellen und weil der Anspruch auf angemessene <u>Entschädigung kein Recht auf die Beteiligung an Vorteilen gebietet, die sich ohne den Unternehmensvertrag gar nicht ergeben hätten</u>. Solche Synergieeffekte sind daher nicht zu berücksichtigen."[3]

Die Abfindung wird als Kompensation für den Entzug von Rechten im vorhandenen Bestand gesehen. Etwas anderes gilt für die bereits realisierten Synergieeffekte (unechte Synergien) von Unternehmen, die sich bereits in einem Unternehmensverbund befinden. Die Stand-alone-Bewertung würde falsch verstanden werden, wenn man das Unternehmen zu Bewertungszwecken wieder aus seinen bestehenden gesellschaftsrechtlichen Verhältnissen isolieren wollte. Zur Nichtberücksichtigung von Verbundvorteilen bei bestehender Konzernverbindung führt das OLG Düsseldorf aus:

> „Dies betrifft aber nur den Fall, dass Verbundeffekte durch die zur Beschlussfassung anstehende Strukturmaßnahme bewirkt werden. Durch den Formwechsel werden aber keine Verbundeffekte bewirkt. Die Bewertung zum Stichtag kann nicht die seit 1979 bestehende Rechtslage ausblenden und die EVA AG als selbständiges Unternehmen behandeln....Da nach § 208 UmwG i.V. mit § 30 UmwG bei der Bewertung des Unternehmens auf den Tag der Beschlussfassung abzustellen ist, rechtfertigt es das Stichtagsprinzip gerade nicht, bestehende Unternehmensverträge auszublenden und eine fiktive Rechtslage zugrunde zu legen."[4]

Vorteile die dagegen erst zukünftig durch die Einbindung des Unternehmens in einen Konzernverbund entstehen, dürften damit nicht im Unternehmenswert berücksichtigt werden. Der objektivierte Unternehmenswert, mit seinem Verzicht auf die Berücksichtigung echter Synergieeffekte, ist eine bewertungstechnische Antwort auf diese Anforderung.

Diese Position steht einer Beteiligung der Anteilseigner zu verschmelzender Gesellschaften an den Synergieeffekten nicht entgegen. Ziel der Ermittlung des Umtauschverhältnisses muss vielmehr die angemessene Beteiligung aller Anteilseigner an den zu schaffenden Synergien sein. Eine implizite Aufteilung der Synergieeffekte ergibt sich, wenn die Verbundvorteile bei der Bewertung der zu verschmelzenden Gesellschaften außer Acht gelassen werden.[5] Die Verteilung

---

1 Die Abfindungsregelungen in Satzung und Gesellschaftsvertrag.
2 Siehe auch Rechtsprechungsnachweise in *Weiland, N. G.*, Synergieeffekte bei der Abfindung außenstehender Gesellschafter, 2003, S. 130, Fn. 417.
3 OLG Stuttgart v. 4.2.2000 – 4-W-15/98, Datev, DokNr. 0163454, S. 3.
4 OLG Düsseldorf v. 27.2.2004 – 19 W 3/00 AktE, DB, 2004, S. 1035.
5 OLG Stuttgart v. 8.3.2006 – 20 W 5/05, AG, 2006, S. 426, siehe auch WP-Handbuch, Band II, 2008, S. 304, Tz. 57.

der Synergien erfolgt dann nicht nach dem Verursacherprinzip, sondern ergibt sich aus der Relation der Ertragswerte.[1]

Eine Besonderheit ergibt sich aus dem BVerfG-Beschluss DAT/Altana, nachdem der Börsenkurs die Untergrenze der Abfindung zu bilden hat.[2] Der BGH hat daraufhin entschieden, dass zukünftige Synergieeffekte, die sich durch die erwarteten Steigerungen der Dividenden bereits im Börsenkurs ausdrücken, bei der Bemessung der Abfindung Berücksichtigung finden müssen. Diese Erfassung von echten Synergieeffekten im Börsenkurs könnte durch eine mögliche Trendwende in der Rechtsprechung bald Geschichte sein. Wenn der Ausgangspunkt für die Bestimmung des 3-Monatszeitraumes zur Ermittlung des Durchschnittskurses danach nicht mehr das Datum der Hauptversammlung ist, sondern das Datum der Bekanntgabe der Maßnahme, können sich die erwarteten Synergieeffekte (oder wie böse Zungen behaupten, die Spekulationen auf hohe Abfindungsbeträge) nicht mehr im Durchschnittskurs abbilden. Objektivierter Unternehmenswert und Börsenkurs befänden sich damit auch systematisch wieder im Gleichklang.[3]

Steuerliche Verlustvorträge werden in aktienrechtlichen- und umwandlungsrechtlichen Abfindungsentscheidungen werterhöhend berücksichtigt. Bei der Nutzung der steuerlichen Verlustvorträge dürfen Verbundeffekte nicht berücksichtigt werden, d.h. die Bewertung hängt von der Fähigkeit des zu bewertenden Unternehmens ab, die steuerlichen Verlustvorträge auch nutzen zu können.[4] So urteilt das OLG München im Zusammenhang mit einem Beherrschungs- und Gewinnabführungsvertrag:

> „Ein Verlustvortrag ist ein werterhöhender Faktor. Dieser ist mit dem Wert anzusetzen, der ihm objektiv zukommt, und zwar unabhängig von den speziellen Verhältnissen eines möglichen Erwerbers. Entscheidend für die Höhe des Wertes ist der Barwert der zu erwartenden Steuerersparnis."[5]

Das OLG Düsseldorf, ebenfalls mit einer Entscheidung zu einem Beherrschungs- und Gewinnabführungsvertrag befasst, präzisiert die Voraussetzungen für die Berücksichtigung eines steuerlichen Verlustvortrages und seiner Wertrelevanz:

> „Grundsätzlich können steuerliche Verlustvorträge einen Wert darstellen, der bei der Unternehmensbewertung zu berücksichtigen ist. Sie können jedoch nur verwertet und in eine Steuerersparnis umgesetzt werden, wenn sie mit entsprechenden Gewinnen verrechenbar und damit nutzbar sind. Im vorliegenden Fall ist jedoch nicht ersichtlich, dass die Antragsgegnerin (*ein Unternehmen des öffentlichen Personennahverkehrs*) auf absehbare Zeit die Verlustvorträge wird verwerten können. ... Damit ist aufgrund der zu erwartenden negativen Ertragsprognose nicht zu rechnen. Die steuerlichen Verlustvorträge haben daher keinen wirtschaftlichen Wert, der bei der Ertragswertermittlung zu berücksichtigen gewesen wäre."[6]

Die fundierte Bewertung steuerlicher Verlustvorträge setzt damit immer eine aussagekräftige integrierte Unternehmensplanung voraus, die eine Berechnung des Nutzungszeitpunkts und des Verbrauchs steuerlicher Verlustvorträge zulässt.

---

1 OLG Stuttgart v. 8.3.2006 – 20 W 5/05, AG, 2006, S. 426.
2 BVerfG v. 27.4.1999 – 1 BvR 1613/94, DB, 1999, S. 1693.
3 Siehe hierzu auch Gliederungspunkte 4.3. u. 13.7.
4 BGH v. 13.3.1978 – II ZR 142/76, DB 1978, S. 974.
5 OLG München v. 17.7.2007 – 31 Wx 060/06, AG, 2008, S. 31.
6 OLG Düsseldorf v. 28.1.2009 – I-26 W 7/07 (AktE), AG 2009, S. 669.

Bei der Frage nach dem Kalkulationszinssatz, mit dem der Barwert der Steuerersparnis bei steuerlichen Verlustvorträgen zu berechnen ist, urteilt das OLG Düsseldorf im Fall einer Eingliederung wie folgt:

> „Verlustvorträge können nur dann in Steuerersparnisse umgesetzt werden, wenn sie mit entsprechenden Gewinnen verrechnet werden können. Infolgedessen ist die steuerliche Ausnutzung eines Verlustvortrags mit demselben Risiko behaftet wie der Betrieb eines Unternehmens. Es ist deshalb richtig, den voraussichtlich erzielbaren steuerlichen Nutzen mit demselben Kapitalisierungszinsfuß abzuzinsen wie zukünftig zu erwartende Gewinne."[1]

Dass das OLG Düsseldorf in dieser Entscheidung vom 11. 4. 1988 hinsichtlich der Nutzbarkeit steuerlicher Verlustvorträge eine diametrale Position zur Entscheidung vom 28. 1. 2009 einnimmt, ist wohl unter dem Blickwinkel veränderter steuerlicher Rahmenbedingungen zu sehen. Zum Zeitpunkt der Entscheidung vom 11. 4. 1988 war der sogenannte Mantelhandel noch möglich.

> „Der Verlustvortrag kann nicht mit einem Rationalisierungs-, Verbund- oder Synergieeffekt verglichen werden, der sich nur aus der Kombination der besonderen Strukturen der eingegliederten und der aufnehmenden Gesellschaft ergibt und deshalb möglicherweise nicht zu bewerten ist. Ein steuerlicher Verlustvortrag stellt vielmehr für einen unübersehbar großen Kreis von potentiellen Erwerbern einen Vorteil wegen der damit erzielbaren Steuervorteile dar und bildet unter Umständen einen wesentlichen Grund für den Erwerb einer solchen Unternehmung. Der Verlustvortrag führt deshalb zu einer Erhöhung des Unternehmenswertes, ohne dass es darauf ankommt, ob die eingegliederte Gesellschaft selbst in der Lage wäre, ihn durch voraussichtliche eigene Gewinne in der Zukunft auszunutzen."[2]

Tatsache bleibt aber, dass auch in diesem Fall das Stand-alone-Prinzip verletzt werden muss, um den Verlustvorträgen einen Wert beizumessen. Damit kann das Urteil nicht auf heutige Verhältnisse übertragen werden.

Der Wert steuerlicher Verlustvorträge wird Teil des erhöhten Unternehmenswertes, wenn für die Zeit der Nutzung der steuerlichen Verlustvorträge keine entsprechenden Steueraufwendungen bzw. Steuerzahlungen in der Unternehmensplanung zu berücksichtigen sind. In der Rechtsprechung finden sich regelmäßig isolierte Bewertungen der steuerlichen Verlustvorträge und eine additive Ermittlung des Unternehmenswertes.[3]

9.12 Investitionen und Substanzerhalt

Der objektivierte Unternehmenswert verlangt die Bewertung des Unternehmens auf Grundlage der am Bewertungsstichtag vorhandenen Ertragskraft[4], d. h. „des Unternehmens wie es steht und liegt". Die Planung von Re-Investitionen steht dem nicht entgegen, wenn diese dem notwendigen Unternehmenserhalt dienen. Reinvestitionen sind hier als Ersatzinvestitionen zu verstehen, die den Unternehmensumfang auf Grundlage des Unternehmenskonzeptes unverändert lassen.[5] D. h. Bestandteil der Unternehmensplanung muss ein Reinvestitionsplan sein, der die Leistungsfähigkeit des Unternehmens in einem sich wandelnden Wettbewerbsumfeld nicht nur quantitativ sondern auch qualitativ erhält. Damit sind Reinvestitionen unter Berücksichtigung des technologischen Wandels zu planen.

---

1 OLG Düsseldorf v. 11. 4. 1988 – 19 W 32/86, DB, 1988, S. 1110 f.
2 OLG Düsseldorf v. 11. 4. 1988 – 19 W 32/86, DB, 1988, S. 1110 f.
3 Siehe z. B. OLG München v. 14. 7. 2009 – 31 Wx 121/06., www.betriebs-berater.de-Archiv.
4 IDW S1 i. d. F. 2008, Tz. 32; WP-Handbuch, Band II, 2008, S. 28, Tz. 80.
5 IDW Standard: Grundsätze zur Durchführung von Unternehmensbewertungen (IDW S1) v. 18. 10. 2005, Tz. 117.

Im Gegensatz dazu werden Investitionen als den Umfang des bestehenden Unternehmens ausweitend (Erweiterungsinvestition) definiert. Auch diese sind in der Unternehmensplanung für die Ableitung eines objektivierten Unternehmenswertes zu berücksichtigen, wenn sie:

„…aus bereits eingeleiteten Maßnahmen…"[1]

oder

„…aus hinreichend konkretisierten Maßnahmen im Rahmen des bisherigen Unternehmenskonzepts…"[2]

belegbar sind.[3]

„Mögliche, aber noch nicht hinreichend konkretisierte Maßnahmen (z. B. Erweiterungsinvestitionen/Desinvestitionen) sowie die daraus vermutlich resultierenden finanziellen Überschüsse sind danach bei der Ermittlung objektivierter Unternehmenswerte unbeachtlich."[4]

Ein erster Eindruck vom Reinvestitionsbedarf des Bewertungsobjekts lässt sich durch einen Blick in das Anlagenregister bzw. den Anlagenspiegel zum Bewertungsstichtag gewinnen. Abgeschriebene Restbuchwerte werden hier Reinvestitionsbedarf signalisieren. Das kann im Einzelfall auch nicht zutreffen, insbesondere wenn abgeschriebene Maschinen nachhaltig Fertigungstoleranzen einhalten und weiterhin effizient nutzbar sind (z. B. Blechpressen). Ein Reinvestitionsplan kann somit nur in Abstimmung mit den zuständigen Abteilungen oder Ansprechpartnern des Bewertungsobjekts verifiziert bzw. entwickelt werden.

Würden keine Reinvestitionen geplant, ergäbe sich bereits planungstechnisch eine „Entmaterialisierung" des Unternehmens, da dann über den unendlichen Planungszeitraum Abschreibungsraten verrechnet werden, die aber bereits nach kurzer Zeit ein negatives Sachanlagevermögen entstehen lassen, wenn keine neuen Vermögenswerte zugeführt werden.

ABB. 46:	Abschreibungsplanung ohne Reinvestition					
	2008	2009	2010	2011	2012	…
Abschreibung	50.000,00	50.000,00	50.000,00	50.000,00	50.000,00	
Restbuchwert I	100.000,00	50.000,00	–	- 50.000,00	- 100.000,00	
				negatives Anlagevermögen!		

Auch hier zeigt sich wieder der Vorteil einer integrierten Unternehmensplanung, mit der zumindest die Chance besteht, Inkonsistenzen der Planung weitestgehend zu vermeiden. Für die Planung des nachhaltigen Ergebnisses in der Restwertphase (letzte Planungsphase) kann die Annahme „Abschreibungsrate = Reinvestitionsausgabe" gesetzt werden. Auf diese Weise bleibt der letzte, differenziert geplante Bestand an Sachanlagevermögen planungstechnisch erhalten und hinsichtlich des zur Ausschüttung verfügbaren nachhaltigen Cashflows sind notwendige Reinvestitionsauszahlungen berücksichtigt.

---

[1] IDW S1 i. d. F. 2008, Tz. 32.
[2] IDW S1 i. d. F. 2008, Tz. 32.
[3] Zur sprachlichen Differenzierung zwischen Konkretisierung (Investitionen) und Dokumentation (unechte Synergien) siehe Gliederungspunkt 6.2.
[4] IDW S1 i. d. F. 2008, Tz. 32.

Laufende Preissteigerungen werden in der Detailplanungsphase bzw. Konvergenzplanungsphase durch explizite Preisprognosen berücksichtigt. Zu erwartende Preissteigerungen für Maschinen, Forschungs- und Industrieeinrichtungen, die vom Unternehmen notwendigerweise angeschafft werden müssen, um die vorhandene Leistungsfähigkeit aufrecht zu erhalten, können seriös nur unter Rückgriff auf das Unternehmens-Know-how geplant werden. Dies gilt insbesondere bei einem starken technologischen Wandel, der die Preisänderungen durch die veränderte technische Leistungsfähigkeit der Maschinen induziert.

Der Substanzerhalt des Unternehmens in der Unternehmensplanung ist aber auch bei Berücksichtigung preisangepasster Investitionen, sei es nun inflationsveranlasst oder als Folge des technischen Wandels, nicht gewährleistet. Dies liegt am Nominalprinzip der Handelsbilanz und Steuerbilanz, bei der sich Ausschüttungen und die Besteuerung des laufenden Gewinnes an den historischen Anschaffungskosten orientieren.[1] Die Folge ist eine Besteuerung von Scheingewinnen und damit ein Entzug von Unternehmenssubstanz.

9.13 Planung der Unternehmensfinanzierung

Die Unternehmensführung auf dem vorhandenen Ertragsniveau wie auch das Unternehmenswachstum muss hinsichtlich der Finanzierung abgesichert sein. Zu finanzieren sind Investitionen in das Anlagevermögen wie auch in das Umlaufvermögen. Letzteres bezieht sich auf die Vorfinanzierung der Vorräte sowie der Forderungen aus Lieferungen und Leistungen, wobei Debitoren- und Kreditorenlaufzeiten einen wesentlichen Stellhebel des notwendigen Finanzierungsvolumens darstellen. Die Finanzierung kann wiederum durch Innenfinanzierung in Form thesaurierter Mittel wie auch durch Fremdfinanzierung bzw. in der Praxis durch eine Mischung aus beiden gewährleistet werden.

Zum Umfang und der Entwicklung der geplanten Fremdfinanzierung (im Sinne zinstragender Verbindlichkeiten) behandelt die Literatur mindestens die folgenden drei Finanzierungsannahmen:[2]

a) Atmende bzw. wertorientierte Finanzierungspolitik

b) Autonome Finanzierungspolitik

c) Hybride Finanzierungspolitik

Zu a) Die atmende oder wertorientierte Finanzierungspolitik geht davon aus, dass sich das Volumen zinstragender Verbindlichkeiten in einem konstanten Verhältnis zum Marktwert des Eigenkapitals (Equity-Value) oder in einem konstanten Verhältnis zum Unternehmensgesamtwert (Enterprise-Value) entwickelt.[3] Die zinstragenden Verbindlichkeiten sind damit eine Funktion des wie auch immer definierten Unternehmenswertes. Der Verschuldungsgrad zu Marktwerten bei Koppelung an den Equity-Value (VG)[4]

$$VG = F/E$$

---

[1] Zum Konzept des ökonomischen Gewinns siehe *Schneider, D.*, Investition, Finanzierung und Besteuerung, 1992, S. 229 ff.; *Franke/Hax*, Finanzwirtschaft des Unternehmens und Kapitalmarkt, 2004, S. 82 ff.
[2] *Kruschwitz/Löffler/Essler*, Unternehmensbewertung für die Praxis, 2009, S. 47.
[3] *Drukarczyk/Schüler*, Unternehmensbewertung, 2009, S. 138.
[4] F: Marktwert des verzinslichen Fremdkapitals, E: Marktwert des Eigenkapitals = Unternehmenswert.

bleibt auf diese Weise konstant, da jedes Ansteigen des Unternehmenswertes in den Planperioden zu einer automatischen Ausweitung der Kreditaufnahmen führt. Der Entwicklungspfad ausgeweiteter Kreditvolumen bei steigendem Geschäftsumfang und damit steigendem Unternehmenswert kann noch als plausibel bezeichnet werden. Bei rückläufiger Geschäftsentwicklung müsste die Geschäftsleitung allerdings fähig sein, Kreditvolumen entsprechend zurückzuführen. Dies ist in der Realität gerade nicht zu beobachten. Vielmehr sind Unternehmen in der Krise sogar auf eine Ausweitung des Kreditvolumens angewiesen, bis die Kapazitäten den veränderten Rahmenbedingungen wieder angepasst wurden. Der atmenden Finanzierungspolitik kann damit nicht attestiert werden, dass sie die Unternehmensfinanzierung realistisch abbilden würde.[1]

ABB. 47: Entwicklung der zinstragenden Verbindlichkeiten und des Verschuldungsgrades (VG) bei atmender Finanzierungspolitik

t	Marktwert EK	Wachstum Marktwert EK		Wachstum Marktwert FK	Marktwert FK	EK / GK	FK / GK	VG = FK/EK
1	1.000,00				300	0,7692	0,2308	0,30
2	1.050,00	5 %	=>	5 %	315,00	0,7692	0,2308	0,30
3	1.102,50	5 %	=>	5 %	330,75	0,7692	0,2308	0,30
4	1.157,63	5 %	=>	5 %	347,29	0,7692	0,2308	0,30
5	1.215,51	5 %	=>	5 %	364,65	0,7692	0,2308	0,30
6	1.276,28	5 %	=>	5 %	382,88	0,7692	0,2308	0,30
7	1.340,10	5 %	=>	5 %	402,03	0,7692	0,2308	0,30
8	1.407,10	5 %	=>	5 %	422,13	0,7692	0,2308	0,30
9	1.477,46	5 %	=>	5 %	443,24	0,7692	0,2308	0,30
10	1.551,33	5 %	=>	5 %	465,40	0,7692	0,2308	0,30
11	1.628,89	5 %	=>	5 %	488,67	0,7692	0,2308	0,30
12	1.710,34	5 %	=>	5 %	513,10	0,7692	0,2308	0,30
13	1.795,86	5 %	=>	5 %	538,76	0,7692	0,2308	0,30
14	1.885,65	5 %	=>	5 %	565,69	0,7692	0,2308	0,30
15	1.979,93	5 %	=>	5 %	593,98	0,7692	0,2308	0,30
16	2.078,93	5 %	=>	5 %	623,68	0,7692	0,2308	0,30

Zu b) Die Alternative besteht in der Annahme einer autonomen Finanzierungspolitik des Unternehmens. Damit werden Kreditvolumen zwar in Abhängigkeit von der Geschäftsentwicklung geplant. Allerdings schwanken die Kreditstände nicht in dem oben beschriebenen Zusammenhang, sondern folgen den mit den Kreditgebern vereinbarten Tilgungspfaden bzw. dem Kreditbedarf des Unternehmens. Dieses Finanzierungsverhalten ist auch in der Realität zu beobachten.[2] Die Konsequenz dieser Finanzierungspolitik sind schwankende Verschuldungsgrade zu Buch- wie auch zu Marktwerten. Bezogen auf den Verschuldungsgrad VG = F/E entwickeln sich F und E grundsätzlich unabhängig voneinander.

---

[1] *Drukarczyk/Schüler*, Unternehmensbewertung, 2009, S. 148.
[2] *Kruschwitz/Löffler*, Discounted Cash flow – A Theory of the Valuation of Firms, 2006, S. 61.

9.13 Planung der Unternehmensfinanzierung

ABB. 48: Entwicklung der zinstragenden Verbindlichkeiten und des Verschuldungsgrades (VG) bei autonomer Finanzierungspolitik

t	Marktwert EK	Wachstum Marktwert EK	Tilgung FK	Marktwert FK	EK / GK	FK / GK	VG = FK/EK
1	1.000,00			300	0,7692	0,2308	0,30
2	1.050,00	5 %	20	280,00	0,7895	0,2105	0,27
3	1.102,50	5 %	20	260,00	0,8092	0,1908	0,24
4	1.157,63	5 %	20	240,00	0,8283	0,1717	0,21
5	1.215,51	5 %	20	220,00	0,8467	0,1533	0,18
6	1.276,28	5 %	20	200,00	0,8645	0,1355	0,16
7	1.340,10	5 %	20	180,00	0,8816	0,1184	0,13
8	1.407,10	5 %	20	160,00	0,8979	0,1021	0,11
9	1.477,46	5 %	20	140,00	0,9134	0,0866	0,09
10	1.551,33	5 %	20	120,00	0,9282	0,0718	0,08
11	1.628,89	5 %	20	100,00	0,9422	0,0578	0,06
12	1.710,34	5 %	20	80,00	0,9553	0,0447	0,05
13	1.795,86	5 %	20	60,00	0,9677	0,0323	0,03
14	1.885,65	5 %	20	40,00	0,9792	0,0208	0,02
15	1.979,93	5 %	20	20,00	0,9900	0,0100	0,01
16	2.078,93	5 %	20	0,00	1,0000	0,0000	0,00

Zu c) Die hybride Finanzierungspolitik kombiniert die atmende oder wertorientierte und die autonome Finanzierungspolitik über den Planungshorizont. Für den überschaubaren und damit planbaren Detailplanungszeitraum, bzw. bei Verwendung der 3-Phasen-Methode auch für den Konvergenzplanungszeitraum[1], wird von der autonomen Finanzierungspolitik ausgegangen. Für die ferne Zukunft im Sinne der Phase der ewigen Rente wird die atmende oder wertorientierte Finanzierungspolitik unterstellt.[2]

Für die Unternehmensbewertung ist somit von einer hybriden Finanzierungspolitik auszugehen. D. h. die Darlehensstände werden im Detailplanungszeitraum bzw. Konvergenzplanungszeitraum entsprechend der in den Kreditverträgen vorgesehenen Tilgungsvereinbarungen zurückgeführt bzw. im Zusammenhang mit notwendigen Reinvestitionen wieder aufgestockt. Für den Fortführungswert bzw. die Phase der ewigen Rente ist von einem eingeschwungenen Zustand und damit einem festen Verhältnis der Marktwerte des Eigenkapitals und des Fremdkapitals auszugehen.

Der Verschuldungsgrad zu Marktwerten VG = F/E repräsentiert das Finanzierungsrisiko und wird im Kalkulationszinssatz als Teil des Beta-Faktors berücksichtigt.

„Unabhängig davon, welche Bewertungsmethode angewendet wird, ist der Einfluss der Kapitalstruktur des zu bewertenden Unternehmens auf die Kapitalisierungszinssätze zu berücksichtigen. Für die Bestimmung der Kapitalstruktur sind sog. Marktwerte (d. h. beim Eigenkapital gutachtlich ermittelte Werte)

---

[1] Siehe Gliederungspunkt 9.15.2.3.
[2] *Kruschwitz/Löffler/Essler*, Unternehmensbewertung für die Praxis, 2009, S. 53.

und nicht Buchwerte relevant. Es ist davon auszugehen, dass ein hoher Verschuldungsgrad mit einem hohen finanziellen Risiko korreliert und ceteris paribus zu höheren Risikozuschlägen führt."[1]

Dieser Zusammenhang wird auch in der Rechsprechung berücksichtigt.

> „Hierbei wird zudem das spezifische Risiko eines zu bewertenden Unternehmens in das operative Geschäft und dessen Kapitalstrukturrisiko, welches vom Verschuldungsgrad abhängig ist, untergliedert."[2]

> „Der unternehmensspezifische Risikozuschlag soll sowohl das operative Risiko aus der betrieblichen Tätigkeit als auch das vom Verschuldungsgrad beeinflusste Finanzierungsrisiko abdecken."[3]

> „Die unterschiedliche Kapitalstruktur der beiden Unternehmen ist in der Bewertung durch den Verschmelzungsgutachter in geeigneter Weise berücksichtigt. Der gerichtliche Sachverständige hat diesem Ansatz seine Berechnung gegenübergestellt, bei der er den Risikozuschlag unter Anwendung des CAPM für jedes Unternehmen und jedes Planjahr gesondert ermittelt, indem er ein entsprechend der Kapitalstruktur modifiziertes Beta heranzieht. ..."[4]

ABB. 49: Levern des Peer Group Betas für die Phase der integrierten Planung (Detail- und Konvergenzplanung)[5]

$$\beta_{vT} = \beta_{uP} \left[1 + (1 - s_T) \frac{F_T}{E_T} \right]$$

β_{uP}: Beta Peer Group Unternehmen, ohne Finanzierungsrisiko (unlevered)
β_{vT}: Beta Target Unternehmen, mit Finanzierungsrisiko (levered)
s_T: Unternehmenssteuersatz Target Unternehmen
F_T: Fremdkapital zu Marktwerten des Target Unternehmens
E_T: Eigenkapital zu Marktwerten des Target Unternehmen

VG = F/E kann damit für das Levern[6] des Beta-Faktors für den Detail- und den Konvergenzplanungszeitraum nicht als periodenkonstant unterstellt werden. Vielmehr ist der sich ändernde Verschuldungsgrad über diese Planungszeiträume zu ermitteln und über ein Iterationsmodell im Beta-Faktor zu berücksichtigen.

> „Daher ist der Risikozuschlag anzupassen, wenn sich die Kapitalstruktur im Zeitablauf ändert."[7]

Dem veränderten Finanzierungsrisiko wird damit periodengenau Rechnung getragen.[8]

Der im objektivierten Unternehmenswert geforderten Konstanz der Kapitalstruktur[9] kann damit unter realistischen Bedingungen, d. h. bei hybrider Finanzierung nur für den Zeitraum des eingeschwungenen Zustandes (ewige Rente!) gefolgt werden.[10]

---

1 IDW S1 i. d. F. 2008, Tz. 100.
2 OLG Karlsruhe v. 16.7.2008 – 12 W 16/02, AG, 2009, S. 51; siehe auch OLG Stuttgart v. 28.1.2004 – 20 U 3/03, juris Rechtsprechung, Tz. 140.
3 OLG München v. 14.7.2009 – 31 Wx 121/06, www.betriebs-berater.de – Archiv, S. 3.
4 OLG München v. 14.5.2007 – 31 Wx 87/06, AG, 2007, S. 703.
5 *Dörschell/Franken/Schulte*, Der Kapitalisierungszinssatz in der Unternehmensbewertung, 2009, S. 43.
6 Als Unlevern wird das Eliminieren des Finanzierungsrisikos (des Peer Group-Unternehmens) aus dem (Peer Group-)Beta-Faktor bezeichnet. Ziel dieses Vorganges ist ein Beta-Faktor, der nur noch das operative Risiko enthält. Als Levern wird die Erfassung des Finanzierungsrisikos des Zielunternehmens (Target) im Beta-Faktor verstanden, um damit das vollständige Risiko (operatives Risiko und Finanzierungsrisiko) im letztlich zu verwendenden Beta-Faktor zu berücksichtigen. Siehe dazu auch Gliederungspunkte 10.2.2.6 und 10.2.2.8.
7 IDW S1 i. d. F. 2008, Tz. 100.
8 Zum Iterationsmodell siehe Gliederungspunkt 10.2.2.6.
9 Siehe Gliederungspunkt 5.6.2, Abschnitt Fixierung der Kapitalstruktur.
10 Siehe dazu IDW S1 i. d. F. 2008, Tz. 130.

9.14 Verbindung von Planungs- und Bewertungsmodell

Das Modell der Unternehmensplanung und das Bewertungsmodell müssen logisch miteinander verknüpft sein. D. h. die im Rahmen der Bewertung erfassten Ausschüttungen müssen auch als Auszahlungen das Planungsmodell „verlassen".

ABB. 50: „Abfluss" der Ausschüttung aus der Finanzplanung

Währungsangaben in T€	2010	2011	2012	2013	2014	2015	2016
Umsatzeinzahlungen	120.000	120.000	120.000	135.000	148.000	162.000	162.000
Materialauszahlungen	-42.000	-42.000	-42.000	-47.250	-51.800	-56.700	-56.700
Personalauszahlungen	-37.200	-37.200	-37.200	-41.850	-45.880	-50.220	-50.220
Sonst. Betriebl. Auszahlungen	-13.000	-13.000	-13.000	-10.125	-11.100	-12.150	-12.150
Zinseinzahlungen	81	44	156	357	433	515	592
Zinsen und ähnl. Auszahlungen	-4.491	-4.294	-4.082	-3.878	-3.674	-3.470	-3.470
Ertragsteuerauszahlungen	-2.485	-2.138	-2.272	-4.988	-5.533	-6.814	-7.345
Anlagekäufe	-20.500	-9.500	-2.500	-2.500	-15.500	-5.000	-15.822
Veränderung des Kapitals	-5.330	-4.537	-4.877	-11.291	-12.597	-15.636	-16.885
Aufnahme und Tilgung Darlehen	-3.402	-3.402	-3.402	-3.402	-3.402	-3.402	-3.402
Umsatzsteuer, Finanzamt	-9.200	-10.960	-12.080	-13.640	-12.912	-16.048	-14.316
Umsatzsteuer, Vorsteuer	9.200	10.960	12.080	13.640	12.912	16.048	14.316
Laufende Liquidität	**-8.327**	**3.973**	**10.823**	**10.073**	**-1.052**	**9.123**	**0**
Liquidität mit Vortrag	**-1.208**	**2.765**	**13.588**	**23.661**	**22.609**	**31.732**	**31.732**

ABB. 51: „Zufluss" der Ausschüttungen im Bewertungsmodell

Währungsangaben in T€		2010	2011	2012	2013	2014	2015	eRente 2016
Geplanter Zufluss aus dem Bewertungsobjekt		5.330	4.537	4.877	11.291	12.597	15.636	16.885
Steuern (Typisierter Steuersatz)	26,38 %	-1.406	-1.197	-1.286	-2.978	-3.322	-4.124	-4.453
Diskontierbare Beträge		**3.924**	**3.340**	**3.590**	**8.313**	**9.274**	**11.512**	**12.431**
Basiszinssatz – Spotrates nach Steuern		0,60 %	1,02 %	1,36 %	1,64 %	1,88 %	2,09 %	3,16 %
Marktrisikoprämie nach Steuern		4,50 %	4,50 %	4,50 %	4,50 %	4,50 %	4,50 %	4,50 %
BETA levered		1,1105	1,0937	1,0654	1,0428	1,0271	1,0122	0,9998
Marktrisikoprämie adj.		**5,00 %**	**4,92 %**	**4,79 %**	**4,69 %**	**4,62 %**	**4,55 %**	**4,50 %**
Inflations-/Wachstumsabschlag für Ewige Rente								
KZF nach Steuern		**5,59 %**	**5,94 %**	**6,15 %**	**6,33 %**	**6,50 %**	**6,64 %**	**7,66 %**

Diskontierbare Beträge		3.924	3.340	3.590	8.313	9.274	11.512	12.431
Diskontierungsfaktor		0,9470	0,8910	0,8360	0,7823	0,7299	0,6799	8,8754
Diskontierte Beträge auf den 1.1.2010		3.717	2.976	3.002	6.503	6.769	7.827	110.334
Unternehmenswert auf den 1.1.2010	141.128							

Andernfalls wird in der Unternehmensplanung mit Finanzierungsspielräumen gearbeitet, die faktisch nicht mehr vorhanden sein können. Auszahlungen und Einzahlungen der geplanten Ausschüttungen sind auch bei mehrstufigen Planungsmodellen, etwa zur Abbildung von Holdingstrukturen, zu berücksichtigen. Auf diese Weise können Konzerne weitestgehend realistisch bewertet werden.

9.15 Die Phasenmethode

9.15.1 Konzept der Phasenmethode

Die Fähigkeit zu prognostizieren nimmt mit der Länge des Prognosezeitraums ab. Diese Binsenweisheit schlägt sich in der Phasen-Methode nieder, die zur Systematisierung des Planungszeitraums verwendet wird. D. h. die Unternehmenszukunft wird in zwei Segmente unterteilt:

a) Einen Zeitraum, vom Bewertungsstichtag bis zu einem zukünftigen Zeitpunkt x, dem Planungshorizont, wobei für diesen Zeitraum eine integrierte Unternehmensplanung erstellt wird.

b) Einen dem Zeitpunkt x nachfolgenden Zeitraum für den Restwert. Für diesen wird

    a. bei Annahme einer unendlichen Lebensdauer des Unternehmens ein unendlich und nachhaltig ausschüttungsfähiger Gewinn unterstellt,

        i. bewertet mit dem Barwert der ewigen Rente oder

        ii. bewertet mit einem prognostizierten Verkaufspreis, oder

    b. bei endlicher Lebensdauer ein Liquidationswert ermittelt.

Der Zeitraum unter a) kann dann je nach Länge und nach Güte der prognostizierbaren Daten noch in Phasen unterteilt werden. Der Zeitraum unter b) repräsentiert nur noch eine Planungsphase, entweder in Form des Rentenbarwerts (Restwertphase), in Form eines prognostizierten Verkaufspreises oder in Form des Liquidationswertes. Eine integrierte Unternehmensplanung ist für den Zeitraum b) nur für den Fall der Liquidation erforderlich, insbesondere wenn für diese ein längerer Zeitraum unterstellt wird.

D. h. die Phasenmethode ist nur ein gedankliches Konzept zur Unterteilung der Unternehmensplanung in Abschnitte abnehmender Datengüte und damit abnehmender Detaillierung. Eine tatsächliche Unterteilung der Unternehmensplanung in diese Phasen erfolgt nicht.

9.15.2 Die Planungsphasen

9.15.2.1 Die Anzahl der Planungsphasen

In der Stellungnahme HFA 2/1983 wurde noch die 3-Phasen-Methode empfohlen.[1] Heute propagiert das IDW das 2-Phasen-Modell.

> „In den meisten Fällen wird die Planung in zwei Phasen vorgenommen."[2]

Die Formulierung eröffnet Gestaltungsspielräume, womit auch eine andere Phaseneinteilung möglich ist.

> „Die in der Bewertungspraxis meist angewandte Phasenmethode repräsentiert eine idealtypische Klassifikation, die jedoch abhängig vom praktischen Bewertungsfall in ihren Ausprägungen stark differieren kann."[3]

Eine Einteilung, die der 3-Phasenkonzeption[4] folgt, stellt sich wie folgt dar:

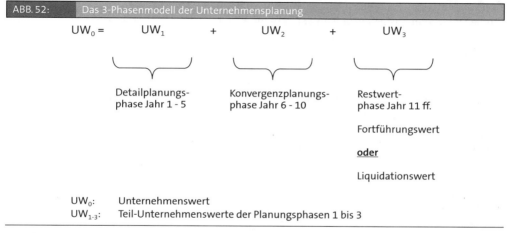

ABB. 52: Das 3-Phasenmodell der Unternehmensplanung

UW_0: Unternehmenswert
UW_{1-3}: Teil-Unternehmenswerte der Planungsphasen 1 bis 3

Von den dargestellten „Unternehmenswerten" UW_1 bis UW_3 ist in einem Bewertungsgutachten bestenfalls der Restwert in Form des Barwertes der ewigen Rente oder der Liquidationswert als separater Wert ausgewiesen. Die vorhergehenden „Unternehmenswerte" haben dagegen keinen eigenen Informationswert und werden demgemäß nicht explizit dargestellt. Die angegebenen Zeiträume der Planungsphasen stellen nur ein Beispiel dar und erheben keinen Anspruch auf Allgemeingültigkeit. Die Phasenlängen sind vielmehr in Abhängigkeit vom konkreten Bewertungsfall zu bestimmen.

9.15.2.2 Die Detailplanungsphase

Für die erste Plan-Phase (Detailplanungsphase) kann der Gutachter unter Umständen auf die Unternehmensplanung des Bewertungsobjekts zurückgreifen.

---

[1] HFA 2/1983, abgedruckt in *Helbling, C.,* Unternehmensbewertung und Steuern, 1998, S. 630 u. 649.
[2] IDW S1 i. d. F. 2008, Tz. 77; siehe auch Tz. 125.
[3] WP-Handbuch, Band II, 2008, S. 53, Tz. 158.
[4] Unter http://forensika.de/index.php?id=36 findet sich ein Berechnungsmodell (auch als iPhone App und iPad App), um auf Grundlage der 3-Phasen-Methode Unternehmenswerte überschlägig zu berechnen.

„Für die nähere erste Phase (Detailplanungsphase), …, stehen dem Wirtschaftsprüfer zumeist hinreichend detaillierte Planungsrechnungen zur Verfügung."[1]

Aktiengesellschaften sind spätestens seit den Reformen durch das KonTraG[2] gemäß § 90 Abs. 1 Satz 1 Nr. 1 AktG zur Erstellung einer Unternehmensplanung verpflichtet.[3] Mittelständische Unternehmen haben sich im Zuge der Anforderungen von Basel II an das Thema Unternehmensplanung gewöhnen müssen.

Liegen keine oder keine dokumentierten Unternehmensplanungen vor, sind diese durch die Unternehmensleitung für den Bewertungszweck anzufertigen. Diese Situation dürfte sich vorwiegend bei kleinen und mittleren Unternehmen (KMU) ergeben.[4]

„Im Falle einer fehlenden oder nicht dokumentierten Unternehmensplanung hat der Wirtschaftsprüfer die Unternehmensleitung aufzufordern, speziell für die Zwecke der Unternehmensbewertung eine Planung für den nächsten Zeitraum von ein bis fünf Jahren vorzulegen."[5]

Sind fundierte Unternehmensplanungen nicht zu erlangen, soll sich der Gutachter laut IDW S1 für die Unternehmensbewertung an der Vergangenheitsanalyse orientieren.

„Oft wird die Unternehmensleitung keine Planungsrechnung erstellen, sondern lediglich allgemeine Vorstellungen über die künftige Entwicklung des Unternehmens vortragen. Soweit diese nicht durch konkrete Anhaltspunkte bestätigt werden können, kann der Wirtschaftsprüfer nur aufgrund der Vergangenheitsanalyse und der von ihm hierbei festgestellten Entwicklungslinien eine Ertragsprognose erstellen."[6]

Da aber eine Trendfortschreibung, wie oben ausgeführt, auch für den objektivierten Unternehmenswert nicht ausreicht,[7] bedeutet dies letztendlich, dass der Gutachter eine Unternehmensplanung zu entwickeln hat. Aus eigener Praxis kann angemerkt werden, dass in nahezu jedem Bewertungsfall Informationen verfügbar sind, die eine Unternehmensplanung über eine schlichte Fortschreibung der Vergangenheitswerte hinaus möglich machen. Die notwendigen Informationen können aus Branchenstudien, Gesprächen mit den Verantwortlichen des Unternehmens und der mittlerweile unerschöpflichen Vielfalt an Informationsquellen des Internets beschafft werden. Ein Abgleich der so gewonnen Zukunftssicht für das Unternehmen, mit den Rahmenbedingungen und Entwicklungen der Unternehmensvergangenheit steht dem nicht entgegen.

Unabhängig davon, ob die Unternehmensplanung durch das Unternehmen oder den Bewerter entwickelt wird, der Zeitraum für die Detailplanungsphase kann mangels hellseherischer Fähigkeiten nur einen sehr überschaubaren Zeitraum einnehmen.

9.15.2.3 Die Konvergenzplanungsphase

Wie oben ausgeführt, geht das IDW im aktuellen S1 grundsätzlich von der Verwendung der 2-Phasen-Methode aus. Für eine 3-Phasen-Methode spricht dagegen eine Reihe von Argumenten:

---

1 IDW S1 i. d. F. 2008, Tz. 77.
2 Gesetz zur Kontrolle und Transparenz im Unternehmensbereich vom 27. 4. 1998.
3 Siehe hierzu *Fuhr, A.*, Die Prüfung der Unternehmensplanung, 2003, S. 73 ff.; siehe auch Gliederungspunkt 9.7.
4 Beurteilung als kleine und mittlere Unternehmen gemäß Kriterien der EU-Kommission, Europäische Kommission v. 6. 5. 2003, wirksam ab 1. 1. 2005, siehe auch Gliederungspunkt 13.4.
5 IDW S1 i. d. F. 2008, Tz. 162.
6 IDW S1 i. d. F. 2008, Tz. 163.
7 Siehe Gliederungspunkt 9.2.

a) Eine detaillierte Prognose stößt relativ schnell an die Grenzen seriöser Prognosemöglichkeiten. Damit die Datengüte dieser Planungsphase nicht mit der an sie gestellten Erwartung kollidieren, sollte die Detailplanungsphase möglichst kurz gehalten werden.

b) Eine Reihe von Planungsgrößen kann ohne „Prognose" schlicht fortgeschrieben werden. Diese Fortschreibung ist aber die Voraussetzung dafür, Klarheit über die Ertrags- und Liquiditätsentwicklung des Unternehmens zu gewinnen und daraus eine fundierte Abschätzung des eingeschwungenen Zustandes vorzunehmen.

c) Einzeln geplante Planjahre erlauben einen besseren Einblick in die Planungsannahmen des Unternehmens und des Bewerters und damit die prognostizierte Unternehmensentwicklung, als die Festlegung einer ewigen Rente.

d) Dem Fortführungswert (Rentenbarwert) wird ein Teil seiner Dominanz im Unternehmenswert genommen.

Es empfiehlt sich daher, zwischen Detailplanung und Fortführungsplanung noch eine Planungsphase einzuschieben.[1] Hinweise dazu finden sich, wenn auch nur indirekt, in unterschiedlichen Zusammenhängen im WP-Handbuch bzw. im IDW S1.

„Sofern die Effekte aus diesen im Anschluss an den Detailplanungszeitraum zu erwartenden Veränderungen wesentlich von der ansonsten langfristigen Wachstumsperspektive abweichen, kann sich – alternativ zu deren Einbeziehung in den Wachstumsabschlag – eine Verlängerung des Detailplanungszeitraums anbieten."[2]

„Insbesondere längerfristige Investitions- oder Produktlebenszyklen können eine Verlängerung der Detailplanungsphase notwendig machen."[3]

„So kann es bei aufstrebenden Unternehmen ggf. sinnvoll sein, nach einer Detailplanungsphase von in Folgephasen stufenweise zurückgehenden Wachstumsraten auszugehen. Die Phase der ewigen Rente ist in diesem Fall in weitere Teilphasen mit unterschiedlichen Wachstumserwartungen aufzuteilen."[4]

Weitere Vorschläge zur Verlängerung der Detailplanungsphase finden sich im Zusammenhang mit Adjustierungen der Ausschüttungsquote oder im Zusammenhang mit dem Abbau branchenuntypisch hoher Fremdkapitalbestände.[5]

Dieser Weg, den integrierten Planungsbedarf durch eine Ausweitung der Detailplanungsphase abzudecken, erscheint fragwürdig. Die Detailplanungsphase zeichnet sich dadurch aus, dass Prognosen aufgrund der Zeitnähe sicherer möglich sind.[6] Diese Phase ist somit nicht beliebig verlängerbar. „Längerfristige Investitions- oder Produktlebenszyklen" sind in der Detailplanungsphase also schon durch den zeitlichen Bezug fehl am Platze. In der Restwertphase kann dieser (notwendige) Planungsteil aber auch nicht aufgenommen werden, da für diese das Erfordernis des „Gleichgewichts- oder Beharrungszustandes" gilt.[7] Dieser Zustand kann aber regelmäßig erst durch ein überleitendes Planungssegment eingeleitet bzw. erreicht werden.

---

1 Siehe auch *Schultze, W.*, Methoden der Unternehmensbewertung, 2003, S. 143.
2 WP-Handbuch, Band II, 2008, S. 79, Tz. 217.
3 IDW S1 i. d. F. 2008, Tz. 77.
4 WP-Handbuch, Band II, 2008, S. 80, Tz. 220.
5 WP-Handbuch, Band II, 2008, S. 33, Tz. 98.
6 IDW S1 i. d. F. 2008, Tz. 76.
7 IDW S1 i. d. F. 2008, Tz. 78.

In diesem mittleren Planungssegment geht es nicht um die pauschale Fortschreibung von Planungsannahmen sondern darum, nach Möglichkeit noch detaillierte Planungsannahmen und Trends mit der Fortentwicklung der am Bewertungsstichtag angelegten Unternehmensrealität zu kombinieren. Ein Beispiel für derartige Anlagen mit „Reichweite" sind z. B. die Bestimmungen des SEStEG[1] zum Körperschaftsteuerguthaben. Mit diesem am 13.12.2006 in Kraft getretenen Gesetz werden die vorhandenen Körperschaftsteuerguthaben zum 31.12.2006 letztmals festgestellt und dann gemäß § 37 Abs. 4 bis 6 KStG n. F. ab 2008 unabhängig von etwaigen Gewinnausschüttungen gleichmäßig auf zehn Jahre verteilt zurückgewährt. Wie sollten derartige Informationen verarbeitet werden, wenn nicht durch Nutzung einer Konvergenzplanungsphase? Eine separierte Bewertung scheidet aus, da dieses Guthaben die Vermögens-, Finanz- und Ertragslage des Unternehmens gleichermaßen berührt und die Wechselwirkungen mit der Unternehmensentwicklung nicht ignoriert werden können. Es lassen sich eine Reihe von weiteren Beispielen anführen, deren langfristige Entwicklungspfade vergleichsweise einfach fortentwickelt werden können:

- Sichtbare Modellierung des Wachstums der Umsatzerlöse und dessen Auswirkungen,
- Alternativ mehrmaliges Durchlaufen eines Saisonzyklus (mit Auf- <u>und</u> Abwärtsbewegungen),
- Unterschiedliche Preissteigerungsraten für die Aufwandspositionen nach den Erkenntnissen der Vergangenheits- und Marktanalyse (z. B. Tarifanpassungen, Preisentwicklung strategischer Rohstoffe),
- Abschreibung eines derivativen Geschäftswertes (ggf. 15 Jahre),
- Mehrmaliges Durchlaufen des Reinvestitionszyklus,
- Tilgung langfristiger Darlehensverhältnisse bzw. revolvierende Kreditaufnahmen zur Finanzierung der Reinvestitionen,
- Verbrauch steuerlicher Verlustvorträge bzw. Auskehrung körperschaftsteuerlicher Guthaben,
- Auf- und Abbau langfristiger Rückstellungen,
- Variation der Ausschüttungspolitik und Überprüfung der Konsistenz der Planannahmen mit den Veränderungen der Liquiditätssituation bzw. des bilanziellen Verschuldungsgrades.

---

[1] Gesetz über steuerliche Begleitmaßnahmen zur Einführung der Europäischen Gesellschaft und zur Änderung weiterer steuerrechtlicher Vorschriften.

9.15 Die Phasenmethode

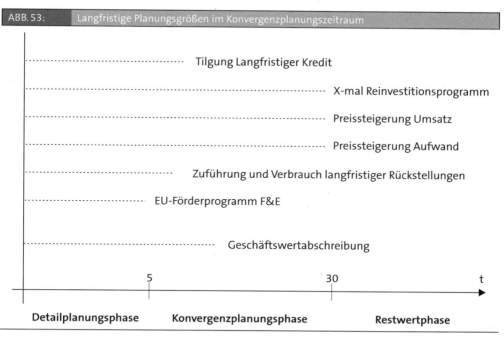

ABB. 53: Langfristige Planungsgrößen im Konvergenzplanungszeitraum

Die Zwischenstufe soll damit eine Brücke zwischen der klaren Planungssicht der überschaubaren Planjahre (Detailplanung) und den schemenhaften Annahmen zur Bewertung der Ewigkeit (Restwert) schaffen. Das Ziel heißt somit Konvergenz herzustellen, zwischen der stark unterschiedlichen Datengüte der ersten und letzten Planungsphase, womit sich die Bezeichnung als Konvergenzplanungsphase anbietet. Konsequenz dieser Vorgehensweise ist, dass sich die integrierte Unternehmensplanung nicht nur über den Detailplanungszeitraum, sondern auch über den Konvergenzplanungszeitraum erstreckt.

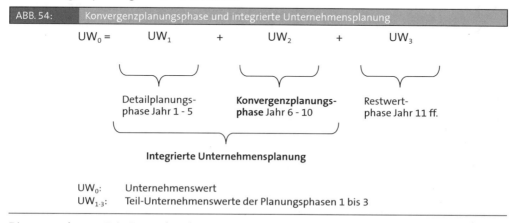

ABB. 54: Konvergenzplanungsphase und integrierte Unternehmensplanung

Die angegebenen Zeiträume der Planungsphasen stellen nur ein Beispiel dar und erheben keinen Anspruch auf Allgemeingültigkeit. Die Phasenlängen sind vielmehr in Abhängigkeit vom konkreten Bewertungsfall zu bestimmen.

9.15.2.4 Die Restwertphase

Die Restwertphase soll dort beginnen, wo der Planungshorizont endet.[1] Da für die auf den Planungshorizont nachfolgende Phase ebenfalls Planungsannahmen erforderlich sind und somit auch ein planender Blick hinter den „Horizont" erforderlich ist, kann der genannte Planungshorizont nur als Grenze für eine integrierte Planung begriffen werden. Für die letzte Planungsphase können, bei unterstellter Fortführung, in der Regel nur pauschale Planannahmen getroffen werden, um den Restwert zu bestimmen. Der Ansatz dieser pauschalierten Planwerte ist durch die Planungsvorgabe gerechtfertigt, dass sich das Unternehmen in dieser Planungsphase in einem eingeschwungenen Zustand befindet. Im eingeschwungenen Zustand verdient das Unternehmen grundsätzlich nur noch die Kapitalkosten[2], d. h. das geplante Wachstum stellt nur noch eine mehr oder weniger hohe Weiterbelastung von Preissteigerungen dar. Für diesen Restwert hat sich eine Reihe von Begriffen etabliert, die vorab zu klären sind.

Als Restwert ist der Wert der letzten Phase zu verstehen, unabhängig ob für diesen Zeitabschnitt die Fortführung oder die Beendigung des Unternehmens vorgesehen oder geplant ist.[3] Für den Begriff Restwert finden auch die Begriffe Residualwert, Endwert oder Terminal Value Verwendung.[4] Ist die Fortführung vorgesehen, finden die Begriffe Fortführungswert und Continuing Value Verwendung.[5] Der Restwert bei Fortführung kann theoretisch durch einen fiktiven Veräußerungspreis repräsentiert werden. Der Verkaufspreis stellt den auf der Basis von Marktmultiplikatoren geschätzten Wert zum Ende des Planungshorizonts dar.[6] Ist die Liquidation zum Ende des Planungshorizonts vorgesehen, stellt der Liquidationswert oder Zerschlagungswert den Restwert dar.

---

1 *Mandl/Rabel*, Unternehmensbewertung, 1997, S. 154; *Seppelfricke, P.*, Handbuch Aktien- und Unternehmensbewertung, 2005, S. 79; *Schultze, W.*, Methoden der Unternehmensbewertung, 2003, S. 142.
2 Siehe Gliederungspunkt 9.16.2.
3 IDW S1 i. d. F. 2008, Tz. 129 nennt als Residualwert nur den Wert bei Fortführung des Unternehmens, entweder als Barwert der ewigen Rente oder als Verkaufspreis ohne den ebenfalls als Residualwert denkbaren Liquidationswert zu erwähnen. Zur eindeutigen Definition des Rest- oder Residualwertes siehe *Damodaran, A.*, Investment Valuation, 2002, S. 303 f.
4 Siehe *Mandl/Rabel*, Unternehmensbewertung, 1997, S. 154, allerdings ohne Differenzierung zwischen Fortführung und Beendigung.
5 *Seppelfricke, P.*, Handbuch Aktien- und Unternehmensbewertung, 2005, S. 79; *Koller/Goedhart/Wessels*, Valuation, 2005, S. 271.
6 *Damodaran, A.*, Investment Valuation, 2002, S. 304.

9.15 Die Phasenmethode

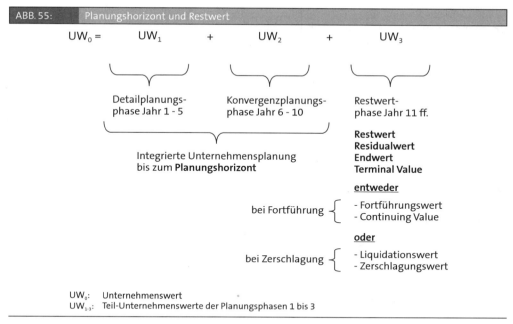

ABB. 55: Planungshorizont und Restwert

UW₀: Unternehmenswert
UW₁₋₃: Teil-Unternehmenswerte der Planungsphasen 1 bis 3

Für die Bestimmung des Restwertes stehen somit grundsätzlich drei Alternativen zur Verfügung.[1] Die Bewertungspraxis wird von den zwei Konzepten Fortführung oder Liquidation, jeweils ohne Änderung der Eigentumsverhältnisse am Ende des Planungshorizonts, bestimmt.

1. Der Fortführungswert, wenn das Unternehmen nach dem Zeitraum der integrierten Planung fortgeführt werden soll.

2. Der geschätzte Verkaufspreis, wenn das Unternehmen nach dem Zeitraum der integrierten Planung fiktiv verkauft würde.

3. Der Liquidationswert, wenn das Unternehmen nach dem Zeitraum der integrierten Planung liquidiert werden soll (z. B. da das Unternehmen nur für einen begrenzten Zeitraum gegründet worden war, da Betriebsgenehmigungen enden, da Bodenschätze abgebaut sind).

Soll das Unternehmen bei Erreichen des Planungshorizonts fortgeführt werden, da keine Argumente gegen eine unendliche Lebensdauer des Unternehmens eingewendet werden können, dann wird der Restwert auf Grundlage der ewigen Rente ermittelt. Damit wird planungstechnisch unterstellt, das Unternehmen lebe ab dem Bewertungsstichtag „bis in alle Ewigkeit." Dies stellt die häufigste Planungsannahme dar.[2] Der Ansatz des Restwertes über die Annahme einer ewigen Rente kann damit als konkurrenzlos bezeichnet werden.

Alternativ wird die Ermittlung des Restwertes über die Verwendung von geschätzten zukünftigen Markt-Multiplikatoren empfohlen.[3] Diese Variante setzt für den Restwert einen angenommenen Marktwert des Unternehmens ein, falls das Unternehmen zu diesem Zeitpunkt verkauft

---

[1] Damodaran, A., Investment Valuation, 2002, S. 303 f.; IDW S1 i. d. F. 2008, Tz. 5.
[2] WP-Handbuch, Band II, 2008, S. 52, Tz. 157.
[3] Achleitner, A.-K., Start-up-Unternehmen: Bewertung mit der Venture-Capital-Methode, BB, 2001, S. 927.

würde (d.h. der Verkauf wird damit nicht zwangsläufig beabsichtigt).[1] Ein Widerspruch zu den Grundannahmen eines unveränderten Unternehmenskonzeptes beim objektivierten Unternehmenswert ergibt sich also nicht zwangsläufig. Allerdings wird dieses Verfahren kaum sicherere Ergebnisse liefern als ein Barwert der ewigen Rente und kann damit nicht empfohlen werden.

> „All in all, using multiples to estimate terminal value, when those multiples are estimated from comparable firms, results in a dangerous mix of relative and discounted cash flow calculation. ... Consequently, the only consistent way of estimating terminal value in a discounted cash flow model is to use either a liquidation value or to use a stable growth model."[2]

Werden statt Marktmultiplikatoren zur Abschätzung des künftigen Verkaufspreises finanzmathematische Multiplikatoren verwendet, stellt dies nur eine veränderte Rechenmethode gegenüber der Ermittlung der ewigen Rente dar. Ein zusätzlicher Erkenntnisgewinn ist damit nicht verbunden.

ABB. 56: Überführung der Rentenformel in einen finanzmathematischen Multiplikator

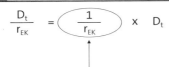

$$\frac{D_t}{r_{EK}} = \left(\frac{1}{r_{EK}}\right) \times D_t$$

Finanzmathematischer Multiplikator

D_t: Ausschüttung nach persönlichen Steuern
r_{EK}: Eigenkapitalkostensatz bzw. Zielrendite nach persönlichen Steuern

Die Abbildung einer „nicht endenden" Unternehmensdauer ist letztlich Ausdruck der Unmöglichkeit, eine exakte Lebensdauer für ein Unternehmen zu prognostizieren.[3] Das 3-Phasen-Modell bei unendlicher Lebensdauer stellt sich wie folgt dar:[4]

ABB. 57: Das 3-Phasenmodell für Unternehmen mit unendlicher Lebensdauer

$$UW_0 = \sum_{t=1}^{5} D_t (1 + r_{EK})^{-t} + \sum_{t=6}^{15} D_t (1 + r_{EK})^{-t} + \frac{D_{16}}{r_{EK}} (1 + r_{EK})^{-15}$$

Detailplanungsphase Jahre 1 - 5   Konvergenzplanungsphase Jahre 6 - 15   Restwertphase Jahre 16 ff.

UW_0: Unternehmenswert
D_t: Nettozufluss in t nach pers. Steuern
r_{EK}: Eigenkapitalkosten bzw. Zielrendite nach persönlichen Steuern

---

[1] Siehe auch IDW S1 i.d.F. 2008, Tz. 129 u. 131, hier wird nicht klar zwischen Liquidationswert und Verkaufspreis des Unternehmens unterschieden.
[2] *Damodaran, A.*, Investment Valuation, 2002, S. 305.
[3] *Kruschwitz/Löffler*, Unendliche Probleme bei der Unternehmensbewertung, DB, 1998, S. 1041.
[4] Der Barwert der ewigen Rente, die ab dem Planjahr 16 beginnt, ist um 15 Jahre auf t_0 zu diskontieren, da der Rentenbarwert bereits in t_{15} „landet".

Auch an dieser Stelle sei noch einmal der Hinweis erlaubt, dass in der praktischen Unternehmensbewertung für die einzelnen Planungsphasen keine eigenen Teil-Unternehmenswerte ermittelt werden. Die angegebenen Phasenlängen stellen nur ein Beispiel dar.

Gibt es Anhaltspunkte für ein absehbares Unternehmensende und damit eine exakte Rest-Lebensdauer, ist diese auch der Untennehmensplanung zugrunde zu legen und das Phasenmodell mit endlicher Lebensdauer zu verwenden. Eine unendliche Lebensdauer für einen Steinbruch wäre z. B. nur schwerlich zu vertreten. Allerdings kann selbst bei Abbaubetrieben, entsprechende Vorkommen vorausgesetzt, vereinfachend von einer unendlichen Lebensdauer ausgegangen werden.[1] So werden etwa in der Kiesgewinnungsbranche nach Möglichkeit frühzeitig Kaufoptionsverträge für angrenzende Kiesvorkommen abgeschlossen und so Kiesabbauvolumen für das Unternehmen potentiell gesichert. Der Ansatz der ewigen Rente für den Restwert kann dann gerechtfertigt sein. Bei endlicher Lebensdauer wird der Restwert durch den Liquidationswert repräsentiert. Das 2-Phasen-Modell bei endlicher Lebensdauer stellt sich wie folgt dar:[2]

ABB. 58: Das 2-Phasenmodell für Unternehmen mit endlicher Lebensdauer

$$UW_0 = \underbrace{\sum_{t=1}^{5} D_t (1 + r_{EK})^{-t}}_{\text{Detailplanungsphase Jahr 1 - 5}} + \underbrace{LW_6 (1 + r_{EK})^{-6}}_{\text{Restwert Jahr 6}}$$

UW_0: Unternehmenswert
D_t: Nettozufluss in t nach pers. Steuern
r_{EK}: Eigenkapitalkosten bzw. Zielrendite nach persönlichen Steuern
LW_6: Liquidationswert in t_6

9.15.3 Die Länge der Planungsphasen

Die Länge der Detailplanungsphase hängt davon ab, wie viele Monate oder Jahre durch den Auftragsbestand abgedeckt sind, Nachfolgeaufträge daraus abgeleitet werden können und wie sich das Wettbewerbsumfeld des Unternehmens darstellt. Die Länge der Konvergenzplanungsphase wird von der „Reichweite" der am Bewertungsstichtag vorliegenden bilanziellen Rahmendaten (wie z. B. Kredit- und Leasingverträge, Reinvestitionszyklen, Entwicklungspfade von Rückstellungen, etc.) und von den Trends bestimmt, die eine Fortschreibung über einen Zeitraum zulassen, der über den Detailplanungszeitraum hinausreicht. Detail- wie Konvergenzplanungsphase werden in einer integrierten Unternehmensplanung dargestellt. Bei einem unterstellt unendlichen Lebenszeitraum des Unternehmens, schließt die Restwertphase bei Fortführung und damit die Annahme der ewigen Rente an die integrierte Planung an.

Die in Jahren gemessene Länge der Detailplanungsphase und der Konvergenzplanungsphase ist nicht eindeutig bestimmbar.

---

[1] Steinhardt, S., Unternehmensbewertung von Hartgesteinbetrieben, Aggregates International, 3/2007, S. 10.
[2] Der Liquidationswert in t_6 ist um 6 Jahre zu diskontieren, um den Barwert für den Entscheidungszeitpunkt zu bilden.

„Die Phasen können in Abhängigkeit von Größe, Struktur und Branche des zu bewertenden Unternehmens unterschiedlich lange Zeiträume umfassen."[1]

In der obigen Darstellung der Phasenmodelle wurden für den Detailplanungszeitraum die unter anderem im IDW S1 angegebenen 5 Jahre verwendet.

„Für die nähere erste Phase (Detailplanungsphase), die häufig einen überschaubaren Zeitraum von drei bis fünf Jahren umfasst, …."[2]

In der Automobilzulieferindustrie könnten für die Detailplanungsphase z.B. 7 Jahre Verwendung finden, da dies dem Modellwechselzyklus entspricht und sich dieser in entsprechenden Auftragszeiträumen und Auftragsbüchern niederschlägt.[3] In der Literatur kursieren Empfehlungen für die Bemessung der Detailplanungsphase zwischen 3 und 10 Jahren.[4] In der Praxis ist ein starker Hang zur Verwendung eines 3-jährigen Detailplanungszeitraumes erkennbar.[5]

Eine strategische Leitlinie bei der Bestimmung der Länge des integrierten Planungsmodells, in dem die Detail- wie die Konvergenzplanungsphase abgebildet werden, stellen zum einen das Geschäftsmodell des Bewertungsobjekts und zum anderen die mögliche Abhängigkeit von Saisonzyklen dar. Ein derartiger Zyklus ist zwangsläufig in der integrierten Planung abzudecken, da andernfalls nicht sichergestellt ist, auf welcher Basis für die Restwertphase von einem Gleichgewichtszustand und damit einem nachhaltigen Ergebnis ausgegangen werden kann. Das Problem liegt also darin zu klären, ob sich das Ende des veranschlagten Planungszeitraums tatsächlich am Ende, Mittelpunkt oder Anfang eines Saisonzyklus befindet.

Eine weitere strategische Leitlinie zur Bestimmung der Länge des integriert zu planenden Zeitraums ist die sogenannte CAP (Competitive Advantage Period), d.h. der Zeitraum in dem für das Bewertungsobjekt von einer erfolgreichen Verteidigung der Wettbewerbsposition ausgegangen werden kann.[6] Damit ist der Zeitraum des Planungsmodells das Spielfeld zur Generierung (und Planung) von Überrenditen. Nach dieser Periode haben die Wettbewerber die Vorteile des Unternehmens aufgeholt, womit nur noch die Kapitalkosten verdient werden können und der Nettokapitalwert jeder Investition nur noch Null beträgt, also kein zusätzlicher Unternehmenswert über das eingesetzte Kapital hinaus mehr generiert wird.[7] Damit kann nach diesem Konzept die Länge der integrierten Planungsphase nur retrograd bestimmt werden, indem das Ausbleiben von Überrenditen planungstechnisch „abgewartet" wird.[8] Das Bewusstsein, dass die „Bäume nicht in den Himmel wachsen" und Überrenditen zwangsläufig Konkurrenz anlocken, hat für die Planung schon einen didaktischen Wert an sich.

---

[1] IDW S1 i. d. F. 2008, Tz. 76.
[2] IDW S1 i. d. F. 2008, Tz. 77.
[3] Siehe auch *Pohl/Thielen*, Bewertung von Kfz-Zulieferunternehmen, S. 25, in: Drukarczyk/Ernst (Hrsg.) Branchenorientierte Unternehmensbewertung, 2007.
[4] *Loderer/Jörg/Pichler/Roth/Zgraggen*, Handbuch der Bewertung, 2007, S. 636.
[5] *Peemöller/Bömelburg/Denkmann*, Unternehmensbewertung in Deutschland: Eine empirische Erhebung, Wpg 1994, S. 741; siehe aber auch die Rechtsprechungsübersicht in *Drukarczyk/Schüler*, Unternehmensbewertung, 2009, S. 236 ff. mit einem hohen Anteil 5-jähriger Detailplanungszeiträume.
[6] *Loderer/Jörg/Pichler/Roth/Zgraggen*, Handbuch der Bewertung, 2007, S. 632; *Damodaran, A.*, Investment Valuation, 2002, S. 308.
[7] Siehe Gliederungspunkt 9.16.2.
[8] *Stellbrink, J.*, Der Restwert in der Unternehmensbewertung, 2005, S. 102; *Kreyer, F.*, Strategieorientierte Restwertbestimmung in der Unternehmensbewertung, 2009, S. 195.

Die Empfehlung lautet somit, möglichst viele Jahre in der Detail- und Konvergenzplanung abzubilden. Dem Argument, man könne nicht in die Zukunft schauen und deshalb sei eine langfristige Planung nicht angebracht kann Folgendes entgegengehalten werden. Die Prognosefähigkeit ist zwar beschränkt, daran ändert aber weder die Verwendung von Detail- oder Konvergenzplanungen noch die Verwendung der Annahme der ewigen Rente etwas. Allerdings bietet die „detaillierte" Planung über viele Planjahre in einem integrierten Planungsmodell den Vorteil, das Planungsannahmen besser verprobt werden können, Fehler in den Planungsannahmen deutlich werden und der Adressat der Bewertung besser erkennen kann, welche Planungsannahmen der Bewertung zugrunde liegen – er sieht was geplant wurde und erkennt die Folgen auf der Ertrags-, Finanz- und Vermögensebene.[1] Ein Richter, als Adressat einer objektivierten Unternehmensbewertung, ist damit eher in der Lage die einzelnen Bewertungs- und Rechenschritte des Bewertungsgutachtens nachzuvollziehen.[2] Der frühzeitige Ansatz einer ewigen Rente erschwert dagegen den Nachvollzug.

Den Zeitpunkt des eingeschwungenen Zustandes und das Niveau einer ewigen Rente aus einer langfristigen, detaillierten und integrierten Planung abzuleiten dürfte eher fehlerfrei gelingen, als das Unterfangen, diese Aufgabe auf Basis einer Drei-Jahresplanung zu lösen. Die verkürzte Detailplanung erfordert nämlich weitere und rechentechnisch umständlichere Analysen zur Bestimmung des eingeschwungenen Zustandes, da ein unmittelbares Ablesen aus einer kurzen Detailplanung nur in den seltensten Fällen den Unternehmensverhältnissen gerecht werden wird. Die hohe Bedeutung der Analysen zur Bestimmung des eingeschwungenen Zustandes und damit der ewigen Rente betonen IDW S1 (für das 2-Phasen-Modell) wie auch die Ausführungen im WP-Handbuch.

> „Wegen des starken Gewichts der finanziellen Überschüsse in der zweiten Phase kommt der kritischen Überprüfung der zugrunde liegenden Annahmen eine besondere Bedeutung zu."[3]

> „…, dass gerade der Ansatz eines einheitlichen repräsentativen oder eines mit einer konstanten Rate wachsenden durchschnittlichen finanziellen Überschusses in der ferneren Phase vielseitige Analysen und/oder Plausibilitätsüberlegungen erfordert."[4]

Wird der Bestimmungsprozess für die ewige Rente „ökonomisch" abgekürzt, sind Zweifel zur korrekten Höhe der Rente und ihrem Startzeitpunkt angebracht. Ein langer Zeitraum einer integrierten Planung erleichtert dagegen die Bestimmung der Rente im eingeschwungenen Zustand.

---

[1] Im Ergebnis gleiche Argumentation bei *Kuhner, C.*, Prognosen in der Betriebswirtschaftslehre, AG, 2006, S. 719.
[2] *Meyer, S.-M.*, Abfindung und Unternehmensbewertung, 2004, S. 36; *Huber, M.*, in: Musielak, H.-J. (Hrsg.), ZPO, 2007, § 402, S. 1191, Tz. 13.
[3] IDW S1 i. d. F. 2008, Tz. 79.
[4] WP-Handbuch, Band II, 2008, S. 54, Tz. 160.

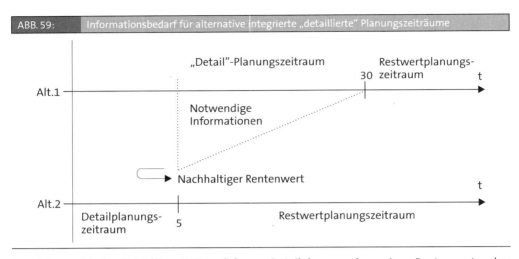

Damit kann sich der Gutachter, statt nach kurzer Detailplanungsphase einen Rentenwert zu bestimmen, der aufwändig analytisch zu verifizieren ist, auch mit einer langfristigen integrierten Planung beschäftigen. Dies hat einen positiven Nebeneffekt. Der Versuch für 20 oder 30 Planjahre ein integriertes Planungsmodell zu entwickeln oder zu verproben, wird zwangsläufig zur Darstellung von Szenarien und damit hypothetischen Entwicklungen führen (die sonst im Rentenbarwert „verschwinden") aber auch eine äußerst intensive Auseinandersetzung mit dem Unternehmen und seinem Umfeld zur Folge haben.[1] Bereits darin liegen ein erheblicher Analysegewinn und eine Absicherung des Bewertungsergebnisses.

Zwischenergebnis:

Die Phase der integrierten Planung (Detailplanungsphase und Konvergenzplanungsphase) sollte tendenziell über viele Jahre modelliert werden, auch wenn ein derart langer Planungszeitraum vermeintlich nicht mehr sinnvoll differenziert planbar ist. Bei genauer Betrachtung zeigt sich nämlich, dass die Planung des eingeschwungenen Zustandes und damit der ewigen Rente einen Kenntnisstand erfordert, der am einfachsten aus einer langfristigen integrierten Planung abzulesen ist. Die Möglichkeit der Gewinnung von Zukunftsinformationen ist keine Frage der Einteilung von Planungssegmenten sondern, bei allem Vertrauen in wissenschaftliche Prognosemethoden, doch immer zum Gutteil ein „Blick in die Kristallkugel".[2] Die Validität von Prognosedaten wird also nicht dadurch besser, dass man beschließt im Detail zu planen. Die hier vertretene Position betrifft aber nicht die Gewinnung zusätzlicher, sondern die Verarbeitung und Präsentation der vorhandenen Prognosedaten.

9.15.4 Rechtsprechung

Als Datenbasis können die vom Geschäftsführungsorgan des Bewertungsobjekts vorgelegten Planungen der Bewertung zugrunde gelegt werden.

---

[1] Zur Empfehlung eines 20-jährigen Detailplanungszeitraums siehe Literaturnachweis bei, *Hachmeister, D.*, Der Discounted Cash Flow als Maß der Unternehmenswertsteigerung, 1998, S. 87.
[2] Siehe dazu grundsätzlich, *v. Hayek, F. A.*, Die Anmaßung von Wissen, 1996, S. 13.

9.15 Die Phasenmethode

„Zu beanstanden ist auch nicht, dass der Sachverständige für seine Prognoserechnung die Ergebnisplanung der DTA für die Jahre 1989 bis 1993 zugrunde gelegt hat. Es lag vielmehr nahe, die eigenen Planungsdaten der Gesellschaft zur Grundlage der Schätzung zu machen. ... Da es sich um die eigenen Prognosen der DTA handelte, die diese auch gegenüber ihren Aktionären zu verantworten hatte, stellen sie eine geeignete Schätzungsgrundlage dar."[1]

Kann die Geschäftsführung des zu bewertenden Unternehmens vernünftigerweise annehmen, ihre Planung sei realistisch, darf diese Planung nicht durch Annahmen des Gerichtes ersetzt werden.

„Sie (*die Planungen und Prognosen*) sind in erster Linie ein Ergebnis der jeweiligen unternehmerischen Entscheidung der für die Geschäftsführung verantwortlichen Personen. Diese Entscheidungen haben auf zutreffenden Informationen und daran orientierten, realistischen Annahmen aufzubauen; sie dürfen zu dem nicht in sich widersprüchlich sein. Kann die Geschäftsführung auf dieser Grundlage vernünftigerweise annehmen, ihre Planung sei realistisch, darf diese Planung nicht durch andere - ebenfalls nur vertretbare – Annahmen des Gerichts ersetzt werden."[2]

Das gilt auch für die anzuwendende Prognosemethode.

„Soweit die Prognosen die Anwendung betriebswirtschaftlicher Verfahren erfordern, ist im Ausgangspunkt festzuhalten, dass grundsätzlich ein bestimmtes Verfahren nicht rechtlich geboten ist. Soweit in Bewertungstheorie und -praxis zum Zeitpunkt der Bewertung und Verhandlung unterschiedliche Verfahren oder Verfahrensvarianten vertreten werden, kann der Unternehmensführer entscheiden, welche für den konkreten Zweck geeignete Methode er wählen will. Verschmelzungsprüfer und Gericht haben sodann lediglich die grundsätzliche Geeignetheit und Vertretbarkeit der gewählten Methode zu prüfen."[3]

Die Planung ist allerdings vom Gutachter einer intensiven Analyse zu unterziehen.

„Sie (die Beschwerdeführer) vermuten, diese Zukunftsplanungen seien von der V bewusst geschönt worden, um die Abfindung der ausgeschiedenen Aktionäre möglichst gering zu halten. Insoweit halten sie es für erforderlich, diese Zukunftsplanungen mit den Planungen der Vorjahre zu vergleichen, um jenen „Zweckpessimismus" zu korrigieren. ... Der Sachverstände hat sich der in Rechtsprechung und Literatur anerkannten und von dem Hauptausschuss des Instituts der Wirtschafsprüfer Deutschland e.V. in seiner Stellungnahme „Grundsätze zur Durchführung von Unternehmensbewertungen empfohlenen sog. Analytischen Methode bzw. Phasenmethode bedient. ...Der Einwand der Beschwerdeführer, die V habe im Jahre 1985 „geschönte" Zukunftsplanungen vorgelegt, die der Sachverständige seiner Ertragsprognose zugrunde gelegt habe, ist nach den Ausführungen des Sachverständigen in seinem Gutachten nicht haltbar. ..."[4]

Der Sachverständige kann bzw. muss wenn notwendig an der durch die Geschäftsführung vorgelegten Planung Korrekturen vornehmen.

„Der Senat schließt sich dem ebenso an wie der kritischen Einschätzung der von der Gesellschaft erstellten Planung, die der Sachverständige in rechtlich nicht zu beanstandender Weise korrigiert, etwa bei der erwarteten Preisentwicklung. Für den Senat ist nicht ersichtlich, dass er bei seiner Einschätzung die von der Gesellschaft hergestellten und vertriebenen Produkte verkannt hätte.... Dass der Sachverständige bei seinen Prognoseannahmen auf Planungen der Gesellschaft als Grundlage zurückgreift, hält der Senat für nicht fehlerhaft. Der Sachverständige hat ausweislich seiner Darlegungen die Planungen der Gesellschaft, die er seinem Gutachten zugrunde gelegt hat, sorgfältig analysiert. Er hat grundsätzlich Pla-

---

[1] OLG Hamburg v. 7.8.2002 – 11 W 14/94, AG, 2003, S. 583.
[2] OLG Stuttgart v. 8.3.2006 – 20 W 5/05, AG, 2006, S. 425; OLG Stuttgart v. 19.3.2008 – 20 W 3/06, AG, 2008, S. 513; LG Frankfurt/M v. 13.3.2009 – 3-5 O 57/06, AG, 2009, S. 753; OLG München v. 14.7.2009 – 31 Wx 121/06, www.betriebs-berater.de – Archiv.
[3] OLG Stuttgart v. 8.3.2006 – 20 W 5/05, AG, 2006, S. 425.
[4] OLG Düsseldorf v. 8.7.2003 – 19 W 6/00 AktE, AG, 2003, S. 691.

9. Unternehmenskonzept und Unternehmensplanung

nungstreue vorgefunden, negative Abweichungen der Umsatzerlöse in jüngerer Zeit aber auch klar angesprochen...."[1]

Im Extremfall ist die Planung durch den Sachverständigen zu entwickeln.

„Liegen Planungsrechnungen eines Unternehmens gar nicht oder nicht im erforderlichen Ausmaß vor oder erweisen sie sich als nicht plausibel, so sind durch den Sachverständigen sachgerechte Prognosen zu treffen oder Anpassungen vorzunehmen. Die zwangsläufig mit einer Zukunftsprognose verbundenen Unsicherheiten muss der Sachverständige möglichst gering halten, indem er die in der Vergangenheit erzielten Unternehmensergebnisse, aber auch erkennbare Entwicklungen der Zukunft berücksichtigt und auswertet."[2]

Hinsichtlich der Lebenszeit des Unternehmens, wird im Rahmen der einer Bewertung zugrunde liegenden Unternehmensplanung regelmäßig von einer unbegrenzten Zeitdauer ausgegangen.

„..., dass bei der Kapitalisierung der Unternehmenserträge in der Regel von der unbegrenzten Zeitdauer das Unternehmens ausgegangen wird."[3]

Die Bestimmung der Länge der Detailplanungsphase kann aufgrund der Unternehmensgröße, Unternehmensstruktur und der relevanten Branche unterschiedlich lange ausfallen, urteilt der BGH bei Ermittlung der Abfindung und des Ausgleichs im Zusammenhang mit einem Gewinnabführungsvertrag in der Baubranche.

„Bei der zwangsläufig mit Unsicherheiten belasteten Prognose des Barwertes zukünftiger Überschüsse der Einnahmen über die Ausgaben hat das LG in zulässiger Weise die sog. Phasenmethode – sachgerecht modifiziert nach Maßgabe der branchenspezifischen Besonderheiten des konkreten Bewertungsgegenstandes – zugrunde gelegt."[4]

So kann, so das Urteil weiter, für die Baubranche aufgrund der schwierigen Absehbarkeit der Branchenentwicklung auf mehrjährige Unternehmensplanungen verzichtet und die Bewertung lediglich auf einem Prognosejahr aufgebaut werden.

„Mehrjährige Prognosephasen sind nicht zwingend, zumal in der kurzfristig orientierten Baubranche regelmäßig– so auch im vorliegenden Fall – mehrjährige Horizonte fehlen. Daher war es angesichts der Tatsache, dass die Beteiligte zu 5 lediglich über eine Planungsrechnung für jeweils ein Prognosejahr verfügte, sachgerecht, den Zukunftserfolg eines jährlich gleich bleibenden Durchschnittsbetrages zu schätzen, ausgehend von der Ertragssituation am Bewertungsstichtag."[5]

Im Gegensatz dazu kann es in einer anderen Branche aufgrund lange laufender Verträge sinnvoll bzw. notwendig sein, einen 33-jährigen expliziten Planungszeitraum auf Basis eines 3-Phasen-Modells zugrunde zu legen.

„Um den Besonderheiten der Lebensversicherungsbranche mit lang laufenden Verträgen Rechnung zu tragen, sehe die Sachverständigen grundsätzlich die Verwendung einer 3-Phasen-Methode vor. Die erste Phase sieht dabei den Zeitraum 2000 bis 2002 mit einer detaillierten Planungsrechnung vor, die zweite Phase eine 30-jährige Ertragsprojektion auf Basis des Bestandsablaufs unter Einbezug der zukünftigen Entwicklung des Neugeschäfts. Im Anschluss daran sollte in der dritten Phase ein nachhaltiges Ergebnis für die ewige Rente angesetzt werden."[6]

Im Zusammenhang mit geforderten Plananpassungen, wegen auslaufender Erbbaurechte nach 27 Jahren, bzw. 57 Jahren und 58 Jahren, hatte das OLG Stuttgart entschieden, dass die zeitliche

---

1 BayObLG v. 28.10.2005 – 3Z BR 071/00, AG, 2006, S. 43.
2 OLG Düsseldorf v. 13.3.2008 – I -26 W 8/07 (AktE), AG, 2008, S. 500.
3 OLG München v. 17.7.2007 – 31 Wx 060/06, AG, 2007, S. 30.
4 BGH v. 21.7.2003 – II ZB 17/01, AG, 2003, S. 628.
5 BGH v. 21.7.2003 – II ZB 17/01, AG, 2003, S. 628.
6 OLG Düsseldorf v. 20.10.2005 – I - 19 W 11/04 AktE, AG, 2006, S. 289.

Ferne zu vergleichsweise geringen Wirkungen führt und auf das Ende der genannten Laufzeiten keine Ertragssteigerungen verlässlich prognostiziert werden können.[1] Im Zusammenhang mit einer Konzernverschmelzung hat das LG Frankfurt auf die zwar ambitionierte Planung der zu verschmelzenden Gesellschaften hingewiesen, den 10-jährigen Detailplanungszeitraum aber nicht weiter kommentiert.[2]

9.16 Der Restwert des Unternehmens als Barwert der Ewigen Rente

9.16.1 Bedeutung und Datengrundlage

Als Restwert ist der Anteil des Unternehmenswertes zu verstehen, der auf den Zeitraum nach dem Planungshorizont entfällt. Bei Annahme einer unendlichen Lebensdauer des Unternehmens, repräsentiert der Restwert den Barwert der ewigen Rente.[3]

Geht man von der gängigen Planungspraxis aus, umfasst dieser Wert die diskontierten Ausschüttungen des Zeitraumes ab den Jahren 4 bzw. 6 bis in die Unendlichkeit.[4] Damit nimmt der Restwert als Rentenbarwert in gängigen Unternehmensbewertungen einen dominierenden Anteil des Unternehmenswertes ein.[5] Eine Ausweitung des integrierten Planungszeitraumes (Detail- und Konvergenzplanungszeitraum) bedeutet, aufgrund des abnehmenden Anteils von im Rentenbarwert abgedeckten Planjahren und aufgrund des Diskontierungseffektes, eine Veränderung des Anteils des Restwertes am Unternehmenswert. Legt man einen Kalkulationszinssatz von 5 % zugrunde, reduziert sich der Anteil des Restwertes von 78 % bei 5-jährigem Detailplanungszeitraum auf 23 % bei z. B. 30-jährigem Detail- und Konvergenzplanungszeitraum.

---

1 OLG Stuttgart v. 14.2.2008 – 20 W 9/06, www.betriebs-berater.de – Archiv.
2 LG Frankfurt a. M. v. 13.3.2009 – 3-5 O 57/06, AG, 2009, S. 752.
3 Siehe dazu Gliederungspunkt 9.15.2.4.
4 Annahme eines Detailplanungszeitraumes von 3 bzw. 5 Jahren und anschließender Annahme einer ewigen Rente. Siehe auch *Peemöller/Bömelburg/Denkmann*, Unternehmensbewertung in Deutschland: Eine empirische Erhebung, Wpg 1994, S. 741; siehe aber auch die Rechtsprechungsübersicht in *Drukarczyk/Schüler*, Unternehmensbewertung, 2009, S. 236 ff. mit einem hohen Anteil 5-jähriger Detailplanungszeiträume.
5 Siehe hierzu WP-Handbuch, Band II, 2008, S. 55; *Koller/Goedhart/Wessels*, Valuation, 2005, S. 271; *Seppelfricke, P.*, Handbuch Aktien- und Unternehmensbewertung, 2005, S. 80.

9. Unternehmenskonzept und Unternehmensplanung

| ABB. 60: | Prozentualer Anteil der Ewigen Rente am Unternehmenswert in Abhängigkeit von Kalkulationszinssatz und integriertem Planungszeitraum |

Anteil der Ewigen Rente am Unternehmenswert in Abhängigkeit vom expliziten Planungszeitraum und Kalkulationszinssatz

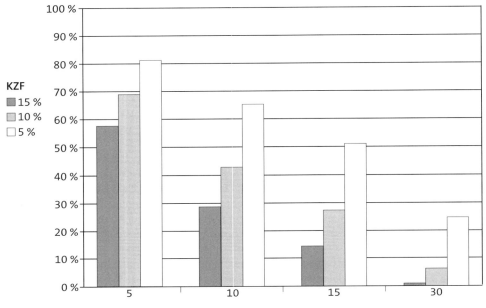

Länge des Detailplanungszeitraumes in Jahren

Die Wirkungsweise des Diskontierungseffektes und der damit verbundenen Abflachung der Unternehmenswertbeiträge als Funktion der Zeit, stellt das nachfolgende Schaubild am Beispiel unendlicher und uniformer Ausschüttungen dar.

9.16 Der Restwert des Unternehmens als Barwert der Ewigen Rente

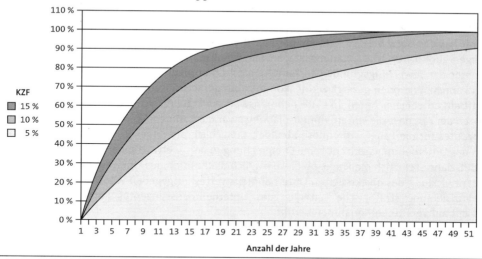

ABB. 61: Entwicklung des Barwertes einer ewigen Rente, auf der Grundlage der Kalkulationszinssätze 5 %, 10 % und 15 %

Die Darstellung zeigt, dass die wertrelevante „Ewigkeit" für Kalkulationszinssätze von 10 % und 15 % mit 38 Planjahren zu veranschlagen ist, da dann 97 % (bei 10 % Kalkulationszinssatz) bzw. annähernd 100 % (bei 15 % Kalkulationszinssatz) des Unternehmenswertes abgebildet sind. Bei einem Kalkulationszinssatz von 5 % sind nach 50 Planjahren immerhin rund 91 % des gesamten Barwertes abgedeckt. D. h. würde man bei einem Kalkulationszinssatz von 5 % einen unendlich fließenden Rentenbetrag „Betrag für Betrag" in Einzelschritten diskontieren, hätte man nach 50 Diskontierungsschritten (Planungsjahre 1 bis 50) 91 % dessen an Unternehmenswert ermittelt, was man unter Zuhilfenahme der Barwertformel der ewigen Renten errechnen würde. Die Darstellung zeigt damit noch einmal in anderer Form, warum eine intensive Beschäftigung mit dem Planungszeitraum der ersten 30 Jahre das Problem der Dominanz des Restwertes in Form des Rentenbarwertes erheblich reduziert. Es sei an dieser Stelle noch einmal darauf hingewiesen, das dass Problem nicht in der Anwendung des finanzmathematischen Konzeptes der Barwertbildung von Renten begründet liegt. Problem ist vielmehr, dass eine nach wenigen Planjahren einsetzende Rente regelmäßig von einer Simplifizierung der Unternehmensverhältnisse ausgeht, die nur in Ausnahmefällen gerechtfertigt sein wird.[1]

Der Rentenbarwert als Restwert enthält die Unternehmenswertbeiträge, die auch noch in der fernen Unternehmenszukunft zu erwarten sein könnten. Für die Bestimmung der langfristigen Unternehmenswertbeiträge ist aufgrund der zeitlichen Entfernung der Planungsteile auf die strategische Planung des Unternehmens zurückzugreifen.[2] Es stellt sich die Frage, wie die langfristige Unternehmensentwicklung im Zusammenhang mit objektivierten Unternehmenswerten zu behandeln ist?

---

[1] Siehe hierzu ausführlich Gliederungspunkt 9.15.3.
[2] *Weiler, A.*, Verbesserung der Prognosegüte bei der Unternehmensbewertung, 2005, S. 29; *Henselmann, K.*, Unternehmensrechnungen und Unternehmenswert, 1999, S. 115.

Im Rahmen der Gutachtertätigkeit zur Ermittlung objektivierter Unternehmenswerte hat der Wirtschaftsprüfer als Gutachter die Verlässlichkeit der Bewertungsunterlagen zu beurteilen.[1] Eine unreflektierte Übernahme der Plandaten von der Geschäftsleitung des Bewertungsobjekts ist damit ausgeschlossen und unvereinbar mit den Grundsätzen ordnungsgemäßer Berufsausübung.[2]

Somit hat der Gutachter im Rahmen der objektivierten Unternehmensbewertung auch Überlegungen zur strategischen Planung des Bewertungsobjekts anzustellen, da andernfalls die Annahmen der Bewertungsgrundlagen zur fernen Unternehmensentwicklung nicht überprüft werden können. Wie oben gezeigt wurde, kommt aber gerade diesem Anteil der zu planenden Zukunft ein erheblicher Anteil im Unternehmenswert zu. Ergeben sich nach der Prüfung Inkonsistenzen der Art, dass die Unternehmensplanung zwar die Rahmenparameter des Unternehmenskonzeptes für die Langfristprognose abbildet, tatsächlich aber nach Einschätzung des Gutachters das Unternehmenskonzept keine Entsprechung in der zu erwartenden Langfristentwicklung findet, dann stellt sich die Frage, ob diesbezüglich die Position des Unternehmenskonzeptes für die Entwicklung des objektivierten Unternehmenswertes aufgegeben werden muss. Gründe für zu kritisierende strategische Leitlinien des Unternehmenskonzeptes könnten sein, das es schlicht auf veralteten Annahmen beruht.

Die Änderungen der strategischen Leitlinien des Unternehmenskonzeptes würden aus der Perspektive des objektivierten Unternehmenswertes einen massiven Eingriff in dessen konzeptionelle Grundlagen, nämlich die Bewertung des Unternehmens „wie es steht und liegt" d.h. bei unverändertem Unternehmenskonzept, bedeuten.

„Der objektivierte Unternehmenswert .... Dieser ergibt sich bei Fortführung des Unternehmens auf Basis des bestehenden Unternehmenskonzepts...."[3]

Das Ergebnis der kritischen Betrachtung des Unternehmenskonzeptes könnte aber eben sein, dass das Unternehmen „wie es steht und liegt" keine Unternehmenszukunft hat. Offensichtlich notwendige Änderungen des Unternehmenskonzeptes gehen allerdings über die im IDW S1 behandelte kritische Würdigung und damit gegebenenfalls notwendige Änderung von Planungsrechnungen hinaus, da sie die Grundlage der Planungsrechnung in Form des Unternehmenskonzeptes und damit die konzeptionelle Basis des objektivierten Unternehmenswertes angreifen.[4]

Eine Anpassung des Unternehmenskonzeptes wird dann notwendig und möglich sein, wenn die gelebte strategische Ausrichtung des Unternehmens von dem dokumentierten Unternehmenskonzept abweicht. Das dokumentierte Unternehmenskonzept wird für diesen Fall seinen Status als Bewertungsgrundlage verlieren müssen, da andernfalls fiktive Unternehmensverhältnisse bewertet würden. Im Ergebnis kann somit bei der Ermittlung objektivierter Unternehmenswerte eine Beschäftigung mit der strategischen Unternehmensplanung nicht mit dem Hinweis darauf übergangen werden, das diese an das vorhandene Unternehmenskonzept geknüpft ist.

Liegt ein dokumentiertes strategisches Konzept bzw. eine langfristige Planung für das Bewertungsobjekt nicht vor, was für einen erheblichen Teil mittelständisch geprägter Unternehmen zutreffen dürfte, und werden von der Unternehmensleitung keine entsprechenden strategi-

---

1 WP-Handbuch, Band II, 2008, S. 58, Tz. 171.
2 WP-Handbuch, Band II, 2008, S. 58, Tz. 171.
3 IDW S1 i.d.F. 2008, Tz. 29.
4 IDW S1 i.d.F. 2008, Tz. 162.

schen Leitlinien entwickelt, müssen entsprechende Vorstellungen wohl oder übel durch den Gutachter entwickelt werden.

> „Oft wird die Unternehmensleitung keine Planungsrechnung erstellen, sondern lediglich allgemeine Vorstellungen über die künftige Entwicklung des Unternehmens vortragen. Soweit diese nicht durch konkrete Anhaltspunkte bestätigt werden können, kann der Wirtschaftsprüfer nur aufgrund der Vergangenheitsanalyse und der von ihm hierbei festgestellten Entwicklungslinien eine Ertragsprognose erstellen. Es empfiehlt sich, in diesen Fällen eine Szenarioanalyse durchzuführen."[1]

Sieht sich der Gutachter hierzu nicht in der Lage, scheidet eine Bewertung auf der Grundlage einer unendlichen Lebensdauer aus, da der Restwert in Form des Rentenbarwertes eine mittelbare Aussage zur langfristigen Unternehmensentwicklung und damit dem strategischen Unternehmenskonzept darstellt.

9.16.2 Langfristige Rentabilität und Quantifizierung des Fortführungswertes

Für den Fall, dass für die letzte Planungsphase nur noch das Verdienen der Kapitalkosten unterstellt werden kann, reduziert sich die Ermittlung des Restwertes auf den Ansatz des dann vorhandenen Eigenkapitals.[2] Damit ergibt sich für den Restwert eine dritte Wertgröße, als Spezialfall der Unternehmensfortführung, in Form des eingesetzten Eigenkapitals. In Abhängigkeit von der Eigenkapitalrentabilität E_r lassen sich somit folgende Wertvarianten für den nach dem Planungshorizont t = n anzusetzenden Restwert darstellen:

ABB. 62:	Restwert in Abhängigkeit von der Eigenkapitalrendite E_r
Eigenkapitalrendite E_r	Wertansatz im letzten Planungssegment n + 1 ⟶ ∞
$E_r < r_{EK}$	Liquidationswert$_{n+1}$
$E_r = r_{EK}$	Eingesetztes Eigenkapital$_{n+1}$
$E_r > r_{EK}$	Ertragswert (Ewige Rente)$_{n+1}$

Dazu nachfolgend ein Beispiel (ohne Steuern):

	Eigenkapital	Eigenkapitalrendite	Eigenkapitalkosten	Ausschüttung	Unternehmenswert
$E_r < r_{EK}$	1.000.000,00	6 %	10 %	60.000,00	600.000,00
$E_r = r_{EK}$	1.000.000,00	10 %	10 %	100.000,00	1.000.000,00
$E_r > r_{EK}$	1.000.000,00	15 %	10 %	150.000,00	1.500.000,00

Unternehmenswert entsteht somit nur, wenn eine Gesamtkapitalrendite erwirtschaftet wird, die höher als die Gesamt-Kapitalkosten ist. Bezogen auf die Eigenkapitalrendite wird Unternehmenswert erzeugt, wenn diese höher als die Eigenkapitalkosten ist.

---

1 IDW S1 i.d.F. 2008, Tz. 163.
2 *Aders/Schröder*, Konsistente Ermittlung des Fortführungswertes bei nominellem Wachstum, S. 109, in: Richter/Timmreck (Hrsg.), Unternehmensbewertung, 2004.

„In other words, increased value comes from firms having a return on capital that is well in excess of the cost of capital (or a return on equity that exceeds the cost of equity)."[1]

Die Eigenkapitalkosten werden in der Unternehmensbewertung durch den Kalkulationszinssatz, d. h. die risikoäquivalente Zielrendite der Eigenkapitalgeber definiert.

Soweit die Eigenkapitalrendite langfristig unterhalb der Eigenkapitalkosten anzunehmen ist, kann sich eine Liquidation anbieten, womit als Restwert der Liquidationswert zum Ansatz kommt.[2] Soweit die Eigenkapitalrendite in Höhe der Eigenkapitalkosten zu erwarten ist, kann als Restwert das vorhandene Eigenkapital verwendet werden. Wenn die Eigenkapitalrendite langfristig über den Eigenkapitalkosten liegt, kommt der Rentenbarwert als Restwert zur Anwendung. Die dargestellten Zusammenhänge sind die konzeptionelle Grundlage eines Relikts deutscher Betriebswirtschaftslehre, des Übergewinnverfahrens[3] bzw. mit neuem Namen versehen, heute als EVA[4] (Economic Value Added) in der Unternehmenssteuerung unerlässlich geworden.[5]

9.17 Der Liquidationswert

9.17.1 Einsatzbereiche des Liquidationswertes

Der Liquidationswert kann im Rahmen der Unternehmensbewertung bei vier Gelegenheiten zum Einsatz kommen:

a) Soweit am Bewertungsstichtag der Liquidationswert des Unternehmens größer ist als der Ertragswert bei Fortführung des Unternehmens (Fortführungswert) und die Liquidation als Handlungsalternative in Betracht kommt, ist grundsätzlich der Liquidationswert der relevante Unternehmenswert.[6]

b) Soweit auf Basis des Unternehmenskonzeptes bzw. der Art des Unternehmens davon auszugehen ist, dass das Unternehmen nur eine endliche (begrenzte) Lebensdauer hat (z. B. Steinbruch, Kiesgrube, Unternehmensgründung auf Zeit), ist der Restwert (Residualwert) des Unternehmens (am planmäßigen Ende der Lebensdauer des Unternehmens) unter der Annahme der Liquidation zu bestimmen.[7] D. h. statt des sich an die Detail- und Konvergenzplanungsphase anschließenden Barwertes der ewigen Rente (bei unendlicher Lebensdauer) wird die Liquidation des Unternehmens unterstellt und der Liquidationswert als letztes Ausschüttungspotenzial im Rahmen der Unternehmensplanung berücksichtigt. Die Erkenntnis, dass das Unternehmen nur eine endliche Lebensdauer hat, kann sich auch aus der Analyse von Unternehmen mit zunächst angenommener unendlicher Lebensdauer ergeben (z. B. wegen hoffnungslos veraltetem und daher nicht mehr wettbewerbsfähigem Produktprogramm).

---

1 *Damodaran, A.*, Investment Valuation, 2002, S. 307.
2 Beachte hierzu die Rechtsprechung zur Berücksichtigung des Liquidationswertes als Alternative zum Ertragswert, Gliederungspunkt 9.17.2.3.
3 *Moxter, A.*, Grundsätze ordnungsmäßiger Unternehmensbewertung, 1991, S. 56 ff.; *Münstermann, H.*, Wert und Bewertung der Unternehmung, 1966, S. 145.
4 *Stewart, G. B. III*, The Quest for Value, 1990, S. 136.
5 Siehe dazu auch die Residualgewinnmethode als alternativer Bewertungsansatz in *Schultze, W.*, Methoden der Unternehmensbewertung, 2003, S. 115 ff. u. 149.
6 IDW S1 i. d. F. 2008, Tz. 5, 42, 140 u. 149 f.
7 IDW S1 i. d. F. 2008, Tz. 87 (allgemein) und Tz. 125, 129 u. 131 (für DCF-Verfahren).

Wenn nach dem Zeitraum erzielbarer Überrenditen (CAP Competitive Advantage Period) von einem Absinken der Eigenkapitalrendite unter die Kapitalkosten auszugehen ist, soll als Restwert nur der Liquidationswert verwendet werden, da dann langfristig noch nicht einmal mehr die Eigenkapitalkosten verdient werden.[1]

c) Nicht betriebsnotwendiges Vermögen ist mit dem Verkehrswert anzusetzen, wenn dieser nach Abzug von Veräußerungskosten und der Steuerbelastung größer ist als der Barwert der durch das nicht betriebsnotwendige Vermögen erzeugten Ausschüttungen (bei Verbleib dieses Vermögens im Unternehmen).[2] Der Verkehrswert ist der Wert, der sich aus einer Veräußerung des entsprechenden Vermögensteils erzielen lässt. Im Ergebnis ist der Liquidationswert des nicht betriebsnotwendigen Vermögens zum Bewertungsstichtag dem Ertragswert des nicht betriebsnotwendigen Vermögens gegenüberzustellen und auf dieser Basis zu entscheiden, welcher Wert im Rahmen der Unternehmensplanung berücksichtigt wird.[3]

d) Ist im Rahmen einer objektivierten Unternehmensbewertung davon auszugehen, dass das bisherige Management in der Zukunft nicht mehr zur Verfügung steht (etwa im Zusammenhang mit einer Erbauseinandersetzung) und ist darüber hinaus die Fortführung des Unternehmens ohne das bisherige Management nicht möglich, dann entspricht der Unternehmenswert dem Liquidationswert.[4]

9.17.2 Ermittlung des Liquidationswertes des Unternehmens

9.17.2.1 Theorie

Die Ermittlung eines Liquidationswertes im Rahmen der Unternehmensbewertung dient als Entscheidungsgrundlage, ob die Fortführung oder die Zerschlagung des Unternehmens aus Sicht des Unternehmers vorzuziehen ist. Der Liquidationswert fungiert damit als absolute Wertuntergrenze.[5] Diese Funktion als Wertuntergrenze ist allerdings nur dann denkbar, wenn sich der Unternehmer im Sinne des Gewinnmaximierungsprinzips rational verhält. Führt er das Unternehmen weiter, obwohl der Liquidationswert den Fortführungswert übersteigt, dann entfällt die Rolle des Liquidationswertes als Untergrenze der Bewertung.[6] Diese Regel gilt, ob nun die Entscheidung des Unternehmers zur Fortführung aus „freien Stücken" erfolgt oder ob das Unternehmen unter Zwang (gesetzliche, vertragliche, soziale Gründe) fortgeführt wird.[7] Der Relevanz des Liquidationswertes im Rahmen der Bewertung hängt damit vom subjektiven Ermessen des Unternehmers ab, der sein Unternehmen auch aus irrationalen Gründen weiterführen kann und für den damit nur der Fortführungswert entscheidungserheblich ist.

---

1 IDW S1 i. d. F. 2008, Tz. 149 f.; zur Competitive Advantage Period siehe *Loderer/Jörg/Pichler/Roth/Zgraggen*, Handbuch der Bewertung, 2007, S. 632; *Damodaran, A.*, Investment Valuation, 2002, S. 308; zur Voraussetzung für die Schaffung von Unternehmenswert siehe *Damodaran, A.*, Investment Valuation, 2002, S. 307.
2 IDW S1 i. d. F. 2008, Tz. 5, 60, 87 und 125 (für DCF-Verfahren).
3 IDW S1 i. d. F. 2008, Tz. 60; siehe hierzu Gliederungspunkt 9.17.3.
4 WP-Handbuch, Band II, 2008, S. 33, Tz. 99; IDW S1 i. d. F. 2008, Tz. 42; für Bewertungen im Familien- und Erbrecht siehe auch HFA 2/1995, III., 4.
5 *Hering, T.*, Unternehmensbewertung, 2006, S. 71.
6 *Münstermann, H.*, Wert und Bewertung der Unternehmung, 1966, S. 102.
7 *Käfer, K.*, Substanz und Ertrag in der Unternehmensbewertung, 1969, in: Käfer, K., Zur Bewertung der Unternehmung – Reprint von Aufsätzen aus den Jahren 1946 bis 1973, 1996, S. 223.

9.17.2.2 Praxis

Die Ermittlung objektivierter Unternehmenswerte unterstellt die

„… Fortführung des Unternehmens auf Basis des bestehenden Unternehmenskonzepts…"[1]

Entsprechend macht das WP-Handbuch die Einbeziehung des Liquidationswertes in den Bewertungs- und Entscheidungsprozess von der Art des Unternehmenswertes abhängig, den der Wirtschaftsprüfer zu ermitteln hat. Bei der Ermittlung objektivierter Unternehmenswerte ist der Liquidationswert nur in folgenden Fällen zu ermitteln:

▶ wenn die Aufgabe des Unternehmens tatsächlich beabsichtigt ist, oder

▶ wenn das Unternehmen absehbar auf Dauer Verluste erwirtschaften wird.[2]

Die Vorgehensweise zur Ermittlung eines Liquidationswertes entspricht als Einzelbewertungsverfahren grundsätzlich der des Substanzwertes, d.h. einer Auflistung aller bilanzierten und nicht bilanzierten Vermögensgegenstände des Unternehmens werden die Schulden gegenübergestellt. Allerdings erfolgt die Bewertung der Vermögensgegenstände nicht mit Blick auf die Einkaufspreise, wie bei der Ermittlung des Substanzwertes, sondern unter Berücksichtigung der Verkaufspreise[3], die im Rahmen einer Unternehmensliquidation erzielbar sind. Bilanzierte Schulden sind zum Teil nicht zu berücksichtigen (z.B. Aufwandsrückstellungen), dagegen müssen wiederum Schulden erfasst werden, die erst durch die Liquidation ausgelöst werden (z.B. Sozialplanverpflichtungen, Ertragsteuern auf den Liquidationsgewinn).[4]

Zum Ansatz und der Bewertung ausgewählter Bilanzposten ist Folgendes festzuhalten:

a) Über den Ansatz eines zu erwartenden Veräußerungserlöses für einen Teilbetrieb, kann es implizit zur Berücksichtigung eines Geschäftswertes im Liquidationswert kommen,

b) Drohverlustrückstellungen dürften gegenüber dem Ansatz des regulären Jahresabschlusses noch höher anzusetzen sein, da mit der Liquidation von einem Sinken der Unternehmenseffizienz auszugehen ist,

c) Pensionsrückstellungen entfallen, da an deren Stelle Rückstellungen für einen Sozialplan gemäß § 112 BetrVerfG bzw. Abfindungen treten,

d) Aufwandsrückstellungen entfallen, da sie bereits bei der Bewertung der Aktiva mittelbar berücksichtigt sind,

e) Kulanzrückstellungen entfallen, da die Fortführung des Unternehmens aufgegeben wird.

„Der Liquidationswert wird ermittelt … aus der Veräußerung der Vermögensgegenstände abzüglich Schulden und Liquidationskosten …."[5]

Dabei ist die Versteuerung der Liquidationsüberschüsse nach den einschlägigen steuerlichen Bestimmungen zu berücksichtigen.

„… ist ggf. zu berücksichtigen, dass zukünftig entstehende Ertragsteuern diesen Barwert mindern."[6]

---

1 IDW S1 i.d.F. 2008, Tz. 29.
2 WP-Handbuch, Band II, 2008, S. 140, Tz. 384.
3 WP-Handbuch, Band II, 2008, S. 141, Tz. 386.
4 WP-Handbuch, Band II, 2002, S. 128, Tz. 348; WP-Handbuch, Band II, 2008, S. 141, Tz. 387.
5 IDW S1 i.d.F. 2008, Tz. 141.
6 IDW S1 i.d.F. 2008, Tz. 141.

Bei der Liquidation von Kapitalgesellschaften fallen wie bei Unternehmensfortführung Körperschaftsteuer (§ 11 KStG) und Gewerbesteuer an.

> „Bei den Kapitalgesellschaften und den anderen Unternehmen im Sinne des § 2 Abs. 2 GewStG erlischt die Gewerbesteuerpflicht – anders als bei Einzelkaufleuten und Personengesellschaften – nicht schon mit dem Aufhören der gewerblichen Betätigung, sondern mit dem Aufhören jeglicher Tätigkeit überhaupt. Das ist grundsätzlich der Zeitpunkt, in dem das Vermögen an die Gesellschafter verteilt worden ist."[1]

Bei der Liquidation von Personengesellschaften entfällt die Gewerbesteuer auf das Liquidationsergebnis, es sei denn die Gesellschaft ist noch weiterhin werbend tätig.

> „Die Gewerbesteuerpflicht erlischt bei Einzelgewerbetreibenden und bei Personengesellschaften mit der tatsächlichen Einstellung des Betriebs."[2]

Bei der Liquidation von Kapitalgesellschaften und Personengesellschaften ist die Einkommensteuer auf die Auskehrung der Liquidationsergebnisse an die Gesellschafter zu berücksichtigen, wobei Kapitalrückzahlungen steuerfrei bleiben.

Unternehmensliquidationen nehmen regelmäßig mehrere Jahre in Anspruch. Dieser Umstand ist auch bei der Ableitung des Liquidationswertes zu berücksichtigen. D.h. die Bewertung der Handlungsalternative „Liquidation des Unternehmens" erfordert somit ebenso eine Unternehmensplanung, wie die Bewertung eines Unternehmens in der Fortführungsprämisse. Der Wert der Liquidationsüberschüsse ist durch Diskontierung zum Unternehmenswert bei Stilllegung des Unternehmens zu aggregieren.

> „Der Liquidationswert wird ermittelt als Barwert der Nettoerlöse…"[3]

Der Zeitraum bis zum Abschluss der Liquidation ist zu schätzen. Die Diskontierung auf den Stichtag der Liquidationswertermittlung erfolgt nicht mit einem Kalkulationszinssatz, wie er im Rahmen der Gesamtbewertungsverfahren zur Abbildung des äquivalenten Risikos abgeleitet wird, sondern orientiert sich situationsabhängig an den Guthaben- oder Verschuldungszinssätzen des Unternehmens. Diese Differenzierung bei der Bestimmung des Kalkulationszinssatzes für den Liquidationsfall ist notwendig, da sich das operative Risiko der Unternehmensfortführung, vom Risiko der Unternehmensversilberung, signifikant unterscheidet.

Die Höhe des resultierenden Liquidationswertes hängt entscheidend von den Stellgrößen Zerschlagungsintensität und Zerschlagungsgeschwindigkeit ab. D.h. hinsichtlich der Zerschlagungsintensität ist zum Beispiel auch eine realisierbare Veräußerung von Teilbetrieben in Betracht zu ziehen. Hinsichtlich der Zerschlagungsgeschwindigkeit ist zum Beispiel einem späteren Verkauf von Vermögensgegenständen der Vorzug zu geben, wenn der Barwert der Einzahlungsüberschüsse aus dieser Vorgehensweise höher ist, als der bei einer sofortigen Versilberung realisierbare Wert.

> „Die Bestimmung des Liquidationswertes hat unter Beachtung des im jeweiligen Einzelfall bestmöglichen Verwertungs- und Liquidationskonzepts zu erfolgen."[4]

Die Ableitung des Liquidationswertes erfolgt durch den Einzelbewertungsansatz nicht nur systematisch anders als bei den Gesamtbewertungsverfahren. Vielmehr weicht der Liquidations-

---

[1] GewStR 1998, A. 19, Abs. 3.
[2] GewStR 1998, A. 19, Abs. 1 Satz 1.
[3] IDW S1 i.d.F. 2008, Tz. 141.
[4] WP-Handbuch, Band II, 2008, S. 141, Tz. 385.

wert auch insofern grundlegend vom bisherigen Unternehmenskonzept ab, da nicht mehr von der Fortführungsprämisse auszugehen ist, sondern rechentechnisch die Auflösung des Unternehmens simuliert wird. Eine derartige Entscheidung kann aber nur sinnvoll sein, wenn der in einem Gesamtbewertungsverfahren dargestellte Fortführungswert des Unternehmens kleiner ist als der aus einer Liquidation resultierende Unternehmenswert.

„Für die Praxis empfiehlt sich …eine zunächst überschlägige Ermittlung des Liquidationswerts."[1]

Rationales Handeln unterstellt, müsste ein Unternehmen in dieser Konstellation immer aufgelöst werden.[2] Für diesen Fall gilt (grundsätzlich) die Bewertungsvorgabe, dass der Liquidationswert immer dann der relevante Unternehmenswert ist, wenn er den objektivierten Ertragswert übersteigt.

„In diesem Falle bildet grundsätzlich der Liquidationswert des Unternehmens die Wertuntergrenze für den Unternehmenswert…"[3]

Dieser Grundsatz gilt auch für die Bewertungsanlässe des Familien- und Erbrechts.[4]

Die schematische Orientierung an rein finanziellen Größen mag jedoch z. B. aus sozialen Erwägungen und damit aus ganz subjektiven Vorstellungen zugunsten einer Unternehmensfortführung zurücktreten.[5] Die Beschäftigung mit diesem Gedanken führt uns zu einer Entscheidungsregel für die Anwendbarkeit des Liquidationswertes im Rahmen objektivierter Unternehmenswerte, die durch die Rechtsprechung entwickelt wurde.

9.17.2.3 Rechtsprechung

Der Ansatz des „Liquidationswertes als Wertuntergrenze" der Unternehmensbewertung erfordert keine tatsächliche Liquidation des Unternehmens zum Bewertungsstichtag. Die Liquidation stellt vielmehr eine Fiktion dar, das Unternehmen würde zum Bewertungsstichtag liquidiert.[6]

„Die nach § 327c Abs. 2 Satz 1 AktG zu erläuternde und zu begründende Angemessenheit der Barabfindung für die Minderheitsaktionäre der Beklagten war wegen der Auflösung – wie auch unstreitig geschehen – anhand ihres Liquidationswertes zu ermitteln. Soweit sich demgegenüber das Berufungsgericht mit den Ausführungen der Kläger zum „Liquidationswert als Untergrenze" befasst, ist ersichtlich der – hypothetische – Liquidationswert der P. gemeint…"[7]

Der Kerngedanke, um den sich die Rechtsprechung zum Liquidationswert als Untergrenze der Bewertung dreht ist, ob diese Fiktion generell zum Ansatz kommen kann, um eine Bewertungs- und damit Abfindungsuntergrenze zu verifizieren, oder ob die tatsächlichen Verhältnisse entweder des Unternehmers oder des Unternehmens als Voraussetzung für einen derartigen Ansatz zu berücksichtigen sind.

---

1 WP-Handbuch, Band II, 2008, S. 172, Tz. 480.
2 WP-Handbuch, Band II, 2008, S. 139 f., Tz. 383.
3 IDW S1 i. d. F. 2008, Tz. 140; siehe aber auch IDW S1 i. d. F. 2008, Tz. 5, 42, 149 u. 150.
4 WP-Handbuch, Band II, 2008, S. 182, Tz. 511; HFA 2/1995, S. 293, Nr. 5; *Kasper, M. A.*, in Münchener Anwaltshandbuch Erbrecht, 2002, S. 1042, Tz. 25; *Haußleiter/Schulz*, Vermögensauseinandersetzung bei Trennung und Scheidung, 2004, S. 27, Tz. 112.
5 WP-Handbuch, Band II, 2008, S. 139 f., Tz. 383.
6 BayObLG v. 31. 5. 1995 – 3-ZBR-67/89, Datev DokNr 0121859.
7 BGH v. 18. 9. 2006 – II ZR 225/04, BB, 2006, S. 2545.

Grundlegend zu dieser Thematik hatte der BGH am 17.1.1973 im Zusammenhang mit der Bewertung eines Handelsunternehmens zum Zwecke der Pflichtteilsberechnung entschieden. Dabei wurden folgende Grundsätze formuliert:

> „Ob der Unternehmer den Liquidationswert realisieren will, obliegt seiner unternehmerischen Entscheidung. Führt er den Betrieb fort, obwohl der Gesamtwert unter den Liquidationswert abgesunken ist, dann wird die Liquidationsbewertung, da sie nur zur Bestimmung der Wertuntergrenze des Unternehmens herangezogen worden ist, nicht wirksam. Dann ist aber auch im Rahmen von Rechtsbeziehungen des Unternehmers zu Dritten grundsätzlich nicht gerechtfertigt, den Liquidationswert der Unternehmensbewertung zugrunde zu legen. Das muss jedenfalls gelten... wenn der Unternehmer dem Pflichtteilsberechtigten gegenüber nicht zur Liquidation verpflichtet ist. Etwas anderes könnte allenfalls in Betracht kommen, wenn ein unrentables, liquidationsreifes Unternehmen aus wirtschaftlich nicht vertretbaren Gründen weitergeführt wird..."[1]

Damit kommt es auf folgende Aspekte an, um den Liquidationswert als Mindestwert der Unternehmensbewertung in Betracht zu ziehen:

- ▶ Hat der Unternehmer die Absicht zu liquidieren, oder
- ▶ Ist die Weiterführung des unrentablen Unternehmens wirtschaftlich nicht vertretbar, oder
- ▶ Ist der Unternehmer dem Abfindungsberechtigten gegenüber zur Liquidation verpflichtet.

Im Urteil des BGH vom 7.5.1986 geht es um die Beendigung einer Gütergemeinschaft und die Bewertung eines landwirtschaftlichen Anwesens, wobei betont wird, dass für das landwirtschaftliche Anwesen die allgemeinen Grundsätze für die Bewertung von Betrieben anzulegen seien.[2] Hier stellt der BGH, mit Verweis auf die Argumentation des Urteils vom 17.1.1973, für das Unternehmen fest, welches zwar nicht ertraglos ist, aber dessen Ertragswert unterhalb des Liquidationswertes und des Substanzwertes liegt:

> „...so erweist sich die gerichtliche Bewertung, die sich uneingeschränkt auf den ...(Liquidations)-Wert stützt, schon deshalb als fehlerhaft, weil das Ber.-Ger. nicht feststellt, dass es zur Liquidation des Betriebes kommt, sondern im Gegenteil darlegt es bestehe auf Seiten des Ehemannes weder die Absicht noch eine finanzielle Notwendigkeit, den Betrieb ganz oder auch nur teilweise aufzulösen. Unter diesen Umständen durfte das Gericht nicht den Liquidationswert zugrunde legen."[3]

Der BGH stellt somit auch in dieser Entscheidung darauf ab, dass ein Liquidationswert dann nicht zum Tragen kommt, wenn der Betrieb nach der Entscheidung des Unternehmers nicht liquidiert, sondern fortgeführt werden soll.

Bei der Beurteilung des Ausgleichs von Benachteiligungen, im Zusammenhang mit der formwechselnden Umwandlung einer beherrschten Aktiengesellschaft in eine GmbH & Co.KG, hatte das OLG Düsseldorf am 27.2.2004[4] den Ansatz des Liquidationswertes abgelehnt, da die Aktionäre bei der Fortführung des Unternehmens ohne den Formwechsel auch keinen Anspruch auf den Liquidationswert gehabt hätten.

Mit Beschluss vom 22.1.1999 hatte ebenfalls das OLG Düsseldorf den Ansatz des Liquidationswertes im Zusammenhang mit der Verschmelzung von Aktiengesellschaften als Mindestwert abgelehnt, da die Liquidation der nicht ertragslosen Gesellschaft, deren Liquidationswert den

---

[1] BGH v. 17.1.1973 – IV ZR 142/70, NJW, 1973, S. 510.
[2] BGH v. 7.5.1986 – IVb ZR 42/85, NJW-RR, 1986, S. 1068.
[3] BGH v. 7.5.1986 – IV b ZR 42/85, NJW-RR, 1986, S. 1068.
[4] OLG Düsseldorf v. 27.2.2004 – 19 W 3/00 AktE, DB, 2004, S. 1035.

Ertragswert überstieg, für die Betroffenen keine realistische Alternative dargestellt habe. Eine Notwendigkeit zur Liquidation bestand nicht. Es sei gerechtfertigt,

> „…in jedem einzelnen Fall zu prüfen, ob der Ansatz des Liquidationswertes zu sachgerechten Ergebnissen führt."[1]

Denselben Gedanken verfolgt das Urteil des OLG Düsseldorf, bei dem im Rahmen einer Verschmelzung zu klären war, ob trotz Unternehmensfortführung auf den Liquidationswert als Mindestwert abzustellen sei. Die Antragstellerin hatte argumentiert, dass nur die bestmögliche Verwertung des betriebsnotwendigen Grundbesitzes zum vollen Ausgleich der ausscheidenden Aktionäre gemäß Art. 14 GG führe. Das OLG Düsseldorf argumentierte dagegen:

> „Diese Auffassung trifft nicht zu, da der ausscheidende Aktionär nur so gestellt werden soll, wie er stünde, wenn der Unternehmensvertrag nicht abgeschlossen worden wäre. …Der Aktionär der weiter bestehenden Aktiengesellschaft hätte aber auch keinen Anspruch auf bestmögliche Verwertung der (betriebsnotwendigen) Immobilien und Beteiligungen der Gesellschaft gehabt."[2]

Im Zusammenhang mit dem Abschluss eines Beherrschungs- und Gewinnabführungsvertrages, hatte das Bayerische Oberste Landesgericht am 31.5.1995 den Liquidationswert als Mindestwert der Unternehmensbewertung festgelegt. Die Entscheidung war zu einer Brauerei ergangen, bei der trotz eingeleiteter Einsparungsmaßnahmen keine positiven Ertragserwartungen für die Zukunft begründbar waren. Dies hatte auch die Betrachtung des zweijährigen Zeitraumes nach dem Bewertungsstichtag gezeigt.[3]

Ähnlich argumentiert der BGH in seiner Entscheidung vom 17.3.1982 zu einer Pflichtteilsberechnung, bei der eine KG unter Berücksichtigung der Zukunftsperspektive am Stichtag keinen Ertragswert hatte und drei Jahre nach dem Stichtag liquidiert worden war.

> „In einer solchen Lage darf der Tatrichter unbedenklich auf den Liquidationswert abstellen."[4]

Die angeführten Entscheidungen werden von einem Grundvertrauen in die Rationalität unternehmerischer Handlungen getragen. Sind Gesellschaften ertragsschwach oder möglicherweise sogar für einen Interims- bzw. Sanierungszeitraum verlustbehaftet, zeigt die Weiterführung des Unternehmens, dass der Unternehmer an die Zukunft des Unternehmens glaubt. Entsprechend argumentiert das OLG Düsseldorf:

> „So bildet der Liquidationswert eines unrentablen Unternehmens nicht die untere Grenze, wenn das Unternehmen nicht liquidiert, sondern fortgeführt werden soll. Im vorliegenden Fall war der Liquidationswert schon deshalb nicht zur Ermittlung des Unternehmenswertes heranzuziehen, weil nicht die Absicht bestand und besteht, …zu liquidieren."[5]

Eine Abfindung hat sich in solch einem Fall am Fortführungswert zu orientieren, da aus welchen Gründen auch immer ein Anteil an einer Fortführungs- nicht an einer Liquidationsgesellschaft ggf. aufgegeben wird. Eine unbegrenzte Fortführung bei dauerhaften Verlusten ist keinem Unternehmer ernsthaft zu unterstellen, wenn er nur ein Mindestmaß an Entscheidungsfreiheit besitzt.[6] Sind die Verhältnisse der Gesellschaft und ihres Geschäftsfeldes allerdings derart trostlos,

---

1 OLG Düsseldorf v. 22.1.1999 – 19-W-5/96-AktE, Datev, DokNr. 0163090.
2 OLG Düsseldorf v. 20.11.2001 – 19 W 2/00 AktE, DB, 2002, S. 781.
3 BayObLG v. 31.5.1995 – 3-ZBR-67/89, Datev, DokNr. 0121859.
4 BGH v. 17.3.1982 – IV a ZR 27/81, DB, 1982, S. 1404.
5 OLG Düsseldorf v. 27.5.2009 – I-26 W 1/07 AktE, AG, 2009, S. 909 f.
6 OLG Düsseldorf v. 27.2.2004 – 19 W 3/00 AktE, DB, 2004, S. 1035.

9.17 Der Liquidationswert

dass eine Fortführung sich nicht lohnt[1] und damit eine Liquidation ohnehin unausweichlich ist oder diese bereits liquidiert wird[2], dann soll auch auf Grundlage des Liquidationswertes abgefunden werden.

Letztlich in diesem Sinne urteilt auch das OLG Düsseldorf im Zusammenhang mit einem Squeeze-out und legt den Liquidationswert als Wertuntergrenze fest. Zwar führte die AG noch das Unternehmen fort, tatsächlich war sie jedoch nicht mehr operativ tätig, sondern erwirtschaftete nur noch Zinserträge, deren Ertragswert unter dem Liquidationswert lag.[3]

Je nach Zerschlagungsgeschwindigkeit, kann sich die Liquidation über einen längeren Zeitraum hinziehen. In diesem Fall sind die künftigen Liquidationserlöse abzüglich der Liquidationskosten abzuzinsen.[4]

Für den Liquidationswert als Mindestwert der Unternehmensbewertung hat sich der BGH mit Urteil vom 13.3.2006 entschieden. Bei einer BGB-Gesellschaft war der ausscheidende Gesellschafter abzufinden. Laut Gesellschaftsvertrag war der verbleibende Gesellschafter berechtigt, das Unternehmen der Gesellschaft unter Ausschluss der Liquidation zu übernehmen und fortzuführen. Das Unternehmen bestand in der Führung eines Feriendorfes. Der Ertragswert lag bei rund 2 Mio. DM. Der Liquidationswert lag bei rund 7 Mio. DM. Bei Kündigung der Gesellschaft sollte die Abfindung nach dem Ertragswert bemessen werden. Der BGH führte dazu aus:

> „Der Beklagte kann den Kläger nicht auf den vereinbarten Ertragswert verweisen, weil dieser so sehr unter dem Liquidationswert liegt, dass ein vernünftiger Gesellschafter auf dieser Grundlage von dem ihm an sich zustehenden Kündigungsrecht keinen Gebrauch machen würde. ...Dem Beklagten ist die Liquidation schon deswegen zumutbar, weil er bei einer Verwertung des Unternehmensvermögens nicht gezwungen ist, alle Ferienhausparzellen zu veräußern...Unter Umständen muss er sich aber auch dann, wenn nur eine Gesamtverwertung des Gesellschaftsvermögens zu einem den Ertragswert erheblich übersteigenden Erlös in Betracht kommt, damit abfinden."[5]

Die Entscheidung sticht aus dem Grundgedanken der gesamten oben dargestellten Rechtsprechung heraus. Die Gesellschaft war durchaus ertragreich, aber in der Tat überstieg der Liquidationswert den Ertragswert um das 3,5 fache, also erheblich. Aus volkswirtschaftlicher Sicht ist zu fragen, ob es sinnvoll ist die Auflösung von Unternehmen im Abfindungsfall in Kauf zu nehmen, wenn die Unternehmen über eine hohe Substanz und vergleichsweise nur niedrige Erträge verfügen. Der Hinweis, es gehe ja nur um die Ermittlung eines Abfindungsbetrages auf der Grundlage einer fiktiven Liquidation, nicht um die Liquidation selbst[6], akzeptiert, dass bei fehlenden Möglichkeiten einer anderweitigen Finanzierung der Abfindung, die Liquidation die tatsächliche Folge ist.

Soweit eine Liquidation zu unterstellen ist, muss auch die damit verbundene Entstehung von Ertragsteuern auf die stillen Reserven berücksichtigt werden.

> „Da auch der Liquidationswert ein fiktiver Wert ist, sind neben den Verbindlichkeiten die Liquidationskosten einschließlich etwaiger Ertragsteuern oder auch bei Liquidation noch fortbestehender Verpflich-

---

1 LG Dortmund v. 19.3.2007 – 18 AktE 5/03, AG, 2007, S. 793.
2 BGH v. 18.9.2006 – II ZR 225/04, DB, 2006, S. 2508.
3 OLG Düsseldorf v. 13.3.2008 – I-26 W 8/07 AktE, AG 2008, S. 500; zu einem gleichgelagerten Fall siehe OLG Düsseldorf v. 4.10.2006 – I-26 W 7/06 AktE, DB, 2006, S. 2392.
4 OLG Stuttgart v. 19.3.2008 – 20 W 3/06, AG, 2008, S. 516.
5 BGH v. 13.3.2006 – II ZR 295/04, DB, 2006, S. 1000.
6 *Großfeld, B.*, Unternehmens- und Anteilsbewertung im Gesellschaftsrecht, 2002, S. 205.

tungen (z. B. Pensionsverpflichtungen) unabhängig davon abzuziehen, ob liquidiert wird oder eine Liquidationsabsicht besteht. ... Zu den Liquidationskosten gehören auch die vom Unternehmen infolge der für die fiktive Liquidation unterstellten Veräußerung von Betriebsvermögen auf Veräußerungsgewinne nach § 11 KStG, § 7 Abs. 1 Satz 2 GewStG zu entrichtenden Steuern, da nur das danach verbleibende Vermögen zu Verteilung an die Aktionäre nach § 271 Abs. 1 AktG zur Verfügung steht."[1]

Dies gilt für gesellschaftsrechtliche wie familienrechtliche Bewertungsanlässe.[2]

9.17.3 Ermittlung des Liquidationswertes des nicht betriebsnotwendigen Vermögens

9.17.3.1 Theorie

Der Unternehmenswert soll den Barwert aller Quellen von Einzahlungsüberschüssen des Unternehmens abbilden. Dabei ist zunächst völlig irrelevant, ob diese Quellen im Zusammenhang mit betriebsnotwendigem oder nicht betriebsnotwendigem Vermögen stehen. Eine Unterscheidung in diese Kategorien wird bedeutsam, da nicht betriebsnotwendiges Vermögen auch entnommen oder veräußert werden kann, ohne dass die Verfolgung des eigentlichen satzungsmäßigen Unternehmensgegenstandes dadurch beeinflusst würde. Und damit kann folgende Frage zur Maximierung des Unternehmenswertes gestellt werden: Ist der Barwert der laufenden Einzahlungsüberschüsse oder der Liquidationswert des nicht betriebsnotwendigen Vermögens höher? Soweit gilt Barwert > Liquidationswert, bleibt das nicht betriebsnotwendige Vermögen im Unternehmen und die daraus erzielten laufenden Einzahlungsüberschüsse werden Teil der Unternehmensplanung und damit, über die Kapitalisierung, Teil des Unternehmenswertes. Soweit gilt Liquidationswert > Barwert, wird die Veräußerung des nicht betriebsnotwendigen Vermögens im Rahmen der Unternehmensplanung simuliert. Teil des Unternehmenswertes wird so der versteuerte Gewinn aus der Aufdeckung der stillen Reserven des nicht betriebsnotwendigen Vermögens. In beiden Fällen setzt sich der Unternehmenswert somit aus der Bewertung des betriebsnotwendigen wie des nicht betriebsnotwendigen Vermögens zusammen.

Zur Identifizierung des nicht betriebsnotwendigen Vermögens mag folgender Gedankengang hilfreich sein. Wenn bei einem Unternehmen, durch einen Auflösungsbeschluss, der Unternehmensgegenstand vom Ziel ein operatives Geschäft zu betreiben hin zum Ziel der Auflösung wechselt, werden alle Vermögensgegenstände und Schulden sofort nicht betriebsnotwendig. Wird dieser Schritt gedanklich zurückgedreht, werden aber nicht automatisch alle Vermögensgegenstände und Schulden wiederum betriebsnotwendig. Vielmehr wird sich bei manchen Positionen zeigen, dass der Unternehmensgegenstand auch ohne das Eigentum an diesen Positionen verwirklicht werden kann. Damit ist nicht betriebsnotwendiges Vermögen identifiziert. Letztlich zeigt sich, dass die Eigenschaft „nicht betriebsnotwendig" vom Unternehmensgegenstand bzw. dem Unternehmenskonzept abhängt.[3]

---

[1] OLG Stuttgart v. 14. 2. 2008 – 20 W 9/06, www.betriebs-berater.de – Archiv.
[2] BGH v. 7. 5. 1986 – IV b ZR 42/85, NJW-RR, 1986, S. 1068; BayObLG v. 31. 5. 1995 – 3-ZBR-67/89, Datev, DokNr. 0121859; BGH v. 8. 9. 2004 – XII ZR 194/01, FamRZ, 2005, S. 101; BGH v. 24. 10. 1990 – XII ZR 101/89, FamRZ, 1991, S. 49.
[3] *Moxter, A.*, Grundsätze ordnungsmäßiger Unternehmensbewertung, 1991, S. 41.

9.17.3.2 Praxis

Zur Abgrenzung des nicht betriebsnotwendigen Vermögens vom betriebsnotwendigen Vermögen bestehen zwei Möglichkeiten:[1]

> Funktionale Abgrenzung: Der Betrieb des Unternehmens ist auch ohne das nicht betriebsnotwendige Vermögen ohne Einschränkungen möglich.

> Wertbezogene Abgrenzung: Dieses Abgrenzungskriterium unterstellt, nicht betriebsnotwendiges Vermögen hätte keinen Einfluss auf die laufenden Überschüsse, weswegen eine Herauslösung dieses Vermögens folgenlos bliebe.

Der funktionalen Abgrenzung ist der Vorzug zu geben. Der IDW S1 führt dementsprechend aus.

„Solche Vermögensteile können frei veräußert werden, ohne dass davon die eigentliche Unternehmensaufgabe berührt wird (funktionales Abgrenzungskriterium)."[2]

Im Unternehmenswert ist der jeweils höhere Wert des nicht betriebsnotwendigen Vermögens zu berücksichtigen, der sich entweder aus der Fortführung dieses Vermögens und der Erzielung laufender Einzahlungsüberschüsse oder aus der Liquidation ergibt.

„Sofern der Liquidationswert dieser Vermögensgegenstände unter Berücksichtigung der steuerlichen Auswirkungen einer Veräußerung den Barwert ihrer finanziellen Überschüsse bei Verbleib im Unternehmen übersteigt, stellt nicht die anderenfalls zu unterstellende Fortführung der bisherigen Nutzung, sondern die Liquidation die vorteilhaftere Verwertung dar."[3]

BEISPIEL Ein Unternehmen ist Eigentümer eines unbebauten nicht betriebsnotwendigen Grundstücks XY. Das Grundstück generiert keinerlei Einzahlungen (vielmehr Auszahlungen für die Grundsteuer), weist aber hohe stille Reserven auf. Bei ausschließlicher Diskontierung der Einzahlungsüberschüsse des Unternehmens, würde der Grundstückswert im Unternehmenswert nicht berücksichtigt. Eine isolierte Bewertung nicht betriebsnotwendigen Vermögens verhindert dies.

Was im konkreten Fall als nicht betriebsnotwendig qualifiziert wird, ist grundsätzlich eine Frage der Perspektive und Planungen des Bewertungssubjekts. Bei der Ermittlung eines objektivierten Unternehmenswertes gibt das am Bewertungsstichtag vorliegende Unternehmenskonzept den Rahmen vor, anhand dessen die Betriebsnotwendigkeit zu überprüfen ist.[4]

BEISPIEL In Weiterführung des obigen Beispiels werden durch die Firmenleitung Überlegungen angestellt, das Grundstück XY für den Bau weiterer Produktionshallen zu nutzen. Am Bewertungsstichtag fehlt zu diesen Plänen jedoch jegliche Konkretisierung.[5] Das Grundstück ist als nicht betriebsnotwendig zu qualifizieren.

Die Liquidation, d. h. die Veräußerung nicht betriebsnotwendigen Vermögens, kann einen längeren Zeitraum in Anspruch nehmen.[6] Für diesen Fall schlägt sich auch der jeweilige Liquidationswert nur als diskontierter Wert im Unternehmenswert nieder.

---

1 WP-Handbuch, Band II, 2008, S. 43, Tz. 131; siehe auch *Simon/Leverkus*, Unternehmensbewertung, S. 386, Tz. 175, in: Spruchverfahrensgesetz, Simon, S., (Hrsg.), 2007.
2 IDW S1 i. d. F. 2008, Tz. 59.
3 IDW S1 i. d. F. 2008, Tz. 60.
4 Bei der Ermittlung subjektiver Unternehmenswerte ist die Bestimmung der Betriebsnotwendigkeit demgemäß weniger trennscharf. Das jeweilige Bewertungssubjekt bestimmt durch seine Unternehmensplanung, was betriebsnotwendig ist. Werden bisher nicht betriebsnotwendige Grundstücke (z. B. durch den Unternehmenskäufer) wegen Expansionsplänen als betriebsnotwendig eingestuft und deshalb nicht mit einem Liquidationswert im Unternehmenswert berücksichtigt, müssen sie sich in einem durch die Expansion ausgelösten gesteigerten Ertragswert niederschlagen.
5 IDW S1 i. d. F. 2008, Tz. 32.
6 WP-Handbuch, Band II, 2008, S. 101, Tz. 277.

„Soweit nicht mit einer sofortigen Liquidation zu rechnen ist, muss ein Liquidationskonzept entwickelt, ein angemessener Liquidationszeitraum angesetzt und der Liquidationserlös abzüglich der Kosten der Liquidation auf den Bewertungsstichtag abgezinst werden."[1]

Bei der Wahl des Risikozuschlages im Kalkulationszinssatz ist zu berücksichtigen, dass das Risiko etwa der Liquidierung einer Immobilie keinen Bezug zum operativen Geschäft des Unternehmens aufweist und dementsprechend zur Diskontierung der Beiträge aus dem nicht betriebsnotwendigen Vermögen eher der Ansatz eines risikofreien Basiszinssatzes als das CAPM zum Ansatz kommen sollte.

Missverständlich sind regelmäßig die Hinweise einer additiven Berücksichtigung des Wertes des nicht betriebsnotwendigen Vermögens beim Unternehmenswert.

„Für die Ermittlung des Gesamtwerts ist dann der Liquidationswert des nicht betriebsnotwendigen Vermögens dem Barwert der finanziellen Überschüsse des betriebsnotwendigen Vermögens hinzuzufügen."[2]

Tatsächlich werden planungstechnisch die Erlöse aus dem nicht betriebsnotwendigen Vermögen, ob als laufende sonstige betriebliche Erträge oder bei Veräußerung, z. B. als Ertrag aus dem Abgang von Anlagevermögen, im Rahmen der für die Zwecke der Unternehmensbewertung aufzustellenden Unternehmensplanung berücksichtigt. Damit versteht sich von selbst, dass damit zusammenhängende Steuerbelastungen im Rahmen der Planung wie auch der Bewertung zu berücksichtigen sind.[3]

„Bei der Bewertung des nicht betriebsnotwendigen Vermögens mit dem Liquidationswert sind die Kosten der Liquidation von den Liquidationserlösen abzusetzen sowie die steuerlichen Folgen auf Unternehmensebene zu berücksichtigen."[4]

Bei der Liquidation des nicht betriebsnotwendigen Vermögens sind nicht nur die Veräußerungsgewinne, sondern auch die Buchwerte im Unternehmenswert zu berücksichtigen.[5] Ansonsten bliebe bei der Konstellation Buchwert = Veräußerungspreis das nicht betriebsnotwendige Vermögen im Unternehmenswert unberücksichtigt.

Die steuerlichen Folgen sind natürlich genau so zu berücksichtigen, wenn es vorteilhafter ist das nicht betriebsnotwendige Vermögen im Unternehmen fortzuführen (dann betreffend der laufenden Erlöse).

Bei der Abfassung eines Ausschüttungsbeschlusses wird nicht nach den Quellen des Ausschüttungsbetrages differenziert.[6] Damit unterliegt der Ausschüttungsbetrag, ob er nun aus laufendem operativen Geschäft oder aus der laufenden Nutzung des nicht betriebsnotwendigen Vermögen oder der Veräußerung nicht betriebsnotwendigen Vermögens resultiert, der jeweiligen Einkommensteuerbelastung auf der Ebene der Gesellschafter.

---

1 IDW S1 i. d. F. 2008, Tz. 61.
2 IDW S1 i. d. F. 2008, Tz. 60.
3 WP-Handbuch, Band II, 2008, S. 101, Tz. 278.
4 IDW S1 i. d. F. 2008, Tz. 61.
5 WP-Handbuch, Band II, 2008, S. 101, Tz. 280.
6 Daraus folgt wiederum das Problem der praktischen Verwendung eines gespaltenen Kalkulationszinssatzes, wie oben bei der Bestimmung des Risikozuschlages zur Diskontierung der Ergebnisse aus nicht betriebsnotwendigem Vermögen angesprochen.

„Inwieweit Steuern auf der Eigentümerebene zu berücksichtigen sind, hängt von der beabsichtigten Verwendung der erzielten Erlöse ab."[1]

Für die Ermittlung eines objektivierten Unternehmenswertes sind die jeweiligen Vorgaben zur Ausschüttungshypothese zu berücksichtigen.[2] Daraus ergibt sich dann auch die absolute Einkommensteuerbelastung auf Ebene der Gesellschafter.

Nicht betriebsnotwendig können Vermögensgegenstände aber auch Schulden sein, etwa wenn Darlehen zum Erwerb nicht betriebsnotwendigen Vermögens aufgenommen wurden.[3] Diesem Umstand ist bei der Separierung nicht betriebsnotwendigen Vermögens Rechnung zu tragen.

„Bei der Bewertung des gesamten Unternehmens zum Zukunftserfolgswert müssen die nicht betriebsnotwendigen Vermögensgegenstände einschließlich der dazugehörigen Schulden ... bewertet werden."[4]

Das bedeutet, dass z. B. aus der Liquidation von nicht betriebsnotwendigem Vermögen resultierende Erlöse, im Rahmen der Planung, zur Tilgung der korrespondierenden Schulden zu verwenden sind.[5]

Nicht betriebsnotwendiges Vermögen wird häufig in Form von Immobilien anzutreffen sein.[6] Dessen Behandlung im Rahmen der Bewertung folgt obiger Darstellung. Bei im Unternehmen vorhandener „Über"-Liquidität ist zunächst zu identifizieren, welcher Teilbetrag der liquiden Mittel als betriebsnotwendig einzustufen ist. Pauschalwerte sind hier regelmäßig wenig hilfreich.[7] Zu empfehlen ist vielmehr eine Analyse der betrieblichen Belange und eine exakte Quantifizierung der nicht betriebsnotwendigen Liquidität anhand der Berechnung des Cash-to-Cash-Zyklus.[8]

Der Vollständigkeit halber sei darauf hingewiesen, dass die Erträge und Aufwendungen aus nicht betriebsnotwendigem Vermögen im Rahmen der Vergangenheitsanalyse zu bereinigen sind, um das „normale" und operative Unternehmensergebnis identifizieren zu können.[9]

9.17.3.3 Rechtsprechung

Der Unternehmenswert wird durch eine gesonderte Bewertung des nicht betriebsnotwendigen (neutralen) Vermögens ergänzt. Das nicht betriebsnotwendige Vermögen wird dabei mit dem Liquidationswert angesetzt.[10] Als Bewertungsmaßstab wird auch der nicht deckungsgleiche Begriff des Substanzwertes verwendet.[11] Als nicht betriebsnotwendig gelten alle Vermögensgegenstände, die dem Unternehmenszweck in keiner Weise dienen.[12]

---

1 IDW S1 i. d. F. 2008, Tz. 61.
2 IDW S1 i. d. F. 2008, Tz. 35 - 37.
3 WP-Handbuch, Band II, 2008, S. 44, Tz. 135.
4 IDW S1 i. d. F. 2008, Tz. 60.
5 IDW S1 i. d. F. 2008, Tz. 62.
6 Siehe auch WP-Handbuch, Band II, 2008, S. 44, Tz. 135, Gesellschafterdarlehen mit marktunüblicher Verzinsung oder ungewöhnlich hohe Pensionszusagen als nicht betriebsnotwendiges Vermögen.
7 Siehe auch die „Daumenregel", dass 0,5 % – 2 % vom Umsatz als betriebsnotwendige Liquidität (einschließlich Wertpapiere) gelten, *Copeland/Koller/Murrin*, Valuation, 2000, S. 161.
8 *Dobler, T.*, Kennzahlen für die erfolgreiche Unternehmenssteuerung, 1998, S. 74 ff.
9 WP-Handbuch, Band II, 2008, S. 89, Tz. 247; siehe Gliederungspunkt 8.1.6.
10 OLG München v. 19. 10. 2006 – 31 Wx 092/05, AG, 2007, S. 288.
11 OLG Stuttgart v. 19. 3. 2008 – 20 W 3/06, AG, 2008, S. 515.
12 OLG Düsseldorf v. 20. 11. 2001 – 19 W 2/00 AktE, DB, 2002, S. 782; OLG Düsseldorf v. 8. 7. 2003 – 19 W 6/00 AktE, AG, 2003, S. 692; OLG Düsseldorf v. 27. 2. 2004 – 19 W 3/00 AktE, AG, 2004, S. 328.

„Deshalb wird als betriebsneutral alles angesehen, was frei veräußert werden kann, ohne dass der eigentliche Unternehmenszweck berührt wird."[1]

Neben diesem „üblichen" funktionalen Abgrenzungskriterium findet sich auch in der neueren Rechtsprechung noch das wertmäßige Abgrenzungskriterium.[2] Bei der Prüfung, inwiefern ein Vermögensgegenstand für das Erreichen des Unternehmenszweckes nicht notwendig ist, bestehen Meinungsunterschiede zur Vorgehensweise. Hier wird zum einen auf die tatsächliche Funktion abgestellt, zum anderen auf die Einschätzung eines objektiven, wirtschaftlich denkenden Beobachters verwiesen.[3] Im Zusammenhang mit der Verschmelzung der Kaufhof Holding AG mit der Metro AG hatte das OLG Düsseldorf zur Betriebsnotwendigkeit von Immobilienbesitz, auf dem das Kerngeschäft der Kaufhof Holding AG betrieben wurde, wie folgt entschieden:

„Die Einschätzung der Grundstücke als betriebsnotwendig wird nicht dadurch gehindert, dass sie im Sale-and-lease-back-Verfahren veräußert oder in eine konzernabhängige Tochtergesellschaft ausgegliedert werden können. Dies ist bei allen Produktionsmitteln möglich, enthält aber keine Aussagekraft darüber, ob das jeweilige Produktionsmittel zur Produktion benötigt wird."[4]

Gemäß Stichtagsprinzip gilt für die Ableitung der Veräußerungspreise im Rahmen des fiktiven Verkaufs der am Bewertungsstichtag erzielbare Veräußerungspreis.[5] Dem Stichtagsprinzip steht nicht entgegen, dass zur Abbildung realistischer Veräußerungschancen ein Veräußerungszeitraum von im vorliegenden Fall 10 Jahren angenommen wird, womit die Veräußerungserlöse abzüglich der Veräußerungskosten entsprechend abzuzinsen sind.[6]

Ob der Veräußerungsgewinn aus dem fiktiven Verkauf des nicht betriebsnotwendigen Vermögens um die dann anfallenden „latenten" Ertragsteuern zu kürzen ist, war strittig.[7] Mittlerweile wird die Berücksichtigung „latenter" Steuern einhellig bejaht.[8]

9.18 Der Substanzwert[9]

Die Substanz, d. h. das Eigenkapital zu Buchwerten oder Marktwerten, ist eine notwendige Voraussetzung zur Generierung der Überschüsse des Unternehmens.[10] Die Addition der Einzelwerte dieser Substanz, der Substanzwert, hat aber keinen eigenen Erklärungswert im Zusammenhang mit dem Unternehmenswert.

Im Gegensatz zum Liquidationswert, orientiert sich der Substanzwert nicht an Veräußerungspreisen, sondern an Wiederbeschaffungspreisen. Zerschlagungsgeschwindigkeit und Zerschlagungsintensität spielen somit keine Rolle. Ziel des Substanzwertes ist die Frage nach den Ausgaben die notwendig sind, um ein Unternehmen im vorliegenden Zustand nachzubauen. Der Substanzwert wird deshalb auch als Reproduktionszeitwert oder Rekonstruktionszeitwert bezeichnet. Er stellt den Betrag ersparter Ausgaben dar.

---

1 OLG Düsseldorf v. 8. 7. 2003 – 19 W 6/00 AktE, AG, 2003, S. 692.
2 OLG München v. 30. 11. 2006 – 31 Wx 059/06, AG, 2007, S. 414.
3 OLG Düsseldorf v. 20. 11. 2001 – 19 W 2/00 AktE, DB, 2002, S. 782; OLG Düsseldorf v. 8. 7. 2003 – 19 W 6/00 AktE, AG, 2003, S. 692.
4 OLG Düsseldorf v. 20. 11. 2001 – 19 W 2/00 AktE, DB, 2002, S. 782.
5 OLG Düsseldorf v. 8. 7. 2003 – 19 W 6/00 AktE, AG, 2003, S. 692.
6 OLG Düsseldorf v. 8. 7. 2003 – 19 W 6/00 AktE, AG, 2003, S. 692.
7 BayObLG v. 19. 10. 1995 – 3Z BR 17/90, DB, 1995, S. 2593.
8 OLG München v. 17. 7. 2007 – 31 Wx 060/06, AG, 2008, S. 31.
9 Siehe dazu auch Gliederungspunkt 3.5.
10 *Mellerowicz, K.*, Der Wert der Unternehmung als Ganzes, 1952, S. 21.

„Der Substanzwert ergibt sich als Rekonstruktions- oder Wiederbeschaffungswert aller im Unternehmen vorhandenen immateriellen und materiellen Werte (und Schulden). Er ist insoweit Ausdruck vorgeleisteter Ausgaben,..."[1]

Das Konzept scheitert bei der Ermittlung der Nachbaukosten des Geschäftswertes. Dieser kann im Gegensatz zu Gebäuden, Maschinen und Vorräten nicht über einen inventarisierenden Rechenvorgang ermittelt werden. Der berechenbare Substanzwert wird deshalb präzise als Teil-Reproduktionszeitwert bezeichnet. Der Geschäftswert kann nur ausgehend vom Ertragswert berechnet werden. Dabei gilt folgende Beziehung:

ABB. 63:	Zusammenhang zwischen Ertragswert und Substanzwert[2]
Geschäftswert =	Ertragswert - Substanzwert

Der Substanzwert des Unternehmens kann als bilanzielles Eigenkapital zuzüglich vorhandener stiller Reserven verstanden werden. Insofern haben diese Informationen grundsätzlichen Nutzen für die Unternehmensbewertung, da hieraus z. B. Schlussfolgerungen für den Verschuldungsspielraum gezogen werden können. Der Substanzwert als Rechengröße hat allerdings keine eigenständige Bedeutung im Rahmen der Unternehmensbewertung, da ihm der unmittelbare Bezug zu Ausschüttungen fehlt, die entweder über die Fortführung oder die Liquidation des Unternehmens an die Anteilseigner fließen können, aber eben nicht über den Betrag der Wiederbeschaffungskosten.

„Dagegen kommt dem Substanzwert bei der Ermittlung des Unternehmenswerts keine eigenständige Bedeutung zu."[3]

9.19 Ausschüttungspolitik

9.19.1 Ausschüttung und Wachstum

Ausschüttungen sind begrenzt durch die Ausschüttungsbestimmungen der Rechnungslegung und des Gesellschaftsrechts, insbesondere durch die Größen

- Jahresüberschuss,
- handelsrechtlicher Gewinnvortrag bzw. Verlustvortrag,
- Kapitalrücklagen,
- Gewinnrücklagen,

und den Liquiditätsspielraum eines Unternehmens, somit durch

- Operativen Cashflow
- Investitionsbedarf (Anlagevermögen, Working Capital)
- veräußerbares nicht betriebsnotwendiges Vermögen
- Bankguthaben
- Kreditspielraum.

„Bei der Ermittlung des objektivierten Unternehmenswerts ist von der Ausschüttung derjenigen finanziellen Überschüsse auszugehen, die nach Berücksichtigung des zum Bewertungsstichtag dokumentier-

---

[1] IDW S1 i. d. F. 2008, Tz. 170.
[2] Zu Legaldefinitionen siehe §§ 255 Abs. 4 HGB, 301 Abs. 1 HGB bzw. IFRS Nr. 3 und SFAS Nr. 141 u. 142.
[3] IDW S1 i. d. F. 2008, Tz. 6.

ten Unternehmenskonzepts und rechtlicher Restriktionen (z. B. Bilanzgewinn, ausschüttbarer handelsrechtlicher Jahresüberschuss) zur Ausschüttung zur Verfügung stehen."[1]

Unterstellt, das Unternehmen verfügt über ausreichend liquide Mittel, kann der jährliche Jahresüberschuss oder der Bilanzgewinn, der sich nach der Auflösung oder Dotierung von Rücklagen bzw. aus der Verrechnung mit handelsrechtlichen Gewinn- oder Verlustvorträgen ergibt, ausgeschüttet und damit auch als Eingangsgröße des Unternehmenswertes erfasst und bewertet werden. Welcher Umfang aus dem potentiell möglichen Ausschüttungsvolumen ausgeschüttet wird, bestimmt sich nach der verfolgten Ausschüttungspolitik. Im Rahmen der Unternehmensbewertung sind somit Annahmen zur Ausschüttungspolitik notwendig, da hiervon der Unternehmenswert unmittelbar abhängig ist. Ausgeschüttete Mittel stehen allerdings nicht mehr zur Innenfinanzierung möglicher Erweiterungsinvestitionen zur Verfügung. Damit bedeutet eine Entscheidung für eine Ausschüttung auch immer eine Entscheidung gegen die Innenfinanzierung eines möglichen Unternehmenswachstums. Dieser Zusammenhang Thesaurierung gleich Wachstum setzt aber immer voraus, dass der Markt das gestiegene Volumen an Unternehmensgütern oder -dienstleistungen auch aufnimmt. Die Thesaurierung kann damit als eine Voraussetzung für Unternehmenswachstum verstanden werden. Dies gilt für beide nachfolgenden Definitionen des Wachstums:

„1. Wachstum entspricht der Steigerung des Wertes der Aktiva bzw. der Bilanzsumme oder der Erhöhung des Gewinns je Aktie, des Cash Flow oder des Umsatzes über einen bestimmten Zeitraum.
2. Wachstum liegt dann vor, wenn das Unternehmen profitable Investitionsmöglichkeiten für die Zukunft besitzt (*im Sinne von nutzt!*), deren Kapitalwerte positiv sind."[2]

Der Zusammenhang zwischen Ausschüttungsbemessung bzw. im Umkehrschluss der Thesaurierung und dem Unternehmenswachstum bzw. Wachstum des Unternehmenswertes lässt sich anhand des Gordon-Wachstumsmodells darstellen.

ABB. 64:	Gordon-Wachstumsmodell auf Grundlage einer ewigen Rente[3]

$$UW_0 = \frac{JÜ_1 \, q}{r_{EK} - w}$$

UW_0: Unternehmenswert
$JÜ_1$: Jahresüberschuss der Periode 1
r_{EK}: Eigenkapitalkosten vor ESt
q: Ausschüttungsquote
w: Wachstumsrate

Unternehmenswachstum w kann damit durch die Planung der Ausschüttungsquote q gesteuert werden. Das Gordon-Wachstumsmodell ist für den Fall der ewigen Rente dargestellt. Für die Ermittlung objektivierter Unternehmenswerte sind damit folgende Fragen zu klären:

a) Wie ist die Ausschüttungsquote q in den Planungsphasen zu bestimmen?

b) Wie ergibt sich das Unternehmenswachstum im Detailplanungszeitraum?

c) Wie ist die Wachstumsrate w in der Restwertphase zu bestimmen?

---

1 IDW S1 i. d. F. 2008, Tz. 35.
2 *Zimmermann, P.*, Schätzung und Prognose von Betawerten, 1997, S. 275.
3 *Gordon, M. J.*, The Investment Financing and Valuation of the Corporation, 1962, S. 45.

9.19.2 Die Bestimmung der Ausschüttungsquoten in den Planungsphasen

9.19.2.1 Ausschüttungsplanung in der Detailplanungsphase

Der Wert eines Unternehmens ermittelt sich auf Grundlage der Ausschüttungen, die dem Anteilseigner nach Abzug der persönlichen Ertragsteuern zufließen. Damit hat die Ausschüttungspolitik grundsätzlich Einfluss auf den Unternehmenswert. IDW S1 i. d. F. 2008 weist in Textziffer 4 darauf hin, dass der Saldo aus Ausschüttungen und Einlagen die wertrelevante Größe abbildet. Somit sind Zahlungen des Gesellschafters, die dieser aufgrund seiner gesellschaftsrechtlichen Position freiwillig oder aufgrund einer Verpflichtung in das Eigenkapital der Gesellschaft leistet, als „negative Ausschüttung" bei der Unternehmensbewertung zu berücksichtigen.

> „Der Wert eines Unternehmens bestimmt sich unter der Voraussetzung ausschließlich finanzieller Ziele durch den Barwert der mit dem Eigentum an dem Unternehmen verbundenen Nettozuflüsse an die Unternehmenseigner (Nettoeinnahmen als Saldo von Ausschüttungen bzw. Entnahmen, Kapitalrückzahlungen und Einlagen)."[1]

Gemäß IDW S1 i. d. F. 2008 sind die Ausschüttungsquoten der Detailplanungsphase aus dem Unternehmenskonzept des Bewertungsobjekts zu entnehmen, sofern sie dort geplant sind.

> „Soweit die Planung zwei Phasen unterscheidet, ist die Aufteilung der finanziellen Überschüsse auf Ausschüttungen und Thesaurierungen für die erste Phase der Planung (Detailplanungsphase) auf der Basis des individuellen Unternehmenskonzepts und unter Berücksichtigung der bisherigen und geplanten Ausschüttungspolitik, der Eigenkapitalausstattung und der steuerlichen Rahmenbedingungen vorzunehmen."[2]

Börsennotierte Unternehmen verfolgen regelmäßig eine bestimmte Ausschüttungspolitik. Diese Ausschüttungspolitik wird mit Rücksicht auf die Bedürfnisse der Aktionäre und deren Wunsch nach „planbaren" Dividenden festgelegt. Die Ausschüttungspolitik wird hier Teil des Unternehmenskonzeptes sein. Familienunternehmen verfolgen dagegen üblicherweise keine bestimmte, starre Ausschüttungspolitik, sondern vollziehen Ausschüttungen flexibel nach den Bedürfnissen des Unternehmens und dem individuellen Finanzbedarf des Gesellschafterkreises. Die Festlegung einer Ausschüttungspolitik im Unternehmenskonzept wird hier eher die Ausnahme darstellen.

Zwischen der (langfristigen) strategischen Leitlinie des Unternehmenskonzeptes mit einer angestrebten Zielausschüttungsquote und der tatsächlichen Umsetzung in der Unternehmensplanung können sich sachlich begründbare und notwendige Abweichungen ergeben. Sollten sich zwischen der dokumentierten Plan-Ausschüttungspolitik des Unternehmenskonzeptes und der in der Unternehmensplanung umgesetzten Ausschüttungspolitik Abweichungen ergeben, wird im Zweifel für Zwecke der Unternehmensbewertung der Unternehmensplanung zu folgen sein. IDW S1 stellt dies durch den Hinweis zur Disposition, dass neben dem Unternehmenskonzept die geplante Ausschüttungspolitik zur Bestimmung der Ausschüttungen heranzuziehen ist.

Der Hinweis in IDW S1 i. d. F. 2008 Tz. 36, die Ausschüttungen seien anhand der geplanten Ausschüttungspolitik zu bestimmen, ist nicht ganz nachvollziehbar. Erhebt die dem Gutachter vorgelegte Unternehmensplanung Anspruch auf logische Konsistenz, müssen die geplanten und plantechnisch vollzogenen Ausschüttungen bereits integrierter Teil der Unternehmensplanung

---

[1] IDW S1 i. d. F. 2008, Tz. 4.
[2] IDW S1 i. d. F. 2008, Tz. 36.

sein, da andernfalls weder die Eigenkapitalentwicklung noch das Finanzergebnis zutreffend geplant wären. Der Hinweis ist somit nur für den Fall vorstellbar, dass dem Gutachter keine Planung oder nur eine Grobplanung vorgelegt wird und der Gutacher anschließend eine vollständige Planung zu entwickeln hat.

Die Ausschüttungsquoten q der Ausschüttungsplanung ergeben sich (retrograd!) aus dem Verhältnis der geplanten Ausschüttungsbeträge im Verhältnis zum ausschüttungsfähigen Betrag (Ausschüttung / Jahresüberschuss oder Bilanzgewinn).

ABB. 65:	Ausschüttungsquoten (q) in der Detail- bzw. Konvergenzplanungsphase				
Planjahr	1	2	3	4	5
Jahresüberschuss	1.000.000	1.200.000	900.000	2.000.000	1.800.000
Ausschüttung	500.000	800.000	300.000	600.000	600.000
Ausschüttungsquote	50 %	67 %	33 %	30 %	33 %

Da wie oben erwähnt, die Ausschüttungsbeträge und deren vollzogene Ausschüttung Teil einer konsistenten Planung sein müssen, hat die Bestimmung der Ausschüttungsquote q für die Detailplanungsphase (im Sinne eines Nachvollzugs!) keinen eigenständigen Informationsgehalt.

Liegen für die Detailplanungsphase keine oder keine plausiblen Ausschüttungsplanungen vor, ist die künftige Ausschüttungsquote anhand

> „…der Eigenkapitalausstattung des zu bewertenden Unternehmens, steuerlicher Rahmenbedingungen sowie der vergangenen Investitions- und Ausschüttungspolitik zu prognostizieren."[1]

Als Alternative bietet sich an, auch für die Detailplanungsphase die Ausschüttungsquote zu wählen, die für die Restwertphase anhand der äquivalenten Investitionsalternative bestimmt wird.[2]

IDW S1 i. d. F. 2008 kann nicht wörtlich entnommen werden, wie zu verfahren ist, wenn für die Detailplanungsphase keine Ausschüttungsplanung vorliegt. Allerdings ergibt sich dies aus der angegebenen Literaturstelle und in Verbindung mit den Textziffern 35 und 36 in IDW S1 i. d. F. 2008. Danach stellt das Unternehmenskonzept die primäre Informationsquelle für die anzuwendende Ausschüttungsplanung dar.[3] Enthält auch das Unternehmenskonzept keine Ausschüttungsplanung, dann stellt der Hinweis auf die

> „…Berücksichtigung der bisherigen … Ausschüttungspolitik, der Eigenkapitalausstattung und der steuerlichen Rahmenbedingungen…"[4]

die Ersatzkriterien dar, anhand derer eine Ausschüttungsplanung (dann vom Gutachter) abgeleitet werden soll.[5] Es ist noch einmal zu betonen, dass für diesen Fall fehlender Ausschüttungsplanung auch keine konsistente Unternehmensplanung vorliegen kann. Denn eine konsistente Unternehmensplanung muss zwangsläufig eine Aussage zur Verwendung der erwarteten Plan-

---

1 *Wagner/Jonas/Ballwieser/Tschöpel*, Unternehmensbewertung in der Praxis – Empfehlungen und Hinweise zur Anwendung von IDW S1, Wpg 2006, S. 1009.
2 *Wagner/Jonas/Ballwieser/Tschöpel*, Unternehmensbewertung in der Praxis – Empfehlungen und Hinweise zur Anwendung von IDW S1, Wpg 2006, S. 1009.
3 IDW S1 i. d. F. 2008, Tz. 35.
4 IDW S1 i. d. F. 2008, Tz. 36.
5 WP-Handbuch, Band II, 2008, S. 31, Tz. 92 f.

ergebnissen treffen, wobei im Zweifel auch ein vollständiger Gewinnvortrag eine Ausschüttungspolitik (der Vollthesaurierung) darstellt. Denkbar sind somit folgende Konstellationen, die den Einsatz der Ersatzkriterien notwendig machen:

a) Keine Angabe zur Ausschüttungspolitik im Unternehmenskonzept, wobei das Unternehmenskonzept auch keine Unternehmensplanung enthält bzw.

b) Angaben zur Ausschüttungspolitik, die jedoch keine Entsprechung in der vorgelegten Unternehmensplanung findet.

In beiden Fällen wird die bisherige Ausschüttungspolitik maßgebliche Leitlinie zur ersatzweisen Bestimmung der Ausschüttungsplanung in der Detail- bzw. Konvergenzplanungsphase sein.

IDW S1 i.d.F. 2008 regelt allerdings den Fall, dass für die Detailplanungsphase keine Planung zur Verwendung thesaurierter Mittel vorliegt. Es ist ja denkbar, dass zwar Vorgaben hinsichtlich der Ausschüttungsquoten geplant sind, allerdings keine Angaben dazu existieren, wie die nicht ausgeschütteten d.h. thesaurierten Mittel anzulegen sind und von welche Rendite hier auszugehen ist.

Für diesen Fall diente in IDW S1 vom 18.10.2005 als Ausweichlösung die Anlage zur kapitalwertneutralen Anlagerendite und damit die Renditefiktion, die auch für den Fortführungswert zum Einsatz kommt.[1]

> „Liegen Planungen zur Verwendung thesaurierter Beträge nicht vor, ist eine kapitalwertneutrale Anlage der Thesaurierungsbeträge zum Kapitalisierungszinssatz vor Steuern ... vereinfachend zu unterstellen."[2]

IDW ES1 i.d.F. 2008 regelt diesen Fall neu und empfiehlt nur noch vage:

> „Sofern für die Verwendung thesaurierter Beträge keine Planungen vorliegen und auch die Investitionsplanung keine konkrete Verwendung vorsieht, ist eine sachgerechte Prämisse zur Mittelverwendung zu treffen."[3]

Die Neuregelung bietet somit mehr Flexibilität. In den Fällen fehlender Thesaurierungs- und Investitionsplanung konnte es bisher zur durch den Gutachter vorzunehmenden fiktiven Anlage in Wertpapieren (als halbwegs sinnvoller Ersatzinvestition) kommen, die zu ebenso fiktiven kapitalwertneutralen Anlagerenditen anzulegen waren. Dem standen aber auch bisher unter Umständen bessere Argumente entgegen:

> „Dies gilt nicht, sofern dem tatsächliche Gegebenheiten (z. B. geringere Anlagemöglichkeiten zum Kapitalisierungszinssatz, fehlende Marktchancen für entsprechende Expansion, fehlende Möglichkeit von Aktienrückkäufen) erkennbar entgegenstehen."[4]

Die Neuregelung in IDW ES1 i.d.F. 2008 fasst somit das „Entweder Oder" in einem Satz zusammen und empfiehlt ohne Umschweife eine sachgerechte Prämisse. Diese kann laut WP-Handbuch in einer fiktiven Zurechnung an die Anteilseigner oder der bekannten kapitalwertneutralen Anlagen bestehen.[5]

---

1 IDW S1 i.d.F. 2008, Tz. 37.
2 IDW Standard: Grundsätze zur Durchführung von Unternehmensbewertungen (IDW S1), 18.10.2005, Tz. 46.
3 IDW S1 i.d.F. 2008, Tz. 36.
4 IDW Standard: Grundsätze zur Durchführung von Unternehmensbewertungen (IDW S1), 18.10.2005, Tz. 46.
5 WP-Handbuch, Band II, 2008, S. 31, Tz. 95 f.

9.19.2.2 Ausschüttungsplanung in der Restwertphase

Das neue Äquivalenzkriterium der Ausschüttungsäquivalenz kommt hier zum Zuge, da sich die Ausschüttungsquote des Bewertungsobjekts in dieser Planungsphase an der Ausschüttungsquote der Peer Group-Unternehmen auszurichten hat.

> „Im Rahmen der zweiten Phase wird grundsätzlich angenommen, dass das Ausschüttungsverhalten des zu bewertenden Unternehmens äquivalent zum Ausschüttungsverhalten der Alternativanlage ist, sofern nicht Besonderheiten der Branche, der Kapitalstruktur oder der rechtlichen Rahmenbedingungen zu beachten sind."[1]

Die Ausschüttungen der letzten Planungsphase, aufgrund der Fortführungsannahme als ewige Rente modelliert, sind definitionsgemäß nachhaltig, da sich das Unternehmen in dieser Planungsphase im eingeschwungenen Zustand befindet. Für die Restwertphase ergibt sich das nachhaltige Ausschüttungspotenzial aus den letzten Planjahren der davor liegenden Planungsphase. Wie oben ausgeführt wurde, wird dieser eingeschwungene Zustand auf Basis der Detailplanungsphase kaum zu ermitteln sein, da die Detailplanungsphase einem zwangsläufig kurzen Prognosezeitraum vorbehalten ist. Zur Bestimmung der nachhaltigen Ausschüttungen bietet sich vielmehr ein mittleres Planungssegment zur Verbindung zwischen Detailplanungs- und Restwertphase an, die Konvergenzplanungsphase. In dieser Phase lässt sich der eingeschwungene Zustand ermitteln, der für die Restwertphase benötigt wird. Der Wert der in der Restwertphase (ewige Rente) geplanten Ausschüttungen ergibt sich somit aus q JÜ,

▶ der Ausschüttungsquote q der (äquivalenten) Peer Group-Unternehmen und

▶ dem nachhaltigen Ausschüttungspotenzial JÜ.

Die Ausschüttungsquote q ist somit empirisch zu erheben. Grundsätzlich wird zur Bestimmung der Ausschüttungsquote der Restwertphase Folgendes vorgeschlagen:[2]

a) Der Ansatz einer plausiblen Ausschüttungsquote q zwischen 40 % und 60 % (Durchschnittliche Ausschüttungsquote des DAX 1988 – 2003 51,2 %).

b) Die Bestimmung der Ausschüttungsquote q anhand der Dividendenrendite d_j der Peer Group.

c) Die ergänzende Berücksichtigung des Unternehmenskonzeptes, das gegebenenfalls eine abweichende Ausschüttungspolitik vorsieht. Für diesen Fall wird allerdings eine Ausweitung der „Detail"-Planungsphase empfohlen.[3]

In der praktischen Umsetzung der Handlungsempfehlungen entstehen die bereits von der empirischen Erhebung des Beta-Faktors bekannten Probleme, auf welcher Datenbasis und auf welche Art und Weise die Bestimmung der Ausschüttungsquote q zu erfolgen hat. Hinsichtlich der Bestimmung der Ausschüttungsquote q anhand der Dividendenrendite d_j wird vorgeschlagen:[4]

---

1 IDW S1 i. d. F. 2008, Tz. 37 (der neue Formulierungsvorschlag in Tz. 37 verzichtet auf den Zusatz …„typisierend" angenommen…); WP-Handbuch, Band II, 2008, S. 32, Tz. 97.
2 *Wagner/Jonas/Ballwieser/Tschöpel*, Unternehmensbewertung in der Praxis – Empfehlungen und Hinweise zur Anwendung von IDW S1, Wpg 2006, S. 1009; WP-Handbuch, Band II, 2008, S. 32, Tz. 97.
3 Siehe hierzu auch *Beyer/Gaar*, Neufassung des IDW S1 „Grundsätze zur Durchführung von Unternehmensbewertungen", FB 2005, S. 244.
4 *Beyer/Gaar*, Neufassung des IDW S1 „Grundsätze zur Durchführung von Unternehmensbewertungen", FB 2005, S. 244.

ba) Arithmetisches Mittel der Dividendenrenditen der Peer Group-Unternehmen anhand der letzten bezahlten bzw. angekündigten Dividende im Verhältnis zum Aktienkurs am Bewertungsstichtag.

bb) Arithmetisches Mittel der Dividendenrenditen der Peer Group-Unternehmen der letzten Jahre.

bc) Bei mangelnder Repräsentanz der Dividendenrenditen der Vergangenheit, soll die Dividendenrendite prognostiziert werden.

Die Ermittlung der Ausschüttungsquote auf Basis der Dividendenrendite ergibt sich nach der Empfehlung des FAUB[1] aus der Gleichung des Tax-CAPM.[2] Danach gilt:[3]

ABB. 66: Ausschüttungsquote auf Basis der Dividendenrendite

$$q = \frac{d_j}{r_{j,vESt}}$$

$r_{j,vESt}$: Zielrendite der Eigenkapitalgeber Unternehmen j, vor ESt
d_j: empirische Dividendenrendite Unternehmen j
q: Ausschüttungsquote

An dieser Stelle ist zu klären, ob q berechnet oder empirisch erhoben werden soll. Für eine Berechnung von q wäre, wie oben ausgeführt, die Erhebung der empirischen Dividendenrendite d_j der Peer Group erforderlich. Der FAUB empfiehlt dagegen die Verwendung empirisch erhobener Ausschüttungsquoten q, da eine empirisch zu erhebende Dividendenrendite d_j kein Bestandteil der Ermittlung des Kalkulationszinssatzes nach Einkommensteuer ist.[4] Dies lässt sich anhand der Bestimmungsgleichung des Tax-CAPM zur Ermittlung des Kalkulationszinssatzes vor und nach Einkommensteuer (steuerliche Situation vor dem 1.1.2009) verdeutlichen.

---

1 Fachausschuss für Unternehmensbewertung und Betriebswirtschaft des IDW (FAUB), früher AKU Arbeitskreis für Unternehmensbewertung.
2 *Wagner/Jonas/Ballwieser/Tschöpel*, Weiterentwicklung der Grundsätze zur Durchführung von Unternehmensbewertungen (IDW S1), Wpg 2004, S. 897; *Wagner/Jonas/Ballwieser/Tschöpel*, Unternehmensbewertung in der Praxis – Empfehlungen und Hinweise zur Anwendung von IDW S1, Wpg 2006, S. 1025.
3 Die Annahme der Identität von Ausschüttungsquote und Dividendenrendite wird in Frage gestellt, siehe *Schwetzler, B.*, Halbeinkünfteverfahren und Ausschüttungsäquivalenz – die „Übertypisierung" der Ertragswertbestimmung, Wpg 2005, S. 609 f.
4 *Wagner/Jonas/Ballwieser/Tschöpel*, Unternehmensbewertung in der Praxis – Empfehlungen und Hinweise zur Anwendung von IDW S1, Wpg 2006, S. 1025.

| ABB. 67: | Ermittlung der Zielrendite (Kalkulationszinssatz) auf Basis des Tax-CAPM nach und vor Einkommensteuer[1] |

$$r_{j,nESt} = i(1-s) + \beta_j \left[r_{M,vESt} - i(1-s) - d_M\, 0{,}5\, s \right]$$

$$r_{j,vESt} = i(1-s) + \beta_j \left[r_{M,vESt} - i(1-s) - d_M\, 0{,}5\, s \right] + d_j\, 0{,}5\, s$$

$r_{j,nESt}$: Zielrendite der Eigenkapitalgeber Unternehmen j, nach ESt
$r_{j,vESt}$: Zielrendite der Eigenkapitalgeber Unternehmen j, vor ESt
$r_{M,vESt}$: Marktrendite, vor ESt
i: risikoloser Basiszinsfuß
s: typisierter Einkommensteuersatz
d_M: empirische Markt-Dividendenrendite
d_j: empirische Dividendenrendite Unternehmen j
β_j: Beta-Faktor, unternehmensbezogenes Risiko Unternehmen j

Es ist leicht zu erkennen, dass die in der ersten Formel dargestellte Nachsteuerbetrachtung den Term $d_j\, 0{,}5\, s$ und damit auch d_j nicht mehr enthält.

Als Peer Group Daten sind somit künftig nicht nur die Beta-Informationen β_j zu erheben, sondern ebenso die Ausschüttungsquoten q. Die für den weiteren Rechengang benötigte Dividendenrendite d_j kann auf dieser Basis ermittelt werden.[2]

ABB. 68:	Erhebung von Daten aus der Peer Group	
	Detailplanungsphase	**Restwertphase**
Datenerhebung Risikoäquivalenz	Peer Group Beta	Peer Group Beta
Datenerhebung Ausschüttungsäquivalenz	Ausschüttungsquote q lt. Unternehmensplanung	Ausschüttungsquote q lt. Peer Group zur Berechnung der Dividendenrendite d_j

Zwischenergebnis:

Ziel der Bestimmung der Ausschüttungsquote q bzw. der Dividendenrendite d_j in der Restwertphase ist die Sicherstellung der Ausschüttungsäquivalenz. Da Thesaurierungen unter anderem eine Voraussetzung für Wachstum sind, stellen im Gegenzug Ausschüttungen eine Begrenzung des Wachstums dar. Durch die Forderung nach Ausschüttungsäquivalenz soll in letzter Konsequenz die Generierung unplausibler Wertzuwächse im Fortführungswert verhindert werden. Mit Hilfe der empirisch bestimmten Ausschüttungsquote q kann die Dividendenrendite d_j der Alternativanlage berechnet werden. Auf Grundlage des Tax-CAPM und der Bestimmungsgleichung des Kalkulationszinssatzes lassen sich zum einen die Wachstumsrate w bestimmen, die Teil der ewigen Rente in der Restwertphase ist. Zum anderen kann die kapitalwertneu-

---

[1] Steuerliche Situation vor dem 1.1.2009 und der Einführung der Abgeltungsteuer.
[2] Siehe Gliederungspunkt 9.14.4.2.

trale Anlagerendite r_w der für die Restwertphase unterstellten Thesaurierungen bestimmt werden.

9.19.3 Das Kriterium der Kapitalwertneutralität

Der Bruttokapitalwert ist der Barwert aller aus einem Investitionsobjekt in der Zukunft erzielbaren Zahlungsüberschüsse. Der Nettokapitalwert ergibt sich, wenn von dem Bruttokapitalwert die Anschaffungskosten des Investitionsobjektes abgezogen werden. Ein Nettokapitalwert > 0 zeigt an, dass das Investitionsobjekt ein lohnendes Investment ist, da in Höhe des Nettokapitalwertes ein Renditeplus verdient wird, gegenüber der Rendite der besten Alternative, die als Kalkulationszinssatz verwendet wurde.[1] In diesem Fall gilt also Eigenkapitalrendite E_r > Eigenkapitalkosten $r_{EK,j}$. Nur in diesem Fall wird Unternehmenswert geschaffen.[2]

Für die in der Restwertphase nicht ausgeschütteten Mittel in Höhe der Thesaurierungsquote (1-q) soll nun gemäß IDW S1 gelten, dass sie „nur" noch kapitalwertneutrale Renditen erzielen.

„Für die thesaurierten Beträge wird die Annahme einer kapitalwertneutralen Verwendung getroffen."[3]

Damit gilt für die Restwertphase Eigenkapitalrendite E_r = Eigenkapitalkosten $r_{EK,j}$. Der Barwert, der durch Thesaurierung im Unternehmen erwirtschafteten Mittel, ist damit gleich Null, d. h. in der Restwertphase wird unter dieser Annahme kein (zusätzlicher) Unternehmenswert mehr geschaffen. Das soll an einem Beispiel demonstriert werden.

Im ersten Beispiel soll der Jahresgewinn voll ausgeschüttet werden, im zweiten Beispiel wird der Jahresgewinn voll thesauriert, für eine Periode kapitalwertneutral angelegt und erst im Folgejahr ausgeschüttet. Da die interne Anlagerendite so gewählt wird, dass sich der interne Anlagebetrag kapitalwertneutral rentiert, sind die Barwerte der Sofortausschüttung und der um ein Jahr späteren Ausschüttung gleich. Das heißt der Nettokapitalwert des internen Anlagebetrages ist Null. Es wurden nur die Kapitalkosten verdient und somit zumindest kein Unternehmenswert vernichtet aber auch keiner geschaffen.

---

1 *Drukarczyk/Schüler*, Unternehmensbewertung, 2009, S. 10.
2 *Rappaport, A.*, Shareholder Value, 1999, S. 60.
3 IDW S1 i. d. F. 2008, Tz. 37 (der neue Formulierungsvorschlag in Tz. 37 verzichtet auch im Satz 2 auf den Zusatz …„typisierend"…).

9. Unternehmenskonzept und Unternehmensplanung

ABB. 69:	Beispiel 1: Sofortausschüttung des Jahresgewinnes aus Planjahr1 im Planjahr 1 (steuerliche Verhältnisse nach dem 1. 1. 2008, ohne ESt)				
Planjahr			1		2
Gewinn vor Steuern			1.000		
Thesaurierungsbetrag					0
interne Rendite kw-neutral	14,08 %				0
GewSt	14,00 %		140		
KSt	15,00 %		150		
Jahresüberschuss			710		0
Ausschüttungspotential			710		
Thesaurierung	0,00 %		0	0,00 %	0
Ausschüttung	100,00 %		**710**	100,00 %	0
Barwert in t_1			710		0
Kalkulationszinssatz	10,00 %				
ESt	0,00 %				
KZF nach Est	10,00 %				
Barwert					

9.19 Ausschüttungspolitik

ABB. 70: Beispiel 2: Vollthesaurierung des Jahresgewinnes aus Planjahr 1, kapitalwertneutrale Anlage und Vollausschüttung in Planjahr 2 (steuerliche Verhältnisse nach dem 1.1.2008, ohne ESt)

Planjahr		1		2
Gewinn vor Steuern		1.000		
Thesaurierungsbetrag		0		710
interne Rendite kw-neutral	14,08 %	0		100
				100
GewSt	14,00 %	140	14,00 %	14
KSt	15,00 %	150	15,00 %	15
Jahresüberschuss		710		71
Ausschüttungspotential		710		781
Thesaurierung	100,00 %	710	0,00 %	0
Ausschüttung	0,00 %	0	100,00 %	781
Barwert in t_1		710		
Kalkulationszinssatz	10,00 %			
ESt	0,00 %			
KZF nach ESt	10,00 %			
Barwert				

Die interne Anlagerendite muss so gewählt werden, dass die erwirtschafteten Beträge nach Abzug der Unternehmenssteuern eine Rendite bieten, die genau dem Kalkulationszinssatz entspricht. Die kapitalwertneutrale Anlagerendite bestimmt sich somit im Fall der Bewertung einer Kapitalgesellschaft (ohne Berücksichtigung des Solidaritätszuschlags) wie folgt.

ABB. 71: Kapitalwertneutrale Wiederanlagerendite für Kapitalgesellschaften (steuerliche Verhältnisse vor 1.1.2008)[1]

$$r_w = \frac{r_{j,vESt}}{\left[(1 - s_{GewSt})(1 - s_{KSt})\right]}$$

r_w: Kapitalwertneutrale Wiederanlagerendite
$r_{j,vESt}$: Zielrendite der Eigenkapitalgeber Unternehmen j, vor ESt
s_{GewSt}: Gewerbesteuersatz
s_{KSt}: Körperschaftsteuersatz

---

[1] Siehe auch WP-Handbuch, Band II, 2008, S. 113, Tz. 313.

9. Unternehmenskonzept und Unternehmensplanung

ABB. 72: Kapitalwertneutrale Wiederanlagerendite für Kapitalgesellschaften (steuerliche Verhältnisse nach dem 1.1.2008)

$$r_w = \frac{r_{j,vESt}}{(1 - s_{GewSt} - s_{KSt})}$$

r_w: Kapitalwertneutrale Wiederanlagerendite
$r_{j,vESt}$: Zielrendite der Eigenkapitalgeber Unternehmen j, vor ESt
s_{GewSt}: Gewerbesteuersatz
s_{KSt}: Körperschaftsteuersatz

Für die Bewertung einer Personengesellschaft muss aufgrund der abweichenden Steuerbelastung des Unternehmensergebnisses folgerichtig auch die kapitalwertneutrale Wiederanlagerendite abweichend zu obiger Formel berechnet werden. Da die Gewerbesteuer auf die Einkommensteuer im Rahmen des § 35 EStG angerechnet werden kann (typisierter Hebesatz von 180 % vor, bzw. 380 % nach Wirksamkeit der Unternehmensteuerreform 2008), ist für die Berechnung von der Zielrendite nach Einkommensteuer auszugehen.

ABB. 73: Kapitalwertneutrale Wiederanlagerendite für Personengesellschaften (steuerliche Verhältnisse vor 1.1.2008)

$$r_w = \frac{r_{j,nESt}}{\left[(1 - s_{GewSt})(1 - (s - 1{,}8 * m))\right]}$$

r_w: Kapitalwertneutrale Wiederanlagerendite
$r_{j,nESt}$: Zielrendite der Eigenkapitalgeber Unternehmen j, nach ESt
s_{GewSt}: Gewerbesteuersatz
s: typisierter Einkommensteuersatz
m: Gewerbesteuer-Messzahl

ABB. 74: Kapitalwertneutrale Wiederanlagerendite für Personengesellschaften (steuerliche Verhältnisse nach dem 1.1.2008)

$$r_w = \frac{r_{j,nESt}}{\left[(1 - s_{GewSt})(1 - (s - 3{,}8 * m))\right]}$$

r_w: Kapitalwertneutrale Wiederanlagerendite
$r_{j,nESt}$: Zielrendite der Eigenkapitalgeber Unternehmen j, nach ESt
s_{GewSt}: Gewerbesteuersatz
s: typisierter Einkommensteuersatz
m: Gewerbesteuer-Messzahl

Im Bewertungsfall muss nun plausibel gemacht werden,

a) ab welchem Planjahr das Unternehmen den eingeschwungenen Zustand der Restwertphase erreicht hat und

b) warum das Unternehmen in dieser Phase nur noch kapitalwertneutrale Renditen erwirtschaftet und

c) welche Anlagen derartige Renditen erwirtschaften.

Zur den Fragen a) und b) kann darauf verwiesen werden, dass nur in Phasen des Wettbewerbsvorteils (Competitive Advantage Period)[1] Überrenditen erwirtschaftet werden können.[2] Diese Phase ist im Detail- bzw. Konvergenzplanungszeitraum darzustellen. Eine nachhaltige Vernichtung von Unternehmenswert durch eine Eigenkapitalrendite E_r < Eigenkapitalkosten $r_{EK,j}$ kann ebenfalls nicht unterstellt werden.[3] Im Zweifel müsste sonst für die Restwertphase der Ansatz des Liquidationswertes erwogen werden.[4]

Zur Frage c) wird auf die Möglichkeit der Anlage in Kapitalmarktpapiere hingewiesen. Auf effizienten Märkten ist eine dauerhafte Erzielung von Überrenditen ausgeschlossen.[5] In der Realität ist davon auszugehen das Kapitalmärkte nicht effizient sind, zumindest nicht im strengen Sinne.[6] Andernfalls könnte es nicht zu Über- oder Unterbewertungen von Kapitalmarkttiteln kommen.[7] Die Kapitalwertneutralität ist unabhängig davon eine gute Arbeitshypothese.

9.19.4 Die Bestimmung des thesaurierungsbedingten Unternehmenswachstums

9.19.4.1 Wachstum in der Detailplanungsphase

Unternehmenswachstum entsteht durch eine Ausweitung des Umsatzvolumens. Voraussetzung hierfür ist eine sukzessive Erhöhung der Produktions- oder Dienstleistungskapazitäten im Unternehmen. Um diese Kapazitätsausweitung zu finanzieren, müssen Teile des Unternehmensgewinns im Unternehmen behalten (thesauriert) werden. Der Unternehmenswert wird durch das Unternehmenswachstum gesteigert, wenn die Relation gilt:

Eigenkapitalrendite E_r > Eigenkapitalkosten $r_{EK,j}$.

Die Erfolge der Kapazitätsausweitung sind konzeptioneller Teil der integrierten Gesamtplanung und finden damit „automatisch" Eingang in die Größen der Plan-Gewinn- und Verlustrechnung, ohne dass es eines separierten Ausweises der Thesaurierungserfolge bedürfte. Der isolierte Ausweis des Thesaurierungserfolges (als Teil des Jahresüberschusses) in der nachfolgend dargestell-

---

[1] *Loderer/Jörg/Pichler/Roth/Zgraggen*, Handbuch der Bewertung, 2007, S. 632; *Damodaran, A.*, Investment Valuation, 2002, S. 308.
[2] Siehe Gliederungspunkt 9.15.2 und 9.15.3.
[3] *Wagner/Jonas/Ballwieser/Tschöpel*, Unternehmensbewertung in der Praxis – Empfehlungen und Hinweise zur Anwendung von IDW S1, Wpg 2006, S. 1009.
[4] Siehe Gliederungspunkt 9.16.2.
[5] *Schwetzler, B.*, Halbeinkünfteverfahren und Ausschüttungsäquivalenz – die „Übertypisierung" der Ertragswertbestimmung, Wpg 2005, S. 604.
[6] *Mandelbrot/Hudson*, Fraktale und Finanzen, 2004, S. 92.
[7] *Bernstein, P. L.*, Die Entstehung der modernen Finanztheorie, 2009, S. 39; *Franke/Hax*, Finanzwirtschaft des Unternehmens und Kapitalmarkt, 2004, S. 406.

ten Beispielrechnung verfolgt somit nur das Ziel, den Zusammenhang zwischen Thesaurierung und Erfolgsentstehung zu verdeutlichen.

ABB. 75: Unternehmensplanung mit Ausschüttungsquote, Thesaurierung und Eigenkapitalrendite aus thesaurierten Mitteln					
	Istjahr t-1	Istjahr t	Planjahr t+1	Planjahr t+2	Planjahr t+3
Anlagevermögen 1. 1.	1.000,00	1.000,00	1.112,00	1.231,84	1.360,07
Abschreibungen ND 10 J	100,00	100,00	111,20	123,18	136,01
Zugänge in Höhe Abschreibung	100,00	100,00	111,20	123,18	136,01
Zugänge aus Thesaurierung		112,00	119,84	128,23	137,20
Anlagevermögen 31. 12.	1.000,00	1.112,00	1.231,84	1.360,07	1.497,27
Eigenkapital	1.600,00	1.712,00	1.831,84	1.960,07	2.097,27
davon Gezeichnetes Kapital	1.200,00	1.200,00	1.200,00	1.200,00	1.200,00
davon Gewinnrücklagen	400,00	512,00	631,84	760,07	897,27
Rücklagenwachstum		112,00	231,84	360,07	497,27
Jahresüberschuss JÜ	160,00	171,20	183,18	196,01	209,73
davon aus Kapitalbestand	160,00	160,00	160,00	160,00	160,00
davon JÜ aus Thesaurierung	0,00	11,20	23,18	36,01	49,73
Ausschüttung	48,00	51,36	54,96	58,80	62,92
Thesaurierung	112,00	119,84	128,23	137,20	146,81
EK-Rendite	10 %	10 %	10 %	10 %	10 %
EK-Rendite aus Thesaurierung	10 %	10 %	10 %	10 %	10 %
Ausschüttungsquote	30 %	30 %	30 %	30 %	30 %

Eine angemessene Innenfinanzierung wird in der Regel eine Voraussetzung zur Kapazitätsausweitung sein. Das bedeutet nicht, dass Erweiterungsinvestitionen etwa in Form einer weiteren Produktionsstrasse vollständig eigenfinanziert würden. Allerdings setzt die Inanspruchnahme von Kreditvolumen zum einen entsprechend gute Bilanzrelationen voraus und zum anderen führt eine Kapazitätsausweitung zu einer Ausweitung der Vorfinanzierungsvolumen in den Bereichen Vorräte und Forderungen.

Für die Ermittlung objektivierter Unternehmenswerte findet die Intention zur Kapazitätsausweitung allerdings relativ schnell ihre Grenzen.[1]

> „Die Bewertung eines Unternehmens basiert auf der am Bewertungsstichtag vorhandenen Ertragskraft. Grundsätzlich beruht die vorhandene Ertragskraft auf den zum Bewertungsstichtag vorhandenen Erfolgsfaktoren. ... Mögliche, aber noch nicht hinreichend konkretisierte Maßnahmen (z. B. Erweiterungsinvestitionen/Desinvestitionen) sowie die daraus vermutlich resultierenden finanziellen Überschüsse sind danach bei der Ermittlung objektivierter Unternehmenswerte unbeachtlich."[2]

Die Detailplanungsphase kann somit hinsichtlich der Thesaurierungen genutzt werden, um die durch fremdfinanzierte Investitionen oder Investitionsbeschlüsse zum Bewertungsstichtag verschlechterten Bilanzrelationen wieder auf das branchenübliche Niveau zu bringen.[3] Die Wert

---

[1] Siehe hierzu im Detail Gliederungspunkt 9.7.
[2] IDW S1 i. d. F. 2008, Tz. 32.
[3] *Wagner/Jonas/Ballwieser/Tschöpel*, Unternehmensbewertung in der Praxis – Empfehlungen und Hinweise zur Anwendung von IDW S1, Wpg 2006, S. 1009.

steigernde Berücksichtigung eines Investitionsplanes, dem eine ausreichende Konkretisierung zum Bewertungsstichtag fehlt, ist dagegen ausgeschlossen.

Liegen für die Detailplanungsphase keine oder keine plausiblen Thesaurierungspläne mit Angaben der zu erzielenden Anlagerenditen vor, war für die Detailplanungsphase gemäß IDW S1 vom 18.10.2005 von einer kapitalwertneutralen internen Anlagerendite auszugehen.

> „Liegen Planungen zur Verwendung thesaurierter Beträge nicht vor, ist eine kapitalwertneutrale Anlage der Thesaurierungsbeträge zum Kapitalisierungszinssatz vor Steuern (d.h. vor Unternehmenssteuern) oder wertgleich durch eine fiktive unmittelbare Zurechnung der thesaurierten Beträge an die Anteilseigner vereinfachend zu unterstellen."[1]

IDW S1 i.d.F. 2008 verzichtet nunmehr auf den Hinweis, die kapitalwertneutrale Anlage zu unterstellen:[2]

> „Sofern für die Verwendung thesaurierter Beträge keine Planungen vorliegen und auch die Investitionsplanung keine konkrete Verwendung vorsieht, ist eine sachgerechte Prämisse zur Mittelverwendung zu treffen."[3]

Damit überlässt IDW S1 i.d.F. 2008 dem Gutachter auf den ersten Blick einen größeren Spielraum, Thesaurierungsrenditen kleiner, gleich oder größer als die Kapitalkosten festzulegen. Tatsächlich war die kapitalwertneutrale Anlagerendite aber auch in IDW S1 vom 18.10.2005 keine unbedingte Vorgabe:

> „Diese Annahme einer *kapitalwertneutralen Anlage* gilt nicht, sofern dem tatsächliche Gegebenheiten (z.B. geringere Anlagemöglichkeiten zum Kapitalisierungszinssatz, fehlende Marktchancen für entsprechende Expansion, fehlende Möglichkeit von Aktienrückkäufen) erkennbar entgegenstehen."[4]

9.19.4.2 Wachstum in der Restwertphase – steuerliche Verhältnisse vor der Unternehmensteuerreform 2008

Die Wachstumsrate w in der Restwertphase ist über die Angleichung der Ausschüttungsquote q auf die Peer Group typisiert.[5] Die Wachstumsrate w ermittelt sich dabei wie folgt. Ausgehend von der Ausschüttungsquote q kann die Dividendenrendite d_j der Peer Group bestimmt werden. Dabei ist zunächst von dem Zusammenhang der Zielrendite nach und vor Einkommensteuer auszugehen.

---

1 IDW Standard: Grundsätze zur Durchführung von Unternehmensbewertungen (IDW S1), 18.10.2005, Tz. 46.
2 Zu den Empfehlungen im aktuellen WP-Handbuch siehe; WP-Handbuch, Band II, 2008, S. 31, Tz. 93.
3 IDW S1 i.d.F. 2008, Tz. 36.
4 IDW Standard: Grundsätze zur Durchführung von Unternehmensbewertungen (IDW S1), 18.10.2005, Tz. 46.
5 Wie oben ausgeführt wurde, setzt Unternehmenswachstum w auch immer einen gewissen Gewinneinbehalt und dessen erneutes Investment voraus, womit eine Wechselwirkung zwischen w und der Ausschüttungsquote q besteht.

9. Unternehmenskonzept und Unternehmensplanung

ABB. 76: Ermittlung der Zielrendite (Kalkulationszinssatz) auf Basis des Tax-CAPM nach und vor Einkommensteuer[1]

$$r_{j,nESt} = i(1-s) + \beta_j \left[r_{M,vESt} - i(1-s) - d_M \, 0{,}5 \, s \right]$$

$$r_{j,vESt} = i(1-s) + \beta_j \left[r_{M,vESt} - i(1-s) - d_M \, 0{,}5 \, s \right] + d_j \, 0{,}5 \, s$$

$r_{j,nESt}$: Zielrendite der Eigenkapitalgeber Unternehmen j, nach ESt
$r_{j,vESt}$: Zielrendite der Eigenkapitalgeber Unternehmen j, vor ESt
$r_{M,vESt}$: Marktrendite, vor ESt
i: risikoloser Basiszinsfuß
s: typisierter Einkommensteuersatz
d_M: empirische Markt-Dividendenrendite
d_j: empirische Dividendenrendite Unternehmen j
β_j: Beta-Faktor, unternehmensbezogenes Risiko Unternehmen j

Daraus kann folgender Zusammenhang zwischen den Zielrenditen abgeleitet werden.

ABB. 77: Zusammenhang Zielrendite vor und nach Einkommensteuer

$$r_{j,nESt} = r_{j,vESt} - d_j \, 0{,}5 \, s$$

Die Zielrendite vor Einkommensteuer kann durch d_j / q ersetzt werden. Damit ergibt sich:

ABB. 78: Zielrendite vor und nach Einkommensteuer

$$r_{j,vESt} = \frac{d_j}{q}$$

$$r_{j,nESt} = \frac{d_j}{q} - d_j \, 0{,}5 \, s$$

Die Umformung des zweiten Ausdrucks führt zu:

ABB. 79: Ermittlung der Dividendenrendite auf Basis der Ausschüttungsquote q

$$d_j = \frac{r_{j,nESt} \, q}{(1 - 0{,}5 \, s \, q)}$$

$r_{j,nESt}$: Zielrendite der Eigenkapitalgeber Unternehmen j, nach ESt
d_j: empirische Dividendenrendite Unternehmen j
s: typisierter Einkommensteuersatz
q: Ausschüttungsquote

---

[1] Steuerliche Situation vor dem 1.1.2009 und der Einführung der Abgeltungsteuer.

Mittels der Dividendenrendite d_j kann nun die noch unbekannte Zielrendite vor Einkommensteuer ermittelt werden.

ABB. 80: Ermittlung der Zielrendite vor Einkommensteuer

$$r_{j,vESt} = \frac{d_j}{q}$$

Mit der Berechnung der Zielrendite vor Einkommensteuer ist die Voraussetzung zur Berechnung der Wachstumsrate w wie auch der kapitalwertneutralen Wiederanlagerendite (siehe dazu die Erläuterungen oben) geschaffen.

ABB. 81: Ermittlung der Wachstumsrate w auf Basis der Zielrendite vor ESt

$$w = r_{j,vESt} (1 - q)$$

w: Wachstumsfaktor
$r_{j,vESt}$: Zielrendite der Eigenkapitalgeber Unternehmen j, vor ESt
q: Ausschüttungsquote

ABB. 82: Ermittlung der kapitalwertneutralen Wiederanlagerendite für Kapitalgesellschaften auf der Basis der Zielrendite vor ESt

$$r_w = \frac{r_{j,vESt}}{\left[(1 - s_{GewSt})(1 - s_{KSt})\right]}$$

r_w: Kapitalwertneutrale Wiederanlagerendite
$r_{j,vESt}$: Zielrendite der Eigenkapitalgeber Unternehmen j, vor ESt
s_{GewSt}: Gewerbesteuersatz
s_{KSt}: Körperschaftsteuersatz

Die mittels der empirischen Größe q typisierte Wachstumsrate w und die kapitalwertneutrale Wiederanlagerendite r_w verhindern in der Restwertphase die Entstehung von ausschüttungsinduzierten Überrenditen. Lediglich die durch die Thesaurierung erzeugten Steuervorteile (steuerfreie Kursrendite) sollen sich im Fortführungswert des objektivierten Unternehmenswertes noch niederschlagen.[1]

Wird thesauriert, wird dem Unternehmenswert grundsätzlich Potenzial vorenthalten. Verminderte Ausschüttungen führen somit unmittelbar zu einer entsprechenden Minderung des Unternehmenswertes. Siehe dazu die nachfolgenden Beispiele:[2]

---

1 *Wagner/Jonas/Ballwieser/Tschöpel*, Unternehmensbewertung in der Praxis – Empfehlungen und Hinweise zur Anwendung von IDW S1, Wpg 2006, S. 1009.
2 Detail- und Restwertphase mit Ausschüttungsquote gemäß Peer Group-Unternehmen und einheitlich kapitalwertneutraler Wiederanlage.

9. Unternehmenskonzept und Unternehmensplanung

ABB. 83: Vollausschüttung im Halbeinkünfteverfahren

Jahr		1	2	3	4	5	Rente
Gewinn v. St.		100,00	100,00	100,00	100,00	100,00	100,00
Wiederanlagerendite, kw-neutral	15,71 %		0,00	0,00	0,00	0,00	0,00
Gewinn gesamt		100,00	100,00	100,00	100,00	100,00	100,00
GewSt	16,67 %	16,67	16,67	16,67	16,67	16,67	16,67
KSt	25,00 %	20,83	20,83	20,83	20,83	20,83	20,83
Gewinn nach Steuern		62,50	62,50	62,50	62,50	62,50	62,50
Thesaurierungsbetrag lfd. Jahr	0,00 %	0,00	0,00	0,00	0,00	0,00	0,00
Thesaurierungsbetrag kumuliert		0,00	0,00	0,00	0,00	0,00	0,00
Ausschüttung vor ESt	100,00 %	62,50	62,50	62,50	62,50	62,50	62,50
ESt typisiert	35,0 %						
ESt typisiert Halbeinkünfteverf.	17,5 %	10,94	10,94	10,94	10,94	10,94	10,94
Ausschüttung nach ESt		51,56	51,56	51,56	51,56	51,56	51,56
Wachstum aus Thesaurierung	0,00 %						
Zielrendite nach ESt	8,10 %						
= Kalkulationszinssatz		8,10 %	8,10 %	8,10 %	8,10 %	8,10 %	8,10 %
Barwert Ausschüttung		47,70	44,12	40,82	37,76	34,93	
Rentenbarwert							636,57
Unternehmenswert	636,57						

ABB. 84: Berechnungsparameter Vollausschüttung im Halbeinkünfteverfahren

Tax-CAPM nach ESt

$r_{j,nSt}$	8,10 %	Zielrendite nach ESt
i	0,04	Basiszins
$r_M - i(1-s) - 0{,}5 d_M s$	0,055	Risikoprämie, nach Stehle
s	0,35	typisierter ESt-Satz
ß	1,00	Beta-Faktor

Dividendenrendite des Unternehmens j

d_j	9,82 %	Dividendenrendite
q	1,00	Ausschüttungsquote
s	0,35	typisierter ESt-Satz
$r_{j,nSt}$	0,081	Zielrendite nach ESt

Tax-CAPM vor ESt

$r_{j,vSt}$	9,82 %	Zielrendite vor ESt
d_j	0,09818182	Dividendenrendite
q	1,00	Ausschüttungsquote

Kapitalwertneutrale Wiederanlagerendite

r_w	15,71 %	Wiederanlagerendite, kw-neutral
$r_{j,vSt}$	0,098	Zielrendite vor ESt
s_{GewSt}	0,1667	Gewerbesteuersatz
s_{KSt}	0,25	Körperschaftsteuersatz
H	400	Hebesatz

Wachstumsfaktor

w	0,00 %	Wachstumsfaktor
$r_{j,vSt}$	0,09818182	Zielrendite vor ESt
q	1,00	Ausschüttungsquote

9.19 Ausschüttungspolitik

ABB. 85:	Teilausschüttung ohne Wiederanlage der Thesaurierung im Halbeinkünfteverfahren						
Jahr		1	2	3	4	5	Rente
Gewinn v. St.		100,00	100,00	100,00	100,00	100,00	100,00
Wiederanlagerendite, kw-neutral	0,00 %		0,00	0,00	0,00	0,00	0,00
Gewinn gesamt		100,00	100,00	100,00	100,00	100,00	100,00
GewSt	16,67 %	16,67	16,67	16,67	16,67	16,67	16,67
KSt	25,00 %	20,83	20,83	20,83	20,83	20,83	20,83
Gewinn nach Steuern		62,50	62,50	62,50	62,50	62,50	62,50
Thesaurierungsbetrag lfd. Jahr	60,00 %	37,50	37,50	37,50	37,50	37,50	37,50
Thesaurierungsbetrag kumuliert		37,50	75,00	112,50	150,00	187,50	225,00
Ausschüttung vor ESt	40,00 %	25,00	25,00	25,00	25,00	25,00	25,00
ESt typisiert	35,0 %						
ESt typisiert Halbeinkünfteverf.	17,5 %	4,38	4,38	4,38	4,38	4,38	4,38
Ausschüttung nach ESt		20,63	20,63	20,63	20,63	20,63	20,63
Wachstum aus Thesaurierung	0,00 %						
Zielrendite nach ESt	8,10 %						
= Kalkulationszinssatz		8,10 %	8,10 %	8,10 %	8,10 %	8,10 %	8,10 %
Barwert Ausschüttung		19,08	17,65	16,33	15,10	13,97	
Rentenbarwert							254,63
Unternehmenswert	254,63						

ABB. 86:	Berechnungsparameter Teilausschüttung ohne Wiederanlage der Thesaurierung

Tax-CAPM nach ESt

$r_{j,nSt}$	8,10 %	Zielrendite nach ESt
i	0,04	Basiszins
$r_M - i(1-s) - 0{,}5 d_M s$	0,055	Risikoprämie, nach Stehle
s	0,35	typisierter ESt-Satz
ß	1,00	Beta-Faktor

Dividendenrendite des Unternehmens j

d_j	3,48 %	Dividendenrendite
q	0,4	Ausschüttungsquote
s	0,35	typisierter ESt-Satz
$r_{j,nSt}$	0,081	Zielrendite nach ESt

Tax-CAPM vor ESt

$r_{j,vSt}$	8,71 %	Zielrendite vor ESt
d_j	0,03483871	Dividendenrendite
q	0,4	Ausschüttungsquote

Kapitalwertneutrale Wiederanlagerendite

r_w	13,94 %	Wiederanlagerendite, kw-neutral
$r_{j,vSt}$	0,087	Zielrendite vor ESt
s_{GewSt}	0,1667	Gewerbesteuersatz
s_{KSt}	0,25	Körperschaftsteuersatz
H	400	Hebesatz

Wachstumsfaktor

w	5,23 %	Wachstumsfaktor
$r_{j,vSt}$	0,087	Zielrendite vor ESt
q	0,4	Ausschüttungsquote

9. Unternehmenskonzept und Unternehmensplanung

Das Absinken des Unternehmenswertes bei Teilausschüttung verwundert nicht, da dieses Ergebnis auch eintreten würde, wenn der Gewinn in Höhe des Thesaurierungsbetrages geringer ausgefallen wäre. Das Teilausschüttungsbeispiel ist insofern unrealistisch, da die thesaurierten Mittel ja irgendeiner firmeninternen Verwendung zugeführt würden und damit eine bestimmte Rendite erzielten.

Wird eine Wiederanlagerendite unterstellt, können Werteinbußen infolge zunächst gesunkener Ausschüttungen durch spätere, höhere Ausschüttungen mehr oder weniger kompensiert werden. Eine vollständige Kompensation der „fehlenden" Ausschüttung erfolgt durch die Wahl einer kapitalwertneutralen Wiederanlagerendite. Wert erhöhend wirkt dann nur noch der Steuereffekt der in die Zukunft verschobenen Einkommensteuerzahlungen.[1] Dies führt zu einem Ansteigen des Unternehmenswertes über das Niveau bei Vollausschüttung im Halbeinkünfteverfahren hinaus.

ABB. 87: Teilausschüttung mit kapitalwertneutraler Wiederanlage im Halbeinkünfteverfahren

Jahr		1	2	3	4	5	Rente
Gewinn v. St.		100,00	100,00	100,00	100,00	100,00	100,00
Wiederanlagerendite, kw-neutral	13,94 %		5,23	10,72	16,51	22,60	29,01
Gewinn gesamt		100,00	105,23	110,72	116,51	122,60	129,01
GewSt	16,67 %	16,67	17,54	18,45	19,42	20,43	21,50
KSt	25,00 %	20,83	21,92	23,07	24,27	25,54	26,88
Gewinn nach Steuern		62,50	65,77	69,20	72,82	76,62	80,63
Thesaurierungsbetrag lfd. Jahr	60,00 %	37,50	39,46	41,52	43,69	45,97	48,38
Thesaurierungsbetrag kumuliert		37,50	76,96	118,48	162,17	208,15	256,53
Ausschüttung vor ESt	40,00 %	25,00	26,31	27,68	29,13	30,65	32,25
ESt typisiert	35,0 %						
ESt typisiert Halbeinkünfteverf.	17,5 %	4,38	4,60	4,84	5,10	5,36	5,64
Ausschüttung nach ESt		20,63	21,70	22,84	24,03	25,29	26,61
Wachstum aus Thesaurierung	5,23 %						
Zielrendite nach ESt = Kalkulationszinssatz	8,10 %	8,10 %	8,10 %	8,10 %	8,10 %	8,10 %	2,87 %
Barwert Ausschüttung		19,08	18,57	18,08	17,60	17,13	
Rentenbarwert							925,74
Unternehmenswert	717,59						

---

1 *Wagner/Jonas/Ballwieser/Tschöpel*, Unternehmensbewertung in der Praxis – Empfehlungen und Hinweise zur Anwendung von IDW S1, Wpg 2006, S. 1012.

ABB. 88: Berechnungsparameter Teilausschüttung mit kapitalwertneutraler Wiederanlage

Tax-CAPM nach ESt			Tax-CAPM vor ESt		
			$r_{j,vSt}$	8,71 %	Zielrendite vor ESt
$r_{j,nSt}$	8,10 %	Zielrendite nach ESt	d_j	0,03483871	Dividendenrendite
i	0,04	Basiszins	q	0,4	Ausschüttungsquote
$r_M - i(1-s) - 0,5d_M s$	0,055	Risikoprämie, nach Stehle			
s	0,35	typisierter ESt-Satz	**Kapitalwertneutrale Wiederanlagerendite**		
ß	1,00	Beta-Faktor	r_w	13,94 %	Wiederanlagerendite, kw-neutral
			$r_{j,vSt}$	0,087	Zielrendite vor ESt
Dividendenrendite des Unternehmens j			s_{GewSt}	0,1667	Gewerbesteuersatz
d_j	3,48 %	Dividendenrendite	s_{KSt}	0,25	Körperschaftsteuersatz
q	0,40	Ausschüttungsquote	H	400	Hebesatz
s	0,35	typisierter ESt-Satz			
$r_{j,nSt}$	0,081	Zielrendite nach ESt	**Wachstumsfaktor**		
			w	5,23 %	Wachstumsfaktor
			$r_{j,vSt}$	0,087	Zielrendite vor ESt
			q	0,4	Ausschüttungsquote

Rechentechnisch wird das thesaurierungsbedingte Wachstum im obigen Beispiel durch

▶ eine Verzinsung der thesaurierten Mittel mit der kapitalwertneutralen Wiederanlagerendite r_W (13,94 %) in der Detailplanungsphase und

▶ eine Reduzierung des Kalkulationszinssatzes um den Wachstumsfaktor w (5,23 %) in der Restwertphase berücksichtigt.

Es bleibt festzuhalten, dass thesaurierte Mittel im Untenehmen einer grundsätzlich nutzbringenden Verwendung zugeführt werden. Ein Umstand, der im zweiten Beispiel mit Teilausschüttung nicht berücksichtigt worden war. Eine Rückführung von Fremdmitteln reduziert zum Beispiel den Zinsaufwand und die Zinszahlungen folgender Perioden und erhöht damit tendenziell die Ausschüttungsfähigkeit und damit den Unternehmenswert. Als Folge der Thesaurierung ist somit zu klären, wie sich thesaurierte Mittel im Unternehmen rentieren können und damit bezogen auf den Unternehmenswert eine heutige Ausschüttungskürzung möglicherweise durch zukünftig höhere Ausschüttungen überkompensiert wird.

Die Rendite innenfinanzierter Projekte (z. B. Zinsersparnis durch Fremdkapitalrückführung, Rendite der Reinvestition) kann theoretisch in drei Spielformen vorkommen:

1. das Projekt erzielt eine Rendite, die geringer als die Eigenkapitalkosten ist, dann wird Unternehmenswert vernichtet.

2. das Projekt erzielt eine Rendite in Höhe der Eigenkapitalkosten, dann bleibt der Unternehmenswert unbeeinflusst (Kapitalwertneutralität).

3. das Projekt erzielt eine Rendite, die höher als die Eigenkapitalkosten ist, dann wird zusätzlicher Unternehmenswert generiert.

Für die Detailplanungsphase sind gemäß IDW S1 i. d. F. 2008 die Varianten 1. bis 3. zulässig, da sich der Gutachter für dieses Planungssegment grundsätzlich an die vorgelegte Unternehmensplanung des Bewertungsobjektes zu halten hat. Dies ergibt sich im Umkehrschluss aus dem

Hinweis, dass nur soweit keine Unternehmensplanung vorliegt, durch den Gutachter eine „sachgerechte Prämisse für die Mittelverwendung zu treffen" ist.[1]

Für die Restwertphase wird grundsätzlich die Variante 2. typisierend unterstellt, unabhängig von den Annahmen der vorgelegten Unternehmensplanung.[2] Damit muss für die letzte Planungsphase die kapitalwertneutrale Anlagerendite bestimmt werden.

Das Zusammenspiel von Ausschüttungsannahmen, Planungssegmenten und Wiederanlagerenditen lässt sich wie folgt in einer Übersicht zusammenfassen:

ABB. 89: Vorgaben des IDW S1 i. d. F. 2008 zur Teilausschüttungspolitik und Werteffekt

	Detailplanungsphase	Restwertphase
Ausschüttungspolitik bestimmt durch	Bewertungsobjekt	Peer Group
Ausschüttungsquote bestimmt durch	Unternehmenskonzept bzw. Unternehmensplanung	empirische Ausschüttungsquote
Ausschüttungsäquivalenz sichergestellt	nein	ja
Wiederanlagerendite thesaurierter Mittel	kleiner, gleich oder größer Eigenkapitalkosten	typisierend gleich Eigenkapitalkosten vor Steuern
Werteffekt der Thesaurierung	ja	nein, wertneutral

9.19.4.3 Wachstum in der Restwertphase – steuerliche Verhältnisse nach der Unternehmensteuerreform 2008[3]

Wiederum ist zur Bestimmung der Wachstumsrate w zunächst von dem Zusammenhang der Zielrendite nach und vor Einkommensteuer auszugehen.[4]

ABB. 90: Zusammenhang Zielrendite vor und nach Einkommensteuer

$$r_{j,nESt} = r_{j,vESt} - d_j \, s_A - k_j \, s_{eff}$$

$r_{j,nESt}$: Zielrendite der Eigenkapitalgeber Unternehmen j, nach ESt
$r_{j,vESt}$: Zielrendite der Eigenkapitalgeber Unternehmen j, vor ESt
s_A: Abgeltungssteuersatz
s_{eff}: Effektiver Steuersatz auf Kursrendite des Marktportfolios
d_j: Dividendenrendite der Alternativanlage
k_j: Kursrendite der Alternativanlage

---

1 IDW S1 i. d. F. 2008, Tz. 36.
2 IDW S1 i. d. F. 2008, Tz. 37.
3 WP-Handbuch, Band II, 2008, S. 71 f., Tz. 204 und S. 121, Tz. 332 ff.
4 WP-Handbuch, Band II, 2008, S. 71, Tz. 204.

Für die Dividendenrendite gilt:

ABB. 91: Ermittlung der Dividendenrendite auf Basis der Ausschüttungsquote q

$$d_j = \frac{r_{j,nESt}\, q}{(1 - s_A\, q - (1-q)\, s_{eff})}$$

$r_{j,nESt}$: Zielrendite der Eigenkapitalgeber Unternehmen j, nach ESt
d_j: empirische Dividendenrendite Unternehmen j
s_A: Abgeltungssteuersatz
s_{eff}: effektiver Steuersatz auf Kursgewinne
q: Ausschüttungsquote

Mittels der Dividendenrendite d_j kann nun die noch unbekannte Zielrendite vor Einkommensteuer ermittelt werden.

ABB. 92: Ermittlung der Zielrendite vor Einkommensteuer

$$r_{j,vESt} = \frac{r_{j,nESt}}{(1 - s_A\, q - (1-q)\, s_{eff})}$$

$r_{j,vESt}$: Zielrendite der Eigenkapitalgeber Unternehmen j, vor ESt
$r_{j,nESt}$: Zielrendite der Eigenkapitalgeber Unternehmen j, nach ESt
s_A: Abgeltungssteuersatz
s_{eff}: effektiver Steuersatz auf Kursgewinne
q: Ausschüttungsquote

Mit der Berechnung der Zielrendite vor Einkommensteuer ist die Voraussetzung zur Berechnung der Wachstumsrate w wie auch der kapitalwertneutralen Wiederanlagerendite r_w geschaffen.

ABB. 93: Ermittlung des Wachstumsfaktors w auf Basis der Zielrendite vor ESt

$$w = r_{j,vESt}\, (1 - q)$$

w: Wachstumsfaktor
$r_{j,vESt}$: Zielrendite der Eigenkapitalgeber Unternehmen j, vor ESt
q: Ausschüttungsquote

Nach Berücksichtigung der effektiven Veräußerungsgewinnbesteuerung ergibt sich:

ABB. 94: Wachstumsfaktor nach Einkommensteuer

$$w_{neffSt} = r_{j,vESt}\, (1 - q)\, (1 - s_{eff})$$

w_{neffSt}: Wachstumsfaktor nach Kursgewinnbesteuerung
$r_{j,vESt}$: Zielrendite der Eigenkapitalgeber Unternehmen j, vor ESt
q: Ausschüttungsquote
s_{eff}: effektiver Steuersatz auf Kursgewinne

9. Unternehmenskonzept und Unternehmensplanung

ABB. 95:	Ermittlung der kapitalwertneutralen Anlagerendite für Kapitalgesellschaften auf der Basis der Zielrendite vor ESt

$$r_w = \frac{r_{j,vESt}}{(1 - s_{GewSt} - s_{KSt})}$$

r_w: Kapitalwertneutrale Wiederanlagerendite
$r_{j,vESt}$:   Zielrendite der Eigenkapitalgeber Unternehmen j, vor ESt
s_{GewSt}:   Gewerbesteuersatz
s_{KSt}:   Körperschaftsteuersatz

Das Zusammenspiel von Ausschüttungspolitik und Wiederanlagerendite soll an nachfolgenden Beispielen für die steuerlichen Verhältnisse nach dem 1. 1. 2008 verdeutlicht werden:[1]

ABB. 96:	Vollausschüttung nach Unternehmensteuerreform 2008						
Jahr		1	2	3	4	5	Rente
Gewinn v. St.		100,00	100,00	100,00	100,00	100,00	100,00
Wiederanlagerendite, kw-neutral	15,96 %	0,00	0,00	0,00	0,00	0,00	0,00
Gewinn gesamt		100,00	100,00	100,00	100,00	100,00	100,00
GewSt	14,00 %	14,00	14,00	14,00	14,00	14,00	14,00
KSt	15,00 %	15,00	15,00	15,00	15,00	15,00	15,00
Gewinn nach Steuern		71,00	71,00	71,00	71,00	71,00	71,00
Thesaurierungsbetrag lfd. Jahr	0,00 %	0,00	0,00	0,00	0,00	0,00	0,00
Thesaurierungsbetrag kumuliert		0,00	0,00	0,00	0,00	0,00	0,00
Ausschüttung vor ESt	100,00 %	71,00	71,00	71,00	71,00	71,00	71,00
Abgeltungssteuersatz	25,0 %						
Abgeltungssteuer	25,0 %	17,75	17,75	17,75	17,75	17,75	17,75
Ausschüttung nach ESt		53,25	53,25	53,25	53,25	53,25	53,25
Wachstum aus Thesaurierung	0,00 %						
Wachstum aus Thes. Ewige R.	0,00 %						
Zielrendite nach ESt	8,50 %						
= Kalkulationszinssatz		8,50 %	8,50 %	8,50 %	8,50 %	8,50 %	8,50 %
Barwert Ausschüttung		49,08	45,23	41,69	38,42	35,41	
Rentenbarwert							626,47
Unternehmenswert	626,47						

---

[1] Detail- und Restwertphase mit Ausschüttungsquote gemäß Peer Group-Unternehmen und einheitlich kapitalwertneutraler Wiederanlage.

9.19 Ausschüttungspolitik

ABB. 97: Berechnungsparameter Vollausschüttung nach Unternehmensteuerreform 2008

Tax-CAPM nach ESt

$r_{j,nSt}$	8,50 %	Zielrendite nach ESt
i	0,04	Basiszins
$r_M - i(1-s) - d_M s - ks_{eff}$	0,055	Risikoprämie, nach Stehle
s	0,25	Abgeltungssteuer
ß	1,00	Beta-Faktor

Dividendenrendite des Unternehmens j

d_j	11,33 %	Dividendenrendite
q	1,00	Ausschüttungsquote
s	0,25	Abgeltungssteuer
$r_{j,nSt}$	0,0850	Zielrendite nach ESt

Tax-CAPM vor ESt

$r_{j,vSt}$	11,33 %	Zielrendite vor ESt
d_j	0,113333333	Dividendenrendite
q	1,00	Ausschüttungsquote

Tax-CAPM vor ESt (Alternativrechnung)

$r_{j,vSt}$	11,33 %
$r_{j,nSt}$	8,50 %
q	1,00
s	0,25
(1-q)	0,00
s_{eff}	12,50 %

Kapitalwertneutrale Wiederanlagerendite

r_w	15,96 %	Wiederanlagerendite, kw-neutral
$r_{j,vSt}$	0,1133	Zielrendite vor ESt
s_{GewSt}	0,14	Gewerbesteuersatz
s_{KSt}	0,15	Körperschaftsteuersatz
H	400	Hebesatz

Wachstumsfaktor

w	0,00 %	Wachstumsfaktor
$r_{j,vSt}$	0,11333333	Zielrendite vor ESt
q	1,00	Ausschüttungsquote

Effektive Kursgewinnbesteuerung

s_{eff}	12,50 %

Wachstumsfaktor nach Kursgewinnbesteuerung

w_{neffSt}	0,00 %
w	0,00 %
s_{eff}	12,50 %

9. Unternehmenskonzept und Unternehmensplanung

ABB. 98:	Teilausschüttung ohne Wiederanlage der Thesaurierung nach Unternehmensteuerreform 2008						
Jahr		1	2	3	4	5	Rente
Gewinn v. St.		100,00	100,00	100,00	100,00	100,00	100,00
Wiederanlagerendite, kw-neutral	0,00 %		0,00	0,00	0,00	0,00	0,00
Gewinn gesamt		100,00	100,00	100,00	100,00	100,00	100,00
GewSt	14,00 %	14,00	14,00	14,00	14,00	14,00	14,00
KSt	15,00 %	15,00	15,00	15,00	15,00	15,00	15,00
Gewinn nach Steuern		71,00	71,00	71,00	71,00	71,00	71,00
Thesaurierungsbetrag lfd. Jahr	60,00 %	42,60	42,60	42,60	42,60	42,60	42,60
Thesaurierungsbetrag kumuliert		42,60	85,20	127,80	170,40	213,00	255,60
Ausschüttung vor ESt	40,00 %	28,40	28,40	28,40	28,40	28,40	28,40
Abgeltungssteuersatz	25,0 %						
Abgeltungssteuer	25,0 %	7,10	7,10	7,10	7,10	7,10	7,10
Ausschüttung nach ESt		21,30	21,30	21,30	21,30	21,30	21,30
Wachstum aus Thesaurierung	0,00 %						
Wachstum aus Thes. Ewige R.	0,00 %						
Zielrendite nach ESt	8,50 %						
= Kalkulationszinssatz		8,50 %	8,50 %	8,50 %	8,50 %	8,50 %	8,50 %
Barwert Ausschüttung		19,63	18,09	16,68	15,37	14,17	
Rentenbarwert							250,59
Unternehmenswert	250,59						

| ABB. 99: | Berechnungsparameter Teilausschüttung ohne Wiederanlage der Thesaurierung nach Unternehmensteuerreform 2008 |

Tax-CAPM nach ESt

$r_{j,nSt}$	8,50 %	Zielrendite nach ESt
i	0,04	Basiszins
$r_M - i(1-s) - d_M s - ks_{eff}$	0,055	Risikoprämie, nach Stehle
s	0,25	Abgeltungssteuer
ß	1,0	Beta-Faktor

Dividendenrendite des Unternehmens j

d_j	4,12 %	Dividendenrendite
q	0,4	Ausschüttungsquote
s	0,25	Abgeltungssteuer
$r_{j,nSt}$	0,0850	Zielrendite nach ESt

Tax-CAPM vor ESt

$r_{j,vSt}$	10,30 %	Zielrendite vor ESt
d_j	0,04121212	Dividendenrendite
q	0,4	Ausschüttungsquote

Tax-CAPM vor ESt Alternativrechnung

$r_{j,vSt}$	10,30 %
$r_{j,nSt}$	8,50 %
q	0,40
s	0,25
(1-q)	0,60
s_{eff}	12,50 %

Kapitalwertneutrale Wiederanlagerendite

r_w	14,51 %	Wiederanlagerendite, kw-neutral
$r_{j,vSt}$	0,103	Zielrendite vor ESt
s_{GewSt}	0,1400	Gewerbesteuersatz
s_{KSt}	0,15	Körperschaftsteuersatz
H	400	Hebesatz

Wachstumsfaktor

w	6,18 %	Wachstumsfaktor
$r_{j,vSt}$	0,103	Zielrendite vor ESt
q	0,4	Ausschüttungsquote

Effektive Kursgewinnbesteuerung

s_{eff}	12,50 %

9. Unternehmenskonzept und Unternehmensplanung

ABB. 100: Teilausschüttung mit kapitalwertneutraler Wiederanlage nach Unternehmensteuerreform 2008

Jahr		1	2	3	4	5	Rente
Gewinn v. St.		100,00	100,00	100,00	100,00	100,00	100,00
Wiederanlagerendite, kw-neutral	14,51 %		6,18	12,75	19,72	27,12	34,97
Gewinn gesamt		100,00	106,18	112,75	119,72	127,12	134,97
GewSt	14,00 %	14,00	14,87	15,78	16,76	17,80	18,90
KSt	15,00 %	15,00	15,93	16,91	17,96	19,07	20,25
Gewinn nach Steuern		71,00	75,39	80,05	85,00	90,25	95,83
Thesaurierungsbetrag lfd. Jahr	60,00 %	42,60	45,23	48,03	51,00	54,15	57,50
Thesaurierungsbetrag kumuliert		42,60	87,83	135,86	186,86	241,01	298,51
Ausschüttung vor ESt	40,00 %	28,40	30,16	32,02	24,00	36,10	38,33
Abgeltungssteuersatz	25,0 %						
Abgeltungssteuer	25,0 %	7,10	7,54	8,00	8,50	9,03	9,58
Ausschüttung nach ESt		21,30	22,62	24,01	25,50	27,08	28,75
Wachstum aus Thesaurierung	6,18 %						
Wachstum aus Thes. Ewige R.	5,41 %						
Zielrendite nach ESt = Kalkulationszinssatz	8,50 %	8,50 %	8,50 %	8,50 %	8,50 %	8,50 %	8,50 %
Barwert Ausschüttung		19,63	19,21	18,80	18,40	18,01	
Rentenbarwert							930,13
Unternehmenswert	712,63						

9.19 Ausschüttungspolitik

ABB. 101: Berechnungsparameter Teilausschüttung mit kapitalwertneutraler Wiederanlage nach Unternehmensteuerreform 2008

Tax-CAPM nach ESt

$r_{j,nSt}$	8,50 %	Zielrendite nach ESt
i	0,04	Basiszins
$r_M - i(1-s) - d_M s - k s_{eff}$	0,055	Risikoprämie, nach Stehle
s	0,25	Abgeltungssteuer
ß	1,0	Beta-Faktor

Dividendenrendite des Unternehmens j

d_j	4,12 %	Dividendenrendite
q	0,40	Ausschüttungsquote
s	0,25	Abgeltungssteuer
$r_{j,nSt}$	0,0850	Zielrendite nach ESt

Tax-CAPM vor ESt

$r_{j,vSt}$	10,30 %	Zielrendite vor ESt
d_j	0,04121212	Dividendenrendite
q	0,4	Ausschüttungsquote

Tax-CAPM vor ESt (Alternativrechnung)

$r_{j,vSt}$	10,30 %
$r_{j,nSt}$	8,50 %
q	0,40
s	0,25
(1-q)	0,60
s_{eff}	12,50 %

Kapitalwertneutrale Wiederanlagerendite

r_w	14,51 %	Wiederanlagerendite, kw-neutral
$r_{j,vSt}$	0,103	Zielrendite vor ESt
s_{GewSt}	0,1400	Gewerbesteuersatz
s_{KSt}	0,15	Körperschaftsteuersatz
H	400	Hebesatz

Wachstumsfaktor

w	6,18 %	Wachstumsfaktor
$r_{j,vSt}$	0,103	Zielrendite vor ESt
q	0,4	Ausschüttungsquote

Effektive Kursgewinnbesteuerung

s_{eff}	12,50 %

Wachstumsfaktor nach Kursgewinnbesteuerung

w_{neffSt}	5,41 %
w	6,18 %
s_{eff}	12,50 %

9.19.4.4 Kombination thesaurierungsbedingten und organischen Wachstums – steuerliche Verhältnisse vor der Unternehmensteuerreform 2008

Wachstum ist auch bei statischer Unternehmenssubstanz und somit bei Vollausschüttung möglich, zumindest nominal. Dies gilt, wenn das Unternehmen aufgrund seiner Marktposition in der Lage ist, Inflationsraten mehr oder weniger über die Preise an seine Kunden weiterzugeben.[1] An dieser Stelle sollen die Wirkungsweise und das Zusammenspiel thesaurierungsbedingten und organischen Wachstums veranschaulicht werden.[2] Die nachfolgenden Beispiele verwenden die gleichen Eingangsparameter wie im vorhergehenden Kapitel. Ergänzend wird ein 1 %iges inflationsbedingtes (organisches) Wachstum berücksichtigt.

---

[1] Siehe Gliederungspunkt 10.3.
[2] Zur Zulässigkeit der Kombination dieser Wachstumsfaktoren siehe *Schwetzler, B.*, Halbeinkünfteverfahren und Ausschüttungsäquivalenz – die „Übertypisierung" der Ertragswertbestimmung, Wpg 2005, S. 601 ff.; a. A. *Wiese, J.*, Wachstum und Ausschüttungsannahmen im Halbeinkünfteverfahren, Wpg 2005, S. 617 ff.

9. Unternehmenskonzept und Unternehmensplanung

ABB. 102:	Vollausschüttung im Halbeinkünfteverfahren, 1 % Inflationsüberwälzung							
Jahr			1	2	3	4	5	Rente
Gewinn v. St.			100,00	100,00	100,00	100,00	100,00	100,00
mit organischem Wachstum	1 %		100,00	101,00	102,01	103,03	104,06	105,10
Wiederanlagerendite, kw-neutral	15,71 %		0,00	0,00	0,00	0,00	0,00	0,00
Gewinn gesamt			100,00	101,00	102,01	103,03	104,06	105,10
GewSt	16,67 %		16,67	16,83	17,00	17,17	17,34	17,52
KSt	25,00 %		20,83	21,04	21,25	21,46	21,68	21,90
Gewinn nach Steuern			62,50	63,13	63,76	64,39	65,04	65,69
Thesaurierungsbetrag lfd. Jahr	0,00 %		0,00	0,00	0,00	0,00	0,00	0,00
Thesaurierungsbetrag kumuliert			0,00	0,00	0,00	0,00	0,00	0,00
Ausschüttung vor ESt	100,00 %		62,50	63,13	63,76	64,39	65,04	65,69
ESt typisiert	35,0 %							
ESt typisiert Halbeinkünfteverf.	17,5 %		10,94	11,05	11,16	11,27	11,38	11,50
Ausschüttung nach ESt			51,56	52,08	52,60	53,12	53,66	54,19
Wachstum aus Thesaurierung	0,00 %							
Zielrendite nach ESt	8,10 %							
= Kalkulationszinssatz			8,10 %	8,10 %	8,10 %	8,10 %	8,10 %	7,10 %
Barwert Ausschüttung			47,70	44,57	41,64	38,90	36,35	
Rentenbarwert								763,28
Unternehmenswert		726,23						

ABB. 103:	Berechnungsparameter Vollausschüttung im Halbeinkünfteverfahren, 1 % Inflationsüberwälzung

Tax-CAPM nach ESt

$r_{j,nSt}$	8,10 %	Zielrendite nach ESt
i	0,04	Basiszins
$r_M - i(1-s) - 0{,}5 d_M s$	0,055	Risikoprämie, nach Stehle
s	0,35	typisierter ESt-Satz
ß	1,00	Beta-Faktor

Dividendenrendite des Unternehmens j

d_j	9,82 %	Dividendenrendite
q	1,00	Ausschüttungsquote
s	0,35	typisierter ESt-Satz
$r_{j,nSt}$	0,081	Zielrendite nach ESt

Tax-CAPM vor ESt

$r_{j,vSt}$	9,82 %	Zielrendite vor ESt
d_j	0,09818182	Dividendenrendite
q	1,00	Ausschüttungsquote

Kapitalwertneutrale Wiederanlagerendite

r_w	15,71 %	Wiederanlagerendite, kw-neutral
$r_{j,vSt}$	0,098	Zielrendite vor ESt
s_{GewSt}	0,1667	Gewerbesteuersatz
s_{KSt}	0,25	Körperschaftsteuersatz
H	400	Hebesatz

Wachstumsfaktor

w	0,00 %	Wachstumsfaktor
$r_{j,vSt}$	0,09818182	Zielrendite vor ESt
q	1,00	Ausschüttungsquote

9.19 Ausschüttungspolitik

Damit ergibt sich gegenüber dem Modell der Vollausschüttung im vorhergehenden Kapitel ein erhöhter Unternehmenswert. Dies ist auf das nominale Wachstum von 1 % zurückzuführen, das sich aus der Überwälzbarkeit der Inflationsrate ergibt.[1] Damit resultiert Unternehmenswachstum, wenn auch nur nominal, auch bei Vollausschüttung und einem deshalb thesaurierungsbedingten Wachstumsfaktor von 0.

Wird zusätzlich thesauriert und werden die Rücklagenzuführungen kapitalwertneutral angelegt, wird der nominale Wachstumseffekt um das Wachstum aus internen Renditen und späterer Einkommensteuerzahlung ergänzt. Dies zeigt das folgende Beispiel.

ABB. 104: Teilausschüttung mit kapitalwertneutraler Wiederanlage, 1 % Inflationsüberwälzung

Jahr		1	2	3	4	5	Rente
Gewinn v. St.		100,00	100,00	100,00	100,00	100,00	100,00
mit organischem Wachstum	1 %	100,00	101,00	102,01	103,03	104,06	105,10
Wiederanlagerendite, kw-neutral	13,94 %		5,23	10,78	16,67	22,93	29,56
Gewinn gesamt		100,00	106,23	112,79	119,70	126,99	134,66
GewSt	16,67 %	16,67	17,70	18,80	19,95	21,16	22,44
KSt	25,00 %	20,83	22,13	23,50	24,94	26,46	28,05
Gewinn nach Steuern		62,50	66,39	70,49	74,81	79,37	84,16
Thesaurierungsbetrag lfd. Jahr	60,00 %	37,50	39,83	42,30	44,89	47,62	50,50
Thesaurierungsbetrag kumuliert		37,50	77,33	119,63	164,52	212,14	262,64
Ausschüttung vor ESt	40,00 %	25,00	26,56	28,20	29,93	31,75	33,67
ESt typisiert	35,0 %						
ESt typisiert Halbeinkünfteverf.	17,5 %	4,38	4,65	4,93	5,24	5,56	5,89
Ausschüttung nach ESt		20,63	21,91	23,26	24,69	26,19	27,77
Wachstum aus Thesaurierung	5,23 %						
Ausschütt. n. ESt org. Wachstum							31,69
Zielrendite nach ESt	8,10 %						
= Kalkulationszinssatz		8,10 %	8,10 %	8,10 %	8,10 %	8,10 %	2,87 %
Barwert Ausschüttung		19,08	18,75	18,42	18,08	17,74	
Rentenbarwert							1102,44
Unternehmenswert	**838,90**						

---

[1] Bei voller Überwälzbarkeit der Inflationsrate bleibt der Unternehmenswert grundsätzlich unverändert. Das Beispiel ist hier also so zu verstehen, dass das Unternehmen im vorhergehenden Beispiel inflationsbedingte Kostenerhöhungen zu erdulden hatte, diese Inflationsfolgen aber nicht weitergeben konnte, und damit der Unternehmenswert sank. Wird die Weiterbelastbarkeit berücksichtigt, „steigt" der Unternehmenswert wieder.

9. Unternehmenskonzept und Unternehmensplanung

ABB. 105: Berechnungsparameter Teilausschüttung mit kapitalwertneutraler Wiederanlage, 1 % Inflationsüberwälzung

Tax-CAPM nach ESt

$r_{j,nSt}$	8,10 %	Zielrendite nach ESt
i	0,04	Basiszins
$r_M - i(1-s) - 0{,}5 d_M s$	0,055	Risikoprämie, nach Stehle
s	0,35	typisierter ESt-Satz
ß	1,00	Beta-Faktor

Dividendenrendite des Unternehmens j

d_j	3,48 %	Dividendenrendite
q	0,40	Ausschüttungsquote
s	0,35	typisierter ESt-Satz
$r_{j,nSt}$	0,081	Zielrendite nach ESt

Tax-CAPM vor ESt

$r_{j,vSt}$	8,71 %	Zielrendite vor ESt
d_j	0,03483871	Dividendenrendite
q	0,4	Ausschüttungsquote

Kapitalwertneutrale Wiederanlagerendite

r_w	13,94 %	Wiederanlagerendite, kw-neutral
$r_{j,vSt}$	0,087	Zielrendite vor ESt
s_{GewSt}	0,1667	Gewerbesteuersatz
s_{KSt}	0,25	Körperschaftsteuersatz
H	400	Hebesatz

Wachstumsfaktor

w	5,23 %	Wachstumsfaktor
$r_{j,vSt}$	0,087	Zielrendite vor ESt
q	0,4	Ausschüttungsquote

Der Unternehmenswert bei Thesaurierung und kapitalwertneutraler Wiederanlage übersteigt wiederum den Wert, welcher ohne nominales, inflationsbedingtes Wachstum ermittelt wurde. Rechentechnisch werden die beiden Wachstumselemente wie folgt berücksichtigt:

- inflationsbedingtes, organisches Wachstum wird in der Detailplanungsphase durch periodenweise Erhöhung der Erträge, Aufwendungen und der sich daraus ergebenden Ausschüttungspotenziale erfasst;

- thesaurierungsbedingtes Wachstum wird in der Detailplanungsphase durch die Verzinsung der thesaurierten Beträge zu einer Rendite auf Basis einer sachgerechten Prämisse berücksichtigt;

- für die Restwertphase scheidet eine additive Kürzung des Kalkulationszinssatzes durch die thesaurierungsbedingte und nominale Wachstumsrate aus.[1] Nur die thesaurierungsbedingte Wachstumsrate reduziert den Kalkulationszinssatz.

- Das nominale Wachstum wird im Fall kombinierten thesaurierungsbedingten und organischen Wachstums durch eine Anpassung der Zählergröße „Ausschüttungsbetrag" in der Restwertphase um den Multiplikator $(r_{j,nSt} / (r_{j,nSt} - g))$ erreicht, wobei g für die Rate des organischen Wachstums bzw. die überwälzte Inflationsrate steht. Zu dieser Berechnungsform besteht ein alternativer Rechenweg, wie folgt:

---

[1] *Wiese, J.*, Wachstum und Ausschüttungsannahmen im Halbeinkünfteverfahren, Wpg 2005, S. 622.

9.19 Ausschüttungspolitik

ABB. 106: Berechnungsalternative Teilausschüttung mit kapitalwertneutraler Wiederanlage, 1 % Inflationsüberwälzung

Jahr		1	2	3	4	5	Rente
Gewinn v. St.		100,00	100,00	100,00	100,00	100,00	100,00
mit organischem Wachstum	1 %	100,00	101,00	102,01	103,03	104,06	105,10
Wiederanlagerendite, kw-neutral	13,94 %		5,23	10,78	16,67	22,93	29,56
Gewinn gesamt		100,00	106,23	112,79	119,70	126,99	134,66
GewSt	16,67 %	16,67	17,70	18,80	19,95	21,16	22,44
KSt	25,00 %	20,83	22,13	23,50	24,94	26,46	28,05
Gewinn nach Steuern		62,50	66,39	70,49	74,81	79,37	84,16
Thesaurierungsbetrag lfd. Jahr	60,00 %	37,50	39,83	42,30	44,89	47,62	50,50
Thesaurierungsbetrag kumuliert		37,50	77,33	119,63	164,52	212,14	262,64
Ausschüttung vor ESt	40,00 %	25,00	26,56	28,20	29,93	31,75	33,67
ESt typisiert	35,0 %						
ESt typisiert Halbeinkünfteverf.	17,5 %	4,38	4,65	4,93	5,24	5,56	5,89
Ausschüttung nach ESt		20,63	21,91	23,26	24,69	26,19	27,77
Wachstum aus Thesaurierung	5,23 %						
Zielrendite nach ESt = Kalkulationszinssatz	8,10 %	8,10 %	8,10 %	8,10 %	8,10 %	8,10 %	7,10 %
Barwert Ausschüttung		19,08	18,75	18,42	18,08	17,74	
Rentenbarwert							1102,44
Unternehmenswert		838,90					

ABB. 107: Berechnungsparameter zur Berechnungsalternative Teilausschüttung mit kapitalwertneutraler Wiederanlage, 1 % Inflationsüberwälzung

Tax-CAPM nach ESt

$r_{j,nSt}$	8,10 %	Zielrendite nach ESt
i	0,04	Basiszins
$r_M - i(1-s) - 0,5 d_M s$	0,055	Risikoprämie, nach Stehle
s	0,35	typisierter ESt-Satz
ß	1,00	Beta-Faktor

Dividendenrendite des Unternehmens j

d_j	3,48 %	Dividendenrendite
q	0,40	Ausschüttungsquote
s	0,35	typisierter ESt-Satz
$r_{j,nSt}$	0,081	Zielrendite nach ESt

Tax-CAPM vor ESt

$r_{j,vSt}$	8,71 %	Zielrendite vor ESt
d_j	0,03483871	Dividendenrendite
q	0,4	Ausschüttungsquote

Kapitalwertneutrale Wiederanlagerendite

r_w	13,94 %	Wiederanlagerendite, kw-neutral
$r_{j,vSt}$	0,087	Zielrendite vor ESt
s_{GewSt}	0,1667	Gewerbesteuersatz
s_{KSt}	0,25	Körperschaftsteuersatz
H	400	Hebesatz

Wachstumsfaktor

w	5,23 %	Wachstumsfaktor
$r_{j,vSt}$	0,087	Zielrendite vor ESt
q	0,4	Ausschüttungsquote

In dieser Berechnungsform wird der „normale" Ausschüttungsbetrag (nach ESt) der Restwertphase um den Thesaurierungsbetrag (vor ESt) in der Restwertphase erhöht und diese Summe mit dem um die nominale Wachstumsrate g gekürzten Kalkulationszinssatz diskontiert. Für den „optisch" hinsichtlich der Einkommensteuer unversteuerten Thesaurierungsbetrag lässt sich ableiten, dass seine Diskontierung in der beschriebenen Form den Wertzuwachs nach ESt aus der Thesaurierung darstellt.[1] Dieser Rechenweg gilt auch für den Fall nur thesaurierungsbedingten Wachstums. In der Realität werden regelmäßig beide Wachstumsformen zu berücksichtigen sein.

9.19.4.5 Kombination thesaurierungsbedingten und organischen Wachstums – steuerliche Verhältnisse nach der Unternehmensteuerreform 2008

ABB. 108: Berechnungsalternative Teilausschüttung mit fiktiver Zurechnung des Wertbeitrages aus Thesaurierung, 1 % Inflationsüberwälzung

Jahr		1	2	3	4	5	Rente
Gewinn v. St.		100,00	100,00	100,00	100,00	100,00	100,00
Mit organischem Wachstum	1,0 %	100,00	101,00	102,01	103,03	104,06	105,10
Gewinn gesamt		100,00	101,00	102,01	103,03	104,06	105,10
GewSt	14,0 %	14,00	14,14	14,28	14,42	14,57	14,71
KSt	15,0 %	15,00	15,15	15,30	15,45	15,61	15,77
Gewinn nach Steuern		71,00	71,71	72,43	73,15	73,88	74,62
Fiktive Zurechnung Wertbeitrag aus Thesaurierung	60,00 %	42,60	43,03	43,46	43,89	44,33	44,77
Eff. Veräußerungsgewinnsteuer	12,5 %	5,33	5,38	5,43	5,49	5,54	5,60
zu diskontierende Größe 1		37,28	37,65	38,02	38,40	38,79	39,18
Ausschüttung vor ESt (ohne Thesaurierung)	40,00 %	28,40	28,68	28,97	29,26	29,55	29,85
Abgeltungsteuersatz	25,0 %	7,10	7,17	7,24	7,32	7,39	7,46
zu diskontierende Größe 2		21,30	21,51	21,73	21,95	22,16	22,39
zu diskontierende Größe		58,58	59,16	59,75	60,35	60,95	61,56
Wachstum aus Thesaurierung nSt Ausschütt. n. ESt org. Wachstum	4,773 %						
Zielrendite nach ESt = Kalkulationszinssatz	7,5 %	7,50 %	7,50 %	7,50 %	7,50 %	7,50 %	6,50 %
Barwert Ausschüttung		54,49	51,19	48,10	45,19	42,46	
Rentenbarwert							947,12
Unternehmenswert	901,15						

---

[1] *Wagner/Jonas/Ballwieser/Tschöpel*, Unternehmensbewertung in der Praxis – Empfehlungen und Hinweise zur Anwendung von IDW S1, Wpg 2006, S. 1026.

9.19 Ausschüttungspolitik

ABB. 109: Berechnungsparameter zur Berechnungsalternative Teilausschüttung mit fiktiver Zurechnung des Wertbeitrages aus Thesaurierung, 1 % Inflationsüberwälzung

Tax-CAPM nach ESt

$r_{j,nSt}$	7,500 %	Zielrendite nach ESt
i	4,000 %	Basiszins
	4,500 %	Risikoprämie, nach Stehle
s	25,000 %	typisierter ESt-Satz
ß	100,000 %	Beta-Faktor

Dividendenrendite des Unternehmens j

d_j	3,636 %	Dividendenrendite
q	40,000 %	Ausschüttungsquote
s	25,000 %	typisierter ESt-Satz
$r_{j,nSt}$	7,500 %	Zielrendite nach ESt

Tax-CAPM vor ESt

$r_{j,vSt}$	9,091 %	Zielrendite vor ESt
d_j	3,636 %	Dividendenrendite
q	40,000 %	Ausschüttungsquote

Kapitalwertneutrale Wiederanlagerendite

r_w	12,804 %	Wiederanlagerendite, kw-neutral
$r_{j,vSt}$	9,091 %	Zielrendite vor ESt
s_{GewSt}	14,000 %	Gewerbesteuersatz
s_{KSt}	15,000 %	Körperschaftsatz
H	400,000 %	Hebesatz

Wachstumsfaktor

w	5,455 %	Wachstumsfaktor
$r_{j,vSt}$	9,091 %	Zielrendite vor ESt
q	40,000 %	Ausschüttungsquote
w_{nSt}	4,773 %	Wachstumsfaktor nach Steuern

9.19.5 Rechtsprechung

Der Paradigmenwechsel des IDW S1 vom 18.10.2005, der nunmehr die Alternativinvestition in Form eines Aktienportfolios mittels Verwendung des CAPM bestimmt, statt wie IDW S1 vom 28.6.2000 diese in Form einer festverzinslichen Anleihe festzulegen, führt zu einer realistischeren Beschreibung des Investorenverhaltens.[1] Diese Erkenntnis, verbunden mit einem steuerlichen Systemwechsel vom Anrechnungsverfahren hin zum Halbeinkünfteverfahren (und nun zur Abgeltungsteuer), führte zur Aufgabe der Vollausschüttungshypothese, da diese nunmehr steuerlich nachteilig ist. Das veränderte Ausschüttungsverhalten wird auch hinsichtlich seiner steuerlichen Folgen im Rahmen der Berechnung der Alternativrendite berücksichtigt. Ergebnis dieser Neuerungen ist das Tax-CAPM. In Summe bedeutet das Tax-CAPM die Erfassung eines realistischen Ausschüttungsverhaltens bei den prognostizierten Ausschüttungspotenzialen, gepaart mit einer Ermittlung der Alternativrendite die ebenfalls ein realistisches Ausschüttungsverhalten widerspiegelt und dessen steuerliche Konsequenzen erfasst. Das so verstandene Tax-CAPM lässt sich somit nicht auf eine veränderte Sichtweise des Zählers oder des Nenners reduzieren, sondern kann nur in seiner Gesamtheit dem neuen Erkenntnisstand gerecht werden.

Die Rechtsprechung vollzieht diesen Wechsel noch nicht vollständig, obwohl das Bewusstsein vorhanden ist, dass nunmehr Änderungen „auf allen Ebenen" notwendig sind.

> „IDW S1 i.d.F. 2008 hat nicht nur Neuerungen beim Abzug der Ertragsteuer beim Kapitalisierungszinssatz eingeführt, sondern auch an anderer Stelle die Methodik grundlegend verändert, insb. durch die Abkehr von der Vollausschüttungshypothese. ...Deshalb kann die Neufassung des IDW S1 nicht isoliert bei

---

[1] Von der festverzinslichen Anlage hin zum Aktienportfolio.

einzelnen, für die jeweilige Seite herangezogen werden, vielmehr müssten konsequenterweise auch die übrigen Faktoren aus der Neufassung zugrunde gelegt werden; ansonsten wäre die innere Schlüssigkeit der beiden Methoden (*Standard-CAPM* bzw. *Tax-CAPM*) in Frage gestellt."[1]

Im Ergebnis wird die größere Realitätsnähe der Alternativenwahl „Aktienportfolio" und dessen differenzierte Besteuerung von (technisch bedingtem) Basiszins, Dividendenrendite und Kursgewinn positiv von der Rechtsprechung aufgenommen.[2] Die Berücksichtigung einer Teilausschüttungspolitik wird grundsätzlich als notwendig erachtet.

> „Daraus ergibt sich aber auch, dass zukünftig bei einer Unternehmensbewertung unter Abkehr von der Vollausschüttungsprämisse die angenommene freiwillige Thesaurierung der Gewinne durch ihre Wiederanlage im Unternehmen zu einer Rendite führen wird, die nach Abzug der Unternehmenssteuern mindestens dem Kalkulationszinsfuß entspricht und damit zu einem Gewinnwachstum führen wird, der seinen Niederschlag in entsprechenden Wachstumsabschlägen bei dem Zinssatz der Abzinsung finden muss."[3]

Trotzdem kommt die Vollausschüttungshypothese noch zur Anwendung.

> „Unter Berücksichtigung der zum Stichtag zu erwartenden Inflationsraten von bis zu 2 % erscheint deshalb der Wachstumsabschlag von 0,5 % bei der hier gewählten Vollausschüttungshypothese der Erträge noch vertretbar."[4]

In Anlehnung an die betriebswirtschaftliche Diskussion fordert das LG Frankfurt a. M. neben einem Abschlag für preis- und mengeninduziertes Wachstum einen Wachstumsabschlag für thesaurierungsbedingtes Wachstum. Die These, das Tax-CAPM führe, aufgrund systembedingt höherer Kalkulationszinssätze, zu tendenziell niedrigeren Unternehmenswerten, wird im Zusammenhang mit dem notwendigerweise zu berücksichtigenden thesaurierungsbedingten Wachstum in Frage gestellt.

> „Ob daher die von der Antragsgegnerin angesprochene – vielfach vertretene – Hypothese zutreffen wird, dass künftig niedrigere Unternehmenswerte ermittelt werden, erscheint angesichts dessen zweifelhaft, zumal auch in der dortigen Beispielsrechnung dieser Faktor des jährlichen Anstiegs des Gewinns durch die Verzinsung der thesaurierten Beträge als langfristig sicher erzielbare Rendite (abzüglich Steuer) aus der Thesaurierung – wie in vielen veröffentlichten Beispielrechnungen auch – außer Acht gelassen wurde. Hinsichtlich der geplanten thesaurierten Beträge muss hier nämlich unterstellt werden, dass diese mindestens in einer kapitalwertneutralen Anlage zum Kapitalisierungszins vor allen Unternehmenssteuern angelegt wird."[5]

Die Rechtsprechung differenziert zwischen den gesellschaftsrechtlich veranlassten Zahlungen, die vom Unternehmen an den Anteilseigner fließen (Ausschüttungen) und den Zahlungen, die vom Anteilseigner aufgrund seiner gesellschaftsrechtlichen Position in das Eigenkapital des Unternehmens fließen. Diese Zahlungen des Gesellschafters an das Unternehmen können auf einer Nachschusspflicht beruhen, oder „freiwillig" aufgrund der finanziellen Erfordernisse des Unternehmens geleistet werden, z. B. als andere Zuzahlung gemäß § 272 Abs. 2 Nr. 4 HGB in die Kapitalrücklage einer Kapitalgesellschaft. Der Saldo aus erhaltenen und geleisteten Zahlungen des Gesellschafters bildet den Unternehmenswert.

> „Im Umkehrschluss bedeute der Grundsatz der Vollausschüttung, dass sich der aus der Planungsrechnung ergebende Verlust von den Anteilseignern auszugleichen sei. Mithin seien künftige Verluste eben-

---

[1] OLG Stuttgart v. 16. 2. 2007 – 20 W 6/06, AG, 2007, S. 217.
[2] OLG Stuttgart v. 16. 2. 2007 – 20 W 6/06, AG, 2007, S. 217.
[3] LG Frankfurt v. 21. 3. 2006 – 3-5 O 153/04, AG, 2007, S. 47.
[4] LG Frankfurt v. 21. 3. 2006 – 3-5 O 153/04, AG, 2007, S. 47.
[5] LG Frankfurt v. 21. 3. 2006 – 3-5 O 153/04, AG, 2007, S. 47.

falls – mit negativem Vorzeichen – bei der Ertragswertermittlung zu berücksichtigen. Entsprechend diesen Vorgaben habe man einen Ausgleich der Verluste 1990 und 1991 durch Gesellschafterzuschuss unterstellt."[1]

9.20 Die Berücksichtigung von Steuern

9.20.1 Die Bewertungsgrundlage nach Steuern

Grundlage der modernen Investitions- und Finanzierungstheorie ist das Unternehmen als Mittel zum Zweck der Erzielung von konsumierbarem Einkommen.[2] Bewertungsrelevant sind damit die Nettozahlungen an den Gesellschafter, weil nur diese zu Konsumzwecken endgültig zur Verfügung stehen.[3]

> „Der Wert eines Unternehmens wird durch die Höhe der Nettozuflüsse an den Investor bestimmt, die er zu seiner freien Verfügung hat. Diese Nettozuflüsse sind unter Berücksichtigung der inländischen und ausländischen Ertragsteuern des Unternehmens und grundsätzlich der aufgrund des Eigentums am Unternehmen entstehenden persönlichen Ertragsteuern der Unternehmenseigner zu ermitteln."[4]

Der aus dem Unternehmen zu erwartende Gewinn ist somit um folgende Steuern zu kürzen:

▶ Unternehmenssteuern (Gewerbesteuer, Körperschaftsteuer),

▶ Einkommensteuer,

▶ Solidaritätszuschlag,

▶ gegebenenfalls Kirchensteuer.

Für die Gesellschafter als Bewertungssubjekt ergibt sich damit folgende Situation. Die Unternehmensbesteuerung entfaltet für alle Gesellschafter eine einheitliche Wirkung, da der ausschüttungsfähige Gewinn für alle Gesellschafter gleichermaßen reduziert wird. Die an die individuellen Verhältnisse anknüpfende Steuerbelastung auf der Gesellschafterebene (Einkommensteuer) führt aber zu unterschiedlichen Nachsteuerergebnissen und damit Nettozuflüssen. Diese stellen die Bewertungsgrundlage dar, mit der Folge differierender Beteiligungswerte, würden diese individuellen Verhältnisse im Rahmen der Abfindungsbemessung berücksichtigt. Diese Situation ist mit dem Gleichbehandlungsgrundsatz des Gesellschaftsrechts nicht vereinbar.[5] Der objektivierte Unternehmenswert sieht damit eine Typisierung der persönlichen Steuerbelastung vor.[6]

> „Von der Unternehmensbewertungstheorie und -praxis sowie der Rechtsprechung ist die Notwendigkeit der Berücksichtigung persönlicher Ertragsteuern allgemein anerkannt. Daher sind die wertrelevanten

---

1 OLG Stuttgart v. 4.2.2000 – 4 W 15/98, AG, 2000, S. 432.
2 *Kruschwitz, L.*, Investitionsrechnung, 2005, S. 12; *Drukarczyk, J.*, Unternehmensbewertung, 2003, S. 116.
3 A. A. *Barthel, C. W.*, Unternehmenswert: Rechtsformabhängige Bewertung?, FB 2007, 513, der einen Einbezug der persönlichen Steuern und auch der Unternehmenssteuern mit den Hinweisen ablehnt: hohe Komplexität, international unüblich, wenig beständig durch permanente Gesetzesänderungen. Den Einwendungen kann nicht gefolgt werden, da diese Argumente auf die gesamte Unternehmensplanung in einem globalisierten Umfeld anwendbar sind.
4 IDW S1 i.d.F. 2008, Tz. 28 (als Neuerungen sind ausländische Unternehmenssteuern einbezogen und die Bedeutung der persönlichen Einkommensteuer durch den Hinweis „grundsätzlich" relativiert worden).
5 *Großfeld, B.*, Unternehmens- und Anteilsbewertung im Gesellschaftsrecht, 2002, S. 30 und 102 ff.
6 OLG Stuttgart v. 19.3.2008 – 20 W 3/06, AG, 2008, S. 512.

steuerlichen Verhältnisse der Anteilseigner bei der Ermittlung des objektivierten Unternehmenswertes im Bewertungskalkül sachgerecht zu typisieren."[1]

Diese Typisierung geht von einem Gesellschafter aus, der in Deutschland unbeschränkt steuerpflichtig ist. Zur Klarstellung vermerkt IDW S1 i. d. F. 2008 hierzu:

> „Für Unternehmensbewertungen aufgrund gesellschaftsrechtlicher oder vertraglicher Vorschriften, insbesondere zur Ermittlung eines Abfindungsanspruchs bei Verlust von Eigentums- und Gesellschafterrechten, z. B. Squeeze-out, sind wegen der Typisierung einer inländischen unbeschränkt steuerpflichtigen natürlichen Person als Anteilseigner weitergehende Analysen zu den effektiven Auswirkungen der persönlichen Steuern auf die künftigen Nettozuflüsse und den Kapitalisierungszinssatz erforderlich."[2]

Die Rechtsform der Gesellschaft, an der die Beteiligung besteht, prägt die Einkunftsart und damit die Form der Steuerbelastung auf der Gesellschafterebene. Aus GmbH-Beteiligungen oder Aktien bezieht der Gesellschafter Einkünfte aus Kapitalvermögen. Aus dem unternehmerischen Engagement in Einzelunternehmen oder Personenhandelsgesellschaften (OHG, KG, GmbH & Co. KG) erzielt der Einzel- bzw. Mitunternehmer Einkünfte aus Gewerbebetrieb. Damit sind folgende Steuerbelastungen von den Ausschüttungen bzw. Entnahmen, die an den Gesellschafter fließen, zu kürzen:

▶ für die Ausschüttungen aus Kapitalgesellschaften sind gemäß § 32d Abs. 1 Satz 1 EStG 25 % Abgeltungsteuer zu berücksichtigen,

▶ für die Gewinne aus Personengesellschaften sind 35 % typisierter persönlicher Ertragsteuersatz zu berücksichtigen[3], wobei die Steuerbelastung noch um die Anrechnung der Gewerbesteuer nach § 35 EStG zu reduzieren ist (typisierte[4] Anrechenbarkeit der Gewerbesteuer).

Die Ermittlung der zu diskontierenden Beträge stellt sich für Gesellschafter von Kapitalgesellschaften bei einem Jahresüberschuss vor Steuern von 100 und einer Thesaurierungsquote von 30 % auf den Jahresüberschuss vor Steuern wie folgt dar:

TAB. 33: Ermittlung der zu diskontierenden Nettozahlung an den Gesellschafter einer Kapitalgesellschaft (vor Unternehmensteuerreform 2008)

Kapitalgesellschaft						
Anteile im Privatvermögen						
Einkommensteuer typisiert						
Jahresüberschuss vor Steuern						100,00
GewSt (abzf. BA)	m	5,00 %	H	400	16,67 %	16,67
KSt					25,00 %	20,83
SoliZ					5,50 %	1,15
Jahresüberschuss						61,35
Thesaurierung						30,00

---

1 IDW S1 i. d. F. 2008, Tz. 43.
2 IDW S1 i. d. F. 2008, Tz. 46.
3 „Sofern die Bewertung aus Sicht eines unbeschränkt einkommensteuerpflichtigen Inländers erfolgt, kann bei voller Besteuerung der finanziellen Überschüsse für Deutschland ein typisierter Steuersatz i. H. v. 35 % nach statistischen Untersuchungen als angemessen und vertretbar angesehen werden. Eine zusätzliche Berücksichtigung des SolZ und der Kirchensteuer scheidet bei dieser Typisierung aus." WP-Handbuch, Band II, 2008, S. 35, Tz. 107.
4 Hier ergibt sich die Typisierung aus einer anderen Motivation gemäß § 35 EStG.

Ausschüttung			31,35
KapESt		20,00 %	6,27
SoliZ		5,50 %	0,34
Nettodividende			24,74
Bem. Grdlg. ESt (Halbeinkünfte)		50,00 %	15,68
ESt		35,00 %	5,49
SoliZ		5,50 %	0,30
Anrechnung KapESt/SoliZ			6,62
Zufluss Gesellschafter			25,57
Diskontierbare Größe			25,57

TAB. 34: Ermittlung der zu diskontierenden Nettozahlung an den Gesellschafter einer Kapitalgesellschaft (nach Unternehmensteuerreform 2008)

Kapitalgesellschaft							
Anteile im Privatvermögen							
Einkommensteuer typisiert							
Jahresüberschuss vor Steuern							100,00
GewSt (nicht abzf. BA)	m	3,50 %	H	400	14,00 %		14,00
KSt					15,00 %		15,00
SoliZ					5,50 %		0,83
Jahresüberschuss							70,18
Thesaurierung							30,00
Ausschüttung							40,18
KapESt					0,00 %		0,00
SoliZ					5,50 %		0,00
Nettodividende							40,18
Bem. Grdlg. ESt							40,18
ESt (Abgeltungsteuer)					25,00 %		10,04
SoliZ					5,50 %		0,55
Anrechnung KapESt/SoliZ							0,00
Zufluss Gesellschafter							30,13
Diskontierbare Größe							30,13

Für Personengesellschaften stellt sich die Bewertungsgröße bei einem Jahresüberschuss vor Steuern von 100 und einer Thesaurierungsquote von 30 % auf den Jahresüberschuss vor Steuern wie folgt dar:

9. Unternehmenskonzept und Unternehmensplanung

TAB. 35:	Ermittlung der zu diskontierenden Nettozahlung an den Gesellschafter einer Personengesellschaft (vor Unternehmensteuerreform 2008)					
Personengesellschaft						
Anteile im Privatvermögen						
Einkommensteuer typisiert						
Jahresüberschuss vor Steuern						100,00
GewSt (abzf. BA)	m	5,00 %	H	400	16,67 %	16,67
Jahresüberschuss						83,33
Zurechnung (Thesaurierung)						30,00
Zurechnung (Ausschüttung)						53,33
Bem.Grdlg. ESt						83,33
ESt					35,00 %	29,17
SoliZ					5,50 %	1,60
Anrechnung GewSt			H	180		7,50
Zufluss Gesellschafter						30,06
Diskontierbare Größe						30,06

TAB. 36:	Ermittlung der zu diskontierenden Nettozahlung an den Gesellschafter einer Personengesellschaft (nach Unternehmensteuerreform 2008)					
Personengesellschaft						
Anteile im Privatvermögen						
Einkommensteuer typisiert						
Jahresüberschuss vor Steuern						100,00
GewSt (nicht abzf. BA)	m	3,50 %	H	400	14,00 %	14,00
Jahresüberschuss						86,00
Thesaurierung						30,00
Ausschüttung						56,00
Bem. Grdlg. ESt						100,00
Bem. Grdlg. ESt (Thesaurierung)						30,00
Bem. Grdlg. ESt (Ausschüttung)						70,00
ESt (Ausschüttung)					35,00 %	24,50
ESt (Thesaurierung)					28,25 %	8,48
SoliZ					5,50 %	1,81
Anrechnung GewSt			H	380		13,30
Zufluss Gesellschafter						34,51
Diskontierbare Größe						34,51

9.20 Die Berücksichtigung von Steuern

An dieser Stelle soll noch kurz auf die alte Thematik der Irrelevanz der Einkommensteuerbelastung im Rahmen der Unternehmensbewertung eingegangen werden. In der Stellungnahme 2/1983 des IDW zur Unternehmensbewertung war die Berücksichtigung der Einkommensteuer bei objektivierten Unternehmenswerten noch ausgeschlossen.[1] Grundlage dieser Position war der „individuelle" Aspekt, sowie der Verweis auf die Kürzungsmöglichkeit des persönlichen Steuersatzes in der Restwertphase bei Annahme einer ewigen Rente. Da Teil einer Unternehmensplanung aber auch ein integrierter Planungsteil (mit schwankenden Ausschüttungsbeträgen) ist, wurde dieses Argument 1996/1997 vom AKU aufgegeben.[2] Da die Argumente, die Einkommensteuer, oder als Variante, die Besteuerung könne bei der Unternehmensbewertung wegen der „Kürzungsmöglichkeit" ignoriert werden, eine gewisse Zählebigkeit aufweisen, wird nachfolgend dargestellt, dass eine Kürzungsmöglichkeit in der Detailplanungsphase bereits wegen des mitlaufenden Exponenten nicht möglich ist.[3] Unterliegen die Ausschüttungen und die Alternativrendite unterschiedlichen Besteuerungssätzen, scheidet eine Kürzung schon aus diesem Grunde aus.

ABB. 110: Kürzungsmöglichkeit des persönlichen Steuersatzes bei der Barwertformel der ewigen Rente und der Barwertformel für endliche, nicht uniforme Zahlungen

$$\frac{A_t}{k_{EK}} = \frac{A_t(1-s)}{k_{EK}(1-s)}$$

$$\sum_{t=1}^{n} \frac{A_t}{(1+k_{EK})^t} \neq \sum_{t=1}^{n} \frac{A_t(1-s)}{(1+k_{EK}(1-s))^t}$$

A_t: Ausschüttung vor persönlicher Steuerbelastung
k_{EK}: Eigenkapitalkosten vor persönlicher Steuerbelastung
s: persönliche Steuerbelastung

In IDW S1 i.d.F. 2008 wird für Zwecke des Bewertungsanlasses „unternehmerische Initiative" (z.B. Grundlage von Kaufpreisverhandlungen, Fairness Opinions, Kreditwürdigkeitsprüfungen) zum einen der objektivierte Unternehmenswert eingesetzt und zum anderen bei diesem (wieder!) auf die „unmittelbare" Berücksichtigung der persönlichen Einkommensteuer faktisch verzichtet.[4]

> „Im Hinblick auf das Informationsbedürfnis und die Informationserwartungen der Adressaten der Bewertung sowie vor dem Hintergrund der Internationalisierung der Kapitalmärkte und der Unternehmenstransaktionen ist in diesen Fällen eine mittelbare Typisierung der steuerlichen Verhältnisse der Anteilseigner sachgerecht. Hierbei wird die Annahme getroffen, dass die Nettozuflüsse aus dem Bewertungsobjekt und aus der Alternativinvestition in ein Aktienportfolio auf der Anteilseignerebene einer vergleichbaren persönlichen Besteuerung unterliegen. Im Bewertungskalkül wird dann auf eine explizite Berücksichtigung persönlicher Ertragsteuern bei der Ermittlung der finanziellen Überschüsse und des Kapitalisierungszinssatzes verzichtet."[5]

---

1 HFA 2/1983, abgedruckt in *Helbling, C.*, Unternehmensbewertung und Steuern, 1998, S. 648 f., oder in *Baetge* (Hrsg.), Unternehmensbewertung im Wandel, 2001, S. 161.
2 *Helbling, C.*, Unternehmensbewertung und Steuern, 1998, S. 657.
3 *Ballwieser, W.*, Stand und Entwicklung der Unternehmensbewertung in Deutschland, S. 24, in: Egger, E., (Hrsg.) Unternehmensbewertung – quo vadis?, 1999.
4 Siehe dazu auch Gliederungspunkt 5.5.
5 IDW S1 i.d.F. 2008, Tz. 30.

Soweit die zu bewertenden Ausschüttungen und die Alternativrendite der gleichen Einkommensteuerbelastung unterliegen (Ausschüttungen von Kapitalgesellschaften und Alternativrenditen auf Basis des CAPM), wird von der unmittelbaren Berücksichtigung der Einkommensteuerbelastung abstrahiert und diese nur mittelbar im Kalkül erfasst. Mittelbar bedeutet, dass sich die Alternativrenditen am Kapitalmarkt mit Rücksicht auf die realen Einkommensteuerverhältnisse herausbilden.[1]

Aufgrund der unterschiedlichen Einkommensteuerbelastung von Entnahmen aus Personengesellschaften und der Alternativrendite auf Basis des CAPM (Aktienportfolio) sowie der besonderen Besteuerungssituation, scheidet eine mittelbare Typisierung bei der Bewertung von Personengesellschaften aus.

> „Bei Personengesellschaften ist im Regelfall eine unterschiedliche persönliche Besteuerung des Bewertungsobjekts und der Alternativanlage „Aktienportfolio" gegeben, sodass unter diesem Gesichtspunkt eine mittelbare Typisierung der steuerlichen Verhältnisse ausscheidet."[2]

> „Die Bewertung eines Einzelunternehmens oder einer Personengesellschaft erfordert stets eine Berücksichtigung persönlicher Ertragsteuern, wenn – wie im Fall des derzeitigen Steuersystems – die persönliche Einkommensteuer teilweise oder ganz an die Stelle der in der Alternativrendite bereits berücksichtigten Unternehmensteuer tritt."[3]

9.20.2 Der typisierte Einkommensteuersatz

Als typisierter Einkommensteuersatz werden vom IDW unter Berücksichtigung von Solidaritätszuschlag und Kirchensteuer 35 % vorgeschlagen.

> „Sofern die Bewertung aus Sicht eines unbeschränkt einkommensteuerpflichtigen Inländers erfolgt, kann bei voller Besteuerung der finanziellen Überschüsse für Deutschland ein typisierter Steuersatz i. H. v. 35 % nach statistischen Untersuchungen als angemessen und vertretbar angesehen werden. Eine zusätzliche Berücksichtigung des SolZ und der Kirchensteuer scheidet bei dieser Typisierung aus."[4]

Allerdings deckt sich diese generelle Aussage des WP-Handbuchs nicht mehr mit der Position des IDW S1 i. d. F. 2008, da dieser nunmehr von einer sachgerechten Typisierung spricht und auf die Angabe eines Steuersatzes (im Gegensatz zu IDW S1 vom 18. 10. 2005, siehe dort Tz. 53) verzichtet.

> „Daher sind die wertrelevanten steuerlichen Verhältnisse der Anteilseigner bei der Ermittlung des objektivierten Unternehmenswertes im Bewertungskalkül <u>sachgerecht zu typisieren</u>."[5]

Die Verwendung eines typisierten Einkommensteuersatzes in Höhe von 35 % findet in der Literatur und Rechtsprechung keine einhellige Zustimmung.[6]

---

1 FAUB vom 13. 7. 2007, Auswirkungen der Unternehmensteuerreform 2008 auf die Ermittlung von objektivierten Unternehmenswerten nach IDW S1.
2 WP-Handbuch, Band II, 2008, S. 2, Tz. 3.
3 IDW S1 i. d. F. 2008, Tz. 47.
4 WP-Handbuch, Band II, 2008, S. 35, Tz. 107.
5 IDW S1 i. d. F. 2008, Tz. 43.
6 LG München v. 25. 2. 2002 – 5 HKO 1080/96, AG, 2002, S. 563; zum empirischen Nachweis siehe *Wagner/Jonas/Ballwieser/Tschöpel*, Unternehmensbewertung in der Praxis – Empfehlungen und Hinweise zur Anwendung von IDW S1, Wpg 2006, S. 1013, Fn. 65 sowie *Munkert, M. J.*, Der Kapitalisierungszinssatz in der Unternehmensbewertung, 2005, S. 312 ff.

Contra:

„Vor diesem Hintergrund könnte gegen die Annahme eines aus Gründen der Einheitlichkeit der Abfindung für alle Aktionäre notwendigerweise typisierten Steuersatz von 35 % zudem eingewandt werden, dass eine Mittelwertbetrachtung aufgrund eines hinsichtlich der empirischen Grundlagen durchaus nicht unstreitigen Durchschnittssteuersatzes nicht berücksichtigt, dass die einzelnen Anteilseigner je nach Einkommensteuerverhältnissen, aber insb. nach Rechtsform und nationalem Steuerstatut ganz unterschiedliche Steuersätze haben können."[1]

Pro:

„Es erscheint außerdem auch künftig sachgerecht, dabei einen typisierten Steuersatz von 35 % des inländischen Anteilseigners anzusetzen. An sich wäre auch zu diesem Punkt eine Prognose über die künftige Entwicklung der Steuerbelastung zu treffen, die schon wegen der mangelnden Vorhersehbarkeit der Steuerrechtsentwicklung nicht aufgrund konkreter Erwartungen an die Zukunft möglich ist. Deshalb ist hilfsweise auf Vergangenheitswerte zurückzugreifen. So ist der Wert von 35 % aus statistischen Daten des Jahres 1989 abgeleitet worden und er erscheint auch für spätere Zeitpunkte als Grenzsteuersatz plausibel, sodass er weiterhin zugrunde gelegt werden kann."[2]

Hinsichtlich des Steuersatzes von 35 % wird angemerkt, ob der durchschnittliche Steuersatz nicht tatsächlich höher oder geringer ausfallen müsste.[3] Als Begründung der Zweifel wird nicht zuletzt auf die heterogene Struktur nationaler und internationaler Anteilseigner verwiesen.[4] Im Interesse einer einheitlichen Festlegung des Abfindungsbetrages ist allerdings eine typisierende Annahme geboten.[5]

Dem Ansatz, die Einkommensteuer überhaupt im Bewertungskalkül zu berücksichtigen wird entgegengehalten, im Rahmen objektivierter Unternehmenswerte seien die Verhältnisse der Gesellschaft relevant und nicht die der Gesellschafter §§ 305 Abs. 3 Satz 2, 327b Abs. 1 Satz 1 AktG.[6] Im Allgemeinen wird auf den deutschen Sonderweg verwiesen, die Einkommensteuer zu berücksichtigen.[7]

Betrachtet man das deutsche Tempo steuerlicher Änderungen in Verbindung mit der Annahme der unendlichen Unternehmenslebensdauer, ist die Problematik der Fortschreibung steuerlicher Stichtagsverhältnisse nicht von der Hand zu weisen.[8] Allerdings gilt dieses Argument für die gesamten steuerlichen Rahmenbedingungen und nicht nur für die Einkommensteuer.

---

1 OLG Stuttgart v. 16. 2. 2007 – 20 W 6/06, AG, 2007, S. 216.
2 OLG Stuttgart v. 14. 2. 2008 – 20 W 9/06, www.betriebs-berater.de – Archiv.
3 *Munkert, M. J.*, Der Kapitalisierungszinssatz in der Unternehmensbewertung, 2005, S. 315.
4 OLG Stuttgart v. 16. 2. 2007 – 20 W 6/06, AG, 2007, S. 216.; *Loderer/Jörg/Pichler/Roth/Zgraggen*, Handbuch der Bewertung, 2002, S. 298 ff.
5 OLG Stuttgart v. 16. 2. 2007 – 20 W 6/06, AG, 2007, S. 216.
6 OLG Stuttgart v. 16. 2. 2007 – 20 W 6/06, AG, 2007, S. 216; siehe auch *Fischer-Winkelmann, W. F.*, IDW Standard: Grundsätze zur Durchführung von Unternehmensbewertungen (IDW S1) – In Aere Aedificatus!, S. 102, in: Fischer-Winkelmann, W. F. (Hrsg.), MC – Management-Consulting & Controlling, 2003.
7 OLG Stuttgart v. 16. 2. 2007 – 20 W 6/06, AG, 2007, S. 216.
8 LG München v. 25. 2. 2002 – 5 HKO 1080/96, AG, 2002, S. 563; *Großfeld, B.*, Unternehmens- und Anteilbewertung im Gesellschaftsrecht, 2002, S. 104.

9.20.3 Die Alternativrendite nach Steuern

Die Rendite der Investitionsalternative nach Steuern (Kalkulationszinssatz), ist für objektivierte Unternehmenswerte, unabhängig von der Rechtsform des Bewertungsobjekts, immer nach dem CAPM bzw. Tax-CAPM zu ermitteln.[1]

> „Den Ausgangspunkt für die Bestimmung der Rendite der Alternativanlage bildet die beobachtete Rendite einer Anlage in Unternehmensanteile. Dies gilt unabhängig von der Rechtsform des zu bewertenden Unternehmens, da diese Form der Alternativanlage grundsätzlich allen Anteilseignern zur Verfügung steht."[2]

Die Einführung des Halbeinkünfteverfahrens führte in Verfolgung der Unternehmenswertmaximierung zur Abkehr von der Vollausschüttungshypothese. Auch deshalb empfahl sich, dem Grundsatz der Ausschüttungsäquivalenz folgend, eine Alternative ohne Vollausschüttungsverhalten. Ein Teilausschüttungsverhalten kann bei börsennotierten Aktiengesellschaften beobachtet werden. Die Wahl der Rendite eines Aktienportfolios als Alternativrendite ist damit konsequent. Die Renditeentwicklung von Aktienportfolios wird durch das CAPM beschrieben. Das CAPM in der Nachsteuervariante stellt das Tax-CAPM dar.

9.20.4 Änderungen durch die Unternehmensteuerreform 2008

Am 6.7.2007 hat der Bundesrat das Unternehmensteuerreformgesetz 2008 gebilligt.[3] Das Gesetz trat am 1.1.2008 in Kraft und führt ab diesem Zeitpunkt zu reduzierten Körperschaftsteuer- und Gewerbesteuertarifen. Die Abgeltungsteuer auf der Gesellschafterebene, als Teil der Unternehmensteuerreform, ist erst ab dem 1.1.2009 anzuwenden. Die verabschiedeten Änderungen stellen sich wie folgt dar:[4]

9.20.4.1 Änderungen für Kapitalgesellschaften und ihre Gesellschafter

Ab dem 1.1.2008 reduziert sich die Unternehmenssteuerbelastung. Der Körperschaftsteuersatz reduziert sich von 25 % auf 15 %. Die Messzahl (m) für die Gewerbesteuer beträgt 3,5 % statt bisher 5 %. Mit der Absenkung der Steuersätze geht einher, dass die Gewerbesteuer keine abzugsfähige Betriebsausgabe mehr darstellt.

Ab dem 1.1.2009 ist das Halbeinkünfteverfahren entfallen. Private Kapitaleinkünfte (Dividenden, Zinserträge) unterliegen seither einer einheitlichen Abgeltungsteuer von 25 % (zuzüglich Solidaritätszuschlag und ggf. Kirchensteuer). Dies gilt auch für Beteiligungserträge aus wesentlichen Beteiligungen im Sinne § 17 EStG. Sollte die pauschalierte Besteuerung zu einer höheren Steuerbelastung führen, als bei einer Besteuerung nach den allgemeinen Grundsätzen, kann der Steuerpflichtige Letztere wählen.

Die Ermittlung der bewertungsrelevanten Beteiligungserträge stellt sich für Gesellschafter von Kapitalgesellschaften mit Beteiligungen im Privatvermögen wie folgt dar:

---

[1] Siehe hierzu Gliederungspunkt 10.2.2.2.
[2] IDW S1 i. d. F. 2008, Tz. 114.
[3] Das Unternehmensteuerreformgesetz 2008 wurde am 17.8.2007 verkündet, BGBl I S. 1912.
[4] *Endres/Spengel/Reister*, Neu Maß nehmen: Auswirkungen der Unternehmensteuerreform 2008, Wpg 2007, S. 478 ff.

9.20 Die Berücksichtigung von Steuern

TAB. 37:	Ermittlung der Nettodividende ab dem 1.1.2009 – Beteiligung an Kapitalgesellschaft im Privatvermögen						
Kapitalgesellschaft							
Anteile im Privatvermögen							
Einkommensteuer typisiert							
Jahresüberschuss vor Steuern							100,00
GewSt (nicht abzf. BA)	m	3,50 %	H	400	14,00 %		14,00
KSt					15,00 %		15,00
SoliZ					5,50 %		0,83
Jahresüberschuss							70,18
Thesaurierung							30,00
Ausschüttung							40,18
KapESt					0,00 %		0,00
SoliZ					5,50 %		0,00
Nettodividende							40,18
Bem. Grdlg. ESt)							40,18
ESt (Abgeltungsteuer)					25,00 %		10,04
SoliZ					5,50 %		0,55
Anrechnung KapESt/SoliZ							0,00
Zufluss Gesellschafter							30,13
Diskontierbare Größe							30,13

Ebenfalls ab dem 1.1.2009 ist die Steuerfreiheit privater Veräußerungsgewinne von Kapitalanlagen entfallen, unabhängig von einer Haltefrist. Der Veräußerungsgewinn, berechnet aus der Gegenüberstellung von Veräußerungspreis – Anschaffungskosten (Transaktionskosten sind ebenfalls abzugsfähig), unterliegt dann ebenfalls der einheitlichen Abgeltungsteuer von 25 %, soweit es sich um unwesentliche Beteiligungen handelt. Die Steuerpflicht gilt nur, soweit die Anteile ab dem 1.1.2009 erworben wurden. Für davor liegende Erwerbe gilt ein Bestandsschutz.[1]

Die Regelungen zu § 17 EStG für wesentliche Beteiligungen bleiben davon unberührt. Gewinne aus der Veräußerung wesentlicher Beteiligungen unterliegen ab dem 1.1.2009 dem Teileinkünfteverfahren. Die Beteiligungserträge bleiben danach zu 40 % steuerfrei, 60 % dieser Erträge sind zu versteuern (§§ 3 Nr. 40 Satz 1, 3c EStG). Diese Neuregelungen zur Besteuerung von Veräußerungsgewinnen gelten für Anteile, die ab dem 1.1.2009 erworben wurden.

---

[1] § 52a EStG, siehe auch WP-Handbuch, Band II, 2008, S. 26, Tz. 75.

Für Beteiligungen im Betriebsvermögen von Personengesellschaften, die Beteiligungen an Kapitalgesellschaften halten, gilt ebenfalls ab dem 1.1.2009 das Teileinkünfteverfahren. Die Neuregelungen stellen sich in der Übersicht wie folgt dar:

ABB. 111:	Neuregelungen der Unternehmensteuerreform 2008 zu Beteiligungen an Kapitalgesellschaften		
ANTEILE AN KAPITALGESELLSCHAFTEN	2007	2008	2009
Unternehmensbesteuerung	sKSt = 25 % GewSt m = 5 % (abzf.)	sKSt = 15 % GewSt m = 3,5 % (nabzf.)	ff.
Beteiligung im Privatvermögen:			
Dividenden	Halbeinkünfte s = max. 45 %	ff.	Abgeltungsteuer s = 25 %
Veräußerungsgewinn			
Erwerb bis 31.12.2008			
Haltedauer > 1 Jahr, < 1 %	steuerfrei	ff.	ff.
Haltedauer < 1 Jahr, < 1 %	Halbeinkünfte s = max. 45 %	ff.	ff.
> 1 %	Halbeinkünfte s = max. 42 %	Halbeinkünfte s = max. 45 %	ff.
Erwerb ab 1.1.2009			
< 1 %	n. a.	n. a.	Abgeltungsteuer s = 25 %
> 1 %	n. a.	n. a.	Halbeinkünfte s = max. 45 %
Beteiligung im Betriebsvermögen einer Kapitalgesellschaft:			
Dividenden	5 % des VG	ff.	ff.
Veräußerungsgewinn	5 % des VG	ff.	ff.
Beteiligung im Betriebsvermögen einer Personengesellschaft:			
Dividenden	Halbeinkünfte s = max. 42 %	Halbeinkünfte s = 28,25 %/ max. 45 %	Teileinkünfte s = 28,25 %/ max. 45 %
Veräußerungsgewinn	Halbeinkünfte s = max. 42 %	Halbeinkünfte s = 28,25 % / max. 45 %	Teileinkünfte s = 28,25 % / max. 45 %

9.20.4.2 Änderungen für Personengesellschaften und ihre Gesellschafter

Für die Besteuerungsebene der Personengesellschaft gilt die Reduzierung der Steuermesszahl von 5 % auf 3,5 % wie für Kapitalgesellschaften. Die Gewerbesteuer ist wie bei Kapitalgesellschaften keine abzugsfähige Betriebsausgabe mehr. Im Gegenzug wurde die Anrechenbarkeit der Gewerbesteuer ausgeweitet, womit gemäß § 35 Abs. 1 Nr. 2 EStG ein Hebesatz von 380 % gegenüber den bisherigen 180 % zur Anwendung kommt. Die Gewerbesteuer ist damit weitestgehend neutralisiert. Die Einkommensteuer wird damit zu der entscheidenden Besteuerungsgröße der Personengesellschaft. Darauf reagiert auch IDW S1 i. d. F. 2008.

> „Die Bewertung eines Einzelunternehmens oder einer Personengesellschaft erfordert stets eine Berücksichtigung persönlicher Ertragsteuern, wenn – wie im Fall des derzeitigen Steuersystems – die persönliche Einkommensteuer teilweise oder ganz an die Stelle der in der Alternativrendite bereits berücksichtigten Unternehmensteuer tritt.."[1]

Ab dem 1.1.2008 gilt unabhängig von der Unternehmensteuerreform 2008 für gewerbliche Einkünfte ein Einkommensteuerspitzensatz von 45 %, da die Tarifentlastung des Veranlagungszeitraums 2007 für gewerbliche Einkünfte entfällt (Reichensteuer). Der Einkommensteuerspitzensatz für den ausgeschütteten (entnommenen) Betrag beläuft sich somit auf 45 %. Auf Antrag kann die Thesaurierungsbegünstigung in Anspruch genommen werden. Gemäß § 34a Abs. 1 Satz 1 EStG sind thesaurierte Beträge mit dem reduzierten Satz von 28,25 % zuzüglich Solidaritätszuschlag zu versteuern. Bei späterer Entnahme der ermäßigt besteuerten Rücklagen kommt es gemäß § 34a Abs. 4 Satz 2 EStG zu einer Nachversteuerung mit einem Steuersatz von 25 % zuzüglich Solidaritätszuschlag.

Gegenüber dem für Personengesellschaften bisher gültigen Zurechnungsprinzip kommt es künftig hinsichtlich der Einkommensteuerbelastung auf den Ausschüttungsbeschluss bzw. die Beantragung der reduzierten Thesaurierungsbesteuerung an. Die Bewertungsgröße stellt sich damit unter Berücksichtigung der ab 1.1.2008 wirksamen steuerlichen Verhältnisse für Personengesellschaften wie folgt dar:

TAB. 38: Ermittlung der zu diskontierenden Nettozahlung an den Gesellschafter einer Personengesellschaft

Personengesellschaft						
Anteile im Privatvermögen						
Einkommensteuer typisiert						
Jahresüberschuss vor Steuern						100,00
GewSt (nicht abzf. BA)	m	3,50 %	H	400	14,00 %	14,00
Jahresüberschuss						86,00
Thesaurierung						30,00
Ausschüttung						56,00
Bem. Grdlg. ESt						100,00
Bem. Grdlg. ESt (Thesaurierung)						30,00
Bem. Grdlg. ESt (Ausschüttung)						70,00
ESt (Ausschüttung)					35,00 %	24,50
ESt (Thesaurierung)					28,25 %	8,48
SoliZ					5,50 %	1,08
Anrechnung GewSt			H	380		13,30
Zufluss Gesellschafter						35,24
Diskontierbare Größe						35,24

---

1 IDW S1 i. d. F. 2008, Tz. 47.

9.20.4.3 Änderungen für den typisierten Einkommensteuersatz

Ab dem 1.1.2009 löst die Abgeltungsteuer das Halbeinkünfteverfahren ab. Dividenden und realisierte Kursgewinne bzw. Veräußerungsgewinne[1], die nicht wesentlich beteiligte Gesellschafter von Kapitalgesellschaften auf ihre Beteiligungen im Privatvermögen erhalten, werden damit einheitlich mit einem Abgeltungsteuersatz von 25 % zuzüglich Solidaritätszuschlag und gegebenenfalls Kirchensteuer belegt.[2] Die Steuerpflicht für Kursgewinne gilt für Wertpapiere, die ab dem 1.1.2009 erworben wurden. Zinserträge im Rahmen der Einkünfte aus Kapitalvermögen § 20 EStG unterliegen ebenfalls der Abgeltungsteuer.

Durch den gesetzlich bestimmten Abgeltungsteuersatz von 25 % hat sich das Problem der Typisierung eines durchschnittlichen Einkommensteuersatzes erledigt. Das gilt insbesondere für die Einkommensteuerbelastung der Alternativrendite (Kalkulationszinssatz), da hier unabhängig von der Rechtsform des zu bewertenden Unternehmens eine Anlage in ein Aktienportfolio unterstellt wird.

> „Hierzu ist bei der Ermittlung eines objektivierten Unternehmenswerts typisierend auf Renditen eines Bündels von am Kapitalmarkt notierten Unternehmensanteilen (Aktienportfolio) als Ausgangsgröße abzustellen."[3]

Der bisher gültige typisierte Einkommensteuersatz, vorgegeben mit 35 % in IDW S1 vom 18.10.2005[4], hat grundsätzlich immer noch Bedeutung für die typisierte Einkommensteuerbelastung der Ausschüttungen bzw. Entnahmen aus Personengesellschaften. Hierbei ist zu beachten, dass der Steuersatz von 35 % für Zwecke der objektivierten Unternehmensbewertung auf einer statistischen Grundlage abgeleitet wurde, die bisher auch die Anteilseigner von Kapitalgesellschaften umfasste.[5] Diese Grundgesamtheit wird durch die Einführung der Abgeltungsteuer reduziert. Der Spitzensteuersatz für Ausschüttungen aus Personenhandelsgesellschaften liegt ab 1.1.2008 bei 45 % zuzüglich Solidaritätszuschlag und gegebenenfalls Kirchensteuer.[6] Inwiefern der bisher gültige typisierte Einkommensteuersatz von 35 % als Grundlage für die typisierte Besteuerung von Ausschüttungen aus Personengesellschaften angemessen ist, wird somit noch zu klären sein.

Seit IDW S1 vom 28.6.2000 wurde im S1 der zu verwendende typisierte Einkommensteuersatz aufgeführt. IDW S1 i.d.F. 2008 macht keine Angaben mehr hierzu und verweist nur noch auf die Notwendigkeit, „...sachgerecht zu typisieren".[7]

> „Von der Unternehmensbewertungstheorie und -praxis sowie der Rechtsprechung ist die Notwendigkeit der Berücksichtigung persönlicher Ertragsteuern allgemein anerkannt. Daher sind die wertrelevanten steuerlichen Verhältnisse der Anteilseigner bei der Ermittlung des objektivierten Unternehmenswertes im Bewertungskalkül sachgerecht zu typisieren."[8]

---

1 Die Veräußerungsgewinne aus wesentlichen Beteiligungen im Privatvermögen § 17 EStG bleiben von den Regelungen der Abgeltungsteuer unberührt.
2 *Endres/Spengel/Reister*, Neu Maß nehmen: Auswirkungen der Unternehmensteuerreform 2008, Wpg 2007, S. 486.
3 IDW S1 i.d.F. 2008, Tz. 93.
4 IDW Standard: Grundsätze zur Durchführung von Unternehmensbewertungen (IDW S1), 18.10.2005, Tz. 53.
5 *Munkert, M. J.*, Der Kapitalisierungszinssatz in der Unternehmensbewertung, 2005, S. 313.
6 § 32c EStG i.V. m. § 52 Abs. 44 EStG.
7 IDW Standard: Grundsätze zur Durchführung von Unternehmensbewertungen (IDW S1), 28.6.2000, Tz. 51; IDW Standard: Grundsätze zur Durchführung von Unternehmensbewertungen (IDW S1), 18.10.2005, Tz. 53; IDW S1 i.d.F. 2008, Tz. 29, 31 u. 43.
8 IDW S1 i.d.F. 2008, Tz. 43.

Die neue Regelung in IDW S1 i.d.F. 2008 kann als Versuch verstanden werden, die Neuauflage des IDW Bewertungsstandards von der Schnelllebigkeit des Steuerrechts zu entkoppeln. Damit hat der Gutachter festzulegen, welcher Einkommensteuerbelastungssatz als sachgerechte Typisierung gilt. Dies wird zum einen vom zu beurteilenden Zeitraum abhängen (so unterliegen Ausschüttungen für das Kalenderjahr 2007 immer noch dem Halbeinkünfteverfahren und damit nicht dem Abgeltungsteuersatz). Zum anderen richtet sich die Typisierung danach, ob das Bewertungsobjekt eine Kapitalgesellschaft ist, für die das Abgeltungsteuerverfahren und damit ein gesetzlich typisierter Einkommensteuersatz gilt, oder ob eine Personengesellschaft zu bewerten ist. Die veränderte statistische Grundlage, die Nachversteuerung thesaurierter Beträge bei Personengesellschaften und die Einführung der anlassbezogenen Typisierung geben Anlass die Angemessenheit des typisierten Steuersatzes zu überdenken.[1] Der Begriff der Typisierung ist nunmehr an sich fehl am Platze, da die Aufgabe der „sachgerechten Typisierung" darin besteht, fallweise einen für jeweils überschaubare Gesellschafterkreise „einheitlichen" Steuersatz zu bestimmen.[2]

9.20.4.4 Effektive Veräußerungsgewinnbesteuerung und typisierte Haltedauer

Da Kursgewinne im Privatvermögen für ab dem 1.1.2009 erworbene Wertpapiere (bzw. Beteiligungen außerhalb § 17 EStG) ebenfalls der Abgeltungsteuer unterliegen, soll die Steuer auf einen Veräußerungsgewinn (resultierend aus dem Kurs- bzw. Unternehmenswachstum) im Rahmen der Bewertung berücksichtigt werden.

> „Sofern im Rahmen des geltenden Steuersystems Veräußerungsgewinne zu versteuern sind, ist der steuerliche Einfluss im Bewertungskalkül geeignet zu berücksichtigen."[3]

Damit ist ein neues Typisierungsproblem geschaffen, da nunmehr Aussagen zur effektiven Steuerbelastung einer Veräußerung zu treffen sind.

> „Da die effektive Steuerbelastung auf Veräußerungsgewinne von der Haltedauer der Anteile am Bewertungsobjekt bzw. der Alternativanlage abhängt, ist für objektivierte Unternehmensbewertungen mit unmittelbarer Typisierung der Anteileigner künftig zusätzlich die Typisierung eines effektiven Steuersatzes auf den Wertbeitrag aus Thesaurierungen erforderlich."[4]

Um diese Vorgabe umzusetzen, sind für Bewertungsstichtage ab dem 1.1.2009 Annahmen zur Haltedauer des Investments zu treffen. Dies gilt nicht nur für die Alternativinvestition in ein Aktienportfolio sondern auch für die zu bewertende Beteiligung am Bewertungsobjekt.[5] Dies stellt allerdings eine einschneidende Änderung in die bisherige Bewertungslogik einer unbegrenzten Haltedauer dar. Auf dieser Grundlage kommt Wiese zu folgenden Schlussfolgerungen:[6]

▶ die Bedingungen für eine Wertneutralität der Besteuerung sind unter Beachtung der herrschenden Steuergesetze nicht gegeben,

---

1 Damit werden im Einzelfall typisierte Steuersätze von bis zu 45% vorgeschlagen, siehe *Popp, M.*, Ausgewählte Aspekte der objektivierten Bewertung von Personengesellschaften, Wpg 2008, S. 938.
2 Es gibt damit so viele „Typen" wie denkbare Steuersätze.
3 WP-Handbuch, Band II, 2008, S. 31, Tz. 92, S. 76, Tz. 212; S. 80, Tz. 221 und S. 118, Tz. 326; siehe auch IDW S1 i.d.F. 2008, Tz. 36.
4 WP-Handbuch, Band II, 2008, S. 2, Tz. 4.
5 Mitteilung des IDW vom 13.7.2007, Auswirkungen der Unternehmensteuerreform 2008 auf die Ermittlung von objektivierten Unternehmenswerten nach IDW S1, S. 2.
6 *Wiese, J.*, Unternehmensbewertung und Abgeltungsteuer, Wpg 2007, S. 375.

9. Unternehmenskonzept und Unternehmensplanung

- die Typisierung, dass sich die Haltedauer und damit die Vereinnahmung der Wertsteigerungen beim Bewertungsobjekt und der Alternativanlage unterscheiden ist realitätsgerecht,
- im System der Abgeltungsteuer mit Veräußerungsgewinnbesteuerung ist die Relevanz der persönlichen Steuern auch für die Restwertperiode gegeben.

Diese Erkenntnisse führen zu Konflikten mit dem nunmehr im IDW S1 aufgenommenen Wunsch des IDW nach einer sogenannten „mittelbaren" Typisierung der persönlichen Ertragsteuerbelastung, die letztlich eine Vernachlässigung der Einkommensteuer im Bewertungskalkül bedeutet.[1]

Da die effektive Steuerbelastung (s_{eff}) eines unterstellten „Exit" eine Funktion des Wachstums, ausgedrückt durch das Kurswachstum (k), sowie der Zeit ist, sinkt sie mit der Haltedauer (T). Dabei ergeben sich nach Wiese z. B. folgende effektive Steuerbelastungen für den Veräußerungsgewinn:[2]

TAB. 39: Effektive Steuerbelastung in Abhängigkeit von Kursrendite (k) und Haltedauer nach Wiese

Haltedauer Jahre / k	1	5	10	20	30
1 %	25,00 %	24,60 %	24,20 %	23,30 %	22,40 %
3 %	25,00 %	23,90 %	22,60 %	20,30 %	18,10 %
5 %	25,00 %	23,20 %	21,20 %	17,70 %	14,90 %
8 %	25,00 %	22,30 %	19,30 %	14,70 %	11,40 %
10 %	25,00 %	21,70 %	18,20 %	13,10 %	9,80 %

Der effektive Steuersatz lässt sich nach der von Wiese dargestellten Funktion, wie in folgendem Beispiel (k = 3 %, T = 20 Jahre) dargestellt, ermitteln:

ABB. 112: Ermittlung des effektiven Steuersatzes auf Veräußerungsgewinne

$$s_{eff} = 1 - \frac{((1 - s_A)((1 + k)^T - 1) + 1)^{1/T} - 1}{k}$$

$$s_{eff} = 1 - \frac{((1 - 0{,}25)((1 + 0{,}03)^{20} - 1) + 1)^{1/20} - 1}{0{,}02}$$

$$s_{eff} = 20{,}25\,\%$$

s_{eff}: effektiver Steuersatz auf Veräußerungsgewinne
s_A: Abgeltungssteuersatz
k: Kurssteigerung bzw. Wachstum
T: Haltedauer

---
[1] Die mittelbare Typisierung soll verwendet werden, wenn der objektivierte Unternehmenswert Grundlage unternehmerischer Initiativen ist, IDW S1 i. d. F. 2008, Tz. 30.
[2] *Wiese, J.*, Unternehmensbewertung und Abgeltungsteuer, Wpg 2007, S. 371.

9.20.4.5 Anwendung der Änderungen im Rahmen objektivierter Unternehmenswerte

Die Unternehmensteuerreform wurde am 6.7.2007 vom Bundesrat gebilligt. Das Ergebnis sind eine tendenziell niedrigere Unternehmenssteuerbelastung und damit trotz höherer Einkommensteuerbelastungen, höhere ausschüttbare Ergebnisse. Folgendes ist bei der Entwicklung einer Unternehmensplanung zu beachten, die Grundlage eines objektivierten Unternehmenswertes ist. Mit Verweis auf die Wurzeltheorie und die einschlägige Rechtsprechung zur Berücksichtigung geänderter steuerlicher Rahmenbedingungen[1], besteht spätestens ab einem Bewertungsstichtag 6.7.2007 Klarheit über die aus Sicht des Stichtages zukünftigen steuerlichen Verhältnisse. Für die Ermittlung objektivierter Unternehmenswerte sind damit gemäß FAUB für Bewertungsstichtage ab dem 7.7.2007 die Regelungen des Unternehmensteuerreformgesetzes 2008 zu berücksichtigen.[2] Daraus ergeben sich für Bewertungsstichtage ab dem 7.7.2007 folgende Konsequenzen.

Bei der Ermittlung des Jahresüberschusses 2007 sind die bisherigen Unternehmenssteuertarife und Bemessungsgrundlagen anzuwenden. Ab dem 1.1.2008 gelten die reduzierten Steuersätze für Körperschaftsteuer und Gewerbesteuer und die veränderten Bedingungen für den Abzug von Betriebsausgaben (Zinsaufwand, Zinsschranke, Gewerbesteuer) bzw. die Anrechnung der Gewerbesteuer bei Personengesellschaften.

Für die Ausschüttung einer Kapitalgesellschaft betreffend das Geschäftsjahr 2007 sind noch das Halbeinkünfteverfahren und damit der typisierte Einkommensteuersatz von 35 % anzuwenden.[3] Dagegen wird ab dem 1.1.2009 die Abgeltungsteuer eingeführt, womit erstmals die Ausschüttung in 2009 für 2008 um die Abgeltungsteuer von 25 % zu kürzen ist. Für die Entnahmen aus Personengesellschaften ist der typisierte Einkommensteuersatz von 35 % unter den genannten Bedingungen grundsätzlich auch weiterhin anzuwenden.

Der Kalkulationszinssatz zur Diskontierung der Ausschüttung in 2008 für 2007 ist noch gemäß Tax-CAPM unter Berücksichtigung des Halbeinkünfteverfahrens zu modellieren (differenzierte Besteuerung). Für die Folgejahre ab dem 1.1.2009 sind die Kapitalkosten gemäß Tax-CAPM einheitlich um den Abgeltungsteuersatz zu kürzen.[4]

---

[1] LG Mannheim v. 29.3.1999 – 23 AktE 1/95; siehe auch OLG Hamburg v. 7.8.2002 – 11 W 14/94, Der Konzern, 2003, S. 60.
[2] Mitteilung des IDW vom 13.7.2007, Auswirkungen der Unternehmensteuerreform 2008 auf die Ermittlung von objektivierten Unternehmenswerten nach IDW S1, siehe auch IDW S1 i.d.F. 2008, S. 1, Fn. 1.
[3] Da ab dem 7.7.2007 die steuerlichen Neuerungen in IDW S1 i.d.F. 2008 anzuwenden sind (siehe Fn. 1 auf S. 1), sind die 35 % dann anzuwenden, wenn sie als sachgerechte Typisierung gelten (IDW S1 i.d.F. 2008, Tz. 31).
[4] Zu den Details der Änderungen des Kalkulationszinssatzes siehe Gliederungspunkt 10.2.2.2.

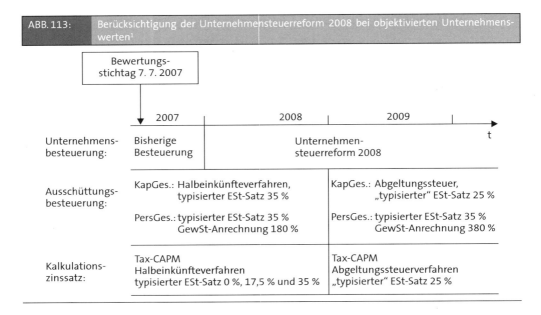

ABB. 113: Berücksichtigung der Unternehmensteuerreform 2008 bei objektivierten Unternehmenswerten[1]

9.20.5 Rechtsprechung

Geplante Steuerrechtsänderungen können im Rahmen des objektivierten Unternehmenswertes nicht berücksichtigt werden. Es gilt das Stichtagsprinzip. Änderungen der steuerlichen Rahmenbedingungen müssen somit gemäß der Wurzeltheorie am Stichtag angelegt und deren Umsetzung vom Fachmann erkennbar sein, wenn sie in der Unternehmensplanung Berücksichtigung finden sollen. Hierbei sind strenge Maßstäbe anzulegen. Insbesondere bedarf die Berücksichtigung geplanter Änderungen einer Einschätzung der politischen Kräfteverhältnisse, um am Bewertungsstichtag das Ergebnis des Gesetzgebungsverfahrens vorwegnehmen zu können.[2]

---

[1] Für Bewertungsstichtage vom 7.7.2007 bis 31.12.2008.
[2] LG Mannheim v. 29.3.1999 – 23 AktE 1/95, AG, 2000, S. 86.; siehe auch OLG Hamburg v. 7.8.2002 – 11 W 14/94, AG, 2003, S. 583, Der Konzern, 2003, S. 60; siehe auch Gliederungspunkt 6.3.

9.21 Einfluss von Verlustvorträgen auf die Bewertung
9.21.1 Handelsrechtliche Verlustvorträge

Zu unterscheiden sind handelsrechtliche und steuerrechtliche Verlustvorträge. Beide Arten von Verlustvorträgen haben Einfluss auf den Unternehmenswert, allerdings grundsätzlich in gegensätzlicher Art und Weise. Handelsrechtliche Verlustvorträge reduzieren das Ausschüttungspotenzial und wirken somit Unternehmenswert mindernd. Steuerrechtliche Verlustvorträge „schützen" vor Steueraufwand und Steuerzahlungen, erhöhen damit das Ausschüttungspotenzial und wirken somit Unternehmenswert steigernd. Da Voraussetzung für das Entstehen steuerlicher Verlustvorträge das Entstehen handelsrechtlicher Verluste ist, wirken die gegenläufigen Effekte in Höhe der Steuerquote kompensierend.[1] Dies stellt das gesetzgeberische Ziel dar.

Ein vom Unternehmen verursachter Jahresfehlbetrag kann entweder durch die Auflösung von Gewinn- oder Kapitalrücklagen ausgeglichen werden oder als Verlustvortrag auf neue Rechnung vorgetragen werden. Dieser Vortrag stellt den handelsrechtlichen Verlustvortrag dar. Da Voraussetzung für einen Ausschüttungsbeschluss der Bilanzgewinn ist (§ 29 Abs. 1 GmbHG, § 58 Abs. 4 AktG), also ein Jahresüberschuss nach Verrechnung mit etwaigen aus Vorjahren herrührenden Verlustvorträgen, reduziert ein Verlustvortrag immer Ausschüttungspotenzial. Dies gilt auch, soweit Gewinn- oder Kapitalrücklagen zum Ausgleich zur Verfügung stehen. Da Gewinn- oder Kapitalrücklagen „geparktes" Ausschüttungspotenzial darstellen, führt ihr Verbrauch dazu, dass sie zum Auffüllen künftigen Bilanzgewinns (bei einem Jahresfehlbetrag) nicht mehr zur Verfügung stehen. Die potentielle Verschlechterung des Kreditratings aufgrund einer reduzierten Eigenkapitalquote, mit der Folge steigender Kreditzinssätze, spielt hier zusätzlich eine Rolle. IDW S1 vom 18. 10. 2005 vertrat hier noch eine andere Position und führte Folgendes aus:

> „Rechtliche Restriktionen, die durch nicht finanzierungswirksame Maßnahmen beseitigt werden können (z. B. Beseitigung eines handelsrechtlichen Verlustvortrags durch Auflösung von Gewinnrücklagen), sind dabei außer Acht zu lassen."[2]

Der Passus lässt sich wie folgt interpretieren: Ausschüttungsbeschränkungen die durch die Auflösung von Rücklagen beseitigt werden können, haben keinen Einfluss auf den Unternehmenswert. Die Position des IDW S1 vom 18. 10. 2005 ist dann richtig, wenn:

a) Unternehmen über erhebliche Rücklagen verfügen oder

b) für die Zukunft nicht damit zu rechnen ist, dass (jetzt verbrauchte) Rücklagen zum Ausgleich von künftigen Jahresfehlbeträgen benötigt werden, um Ausschüttungen zu ermöglichen bzw.

c) der Verbrauch von Rücklagen keinen Einfluss auf das Kreditrating des Unternehmens hat.

In IDW S1 i. d. F. 2008 wurde auf diesen Passus verzichtet. IDW S1 i. d. F. 2008 führt zum Thema handelsrechtliche Verlustvorträge nunmehr nur noch Folgendes aus:

---

[1] Der Verlust von 100 % im Jahr 1 führt zu einer Steuerersparnis von rd. 30 % (angenommener Unternehmensteuersatz) im Jahr 2.
[2] IDW Standard: Grundsätze zur Durchführung von Unternehmensbewertungen (IDW S1), 18. 10. 2005, Tz. 45.

„Bei der Ermittlung des objektivierten Unternehmenswerts ist von der Ausschüttung derjenigen finanziellen Überschüsse auszugehen, die nach Berücksichtigung … rechtlicher Restriktionen (z.B. Bilanzgewinn, ausschüttbares Jahresergebnis) zur Ausschüttung zur Verfügung stehen."[1]

9.21.2 Steuerrechtliche Verlustvorträge[2]

Steuerrechtliche Verlustvorträge sind letztlich die Konsequenz von Verlusten, die das Unternehmen erlitten hat und die sich in der Handelsbilanz niedergeschlagen haben. Aufschluss über die Existenz geben die Feststellungsbescheide über den verbleibenden Verlustvortrag gemäß § 10d Abs. 4 Satz 1 EStG, § 10a Satz 4 GewStG. Die vorhandenen gewerbesteuerlichen und körperschaftsteuerlichen Verlustvorträge unterscheiden sich regelmäßig in ihrer Höhe. Dies liegt an den Hinzurechnungen bzw. Kürzungen gemäß §§ 8 und 9 GewStG. Andererseits unterscheiden sich die ausgewiesenen handelsrechtlichen und steuerrechtlichen Verlustvorträge zum einen aufgrund der abweichenden Gewinnermittlungsvorschriften des Steuerrechts und zum anderen können handelsrechtliche Verlustvorträge durch die Auflösung von Gewinn- und Kapitalrücklagen ausgeglichen werden.

Der für die Einkommensteuer und Körperschaftsteuer mögliche Verlustrücktrag und Verlustvortrag nach § 10d EStG ermöglicht die Nutzung der steuerlichen Verluste über u.U. mehrere Planjahre. Gewerbesteuerlich ist gemäß § 10a Satz 1 GewStG nur ein Verlustvortrag möglich. Seit dem Steuervergünstigungsabbaugesetz ist der Verlustvortrag ab dem 1.1.2004 in der Höhe eingeschränkt § 10d Abs. 2 EStG (1 Mio. € unbeschränkt, darüber hinaus 60 % der Einkünfte).

Der Wert steuerlicher Verlustvorträge ergibt sich aus dem nicht entstehenden Steueraufwand und den ersparten Cashflows. Steuerliche Verlustvorträge sind damit ein Wertfaktor.[3] Dieser Wert wird implizit und im Rahmen der integrierten Unternehmensplanung berücksichtigt, indem für die jeweiligen Planjahre im Rahmen des § 10d EStG keine Steuern vom Einkommen und Ertrag berücksichtigt werden müssen und das ausschüttbare Ergebnis entsprechend höher ausfällt. Zur Klarstellung: Der Wert steuerlicher Verlustvorträge wird damit nicht separiert ermittelt und dem Unternehmenswert in einer Art Nebenrechnung zugeschlagen, sondern ist integrierter Teil des Planungs- und Bewertungsmodells.[4]

Der Verbrauch der Verlustvorträge ist für die Gewerbesteuer und die Körperschaftsteuer aufgrund der abweichenden Vorschriften zur Ermittlung der Bemessungsgrundlagen separiert zu ermitteln. Ein Berechnungsbeispiel mit der Berücksichtigung der Verlustvortragsmöglichkeiten vor und nach dem 1.1.2004 stellt sich für die Gewerbesteuer und die Körperschaftsteuer wie folgt dar:

---

[1] IDW S1 i.d.F. 2008, Tz. 35.
[2] Zu steuerlichen Verlustvorträgen als unechte und damit im objektivierten Unternehmenswert berücksichtigungsfähige Synergieeffekte siehe Gliederungspunkt 9.11.2.3.
[3] OLG Stuttgart v. 28.1.2004 – 20 U 3/03, DB, 2004, S. 749; OLG Düsseldorf v. 14.4.2000 – 19 W 6/98 AktE, AG, 2001, S. 192.
[4] Zur direkten und indirekten Ermittlung siehe *Piehler/Schwetzler*, Zum Wert ertragsteuerlicher Verlustvorträge, zfbf, 2010, S. 60; *Popp, M.*, Unternehmensbewertung bei Verlustvorträgen vs. Bewertung von Verlustvorträge, BB, 1999, S. 1154; *Peemöller/Popp*, Unternehmensbewertung bei ertragsteuerlichen Verlustvorträgen, BB, 1997, S. 303.

9.21 Einfluss von Verlustvorträgen auf die Bewertung

ABB. 114: Gewerbesteuerlicher Verlustvortrag

Abzugsfähigkeit steuerlicher VV:	volle Abzugsfähigkeit bis 2003			Abzug: TEUR 1.000 voll + 60 % darüber hinaus				neue Steuersätze		
Gewerbesteuer (TEUR)	2001	2002	2003	2004	2005	2006	2007	2008	2009	2010
Jahresüberschuss vor Ertragsteuer	2.000	2.000	2.000	2.000	2.000	2.000	2.000	2.000	2.000	2.000
zzgl. Hinzurechnungen (Zinsaufwand)	450	450	450	450	450	450	450	200	200	200
Verlustvortrag	-16.000	-13.550	-11.100	-8.650	-6.780	-4.910	-3.040	-3.040	-1.320	
Maximaler Verlustabzug	2.450	2.450	2.450	1.870	1.870	1.870	1.870	1.720	1.320	
Bemessungsgrundlage (= Zeilen 1 + 2 - 4)				580	580	580	580	480	880	2.200
Gewerbesteuersatz (Hebesatz = 400 %)	16,67 %	16,67 %	16,67 %	16,67 %	16,67 %	16,67 %	16,67 %	14,00 %	14,00 %	14,00 %
Gewerbesteuer				97	97	97	97	97	123	308

ABB. 115: Körperschaftsteuerlicher Verlustvortrag

Abzugsfähigkeit steuerlicher VV:	volle Abzugsfähigkeit bis 2003			Abzug: TEUR 1.000 voll + 60 % darüber hinaus				neue Steuersätze		
Körperschaftsteuer + SolZ (TEUR)	2001	2002	2003	2004	2005	2006	2007	2008	2009	2010
Jahresüberschuss vor Ertragsteuern	2.000	2.000	2.000	2.000	2.000	2.000	2.000	2.000	2.000	2.000
abzgl. Gewerbeertragsteuer				-97	-97	-97	-97			
Verlustvortrag	-13.000	-11.000	-9.000	-7.000	-5.458	-3.916	-2.374	-2.374	-774	
Maximaler Verlustabzug	2.000	2.000	2.000	1.542	1.542	1.542	1.542	1.600	774	
Bemessungsgrundlage (= Zeilen 1 + 2 - 4)				361	361	361	361	400	1.226	2.000
Körperschaftsteuersatz	25,00 %	25,00 %	26,50 %	25,00 %	25,00 %	25,00 %	25,00 %	15,00 %	15,00 %	15,00 %
Körperschaftsteuer				90	90	90	90	60	184	300
Solidaritätszuschlag (5,5 %)				5	5	5	5	3	10	17
Steuern EE (GewSt, Kst, SolZ)				192	192	192	192	131	317	625

ABB. 116:	Steuervorteile der Verlustverrechnung									
Abzugsfähigkeit steuerlicher VV:	volle Abzugsfähigkeit bis 2003			Abzug: TEUR 1.000 voll + 60 % darüber hinaus				neue Steuersätze		
GuV (TEUR)	2001	2002	2003	2004	2005	2006	2007	2008	2009	2010
Umsatzerlöse	20.000	20.000	20.000	20.000	20.000	20.000	20.000	20.000	20.000	20.000
Materialaufwand	-9.000	-9.000	-9.000	-9.000	-9.000	-9.000	-9.000	-9.000	-9.000	-9.000
Personalaufwand	-4.100	-4.100	-4.100	-4.100	-4.100	-4.100	-4.100	-4.100	-4.100	-4.100
Abschreibungen	-2.000	-2.000	-2.000	-2.000	-2.000	-2.000	-2.000	-2.000	-2.000	-2.000
Sonstige betrieblicher Aufwand	-2.000	-2.000	-2.000	-2.000	-2.000	-2.000	-2.000	-2.000	-2.000	-2.000
Zinsen und ähnliche Aufwendungen	-900	-900	-900	-900	-900	-900	-900	-900	-900	-900
Ergebnis vor Steuern	**2.000**	**2.000**	**2.000**	**2.000**	**2.000**	**2.000**	**2.000**	**2.000**	**2.000**	**2.000**
Steuern EE				-192	-192	-192	-192	-131	-317	-625
Jahresüberschuss	**2.000**	**2.000**	**2.000**	**1.808**	**1.808**	**1.808**	**1.808**	**1.870**	**1.683**	**1.376**
Steuern EE ohne Verlustvorträge	-828	-828	-853	-828	-828	-828	-828	-625	-625	-625
Steuervorteil pro Periode	828	828	853	636	636	636	636	494	307	
Steuervorteil kumuliert	828	1.656	2.510	3.146	3.782	4.418	5.054	5.548	5.856	5.856

Steuerrechtliche Verlustvorträge wirken insoweit werterhöhend, als sie durch wegfallenden Aufwand das Ausschüttungspotenzial erhöhen.[1] Im Saldo kompensieren steuerrechtliche Verlustvorträge die erlittenen handelsrechtlichen Verluste, soweit sich diese als steuerliche Verluste darstellen, in Höhe der Steuerquote.

9.21.3 Rechtsprechung[2]

Die Rechtsprechung berücksichtigt steuerliche Verlustvorträge als eine den Unternehmenswert erhöhende Komponente.

> „Ein steuerlicher Verlustvortrag ist werterhöhend zu berücksichtigen. Er stellt für einen unübersehbar großen Kreis von potentiellen Erwerbern einen Vorteil wegen der damit erzielbaren Steuervorteile dar und bildet unter Umständen einen wesentlichen Grund für den Erwerb eines solchen Unternehmens."[3]

Die Voraussetzungen, unter denen ein Verlustvortrag den Unternehmenswert erhöht, präzisiert das OLG Stuttgart.

> „Steuerliche Verlustvorträge sind die Beträge, die nach § 10d EStG, § 8 Abs. 4 KStG aus den Vorjahren nach Maßgabe einer gesonderten Feststellung der Finanzverwaltung zur Verrechnung mit laufenden Gewinn verwendet werden können. Die Verrechnung bewirkt, dass die laufenden oder künftigen Gewinne in diesem Umfang nicht versteuert werden müssen. Steuerliche Verlustvorträge eines Unternehmens sind deshalb ein Wertfaktor, der bei der Unternehmensbewertung zur Aufwertung führen kann. …Steuerliche Verlustvorträge besagen dagegen nichts für die Frage, inwieweit ein künftiger Gewinn ausgeschüttet werden kann. Das hängt von der handelsrechtlichen Gewinnfeststellung und -verwendung

---

1 OLG Stuttgart v. 28. 1. 2004 – 20 U 3/03, DB, 2004, S. 749.
2 Siehe hierzu auch Rechtsprechung zu Verlustvorträgen als unechten Synergieeffekt, Gliederungspunkt 9.11.2.3.
3 OLG Stuttgart v. 4. 2. 2000 – 4 W 15/98, AG, 2000, S. 432.

9.21 Einfluss von Verlustvorträgen auf die Bewertung

> ab. Für die Ausschüttungsfähigkeit können Bilanzverluste der Vorjahre ein Rolle spielen, wenn sie nicht durch entsprechende Jahresüberschüsse oder beispielsweise auch durch Kapitalrücklagen abgedeckt werden können."[1]

Die Ermittlung dieses Vorteils wird nicht einheitlich vorgenommen. Es überwiegt dabei tendenziell der direkte Ermittlungsweg.[2]

Direkter Ermittlungsweg:

> „Den Wert des Verlustvortrages für die DCB haben die Gutachter durch einen Vergleich der Zahlungs- und Einnahmeströme aus Ausschüttungen gemäß den Planungsrechnungen der DCB unter Berücksichtigung der Körperschaftsteuer einmal unter Berücksichtigung des Steuervorteils und einmal ohne diesen ermittelt ...."[3]

Der Wertbeitrag entspricht somit <u>nicht</u> dem nominalen Wert des steuerlichen Verlustvortrages.

> „Steuerliche Verlustvorträge sind nicht in ihrer nominellen Höhe anzusetzen, sondern nur in Höhe der damit erzielbaren Steuerersparnisse."[4]

Indirekter Ermittlungsweg:

> „Aus dem Gesamtzusammenhang dieser Ausführungen und Zahlen ergibt sich zur Überzeugung des Senats, dass die Gutachter einen Verbrauch des gewerbesteuerlichen Verlustvortrags von 15384 TDM für die Jahre 1990-1991 und damit eine werterhöhende Wirkung des gewerbesteuerlichen Verlustvortrags in Ansatz gebracht haben."[5]

Der Nutzen des direkten Ermittlungsweges ergibt sich damit in Form eines Nachweises für das Gericht, dass sich der steuerliche Verlustvortrag in einer Werterhöhung niedergeschlagen hat. Andernfalls kann das Gericht nur aus der Planung den Schluss ziehen, dass fehlender Steueraufwand oder verbrauchte Verlustvorträge zu einer Erhöhung des Unternehmenswertes geführt haben müssen.

Bei der Berechnung des Steuervorteils stellen sich teilweise Fragen zur Wahl des Kalkulationszinssatzes. So wurden in dem Urteil des OLG Düsseldorf vom 14.4.2000 nicht die Unternehmenswerte mit und ohne steuerliche Verlustvorträge verglichen, sondern die Ausschüttungsreihen. Die Differenz wurde mit 5 % abgezinst, wobei der Basiszinssatz mit 7,5 %, der Risikozuschlag mit 1,5 % und der Inflationsabschlag mit 1 %, festgelegt worden war.

Bei der Frage nach dem Kalkulationszinssatz, mit dem der Barwert der Steuerersparnis bei steuerlichen Verlustvorträgen zu berechnen ist, urteilt das OLG Düsseldorf dagegen bereits am 11.4.1988 im Fall einer Eingliederung wie folgt:

> „Verlustvorträge können nur dann in Steuerersparnisse umgesetzt werden, wenn sie mit entsprechenden Gewinnen verrechnet werden können. Infolgedessen ist die steuerliche Ausnutzung eines Verlustvortrags mit demselben Risiko behaftet wie der Betrieb eines Unternehmens. Es ist deshalb richtig, den voraussichtlich erzielbaren steuerlichen Nutzen mit demselben Kapitalisierungszinsfuß abzuzinsen wie zukünftig zu erwartende Gewinne."[6]

Der Barwert des Steuervorteils wurde im Urteil des OLG Düsseldorf vom 14.4.2000 anschließend um die persönliche Einkommensteuer von 45 % gekürzt.

---

1 OLG Stuttgart v. 28.1.2004 – 20 U 3/03, DB, 2004, S. 749.
2 OLG München v. 14.7.2009 – 31 Wx 121/06, www.betriebs-berater.de – Archiv; OLG Stuttgart v. 4.2.2000 – 4 W 15/98, Datev, DokNr 0163454, S. 2; OLG Stuttgart v. 19.3.2008 – 20 W 3/06, AG, 2008, S. 515.
3 OLG Düsseldorf v. 14.4.2000 – 19 W 6/98 AktE, AG, 2001, S. 192.
4 OLG Düsseldorf v. 14.4.2000 – 19 W 6/98 AktE, AG, 2001, S. 192.
5 OLG Stuttgart v. 4.2.2000 – 4 W 15/98, AG, 2000, S. 432.
6 OLG Düsseldorf v. 11.4.1988 – 19 W 32/86, DB, 1988, S. 1110 f.

Die Entscheidung erging im Zusammenhang mit dem Anrechnungsverfahren. Das Ziel dieses Berechnungsweges erschließt sich zumindest nicht aus dem Urteilstext. Die körperschaftsteuerlichen Verlustvorträge hatten im Anrechnungsverfahren nur einen Steuerstundungseffekt, der mit der notwendigen Vollausschüttung (Geltungsbereich der Vollausschüttungshypothese) und der dann gemäß § 27 Abs. 1 KStG[1] anzuwendenden Ausschüttungsbelastung beendet wurde. Wert erhöhend wirkten nur gewerbesteuerliche Verlustvorträge, da diese definitiv und unabhängig von der Ausschüttung wirkten.[2] Gewerbesteuerliche Verlustvorträge wurden aber soweit ersichtlich gerade nicht berücksichtigt. Der nichtexistente Steuervorteil (zumindest nicht aus Körperschaftsteuerersparnis) wurde als fiktiver Ausschüttungsbetrag mit einem Einkommensteuersatz von 45 % belegt, womit unterstellt wurde dass in gleicher Höhe Cashflow für eine Ausschüttung zur Verfügung steht.

Die Frage, ob für die Werterhöhung durch steuerliche Verlustvorträge deren Nutzung durch das Bewertungsobjekt Voraussetzung ist, oder ob steuerlichen Verlustvorträgen ein Wert an sich zukommt bzw. die Erträge eines Verschmelzungspartners Berücksichtigung bei der Nutzung steuerlicher Verlustvorträge finden können, wird in der Rechtsprechung nicht einheitlich behandelt. So urteilt das OLG Düsseldorf am 14. 4. 2000 im Zusammenhang mit einer Ausgliederung und im Widerspruch zum Stand-alone-Prinzip.

> „Dem Gutachter ist zunächst darin zu folgen, dass der steuerliche Verlustvortrag bei der Bewertung unabhängig davon, ob die eingegliederte Gesellschaft ihn selbst durch voraussichtliche eigene Gewinne hätte nutzen können, zu berücksichtigen ist. Dieser Verlustvortrag stellt nämlich für den Erwerb des Unternehmens einen nicht unbedeutenden wertbildenden Faktor dar, weil er dem Erwerber die Möglichkeit bietet, unter Umständen erhebliche Steuervorteile zu erlangen."[3]

Am 28. 1. 2009, mit einer Entscheidung zu einem Beherrschungs- und Gewinnabführungsvertrag befasst, präzisiert das OLG Düsseldorf die Voraussetzungen für die Berücksichtigung eines steuerlichen Verlustvortrages und seiner Wertrelevanz:

> „Grundsätzlich können steuerliche Verlustvorträge einen Wert darstellen, der bei der Unternehmensbewertung zu berücksichtigen ist. Sie können jedoch nur verwertet und in eine Steuerersparnis umgesetzt werden, wenn sie mit entsprechenden Gewinnen verrechenbar und damit nutzbar sind. Im vorliegenden Fall ist jedoch nicht ersichtlich, dass die Antragsgegnerin (*ein Unternehmen des öffentlichen Personennahverkehrs*) auf absehbare Zeit die Verlustvorträge wird verwerten können. ... Damit ist aufgrund der zu erwartenden negativen Ertragsprognose nicht zu rechnen. Die steuerlichen Verlustvorträge haben daher keinen wirtschaftlichen Wert, der bei der Ertragswertermittlung zu berücksichtigen gewesen wäre."[4]

Damit wird klargestellt, dass steuerlichen Verlustvorträgen dann ein Wert zukommt, wenn das Bewertungsobjekt durch seine Gewinne Steueraufwand und Steuerzahlungen einsparen kann und zusätzlich die Rahmenbedingungen in Form von handelsrechtlichem Bilanzgewinn und verfügbarer Liquidität vorliegen, um tatsächlich entsprechende Ausschüttungen vollziehen zu können.

Eine korrekte Beurteilung des Wertes steuerlicher Verlustvorträge lässt sich somit nur auf der Grundlage einer integrierten Unternehmensplanung vornehmen. Technische Voraussetzung hierfür ist ein leistungsfähiges integriertes Planungsmodell, das hinsichtlich der Berücksichti-

---

1 Fassung für den Veranlagungszeitraum 2000.
2 OLG Stuttgart v. 4. 2. 2000 – 4 W 15/98, AG, 2000, S. 432.
3 OLG Düsseldorf v. 14. 4. 2000 – 19 W 6/98 AktE, AG, 2001, S. 192.
4 OLG Düsseldorf v. 28. 1. 2009 – I-26 W 7/07 (AktE), AG 2009, S. 669.

gung der Steuereffekte auf integrierte Steuermodule für die Gewerbesteuer und die Körperschaftsteuer zurückgreift. Nur so können die komplexen Wechselwirkungen von Verlustvorträgen auf der Ertragsebene und Liquiditätsebene periodengenau erfasst und berücksichtigt werden. Steuervorteile sind dabei genauso unsicher wie die Geschäftsmodelle, mit deren Hilfe Gewinne generiert und Steuerersparnisse realisiert werden sollen.

9.22 Szenarienplanung und Bildung des Erwartungswerts

9.22.1 Theorie

9.22.1.1 Risiko, Sicherheit und Ungewissheit

Über die Zukunft können wir nur vage Aussagen machen. Die Prognosegenauigkeit ist dabei eine Funktion der Zeit. D. h. je weiter entfernt in der Zukunft Ereignisse angenommen werden, umso ungenauer sind die möglichen Aussagen hierzu.

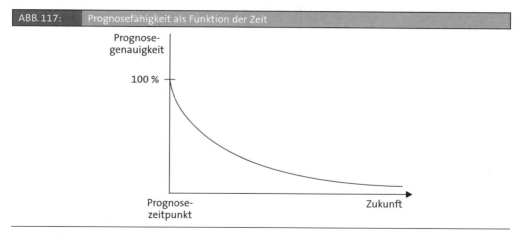

ABB. 117: Prognosefähigkeit als Funktion der Zeit

Für die Abbildung wurde angenommen, dass die Prognosefähigkeit exponentiell zur Entfernung des Ereignisses in der Zukunft abnimmt.[1]

Nun lassen sich Prognoseaussagen theoretisch danach einteilen, ob sie sicher oder unsicher oder ungewiss sind, je nachdem welche Aussagen zur Eintrittswahrscheinlichkeit möglich sind. Die Eintrittswahrscheinlichkeiten werden subjektiv bestimmt.

> „Subjektive Wahrscheinlichkeiten sind Maße für die Überzeugtheitsgrade des Entscheidenden, dass ein bestimmter Umweltzustand aus der Menge der möglichen Zustände eintritt."[2]

---

1 Zur Bedeutung von Exponentialfunktionen siehe *Mandelbrot/Hudson*, Fraktale und Finanzen, 2005, S. 211 ff.
2 *Drukarczyk/Schüler*, Unternehmensbewertung, 2007, S. 46.

ABB. 118:	Klassifizierung zukünftiger Ereignisse nach der Eintrittswahrscheinlichkeit	
Umweltzustand	Eintrittswahrscheinlichkeit (p)	Entwicklungspfade
Sicherheit	p = 100 %	Eine denkbare Ausprägung für ein zukünftiges Ereignis.
Unsicherheit (Risiko)	p >= 0 % und < 100 %	Mehrere denkbare Ausprägungen für ein zukünftiges Ereignis.
Ungewissheit	p = ?	Mehrere denkbare Ausprägungen für ein zukünftiges Ereignis.

p: Eintrittswahrscheinlichkeit

Sind im Fall der Unsicherheit mehrere zukünftige Entwicklungen denkbar, muss die Summe der Eintrittswahrscheinlichkeiten der Ereignisse 1 bzw. 100 % ergeben.

ABB. 119:	Beispiel für ein unsicheres Ereignis	
Unsicheres Ereignis	Eintrittswahrscheinlichkeit	Szenarien
Entwicklung der Internet-Telefonie VoIP	p = 60 %	VoIP verdrängt Festnetztelefonie.
	p = 30 %	Festnetztelefonie verdrängt VoIP.
	p = 10 %	VoIP und Festnetztelefonie bleiben gleichrangig im Markt besten.
	Summe = 100 %	

Im Rahmen der Unternehmensbewertung werden Szenarien definiert. Jedes Szenario stellt dabei eine mögliche Unternehmensentwicklung dar. Für jede mögliche Unternehmensentwicklung (Szenario) wird eine Unternehmensplanung erstellt.[1] Drei mögliche Entwicklungspfade stellen somit drei Szenarien dar, d.h. drei Unternehmensplanungen werden in diesem Fall der Unternehmensbewertung zugrunde gelegt. Werden Szenarien in der Praxis entwickelt, reduzieren sich diese meist auf zwei mögliche Zukunftsentwicklungen, nämlich ein Best Case und ein Worst Case Szenario.

Es bleibt festzuhalten, dass sich der Zustand der Unsicherheit darin ausdrückt, dass, bei aller Unbekanntheit zukünftiger Entwicklungen, zumindest mögliche Entwicklungspfade angegeben werden können und diese mit Eintrittswahrscheinlichkeiten belegt werden können.[2] Dagegen herrscht definitionsgemäß Ungewissheit, wenn zwar zukünftige Entwicklungen prognostiziert, aber keine Eintrittswahrscheinlichkeiten für diese zukünftigen Entwicklungen angegeben werden können. Ob es z.B. ein Leben nach dem Tod gibt, würde ich als ungewiss einstufen. Die empirische Datenlage dazu ist mager, Eintrittswahrscheinlichkeiten können nur konfessionsabhängig verteidigt werden. Die Prognose, dass wir alle, in der hoffentlich erst fernen Zukunft, das zeitliche segnen werden, würde ich dagegen als sicher einstufen (zumindest was die irdische Existenz angeht).

---

1 *Hayn, M.*, Bewertung junger Unternehmen, 2000, S. 341.
2 *Drukarczyk, J.*, Unternehmensbewertung, 2001, S. 72.

9.22.1.2 Die Entwicklung von Szenarien

„Wenn wir im nächsten Jahr mit dem neuen Produkt erfolgreich sind, sollte im Folgejahr die Nachfrage weiter steigen und wir werden die Produktion ausweiten." So könnte das Statement eines Vertriebschefs lauten. Hinter der Wenn-dann-Aussage verbirgt sich natürlich Unsicherheit und für den Erfolg im nächsten Jahr, wie auch für die Nachfragesteigerung im Folgejahr, lassen sich Wahrscheinlichkeitsverteilungen angeben. Die Aussagen des Vertriebschefs können dann nach den Szenarien A (Produkt erfolgreich im nächsten Jahr) und B (Produkt nicht erfolgreich im nächsten Jahr) in einem Zustandsbaum dargestellt werden, wobei die Eintrittswahrscheinlichkeiten mit p bezeichnet sind.

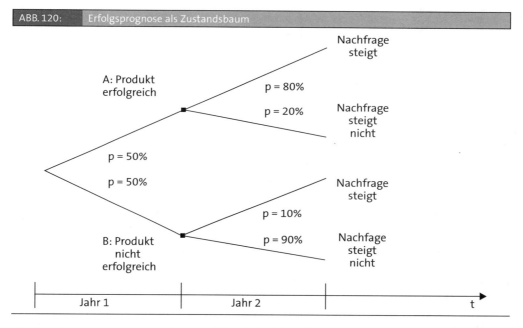

ABB. 120: Erfolgsprognose als Zustandsbaum

Werden den Aussagen zu Erfolg oder Misserfolg Jahresüberschüsse zugeordnet, stellt sich das Bild wie folgt dar.

9. Unternehmenskonzept und Unternehmensplanung

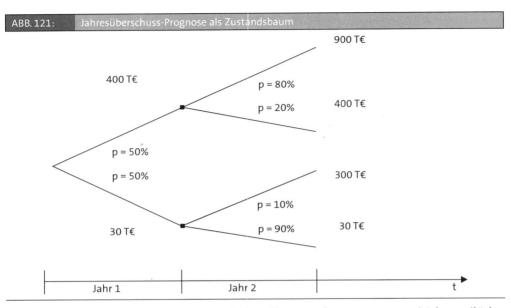

ABB. 121: Jahresüberschuss-Prognose als Zustandsbaum

Der Zustandsbaum bei zwei Szenarien und einer Planungsphase von nur zwei Jahren gibt bereits einen Vorgeschmack von den Verästelungen, die nach einer Planungsdauer von z. B. zehn Jahren zu erwarten wären. Aber nicht die Darstellung so eines sicher schon imposanten Zustandsbaumes wäre mit der heute verfügbaren EDV-Unterstützung ein Problem, sondern dessen notwendige Ausstattung mit Informationen und Einzelplanungen. Letztlich steht jedes Ergebnis am Ende eines Astes für eine separate Jahresplanung des ausschüttungsfähigen Ergebnisses in diesem Jahr, wenn der Zustandsbaum für Zwecke der Unternehmensbewertung verwendet werden sollte. Für unser Beispiel wären somit 4 Unternehmensplanungen erforderlich, da für das Szenario A zwei unterschiedliche Varianten hinsichtlich des Jahres 2 und für das Szenario B ebenfalls zwei Varianten hinsichtlich des Jahres 2 zu planen wären. Die Kombination der Planungsergebnisse, die mit Einzelplanungen zu hinterlegen wäre, stellt sich wie folgt dar:

ABB. 122:	Notwendige Planungen für einen Zustandsbaum mit zwei Szenarien und zwei Planjahren		
Planung	Szenario	JÜ in T€ Jahr 1	JÜ in T€ Jahr 2
1	A	400	900
2	A	400	400
3	B	30	300
4	B	30	30

In der Praxis wird deshalb Komplexitätsreduktion dahingehend betrieben, dass nur aus der Perspektive des Bewertungsstichtages Szenarien festgelegt und entwickelt werden und von der Berücksichtigung bedingter Wahrscheinlichkeiten Abstand genommen wird.[1] Für die sich an das

---

[1] Tatsächlich bestehen natürlich wechselseitige Abhängigkeiten; siehe auch *Mandelbrot/Hudson*, Fraktale und Finanzen, 2005, S. 147.

jeweilige Szenario anschließenden Ergebnisprognosen geht man nicht mehr explizit von Wahrscheinlichkeitsverteilungen aus, sondern plant nur noch „feste Werte". Dahinter verbergen sich aber Wahrscheinlichkeitsverteilungen, wobei der „feste" Wert als Erwartungswert (EW) dieser Verteilungen zu interpretieren ist. Der Zustandsbaum reduziert sich dann auf folgende Darstellung.

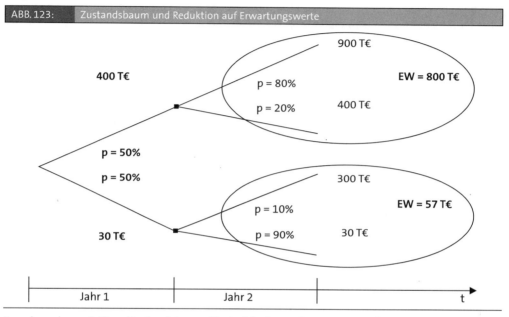

ABB. 123: Zustandsbaum und Reduktion auf Erwartungswerte

Aus dem dargestellten Zustandsbaum lässt sich dann eine Szenarienplanung bekannter Form ableiten.

ABB. 124:	Szenariendarstellung mit Erwartungswerten		2007	2008
Szenario	Eintrittswahrscheinlichkeit			
A	50 %	Jahresüberschuss	400.000 €	800.000 €
B	50 %	Jahresüberschuss	30.000 €	57.000 €

Es soll noch einmal betont werden, dass im Praxisgebrauch nicht zunächst Zustandsbäume und anschließend daraus die Szenarienplanungen bekannter Form entwickelt werden. Der oben präsentierte Weg über die Darstellung von Zustandsbäumen wurde nur aus didaktischen Gründen gewählt um zu zeigen, dass sich in jedem einzelnen Szenario spätestens ab dem zweiten Planjahr hinter jedem prognostizierten Wert zwangsläufig eine Wahrscheinlichkeitsverteilung verbirgt. Die Struktur der Wahrscheinlichkeitsverteilung ist aber in der Regel unbekannt.[1]

Szenarien werden nur für „wahrscheinliche" Entwicklungspfade festgelegt.[2] Die „wahrscheinlichen" Szenarien werden somit regelmäßig auf zwei (*Best Case* und *Worst Case*) oder drei (*Best Case*, *Real Case* und *Worst Case*) Ausblicke der möglichen Zukunftsentwicklung und damit ent-

---

[1] *Volkart, R.*, Corporate Finance, 2006, S. 203.
[2] *Moxter, A.*, Grundsätze ordnungsmäßiger Unternehmensbewertung, 1991, S. 119.

sprechend viele Unternehmensplanungen verengt.[1] D. h. die theoretisch natürlich immer mögliche Insolvenz eines kerngesunden und prosperierenden Unternehmens wird als ein Szenario mit sehr geringer Wahrscheinlichkeit in der Unternehmensplanung ausgeblendet und nicht weiter berücksichtigt. Das heißt aber nicht, dass weitere Entwicklungspfade, über die behandelten hinaus, nicht denkbar sind. Es lässt sich ganz im Gegenteil sogar zeigen, dass gerade die sehr unwahrscheinlichen Ereignisse Beachtung verdienen, da sie bei ihrem Eintreten einen massiven Einfluss auf unsere Planung haben.[2] Die Ereignisse vom 11. September oder das Auftreten der Subprime-Krise geben ein eindrucksvolles Beispiel hiervon.

Zur Überprüfung, ob die gewählten Szenarien den Umfang „wahrscheinlicher" Szenarien gut beschreiben, bietet sich die Sensitivitätsanalyse an.[3] Durch die Variation wichtiger Rahmenbedingungen wird deren Wirkung auf die Unternehmensplanung verprobt und die Konsequenzen für die Unternehmenswerte untersucht.

9.22.1.3 Erwartungswertbildung[4]

Wurde die Unternehmensplanung nach verschiedenen Szenarien geplant, ergeben sich verschiedene mögliche Ergebnisprognosen. Um *einen* Unternehmenswert zu ermitteln, muss diese Mehrwertigkeit der Ergebnisse zu einem einwertigen Ergebnis zusammengeführt werden. Dazu dient der Erwartungswert.[5] Dieser verdichtet die mehrwertige Ergebnisprognose durch Multiplikation der Szenarienergebnisse mit den Eintrittswahrscheinlichkeiten (p) und Zusammenfassung der so gewichteten Szenarienergebnisse zu einem einwertigen Ergebnis. Der Erwartungswert ist das mit den dazugehörigen Eintrittswahrscheinlichkeiten gewichtete arithmetische Mittel aller für möglich erachteten Einzelwerte einer Verteilung.[6] Bei der Entscheidung nach der Höhe der mathematischen Erwartung richtet sich die Wahl also nicht nach der wahrscheinlichsten Ausprägung einer Verteilung, sondern nach dem gewichteten Mittelwert, als dem „Grundprinzip rationalen Verhaltens".[7]

> **BEISPIEL** Bei zwei Szenarien möglicher Ausschüttungen weist Szenario 1 (p = 90 %) eine nachhaltige Ausschüttung von 1 Mio. € aus und Szenario 2 (p = 10 %) eine nachhaltige Ausschüttung von 10 Mio. €. Die Entscheidung fällt dann nach dem Erwartungswertprinzip nicht zugunsten 1 Mio. € (als wahrscheinlichster Variante), sondern zugunsten 1,9 Mio. € (dem gewichteten Durchschnitt) aus. Die unsymmetrische Verteilung wird damit berücksichtigt.[8]

An dieser Stelle gilt es Missverständnisse zu vermeiden. Natürlich würde niemand (normale Veranlagung unterstellt) im genannten Beispiel 1,9 Mio. € als „sicher", weil Ergebnis einer mathematischen Verarbeitung, unterstellen. Warum? Weil Investoren intuitiv der Chance (10 Mio. €

---

1 WP-Handbuch, Band II, 2008, S. 108, Tz. 296.
2 *Taleb, N. N.*, Der schwarze Schwan, Die Macht höchst unwahrscheinlicher Ereignisse, 2008.
3 *Brealey/Myers/Allen*, Corporate Finance, 2006, S. 245 ff.
4 Siehe auch Gliederungspunkt 3.4.3 Unsicherheit.
5 *Ballwieser, W.*, Unternehmensbewertung, Sp. 2085, in: Gerke/Steiner (Hrsg.), Handwörterbuch des Bank- und Finanzwesens, 2001; *Drukarczyk, J.*, Theorie und Politik der Finanzierung, 1993, S. 114 f.; zu alternativen Verfahren siehe *Drukarczyk, J.*, Unternehmensbewertung, 2003, S. 107 ff.; *Siegel, T.*, Unternehmensbewertung, Unsicherheit und Komplexitätsreduktion, BFuP 1994 S. 468 ff.; auf die Alternative, Sicherheitsäquivalente abzuleiten, wurde bereits unter Gliederungspunkt 3.4.3 hingewiesen.
6 *Pindyck/Rubinfeld*, Mikroökonomie, 2005, S. 218.
7 *Jaensch, G.*, Wert und Preis der ganzen Unternehmung, 1966, S. 109.
8 *Jaensch, G.*, Wert und Preis der ganzen Unternehmung, 1966, S. 109.

mit 10 % Eintrittswahrscheinlichkeit) bei ihren Entscheidungen weniger Bedeutung beimessen als dem Risiko (1 Mio. € mit 90 %) und damit Entscheidungen nicht am Erwartungswert bzw. dem sogenannten µ-Prinzip ausrichten. Dieses Verhalten, das für die überwiegende Zahl der Menschen zutrifft, zeichnet sie als risikoavers aus und wird von dem Erwartungswert gerade nicht berücksichtigt.[1] Wollte sich jemand auf der Grundlage des Erwartungswertes entscheiden, müsste er über den Wesenszug „Risikoneutralität" verfügen. Chancen und Risiken wären im egal bzw. würden von ihm gleich behandelt, womit er keinen Sicherheitsabschlag vornehmen würde.[2] Bei Risikoaversion muss dagegen noch ein Abschlag von dem Erwartungswert vorgenommen werden, soll er als „sicher" eingestuft werden.[3] Da in diesem Fall nicht mehr nur nach dem Erwartungswert (μ) entschieden wird, sondern auch das Risiko (σ) berücksichtigt wird, nennt man diese Entscheidungsregel auch $\mu\sigma$-Regel.[4] Unternehmensbewertung greift somit das Thema Risikoaversion auf und arbeitet entweder auf Grundlage der Risikoabschlags- bzw. Sicherheitsäquivalenzmethode oder üblicherweise mit der Risikozuschlagsmethode.

Bei der Risikozuschlagsmethode wird das Risiko durch einen Risikozuschlag auf den sicheren Basiszinssatzsatz im Rahmen der Diskontierung berücksichtigt. Erwartungswerte haben damit nur die Aufgabe eine rationale Entscheidung auf der Basis mehrwertiger Prognosen zu ermöglichen. Die Bildung von Erwartungswerten bedeutet dagegen noch keine Berücksichtigung der Risikoaversion und erlaubt damit nicht, die Diskontierung nur mit dem Basiszins vorzunehmen. Die Berücksichtigung der Risikoaversion erfolgt vielmehr erst durch den Risikozuschlag auf den Basiszinssatz. Der Risikozuschlag kann mit dem CAPM (*Capital Asset Pricing Model*) bestimmt werden.

Das Konzept des Erwartungswertes ist nicht ohne Kritik geblieben. Formal wird dagegen angeführt, dass der Kapitalwert bereits ein Entscheidungskriterium sei und dieses nicht in einem weiteren Entscheidungskriterium weiterverarbeitet werden könne.[5] Soweit ersichtlich besteht aber zum Lösungsweg des Erwartungswerts keine rationale und praktikable Alternative.

Zur Verarbeitung der entwickelten Szenarien, kann der Erwartungswert auf zwei Wegen, durch horizontale und vertikale Verdichtung, ermittelt werden, die zum gleichen Ergebnis führen.[6] Dies soll an folgendem Beispiel dargestellt werden.

---

[1] *Pindyck/Rubinfeld*, Mikroökonomie, 2005, S. 225.
[2] *Laux, H.*, Entscheidungstheorie, 1998, S. 213; *Varian, H. R.*, Mikroökonomie, 2007, S. 266.
[3] *Ballwieser, W.*, Die Wahl des Kalkulationszinsfußes bei der Unternehmensbewertung unter Berücksichtigung von Risiko und Geldentwertung, BFuP 1981 S. 99 ff.
[4] *Bamberg/Coenenberg*, Betriebswirtschaftliche Entscheidungslehre, 1981, S. 82.
[5] *Schmidt/Terberger*, Grundzüge der Investitions- und Finanzierungstheorie, 1997, S. 298 ff.
[6] *Ballwieser, W.*, Unternehmensbewertung, Sp. 2085, in: Gerke/Steiner (Hrsg.), Handwörterbuch des Bank- und Finanzwesens, 2001; *Drukarczyk, J.*, Theorie und Politik der Finanzierung, 1993, S. 114 f.

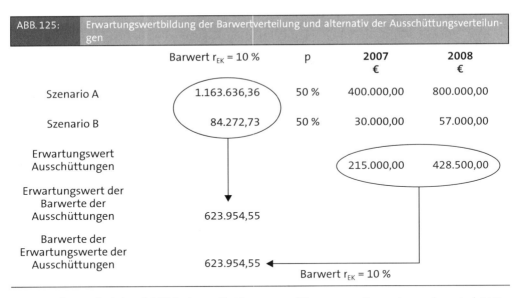

Wie aus dem Beispiel ersichtlich, kann die Zusammenführung von Szenarien auf zweierlei Wegen bewerkstelligt werden:

1. in einer Ermittlungsvariante wird zunächst der Barwert der Zahlungsreihen (z. B. der Unternehmenswert) je Szenario ermittelt und anschließend der Erwartungswert über die Unternehmenswerte gebildet.
2. Alternativ dazu können zunächst die Erwartungswerte der Ausschüttungen je Planperiode berechnet werden und anschließend der Barwert dieser Erwartungswerte (der erwarteten Ausschüttungen) gebildet werden.

Die Ergebnisse sind, wie obiges Beispiel demonstriert, augenscheinlich identisch. Gibt es eine vorziehenswürdige Variante? Ja, eindeutig die Variante 1. Denn hier sieht der Entscheider und Adressat der Unternehmensbewertung, in welchen Bandbreiten die möglichen Ausprägungen der Unternehmenswerte je nach Szenario schwanken.[1] In der Berechnungsvariante 2 gehen diese Informationen unter.

> „In anderen Worten sollten die meisten guten Prognosen keine punktgenauen Vorhersagen oder ein Mittelwert der möglichen Ergebnisse sein. Stattdessen kommt es bei der Entscheidungsfindung und dem Risikomanagement auf den Wertungsbereich an."[2]

Voraussetzung für identische Berechnungsergebnisse der Varianten ist, dass die Eintrittswahrscheinlichkeiten (p) je Szenario über den gesamten Planungsverlauf stabil gewählt sind. Bei einer (wohl eher theoretischen) Konstellation zu Ausschüttungen, Szenario A 2007 p = 50 %, Szenario A 2008 p = 60 %, Szenario B 2007 p = 50 %, Szenario B 2008 p = 40 %, kann nur die Berechnungsvariante 2 gewählt werden, da hier zunächst die Erwartungswerte je Planperiode errechnet werden müssen.

---

1 Siehe hierzu auch *Jödicke, D.*, Risikosimulation in der Unternehmensbewertung, FB 2007, S. 171.
2 *Bernstein, P. L.*, Die Entstehung der modernen Finanztheorie, 2009, S. 30.

9.22 Szenarienplanung und Bildung des Erwartungswerts

ABB. 126: Erwartungswertbildung der Ausschüttungsverteilungen

Szenario	Barwert r_{EK} = 10 %	p	2007 €	p	2008 €
Szenariao A		50 %	400.000,00	60 %	800.000,00
Szenario B		50 %	30.000,00	40 %	57.000,00
Erwartungswert Ausschüttungen			215.000,00		502.800,00
Erwartungswert der Barwerte der Ausschüttungen	n. a.				
Barwert der Erwartungswerte der Ausschüttungen	698.254,55 ←	Barwert r_{EK} = 10 %			

Mit den Überlegungen zu Eintrittswahrscheinlichkeiten ist auch der wunde Punkt der Erwartungswertbildung getroffen. Woher kommen die Eintrittswahrscheinlichkeiten? Den Versuch, qualitative Urteile zur Wahrscheinlichkeit eines Ereignisses mit Eintrittswahrscheinlichkeiten zu verbinden, hat Krelle unternommen.

ABB. 127: Eintrittswahrscheinlichkeiten und qualitatives Urteil zu unsicheren Ereignissen[1]

Ist ein bestimmtes Ereignis nach dem Urteil des damit Befassten	dann ist die subjektive Wahrscheinlichkeit
völlig unmöglich	0 %
außerordentlich unwahrscheinlich	1-10 %
sehr unwahrscheinlich	5-20 %
recht unwahrscheinlich	10-30 %
unwahrscheinlich	20-40 %
immer möglich	30-50 %
durchaus möglich	40-60 %
sehr möglich	50-70 %
wahrscheinlich	60-80 %
recht wahrscheinlich	70-90 %
sehr wahrscheinlich	80-95 %
außerordentlich wahrscheinlich	90-99 %
völlig sicher	100 %

Eine vom Gutachter unabhängige Quelle für die Eintrittswahrscheinlichkeiten von Szenarien sind z. B. die Vertriebsabteilungen der Bewertungsobjekte, da hier häufig Absatzprognosen auf

---

[1] *Krelle, W.*, Preistheorie, 1961, S. 611, dargestellt in: Münstermann, H., Wert und Bewertung der Unternehmung, 1966, S. 25.

der Grundlage von Wahrscheinlichkeitsstaffeln geführt werden. Diesen Absatzprognosen mit unterlegten Eintrittswahrscheinlichkeiten kommt insofern große Bedeutung bei, da die entscheidende Größe zur Ableitung unterschiedlicher Szenarien regelmäßig die Einschätzung zur Umsatzentwicklung ist.

ABB. 128: Auftragsplanung mit Eintrittswahrscheinlichkeiten

		Auftragswahrscheinlichkeit
1.	Angebot abgegeben	20 %
2.	Einladung zur Präsentation	40 %
3.	Engere Auswahl	60 %
4.	Auftragserteilung	100 %

Einen weiteren Weg zur Bestimmung von Eintrittswahrscheinlichkeiten kann letztlich das Gespräch mit den zuständigen Abteilungen bzw. der Geschäftsführung des Bewertungsobjekts darstellen. Die Unterschiede in Szenarien lassen sich meist auf eine handvoll zu variierender Daten zurückführen. Beispiele hierzu:

▶ Gewinnen eines Rahmenliefervertrages

▶ Termingerechte Markteinführung eines Produktes

▶ Preisänderungen eines wesentlichen Zukaufteils, Rohstoffs

Die Einschätzungen der Fachabteilungen des Bewertungsobjekts, lassen sich meist auf eine zumindest grobe Wahrscheinlichkeitsverteilung überführen. Alternativen zu dieser Vorgehensweise sind nicht ersichtlich, da formale Wege zur Herleitung subjektiver Eintrittswahrscheinlichkeiten aus gegebenen Informationsmengen nicht verfügbar sind.[1] Auf die Möglichkeiten der Monte-Carlo-Simulation sei nur der Vollständigkeit halber hingewiesen.[2]

Die Aufgabenstellung Szenarienbildung und Bestimmung der Eintrittswahrscheinlichkeiten ist komplex und arbeitsintensiv. Allerdings kann die Alternative nicht darin bestehen, der Bewertung eine einwertige Ergebnisprognose zugrunde zu legen und damit wertvolle Informationen zur Bestimmung der Unternehmensbewertung zu verbergen.[3]

9.22.2 Der Umgang mit Szenarien in der Praxis

Mehrere Szenarien für die Unternehmensplanung zu entwickeln, wird auch in IDW S1 i. d. F. 2008 nur als Kann-Empfehlung angeführt.

> „Aufgrund der Fülle von Einflussfaktoren kann es sich empfehlen, mehrwertige Planungen, Szenarien oder Ergebnisbandbreiten zu erstellen, um das Ausmaß der Unsicherheit der künftigen finanziellen Überschüsse zu verdeutlichen und erste Anhaltspunkte für die Berücksichtigung der Unsicherheit im Rahmen des Bewertungskalküls zu gewinnen."[4]

---

1 *Drukarczyk/Schüler*, Unternehmensbewertung, 2007, S. 46.
2 *Coenenberg, A. G.*, Unternehmensbewertung mit Hilfe der Monte-Carlo-Simulation, S. 116, in: Busse von Colbe/Coenenberg (Hrsg.), Unternehmensakquisition und Unternehmensbewertung, 1992.
3 *Ballwieser, W.*, Unternehmensbewertung, Sp. 2084, in: Gerke/Steiner (Hrsg.), Handwörterbuch des Bank- und Finanzwesens, 2001.
4 IDW S1 i. d. F 2008, Tz. 80; WP-Handbuch, Band II, 2008, S. 55, Tz. 163.

Aus der „Kann-Empfehlung" wird eine „Empfehlung" nur für den Fall, in dem von der Unternehmensleitung keine fundierte Unternehmensplanung erlangt werden kann und ausgehend von einer Vergangenheitsanalyse, durch den Gutachter selbst eine Planung entwickelt werden soll.

> „Es empfiehlt sich, in diesen Fällen eine Szenarioanalyse durchzuführen.."[1]

Die etwas zaghafte Empfehlung der Verwendung von in Unternehmensplanungen abgebildeten Szenarien, steht im starken Kontrast zur Position der Literatur, die die Mehrwertigkeit der Unternehmensplanung seit langem fordert. Repräsentativ sei hier auf ein Zitat von Moxter verwiesen:

> „Je weniger befähigt ein Unternehmensbewerter ist, umso ausgeprägter wird sein Ehrgeiz sein, einwertige Ertragsprognosen abzugeben: Er wird sich nicht damit begnügen, Bandbreiten möglicher künftiger Ertragsgrößen anzuführen und die Wahrscheinlichkeiten dieser alternativen Ertragsgrößen zu benennen; er wird vielmehr Wissen über die Zukunft fingieren und so, Wahrsagern nicht unähnlich, zu einwertigen Ertragsprognosen kommen."[2]

Etwas weniger fabulierend im Ausdruck, in der Sache aber ebenso deutlich, die folgenden Zitate:

> „Das Verdecken der Prognoseunsicherheit durch Zugrundelegen eines einwertigen Ertrags ist zwar üblich, aber unsachgemäß."[3]

> „Unsichere Erwartungen müssten durch Szenarioentwicklungen oder periodenbezogene Wahrscheinlichkeitsverteilungen berücksichtigt werden. Die Wirtschaftsprüfer scheuen offenbar hiervon zurück, um dem Vorwurf der Beliebigkeit der Erwartungsbildung zu entgehen."[4]

> „In Anbetracht des Untersicherheitsproblems erscheint es nicht realitätsgerecht, einen einwertigen Zukunftserfolg zu prognostizieren. Der zwangsläufigen Mehrwertigkeit der Ertragserwartungen ist nach herrschender Auffassung durch die Ermittlung einer Bandbreite möglicher Erträge unter Angabe einer Wahrscheinlichkeitsverteilung Rechnung zu tragen."[5]

Abschließend sei noch Bretzke angeführt, der darauf hinweist, dass die Mehrwertigkeit der Zukunftserträge die unvermeidbare Folge der Unvollkommenheit der Informationen sei und es somit sinnvoller sei, diese Mehrwertigkeit offenkundig zu machen, als sie durch eine methodisch fragwürdige Punktprognose zu verdecken.[6]

Bei so klaren Positionen in der Literatur ist es erstaunlich, dass auch IDW S1 i.d.F. 2008 zum Erfordernis mehrwertiger Planungen keine eindeutigere Position einnimmt und es bei einer Kann-Empfehlung belässt.[7] Das WP-Handbuch beschreibt die Vorteile der Szenarioplanung eindeutig.

> „Bei der Planung und Prognose der künftigen finanziellen Überschüsse kann grundsätzlich auf das Instrumentarium zurückgegriffen werden, das auch bei der strategischen Planung, beim strategischen Controlling oder bei Sanierungsprüfungen Anwendung findet, so z. B. die Stärken-Schwächen-Analyse, die Szenario-Technik oder die Portfolio-Analyse. Diese und weitere von Theorie und Praxis entwickelten

---

1 IDW S1 i.d.F. 2008, Tz. 163.
2 *Moxter, A.*, Grundsätze ordnungsmäßiger Unternehmensbewertung, 1991, S. 116.
3 *Ballwieser, W.*, Unternehmensbewertung, Sp. 2084, in: Gerke/Steiner (Hrsg.), Handwörterbuch des Bank- und Finanzwesens, 2001.
4 *Ballwieser, W.*, IDW S1 und objektivierter Unternehmenswert, in: Essler/Lobe/Röder, Fairness Opinion, 2008, S. 149.
5 *Mandl/Rabel*, Unternehmensbewertung, 1997, S. 405.
6 *Bretzke, W.-R.*, Das Prognoseproblem bei der Unternehmensbewertung, 1975, S. 91.
7 Zur Kritik siehe auch *Munkert, M. J.*, Der Kapitalisierungszinssatz in der Unternehmensbewertung, 2005, S. 200.

> Instrumente können die Ungewissheit der Zukunft zwar nicht beseitigen, sie ermöglichen es aber, Risiken und Chancen von Zukunftsentwicklungen systematischer erkennbar zu machen."[1]

Spätestens seit der Ankündigung von Basel II und der bonitätsorientierten Bestimmung der Kreditkonditionen, haben auch kleinere mittelständische Unternehmen Unternehmensplanungen aufgestellt. Szenarien liegen dazu in der Regel nicht vor. Allerdings denken die Unternehmer sehr wohl in Szenarien und sind regelmäßig in der Lage, die Möglichkeiten bestimmter Änderungen der Rahmenparameter und ihre Verbindung zur Unternehmensplanung zu skizzieren (etwa den Erfolg oder Misserfolg einer Marktstrategie) und hierfür grob mögliche Eintrittswahrscheinlichkeiten zuzuordnen. Die Datenlage für mehrwertige Prognosen ist somit selbst in Unternehmen mit KMU-Status verfügbar.

Im Zusammenhang mit der Erteilung von Gutachten ist darauf hinzuweisen, dass die Annahmen, unter denen die Szenarien abgeleitet wurden, eindeutig und vollständig im Gutachten beschrieben sein müssen.

> „Ferner ist das Vorgehen bei der Prognose und der Diskontierung der finanziellen Überschüsse darzustellen. Umfang und Qualität der zugrunde gelegten Daten müssen ebenso wie der Umfang von Schätzungen und Annahmen mit den dahinter stehenden Überlegungen ersichtlich sein. Insbesondere ist entsprechend dem Grundsatz der Klarheit der Berichterstattung im Bewertungsgutachten deutlich zu machen, auf welchen wesentlichen Annahmen der ermittelte Unternehmenswert beruht."[2]

Die Annahmen, die ein Szenario bilden (Prämissen, Eintrittswahrscheinlichkeiten), müssen sich dabei von dem oder den alternativen Szenarien logisch abgrenzen lassen.

Mit Bezug auf den objektivierten Unternehmenswert zeigt sich, dass die subjektive Bestimmung der Eintrittswahrscheinlichkeiten einen zentralen Angriffspunkt auf die Objektivierung des Bewertungsganges darstellt. Ebenso wie bei der Unternehmensplanung, ist kein Rückgriff auf eine marktmäßig objektivierte Datenlage, wie etwa bei der Bestimmung des Kalkulationszinssatzes möglich. Informationsquelle für die Bestimmung der Eintrittswahrscheinlichkeiten ist, wie auch bei der Unternehmensplanung, die Geschäftsleitung des Bewertungsobjekts. Die Geschäftsleitung, die die vorgelegten Daten zu vertreten hat, wird auch hier auf die Unterstützung der Fachabteilungen angewiesen sein. Objektiviert können aber auch diese Informationen zu den Eintrittswahrscheinlichkeiten nicht sein. Der Gutachter hat die getroffenen Annahmen zur Einschätzung der Eintrittswahrscheinlichkeiten kritisch zu überprüfen und im Gutachten darzulegen, welche Kriterien für die Wahl einer Wahrscheinlichkeitsverteilung ausschlaggebend waren.[3] Dabei ist klarzulegen wessen Einschätzungen entscheidend waren.

> „Aus der Berichterstattung muss hervorgehen, ob es sich bei den getroffenen Annahmen um solche des Gutachters, des Managements des zu bewertenden Unternehmens oder sachverständiger Dritter handelt."[4]

Aus den alternativen Nettozahlungen an die Anteilseigner, abgeleitet aus den jeweiligen Szenarien und den dafür geschätzten Eintrittswahrscheinlichkeiten, können entweder alternative und anschließend zusammengefasste Szenarien-Unternehmenswerte (Bandbreiten!) ermittelt werden, oder aus den Erwartungswerten der Nettozahlungen ein erwarteter Unternehmenswert berechnet werden. Was für oder gegen die Bildung von Erwartungswerten auf Basis von Unter-

---

[1] WP-Handbuch, Band II, 2008, S. 52, Tz. 155.
[2] IDW S1 i. d. F. 2008, Tz. 177.
[3] Siehe dazu die subjektiven und qualitativen Urteile zu Eintrittswahrscheinlichkeit unter Gliederungspunkt 9.22.1.
[4] IDW S1 i. d. F. 2008, Tz. 67.

nehmenswerten oder auf Basis der Nettozahlungen spricht, wurde oben dargestellt. Im Ergebnis werden bei der Bewertung von Unternehmen aber nicht Ausschüttungen oder Cashflows diskontiert, sondern erwartete Ausschüttungen oder erwartete Cashflows und damit Erwartungswerte.[1]

> „Im Zähler der Bewertungsformeln sind dann die Erwartungswerte anzusetzen."[2]
> „Die Cashflows stellen erwartete Zahlungen an die Kapitalgeber dar."[3]

Entsprechend wird bei der Bewertung immaterieller Vermögenswerte verfahren.

> „Bei der regelmäßig angewendeten Risikozuschlagsmethode müssen die Erwartungswerte der Cashflows mit einem risikoangepassten Kapitalisierungszinssatz diskontiert werden."[4]

9.22.3 Rechtsprechung

Mehrwertige Planungen sind Ausdruck des operativen und finanzierungsbedingten Risikos, das der Unternehmer zu tragen hat. Nun kann man sich die Frage stellen, ob Szenarien nicht auch eine Begründung dafür liefern können, dass dem Risiko auch Chancen gegenüberstehen und dass der Risikozuschlag im konkreten Bewertungsfall nicht mehr anzuwenden ist? Stellen wir uns folgende Situation der Szenarien A und B vor:

ABB. 129:	Erwartungswert von Szenarien	
Szenario A	p = 50 %	99.999,- € Jahresüberschuss
Szenario B	p = 50 %	1,- € Jahresüberschuss
Erwartungswert	p = 100 %	50.000,- € Jahresüberschuss

p: Eintrittswahrscheinlichkeit

Das OLG Celle argumentierte in so einer Situation hinsichtlich der unternehmerischen Risiken, den Risiken der zukünftigen Entwicklung stünden ebensolche Chancen gegenüber, kurz Chancen und Risiken würden sich für den Investor ausgleichen und damit entfiele die Notwendigkeit eines Risikozuschlages zum Kalkulationszinssatz.[5] Wird diese Aussage im Zusammenhang mit dem Erwartungswert, im obigen Fall 50.000 € getroffen, ist diese Aussage falsch. Investoren sind generell risikoavers.[6] Deshalb bewerten sie das Risiko höher als die Chance (jeder gehe im Moment in sich und frage sich, wie viele Versicherungen er abgeschlossen hat?). Damit ist auch der Risikozuschlag auf den Basiszinssatz gerechtfertigt.

Bezieht sich diese Aussage auf ein nachhaltiges Ergebnis im Sinne eines sicheren Ergebnisses, dass aus dem Erwartungswert abgeleitet wurde, dann ist die Aussage des OLG Celle richtig.[7] Hat das Gericht den nachhaltigen Jahresüberschuss etwa mit 45.000 € abgeleitet (bei einem Erwartungswert von 50.000 €), dann entspricht das nachhaltige Ergebnis in der Tendenz einem Sicherheitsäquivalent. Für dieses wäre dann auch kein Risikozuschlag mehr zu verwenden, da

---

1 *Ballwieser, W.*, Betriebswirtschaftliche (kapitalmarkttheoretische) Anforderungen an die Unternehmensbewertung, Wpg, Sonderheft 2008, S. 103.
2 IDW S1 i. d. F. 2008, Tz. 90.
3 IDW S1 i. d. F. 2008, Tz. 124.
4 IDW Standard: Grundsätze zur Bewertung immaterieller Vermögenswerte (IDW S5), Tz. 41.
5 OLG Celle v. 4. 4. 1979 – 9 Wx 2/77, DB, 1979, S. 1031.
6 *Drukarczyk, J.*, Theorie und Politik der Finanzierung, 1993, S. 106.
7 *Moxter, A.*, Grundsätze ordnungsmäßiger Unternehmensbewertung, 1991, S. 158.

das Risiko ja schon durch einen Abschlag auf den Erwartungswert berücksichtigt wurde. Ergebnis: Die Planung von Szenarien und die Ableitung eines Erwartungswertes daraus, führen nicht zur Änderung der Bewertungskonzeption und dem Wegfall von Risikozuschlägen oder Risikoabschlägen.

Unter Umständen bestehen aber aus rechtlicher Sicht noch Missverständnisse hinsichtlich der Notwendigkeit, Unternehmenswerte auf der Basis von Szenarien, also mehrwertiger Ertragserwartungen abzuleiten. So schreibt Piltz:

> „Dass Gerichte den objektivierten Unternehmenswert der Abfindungsbemessung ..."nach wie vor zugrunde legen, liegt an der besonderen Situation des Richters: Er kann nicht – wie die Betriebswirtschaft mit mehrwertigen Erwartungen operieren, wie es z.B. der Käufer eines Unternehmens tut. Wenn der Käufer den Wert eines zu erwerbenden Unternehmens nach dessen Zukunftserfolg bestimmt, wird er für seine Entscheidungsfindung verschiedene Prognosen anstellen und somit den „Preis im besten Fall" oder „Preis im schlechtesten Fall" usw. bestimmen. Bei der gerichtlichen Unternehmensbewertung muss dagegen der Unternehmenswert sich letztendlich in einer und nur einer Zahl verkörpern, auf deren Grundlage die Abfindung an Gesellschafter, der Zugewinnausgleich usw. berechnet wird. Es muss deshalb für die gerichtliche Unternehmensbewertung so etwas wie einen „objektiven" Unternehmenswert geben."[1]

Es ist zu betonen, dass sich objektivierte Unternehmenswerte nicht dadurch auszeichnen, dass sie auf einwertigen Ertragsprognosen beruhen. Mehrwertige Ertragsprognosen sind Minimalbedingungen der Unternehmensbewertung, unabhängig davon ob nun subjektive oder objektivierte Unternehmenswerte ermittelt werden. Dies liegt schlicht daran, dass sich die Unsicherheit in der Welt nicht daran hält, ob Gutachter subjektive oder objektivierte Unternehmenswerte ermitteln wollen. Daraus ergibt sich eine Bandbreite unterschiedlicher Werte, die sich als Konsequenz der Zukunftsprognose ergeben.[2] Damit mehrwertige Ertragserwartungen in einen Unternehmenswert münden, ist der Erwartungswert über die Szenarienwerte zu bilden.

> „Die zu diskontierenden Zahlungsströme sind Erwartungswerte."[3]

Damit kann der Richter auch bei mehrwertigen Ertragsprognosen seiner Abfindungsbestimmung einen „einzigen" Unternehmenswert zugrunde legen. Abgesehen davon ist auch der Rechtsprechung bewusst, dass das Ergebnis einer Unternehmensbewertung auf einer Reihe von Wertungen bzw. einem Prämissenkatalog beruht und sich hinter „der Punktlandung des Unternehmenswertes" eine Bandbreite möglicher Unternehmenswertausprägungen verbirgt.

> „Es gibt keinen „richtigen" objektiven Unternehmenswert an sich. Darstellbar ist nur eine Bandbreite vertretbarer Bewertungen, gewissermaßen ein Zielkorridor, der bei zutreffenden realen Unternehmensdaten konsistente Bewertungsergebnisse enthält."[4]

> „Nachdem auch das gutachtliche Ergebnis letztlich nur eine Schätzung des Unternehmenswerts darstellt, müssen es die Verfahrensbeteiligten hinnehmen, dass eine Bandbreite von unterschiedlichen Werten als angemessene Abfindung existiert und das erkennende Gericht unter Berücksichtigung aller maßgeblichen Umstände hieraus einen Wert festsetzt."[5]

---

1 *Piltz, D.*, Die Unternehmensbewertung in der Rechtsprechung, 1994, S. 94 f.
2 BayObLG v. 28.10.2005 – 3Z BR 071/00, AG, 2006, S. 41.
3 LG Frankfurt a. M. v. 13.3.2009 – 3-5 O 57/06, AG, 2009, S. 753.
4 LG Frankfurt a. M. v. 13.3.2009 – 3-5 O 57/06, AG, 2009, S. 753.
5 OLG München v. 17.7.2007 – 31 Wx 060/06, AG, 2008, S. 29.

10. Der Kalkulationszinssatz

10.1 Der Basiszinssatz

„Du darfst von deinem Bruder keine Zinsen nehmen: weder Zinsen für Geld noch Zinsen für Getreide noch Zinsen für sonst etwas, wofür man Zinsen nimmt. Von einem Ausländer darfst du Zinsen nehmen, von deinem Bruder darfst du keine Zinsen nehmen, damit der Herr, dein Gott, dich segnet in allem, was deine Hände schaffen, in dem Land, in das du hineinziehst, um es in Besitz zu nehmen."[1]

10.1.1 Theorie

Der Kalkulationszinssatz ist Vergleichsmaßstab für die aus dem Unternehmen zu erwartenden Ausschüttungen. Ausgangspunkt des mehrstufigen Arbeitsganges zur Bestimmung des Kalkulationszinssatzes ist bei der Ermittlung objektivierter Unternehmenswerte der Basiszinssatz.[2] Dies gilt bei der Anwendung des Ertragswertverfahrens ebenso wie bei der Anwendung von Discounted Cashflow Verfahren.[3] Bei der Suche nach dem Basiszinssatz stößt man in der Literatur auf den „landesüblichen Zinssatz". Dieser stellt jedoch „ein Phantom" dar, inhaltlich unbestimmt und mit dem Makel behaftet, dass wenig Eindeutiges über ihn zu erfahren ist.[4] Der Hinweis, der Basiszinssatz werde aus dem landesüblichen Zinsfuß abgeleitet, stellt sich als „inhaltslose Leerformel" heraus, da der eine wie der andere Begriff unbestimmt ist.[5]

Im Zusammenhang mit Abfindungsregelungen verweist das Aktiengesetz auf den Basiszinssatz gemäß § 247 BGB (§§ 305 Abs. 3 Satz 3, 320b Abs. 1 Satz 6, 327b Abs. 2 AktG). Der Basiszinssatz wird dabei im Zusammenhang mit der Verzinsungsregelung erwähnt. Zur Erläuterung der Aufgaben des Basiszinssatzes in diesem Sinne, sei die Pressenotiz der Deutschen Bundesbank vom 28. 12. 2006 zitiert.

„Anpassung des Basiszinssatzes zum 1. Januar 2007 auf 2,70 %

Die Deutsche Bundesbank berechnet nach den gesetzlichen Vorgaben des § 247 Abs. 1 BGB den Basiszinssatz und veröffentlicht seinen aktuellen Stand gemäß § 247 Abs. 2 BGB im Bundesanzeiger.

Der Basiszinssatz des Bürgerlichen Gesetzbuches dient vor allem als Grundlage für die Berechnung von Verzugszinsen, § 288 Abs. 1 Satz 2 BGB. Er verändert sich zum 1. Januar und 1. Juli eines jeden Jahres um die Prozentpunkte, um welche seine Bezugsgröße seit der letzten Veränderung des Basiszinssatzes gestiegen oder gefallen ist. Bezugsgröße ist der Zinssatz für die jüngste Hauptrefinanzierungsoperation der Europäischen Zentralbank vor dem ersten Kalendertag des betreffenden Halbjahres."

Der Basiszinssatz des BGB verfügt somit über eine (notwendige) Koppelung an die aktuellen Kapitalmarktverhältnisse. Die „Hauptrefinanzierungsoperationen" stellen als Offenmarktgeschäfte ein Instrument der Geldmarktpolitik dar, mit der die Europäische Zentralbank die Geldmarktpolitik durch die jeweiligen nationalen Zentralbanken steuert.[6] Der Basiszinssatz des BGB stellt

---

[1] Die Bibel, Deuteronomium, 23, 20 f.
[2] Bei subjektiven Unternehmenswerten kann der Kalkulationszinssatz auch durch die Vorgabe einer gewünschten Zielrendite bestimmt werden. Im Gegensatz zu objektivierten Unternehmenswerten besteht weit weniger die Notwendigkeit, sich für die Ermittlung des Kalkulationszinssatzes zu rechtfertigen (ausgenommen kauf- oder verkaufstaktische Gründe).
[3] *Drukarczyk, J.*, Unternehmensbewertung, 2003, S. 138 u. 141.
[4] *Jonas, H. H.*, Die Bestimmung des Kapitalisierungszinsfußes bei der Unternehmensbewertung, ZfB, 1954, S. 489, der den Gegenbeweis antritt; *Ballwieser/Leuthier*, Betriebswirtschaftliche Steuerberatung: Grundprinzipien, Verfahren und Probleme der Unternehmensbewertung, DStR, 1986, S. 607; *Mandl/Rabel*, Unternehmensbewertung, 1997, S. 133.
[5] *Komp, R.*, Zweifelsfragen des aktienrechtlichen Abfindungsanspruchs nach §§ 305, 320b AktG, 2002, S. 153.
[6] *Kümpel, S.*, Bank- und Kapitalmarktrecht, 2000, S. 810, Tz. 5.245 und S. 2273, Tz. 20.176.

allerdings keine, für einen Investor real verfügbare, Anlagealternative dar und scheidet damit für Zwecke der Unternehmensbewertung aus.

Zur inhaltlichen Klärung des Begriffs Basiszinssatz lassen sich folgende Fragestellungen untersuchen:

- ▶ Welche Funktion hat der Basiszinssatz im Rahmen der Unternehmensbewertung?
- ▶ Warum muss der Basiszinssatz risikofrei sein?
- ▶ Auf welchem Kapitalmarkt ist der Basiszinssatz zu bestimmen?
- ▶ Auf welcher Datengrundlage lässt sich der Basiszinssatz bestimmen?
- ▶ Soll der Basiszinssatz des Bewertungsstichtages oder ein Prognosezinssatz verwendet werden?
- ▶ Welche Laufzeit muss der Basiszinssatz aufweisen?
- ▶ Soll ein einheitlicher Basiszinssatz oder sollen periodengenaue Basiszinssätze verwendet werden?

Diesen Fragestellungen soll im Folgenden nachgegangen werden.

10.1.1.1 Welche Funktion hat der Basiszinssatz im Rahmen der Unternehmensbewertung?

Der Basiszinssatz erfüllt die Funktion einer für jedermann verfügbaren sicheren Investitionsalternative.[1] Durch die Forderung nach Verfügbarkeit, erhält der Begriff Basiszinssatz einen realen Inhalt in Form des Marktzinses. Der Anlage-Marktzins gibt Auskunft, zu welchem Zinssatz ein Investor Geld am Kapitalmarkt sicher anlegen kann.[2] Er wird bestimmt durch das Angebot und die Nachfrage nach Darlehensmitteln sowie die Maßnahmen der Geldpolitik der Zentralbank.[3] Der „Basiszinssatz" ist ein Terminus technicus der Unternehmensbewertungslehre und Ausdruck der Ausgangs-„Basis" für die Berechnung des Kalkulationszinssatzes, letztlich aber nur begriffliche Hülle für den Marktzins.

ABB. 130:	Beispielhafte Entwicklung des Kalkulationszinssatzes ausgehend vom Basiszinssatz (Risikozuschlagsmethode) und einer Anlage in ein Aktienportfolio[4]	
Basiszins vor ESt		4,00 %
Steuerbelastung (25 %)		1,00 %
Risikozuschlag nach ESt		4,50 %
Wachstumsabschlag		1,00 %
Kalkulationszinssatz		6,50 %

---

[1] *Drukarczyk, J.*, Unternehmensbewertung, 2003, S. 352; *Obermaier, R.*, Bewertung, Zins und Risiko, 2004, S. 159; *Ballwieser, W.*, Unternehmensbewertung, 2004, S. 84.

[2] Wenn in der Folge vom Basiszinssatz gesprochen wird, geht es also letztlich immer um den Marktzins (in welchen Spielformen auch immer).

[3] *Pindyck/Rubinfeld*, Mikroökonomie, 2005, S. 747 ff.

[4] Für die Ermittlung objektivierter Unternehmenswerte gilt seit dem IDW S1 eine Anlage in Aktien als Alternativinvestition. Daraus folgt eine Besteuerung der Alternativrendite auf der Basis von Kursgewinnen und Dividenden. Seit dem 1.1.2009 unterliegen Kapitalerträge der Abgeltungsteuer in Höhe von 25 %.

Im Rahmen des Kapitalwertmodells stellt der Basiszinssatz damit die Ausgangsbasis für die Bestimmung der (äquivalenten) Opportunitätskosten dar.[1] D. h. wer ein Unternehmen erwirbt, verzichtet damit automatisch auf den Ertrag, der sich aus der Anlage des Unternehmenskaufpreises zum Basiszinssatz ergibt. Werden Sicherheitsäquivalente diskontiert, stellt (nur!) der Basiszinssatz auch den (vollständigen!) Kalkulationszinssatz dar. Risikoäquivalenz zwischen Bewertungsobjekt und Alternativrendite wurde ja bereits durch einen Risikoabschlag vom Erwartungswert der unsicheren prognostizierten Ausschüttungsverteilungen erzeugt. Wird dagegen die Risikozuschlagsmethode verwendet, muss die Korrektur zur Herstellung der Risikoäquivalenz am Basiszinssatz vorgenommen werden. Dies erfolgt durch einen Risikozuschlag, mit der die von der Alternative geforderte Rendite gegenüber dem Basiszinssatz soweit erhöht wird, bis das Risiko des Bewertungsobjektes in der Alternativrendite äquivalent abgebildet ist.

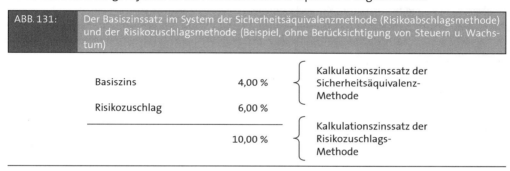

ABB. 131: Der Basiszinssatz im System der Sicherheitsäquivalenzmethode (Risikoabschlagsmethode) und der Risikozuschlagsmethode (Beispiel, ohne Berücksichtigung von Steuern u. Wachstum)

Gegenüber dem IDW S1 vom 28. 6. 2000 hatte im IDW S1 vom 18. 10. 2005 hinsichtlich der Interpretation des Basiszinssatzes ein Umdenken eingesetzt. Im IDW S1 vom 28. 6. 2000 war der Basiszinssatz Repräsentant der jedermann zugänglichen Alternativanlage „festverzinsliches Wertpapier".

> „Die an den ausscheidenden Aktionär zu zahlende Abfindung soll es ihm ermöglichen, durch anderweitige Anlage dieses Betrages den Ertrag zu erwirtschaften, der seinem Anteil an dem zu erwartenden Unternehmensgewinn entspricht, von dem er für die Zukunft ausgeschlossen wird. Als Basiszins ist deshalb von der durchschnittlichen Rendite öffentlicher Anleihen auszugehen. Zwar steht es den ausscheidenden Aktionären frei, wie sie die erhaltene Abfindung anlegen, doch ist ihr Anteilswert nach objektiven Kriterien zu ermitteln. <u>Das bedeutet, daß den Aktionären ein Zinssatz zugerechnet werden muß, wie er von einem vernünftig und wirtschaftlich denkenden Menschen sicher zu erzielen ist.</u>"[2]

Nur aus Gründen der Risikoäquivalenz wurde der sichere Zins um einen Risikozuschlag erhöht. Der Risikozuschlag bestimmte sich auf Basis des CAPM oder eines wie auch immer bestimmten angemessenen Risikozuschlages. Die Investitionsalternative blieb aber auch nach Modifikation um den Risikozuschlag ein festverzinsliches Wertpapier, wenn auch mit „synthetischer" Anmutung. Der Qualifizierung des hinter der künstlich erzeugten Rendite stehenden Anlagewertes als festverzinsliches Wertpapier folgte auch die Besteuerung, in dem die für Zinserträge maßgebliche Vollversteuerung angewendet wurde.

Im IDW S1 vom 18. 10. 2005 und IDW S1 i. d. F. 2008 spielt der Basiszinssatz bei der Bestimmung des Kalkulationszinssatzes ebenso eine Rolle. Allerdings ist der Basiszinssatz hier nicht Ausdruck

---

[1] *Pindyck/Rubinfeld*, Mikroökonomie, 2005, S. 727.
[2] OLG Düsseldorf v. 19. 10. 1999 – 19 W 1/96 AktE, AG, 2000, S. 324.

„der" Investitionsalternative festverzinsliches Wertpapier, sondern nur noch eine technische Komponente im gemäß CAPM mit Aktien bestückten Portfolio des Investors.[1]

> „Als Ausgangsgrößen für die Bestimmung von Alternativrenditen kommen insbesondere Kapitalmarktrenditen für Unternehmensbeteiligungen (in Form eines Aktienportfolios) in Betracht. Diese Renditen für Unternehmensanteile lassen sich grundsätzlich in einen Basiszinssatz und in eine von den Anteilseignern aufgrund der Übernahme unternehmerischen Risikos geforderte Risikoprämie zerlegen."[2]

Die Besteuerung der Alternativrendite folgt diesem Gedanken im Rahmen des Tax-CAPM und wendet deshalb eine differenzierte Besteuerung auf die Renditekomponenten an. Das Halbeinkünfteverfahren bis zum 31.12.2008, auf die via CAPM ermittelte Dividendenrendite, die Steuerfreiheit auf die Kursrendite und die Vollversteuerung auf die (technisch bedingten) Anleihenzinsen. Das Umdenken erfolgte mit dem Verweis auf ein notwendigerweise zu unterstellendes, realitätsnahes Anlegerverhalten. Kritisiert wurde in diesem Zusammenhang die im IDW S1 vom 28.6.2000 bisher wenig schlüssige Argumentation, ein z.B. abzufindender Inhaber „unsicherer" Aktien würde alternativ die Investition in „sichere" festverzinsliche Wertpapiere erwägen.

Die differenzierte Besteuerung der Alternativrendite in der oben beschriebenen Form wird ab 1.1.2009 durch die Abgeltungsteuer von einheitlich 25 % auf Zinserträge und Dividenden und eine effektive Abgeltungsteuer auf Kursgewinne (außerhalb § 17 EStG) abgelöst.

10.1.1.2 Anatomie des Marktzinses

„Der Marktzins" ist ein Konglomerat unterschiedlicher Entgeltkomponenten, die für unterschiedliche Aspekte der Hingabe von Geld entschädigen. Diese Komponenten lassen sich wie folgt darstellen:

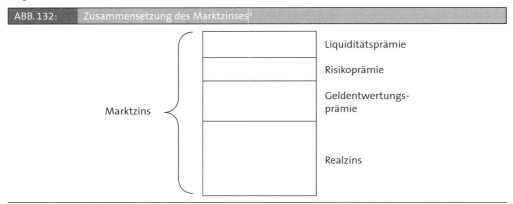

ABB. 132: Zusammensetzung des Marktzinses[3]

Für die Überlassung von Geld verlangt der Anleger ein Entgelt, den Realzins. Dies ist der Preis, den er für seinen Konsumverzicht verlangt bzw. dieser ist Ausdruck des Zeitwertes des Geldes.[4] Es liegt nahe, dass die Zeitpräferenzrate von den individuellen Vorstellungen des Anlegers ab-

---

1 *Volkart, R.,* Corporate Finance, 2006, S. 229; *Richter, F.,* Mergers & Acquisitions, 2005, S. 28; *Ballwieser, W.,* Unternehmensbewertung, 2004, S. 94; IDW Standard: Grundsätze zur Durchführung von Unternehmensbewertungen (IDW S1), 18.10.2005, Anhang: CAPM und Tax-CAPM, Gliederungspunkt Nr. 3.
2 IDW S1 i. d. F. 2008, Tz. 115.
3 *Friedrichs, J.-C.,* Zinssätze in Wertermittlungen, 2001, S. 62.
4 *Loderer/Jörg/Pichler/Roth/Zgraggen,* Handbuch der Bewertung, 2005, S. 35.

hängen sollte.¹ Auf einem funktionierenden Kapitalmarkt werden diese individuellen Vorstellungen jedoch durch das Ergebnis des Marktmechanismus eingeebnet und durch den Marktzinssatz (den Realzins zuzüglich weiterer Prämien) ersetzt. Im Marktgleichgewicht entspricht die Zeitpräferenzrate dem Marktzins.²

Da festverzinsliche Anlagen nicht gegen die Geldentwertung abgesichert sind, wird ein Teil des Marktzinses in einer Kompensation für die erwartete Inflationsrate bestehen.³ In Abhängigkeit von der Bonität des Schuldners, dem Geld überlassen wird, ist eine Risikoprämie zu veranschlagen.⁴ Bundesanleihen höchster Bonität werden deshalb nahezu keine Risikoprämie enthalten. Die Einschränkung der Möglichkeiten über sein Geld zu verfügen, lässt sich der Anleger in Abhängigkeit vom Anlagezeitraum des hingegebenen Betrages durch eine Liquiditätsprämie bezahlen.⁵

10.1.1.3 Warum muss der Basiszinssatz risikofrei sein?

Ausgehend von dem Ansatz, Unternehmenswerte durch die Diskontierung von Sicherheitsäquivalenten (Sicherheitsäquivalenz- oder Risikoabschlagsmethode) zu ermitteln wird unmittelbar klar, dass dann der Kalkulationszinssatz ebenfalls sicher sein muss. Andernfalls wäre das Kriterium der Risikoäquivalenz verletzt und es erfolgte der bekannte Vergleich von Äpfel und Birnen.

Die Risikozuschlagsmethode verfolgt konzeptionell einen anderen Rechenweg, beruht aber auf dem gleichen Gedanken des äquivalenten Vergleichs.⁶ Das bedeutet im Umkehrschluss, dass ein zum Bewertungsobjekt korrespondierender Risikoumfang im Kalkulationszinssatz ausschließlich durch die Bemessung des Risikozuschlages zu erfassen ist. Nur so wird die Mehrfachberücksichtigung von Risiken vermieden.

Als risikofrei gilt eine festverzinsliche Anlage, soweit sie weder Währungs-, Termin-, noch Ausfallrisiken aufweist.⁷ Als nahezu risikofrei können jedoch Staatsanleihen gelten, soweit diese von politisch stabilen und ökonomisch prosperierenden Staaten begeben werden.⁸

> „In den vergangenen Jahren sei bei den Schuldtiteln aufstrebender Volkswirtschaften eine beträchtliche und anhaltende Verringerung der Renditeaufschläge zu beobachten gewesen, heißt es in dem Bericht der (BIZ) Bank für Internationalen Zahlungsausgleich, ..."⁹

Indikator für das Zusammentreffen dieser Bedingungen sind die Einschätzungen der Rating-Agenturen zum Ausfallrisiko der jeweiligen Staatsanleihen.¹⁰ Anleihen der Bundesrepublik Deutschland erhalten hier regelmäßig ein AAA-Rating, womit das geringst mögliche Ausfallrisi-

---

1 *Fisher, I.*, The Rate of Interest, 1907, S. 103, 109.
2 *Fisher, I.*, The Rate of Interest, 1907, S. 132 f.; *Kruschwitz, L.*, Finanzierung und Investition, S. 5 f.; *Kruschwitz, L.*, Barwerte – Gelöste, ungelöste und unlösbare Fragen der Investitionsrechnung, S. 163, in: Festschrift Loitlsberger, Wagner, H., (Hrsg.), Zum Erkenntnisstand der Betriebswirtschaftslehre am Beginn des 21. Jahrhunderts, 2003.
3 *Friedrichs, J.-C.*, Zinssätze in Wertermittlungen, 2001, S. 62.
4 *Perridon/Steiner*, Finanzwirtschaft der Unternehmung, 2007, S. 173 ff.
5 Deutsche Bundesbank: Die Entwicklung der Kapitalmarktzinsen seit Anfang der neunziger Jahre, Monatsbericht 11/1996, S. 18.
6 Siehe dazu Gliederungspunkt 3.4.3 Unsicherheit.
7 *Ballwieser, W.*, Zum risikolosen Zins für die Unternehmensbewertung, S. 23, in: Festschrift *Drukarczyk, Richter/Schüler/Schwetzler* (Hrsg.), Kapitalgeberansprüche, Marktwertorientierung und Unternehmenswert, 2003.
8 *Moxter, A.*, Grundsätze ordnungsmäßiger Unternehmensbewertung, 1991, S. 146.
9 Börsenzeitung v. 14. 3. 2007, S. 6.
10 *Obermaier, R.*, Bewertung, Zins und Risiko, 2004, S. 151.

ko beschrieben wird. Griechenland unternimmt dagegen im Moment große Anstrengungen, den zunehmenden Vertrauensverlust der Kapitalmärkte zu bremsen.

> „Die griechische Regierung hat am Freitag höhere Steuern, eine drastische Reduzierung ihrer Ausgaben und Gehaltskürzungen im öffentlichen Dienst angekündigt. Auf diese Weise will sie die Staatsschulden in den Griff bekommen. ... Die Risikoprämie für griechische Staatsanleihen stieg auf ein Rekordhoch. Eine Absicherung von Forderungen gegen Griechenland kostet inzwischen 3,4 Prozent der versicherten Summe. Um neue Schulden aufzunehmen, müsste der griechische Staat bei langlaufenden Anleihen derzeit rund 2,5 Prozent mehr Zinsen bieten als Deutschland."[1]

10.1.1.4 Auf welchem Kapitalmarkt ist der Basiszinssatz zu bestimmen?

Staatsanleihen erfolgreicher Staaten weisen das geringste Risiko auf. Die Frage wurde aufgeworfen, nach welchen Kriterien der die Anleihe begebende Staat auszuwählen ist.[2] Richtet sich dies nach dem Sitzland der Geschäftsleitung des zu bewertenden Unternehmens oder nach dem Wohnsitz der Gesellschafter des zu bewertenden Unternehmens? Und wie wäre zu verfahren wenn, im Zuge der Globalisierung wohl nicht selten anzutreffen, die Gesellschafter unterschiedlichen Wohnsitzstaaten zuzuordnen sind? Hier hatte IDW S1 vom 18.10.2005 folgende Hilfestellung angeboten:

> „Die Ermittlung eines objektivierten Wertes erfolgt grundsätzlich unter der Annahme, dass die Unternehmenseigner im Sitzland des zu bewertenden Unternehmens ansässig sind. Hieraus ergeben sich Konsequenzen insbesondere für die nach den Gegebenheiten des jeweiligen Sitzlandes zu berücksichtigende typisierte Steuerbelastung sowie für die zugrunde zu legenden Verhältnisse hinsichtlich Kapitalmarkt, Risiko und Wachstum."[3]

Damit war für die Bestimmung des objektivierten Unternehmenswertes zumindest bestimmt, von welchen Annahmen der Gutachter hinsichtlich des Sitzlandes des Bewertungsobjektes und des Bewertungssubjektes gemäß IDW S1 vom 18.10.2005 auszugehen hatte. Zwar verwendet IDW S1 i.d.F. 2008 den Begriff Sitzland nicht mehr bzw. hat den entsprechenden Gliederungspunkt gestrichen, dies ändert aber nichts an der Bewertung aus der Perspektive eines inländischen Anteilseigners.[4]

> „Bei gesellschaftsrechtlichen und vertraglichen Bewertungsanlässen (z.B. Squeeze-out) wird der objektivierte Unternehmenswert im Einklang mit der langjährigen Bewertungspraxis und deutschen Rechtsprechung aus der Perspektive einer inländischen unbeschränkt steuerpflichtigen natürlichen Person als Anteilseigner ermittelt."[5]

Dies hat, zumindest noch nach IDW S1 vom 18.10.2005, auch Bedeutung für den zugrunde zu legenden Kapitalmarkt. Damit wären für die Ermittlung objektivierter Unternehmenswerte, von Unternehmen mit Sitz in Deutschland, auch deutsche Staatsanleihen für die Bestimmung des Basiszinssatzes maßgeblich.

> „Die Begrenzung auf inländische Anleihen dürfte im Allgemeinen eine sachgerechte Typisierung darstellen, insb. dann, wenn auf die Alternativanlage inländischer Investoren abgestellt wird."[6]

---

1 Griechenland legt Sparprogramm vor, Frankfurter Allgemeine Zeitung, 16.1.2010, Nr. 13, S. 11.
2 *Kruschwitz, L.*, Barwerte – Gelöste, ungelöste und unlösbare Fragen der Investitionsrechnung, S. 163, in: Festschrift Loitlsberger, Wagner, H., (Hrsg.), Zum Erkenntnisstand der Betriebswirtschaftslehre am Beginn des 21. Jahrhunderts, 2003.
3 IDW Standard: Grundsätze zur Durchführung von Unternehmensbewertungen (IDW S1), 18.10.2005, Tz. 55.
4 Siehe hierzu Gliederungspunkt 9.4 Sitzlandprinzip.
5 IDW S1 i.d.F. 2008, Tz. 31.
6 WP-Handbuch, Band II, 2008, S. 104, Tz. 286.

Das muss allerdings nicht zwingend gelten. Für alle Anleihen der Staaten in der Euro-Zone bestehen aufgrund der einheitlichen Währung keine Währungsrisiken. Die höchste Bonitätsstufe vorausgesetzt, wären die relevanten Staatsanleihen somit in der Euro-Zone zu suchen (bzw. die für die jeweiligen Länder abgeleiteten Zinsstrukturkurven zu verwenden), da hiermit auch der Grundsatz der Währungsäquivalenz eingehalten ist.[1] Entscheidungskriterium für die Wahl der Anleihe ist das Fehlen einer jeglichen Ausfallprämie, da hiermit der Emittent höchster Bonität identifiziert wird.[2] Damit ist für die Bestimmung des Basiszinssatzes der Staat der Euro-Zone maßgeblich, dessen Staatsanleihen die niedrigsten Zinssätze aufweisen, d. h. die geringsten Risikozuschläge aufweisen.[3] Dieses Kriterium erfüllen in den letzten Jahren deutsche Staatsanleihen.[4]

Die Frage nach dem maßgeblichen Sitzland zur Bestimmung des Basiszinssatzes ist damit beantwortet. Weder das Sitzland der Geschäftsleitung des zu bewertenden Unternehmens noch der Wohnsitz der Gesellschafter des zu bewertenden Unternehmens spielen hierbei eine Rolle. Vielmehr muss die Währung der Vergleichsanlage der Währung der zu diskontierenden Ausschüttungen entsprechen.[5] Und in diesem Währungsraum ist die Kapitalmarktanlage mit dem geringsten Risiko zu identifizieren. Damit ist für die Bestimmung objektivierter Unternehmenswerte deutscher Unternehmen der europäische Währungsraum die Basis zur Identifikation des sichersten Basiszinssatzes.[6]

---

[1] Siehe Gliederungspunkt 5.8.
[2] *Obermaier, R.*, Bewertung, Zins und Risiko, 2004, S. 154.
[3] *Munkert, M. J*, Der Kapitalisierungszinssatz in der Unternehmensbewertung, 2005, S. 122.
[4] European Central Bank, Long-Term Interest-Rates, http://www.ecb.int/stats/money/long/html/index.en.html.
[5] *Obermaier, R.*, Bewertung, Zins und Risiko, 2004, S. 176.
[6] Siehe auch die jüngste Empfehlung des IDW zur Verwendung der Zinsstrukturkurve der Europäischen Zentralbank, Gliederungspunkt 10.1.2.1

10. Der Kalkulationszinssatz

ABB. 133: Langfristige Zinssätze in der Euro-Zone (2002 – 2006). Minimumwerte in Klammern.[1]

Land Einheit	Bel. % p.a.	Deuts. % p.a.	Irl. % p.a.	Griech. % p.a.	Span. % p.a.	Frank. % p.a.	Ital. % p.a.	Luxem. % p.a.	Niederl. % p.a.	Österr. % p.a.	Port. % p.a.	Slov. % p.a.	Finn. % p.a.
01-2002	5,08	4,86	5,02	5,24	5,05	4,93	5,14	**4,84**	4,97	5,08	5,08	NA	5,05
02-2002	5,15	4,92	5,20	5,31	5,11	4,99	5,20	**4,91**	5,03	5,06	5,15	NA	5,10
03-2002	5,37	**5,16**	5,42	5,50	5,34	5,24	5,41	**5,16**	5,27	5,35	5,39	9,62	5,33
04-2002	5,37	**5,15**	5,41	5,51	5,34	5,24	5,40	5,19	5,25	5,38	5,39	9,53	5,32
05-2002	5,38	5,17	5,41	5,52	5,36	5,26	5,41	**5,15**	5,30	5,37	5,40	9,22	5,40
06-2002	5,24	**5,02**	5,25	5,37	5,23	5,11	5,26	5,09	5,16	5,19	5,26	9,19	5,26
07-2002	5,09	4,87	5,11	5,21	5,07	4,96	5,11	**4,87**	4,99	5,08	5,12	9,08	5,10
08-2002	4,80	**4,59**	4,84	4,95	4,78	4,67	4,83	4,70	4,71	4,78	4,85	8,95	4,81
09-2002	4,60	4,38	4,63	4,73	4,57	4,46	4,62	**4,33**	4,50	4,58	4,63	8,91	4,61
10-2002	4,66	4,46	4,70	4,79	4,63	4,55	4,76	**4,11**	4,58	4,62	4,70	8,91	4,68
11-2002	4,64	4,48	4,67	4,76	4,60	4,53	4,74	**4,11**	4,56	4,64	4,66	7,10	4,66
12-2002	4,46	4,33	4,46	4,58	4,43	4,38	4,55	**3,97**	4,36	4,47	4,45	6,65	4,45
01-2003	4,28	4,18	4,27	4,43	4,24	4,22	4,38	**3,62**	4,19	4,27	4,27	6,65	4,26
02-2003	4,11	3,95	4,06	4,24	4,01	4,01	4,16	**3,55**	3,97	4,01	4,04	6,65	4,05
03-2003	4,15	4,00	4,09	4,26	4,04	4,10	4,19	**3,55**	4,01	4,08	4,08	6,65	4,09
04-2003	4,29	4,15	4,22	4,38	4,19	4,22	4,31	**3,55**	4,23	4,17	4,18	6,65	4,23
05-2003	3,95	3,82	3,89	4,02	3,88	3,89	4,04	**3,55**	3,91	3,85	3,91	6,65	3,91
06-2003	3,74	**3,62**	3,69	3,81	3,69	3,69	3,82	3,88	3,72	3,74	3,77	6,65	3,70
07-2003	4,06	**3,97**	4,01	4,12	4,03	4,01	4,13	4,24	4,04	4,05	4,10	6,65	4,01
08-2003	4,22	**4,13**	4,17	4,29	4,19	4,16	4,29	4,41	4,19	4,22	4,26	6,65	4,18
09-2003	4,25	**4,17**	4,19	4,32	4,21	4,23	4,31	4,42	4,21	4,29	4,29	6,65	4,20
10-2003	4,31	**4,22**	4,25	4,38	4,27	4,28	4,38	4,47	4,27	4,30	4,36	6,16	4,26
11-2003	4,43	**4,35**	4,39	4,51	4,40	4,41	4,51	4,60	4,41	4,46	4,48	5,54	4,39
12-2003	4,38	**4,29**	4,36	4,45	4,34	4,34	4,46	4,53	4,33	4,40	4,40	5,27	**4,33**
01-2004	4,26	4,17	4,20	4,37	4,19	4,20	4,32	4,39	4,18	4,24	4,25	5,14	**4,16**
02-2004	4,26	**4,11**	4,15	4,35	4,15	4,14	4,34	4,33	4,12	4,27	4,19	5,01	**4,11**
03-2004	4,07	3,91	3,97	4,17	4,01	3,98	4,17	4,12	3,93	4,09	4,00	4,99	**3,92**
04-2004	4,26	**4,10**	4,17	4,35	4,20	4,18	4,35	4,29	4,13	4,23	4,25	4,83	**4,10**
05-2004	4,40	**4,25**	4,31	4,49	4,33	4,34	4,49	4,43	4,37	4,36	4,42	4,77	**4,25**
06-2004	4,46	**4,31**	4,38	4,55	4,39	4,39	4,54	4,49	4,42	4,41	4,47	4,69	4,48
07-2004	4,34	**4,24**	4,27	4,44	4,28	4,27	4,44	4,44	4,36	4,31	4,40	4,35	4,65	4,37
08-2004	4,18	**4,08**	4,09	4,28	4,15	4,11	4,28	4,20	4,15	4,17	4,18	4,66	4,21
09-2004	4,11	**4,02**	4,04	4,22	4,08	4,09	4,25	4,13	4,09	4,14	4,12	4,63	4,14
10-2004	3,98	**3,89**	3,92	4,11	3,97	3,98	4,13	4,00	3,96	3,99	3,99	4,47	4,01
11-2004	3,85	**3,78**	3,80	3,97	3,85	3,86	4,00	3,85	3,85	3,86	3,86	4,31	3,89
12-2004	3,66	**3,58**	3,62	3,77	3,64	3,64	3,79	3,64	3,63	3,66	3,64	4,07	3,68
01-2005	3,59	3,56	**3,52**	3,69	3,59	3,58	3,71	3,57	3,56	3,57	3,56	3,87	3,60
02-2005	3,57	3,54	**3,51**	3,69	3,58	3,60	3,68	3,56	3,55	3,53	3,55	3,92	3,57
03-2005	3,76	3,70	**3,66**	3,92	3,74	3,75	3,84	3,70	3,69	3,69	3,70	3,89	3,72
04-2005	3,60	3,48	**3,46**	3,76	3,53	3,54	3,65	3,51	3,48	3,49	3,50	3,95	3,51
05-2005	3,43	3,30	**3,28**	3,60	3,36	3,38	3,55	3,35	3,30	3,39	3,35	3,92	3,33
06-2005	3,26	**3,13**	**3,13**	3,44	3,18	3,20	3,41	3,16	**3,13**	3,23	3,19	3,90	3,16
07-2005	3,30	3,20	3,18	3,46	3,22	3,27	3,44	**3,17**	3,27	3,26	3,35	3,78	3,18
08-2005	3,31	3,23	3,22	3,47	3,23	3,30	3,45	**3,20**	3,28	3,29	3,39	3,79	3,21
09-2005	3,14	3,07	**3,04**	3,30	3,09	3,13	3,29	3,05	3,12	3,10	3,23	3,74	3,05
10-2005	3,30	3,24	**3,19**	3,45	3,28	3,29	3,44	3,24	3,28	3,26	3,39	3,62	**3,19**
11-2005	3,49	3,45	**3,40**	3,67	3,48	3,50	3,66	3,48	3,48	3,47	3,58	3,62	**3,40**
12-2005	3,39	3,34	**3,36**	3,57	3,37	3,38	3,55	3,40	3,35	3,36	3,46	3,69	**3,30**
01-2006	3,37	3,32	3,32	3,60	3,33	3,34	3,54	3,39	3,33	3,31	3,45	3,73	**3,28**
02-2006	3,54	3,47	3,47	3,77	3,48	3,51	3,70	3,55	3,48	3,47	3,60	3,72	**3,44**
03-2006	3,70	3,64	3,65	3,95	3,66	3,69	3,92	3,72	3,66	3,64	3,77	3,80	**3,62**
04-2006	3,96	3,89	3,90	4,23	3,92	3,95	4,22	4,01	3,92	3,91	4,03	**3,73**	3,88
05-2006	4,03	3,96	3,96	4,30	3,99	4,00	4,29	4,07	3,96	4,04	4,07	**3,73**	3,94
06-2006	4,02	3,96	3,98	4,31	3,99	4,01	4,30	4,07	3,97	4,01	4,10	**3,87**	4,02
07-2006	4,04	4,01	**3,76**	4,33	4,02	4,03	4,31	4,12	3,99	4,07	4,14	3,86	4,07
08-2006	3,92	**3,88**	**3,88**	4,19	3,89	3,90	4,17	4,00	3,90	3,92	4,06	3,92	3,94
09-2006	3,79	**3,75**	3,76	4,06	3,76	3,77	4,04	3,90	3,78	3,80	3,93	3,98	3,80
10-2006	3,83	3,79	**3,78**	4,08	3,81	3,81	4,07	3,95	3,82	3,83	3,98	4,02	3,84
11-2006	3,76	**3,71**	3,72	3,98	3,75	3,74	3,97	3,89	3,75	3,76	3,89	3,99	3,75
12-2006	3,82	3,77	**3,76**	4,04	3,82	3,81	4,03	3,95	3,81	3,80	3,96	3,90	3,82

[1] http://www.ecb.int/stats/money/long/html/index.en.html

10.1.1.5 Soll der Basiszinssatz des Bewertungsstichtages oder ein Prognosezinssatz verwendet werden?

Die Bewertung von Unternehmen mit dem Kapitalwertmodell beruht auf der Idee der Duplizierung. „Bewerten heißt vergleichen" bedeutet nichts anderes, als die Suche nach dem Preis einer Alternativanlage, die unter Berücksichtigung der Äquivalenzkriterien die gleichen Einzahlungsüberschüsse bietet, wie das Bewertungsobjekt.[1] Diese Suche und Gegenüberstellung findet am Bewertungsstichtag statt. Die an diesem Tag verfügbaren Alternativen begrenzen den Handlungsraum des Investors bzw. den Datenraum des Gutachters, der unter Umständen viele Jahre später den Unternehmenswert auf diesen Stichtag zu ermitteln hat.

„Der Stichtagszins ist Marktdatum der Bewertung und nicht Gestaltungsparameter."[2]

Der Hinweis auf die Zukunftsorientierung der Unternehmensbewertung widerspricht nicht dem Stichtagsprinzip.[3] Die am Bewertungsstichtag verfügbaren Zinsverhältnisse stellen ja bereits eine Zinsprognose des Marktes hinsichtlich der am Kapitalmarkt gehandelten Laufzeiten dar.[4] Vertritt man die Ansicht, der Markt würde die künftige Zinsstruktur nicht zuverlässig erfassen, wären eigene Prognosen der künftigen Zinsentwicklung erforderlich.[5] Mit diesen eigenen Zinsprognosen argumentierte der Gutachter dann allerdings „gegen den Markt".[6] Die Versuche der Kapitalmarktprofis, die Zinsprognosen des Marktes zu schlagen, belegen allerdings eindrucksvoll die Vorziehenswürdigkeit des Stichtagsgedankens. Die ganz überwiegende Zahl aller von Banken durchgeführten Zinsprognosen führte zu systematisch schlechteren Ergebnissen, als die aus der Zinsstrukturkurve des Bewertungsstichtages ableitbaren Zinssätze.[7] Das Konzept des Stichtagszinssatzes lässt sich aber auch anhand der geforderten Laufzeitäquivalenz der Alternativanlage belegen. Bei der geforderten gleichen Laufzeit von Bewertungsobjekt und Alternativanlage sind bei der Alternativanlage keine Reinvestitionen notwendig.[8] Dann aber haben künftige Änderungen des Zinssatzes keinen Einfluss auf die Bewertung und sind somit irrelevant.[9]

Die Vornahme von Prognosen, teilweise durchgeführt auf der Grundlage von Durchschnittswerten der Vergangenheit, wurde im Rahmen der Unternehmensbewertung häufig mit dem Hinweis verteidigt, die vorliegenden Zinsverhältnisse seien untypisch. Diesem Zustand müsse durch Korrekturen abgeholfen werden. Diese Sichtweise führte im Rahmen von Gerichtsentscheidungen aber auch im Rahmen der Zinsempfehlungen des AKU (Arbeitskreis Unternehmensbewertung des IDW) zu Basiszinssatzkomponenten im Kalkulationszinssatz, die den Stichtagszins nicht unerheblich überschritten.[10] Grund hierfür ist der Ansatz, einen langfristigen Durchschnitt

---

1 *Drukarczyk, J.*, Unternehmensbewertung, 2003, S. 355 f.; *Richter, F.*, Mergers & Acquisitions, 2005, S. 23.
2 *Obermaier, R.*, Marktzinsorientierte Bestimmung des Basiszinssatzes in der Unternehmensbewertung, FB, 2006, S. 475.
3 *Obermaier, R.*, Bewertung, Zins und Risiko, 2004, S. 156.
4 *Mandl/Rabel*, Unternehmensbewertung, 1997, S. 134; *Schultze, W.*, Methoden der Unternehmensbewertung, 2003, S. 256; *Mandl, G.*, Können die DCF-Verfahren die an die Unternehmensbewertung gestellten Anforderungen besser erfüllen als die Ertragswertverfahren?, S. 49, in: Egger, E., (Hrsg.) Unternehmensbewertung – quo vadis?, 1999.
5 *Baetge/Krause*, Die Berücksichtigung des Risikos bei der Unternehmensbewertung, BFuP 1994 S. 449 f.
6 *Moxter, A.*, Grundsätze ordnungsmäßiger Unternehmensbewertung, 1991, S. 172.
7 *Munkert, M. J.*, Der Kapitalisierungszinssatz in der Unternehmensbewertung, 2005, S. 130 f.
8 Siehe dazu auch Gliederungspunkt 5.3
9 *Schwetzler, B.*, Zinsänderungsrisiko und Unternehmensbewertung: Das Basiszinssatzfuß-Problem bei der Ertragswertermittlung, 1996, S. 1088.
10 *Obermaier, R.*, Unternehmensbewertung, Basiszinssatzsatz und Zinsstruktur, Regensburger Diskussionsbeiträge zur Wirtschaftswissenschaft Nr. 408, November 2005, S. 27, Fn. 98.

10. Der Kalkulationszinssatz

der Zinsentwicklung der Vergangenheit zu ermitteln und diesen Durchschnittswert als repräsentativ für die Zukunft zu unterstellen. Bei den seit Jahren sinkenden Anleiherenditen führt dies zu einer tendenziellen Überschätzung des Basiszinssatzes.

Mittlerweile ist aber auch die Rechtssprechung grundsätzlich auf den Gedanken der stichtagsbezogenen Bestimmung des Basiszinssatsatzes eingeschwenkt und vertritt dessen Ableitung zwar nicht aus der Zinsstrukturkurve des Stichtages, aber zumindest aus der Datenbasis der dem Stichtag vorhergehenden 3 Monate.[1] Der Gedanke der Verwendung von Stichtagsdaten, die mittels Durchschnittsbildung über die letzten 3 Monate wieder „normalisiert" werden, birgt einen gewissen Widerspruch in sich.[2]

Mit Bezug auf den Eingangs dargestellten Duplizierungsgedanken lässt sich hinsichtlich des zu verwendenden Basiszinssatsatzes somit Folgendes festhalten:

> „Es kommt also nicht darauf an, ob die Anlagemöglichkeiten typisch sind; wichtig ist allein, ob sie für den Investor im Entscheidungszeitpunkt realisierbar sind."[3]

Zwischenergebnis:

Der Stichtagszins enthält alle Informationen des Marktes über die zukünftige Zinsentwicklung. Prognoseversuche gegen den Markt zu argumentieren sind regelmäßig fehlgeschlagen. Marktanomalien am Bewertungsstichtag bedürfen somit keiner Korrekturen, auch wenn es gelänge Markt-Normalität zu definieren. Der Stichtagszins ist der für die Unternehmensbewertung relevante Basiszins, da nur dieser dem Investor am Stichtag (der Entscheidung!) als Alternativanlage zur Verfügung steht.

10.1.1.6 Sind für die Bewertung Effektivzinssätze oder Nominalzinssätze zu verwenden?

Die Rendite von möglichst risikofreien Anleihen stellt den Basiszinssatz zur Ermittlung des Kalkulationszinssatzes dar. Da bei Staatsanleihen der Staat Schuldner ist und insbesondere die wirtschaftlich erfolgreichen Staaten praktisch nicht zahlungsunfähig werden können, gelten diese nahezu risikofreien Anleihen als besonders geeignet. Damit ist zunächst zu klären, was unter der Rendite der Anleihen zu verstehen ist.

Anleihen werden überwiegend als Kuponanleihen emittiert.[4] Kuponanleihen bieten jährliche Zinszahlungen auf den Nennwert (Nominalbetrag) der Anleihe und eine Rückzahlung des Nennwertes am Ende der Laufzeit.[5] Der Nominalzinssatz bezieht sich auf den Nennwert.[6] Üblich sind Nennbeträge von 100 €, 500 €, 1.000 €, 5.000 € und 10.000 €.[7] Bei einem Nennwert von 100 € und einem Nominalzins von 8 % erhält der Gläubiger dieser Anleihe somit jährlich 8 € Zinsen

---

1 LG Frankfurt a. M. v. 21. 3. 2006 – 3 - 5 O 153/04, AG, 2007, S. 44.
2 *Ballwieser, W.*, Der Diskontierungszins der Wirtschaftsprüfer für die Unternehmensbewertung als Komplexitätsreduktion, in: Laitenberger/Löffler (Hrsg.), Finanzierungstheorie auf vollkommenen und unvollkommenen Kapitalmärkten, 2008, S. 128.
3 *Drukarczyk, J.*, Unternehmensbewertung, 2003, S. 355.
4 *Kruschwitz, L.*, Barwerte – Gelöste, ungelöste und unlösbare Fragen der Investitionsrechnung, S. 164, in: Festschrift Loitlsberger, Wagner, H., (Hrsg.), Zum Erkenntnisstand der Betriebswirtschaftslehre am Beginn des 21. Jahrhunderts, 2003.
5 *Kruschwitz, L.*, Finanzmathematik, 2006, S. 188.
6 *Obermaier, R.*, Bewertung, Zins und Risiko, 2004, S. 136.
7 *Kruschwitz, L.*, Finanzmathematik, 2006, S. 188.

über die Laufzeit der Anleihe ausbezahlt. Am Laufzeitende erhält der Gläubiger die Tilgung seiner Forderung in Höhe des Nominalbetrages von 100 €.

Nullkuponanleihen (Zerobonds) werden auf dem deutschen Kapitalmarkt seltener als Kuponanleihen emittiert.[1] Hier werden die Zinsen am Laufzeitende des Papiers mit dem Tilgungsbetrag in einer Summe zur Zahlung an den Gläubiger fällig. Der Gläubiger erhält also nur einmal eine Zinszahlung. Die absolute Höhe der Zinszahlung ergibt sich aus der Differenz zwischen Rückzahlungsbetrag und Ausgabekurs bzw. Kurswert.[2] Kurswert ist der Preis, den man bezahlen muss um Ansprüche auf künftige Zins- und Tilgungszahlungen zu erwerben, wobei zusätzlich noch Nebenkosten in Form von Stückzinsen, Handelsprovision, Abwicklungskosten und Maklergebühr anfallen.[3]

Veränderungen des Marktzinsniveaus beeinflussen den Kurswert der Anleihe während der Laufzeit. Sinkt der Marktzins gegenüber dem Nominalzins einer Anleihe, dann steigt der Kurswert der Anleihe. An der Änderung des Barwertes einer unendlichen Rente lässt sich dies schnell erklären. Bei einem 10 %igen Zins auf den Nominalwert von 100 € ergeben sich jährliche Zinszahlungen von 10 €, womit der Barwert der ewigen Rente dieser Zinszahlungen dem Nominalwert entspricht 10 € / 0,10 = 100 €. Sinkt nun der Marktzins auf 5 %, dann steigt der Barwert der nominalen Zinsansprüche (10 € p.a.) auf den Rentenbarwert (Kurswert) von 10 € / 0,05 = 200 €. Das Marktzinsniveau unterliegt aufgrund vielfältiger Einflüsse wie z.B. der Inflationserwartung der Kapitalmarktteilnehmer permanenten Änderungen.[4] Deshalb erwirbt man umlaufende festverzinsliche Wertpapiere regelmäßig zu einem Kurswert, der vom Ausgabewert abweichen wird. Wollte man die oben dargestellt Anleihe mit 10 % nominalem Zinsanspruch erwerben, müsste man bei einem Marktzinsniveau von 5 % einen Kurswert von 200 € bezahlen. Der Effektivzinssatz dieser Anleihe beträgt dann aber abweichend vom vereinbarten Nominalzins nicht mehr 10 %, sondern 10 € / 200 € = 5 %. Unter Effektivverzinsung versteht man somit den (internen) Zinssatz, bei dem der Barwert der künftigen Zahlungen genau dem Ausgabekurs bzw. dem Preis der Anleihe entspricht.[5] Im Sinne der Definition des internen Zinssatzes gilt auch, der Effektivzinssatz ist der Zinssatz, bei dem der Netto-Kapitalwert (Barwert der Zahlungsreihe bzw. Bruttokapitalwert abzüglich Anschaffungskosten) gleich Null wird.[6]

ABB. 134: Definition des internen Zinssatzes bzw. Effektivzinssatzes

$$A_0 = \sum_{t=1}^{T} Z_t (1 + i_{eff})^{-t}$$

i_{eff}: Effektivzinssatz (interner Zinssatz bzw. Durchschnittsrendite)
A_0: Ausgabekurs bzw. Preis der Kupon-Anleihe in t_0
Z_t: Zahlungen (Zinsen in t und Tilgung in T)
T: Laufzeit

---

1 *Obermaier, R.*, Bewertung, Zins und Risiko, 2004, S. 162.
2 *Heidorn, T.*, Finanzmathematik in der Bankpraxis, 2006, S. 31.
3 *Kruschwitz, L.*, Finanzmathematik, 2006, S. 189.
4 *Friedrichs, J.-C.*, Zinssätze in Wertermittlungen, 2001, S. 62.
5 *Kruschwitz, L.*, Finanzmathematik, 2006, S. 202.
6 *Heidorn, T.*, Finanzmathematik in der Bankpraxis, 2006, S. 12.

10. Der Kalkulationszinssatz

In dem simplen aber unrealistischen Beispiel einer unendlich laufenden Anleihe würde die Ermittlung der Effektivverzinsung kein Problem darstellen. Bei den üblichen (endlichen) Laufzeiten einer Kupon-Anleihe muss der Effektivzinssatz über Näherungsverfahren (z. B. Newtons Tangentenmethode) bzw. Iterationsverfahren ermittelt werden.[1] Einfacher ist die Berechnung des Effektivzinssatzes dagegen bei einer Nullkuponanleihe. Der Effektivzinssatz ist der Zinssatz, der den Rückzahlungsbetrag (Tilgung und Zinsen) auf den Ausgabekurs bzw. den Preis der Nullkuponanleihe diskontiert.[2]

BEISPIEL Der Ausgabekurs eines Zerobond betrage 100 €. Der Rückzahlungsbetrag sei 121 €, bei einer Laufzeit von 2 Jahren. Daraus ergibt sich eine Effektivverzinsung von 10 %.

$$i_{eff} = \left(\frac{Z_T}{A_0}\right)^{\frac{1}{T}} - 1 = \left(\frac{121}{100}\right)^{\frac{1}{2}} - 1 = 10\,\%$$

i_{eff}: Effektivzinssatz (interner Zinssatz bzw. Durchschnittsrendite)
A_0: Ausgabekurs bzw. Preis der Nullkupon-Anleihe in t_0
Z_T: Rückzahlungsbetrag (Zinsen in t und Tilgung) in T
T: Laufzeit

Für die Nullkupon-Anleihe lässt sich nun folgender Zusammenhang festhalten. Der Kurs der Anleihe ergibt sich aus dem Zusammenspiel von Nominalzins und Marktzins. Aus dem Kurs der Anleihe ergibt sich in Verbindung mit den Nominalzinszahlungen wiederum die Effektivverzinsung d. h. die Rendite der Anleihe. Eine hohe Effektivverzinsung zieht verstärkt Nachfrage auf sich und führt über steigende Kurse wieder zu einer Absenkung der Effektivverzinsung. Eine niedrige Effektivverzinsung führt zu einem gegenläufigen Effekt. Die Effektivverzinsung nähert sich somit immer dem Marktzins an.

Diese für Nullkupon-Anleihen gültige Schlussfolgerung, dass der Marktzins der Effektivverzinsung entspricht, lässt sich allerdings nicht für alle Anleihen verallgemeinern. Woran liegt das? Schlicht und ergreifend an dem Umstand, dass es nicht den einzigen Marktzins gibt, sondern Marktzinsen, die in Abhängigkeit von der Laufzeit variieren. Für Nullkupon-Anleihen stellt diese Differenzierung kein Problem dar, da die Nullkupon-Anleihe nur eine Rückzahlung (Zins und Tilgung) zu _einem_ Zeitpunkt kennt. Der Effektivzins, als Durchschnittszinssatz, entspricht hier über den beschriebenen Mechanismus dem Marktzins für die Laufzeit der Nullkupon-Anleihe.

Kupon-Anleihen sind dagegen durch mehrere Zinszahlungen über die Laufzeit und eine Tilgung mit Zinszahlung am Laufzeitende charakterisiert. Hier verdeckt der Effektivzinssatz die in der Zahlungsstruktur enthaltenen laufzeitspezifischen Marktzinssätze. Der Effektivzins als Durchschnittsrendite einer Kupon-Anleihe kann diese Informationen mit Zeitpunktbezug systembedingt nicht liefern.[3] Der Effektivzinssatz entspricht hier nicht „dem Marktzinssatz."

---

1 _Kruschwitz, L._, Finanzmathematik, 2006, S. 191.
2 _Heidorn, T._, Finanzmathematik in der Bankpraxis, 2006, S. 31.
3 _Heidorn, T._, Finanzmathematik in der Bankpraxis, 2006, S. 13.

Zwischenergebnis:

Nominalzinssätze von Kupon- oder Nullkuponanleihen stellen keine Informationsquelle zur Bestimmung des Marktzinses dar und haben damit keine Relevanz für die Unternehmensbewertung.[1] Effektivzinssätze können nur als Information über den Marktzins verwendet werden (und den Basiszinssatz für die Ableitung des Kalkulationszinssatzes bilden), wenn sie aus Null-Kuponanleihen abgeleitet werden.

10.1.1.7 Stellen Kuponanleihen oder Nullkuponanleihen das festverzinsliche Wertpapier zur Ermittlung des Basiszinssatzes dar?

Grundlage zur Beantwortung dieser Frage ist der einer Bewertung zugrunde liegende Duplizierungsgedanke. „Bewerten heißt vergleichen" und mittels der äquivalenten Alternativrendite sollte sich eine möglichst in jeder Hinsicht identische Kopie der Zahlungsreihe herstellen lassen, wie sie auch aus dem Bewertungsobjekt zu erwarten ist. Das Kriterium der Laufzeitäquivalenz fordert eine möglichst lange Laufzeit der Alternativanlage, da sie diesbezüglich im Falle eines unendlich lebenden Bewertungsobjektes vergleichbar sein soll.[2] Mit dieser Alternativanlage soll ein Zahlungsreihenduplikat hergestellt werden.

BEISPIEL Das Unternehmen habe eine Laufzeit von 4 Jahren, ohne Restwert. Alternativ lassen sich Mittel zu 10 % anlegen (alternativer Anlagesatz). Dies ist der Renditesatz einer Kuponanleihe.

TAB. 40: Barwertermittlung und Duplizierung einer Zahlungsreihe

t	0	1	2	3	4
Sicherheitsäquivalent		100.000,00	400.000,00	300.000,00	900.000,00
Bewertung					
Alternativer Anlagesatz		10,00 %	10,00 %	10,00 %	10,00 %
Barwert t_0	1.261.594,15	90.909,09	330.578,51	225.394,44	614.712,11
Duplizierung					
Anlagebetrag	1.261.594,15				
Zinsertrag 10 %		126.159,42	128.775,36	101.652,89	81.818,18
Entnahme		100.000,00	400.000,00	300.000,00	900.000,00
Wiederanlage für t + 1		1.287.753,57	1.016.528,93	818.181,82	0,00
Barwert der Entnahme	*1.261.594,15*	*90.909,09*	*330.578,51*	*225.394,44*	*614.712,11*

Das Beispiel zeigt folgendes Ergebnis. Wird der Barwert des Ausschüttungsstromes aus dem Bewertungsobjekt (der Unternehmenswert) zum Kalkulationszinssatz wieder angelegt, dann lässt sich eine zum Bewertungsobjekt identische Zahlungsreihe erzeugen. Der Investor wäre damit indifferent welche Anlage er in Höhe des ermittelten Kapitalwertes wählen soll, den Unternehmenserwerb oder die Alternativanlage (soweit nur rein finanzielle Erwägungen eine Rolle spielen).

---

1 Abgesehen von der theoretischen Ausnahmesituation, der Nominalzins hätte bei der Emission dem Marktzins entsprochen und seither hätte es keine Änderungen des Marktzinsniveaus gegeben.
2 Bei der Annahme einer unendlichen Lebensdauer für das Unternehmen. Siehe hierzu Gliederungspunkt 9.10.1.

10. Der Kalkulationszinssatz

Aber liegt dem Beispiel nicht ein Denkfehler zugrunde? Bei einer Anleihe mit 4-jähriger Laufzeit, annahmegemäß die Alternativanlage, sind während der Laufzeit keine Entnahmen über den laufenden Zinsertrag hinaus möglich. Das erzielbare Zinsniveau ist ja gerade eine Funktion der Zeit, für die der Anlagebetrag fest angelegt wird. Entnahmen über den Zinsertrag hinaus wären aber erforderlich um, mit dem Ziel der Duplizierung, aus der Alternativanlage die gleiche Zahlungsstruktur zu gewinnen, wie sie bei dem Bewertungsobjekt vorliegt. Aus der alternativen Anlage des Unternehmenswertes wären somit nur folgende Zahlungen entnahmefähig:

TAB. 41:	Duplizierung einer Zahlungsreihe unter den Beschränkungen fixer Zinsansprüche				
t	0	1	2	3	4
Anleiheverzinsung					
Anlagebetrag	1.261.594,15				
Zinsertrag 10 %		126.159,42	126.159,42	126.159,42	126.159,42
Entnahme		126.159,42	126.159,42	126.159,42	1.387.753,57
Wiederanlage für t + 1		1.261.594,15	1.261.594,15	1.261.594,15	0,00
Barwert der Entnahme	*1.261.594,15*	*114.690,38*	*104.263,98*	*94.785,44*	*947.854,36*
Entnahmedifferenz in t		26.159,42	-273.840,58	-173.840,58	487.753,57

Würde man aus der alternativen Anlage die Zahlungsstruktur des Bewertungsobjekts entnehmen wollen, dann führte dies zur dargestellten Entnahmedifferenz, da tatsächlich nur der laufende Zinsertrag entnahmefähig ist. Langfristige Anlagemöglichkeiten erfüllen somit zwar das Kriterium der Laufzeitäquivalenz, erlauben aber in der Realität nicht, die Zahlungsstrukturäquivalenz sicherzustellen.

Mit Verweis auf die für Unternehmensbewertungen gesetzten Spielregeln, nämlich die Annahme eines vollkommenen Kapitalmarktes[1], können wir uns aber getrost wieder von den aufgezeigten Beschränkungen der Realität verabschieden.[2] Auf einem vollkommenen Kapitalmarkt lässt sich das „Mehr" an Zinserträgen gegenüber dem Entnahmeplan, sowie das „Weniger" an verfügbaren Zinserträgen gegenüber dem Entnahmeplan, jeweils durch Zwischenanlagen bzw. Kreditaufnahmen ausgleichen. Dies erfolgt ganz komfortabel zum einheitlichen Zinssatz, zu dem im vollkommenen Kapitalmarkt Anlagen und Kreditaufnahmen möglich sein sollen.[3] Dies zeigt das folgende Beispiel

> **BEISPIEL** Die Anlagealternative zum Unternehmenskauf besteht in einer Anleihe mit 4-jähriger Laufzeit. Der Zinssatz beträgt 10 %. Es liegt ein vollkommener Kapitalmarkt vor. D.h. zum Zinssatz von 10 % können Gelder angelegt und Kredite aufgenommen werden. Der Finanzplan zur Herstellung eines Entnahmestromes, der ein Duplikat zum Entnahmestrom aus dem Unternehmen sein soll (siehe Beispiel oben), stellt sich wie folgt dar:

---

1 *Ballwieser, W.,* Unternehmensbewertung, 2004, S. 13.
2 Siehe dazu Gliederungspunkt 3.4.2.
3 *Kruschwitz, L.,* Investitionsrechnung, 2005, S. 56.

| TAB. 42: | Duplizierung einer Zahlungsreihe unter den Bedingungen eines vollkommenen Kapitalmarktes |

Anleiheverzinsung mit Differenzausgleich

t	0	1	2	3	4
Anlagebetrag	1.261.594,15				
Zinsertrag 10 %		126.159,42	126.159,42	126.159,42	126.159,42
Zinsertrag 10 % Zwischenanlage		0,00	2.615,94	0,00	0,00
Rückzahlung Zwischenanlage		0,00	26.159,42	0,00	0,00
Zinsaufwand 10 %		0,00	0,00	24.506,52	44.341,23
Rückzahlung Kredit		0,00	0,00	245.065,23	443.412,34
Entnahme		100.000,00	400.000,00	300.000,00	900.000,00
Kreditaufnahme Entnahmedifferenz		0,00	245.065,23	443.412,34	0,00
Zwischenanlage Entnahmedifferenz		26.159,42	0,00	0,00	0,00
Planmäßige Wiederanlage für t + 1		1.261.594,15	1.261.594,15	1.261.594,15	0,00

Damit zeigt sich, dass die auf den konstanten Zinsertrag beschränkten Entnahmemöglichkeiten von Kuponanleihen kein Hinderungsgrund sind, diese als Alternativanlage im Rahmen der Unternehmensbewertung zu wählen. Trotzdem spricht einiges gegen die Wahl von Kuponanleihen.

Die Zwischenanlagen und Zwischenkredite wurden in obigem Beispiel zum konstanten Einheitszinssatz vorgenommen, der annahmegemäß für 4 Jahre Anlagezeitraum gelten sollte. Ein vollkommener und vollständiger Kapitalmarkt bedeutet aber nicht notwendigerweise, dass Zinssätze von der Bindungsdauer bzw. der Laufzeit der Anlage unabhängig sind. Soll- und Habenzinssätze sind bei einem vollkommenen Kapitalmarkt definitionsgemäß zwar identisch, dies aber immer nur bezogen auf die jeweilige Anlagedauer bzw. Laufzeit.[1] Und damit ist es durchaus vernünftig, sich den Bedingungen und Verhältnissen der Realität wieder etwas anzunähern, denn dort lassen sich unterschiedliche Zinssätze je nach Anlagezeitraum beobachten.[2]

Bei „normalen" Kapitalmarktverhältnissen steigen die Zinssätze mit der Laufzeit der Anlage.[3] D. h. für langfristige Anlagen erhält man höhere Zinssätze als für kurzfristige Anlagen. Grund hierfür ist die Liquiditätsprämie, die Anleger für die Aufgabe der finanziellen Flexibilität ent-

---

[1] *Schmidt/Terberger*, Grundzüge der Investitions- und Finanzierungstheorie, 1997, S. 93.
[2] Zur Theorie der Zinsstruktur siehe *Copeland/Weston*, Financial Theory and Corporate Policy, 1988, S. 66 ff.; Deutsche Bundesbank, Bestimmungsgründe der Zinsstruktur – Ansätze zur Kombination arbitragefreier Modelle und monetärer Makroökonomik, 4/2006, S. 17 ff.
[3] *Kruschwitz, L.*, Investitionsrechnung, 2005, S. 96.

schädigt. Unter bestimmten Bedingungen ist die Zinsstruktur jedoch flach oder fällt sogar mit zunehmender Laufzeit der Anlagen. Steigende oder fallende Zinsstrukturkurven drücken das Zusammenspiel der Erwartungen der Anleger über das zukünftige Zinsniveau oder die Inflationsraten und die Reaktion der Kapitalnachfrager aus.[1] Das „kurze Ende" der Zinsstruktur wird dabei als von geldpolitischen Maßnahmen beeinflusst interpretiert, das lange Ende insbesondere durch langfristige makroökonomische Entwicklungen beeinflusst interpretiert. Diese Zusammenhänge lassen sich theoretisch durch Zinsstrukturkurven beschreiben.

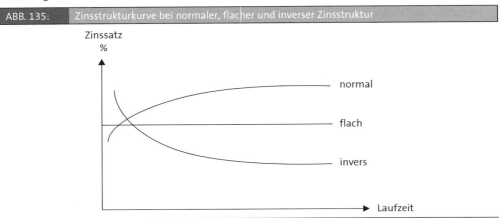

ABB. 135: Zinsstrukturkurve bei normaler, flacher und inverser Zinsstruktur

Wenn sich das Zinssatzniveau so verhält, wie z. B. durch die normale Zinsstrukturkurve beschrieben, dann haben die im obigen Beispiel ermittelten Zwischenanlagen und Zwischenkredite den Makel, dass sie mit einem einheitlichen Zins vorgenommen wurden. Dieser Zinssatz sollte annahmegemäß für einen 4-jährigen Anlagezeitraum gültig sein. Der Ausgleich würde somit auch unter den Bedingungen eines vollkommenen Kapitalmarktes nicht so funktionieren wie in dem Beispiel dargestellt. Warum? Ganz einfach, weil für die 1-jährigen Zwischenanlagen bzw. Zwischenkredite andere Zinssätze zum Tragen kämen als der 4-jährige Zinssatz von 10 %.

Hier könnten Nullkuponanleihen als Alternativanlage die Lösung darstellen um die Zahlungsstruktur des Bewertungsobjektes laufzeitgenau zu duplizieren. Dieser Verfahrensweg wurde ursprünglich in der Bankpraxis angewendet und wird als „Marktzinsmethode" bezeichnet.[2] Die Verzinsung von Nullkuponanleihen wird als Kassazinssatz oder spot rate bezeichnet. Spot rates sind Verzinsungen, die heute vereinbart und auch durchgeführt werden. Im Gegensatz dazu stellen Forward rates Verzinsungen dar, die zwar heute vereinbart werden, aber erst später durchgeführt werden.[3]

BEISPIEL ▶ Als Alternativanlage stehen vier Nullkuponanleihen zur Verfügung, die für die Laufzeiten von 1, 2, 3 und 4 Jahren die laufzeitäquivalenten Zinssätze (Kassazinssätze, Spot Rates) 8,50 %, 9,50 %, 10,00 % und 12,00 % bieten.[4] Ansonsten gelten die Daten des obigen Beispiels.

---

[1] Deutsche Bundesbank, Schätzung von Zinsstrukturkurven, Monatsbericht 10/1997, S. 61.
[2] *Rolfes, B.*, Marktzinsorientierte Investitionsrechnung, ZfB, 1993, S. 691.
[3] *Schultze, W.*, Methoden der Unternehmensbewertung, 2003, S. 253.
[4] Die unrealistische Höhe der Zinssätze tut hier nichts zur Sache. Als Durchschnitt dieser Zinssätze ergibt sich der im obigen Beispiel verwendete und „einfach" zu rechnende Zinssatz 10 %.

TAB. 43: Duplizierung einer Zahlungsreihe mit laufzeitabhängigen Zinssätzen (Spot Rates)

t		0	1	2	3	4
Sicherheitsäquivalent			100.000	400.000,00	300.000,00	900.000,00
Alternativer Anlagesatz			8,50 %	9,50 %	10,00 %	12,00 %
Bewertung						
Barwert t_0		1.223.131,00	92.165,90	333.604,39	225.394,44	571.966,27
Duplizierung						
Anlagebetrag $t_0 - t_1$		92.165,90				
Zinsertrag	8,50 %		7.834,10			
Verzinsungsbasis			0,00			
Entnahme			100.000,00			
Anlagebetrag $t_0 - t_2$		333.604,39				
Zinsertrag	9,50 %		31.692,42	34.703,20		
Verzinsungsbasis			365.296,80	0,00		
Entnahme			0,00	400.000		
Anlagebetrag $t_0 - t_3$		225.394,44				
Zinsertrag	10,00 %		22.539,44	24.793,39	27.272,73	
Verzinsungsbasis			247.933,88	272.727,27	0,00	
Entnahme			0,00	0,00	300.000,00	
Anlagebetrag $t_0 - t_4$		571.966,27				
Zinsertrag	12,00 %		68.635,95	76.872,27	86.096,94	96.428,57
Verzinsungsbasis			640.602,22	717.474,49	803.571,43	0,00
Entnahme			0,00	0,00	0,00	900.000,00
Summe Anlagebeträge		1.223.131,00				

Im Vergleich zum obigen Beispiel mit einheitlichem Zinssatz von 10 % fällt auf, dass der Barwert abweicht, obwohl der Durchschnitt der Spot Rates 10 % beträgt. Das Beispiel zeigt weiter, dass unter Verwendung von vier Nullkuponanleihen als Alternativanlagen eine realitätsnähere Duplizierung der Zahlungsreihe des Bewertungsobjektes gelingt.[1] Die Verwendung einheitlicher, laufzeitunabhängiger Zinssätze ist somit nicht mehr zu rechtfertigen.[2]

Für jeden einzelnen Betrag der aus dem Bewertungsobjekt zu erwartenden Zahlung kann somit der notwendige Anlagebetrag ermittelt werden, der unter Berücksichtigung der Spot Rates alternativ angelegt werden muss. Als Idealfall wäre also zu wünschen, dass so viele Nullkuponanleihen zur Verfügung stehen, wie für eine übliche Unternehmensbewertung benötigt werden.

---

[1] Zum Beweis auf Grundlage der Arbitragetheorie siehe *Kruschwitz, L.*, Finanzierung und Investition, 2004, S. 64 ff.
[2] *Perridon/Steiner*, Finanzwirtschaft der Unternehmung, 2007, S. 167.

Bei unendlicher Lebensdauer des Unternehmens sind das unendlich viele Nullkuponanleihen mit entsprechenden Laufzeitbändern. In der Realität sind aber bereits weniger ambitionierte Wünsche nach Marktdaten über Nullkuponanleihen nicht zu erfüllen, da seit der 1985 erfolgten Einführung der Nullkuponanleihen in Deutschland, gegenüber den herkömmlichen Kuponanleihen nur vergleichsweise wenige emittiert wurden.[1]

Woher sollen dann aber die benötigten Marktzinsdaten für unterschiedliche Laufzeiten gewonnen werden? Es bieten sich zwei Möglichkeiten:[2]

▶ die Effektivverzinsungen von umlaufenden Kuponanleihen mit ihren jeweiligen Restlaufzeiten werden abgebildet oder

▶ durch Stripping werden Kuponanleihen in „synthetische Nullkuponanleihen" aufgelöst.

Aus den Effektivverzinsungen von Kuponanleihen können Renditestrukturkurven abgeleitet werden. Diese weisen jedoch systematische Abweichungen zu den gesuchten Spot Rates auf, da wie oben ausgeführt die Effektivverzinsung eben nur einen Durchschnittszins für die Restlaufzeit angibt, ohne die dahinter befindliche laufzeitabhängig Zinsstruktur offen zu legen.[3] Es existieren jedoch Verfahren, um die Information über die Spot Rates aus den Renditestrukturkurven bzw. aus den dahinter stehenden Kuponanleihen zu extrahieren.[4]

Durch das seit 1997 mögliche Stripping (Coupon Stripping, Bond Stripping) von Bundesanleihen mit 10-jähriger und 30-jähriger Laufzeit lassen sich Spot Rates für bis zu 30-jährige Laufzeit gewinnen.[5] Aus einer 30-jährigen Bundesanleihe werden so 31 Nullkuponanleihen, nämlich 30 Zins-Kupons und 1 Stammrecht (Kapital-Strip).[6] Kuponanleihen werden auf diese Weise in „synthetische" Nullkuponanleihen zerlegt und auch so gehandelt.[7] Das Problem der geringen Verfügbarkeit von „originären" Nullkuponanleihen zur Ableitung einer Zinsstruktur ist damit für ein größeres Laufzeitband gelöst. Die eingangs gestellt Frage lässt sich somit salomonisch durch ein weder noch beantworten. Vielmehr sind „synthetische Nullkuponanleihen" die fiktive Alternativanlage und damit die Datengrundlage zur Bestimmung der Marktzinssätze, der Spot Rates.

Da als Ergebnis des Stripping aber, begrenzt durch die längste Laufzeit von Bundesanleihen, höchstens synthetische Nullkuponanleihen mit Zinslaufzeiten von 30 Jahren erzeugt werden können, stellt sich die Frage wie der restliche Diskontierungszeitraum für eine Unternehmensbewertung, bei der üblichen Annahme unendlicher Laufzeit des Unternehmens, abgebildet werden soll. Damit müssen wir uns mit der Schätzung von Zinsstrukturkurven beschäftigen.

Zwischenergebnis:

Über Kupon-Anleihen lassen sich unter der Annahme des vollkommenen Kapitalmarktes die Zahlungsströme des Bewertungsobjektes duplizieren. Allerdings nur unter der unrealistischen Annahme konstanter, laufzeitunabhängiger Zinssätze. Die Duplizierung gelingt widerspruchsfrei und realitätsnah mit laufzeitabhängigen Spot Rates aus Null-Kuponanleihen. Diese können

---

[1] *Kruschwitz, L.*, Investitionsrechnung, 2005, S. 98.
[2] *Obermaier, R.*, Bewertung, Zins und Risiko, 2004, S. 159.
[3] *Obermaier, R.*, Bewertung, Zins und Risiko, 2004, S. 166.
[4] *Perridon/Steiner*, Finanzwirtschaft der Unternehmung, 2007, S. 170 f.
[5] *Friedrichs, J.-C.*, Zinssätze in Wertermittlungen, 2001, S. 74
[6] Deutsche Bundesbank: Stripping von Bundesanleihen, Monatsbericht 7/1997, S. 17 ff.
[7] *Heidorn, T.*, Finanzmathematik in der Bankpraxis, 2006, S. 49.

synthetisch für Laufzeiten bis 30 Jahre aus Marktdaten abgeleitet werden. Die Frage nach der Anschlussverzinsung ist damit aber noch nicht beantwortet. Zinsstrukturkurven können diese Lücke schließen.

10.1.1.8 Wie können langfristige laufzeitäquivalente Zinsstrukturen abgeleitet werden?

Die Mühsal, Zinsstrukturen aus umlaufenden Kuponanleihen oder gestrippten Nullkuponanleihen abzuleiten und, aufbauend auf der Kenntnis der Komponenten des Marktzinses, über die vorhandenen Marktdaten hinaus (also über 30 Jahre hinaus) langfristige Zinsstrukturen zu prognostizieren, erspart uns in Deutschland die Deutsche Bundesbank. Seit 1997 werden hier mit dem sogenannten Svensson-Modell Zinsstrukturschätzungen vorgenommen.[1]

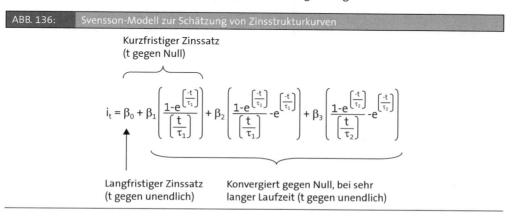

ABB. 136: Svensson-Modell zur Schätzung von Zinsstrukturkurven

Die Zinsstruktur beschreibt den Zusammenhang von Zinssätzen und Laufzeiten von Nullkuponanleihen, also von Spot Rates.[2] Die Parameter zur Zinsstrukturschätzung (β_0, β_1, β_2, β_3, τ_1, τ_2) werden täglich ermittelt und im Internet veröffentlicht.[3] Darüber hinaus sind Zeitreihen rückwirkend bis 1997 abrufbar.

Grundlage der Parameterschätzung sind die Kurse von Bundesanleihen, Bundesobligationen und Bundesschatzanweisungen und damit nicht nur von originären Nullkupon-Anleihen.[4] Aufgrund der oben dargestellten Zusammenhänge zur Berechnung von Effektivrenditen bei Kupon-Anleihen (ein „durchschnittlicher" interner Zinssatz trotz implizit laufzeitabhängiger Zinszahlungen), muss zur Ableitung von Spot Rates aus Kupon-Anleihen iterativ vorgegangen werden. Notwendig ist hierzu eine Funktion, die zinsrelevante Einflüsse über die Laufzeit modelliert und die Realität damit möglichst genau beschreibt. Diese Funktion stellt das Svensson-Modell dar.

---

1 Deutsche Bundesbank, Schätzung von Zinsstrukturkurven, 10/1997, S. 64; das Modell zur Zinsstrukturschätzung wurde 1987 von Nelson und Siegel entwickelt und 1994 von Svensson durch die Einführung zusätzlicher Parameter verbessert (auch NSS-Modell).
2 Deutsche Bundesbank, Schätzung von Zinsstrukturkurven, Monatsbericht 10/1997, S. 61.
3 http://www.bundesbank.de/statistik/statistik_zeitreihen.php?func=list&tr=www_s300_it03; Deutsche Bundesbank, Schätzung von Zinsstrukturkurven, Monatsbericht 10/1997, S. 65.
4 *Schich, S. T.*, Estimating the German term structure, Discussions Paper 4/97, Economic Research Group of the Deutsche Bundesbank, Oktober 1997, S. 21 f.

Zur Ableitung von Spot Rates werden die Bestimmungsparameter (β_0, β_1, β_2, β_3, τ_1, τ_2) solange variiert, bis die theoretischen Renditen den beobachteten Renditen entsprechen.[1]

Zwischenergebnis:

Relevant und gesucht sind die Effektivzinssätze von Null-Kuponanleihen. Diese Effektivzinssätze stellen auch gleichzeitig den Marktzins für bestimmte Anlagedauern dar. Die Effektivzinssätze von Nullkupon-Anleihen werden Spot Rates genannt. Da diese Spot Rates Zinssätze für Anlageentscheidungen zum Stichtag bzw. zum gegenwärtigen Zeitpunkt darstellen, werden sie auch als Kassa-Zinssätze bezeichnet.[2] Allerdings bietet der Markt nach wie vor mehr Informationen zu Kupon-Anleihen als zu Null-Kuponanleihen.[3] Die Deutsche Bundesbank ermittelt Spot Rates bzw. die Zinsstrukturkurve mittels einer Schätzfunktion, die den Zusammenhang zwischen Laufzeit und Zinssatz beschreibt und dabei im Markt vorhandene Daten verwendet. Das Svensson-Modell stellt diese Funktion dar. Der FAUB leitet damit in einem Berechnungsbeispiel Zinssätze für eine Schätzperiode von 249 Jahren ab.[4] Allerdings darf nicht übersehen werden, dass empirische Grundlage dieser Schätzung beobachtbare Laufzeiten von Anleihen über maximal 30 Jahre sind.[5]

10.1.2 Praxis

10.1.2.1 Alternativen zur Bestimmung des Basiszinssatzes

Die früheren Empfehlungen zur Bestimmung des Basiszinssatzes verwiesen regelmäßig auf die Umlaufsrendite für öffentliche Anleihen.[6] Gegen deren Anwendung spricht, dass diese Umlaufsrendite einen gewichteten Durchschnitt unterschiedlicher Anleihen über unterschiedliche Laufzeiten darstellt.[7] Damit ist weder Laufzeitäquivalenz gewährleistet noch eine Duplizierung der Entnahmeerwartungen aus dem Bewertungssubjekt umsetzbar.[8] Dies ist eine Folge des Umstandes, dass der Durchschnittszins in Form der Umlaufsrendite nur zufällig mit den sich dem Investor am Markt bietenden Anlagemöglichkeiten übereinstimmen wird.[9]

---

1 Deutsche Bundesbank, Schätzung von Zinsstrukturkurven, Monatsbericht 10/1997, S. 63; zu den einzelnen Arbeitsschritten siehe *Schich, S. T.*, Estimating the German term structure, Discussions Paper 4/97, Economic Research Group of the Deutsche Bundesbank, Oktober 1997, S. 19 f.
2 Deutsche Bundesbank, Schätzung von Zinsstrukturkurven, Monatsbericht 10/1997, S. 65; siehe auch *Kruschwitz, L.*, Finanzierung und Investition, 2004, S. 58.
3 *Perridon/Steiner*, Finanzwirtschaft der Unternehmung, 2007, S. 169.
4 *Wagner/Jonas/Ballwieser/Tschöpel*, Unternehmensbewertung in der Praxis – Empfehlungen und Hinweise zur Anwendung von IDW S1, Wpg 2006, S. 1027; Fachausschuss für Unternehmensbewertung und Betriebswirtschaft (FAUB), Erläuterung der Vorgehensweise bei der Ableitung von Zerobond-Zinssätzen anhand eines Beispiels für Bewertungsstichtage im Juli 2006; 30.8.2006, der Grund für die Laufzeitbegrenzung von 249 Jahren wird nicht weiter erläutert. Da Konvergenz der Zinssatzentwicklung erst nach erheblich längeren Laufzeiten zu erreichen ist, dürfte der Grund für diese Zeitraumwahl durch die Spaltenbegrenzung im Tabellenkalkulationsprogramm Excel 2003 (256 Spalten) zu erklären sein. In dem Svensson-Modell selbst sind die 249 Jahre nicht begründet.
5 Deutsche Bundesbank, Bestimmungsgründe der Zinsstruktur – Ansätze zur Kombination arbitragefreier Modelle und monetärer Makroökonomik, 4/2006, S. 16.
6 WP-Handbuch, Band II, 1998, S. 98 f., Tz. 277.
7 Deutsche Bundesbank, Kapitalmarktstatistik, Statistisches Beiheft zum Monatsbericht 2, Juni 2005.
8 *Drukarczyk, J.*, Unternehmensbewertung, 2003, S. 357 f.
9 *Schwetzler, B.*, Zinsänderungsrisiko und Unternehmensbewertung: Das Basiszinssatzfuß-Problem bei der Ertragswertermittlung, zfb 1996, S. 1094.

Alternative Vorschläge richten sich auf die Verwendung von Anleiherenditen, mit den längsten verfügbaren Restlaufzeiten.[1]

„Daher wird für den Basiszinssatz grundsätzlich auf die langfristig erzielbare Rendite öffentlicher Anleihen abgestellt."[2]

Gegen diesen Vorschlag ist einzuwenden, dass mit Verweis auf den Duplizierungsgedanken, Zwischenanlagen bzw. Zwischenkreditaufnahmen im Kapitalwertkalkül faktisch nicht zu diesem langfristigen Zinssatz realisierbar sind. Unabhängig davon empfahl der Arbeitskreis Unternehmensbewertung des IDW (AKU) die Verwendung eines einheitlichen Basiszinssatzes von 5 % für Bewertungsstichtage ab dem 31.12.2004.[3]

IDW S1 vom 18.10.2005 empfahl neben der Verwendung langfristiger Anleiherenditen erstmals die Verwendung der Zinsstrukturkurve, wenn auch nur zur Ableitung der Anschlussverzinsung (Wiederanlage), die für Diskontierungszeiträume nach der Fristigkeit der Anleiherendite erforderlich wird.

„Für die dabei erforderliche Wiederanlage kann zur Orientierung die aktuelle Zinsstrukturkurve herangezogen werden."[4]

An dieser Einschätzung der Bedeutung der Zinsstrukturkurve änderte sich auch im IDW ES1 i.d.F. 2007 nichts.[5] Der Durchbruch zur Verwendung der Zinsstrukturkurve erfolgt aber mit dem neuen WP-Handbuch 2008, indem zur Bestimmung des Basiszinssatzes ausschließlich die Svensson-Methode und damit die Verwendung von Spot Rates empfohlen werden.[6] IDW S1 i.d.F. 2008 wurde entsprechend neu und abweichend zu IDW ES1 i.d.F. 2007 gefasst.

„Sofern ein Unternehmen mit zeitlich unbegrenzter Lebensdauer bewertet wird, müsste daher als Basiszinssatz die am Bewertungsstichtag beobachtbare Rendite aus einer Anlage in zeitlich nicht begrenzte Anleihen der öffentlichen Hand herangezogen werden. In Ermangelung solcher Wertpapiere empfiehlt es sich, den Basiszins ausgehend von aktuellen Zinsstrukturkurven und zeitlich darüber hinausgehenden Prognosen abzuleiten."[7]

Neben der Deutschen Bundesbank stellt auch die Europäische Zentralbank Zeitreihen zur Schätzung der Zinsstrukturkurve zur Verfügung.[8] Für deren Verwendung spricht die größere Datenbreite. Durch die Verwendung der Daten des Euroraumes ist die Einhaltung der Währungsäquivalenz sichergestellt.[9] Allerdings hat ein Vergleich der Zinsstrukturkurven der Deutschen Bundesbank und der Europäischen Zentralbank gezeigt, dass die Zinssätze der Europäischen Zentralbank über den gesamten Untersuchungszeitraum über denen der Deutschen Bundesbank lagen, wobei sich insbesondere im kürzeren Laufzeitbereich (ersten 10 Jahre) größere Abweichungen ergaben.[10] Da im Euroraum Währungsrisiken ausgeschlossen sind, könnten die erhöhten

---

1 IDW Standard: Grundsätze zur Durchführung von Unternehmensbewertungen (IDW S1), 28.6.2000, Tz.121; IDW Standard: Grundsätze zur Durchführung von Unternehmensbewertungen (IDW S1), 18.10.2005, Tz.126 u. 127; IDW S1 i.d.F. 2008, Tz.116.
2 IDW S1 i.d.F. 2008, Tz.116.
3 Berichterstattung über die 84. Sitzung des AKU am 10.12.2004.
4 IDW Standard: Grundsätze zur Durchführung von Unternehmensbewertungen (IDW S1), 18.10.2005, Tz.127.
5 IDW ES1 i.d.F. 2007, Tz.116 u. 117.
6 WP-Handbuch, Band II, 2008, S.105, Tz.288.
7 IDW S1 i.d.F. 2008, Tz.117.
8 http://www.ecb.int/stats/money/yc/html/index.en.html.
9 Siehe Gliederungspunkt 5.8.
10 *Wiese/Gampenrieder*, Marktorientierte Ableitung des Basiszinses mit Bundesbank- und EZB-Daten, BB 2008, S.1725.

10. Der Kalkulationszinssatz

Zinssätze durch höhere Länderrisiken verursacht sein. Bei der Bewertung in Deutschland ansässiger Unternehmen empfiehlt sich damit weiterhin die Verwendung der Zinsstrukturkurve der Deutschen Bundesbank.

10.1.2.2 Spot Rates, stetige und diskrete Verzinsung

Die Renditen von Nullkuponanleihen (*Spot Rates*) sind die theoretisch richtigen Basiszinssätze zur Diskontierung zukünftiger Cashflows.[1] Nullkuponanleihen werden gehandelt und stehen damit real als Anlagealternative zur Verfügung. Für die Bestimmung der korrekten Basiszinssätze kann unmittelbar auf die Informationen der Zinsstrukturkurve und damit Spot Rates abgestellt werden, insbesondere da das „kurze Ende" der Zinsstrukturkurve durch reale Nullkuponanleihen, d. h. verfügbare Wertpapiere, repräsentiert ist.[2] Der „Preis" der Verwendung der Informationen der Zinsstrukturkurve besteht in einem komplexeren Bewertungsmodell, da dann nicht mehr nur ein Basiszinssatz verwendet wird, sondern für jede Periode der jeweilige Perioden-Basiszinssatz der Zinsstrukturkurve zum Ansatz kommt. Die unmittelbare Anwendung von Spot Rates als (periodenbezogene) Basiszinssätze stellt der FAUB in einer Verlautbarung vom 30. 8. 2006 an einem Beispiel dar.[3]

Wie oben ausgeführt, werden die benötigten Spot Rates durch Eingabe der börsentäglich von der Bundesbank zur Verfügung gestellten Parameter in die Schätzfunktion (Svensson-Methode) ermittelt. Die Ausführungen der Literatur führten allerdings bei Anwendern zu Irritationen, da Ergebnis der Schätzfunktion nach der einen Meinung stetige Zinssätze, nach der anderen Meinung jedoch diskrete Zinssätze sein sollten. So veröffentlichte der AKU als Erläuterung zu seiner 86. Sitzung die Vorgehensweise zur Ableitung von Zerobond-Zinssätzen und ermittelt dabei für Stichtage im Juli 2005 zunächst stetige Zinssätze als Ergebnis der Parameter-Eingabe, um diese anschließend in diskrete Zinssätze zu überführen.[4] Dabei gilt folgender Zusammenhang zur Umrechnung zwischen stetigen und diskreten Zinssätzen:[5]

ABB. 137: Ermittlung diskreter Zinssätze aus stetigen Zinssätzen

$$\text{Zinssatz}_{diskret} = e^{\text{Zinssatz}_{stetig}} - 1$$

Zur Berechnung stetiger Zinssätze aus diskreten Zinssätzen gilt:

ABB. 138: Ermittlung stetiger Zinssätze aus diskreten Zinssätzen

$$\text{Zinssatz}_{stetig} = \ln(1 + \text{Zinssatz}_{diskret})$$

---

1 *Kruschwitz, L.*, Barwerte – Gelöste, ungelöste und unlösbare Fragen der Investitionsrechnung, S. 164, in: Festschrift Loitlsberger, Wagner, H., (Hrsg.), Zum Erkenntnisstand der Betriebswirtschaftslehre am Beginn des 21. Jahrhunderts, 2003; *Schwetzler, B.*, Zinsänderungsrisiko und Unternehmensbewertung: Das Basiszinssatzfuß-Problem bei der Ertragswertermittlung, zfb 1996, S. 1096.
2 So nun auch WP-Handbuch, Band II, 2008, S. 104 f.
3 30. 8. 2006, Fachausschuss für Unternehmensbewertung und Betriebswirtschaft (FAUB), Erläuterung der Vorgehensweise bei der Ableitung von Zerobond-Zinssätzen anhand eines Beispiels für Bewertungsstichtage im Juli 2006.
4 Erläuterung der in der Berichterstattung über die 86. Sitzung des AKU beschriebenen Vorgehensweise bei der Ableitung von Zerobond-Zinssätzen anhand eines Beispiels für Bewertungsstichtage im Juli 2005.
5 *Loderer/Jörg/Pichler/Roth/Zgraggen*, Handbuch der Bewertung, 2005, S. 87.

Der Schluss, dass so vorzugehen ist, kann aus Hinweisen von Schich und Obermaier abgeleitet werden.[1] Nach den Ergebnissen einer Rückfrage des Verfassers bei der Deutschen Bundesbank sind Ergebnis der Schätzung jedoch diskrete Zinssätze, womit der obige Zwischenschritt zur Umrechnung entfällt.[2] Entsprechend entfällt der Umrechnungsschritt im Berechnungsbeispiel des AKU zum Juli 2006, allerdings ohne weitere Hinweise auf den nunmehr veränderten Rechenweg.[3]

Wird die Schätzung von Zinsstrukturkurven auf Basis der Daten der Europäischen Zentralbank vorgenommen, ergeben sich dagegen tatsächlich zunächst stetige Zinssätze.[4] Zur Umrechnung in diskrete Zinssätze ist dann wie oben beschrieben vorzugehen.

10.1.2.3 Verwendung durchschnittlicher Zinsstrukturzinssätze

Entgegen der Empfehlungen der Literatur, die für den Bewertungsstichtag gültigen Zinsdaten zu verwenden[5], empfiehlt das IDW die Bildung eines Durchschnittswertes.[6] Damit sollen kurzfristige Marktschwankungen ausgeglichen werden. Der Durchschnitt wird aus den geschätzten Zinsstrukturkurven der dem Bewertungsstichtag vorangehenden 3 Monate gebildet. Für einen Bewertungsstichtag 31.12.2007 wären somit ab dem 1.10.2007 aus den börsentäglich verfügbaren Daten bis zum 31.12.2007 Zinsstrukturkurven zu schätzen und die ermittelten Periodenzinssätze anschließend zu Durchschnittszinsen je Periode zusammenzufassen.

> „Zur Gewährleistung einer praktikablen und nachvollziehbaren Glättung der kurzfristigen Marktschwankungen sowie möglicher Schätzfehler insbesondere bei langfristigen Renditen sind … aus den für die vorangegangenen drei Monate geschätzten Renditen periodenspezifische Durchschnittszinssätze" … zu bilden."[7]

Die Berechnung der durchschnittlichen Periodenzinssätze für den angegebenen Zeitraum 1.10.2007 bis 31.12.2007 (Zeilen vom 10.10. bis 26.12. und Spalten ab dem Jahr 6 ausgeblendet) stellt sich wie folgt dar:

---

[1] Siehe *Schich, S. T.*, Estimating the German term structure, Discussion Paper 4/97, Economic Research Group of the Deutsche Bundesbank, Oktober 1997, S. 4, Fn. 3; *Obermaier, R.*, Unternehmensbewertung, Basiszinssatz und Zinsstruktur – Kapitalmarktorientierte Bestimmung des risikolosen Basiszinssatzes bei nicht-flacher Zinsstruktur, Regensburger Diskussionsbeiträge zur Wirtschaftswissenschaft, Nr. 408, November 2005; S. 12 mit weiteren Literaturhinweisen.
[2] Siehe auch gleicher Informationsstand bei *Wehmeier, W.*, Praxisbewertung: Wert- und Preistreiber, Stbg 2007, S. 31, Fn. 33.
[3] Erläuterung der Vorgehensweise bei der Ableitung von Zerobond-Zinssätzen anhand eines Beispiels für Bewertungsstichtage im Juli 2006.
[4] *Wiese/Gampenrieder*, Marktorientiert Ableitung des Basiszinses mit Bundesbank- und EZB-Daten, BB 2008, S. 1725.
[5] Siehe Gliederungspunkt 10.1.1.5.
[6] WP-Handbuch, Band II, 2008, S. 106, Tz. 290.
[7] Fachausschuss für Unternehmensbewertung und Betriebswirtschaft (FAUB), Erläuterung der Vorgehensweise bei der Ableitung von Zerobond-Zinssätzen anhand eines Beispiels für Bewertungsstichtage im Juli 2006.

10. Der Kalkulationszinssatz

ABB. 139:	Ermittlung durchschnittlicher Periodenzinssätze aus Zinsstrukturkurven für den 3-Monats-zeitraum[1]										
	Schätzwerte						Jahr				
Datum	Beta 0	Beta 1	Beta 2	Beta 3	Tau 1	Tau 2	1	2	3	4	5 …
Durchschnitt Zinsstrukturkurve (%)							4,04	3,98	3,98	4,02	4,06
01.10.2007	3,78181	−0,29179	1,12663	3,30358	0,25707	17,99458	4,06	4,06	4,10	4,15	4,21
02.10.2007	3,86364	−0,79749	1,51733	3,14001	0,17725	20,67524	4,06	4,07	4,11	4,16	4,21
03.10.2007	3,70598	0,14734	0,68655	3,37452	0,33590	18,29251	4,03	4,02	4,05	4,10	4,15
04.10.2007	3,81363	0,09121	0,43431	3,10273	0,35007	18,71776	4,04	4,06	4,10	4,15	4,20
05.10.2007	3,71089	0,13017	0,71639	3,27605	0,28689	17,91313	4,01	4,00	4,04	4,09	4,14
06.10.2007							0,00	0,00	0,00	0,00	0,00
07.10.2007							0,00	0,00	0,00	0,00	0,00
08.10.2007	3,89854	0,06650	0,24405	2,83783	0,27390	18,97631	4,05	4,08	4,13	4,18	4,23
09.10.2007	4,94569	−0,86019	−0,69269	−1,61926	0,79766	2,93158	4,04	4,08	4,13	4,17	4,22
…….											
27.12.2007	5,05313	−1,35544	−0,85618	1,18745	3,31075	0,34604	4,10	4,06	4,08	4,13	4,18
28.12.2007	3,20883	0,87585	4,74990	−1,46555	14,57118	4,48022	4,07	4,08	4,11	4,15	4,20
29.12.2007							0,00	0,00	0,00	0,00	0,00
30.12.2007							0,00	0,00	0,00	0,00	0,00
31.12.2007							0,00	0,00	0,00	0,00	0,00

Die Verfahrensweise erinnert konzeptionell an die Vorgaben des BGH zur Ermittlung des Börsenkurses, der bei der Bemessung von Abfindungen dem objektivierten Unternehmenswert gegenübergestellt wird. Dabei ist der Börsenkurs zugrunde zu legen, der unter Ausschluss außergewöhnlicher Tagesausschläge oder sich nicht verfestigender sprunghafter Entwicklungen aus dem Mittel der Börsenkurse der letzten drei Monate vor dem Bewertungsstichtag gebildet wird.[2]

10.1.2.4 Forward Rates, Verschuldungsgrad und retrograde Unternehmenswertentwicklung

Die Verwendung von Spot Rates führt bei einer normalen Zinsstruktur zwangsweise zu periodenspezifischen, d. h. je Periode variierenden Kalkulationszinssätzen. Ist eine autonome Finanzierungspolitik[3] in der Unternehmensplanung berücksichtigt, dann beeinflussen schwankende Verschuldungsgrade (über den Beta-Faktor) im Detailplanungszeitraum zusätzlich den Perioden-Kalkulationszinssatz.[4] Für den Planungszeitraum der ewigen Rente (Restwertphase) wird hinsichtlich der Finanzierungsstruktur dagegen von einem eingeschwungenen Zustand aus-

---

1 Unter http://www.forensika.de/index.php?id=36 findet sich eine Datenbank zum Abrufen von historischen und tagesaktuellen Basiszinssätzen auf Basis der Zinsstrukturkurve als Stichtagswert sowie als 3-Monats-Durchschnittswert.
2 BGH v. 12.3.2001 – II ZB 15/00, DB, 2001, S. 969.
3 Zu unterscheiden sind die autonome Finanzierungspolitik mit schwankenden Verschuldungsgraden und die atmende Finanzierungspolitik mit konstantem Verschuldungsgrad.
4 Siehe dazu Gliederungspunkte 10.2.2.6 und 10.2.2.8.

gegangen. D. h. hier ist der Verschuldungsgrad konstant und nur die (periodenspezifischen) Spot Rates sorgen für einen periodenbezogenen Kalkulationszinssatz.[1]

Diese Einflüsse führen dazu, dass der Unternehmenswert im Detail- und Konvergenzplanungszeitraum rückwärts schreitend ermittelt werden muss. D. h. ausgehend vom Barwert der Ewigen Rente am Ende des expliziten Planungszeitraums (Detail- und Konvergenzplanungszeitraum), hin zum Unternehmenswert am Bewertungsstichtag, also in t_0. Nur durch diesen Rechenweg ist gewährleistet, dass in jeder Periode die richtigen Marktwerte des Eigenkapitals und Fremdkapitals gegenübergestellt und über den Verschuldungsgrad im Kalkulationszinssatz erfasst werden können. Voraussetzung für diesen sukzessiven, den Unternehmenswert periodenbezogen entwickelnden Rechenweg sind Basiszinssätze, die nur für das jeweilige Berechnungsjahr Gültigkeit haben. Dies sind nicht die bisher verwendeten Spot Rates, sondern durch die retrograden Rechenschritte bedingt, daraus abgeleitete Forward Rates (Terminzinssätze).[2]

ABB. 140: Ermittlung von Forward Rates aus Spot Rates.

$$i_{f;\,t-(t+1)} = \frac{(1 + i_{s;\,t+1})^{t+1}}{(1 + i_{s;\,t})} - 1$$

$i_{f;\,t-(t+1)}$: Forward rate für den Zeitraum t bis (t + 1)
$i_{s;\,t}$: Spot rate für den Zeitraum 0 bis t
$i_{s;\,t+1}$: Spot rate für den Zeitraum 0 bis t + 1

Forward Rates können wiederum in Spot Rates überführt werden:

ABB. 141: Ermittlung von Spot Rates aus Forward Rates

$$i_{s;\,t+1} = \sqrt[t+1]{(1 + i_{s;\,t})\,(1 + i_{f;\,t+1})^{t+1}}$$

$i_{s;\,t+1}$: Spot rate für den Zeitraum 0 bis t+1
$i_{s;\,t}$: Spot rate für den Zeitraum 0 bis t
$i_{f;\,t-(t+1)}$: Forward rate für t- (t + 1)
t: t ist 1 bis T

Die Gegenüberstellung der Forward Rates mit den bereits bekannten Spot Rates soll deren Arbeitsweise im Rahmen der Diskontierung deutlich machen.

Spot Rates sind Zinssätze für bestimmte Restlaufzeiten, gerechnet vom Bewertungsstichtag (z. B. der Zinssatz für den Anlagezeitraum von t_0 bis t_4). Die Diskontierung einer Zahlungsstruktur stellt sich damit wie folgt dar:

---

[1] Soweit die Detail- bzw. Pauschalplanungsphase 30 Planjahre abdeckt, wird für die anschließende Restwertphase allerdings die einheitliche Verwendung des für das Jahr 30 ablesbaren Basiszinssatzes zu empfehlen sein, da nur für die 30 Jahre des kurzen Endes empirische Zinsinformationen in der Zinsstrukturkurve abgebildet werden.
[2] *Lorerer/Jörg/Pichler/Roth/Zgraggen*, Handbuch der Bewertung, 2005, S. 439; *Schultze, W.*, Methoden der Unternehmensbewertung, 2003, S. 253.

10. Der Kalkulationszinssatz

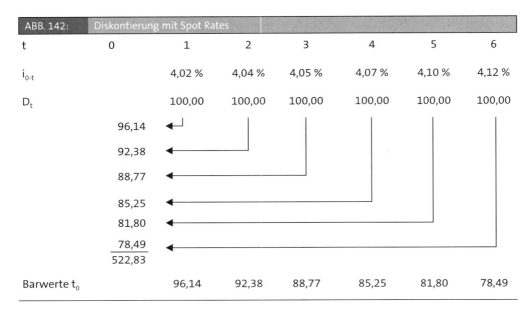

ABB. 142: Diskontierung mit Spot Rates

Dagegen stellen Terminzinssätze oder Forward Rates den Zinssatz für die Überbrückung jeweils eines der zukünftigen Planjahre dar. Dies ist eine technische Voraussetzung für die Ermittlung periodenbezogener Kalkulationszinssätze. Verdeutlichen lässt sich der beschriebene Rechenweg, hier ohne Risikozuschlag und die iterative Erfassung des Verschuldungsgrades, wie folgt:

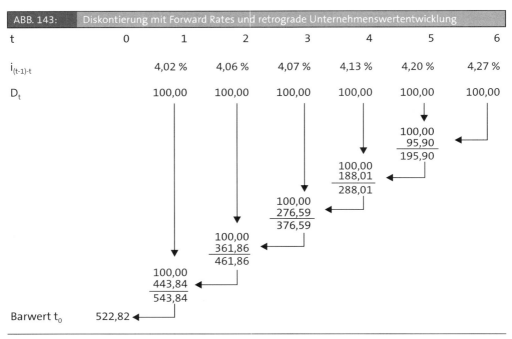

ABB. 143: Diskontierung mit Forward Rates und retrograde Unternehmenswertentwicklung

Die Beispiele demonstrieren, das die Verwendung von Spot Rates oder Forward Rates keinen Einfluss auf das Berechnungsergebnis haben. Die Notwendigkeit der retrograden Unternehmenswertentwicklung und damit der „technisch bedingte" Einsatz von Forward Rates statt Spot Rates ergibt sich nur aus der Notwendigkeit, die jeweiligen, periodenbezogenen Verschuldungsgrade in dem für diese Periode maßgeblichen Kalkulationszinssatz berücksichtigen zu müssen. Dies gelingt nur, wenn man vom Fixpunkt der Berechnung in der Restwertphase, dem eingeschwungenen Zustand des Rentenbarwerts ausgehend, rückwärts schreitend Periode um Periode in Richtung Bewertungsstichtag rechnet. In Iterationsschleifen wird so Periode für Periode der Verschuldungsgrad dieser Periode auf der Basis von Marktwerten ermittelt und in der Wechselwirkung der für diese Periode zutreffende Kalkulationszinssatz berechnet.[1]

10.1.2.5 Die Verwendung der Zinsstrukturkurve zur Bestimmung des Basiszinssatzes

Gerüstet mit dem bisher entwickelten Informationsstand wird nachfolgend der Verfahrensgang dargestellt, wie Basiszinssätze aus der Zinsstruktur gewonnen und verwendet werden:[2]

Im ersten Schritt werden über das Einsetzen der Parameterwerte in die Svensson-Formel diskrete Stichtagszinssätze ermittelt (Stichtag 3.12.2007)

ABB. 144: Ermittlung von Spot Rates auf Basis Svensson-Modell (dargestellt für 1 bis 6 Jahre Laufzeit)

Ableitung von Zinssätzen für (hypothetische) Null-Kupon-Anleihen ohne Kreditausfallrisiko

Schätzparameter	per	Beta 0	Beta 1	Beta 2	Beta 3	Tau 1	Tau 2
Eingabe Schätzparameter (Dt. Bundesbank)	3.12.07	5,15755	-1,50707	-1,64849	1,40363	3,53024	0,23010
Spotrates pro Periode	per	1	2	3	4	5	6...
Spotrates	3.12.07	3,95 %	3,85 %	3,84 %	3,88 %	3,93 %	4,00 %

Unter Verwendung eines Tabellenkalkulationsprogramms wie Excel stehen nun theoretisch für einen unbegrenzten Prognosezeitraum diskrete Spot Rates zur Verfügung.[3] Der Restwert als Barwert der Ewigen Rente in der Restwertphase lässt sich damit auch durch jeweils einzelne Diskontierung der uniformen Periodenwerte (Rente im jeweiligen Diskontierungsjahr) problemlos ermitteln. In Bewertungsgutachten wird aber, wohl aus Darstellungsgründen, der Restwert[4] regelmäßig über die „griffige" Barwertformel der Ewigen Rente visualisiert.

---

[1] Siehe dazu Gliederungspunkte 10.2.2.6 und 10.2.2.8.
[2] Unter http://www.forensika.de/index.php?id=36 findet sich eine Datenbank zum Abrufen von historischen und tagesaktuellen Basiszinssätzen auf Basis der Zinsstrukturkurve als Stichtagswert sowie als 3-Monats-Durchschnittswert.
[3] Der Grund für den vom AKU angegebenen Prognosezeitraum von 249 Jahren dürfte wohl in der bei Excel 2003 verwendbaren Spaltenanzahl begründet sein.
[4] Für den Begriff Restwert finden auch die Begriffe Residualwert, Endwert oder Terminal Value Verwendung. Ist die Fortführung vorgesehen, finden die Begriffe Fortführungswert und Continuing Value Verwendung.

| ABB. 145: | Ermittlung des Restwerts über die Barwertformel der ewigen Rente |

$$BKW_0 = \frac{D_t}{i + z}$$

BKW_0: Bruttokapitalwert (hier der Ewigen Rente)
D_t: Nettoausschüttung nach Steuern
i: Basiszins
z: Risikozuschlag
$i + z$: Kalkulationszinssatz

Wird auf diese Darstellung Wert gelegt, dann besteht die Notwendigkeit, für die Restwertphase aus den Periodenzinssätzen <u>einen</u> durchschnittlichen Zinssatz i zu ermitteln, der bei Diskontierung der ewigen Rente mithilfe der Rentenbarwertformel denselben Barwert erzeugt, wie die einzelne und periodengenaue Diskontierung (mit minimal ansteigenden Basiszinssätzen) der ewigen Rente.[1] Wir sprechen hier also „nur" über eine Frage der Darstellung. Denn sind die periodengenauen (kontinuierlich ansteigenden)[2] Zinssätze bzw. Kalkulationszinssätze erst einmal bestimmt, ergibt sich die Barwertermittlung über ein Tabellenkalkulationsmodell auf Knopfdruck.

| ABB. 146: | Ermittlung des Rentenbarwertes in t_0 auf Basis der ab t_{10} zufließenden ewigen Rente von 100 und periodenbezogener Spot Rates |

		1	2	...	9	10	...	28	...
Bruttozufluss für Ewige Rente						100	...	100	
Spotrates		3,95 %	3,85 %		4,18 %	4,24 %	...	4,77 %	...
Diskontierungsfaktor		0,96198	0,92731		0,69167	0,66027	...	0,27110	
Zielbarwert t_0 (Ewige Rente)	1.398,47					66,03	...	27,11	

Es lässt sich also festhalten. Der Rentenbarwert der im eingeschwungenen Zustand zu erwartenden einheitlichen Ausschüttungen (letzte Planungsphase, im obigen Beispiel Ausschüttungen von 100 ab dem Jahr 10), lässt sich unter vollständiger Verwendung der durch die Zinsstrukturkurve prognostizierten Periodenzinssätze auf zweierlei Wege ermitteln:[3]

1. Mittels Tabellenkalkulationsprogramm und den kontinuierlich ansteigenden Periodenzinssätzen (Spot Rates), oder

2. mittels eines durchschnittlichen Zinssatzes und unter Anwendung der Rentenbarwertformel. Zur Ermittlung des durchschnittlichen Zinssatzes, muss der Rentenbarwert aber zunächst berechnet werden.

Nun ist Folgendes zu beachten. Der mittels dieser Wege ermittelte Barwert der Ewigen Rente bezieht sich auf den Zeitpunkt t_0. Dies ist Konsequenz der Verwendung von Spot Rates, die sich immer vom Bewertungsstichtag t_0 auf eine bestimmte Anlagedauer bzw. einen bestimmten Zeitpunkt im Planungszeitraum beziehen. Wir benötigen allerdings für die retrograde Unterneh-

---

[1] Bei Einsatz der Risikozuschlagsmethode betrifft dies „einen" Kalkulationszinssatz.
[2] Normale Zinsstruktur unterstellt.
[3] Unbenommen bleibt die Möglichkeit, den letzten empirisch belegbaren Periodenzinssatz (den der Periode 30) für die Verwendung der Rentenbarwertformel zu nutzen.

menswertentwicklung den Rentenbarwert für das Ende des Zeitraums der integrierten Planung (Detail- und Konvergenzplanungszeitraum), im obigen Beispiel somit für den Zeitpunkt t_9,[1] um von hier aus Periode um Periode rückwärts rechnend, den Unternehmenswert in t_0 zu entwickeln.[2] Nur über diese Rückwärtsrechnung können die bei einer autonomen Finanzierung wechselnden Verschuldungsgrade im Kalkulationszinssatz rechentechnisch erfasst werden (das ist der einzige Grund für diesen aufwendigen Rechenweg).

Soll die Rentenbarwertformel (der obige Lösungsweg 2) verwendet werden, dann bieten sich zur Ermittlung des <u>einen</u> Durchschnittszinses, mit dem der Rentenbarwert für den Zeitpunkt t_9 ermittelt werden kann, zwei Lösungswege an:

1. Einsatz der Funktion „Zielwertsuche" in Excel, um auf der Basis des vorliegenden Rentenbarwertes in t_0 den „einheitlichen" durchschnittlichen Zinssatz bzw. Kalkulationszinssatz für den Zeitpunkt t_9 (Ende des Detailplanungszeitraums) zu ermitteln.
2. Alternativ kann dieser Durchschnittszins im Beispiel für den Zeitpunkt t_9 auch durch folgende Formel ermittelt werden:[3]

ABB. 147: Ermittlung des Durchschnittszinssatzes für die Berechnung des Rentenbarwertes in t_9

$$\text{Durchschnittlicher Zinssatz} = \frac{\text{Zufluss ewige Rente}}{\text{Zielbarwert in } t_0} \times \text{Diskontierungsfaktor in } t_9$$

Damit ergibt sich für das Beispiel folgender Durchschnittszins:

Berechnung	
Zufluss Ewige Rente	100,00
Zielbarwert in t_0 (Ewige Rente)	1.398,47
Diskontierungsfaktor in t_9	0,69167
Durchschnittlicher Zinssatz	4,95 %

Unter Verwendung dieses Durchschnittszinses ergibt sich für das Beispiel folgender Barwert der Ewigen Rente in t_9:

$$\text{Rentenbarwert in } t_9 = \frac{\text{Zufluss ewige Rente}}{\text{Durchschnittszinssatz}}$$

$$\text{Rentenbarwert in } t_9 = \frac{100}{4,95\,\%} = 2.021,88$$

Wählt man die Berechnung der Ewigen Rente „auf Knopfdruck" (obiger Lösungsweg 1) auf Basis der fortgeschriebenen Rentenwerte (z. B. bis t_{249}) und der Zinsstrukturkurve, dann landet dieser

---

[1] Der Barwert einer ab t_{10} fließenden unendlichen Rente landet auf t_9.
[2] Im Beispiel betragen (aus didaktischen Gründen) die Ausschüttungen im Detailplanungszeitraum ebenso wie in der Restwertphase einheitlich 100 und entsprechend damit über den gesamten Planungszeitraum den Bedingungen einer ewigen Rente. In der Realität würde nur für die Ausschüttungen der Restwertphase eine ewige Rente anzunehmen sein.
[3] Dieses Kapitel konzentriert sich auf die Komponente Basiszinssatz des Kalkulationszinssatzes. Die Ausführungen gelten aber generell auch für den Kalkulationszinssatz.

10. Der Kalkulationszinssatz

Barwert aufgrund der Spot Rates ebenfalls automatisch in t_0. Bei diesem Darstellungsweg muss der Rentenbarwert wieder auf das Ende des Detailplanungszeitraums (hier t_9) aufgezinst werden. Der Vorgang der Aufzinsung mittels Forward Rates lässt sich wie folgt darstellen:

ABB. 148:	Aufzinsung des Rentenbarwerts mittels Forward Rates auf t_9						
Periodenweise Aufzinsung Zielbarwert auf t_0 über Forward Rates		1	2	...	7	8	9
Forward Rates		3,95 %	3,74 %		4,44 %	4,56 %	4,67 %
Zielbarwert je Periode	1.398,47	1.453,74	1.508,09		1.847,53	1.931,76	2.021.88

Vom Ausgangspunkt „Ende des Detailplanungszeitraums" wird anschließend der Unternehmenswert[1], wie oben beschrieben rückwärts schreitend und unter periodenweiser „Mitnahme" der jeweiligen (in der Realität unterschiedlich hohen) Ausschüttungen, entwickelt. Dies wird nachfolgend dargestellt (im Beispiel betragen auch die Ausschüttungen im Detailplanungszeitraum t_1 bis t_9 einheitlich 100):

ABB. 149:	Retrograde Entwicklung des Unternehmenswertes in t_0 auf der Basis von Forward Rates										
Diskontierte Beträge		1	2	3	4	5	6	7	8	9	eRente
Diskontierte Beträge t_0	2.141,33	96,20	92,73	89,30	85,87	82,45	79,05	75,69	72,39	69,17	1.398,47
Diskontierte Beträge t_1	2.125,96		96,40	92,83	89,27	85,71	82,18	78,69	75,25	71,90	1.453,74
Diskontierte Beträge t_2	2.105,44			96,30	92,60	88,91	85,25	81,63	78,07	74,59	1.508,09
Diskontierte Beträge t_3	2.086,32				96,16	92,33	88,52	84,76	81,07	77,45	1.566,02
Diskontierte Beträge t_4	2.069,91					96,02	92,06	88,15	84,30	80,55	1.628,54
Diskontierte Beträge t_5	2.055,48						95,88	91,80	87,80	83,89	1.696,11
Diskontierte Beträge t_6	2.043,85							95,75	91,58	87,49	1.769,03
Diskontierte Beträge t_7	2.034,54								95,64	91,38	1.847,53
Diskontierte Beträge t_8	2.027,31									95,54	1.931,76
Diskontierte Beträge t_9	2.201,88										2.021,88
Diskontierte Beträge t_0 bis t_9		2.141,33	2.125,96	2.105,44	2.086,32	2.069,61	2.055,48	2.043,54	2.034,54	2.027,31	2.201,88

Von der letzten Zeile des „Dreiecks" beginnend (dem Rentenbarwert der ab t_{10} fließenden Rente in t_9), werden so stufenweise die Periodenbarwerte der geplanten Ausschüttungen bzw. Sicherheitsäquivalente „aufgesammelt", dem Periodenunternehmenswert hinzugefügt und dieses Er-

---

1 Der Unternehmenswert wird auf den Zeitpunkt t_0 ermittelt.

gebnis soweit in Richtung t_0 fortgewälzt (hier zur oberen Zeile des Dreiecks), bis der Unternehmenswert in t_0 ermittelt ist.[1]

Hilfreich für diesen Rechenweg ist die vorherige Ermittlung der entsprechenden Diskontierungsfaktoren auf Basis der Forward Rates, was sich nach demselben Bild darstellen lässt:

ABB. 150:	Diskontierungsfaktoren auf Basis von Forward Rates zur retrograden Entwicklung des Unternehmenswertes in t_0									
Diskontierungsfaktoren	1	2	3	4	5	6	7	8	9	eRente
Diskontierungsfaktor t_0	0,96198	0,92731	0,89301	0,85872	0,82452	0,79053	0,75694	0,72393	0,69167	13,98470
Diskontierungsfaktor t_1		0,96396	0,92830	0,89266	0,85710	0,82177	0,78686	0,75254	0,71900	14,53738
Diskontierungsfaktor t_2			0,96300	0,92603	0,88914	0,85249	0,81627	0,78068	0,74588	15,08086
Diskontierungsfaktor t_3				0,96161	0,92330	0,88524	0,84763	0,81067	0,77454	15,66024
Diskontierungsfaktor t_4					0,96016	0,92058	0,88147	0,84303	0,80546	16,28543
Diskontierungsfaktor t_5						0,95878	0,91804	0,87801	0,83888	16,96110
Diskontierungsfaktor t_6							0,95751	0,91576	0,87494	17,69033
Diskontierungsfaktor t_7								0,95639	0,91377	18,47528
Diskontierungsfaktor t_8									0,95543	19,31764
Diskontierungsfaktor t_9										20,21884

Zur Kontrolle des beschriebenen Rechenweges (der natürlich nur im Zusammenhang mit der Berücksichtigung periodenspezifischer Verschuldungsgrade erforderlich wird) wird nachfolgend der bekannte Weg der Barwertermittlung dargestellt (hier wird noch einmal deutlich, dass im Beispiel auch in der Detailplanungsphase Ausschüttungen in Höhe des in der Restwertphase ab t_{10} fließenden Rentenwertes angenommen wurden).

ABB. 151:	Unternehmenswertentwicklung mit Spot Rates auf „direktem Wege"									
		1	2	3	4	5	6	7	8	9	eRente
Zuflüsse		100	100	100	100	100	100	100	100	100	
Spotrates		3,95 %	3,85 %	3,84 %	3,88 %	3,93 %	4,00 %	4,06 %	4,12 %	4,18 %	
Durchschnittlicher Zinssatz (Ewige Rente)											4,95 %
Ewige Rente = Zufluss/ØZinssatz											2.021,88
Diskontierbare Beträge		100	100	100	100	100	100	100	100	100	2.022
Diskontierungsfaktor		0,96198	0,92731	0,89301	0,85872	0,82452	0,79053	0,75694	0,72393	0,69167	0,69167
Diskontierte Beträge t_0	2.141,33	96,20	92,73	89,30	85,87	82,45	79,05	75,69	72,39	69,17	1.398,47

Zwischenergebnis:

Die Zinsstrukturkurve stellt die benötigten periodenbezogenen und laufzeitäquivalenten Zinsinformationen zur Verfügung. Damit die bei autonomer Finanzierungspolitik schwankenden Verschuldungsgrade im Bewertungskalkül berücksichtigt werden können, muss der Unterneh-

---

[1] Es sei noch einmal darauf hingewiesen, dass das Hauptaugenmerk im vorliegenden Beispiel auf der Behandlung des Basiszinssatzes liegt. Bei einer Diskontierung von Ausschüttungen (statt Sicherheitsäquivalenten) kann dieser Rechenweg natürlich auch mit dem vollständigen Kalkulationszinssatz vollzogen werden. Zur Berücksichtigung der wechselnden Verschuldungsgrade sind dann noch Iterationen zu berücksichtigen (siehe dazu Gliederungspunkte 10.2.2.6 und 10.2.2.8).

menswert retrograd, ausgehend von der letzten Planungsphase (dem Restwert), ermittelt werden. Der mit Spot Rates berechnete Rentenbarwert der letzten Planungsphase (Restwertphase), der aufgrund der Verwendung von Spot Rates automatisch auf den Bewertungsstichtag (t_0) bezogen ist, muss deshalb wieder auf das letzte Jahr der expliziten Planung aufgezinst werden. Hierzu bieten sich Forward Rates an. Forward Rates kommen auch in der anschließenden, rückwärts schreitenden Unternehmenswertermittlung zur Anwendung.

10.1.3 Rechtsprechung

Der Grundsatz der Laufzeitäquivalenz erfordert, im Standardfall der Annahme einer unendlichen Lebensdauer des Unternehmens, eine festverzinsliche Anlage mit unendlicher Laufzeit.

> „Bei der Festlegung der Elemente des Kapitalisierungszinssatzes ist darauf zu achten, dass sie laufzeitäquivalent sein müssen. Greift man auf öffentliche Anlagen mit begrenzter Laufzeit zurück, ist auch die dann erforderliche Wiederanlage zu berücksichtigen, da eine unbegrenzte Lebensdauer des Unternehmens angenommen wird."[1]

Da derartige Anlagen nicht vorhanden sind, erfolgte vor Einführung der Zinsstrukturkurve, als Maßstab der Basiszinsbestimmung, ein Rückgriff auf langfristige Anleihen. Das LG Bremen hat der Bestimmung des Basiszinssatzes eine Anleihe mit 30-jähriger Laufzeit zugrunde gelegt.[2] Deren Eignung wird mit dem Argument zu geringer Liquidität in der Literatur unterschiedlich beurteilt.[3]

> „Der Basiszinssatz wird aus dem sog. landesüblichen Zinssatz abgeleitet, der sich aus der durchschnittlichen Effektivverzinsung inländischer öffentlicher Anleihen oder langfristiger festverzinslicher Wertpapiere ergibt."[4]

In der Rechtsprechung dominiert bei der Bestimmung des Basiszinssatzes nicht der Stichtagsgedanke, sondern der Wunsch, einen repräsentativen und nachhaltigen Zinssatz zu bestimmen. Marktanomalien sollen bei der Bestimmung des Basiszinssatzes bereinigt werden.

> „Dabei ist allerdings nicht auf die Höhe des Basiszinssatzes am Stichtag, sondern auf die aus der Sicht des Stichtags auf Dauer zu erzielende Verzinsung abzustellen. ... dass, entgegen der Auffassung der Antragsgegnerinnen, für den maßgeblichen Stichtag 17.12.1990 nicht von einem Basiszinssatz von 9,2 % ausgegangen werden könne. Ein solcher Zinssatz sei zwar im Dezember 1990 für 10-jährige Staatsanleihen gültig gewesen. Dies sei aber durch den zum damaligen Zeitpunkt wegen der deutschen Wiedervereinigung bestehenden enorm hohen Kapitalbedarf bedingt gewesen. Es habe sich <u>um einen im langjährigen Schnitt gesehen ungewöhnlich hohen Zinssatz gehandelt, der zu Prognosezwecken nach unten adjustiert werden müsse</u>, da aufgrund der damaligen Gegebenheiten am Kapitalmarkt nicht anzunehmen gewesen sei, dass dieses ungewöhnlich hohe Zinsniveau von "ewiger Dauer" sein werde."[5]

Auf derselben Grundlage argumentiert das LG Dortmund am 19.3.2007.

---

1 OLG München v. 19.10.2006 – 31 Wx 092/05, AG, 2007, S. 290; siehe auch BayObLG v. 28.10.2005 – 3Z BR 071/00, AG, 2006, S. 44.
2 LG Bremen v. 18.2.2002 – 13 O 458/96, AG, 2003, S. 215.
3 *Widmann/Schieszl/Jeromin*, Der Kapitalisierungszinssatz in der praktischen Unternehmensbewertung, FB 2003, S. 801 10-jährige Anleihen sind vorzuziehen; a.A. *Munkert, M. J.*, Der Kapitalisierungszinssatz in der Unternehmensbewertung, 2005, S. 134 ff., *Schmitt/Dausend*, Unternehmensbewertung mit dem Tax CAPM, FB 2006, S. 234.
4 OLG Stuttgart v. 1.10.2003 – 4-W-34/93, AG, 2004, S. 43, Datev, DokNr. 015351, S. 5.
5 OLG Stuttgart v. 1.10.2003 – 4-W-34/93, AG, 2004, S. 43, Datev, DokNr. 015351, S. 5 f.

10.1 Der Basiszinssatz

„Der Basiszinssatz bezieht sich auf die aus der Sicht des Stichtages auf Dauer erzielbare Rendite öffentlicher Anleihen. ... Dabei ist nicht auf das Zinsniveau am Stichtag, sondern auf die aus der Sicht des Stichtages auf Dauer zu erzielende Verzinsung abzustellen."[1]

Als Anhaltspunkt zur Schätzung zukünftiger Zinsentwicklungen sollen die durchschnittlichen Zinssätze der Vergangenheit herangezogen werden.

„... dass der Sachverständige nicht allein den Durchschnittszinssatz der letzten zehn Jahre als Basiszins zugrunde gelegt hat; vielmehr hat er den so ermittelten Wert lediglich als Anhaltspunkt für künftig zu schätzende Zinserwartungen herangezogen. Bei der Ermittlung des Basiszinssatzes ist der Sachverständige zunächst von der durchschnittlichen Umlaufrendite für Kapitalanlagen in langfristigen öffentlichen Anleihen ausgegangen, wie sie in den Monatsberichten der Deutschen Bundesbank veröffentlich wurde. Im Jahre 1985 betrug die Umlaufrendite 6,9 %, im Durchschnitt der letzten zehn Jahre vor dem Bewertungsstichtag ergab sich nach den Berechnungen des Sachverständigen ein Satz von 7,9 %. Hieraus und aus den zum Bewertungsstichtag bestehenden Zinserwartungen für die Zukunft hat der Sachverständige im Wege der Schätzung einen Basiszins von 7,5 % abgeleitet. Diese Vorgehen ist nicht zu beanstanden und steht im Einklang mit der hierzu vertretenen Rechtsprechung und Literatur."[2]

Kritisiert wird in einem Urteil des OLG München vom 19.10.2006, das LG hätte der Zinssituation zum Stichtag zu großes Gewicht beigemessen, da es bei der Bestimmung des Basiszinssatzes allein auf die zum Stichtag erzielten Renditen börsennotierter Bundeswertpapiere mit Laufzeiten zwischen 3 und 30 Jahren abgestellt hat. Zur Prognose sei dagegen nicht nur auf den Stichtag abzustellen, sondern eine Gesamtschau unter Berücksichtigung der Zinsentwicklung der Vergangenheit anzustellen.[3]

Die Bedeutung der Vergangenheitsanalyse, etwa für einen Zeitraum von 20 Jahren, wird vor allem im Zusammenhang mit der Prognose der langfristigen Zinsentwicklung gesehen. Hoch- und Niedrigzinsphasen sollen somit ausgeglichen werden. Somit kann für die Detailplanungsphase auf einen am Stichtag orientierten Basiszins, abgeleitet aus den Umlaufsrenditen öffentlicher Anleihen abgestellt werden. Für die Restwertphase kommt dagegen der Durchschnittszins der Vergangenheit zur Anwendung.

„Entgegen der Auffassung der Antragsgegnerinnen ist es von Rechts wegen nicht geboten, für die Phase I und die Phase II einen einheitlichen Basiszinssatz zugrunde zu legen. ... Ein solches Verfahren ist geeignet die Prognosegenauigkeit zu erhöhen, da für den näheren Planungszeitraum auch die Zinsprognose genauer, nämlich mehr am Stichtag orientiert, vorgenommen werden kann. ... Der Basiszinssatz von 7,7 % für Phase II ist für die Festsetzung einer angemessenen Abfindung und eines angemessenen Ausgleichs geeignet. Der Sachverständige hat diesen S. in nicht zu beanstandender Weise aus dem Durchschnitt der Zinssätze ermittelt, die in der Vergangenheit als Umsatzrendite bei Anleihen der öffentlichen Hand zu erzielen waren."[4]

Im Ergebnis verfolgt diese Rechtsprechung das Ziel, die Validität einer Zinsprognose durch die Hoffnung zu untermauern, die Vergangenheit erscheine in der Zinsentwicklung immer wieder bzw. im Durchschnitt verbleibe das Zinsniveau, genährt durch Hoch- und Niedrigzinsphasen, langfristig auf einem durchschnittlichen Niveau. Das seit Jahren sinkende Zinsniveau ist zwar bekannt, wird aber in der auf Vergangenheitszinsen abstellenden Rechtsprechung nicht weiter gewürdigt.

---

1 LG Dortmund v. 19.3.2007 – 18 AktE 5/03, AG, 2007, S. 794.
2 OLG Düsseldorf v. 8.7.2003 – 19 W 6/00 AktE, AG, 2003, S. 693.
3 OLG München v. 19.10.2006 – 31 Wx 092/05, AG, 2007, S. 290.
4 BayObLG v. 28.10.2005 – 3Z BR 071/00, AG, 2006, S. 44.

> „In der Rechtsprechung ist der Abfall des Zinsniveaus eher zurückhaltend bewertet worden."[1]

Dass alle empirischen Belege dagegen sprechen, dass Expertenprognosen eine bessere Zinsprognose ermöglichen würden als der Markt, spiegelt sich in den zitierten Urteilen nicht wider.[2] Die buchstäblich unschlagbare Prognosefähigkeit des Marktes wird damit ignoriert.

Die aktuellen Erkenntnisse aus den Zusammenhängen der Zinsstrukturkurve und die Empfehlungen des IDW nutzend, urteilt dagegen das LG Frankfurt am Main am 21. 3. 2006.

> „Die Kammer hält die Ermittlung des Basiszinses (auch für Altfälle), die entsprechend der Empfehlung des Arbeitskreises Unternehmensbewertung des Instituts der Wirtschaftsprüfer – AKU – anhand der Zinsstrukturkurve der Deutschen Bundesbank zum Stichtag 25. 9. 2003 vorgenommen wurde, für sach- und interessengerecht. Durch das Abstellen auf die (kostenfreien und für jedermann zugänglichen) hypothetischen Zerobond-Zinssätze der Deutschen Bundesbank wird einer notwendigen Objektivierung Rechnung getragen."[3]

Allerdings wird keine rein stichtagsbezogene Datenerhebung propagiert, sondern, „zur Glättung von kurzfristigen Marktschwankungen sowie Schätzfehlern", auf eine Durchschnittsbildung der über die Zinsstrukturkurven der letzten 3 Monate vor dem Bewertungsstichtag abgeleiteten Basiszinssätze abgestellt. Auch dieser 3-Monats-Durchschnitt wird allerdings teilweise hinterfragt und auf seine Eignung untersucht, da auch die Durchschnittswerte über den Zeitablauf Veränderungen aufweisen.[4]

Das Verfahren der Durchschnittsbildung erinnert an die Ermittlung des durchschnittlichen Börsenkurses, der die Untergrenze des Unternehmenswertes darstellen soll.[5] Die Verwendung eines einheitlichen Basiszinssatzes für einen ganzen Zeitraum, wie vom AKU vorgeschlagen, wird dagegen (ganz zu recht) abgelehnt.[6]

Im Sinne der Neuerungen zur Bestimmung des Basiszinssatzes korrigiert das OLG München am 17. 7. 2007 die Vorgehensweise des Gutachters und des LG München und hält nicht die Umlaufrendite öffentlicher Anleihen für zur Bestimmung des Basiszinssatzes geeignet, sondern beruft sich auf die Zinsstrukturkurve nach der Nelson-Siegel-Svensson Funktion.

> „Es ist betriebswirtschaftlich gefordert, dass der Kapitalisierungszinssatz für den zu kapitalisierenden Zahlungsstrom hinsichtlich Fristigkeit, Risiko und Besteuerung äquivalent sein muss. Daher hält der Senat die Ermittlung des Basiszinssatzes unter Hinzuziehung der Nelson-Siegel-Svensson-Funktion für geeignet."[7]

Kritik übt das OLG München an der Bestimmung des Basiszinssatzes, da dieser anhand von Renditen öffentlicher Anleihen mit einer Restlaufzeit von 3 bis 4 Jahren bestimmt wurde und diese Fristigkeit vom Sachverständigen mit der Länge der Detailplanungsphase von 3 Jahren begründet wurde. Damit würde der unbegrenzten Lebensdauer des Unternehmens nicht ausreichend Rechnung getragen.

---

1 LG Dortmund v. 19. 3. 2007 – 18 AktE 5/03, AG, 2007, S. 794.
2 *Munkert, M. J.*, Der Kapitalisierungszinssatz in der Unternehmensbewertung, 2005, S. 129 f.
3 LG Frankfurt a. M. v. 21. 3. 2006 – 3-5 O 153/04, AG, 2007, S. 44.
4 OLG München v. 14. 7. 2009 – 31 Wx 121/06, www.betriebs-berater.de – Archiv, S. 3.
5 Siehe Gliederungspunkt 13.7.
6 LG Frankfurt a. M. v. 21. 3. 2006 – 3-5 O 153/04, AG, 2007, S. 44.
7 OLG München v. 17. 7. 2007 – 31 Wx 060/06, AG, 2008, S. 30.

10.2 Der Risikozuschlag

10.2.1 Theorie

10.2.1.1 Begründung für einen Risikozuschlag

Das Bewertungsobjekt Unternehmen bietet keine Garantie für sichere Gewinne. Hohe Gewinne sind theoretisch genauso denkbar wie hohe Verluste. Diesen Umstand repräsentiert das Risiko, welches mit dem Investment in ein Unternehmen verbunden ist. Investoren sind ganz überwiegend risikoscheu. Diese Risikoscheu drückt sich bei der Bewertung von Unternehmen in der Wahl eines Kalkulationszinssatzes aus, der vom Investor genau so hoch gewählt wird, dass darin sein Wunsch nach Risikokompensation erfüllt wird. Der Kalkulationszinssatz ist damit (subjektiv) risikoäquivalent. Drückt die Risikoäquivalenz die Risikoaversion des Investors aus, dann ist der Risikozuschlag offensichtlich individuell bestimmt. Ergebnis der Bewertung wäre ein entscheidungstheoretisch exakt ermittelter subjektiver Unternehmenswert, der nur für das Bewertungssubjekt „richtig" ist. Für diese Vorgehensweise wird allerdings die Risikonutzenfunktion des Investors als Bewertungssubjekt benötigt, die sich nur theoretisch ermitteln lässt. Dieses Konzept scheitert deshalb in der Praxis.

Der Risikozuschlag kann aber auch typisiert und ohne Rückgriff auf die individuelle Risikoaversion des Bewertungssubjekts bestimmt werden. Die Sichtweise des „Marktes" ist hier bestimmend für den zu erfassenden Risikoumfang. Das hierfür eingesetzte Verfahren ist das Capital Asset Pricing Model (CAPM). Aufgrund der Typisierung ist das CAPM prädestiniert für den Einsatz im Rahmen des objektivierten Unternehmenswertes. Die Risikoeinschätzung „Vieler" hinsichtlich des Bewertungsobjekts ersetzt die Risikoaversion des „Einzelnen" hinsichtlich des Bewertungsobjekts.

Ausgehend von einem sicheren Basiszinssatz wird somit ein angemessener Risikozuschlag gewählt, um genau das Risikoniveau des Unternehmens abzubilden. Die Vorgehensweise wird als Risikozuschlagsmethode bezeichnet, ob subjektiv oder mittels CAPM marktmäßig objektiviert angewendet. Theoretisch kann aber auch ein anderer Verfahrensweg gewählt werden. Anstatt den sicheren Zinssatz durch einen Zuschlag an das Unternehmensrisiko anzupassen, können auch die Unternehmensergebnisse (die geplanten Ausschüttungen) durch einen Risikoabschlag sicher gemacht werden. Der Umfang des Risikoabschlages kann wie oben beschrieben entweder für subjektive Unternehmenswerte individuell bestimmt werden und drückt dann die Risikoaversion des Bewertungssubjektes aus. Der Risikoabschlag könnte aber auch aus den Informationen des CAPM bestimmt werden, allerdings nur über den Umweg des vorher ermittelten Risikozuschlags, denn der Markt kann nicht (unmittelbar) nach einem Risikoabschlag „befragt" werden.[1] Die durch den Risikoabschlag vom Erwartungswert erzeugten sicheren Unternehmensergebnisse, Sicherheitsäquivalent genannt, können dann mit einem sicheren Basiszinssatz diskontiert werden. Die Methode wird als Risikoabschlagsmethode oder Sicherheitsäquivalenzmethode bezeichnet.

Bei der Verwendung der Risikozuschlagsmethode ermittelt sich der risikoäquivalente Kalkulationszinssatz wie folgt:

---

[1] Grundlage des CAPM sind empirische Daten des Aktienmarktes. Hierfür sind Renditen unterschiedlicher Höhen verfügbar, die das Risiko ausdrücken. Die Marktdaten liegen also in der Form des Risikozuschlagsverfahrens vor.

ABB. 152:	Grundsätzliche Zusammensetzung der Alternativrendite (Kalkulationszinssatz)

$$r_{j,vESt} = (i + z)$$

$r_{j,vESt}$:	risikoäquivalente Alternativrendite Unternehmen j, vor ESt
i:	risikoloser Basiszinsfuß
z:	Risikozuschlag zur Herstellung der Risikoäquivalenz

Die Ermittlung des Risikozuschlags soll bei der Ermittlung objektivierter Unternehmenswerte unter Verwendung des Capital Asset Pricing Model, kurz CAPM, erfolgen.

„Aus den am Kapitalmarkt empirisch ermittelten Aktienrenditen können mithilfe von Kapitalmarktpreisbildungsmodellen (CAPM, Tax-CAPM) Risikoprämien abgeleitet werden."[1]

Der Kalkulationszinssatz ermittelt sich danach wie folgt:

ABB. 153:	Bestimmung des Kalkulationszinssatzes und Ermittlung des Risikozuschlages (z) nach dem CAPM

$$r_j = i + (r_M - i)\,\beta_j$$

r_j:	erwartete Rendite der Aktie j
r_M:	erwartete Rendite des Marktportfolios
i:	risikofreier Basiszins
β_j:	Beta der Aktie j

10.2.1.2 Die Facetten des Risikobegriffs

Der Begriff Risiko wird im Zusammenhang mit der Bewertung von Unternehmen an vielen Stellen und mit unterschiedlichen Inhalten verwendet. Hier erfolgt deshalb vorab noch eine Begriffsklärung.

Unternehmen bieten dem Anteilseigner keine Gewinngarantie. Die Volatilität der Unternehmensergebnisse, Gewinn oder Verlust, wird als operatives Risiko bezeichnet. Dieses Risiko wird offensichtlich, wenn eine Unternehmensplanung in mehreren denkbaren Szenarien (z. B. Worst Case Szenario, Best Case Szenario) abgebildet wird. Die mittlere Abweichung der Gewinne oder Verluste dieser Szenarien vom Erwartungswert wird als Standardabweichung gemessen. Die Standardabweichung quantifiziert das operative Risiko.

Neben dem operativen Risiko hat der Anteilseigner auch noch das finanzierungsbedingte Risiko zu tragen. Das Finanzierungsrisiko ergibt sich aus der Gefahr, die mit einem steigenden Einsatz von Fremdkapital im Unternehmen verbunden ist. Die Leverage-Formel vermittelt einen Eindruck davon, dass sich mit dem zunehmenden Einsatz von Fremdkapital nicht nur die Eigenkapital-Renditen levern oder „hochhebeln" lassen, sondern dass die Eigenkapitalgeber ihrerseits mehr Rendite verlangen, um Kompensation für das steigende Insolvenzrisiko zu erhalten.[2]

---

[1] IDW S1 i. d. F. 2008, Tz. 118.
[2] WP-Handbuch, Band II, 2002, S. 72, Tz. 212; für diese Interpretation der Leverage-Formel ist allerdings auf die Marktwerte des Fremdkapitals und des Eigenkapitals abzustellen.

ABB. 154: Leverage-Formel (Ermittlung des Verschuldungsgrades zu Buchwerten)

$r^{EK} = r^{GK} + (r^{GK} - i_f) \, FK/EK$

r^{EK}:	Eigenkapitalrendite	... abhängig von FK/EK
r^{GK}:	Gesamtkapitalrendite (11 %)	
i_f:	Verschuldungszinssatz (8 %)	... abhängig von Kapitalmarktentwicklung
FK:	Fremdkapital (Buchwert, 100)	
EK:	Eigenkapital (Buchwert, 100)	
FK/EK:	Verschuldungsgrad	

BEISPIEL

$r^{EK} = r^{GK} + (r^{GK} - i_f) \, FK/EK$

$0{,}14 = 0{,}11 + (0{,}11 - 0{,}08) \, 100/100$

=> Renditeaufschlag = 3 %

Für das so beschriebene Risiko, bestehend aus operativem Risiko und Finanzierungsrisiko, gibt es in der Welt der Ertragswertverfahren allerdings keinen praktikablen Ansatz, um daraus den individuellen Risikozuschlag oder Risikoabschlag zu ermitteln.[1] Die Prognose der Szenarien „berücksichtigt" das Risiko genauso wenig wie die Berechnung des Erwartungswerts. Das Risiko wird auf diese Art nur ermittelt und dargestellt, aber nicht in einen Risikozuschlag oder Risikoabschlag überführt. In der Unternehmensbewertung und insbesondere bei der Prognose der Szenarien gilt das Vorsichtsprinzip, wie es aus der Bilanzierung bekannt ist, gerade nicht.[2] Eine „Berücksichtigung" des Risikos im Sinne der Herstellung der Risikoäquivalenz erfolgt erst durch die Bemessung des Risikozuschlags auf den sicheren Basiszinssatz. Das CAPM (Capital Asset Pricing Model)[3], bisher gebräuchlich in der Welt der DCF-Verfahren, stellt ein Modell zur objektivierten Bestimmung von Risikozuschlägen auch für Ertragswerte dar, ohne auf die Risikoeinstellung des Bewertungssubjekts Rücksicht nehmen zu müssen.

Die IDW-Stellungnahme HFA 2/1983 differenzierte noch nicht klar nach den Vorgehensweisen Risikozuschlag oder Risikoabschlag. Vielmehr wurde eine Mischform propagiert. Das „allgemeine Unternehmerrisiko" sollte durch einen Zuschlag zum Kalkulationszinssatz berücksichtigt werden, das „spezielle Unternehmerrisiko" sollte durch einen Abschlag von den prognostizierten Zukunftserfolgen erfasst werden. Im Ergebnis stellte dies eine Risikozuschlags-Risikoabschlagsmethode dar. Die Kritik der Literatur richtete sich auf eine Trennung des Risikos, die praktisch nicht möglich ist.[4] Die Gefahr dieser Vorgehensweise bestand deshalb darin, Risiko doppelt oder gar nicht zu berücksichtigen. Das IDW hat diese Risikobegriffe und diese Risikotrennung deshalb aufgegeben.[5] In der Rechtsprechung „irrlichtern" die Begriffe allerdings als au-

---

[1] Auf das theoretische Konzept der Risikonutzenfunktion und ermittelter Sicherheitsäquivalente sei nur der Vollständigkeit halber hingewiesen.
[2] WP-Handbuch, Band II, 2002, S. 52, Tz. 157; siehe Gliederungspunkt 9.3.
[3] Das CAPM erklärt in einem Modell die Bemessung von Renditeansprüchen auf Kapitalmärkten, in Abhängigkeit vom übernommenen Risiko. Damit steht einer Verwendung dieses Modells im Rahmen von Ertragswertverfahren nichts im Wege.
[4] *Mandl/Rabel*, Unternehmensbewertung, 1997, S. 214 f.
[5] WP-Handbuch, Band II, 1998, S. 62, Tz. 186.

ßergewöhnliches Risiko (allgemeines Unternehmensrisiko) und normales Risiko (wohl spezielles Risiko) noch immer durch die Urteilsbegründungen des Risikozuschlags.[1]

Zwischenergebnis:

Das unternehmerische Risiko lässt sich in die Kategorien operatives Risiko und Finanzierungsrisiko einteilen. In der Welt der Ertragswertverfahren wurde daraus allerdings keine geschlossene Theorie zur Bemessung von Risikoab- bzw. Risikozuschlägen entwickelt. Abhilfe schafft das CAPM, das auch für Ertragswertverfahren einsetzbar ist und die „angemessene" Risikokompensation über Marktdaten ableitet. Die Kompensation für übernommenes Risiko erfolgt entweder bei den Ausschüttungen (Risikoabschlag) oder beim Kalkulationszinssatz (Risikozuschlag). Die frühere Trennung in allgemeine und spezielle Risiken hat das IDW aufgegeben.

10.2.1.3 Zielstellung des CAPM

Das CAPM ist eine Theorie zur Erklärung der Renditeforderungen von Aktionären. Die Höhe der geforderten Rendite hängt vom Risiko des Investments ab. Die geforderten Renditen steigen hierbei mit dem zu übernehmenden Risiko. D. h. nicht das Risiko des investierenden Unternehmens, sondern der Risikobeitrag (das systematische Risiko) des Investitionsprojekts bestimmen die aus diesem Projekt zu fordernde Eigenkapitalrendite – die Eigenkapitalkosten zur Umsetzung des Projekts.[2] Unterstellt man, dass das CAPM die Renditeforderungen korrekt aus der Sicht des Marktes ermittelt, dann müssen die Vorstände börsennotierter Gesellschaften die Vorteilhaftigkeit ihrer Investitionsentscheidungen mittels Kalkulationszinssätzen ermitteln, die mit dem CAPM abgeleitet wurden. So ist sichergestellt, dass Investitionsentscheidungen in stillem Einvernehmen mit den Eigenkapitalgebern erfolgen bzw. der Börsenkurs nicht nachteilig tangiert wird.[3]

Grundlage des CAPM ist die Theorie der Risikovernichtung durch die Bildung von Portfolios, die Modern Portfolio Theory (MPT). Eine für die Anwendung des CAPM wichtige Aussage der MPT ist, dass bei der Beurteilung und Bewertung von Investitionsobjekten nur ein Teil des Risikos, das sogenannte systematische Risiko zu berücksichtigen ist. Das unsystematische Risiko kann durch Portfolios vernichtet werden, weswegen kein Grund besteht, dafür eine Risikokompensation zu gewähren. Das CAPM ermittelt somit einen typisierten Risikozuschlag, wie ihn der „Markt" zu Recht erwarten kann.

Das Gesamtrisiko (operatives Risiko und Finanzierungsrisiko) wird in zwei Risikobereiche zertrennt. Das systematische Risiko, welches nicht durch Diversifikation vernichtet werden kann (siehe Portfoliotheorie) und das unsystematische Risiko, welches diversifizierbar ist. Nur das systematische Risiko wird im Risikozuschlag berücksichtigt. Damit wird ein voll diversifiziertes Bewertungssubjekt (also mit einem „perfekten Portfolio") unterstellt. Verfügt das Bewertungssubjekt nicht über so viele Investments, dass sich der Diversifikationseffekt einstellt, dann wird mittels CAPM nur ein Teil des Risikozuschlages berücksichtigt, der eigentlich für die Unternehmensbewertung in diesem Fall erforderlich wäre.

---

[1] LG Frankfurt a. M. v. 21. 3. 2006 – 3-5 O 153/04, AG, 2007 S. 45.
[2] *Copeland/Weston/Shastri*, Finanzierungstheorie und Unternehmenspolitik, 2008, S. 218.
[3] Siehe hierzu *Dibelius, A.*, Mergers & Acquisitions: Schnittstelle zwischen Unternehmen und Kapitalmärkten, in: Picot, G., (Hrsg.), Handbuch Mergers & Acquisitions, 2002, S. 48.

Im Folgenden sollen die Aspekte des Risikos bei Investitionsentscheidungen untersucht werden.

10.2.1.4 Der Begriff des Risikos

Im allgemeinen Sprachgebrauch stellt Risiko die Gefahr dar, ein angestrebtes Ziel nicht zu erreichen. Im Zusammenhang mit der Übernahme eines Unternehmens hieße dies z. B., dass ein Unternehmen in der Zukunft geringere Jahresüberschüsse erwirtschaftet als die, von denen die Investoren beim Erwerb ausgegangen sind.

> **BEISPIEL** Für das Unternehmen 1 gehen die Investoren künftig von Jahresüberschüssen von 4 Mio. € p. a. aus. Dies entspricht dem Erwartungswert der Jahresüberschüsse (der zufällig mit dem Real Case übereinstimmt). Der ebenso mögliche Eintritt von Jahresüberschüssen in Höhe von 3 Mio. € p. a. wird als Risiko, das Erreichen der 5 Mio. € als Chance angesehen.

TAB. 44: Erwartungswertbildung für Unternehmen 1 auf Basis der Szenarien

Unternehmen 1							
Jahresüberschuss in Mio. €		2006	2007	2008	2009	2010	2011
Best Case	p = 25 %	5,0	5,0	5,0	5,0	5,0	5,0
Real Case	p = 50 %	4,0	4,0	4,0	4,0	4,0	4,0
Worst Case	p = 25 %	3,0	3,0	3,0	3,0	3,0	3,0
Erwartungswert		**4,0**	**4,0**	**4,0**	**4,0**	**4,0**	**4,0**

In der Unternehmensbewertung wird Risiko jedoch nicht nur als Unterschreitung des erwarteten Wertes, sondern als Streuung der möglichen künftigen Ergebnisse um den Erwartungswert definiert. D. h. zur Beschreibung des Risikos werden die statistischen Risikomaße Varianz (σ^2) und Standardabweichung (σ) verwendet. Dies bedeutet, dass auch eine Überschreitung des erwarteten Jahresüberschusses von 4 Mio. € als Risiko bezeichnet wird. D. h. im obigen Fall besteht auch ein „Risiko", dass das Szenario „Best Case" eintritt und Unternehmen 1 künftig Jahresüberschüsse von nicht nur 4 Mio. €, sondern 5 Mio. € p. a. erzielt. Für die Risikoberechnung werden somit die Formeln für den Erwartungswert E, die Varianz σ^2 und die Standardabweichung σ benötigt.

ABB. 155: Formeln zur Berechnung von Erwartungswert, Varianz und Standardabweichung

$$E(J\ddot{U}) = \sum_{z=1}^{N} p_z \, J\ddot{U}_z$$

$$\sigma^2 = \sum_{z=1}^{N} p_z \, (J\ddot{U}_z - E(J\ddot{U}_z))^2$$

$$\sigma = (\sigma^2)^{1/2}$$

JÜ:	Jahresüberschuss
E (JÜ):	Erwartungswert JÜ
z:	Umweltzustand
p:	Eintrittswahrscheinlichkeit
σ^2:	Varianz
σ:	Standardabweichung

Damit ergeben sich für das Unternehmen 1 folgender Erwartungswert bzw. folgende Varianz und Standardabweichung:

TAB. 45: Berechnung von Erwartungswert, Varianz und Standardabweichung für Unternehmen 1

$E(JÜ) = (0{,}25 \times 5) + (0{,}5 \times 4) + (0{,}25 \times 3) = 4{,}00$

$\sigma^2 = 0{,}25\,(5-4)^2 + 0{,}5\,(4-4)^2 + 0{,}25\,(3-4)^2 = 0{,}50$

$\sigma = 0{,}71$

Für Unternehmen 1 lässt sich unter Verwendung dieser Ergebnisse folgende Risikosituation festhalten. Im Durchschnitt kann ein Jahresüberschuss von 4 Mio. € erwartet werden (Erwartungswert). Die alternativ möglichen Jahresüberschüsse streuen (nach oben oder unten) mit einer mittleren Abweichung von 0,71 Mio. € um den Erwartungswert von 4 Mio. € (unter Berücksichtigung der Eintrittswahrscheinlichkeiten!).

Dass der Erwartungswert allein noch keinen Schluss hinsichtlich der Risikosituation eines Unternehmens zulässt, soll an einem weiteren Unternehmen 2 deutlich gemacht werden.

TAB. 46: Erwartungswertbildung für Unternehmen 2 auf Basis der Szenarien

Unternehmen 2							
Jahresüberschuss in Mio. €		2006	2007	2008	2009	2010	2011
Best Case	p = 25 %	10,0	10,0	10,0	10,0	10,0	10,0
Real Case	p = 50 %	2,5	2,5	2,5	2,5	2,5	2,5
Worst Case	p = 25 %	1,0	1,0	1,0	1,0	1,0	1,0
Erwartungswert		**4,0**	**4,0**	**4,0**	**4,0**	**4,0**	**4,0**

Auch bei Unternehmen 2 beträgt, wie im vorhergehenden Fall, der Erwartungswert 4 Mio. €. Allerdings beträgt die durchschnittliche Abweichung der Jahresüberschüsse vom Erwartungswert 3,52 Mio. €.

TAB. 47: Berechnung von Erwartungswert, Varianz und Standardabweichung für Unternehmen 2

$E(JÜ) = (0{,}25 \times 5) + (0{,}5 \times 4) + (0{,}25 \times 3) = 4{,}00$

$\sigma^2 = 0{,}25\,(10-4)^2 + 0{,}5\,(2{,}5-4)^2 + 0{,}25\,(1-4)^2 = 12{,}375$

$\sigma = 3{,}52$

Die intuitive Einschätzung, dass Unternehmen 2 risikoreicher als Unternehmen 1 ist, wird somit durch die erheblich höhere Standardabweichung (3,52 Mio. € gegenüber 0,71 Mio. €) klar bestätigt.

Was kann der Grund für die unterschiedliche Risikosituation der Unternehmen sein? Denkbar sind a) ein unterschiedliches operatives Risiko oder b) ein unterschiedliches Finanzierungsrisiko. Unternehmen 2 kann z. B. in stark umkämpften Märkten tätig sein. Nur die erfolgreiche Einführung eines neuen Produktes sichert dann z. B. das Erreichen des Best Case Szenarios und damit das Erreichen des Jahresüberschuss-Niveaus von 10 Mio. €. Unternehmen 1 ist dagegen z. B. Repräsentant einer Betätigung in ruhigeren Märkten. Zwischen höchstem und niedrigstem Ergebnis besteht hier nur eine geringere Spanne, d. h. ein geringes Risiko korrespondiert mit geringen Chancen.

10.2 Der Risikozuschlag

Das operative Risiko stellt bei der Investition in Unternehmen regelmäßig das dominierende Risikoelement dar. Ein geringerer Risikoanteil entfällt üblicherweise auf die zweite Risikokategorie, das Finanzierungsrisiko. Letzteres ergibt sich aus der Verpflichtung zum (unbedingten) Kapitaldienst gegenüber den Unternehmensgläubigern. Ein hohes Finanzierungsrisiko steht für das Risiko, den Kapitaldienst nicht mehr leisten zu können und deshalb Insolvenz anmelden zu müssen.

Das Risiko des Investors, der sein Geld in Unternehmen anlegt, kann somit durch das operative Risiko und das Finanzierungsrisiko vollumfänglich beschrieben werden. Im Rahmen der Unternehmensbewertung sollte man erwarten, dass diese Größen den von Investoren geforderten Renditesatz maßgeblich bestimmen und somit auch im CAPM berücksichtigt werden. Es wird sich zeigen, dass dieser Vermutung nur mit Einschränkungen gefolgt werden kann. Diesen vermeintlichen Widerspruch aufzuklären ist Aufgabe der folgenden Ausführungen.

10.2.1.5 Das Risiko beim Erwerb einer Aktie – Portfoliotheorie

„Mein Handel ist nicht auf ein Schiff gebaut, Noch einen Ort; noch hängt mein Hab und Gut ab vom Geschäftsglück dieses einen Jahrs: Mein Handel drum, der macht mich nicht betrübt."[1]

Die folgenden Ausführungen widmen sich der Erklärung der Portfoliotheorie, als Grundlage des CAPM, und damit auch der Beantwortung der oben aufgeworfenen Fragestellung, inwiefern die Varianz und Standardabweichung eines Investitionsobjekts für Investitionsentscheidungen im CAPM Bedeutung haben. Als Anlagemöglichkeit wird nunmehr die Investition in Aktien betrachtet, da Portfoliomanagement üblicherweise mit der Mischung von Wertpapieren assoziiert wird.

BEISPIEL Es sollen 100 T€ in eine Aktie A investiert werden. Ziel ist eine Rendite von 10 % p. a. Es besteht sogar eine Chance eine Rendite von 40 % zu erzielen. Unter Umständen kann die Rendite aber auch nur 4 % betragen.

Bei der Prognose zukünftiger Entwicklungen werden Wahrscheinlichkeitsverteilungen geplant, d. h. ein ganzes Bündel von Ergebnissen (wie hier denkbarer Renditen), die unter bestimmten Rahmenbedingungen und mit einer bestimmten Wahrscheinlichkeit eintreten.

Für die Aktie A werden folgende Renditen für wahrscheinlich gehalten und entsprechend als Wahrscheinlichkeitsverteilung geplant.

TAB. 48: Rendite-Szenarien und Erwartungswert der Aktie A

	Eintrittswahrscheinlichkeit	Renditeverteilung Aktie A
Szenario 1	50 %	40,00 %
Szenario 2	50 %	4,00 %
Erwartungswert		22,00 %

Der Erwartungswert von 22 %, als durchschnittlich zu erwartender Renditewert, berechnet sich wie folgt:

---

[1] Shakespeare, W., Der Kaufmann von Venedig, Übersetzung Günther, F., 2003, 1. Akt, 1. Szene, Tz. 40.

TAB. 49: Berechnung des Erwartungswertes der Aktie A

$r_A = r_1 p_1 + r_2 p_2$

$r_A = 40\% \times 50\% + 4\% \times 50\% = 22\%$

r_A : erwartete Rendite der Aktie A
r_1 : Rendite der Aktie A im Szenario 1 (2)
p_1 : Wahrscheinlichkeit der Rendite im Szenario 1 (2)

In Weiterführung des Beispiels wird nun das Risiko des Investments in die Aktie A berechnet.

TAB. 50: Risiko der Aktie A

	Eintrittswahrscheinlichkeit	Renditeverteilung Aktie A
Szenario 1	50 %	40,00 %
Szenario 2	50 %	4,00 %
Erwartungswert		22,00 %
Varianz		3,24 %
Standardabweichung		18,00 %

TAB. 51: Berechnung der Varianz und Standardabweichung der Aktie A

$\sigma_A^2 = p_1 \times (r_1 - r_A)^2 + p_2 \times (r_2 - r_A)^2$

$\sigma_A^2 = 50\% \times (40\% - 22\%)^2 + 50\% \times (4\% - 22\%)^2 = 3,24\%$

$\sigma_A^2 = 3,24\%^{1/2} = 18\%$

σ_A^2: Varianz der Aktie A
r_A : erwartete Rendite der Aktie A (B)
p_1: Wahrscheinlichkeit der Rendite in Szenario 1 (2)
r_1: Rendite der Aktie A im Szenario 1 (2)
σ_A : Standardabweichung der Aktie A

Die berechnete Standardabweichung von 18 % zeigt, dass im Szenario 1 die prognostizierte Rendite von 40 % um 18 % höher ausfällt, als die erwartete Rendite von 22 %. Im Szenario 2 fällt die Rendite um 18 % niedriger aus. Beide Abweichungen werden als Risiko durch das Risikomaß Standardabweichung, bzw. in quadrierter Form, als Varianz beschrieben. Im Vergleich zu unserer Risikobetrachtung der Unternehmen 1 und 2 hat sich dadurch noch keine veränderte Sichtweise des Risikos ergeben.

10.2.1.6 Das Risiko im 2-Aktien-Portfolio

Portfolios sind ein Bündel von unterschiedlichen Geldanlagen. Ziel dieser Strategie des „nicht alle Eier in einen Korb legen" ist die Reduzierung des Risikos. Die moderne Portfoliotheorie wurde von Markowitz 1952 entwickelt. Ausgangspunkt der Überlegungen von Markowitz waren die Gedanken von Williams, der in einem in dieser Zeit populären Buch die These vertrat, Anleger sollten sich bei ihren Investitionsentscheidungen vom Erwartungswert der zukünftigen Dividenden einer Aktien leiten lassen.[1] Markowitz fragte sich, warum Anleger dann nicht einfach ihre gesamten Anlagebeträge in die Aktie mit dem höchsten Erwartungswert zukünftiger Dividenden, repräsentiert durch den Kurs, investieren. Er erkannte damit die Bedeutung des Risikos bei der Bildung von Aktien-Portfolios. Anleger sollten sich demnach vom Erwartungswert und dem Risiko einer Anlage leiten lassen.[2]

---

[1] *Williams, J. B.*, The Theory of Investment Value, 1938, Reprint 2002, S. 57.
[2] Ausführungen zur Entwicklungsgeschichte der Portfoliotheorie nach *Kruschwitz, L.*, Finanzierung und Investition, 2004, S. 204 und *Mandelbrot/Hudson*, Fraktale und Finanzen, 2009, S. 99.

10.2 Der Risikozuschlag

BEISPIEL ▶ In Weiterführung des obigen Beispiels wird nun eine zusätzliche Aktie B als Investitionsmöglichkeit eingeführt. Es stellt sich die Frage, wie sich durch die Kombination der Aktien A und B die Rendite und das vom Investor zu übernehmende Risiko verändert.

TAB. 52: Risiko im Aktienportfolio Aktie A und Aktie B

	Eintrittswahrscheinlichkeit	Renditeverteilung Aktie A	Renditeverteilung Aktie B
Szenario 1	50 %	40,00 %	16,00 %
Szenario 2	50 %	4,00 %	2,00 %
Erwartungswert		22,00 %	9,00 %
Varianz		3,24 %	0,49 %
Standardabweichung		18,00 %	7,00 %
Kovarianz		1,26 %	
Korrelationskoeffizient		1,00	

Verteilt man den Investitionsbetrag von 100 T€ zu 2/3 auf die Aktie A und zu 1/3 auf die Aktie B, dann lässt sich die Portfoliorendite als gewichteter Durchschnitt der erwarteten Renditen ermitteln.

TAB. 53: Berechnung der erwarteten Portfoliorendite im Portfolio Aktie A und Aktie B

$r_p = r_A z_A + r_B z_B$

$r_p = 22\,\% \times 0{,}6667 + 9\,\% \times 0{,}3333 = 17{,}67\,\%$

r_p : erwartete Rendite des Portfolios
r_A : Rendite der Aktie A (B)
z_A : Anteil der Aktie A (B) im Portfolio

Intuitiv würde man das Portfoliorisiko auf die gleiche Weise berechnen. Dabei bliebe aber unberücksichtigt, dass sich Risiken im Portfolio unter bestimmten Bedingungen gegenseitig aufheben. Erfasst wird dieser Zusammenhang durch die Kovarianz zwischen den Wahrscheinlichkeitsverteilungen der Anlagen im Portfolio. Die Kovarianz ist ein Maß dafür, inwieweit die Abweichungen vom Erwartungswert der Aktie A und der Aktie B in einem Szenario das gleiche Vorzeichen haben, d.h. inwieweit die Wahrscheinlichkeitsverteilungen der Aktien A und B im gleichen Rhythmus schwingen.[1]

TAB. 54: Berechnung der Kovarianz zwischen Aktie A und Aktie B

$\sigma_{AB} = p_1 \times (r_{1A} - r_A) \times (r_{1B} - r_B) + p_2 \times (r_{2A} - r_A) \times (r_{2B} - r_B)$

$\sigma_{AB} = 50\,\% \times (40\,\% - 22\,\%) \times (16\,\% - 9\,\%) + 50\,\% \times (4\,\% - 22\,\%) \times (2\,\% - 9\,\%) = 1{,}26\,\%$

$\sigma_A^2 = 3{,}24\,\%^{1/2} = 18\,\%$

r_A : erwartete Rendite der Aktie A (B)
p_1: Wahrscheinlichkeit der Rendite in Szenario 1 (2)
r_{1A}: Rendite der Aktie A (B) im Szenario 1 (2)
σ_{AB}: Standardabweichung der Aktie A und B

---

[1] *Heidorn, T.*, Finanzmathematik in der Bankpraxis, 2006, S. 278.

10. Der Kalkulationszinssatz

In normierter Form wird die Kovarianz zum Korrelationskoeffizienten ρ, der dann Werte zwischen +1 und -1 annehmen kann und die Art des Zusammenhangs der Verteilungen leichter interpretierbar macht.

TAB. 55: Interpretation des Korrelationskoeffizienten

ρ = +1	Verteilungen vollkommen gleichläufig
ρ = 0	Verteilungen vollkommen unkorreliert.
ρ = -1	Verteilungen vollkommen gegenläufig.

Im obigen Beispiel kann die Kovarianz von 1,26 % jetzt in den Korrelationskoeffizienten überführt werden, um eine klare Aussage hinsichtlich des Zusammenhangs der Renditeentwicklungen der beiden Aktien A und B zu erhalten.

ABB. 156: Ermittlung der Korrelation zwischen Aktie A und Aktie B

$$\rho_{AB} = \frac{\sigma_{AB}}{\sigma_A \times \sigma_B}$$

$$\rho_{AB} = \frac{1,26\,\%}{18\,\% \times 7\,\%} = 1$$

σ_{AB}: Kovarianz zwischen den Aktien A und B
σ_A: Varianz der Aktie A (B)
ρ_{AB}: Korrelationskoeffizient der Aktien A und B

Der Korrelationskoeffizient von +1 bestätigt, was im vorliegenden Beispiel auf einen Blick erkennbar ist; die Aktienrenditen der Aktien A und B bewegen sich in den Szenarien entweder gemeinsam nach oben oder gemeinsam nach unten. Risikovernichtung durch die Bildung eines Portfolios ist in diesem Fall nicht möglich. Mangels Risikovernichtungspotenzial könnte in diesem Fall das Portfoliorisiko auch als gewichteter Durchschnitt der jeweiligen Standardabweichungen ermittelt werden. Die korrekte Berechnung des Portfoliorisikos als Varianz und Standardabweichung stellt sich allerdings wie folgt dar.

ABB. 157: Ermittlung des Portfoliorisikos im Portfolio Aktie A und Aktie B

$$\sigma_p^2 = z_A^2 \sigma_A^2 + = z_B^2 \sigma_B^2 + 2\,z_A\,z_B\,\rho_{AB}\,\sigma_A\,\sigma_B$$

$$\sigma_p^2 = 0,6667^2 \times 18\,\%^2 + 0,3333^2 \times 7\,\%^2 + 2 \times 0,6667 \times 0,3333 \times 1 \times 18\,\% \times 7\,\%$$

$$\sigma_p^2 = 2,05\,\%^{1/2} = 14,33\,\%$$

σ_A: Standardabweichung der Aktie A (B)
σ_p^2: Varianz des Portfolios
σ_p: Standardabweichung des Portfolios
ρ_{AB}: Korrelationskoeffizient der Aktie A und B
z_A: Anteil der Aktie A (B) im Portfolio

Variiert man das bisherige Beispiel, indem die Renditewerte der Aktie B dem jeweils anderen Szenario zugeordnet werden, ist der Gleichklang der Verteilung aufgehoben. Dies zeigt sich auch an der Kovarianz bzw. dem Korrelationskoeffizienten.

10.2 Der Risikozuschlag

TAB. 56:	Berechnung von Kovarianz und Korrelation im Portfolio Aktie A und Aktie B bei veränderter Szenarienzuordnung der Aktie B		
	Eintrittswahr-scheinlichkeit	Renditeverteilung Aktie A	Renditeverteilung Aktie B
Szenario 1	50 %	40,00 %	2,00 %
Szenario 2	50 %	4,00 %	16,00 %
Erwartungswert		22,00 %	9,00 %
Varianz		3,24 %	0,49 %
Standardabweichung		18,00 %	7,00 %
Kovarianz		-1,26 %	
Korrelationskoeffizient		-1,00	

In diesem Beispiel verhalten sich die Renditewerte der einzelnen Portfoliotitel gegenläufig. D. h. im Szenario 1 zeigt die Aktie A ihren höchsten Renditewert und Aktie B ihren niedrigsten Renditewert. Eine entsprechend gegensätzliche Entwicklung zeigt sich im Szenario 2.

ABB. 158:	Ermittlung des Portfoliorisikos im Portfolio Aktie A und Aktie B bei negativer Korrelation der Renditen

$\sigma_p^2 = z_A^2 \sigma_A^2 + = z_B^2 \sigma_B^2 + 2 z_A z_B \rho_{AB} \sigma_A \sigma_B$

$\sigma_p^2 = 0,6667^2 \times 18\%^2 + 0,3333^2 \times 7\%^2 + 2 \times 0,6667 \times 0,3333 \times -1 \times 18\% \times 7\%$

$\sigma_p^2 = 0,93\%^{1/2} = 9,67\%$

σ_A: Standardabweichung der Aktie A (B)
σ_p^2: Varianz des Portfolios
σ_p: Standardabweichung des Portfolios
ρ_{AB}: Korrelationskoeffizient der Aktie A und B
z_A: Anteil der Aktie A (B) im Portfolio

Das Portfoliorisiko beträgt nunmehr 9,67 % bei unveränderter Portfoliorendite, gegenüber einem Portfoliorisiko von 14,33 % im Ausgangsbeispiel. D. h. gegenüber dem Beispiel mit einem Korrelationskoeffizienten von +1, lässt sich im vorliegenden Fall (Korrelationskoeffizienten von -1), bei unveränderter Portfoliorendite, das Portfoliorisiko unter die gewichtete Summe der Einzelrisiken drücken. Dies ist das Ergebnis der Portfoliotheorie. Den Einfluss der Korrelation auf die Risikoentwicklung im Portfolio stellt nachfolgende Graphik noch einmal plastisch dar.

ABB. 159:	Rendite-Risiko-Kombination des A-B-Portfolios in Abhängigkeit von der Korrelation

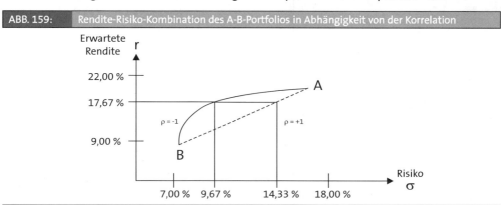

10. Der Kalkulationszinssatz

Diversifikation ist damit eine sinnvolle Maßnahme, um Renditen bei minimierten Risiken zu erwirtschaften. Dass eine derartige Diversifikation von den Kapitalmarktteilnehmern auch durchgeführt wird, ist eine der Annahmen des CAPM. Als Konsequenz werden diversifizierbare (unsystematische) Risiken im CAPM auch nicht im Risikozuschlag berücksichtigt.

10.2.1.7 Das Risiko im Mehr-Aktien-Portfolio

Mit der Erhöhung der Anzahl unterschiedlicher Aktien im Portfolio sinkt die Bedeutung der Standardabweichung, also des individuellen Risikos einer Aktie, für das Portfoliorisiko kontinuierlich. Bereits bei ca. 20 Aktien ist das individuelle Risiko der Aktien wegdiversifiziert.[1] Im Zusammenhang mit dem CAPM wird das individuelle, diversifizierbare Risiko auch unsystematisches Risiko genannt.

ABB. 160:	Vernichtung unsystematischen Risikos durch Diversifikation

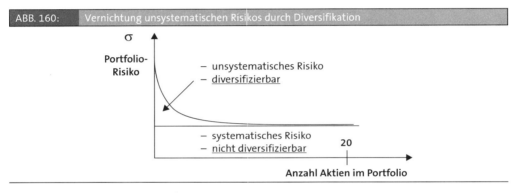

Als Ergebnis einer vollständigen Diversifikation bleibt nur noch das nicht diversifizierbare Kovarianzrisiko übrig, das im Zusammenhang mit dem CAPM als systematisches Risiko oder Marktrisiko bezeichnet wird.

Ausgehend vom Portfoliorisiko im 2-Aktien-Portfolio bedeutet dies den Wegfall der ersten beiden Terme, die hier die Einzelrisiken repräsentieren.

ABB. 161:	Aufteilung des 2-Aktien-Portfolio-Risikos in diversifizierbare und nicht diversifizierbare Anteile

$$\sigma_{p2} = \underbrace{z_1^2 \sigma_1^2 + z_2^2 \sigma_2^2}_{\substack{\text{Unsystematisches Risiko!} \\ \text{Verschwindet in großen Portfolios!}}} + \underbrace{2\,z_1 z_2 \rho_{12} \sigma_1 \sigma_2}_{\substack{\text{Systematisches Risiko!} \\ \text{Nicht diversifizierbar!}}}$$

z_1: Anteil der Aktie 1 (2) im Portfolio
σ_1: Standardabweichung der Aktie 1 (2)
σ_p^2: Varianz des Portfolios
ρ_{12}: Renditekorrelation der Aktien 1 und 2

---

[1] *Heidorn, T.*, Finanzmathematik in der Bankpraxis, 2006, S. 134.

10.2 Der Risikozuschlag

Damit berechnet sich das Risiko des Mehr-Aktien-Portfolios (als Varianz) wie folgt, wobei erkennbar ist, dass nur noch die zwischen den Aktien bestehenden Risiken (Kovarianz) im Berechnungsgang Berücksichtigung finden.

Dass schlussendlich nur noch das Kovarianzrisiko entscheidungserheblich ist, lässt sich ausgehend vom Korrelationskoeffizienten in der Formel des Portfoliorisikos wie nachfolgend dargestellt ableiten.

ABB. 162: Ermittlung des Portfoliorisikos bei N Anlagewerten

$$\sigma^2 = \sum_{j=1}^{N} \sum_{k=1}^{N} z_j z_k \rho_{jk} \sigma_j \sigma_k$$

z_j: Anteil der Aktie j (k) im Portfolio
ρ_{jk}: Korrelation der Aktienrenditen
σ_j: Standardabweichung der Aktie j (k)
σ^2: Varianz des Portfolio

Der Korrelationskoeffizient im obigen Ausdruck lässt sich durch seine Berechnungsparameter ersetzen:

ABB. 163: Korrelationskoeffizient

$$\rho_{jk} = \frac{\sigma_{jk}}{\sigma_j \; \sigma_k}$$

σ_{jk}: Kovarianz der Aktienrenditen
ρ_{jk}: Korrelation der Aktienrenditen
σ_j: Standardabweichung der Aktie j (k)

Daraus folgt:

ABB. 164: Ermittlung des Portfoliorisikos mit N Anlagewerten (geänderte Schreibweise 1)

$$\sigma^2 = \sum_{j=1}^{N} \sum_{k=1}^{N} z_j z_k \frac{\sigma_{jk}}{\sigma_j \; \sigma_k} \sigma_j \sigma_k$$

z_j: Anteil der Aktie j (k) im Portfolio
σ_{jk}: Kovarianz der Aktienrenditen
σ_j: Standardabweichung der Aktie j (k)
σ^2: Varianz des Portfolio

Nunmehr lassen sich die Standardabweichungen bzw. die Einzelrisiken der Aktien kürzen. Übrig bleibt das Kovarianzrisiko.

| ABB. 165: | Ermittlung des Portfoliorisikos mit N Anlagewerten (geänderte Schreibweise 2) |

$$\sigma^2 = \sum_{j=1}^{N} \sum_{k=1}^{N} z_j z_k \; \sigma_{jk}$$

z_j: Anteil der Aktie j (k) im Portfolio
σ_{jk}: Kovarianz der Aktienrenditen
σ_j: Standardabweichung der Aktie j (k)
σ^2: Varianz des Portfolio

Im Zusammenhang mit der Bewertung von Unternehmen geht das CAPM somit von voll diversifizierten Investoren aus. Das heißt, die Beurteilung eines Unternehmens und die Ermittlung eines risikoäquivalenten Kalkulationszinssatzes orientieren sich nur noch am systematischen Risiko.[1] Anders formuliert, ist nur noch die Veränderung des Risikos im Portfolio des Investors entscheidungserheblich, die sich als Folge der Akquisition des zu bewertenden Unternehmens ergibt. Da Risiko vernichtbar ist, unterstellt das CAPM rationale Investoren, die diese Strategie der Risikovernichtung durch Diversifikation auch befolgen. Das heißt aber auch, dass die Verwendung des CAPM zu Fehlentscheidungen führen muss, wenn der Investor nicht voll diversifiziert ist, also z. B. sein erstes Unternehmen erwirbt (Situation der KMU!). In diesem Fall wäre für den Investor auch das unsystematische Risiko bewertungsrelevant, welches sich mit dem CAPM aber nicht unmittelbar ermitteln lässt.[2] Zum Verhältnis der Risikokomponenten systematisches Risiko und unsystematisches Risiko gibt es Schätzungen.

| ABB. 166: | Anteile des unsystematischen und systematischen Risikos am Gesamtrisiko |

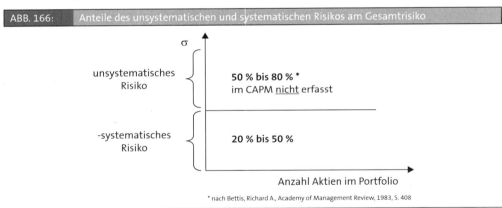

* nach Bettis, Richard A., Academy of Management Review, 1983, S. 408

Da diese Risikoaufteilung wiederum nur in Bandbreiten angegeben werden kann, besteht die Lösung für den Erstinvestor aber nicht in einer „präzisen" Hochrechnung des Risikos anhand der dargestellten Prozentangaben.[3] Im Berechnungsgang des objektivierten Unternehmenswertes wird auf das CAPM als Verfahren zur marktmäßig objektivierten Bestimmung der Risikoprämie zurückgegriffen und damit für den typisierten Anteilseigner ebenso rationales Investorenverhalten und die Fähigkeit zur Diversifikation unterstellt.

---

1 *Copeland/Weston/Shastri*, Financial Theory and Corporate Policy, 2005, S. 152.
2 Siehe dazu Gliederungspunkt 12.4.
3 *Volkart, R.*, Unternehmensbewertung und Akquisition, 2002, S. 169.

10.2.1.8 Interpretation des systematischen und unsystematischen Risikos

Das systematische Risiko umfasst alle Einflussfaktoren aus dem politischen und gesamtwirtschaftlichen Umfeld, denen sich Unternehmen nicht entziehen können und die damit nicht diversifizierbar sind. Das können zum Beispiel sein:[1]

- Wechselkursschwankungen
- Konjunkturschwankungen
- Änderungen der Rohstoffpreise
- Steuerreformen
- Änderungen der Sozialversicherungsbestandteile der Lohnkosten
- Handelsabkommen
- Umweltschutzauflagen
- Kriege
- Wahlen
- Missernten
- Naturkatastrophen

Da ein Schutz gegen diese Einflüsse nicht möglich ist, sind ihnen alle Unternehmen gleichermaßen unterworfen, wenn auch in unterschiedlicher Intensität. Ist ein Unternehmen auch fremdfinanziert, tragen die Eigentümer nicht nur das operative Risiko, das sich aus den aufgezählten Einflussfaktoren ergibt, sondern auch noch das Risiko der Zahlungsunfähigkeit. Dieses wird in diesem Zusammenhang als Finanzierungsrisiko bezeichnet.

Das unsystematische Risiko ist unternehmensspezifisch. Hierzu lassen sich folgende Beispiele nennen:[2]

- Marktpositionierung
- Alleinstellungsmerkmal der Produkte
- Markteintrittsbarrieren
- Wettbewerber
- Gefahr von Substitutionsprodukten
- Abhängigkeit von Lieferanten und Kunden
- Managementqualität

Da diese Einflüsse nur das jeweilige Unternehmen betreffen, stellt Diversifikation ein probates Mittel zur Risikovernichtung dar. Das CAPM berücksichtigt diese Risiken deswegen nicht, da rationales Anlegerverhalten unterstellt wird.

---

[1] *Breitenbücher/Ernst*, Der Einfluss von Basel II auf die Unternehmensbewertung, S. 93, in: Richter/Timmreck (Hrsg.), Unternehmensbewertung, 2004.
[2] *Breitenbücher/Ernst*, Der Einfluss von Basel II auf die Unternehmensbewertung, S. 93, in: Richter/Timmreck (Hrsg.), Unternehmensbewertung, 2004.

10.2.1.9 Das Marktportfolio im CAPM

Der risikoäquivalente Kalkulationszinssatz bzw. die Alternativrendite ermittelt sich im CAPM, unter der Berücksichtigung der eingeschränkten Risikoerfassung (nur systematisches Risiko), wie folgt:

ABB. 167:	Berechnung der Eigenkapitalkosten (Zielrendite) nach dem CAPM

$$r_{j,vESt} = i + \beta_j \underbrace{(r_M - i)}_{z}$$

$r_{j,vESt}$: risikoäquivalente Alternativrendite Unternehmen j, vor ESt
i: risikoloser Basiszinsfuß
β_j: Beta-Faktor, unternehmensbezogenes Risiko Unternehmen j
r_M: Rendite des Marktportfolio, Marktrendite
$r_M - i$: Risikoprämie
z: Risikozuschlag

Eine wichtige Komponente stellt dabei die Rendite des Marktportfolios r_M dar. Die Bedeutung des Marktportfolios im CAPM soll deshalb nachfolgend erläutert werden.

Nach der Theorie des CAPM sind im Marktportfolio alle theoretisch denkbaren riskanten Anlagemöglichkeiten[1] enthalten, also nicht nur Aktien, sondern auch Grundstücke, Kunst, Briefmarken, Edelmetalle, etc.[2] Für die weiteren Überlegungen ist es jedoch hilfreich, sich das Marktportfolio als Portfolio aller verfügbaren Aktien vorzustellen[3] (oder praktikabler, z. B. als Aktienmischung wie den DAX). Eine Kombination dieser Aktien führt je nach Mischung zu unterschiedlichen Rendite-Risiko-Positionen. Ein Ausschnitt dieser Kombinationsmöglichkeiten lässt sich im oben bereits verwendeten Rendite-Risiko-Koordinatensystem wie folgt darstellen.

---

[1] *Copeland/Weston/Shastri*, Financial Theory and Corporate Policy, 2005, S. 176, sehr weit gefasstes Marktportfolio, dem auch nicht marktgängige Werte wie Humankapital zugerechnet werden.

[2] *Kruschwitz, L.*, Barwerte – Gelöste, ungelöste und unlösbare Fragen der Investitionsrechnung, S. 168, in: Festschrift Loitlsberger, Wagner, H., (Hrsg.), Zum Erkenntnisstand der Betriebswirtschaftslehre am Beginn des 21. Jahrhunderts, 2003.

[3] *Ballwieser, W.*, Unternehmensbewertung, 2007, S. 94; der statt aller riskanten Vermögenswerte „nur" alle riskanten Wertpapiere der Volkswirtschaften dieser Welt einbezieht.

10.2 Der Risikozuschlag

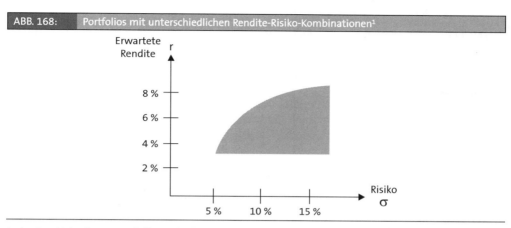

ABB. 168: Portfolios mit unterschiedlichen Rendite-Risiko-Kombinationen[1]

Jeder Punkt in der ausgefüllten Fläche stellt somit ein diversifiziertes Aktienpaket bzw. Portfolio dar, das bei einem bestimmten Risiko eine bestimmte Zielrendite erwarten lässt. Unter dem Gesichtspunkt der Rendite-Risiko-Optimierung ist es allerdings sinnvoll, nur Aktienmischungen zu wählen, die eine Position am oberen gekrümmten Rand der Fläche ermöglichen. Denn warum sollte man ein bestimmtes Risiko tragen, ohne die für dieses Risiko maximal mögliche Rendite zu erzielen? Investoren werden also immer bei gegebener Rendite r, das Risiko σ minimieren oder bei gegebenem Risiko σ die Rendite r maximieren. Ergebnis dieses Optimierungsbestrebens ist damit der obere Rand der Fläche in dem Diagramm. Übrig bleibt damit eine Linie effizienter Portfolios, auch Effizienzlinie genannt. Das Diagramm verändert sich damit wie folgt.

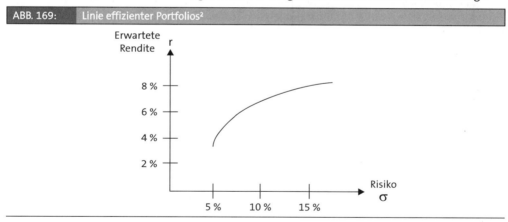

ABB. 169: Linie effizienter Portfolios[2]

Die Möglichkeit der Portfolio-Bildung mit riskanten Aktien kann nun noch um die Möglichkeit der risikolosen Anlage ergänzt werden. Im Diagramm stellt diese Anlagemöglichkeit des sicheren Zinsertrages einen Punkt auf der Ordinate dar, d. h. bei Null Risiko erhält man einen bestimmten Anlagezins (in der nachfolgenden Grafik liegt dieser Punkt auf dem Renditewert 4 %). Wird diese sichere Anlage (Punkt auf der Ordinate) „grafisch" mit einem effizienten Portfolio

---

1 Nach *Volkart, R.*, Corporate Finance, 2006, S. 228.
2 Nach *Volkart, R.*, Corporate Finance, 2006, S. 228.

verbunden, dann ergibt sich eine Gerade zwischen Ordinate und der Linie effizienter Portfolios. Diese Gerade, eine Linearfunktion, wird Kapitalmarktlinie genannt, wenn sie als Tangente zur Linie effizienter Portfolios verläuft. Das Diagramm der Rendite-Risiko-Kombinationen stellt sich dann wie folgt dar:

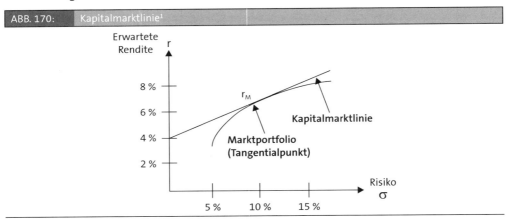

ABB. 170: Kapitalmarktlinie[1]

Individuelle Renditewünsche und Risikopräferenzen eines Investors können nun durch eine entsprechende Gewichtung zwischen risikolosen Anlagen und Aktien berücksichtigt werden. Enthält ein Portfolio zum Beispiel keine Aktien, erhält der Investor nur die sichere Rendite in Höhe des Schnittpunktes zwischen der Linearfunktion (der Kapitalmarktlinie) und der Ordinate. Er trägt damit Null Risiko. Ist der Investor bereit, Risiko zu tragen um eine höhere Rendite zu erzielen, so wandert er auf der Kapitalmarktlinie nach rechts, indem er nun Aktien in sein Portfolio beimischt. Im Tangentialpunkt zwischen der Effizienzkurve und der Kapitalmarktlinie wird das Marktportfolio ermittelt.

Investoren, die das Marktportfolio halten, investieren somit nicht in risikolose Anlagen, sondern halten nur noch Aktien und realisieren die Rendite r_M. Wünscht der Investor eine noch höhere Rendite, wandert er unter Inkaufnahme eines erhöhten Risikos auf der Kapitalmarktlinie weiter nach rechts.[2] In diesem Fall nimmt er Kredite zur Finanzierung weiterer Wertpapierkäufe auf. Ergebnis dieser Überlegungen ist, dass unter den Portfolios, die sich auf der Effizienzlinie befinden, nur noch eine einzige Portfoliomischung effizient ist. Diese Portfoliomischung wird durch das im Tangentialpunkt festgelegte Marktportfolio und die Rendite r_M bestimmt. An diesem Punkt werden keinerlei festverzinslichen Anlagen gehalten, aber auch keine Kredite zum zusätzlichen Aktienerwerb aufgenommen.[3]

Der beschriebene Zusammenhang der Kombination effizienter Portfolios und sicherer Kapitalmarktanlagen, mit der Konsequenz eines einzigen verbleibenden effizienten Portfolios auf der Linie effizienter Portfolios, wurde von Tobin entwickelt und wird als Separationstheorem bezeichnet. Investoren halten somit ausschließlich das Marktportfolio, als einzig effiziente Portfoliomischung und erzielen damit die Rendite des Marktportfolios r_M. Ihre individuellen Rendite-

---

1 Nach *Volkart, R.*, Corporate Finance, 2006, S. 228.
2 *Grinblatt/Titman*, Financial Markets and Corporate Strategy, 2002, S. 139.
3 *Volkart, R.*, Corporate Finance, 2006, S. 228.

und Risikopräferenzen berücksichtigen sie durch eine mehr oder weniger starke Beimischung von risikolosen Anlagen, was einem Wandern auf der Kapitalmarktlinie entspricht.

Diese Erfassung individueller Risikopräferenzen stellt eine konzeptionelle Möglichkeit im Rahmen des CAPM dar. Für die Bemessung der Zielrendite ist allerdings nur die marktmäßig objektivierte Risikoprämie (ohne individuelle Beimischungspräferenzen) entscheidend, denn für alle Investoren gilt – nur das Marktportfolio ist effizient. Der Marktpreis des Risikos ist damit für alle Marktteilnehmer gleich.[1] Der Basiszinssatz der Renditegleichung hat die Aufgabe, die Markt-Risikoprämie, d. h. das Delta zwischen Basiszinssatz und Marktrendite, für die Multiplikation mit dem Beta-Faktor zu separieren und damit der Berücksichtigung des jeweiligen Branchenrisikos zugänglich zu machen.[2]

10.2.1.10 Der Beta-Faktor im CAPM

Investoren, die das Marktportfolio mit der erwarteten Rendite r_M halten, tragen das Risiko des Marktportfolios σ_M.

ABB. 171: Kapitalmarktlinie als Beziehung zwischen erwarteter Marktportfolio-Rendite und Standardabweichung des Portfolios[3]

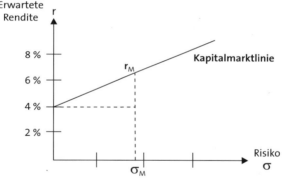

Im Sinne des CAPM sind rationale Investoren (und damit auch das Bewertungssubjekt) voll diversifiziert, womit nur das zusätzliche Risiko des zu bewertenden Unternehmens bei Hinzufügen dieses Unternehmens zum Marktportfolio bewertungsrelevant ist (d. h. das Kovarianzrisiko cov(r_j,r_M) bzw. σ_{jM}). Bei Hinzufügen einer Aktie j (als Repräsentant eines Unternehmens) zum Marktportfolio sind die zusätzliche Rendite ($r_j - i$) und das zusätzliche Risiko σ_{jM} bewertungsrelevant. Daraus ergibt sich folgendes Rendite-Risiko-Verhältnis:

---

[1] WP-Handbuch, Band II, 2008, S. 66, Tz. 191.
[2] IDW S1 i. d. F. 2008, Tz. 115.
[3] Nach *Volkart, R.*, Corporate Finance, 2006, S. 228.

10. Der Kalkulationszinssatz

ABB. 172: Ermittlung des Rendite/Risiko-Verhältnisses[1]

Renditebeitrag $r_j - i$ ↘
   Rendite-Risiko Verhältnis $\dfrac{r_j - i}{\sigma_{jM}}$
Risikobeitrag σ_{jM} ↗

- r_j: erwartete Rendite der Aktie j
- i: risikofreier Basiszinssatz
- σ_{jM}: Kovarianz der Aktien j mit dem Marktportfolio

Um das Marktportfolio unter Hinzufügung der Aktie j zu optimieren, wird deren Anteil im Marktportfolio solange erhöht, bis ein Ersatz vorhandener Aktienanteile durch die neue Aktie keinen Mehrwert mehr generiert. Im optimierten Marktportfolio ist das Rendite-Risiko-Verhältnisse aller Aktien gleich bzw. entspricht dem Rendite-Risiko-Verhältnis des Marktportfolios.[2]

ABB. 173: Rendite/Risiko-Verhältnisses im Marktgleichgewicht[3]

$$\frac{r_j - i}{\sigma_{jM}} = \frac{r_M - i}{\sigma_M^2}$$

- r_j: erwartete Rendite der Aktie j
- r_M: erwartete Rendite des Marktportfolios
- i: risikofreier Basiszins
- σ_{jM}: Kovarianz der Aktien j mit dem Marktportfolio
- σ_M^2: Varianz des Marktportfolios

Stellt man diese Beziehung für die Aktie j um, ergibt sich Folgendes:

ABB. 174: Eigenkapitalkosten bzw. Zielrendite im CAPM[4]

$$r_j = i + (r_M - i)\frac{\sigma_{jM}}{\sigma_M^2}$$

- r_j: erwartete Rendite der Aktie j
- r_M: erwartete Rendite des Marktportfolios
- i: risikofreier Basiszins
- σ_{jM}: Kovarianz der Aktien j mit dem Marktportfolio
- σ_M^2: Varianz des Marktportfolios

Der Ausdruck σ_{jM} / σ_M^2 wird als Beta β bezeichnet.

---

[1] Nach *Volkart, R.*, Corporate Finance, 2006, S. 228.
[2] *Volkart, R.*, Corporate Finance, 2006, S. 232.
[3] Nach *Volkart, R.*, Corporate Finance, 2006, S. 228.
[4] *Drukarczyk, J.*, Unternehmensbewertung, 2001, S. 354.

10.2 Der Risikozuschlag

ABB. 175: Ermittlung des Beta-Faktors[1]

$$\beta_j = \frac{\sigma_{jM}}{\sigma_M^2}$$

σ_{jM}: Kovarianz der Aktien j mit dem Marktportfolio
σ_M^2: Varianz des Marktportfolios
β_j: Beta der Aktien j

$$\beta_j = \frac{\sigma_{jM}}{\sigma_M^2} = \frac{\sigma_j\ \rho_{jM}}{\sigma_M}$$

σ_{jM}: Kovarianz der Aktien j mit dem Marktportfolio
σ_j: Volatilität (Standardabweichung) der Aktie j
σ_M: Volatilität (Standardabweichung) des Marktportfolios
σ_M^2: Varianz des Marktportfolio
β_j: Beta der Aktien j
ρ_{jM}: Korrelation der Aktie j mit dem Marktportfolio

Der Beta-Faktor lässt sich somit als

a) Kovarianz zwischen Unternehmens- und Marktrendite im Verhältnis zur Varianz der Marktrendite (erster Ausdruck) oder

b) als Verhältnis der Schwankungsbreite der Aktie im Verhältnis zur Schwankungsbreite des Marktes darstellen (zweiter Ausdruck).

BEISPIEL

Beta-Wert für die BMW Aktie vom 4.1.2008:

250 Tage Korrelation der BMW-Aktie mit dem DAX	0,6359
250 Tage Volatilität der BMW-Aktie	24,27 %
250 Tage Volatilität des DAX	15,59 %

$\beta = 0{,}2427 \times 0{,}6359 / 0{,}1559$

$\beta = 0{,}99$

Mit β, dem relativen Risiko der Aktie j im Verhältnis zum Risiko des Marktportfolios, kommt die Volatilität einer Aktie zum Ausdruck. Damit ist β_j ein Indikator der erwarteten Renditeänderung der Aktie j (r_j), bei einer Änderung der Rendite des Marktportfolios (r_M). Renditeänderungen des Marktportfolios werden durch globale bzw. gesamtwirtschaftliche Einflüsse ausgelöst. Derartige Einflüsse bzw. Risiken sind durch Diversifikation nicht reduzierbar und stellen somit systematische Risiken dar. Der Beta-Faktor misst damit das systematische Risiko einer Aktie.[2]

Unter Verwendung von Beta β ergibt sich nun die bekannte CAPM-Gleichung zur Ermittlung der Rendite, die Investoren von einem Investment in eine bestimmte Aktie (bzw. in ein bestimmtes

---

[1] Drukarczyk, J., Unternehmensbewertung, 2001, S. 354; Damodaran, A., Investment Valuation, 2002, S. 668, WP-Handbuch, Band II, 2008, S. 67, Tz. 192 und S. 110, Tz. 303.
[2] Copeland/Weston/Shastri, Finanzierungstheorie und Unternehmenspolitik, 2008, S. 218.

10. Der Kalkulationszinssatz

Unternehmen) erwarten bzw. die Investoren bei der Bewertung eines Unternehmens verwenden.

ABB. 176: Eigenkapitalkosten (Zielrendite) im CAPM

$$r_j = i + (r_M - i)\ \beta_j$$

- r_j: erwartete Rendite der Aktie j
- r_M: erwartete Rendite des Marktportfolios
- i: risikofreier Basiszinssatz
- β_j: Beta der Aktie j

Die Renditegleichung in Beta-Schreibweise kann grafisch als Wertpapiermarktlinie dargestellt werden (gegenüber der oben dargestellten Kapitalmarktlinie).

ABB. 177: Wertpapiermarktlinie als Beziehung zwischen erwarteter Rendite einer Aktie und Beta β

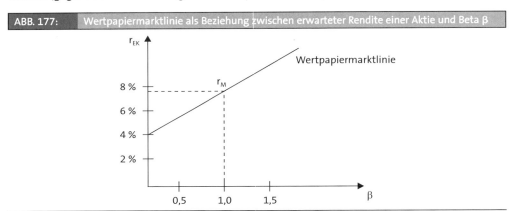

Der Beta-Faktor β spielt im Rahmen der Unternehmensbewertung mittels CAPM eine große Rolle, da hiermit die „allgemeine" Markt-Risikoprämie ($r_M - i$) auf die Belange und den Risikoumfang des zu bewertenden Unternehmens adjustiert wird. Empirisch beobachtbare Beta-Faktoren beinhalten zweierlei Risiken. Zum einen das operative Risiko und zum anderen das Finanzierungsrisiko.[1] Eliminiert man das Finanzierungsrisiko durch „unlevern", bleibt das Geschäftsrisiko oder operative Risiko übrig.[2]

Durch Umstellen der β-Renditegleichung lässt sich der für alle riskanten Wertpapiere gleich hohe „Marktpreis des Risikos" darstellen, ausgedrückt in λ.[3] Dazu wird das Risiko der Aktie j, σ_{jM} nicht mehr relativ dargestellt, indem es ins Verhältnis zur Varianz des Marktportfolios σ_M^2 gesetzt wird. Vielmehr wird nun die Markt-Risikoprämie ($r_M - i$) ins Verhältnis zur Varianz des Marktportfolios σ_M^2 gesetzt. Das Verhältnis ($r_M - i$) / σ_M^2 wird als λ bezeichnet.[4] Die Umstellung stellt sich wie folgt dar:

---

[1] *Drukarczyk, J.*, Unternehmensbewertung, 2001, S. 357.
[2] Siehe hierzu Gliederungspunkt 10.2.2.5.
[3] *Drukarczyk/Schüler*, Unternehmensbewertung, 2007, S. 69.
[4] *Drukarczyk/Schüler*, Unternehmensbewertung, 2007, S. 69.

10.2 Der Risikozuschlag

ABB. 178: CAPM in β-Darstellung und λ-Darstellung

$$r_j = i + (r_M - i)\,\beta_j$$

$$r_j = i + (r_M - i)\,\frac{\sigma_{jM}}{\sigma_M^2}$$

r_j: erwartete Rendite der Aktie j
r_M: erwartete Rendite des Marktportfolios
i: risikofreier Basiszinzsatz
σ_{jM}: Kovarianz der Aktien j mit dem Marktportfolio
σ_M^2: Varianz des Marktportfolios
β_j: Beta der Aktien j

$$r_j = i + \frac{(r_M - i)}{\sigma_M^2}\,\sigma_{jM}$$

$$r_j = i + \lambda\,\sigma_{jM}$$

r_j: erwartete Rendite der Aktie j
r_M: erwartete Rendite des Marktportfolios
i: risikofreier Basiszinzsatz
σ_{jM}: Kovarianz der Aktien j mit dem Marktportfolio
σ_M^2: Varianz des Marktportfolios
λ: Marktpreis des Risikos

10.2.1.11 Die Annahmen des CAPM

Die Annahmen des CAPM sind äußerst restriktiv und stellen sich wie folgt dar:[1]

- keine Transaktionskosten,
- keine Steuern,
- homogene Erwartungen der Investoren,
- Soll- und Habenzinssätze sind gleich hoch (vollkommener Kapitalmarkt),
- Betrachtungshorizont eine Periode,
- Gleichgewichtsmodell (die Kapitalwerte aller Investitionsmöglichkeiten weisen einen Nettokapitalwert von 0 auf[2]) und damit Teil einer Welt, in der es keine Bewertungsprobleme geben kann (was die Begeisterung für die Lösung praktischer Bewertungsprobleme nicht schmälert).

Dies bedeutet:

> „Im Grunde werden alle Annahmen, unter welchen das CAPM hergeleitet wurde, in der realen Welt verletzt."[3]

---

[1] *Kruschwitz, L.*, Barwerte – Gelöste, ungelöste und unlösbare Fragen der Investitionsrechnung, S. 167 ff., in: Festschrift Loitlsberger, Wagner, H., (Hrsg.), Zum Erkenntnisstand der Betriebswirtschaftslehre am Beginn des 21. Jahrhunderts, 2003; *Ballwieser, W.*, Unternehmensbewertung, 2004, S. 93.
[2] *Zimmermann, P.*, Schätzung und Prognose von Betawerten, 1997, S. 347.
[3] *Copeland/Weston/Shastri*, Finanzierungstheorie und Unternehmenspolitik, 2008, S. 219.

Das CAPM wurde deshalb stark kritisiert.[1] Trotzdem hat das CAPM einen überwältigenden Erfolg im Rahmen der Verwendung bei Unternehmensbewertungen erfahren. Dies liegt vor allem am Fehlen von Alternativen. Die Versuche, das CAPM an realistischere Bedingungen anzupassen, führten zu einer weiteren Zunahme der Komplexität dieser Modelle. Als Beispiel hierfür sei die Arbitrage Pricing Theory (APT) genannt, die nicht wie das CAPM nur die Renditevolatilität, sondern als Mehrfaktorenmodell eine Vielzahl von Einflussfaktoren als Risikofaktoren berücksichtigt.[2] Auch das CAPM als Mehrperiodenmodell konnte sich bislang nicht durchsetzen.[3] Die Komplexitätszunahme dieser Modelle behinderte bisher die Adaption dieser CAPM-Varianten in der Praxis.

Davon ausgenommen ist das Tax-CAPM, das die steuerlichen Konsequenzen des Halbeinkünfteverfahrens abbildet. Der Erkenntnisgewinn aus der Anwendung des Tax-CAPM und die Konsequenzen für die Bewertungspraxis wurden als so relevant eingestuft, dass sich das IDW zur Modifikation des S1 veranlasst sah (IDW S1 18. 10. 2005).

10.2.2 Praxis

10.2.2.1 Das Tax-CAPM im Halbeinkünfteverfahren

Der Wert eines Unternehmens ergibt sich aus den Ausschüttungen des Unternehmens an die Gesellschafter, wobei diese Ausschüttungen zur Nutzenerhöhung der Gesellschafter dienen sollen und damit als Nettogröße nach allen Steuern zu verstehen sind. Unter Verweis auf das Äquivalenzprinzip, speziell der Besteuerungsäquivalenz, muss der Kalkulationszinssatz ebenfalls nach Steuern zur Unternehmensbewertung verwendet werden. Die durch das CAPM abgeleiteten Zielrenditen der Anleger, bzw. korrespondierend, die Kapitalkosten der Unternehmen, müssen also in einer Nachsteuerbetrachtung vorliegen, um sie für die Bewertung eines Unternehmens verwenden zu können, aus dem Ausschüttungen nach Steuern erwartet werden.

Am Kapitalmarkt beobachtbar sind Renditen, die bereits die Besteuerung mit Unternehmenssteuern berücksichtigen. Der notwendige Abzug der Einkommensteuer der Anteilseigner ist dabei aber noch nicht erfasst. Die Nach-Einkommensteuer-Betrachtung vollzog sich bei der Verwendung des CAPM bisher durch Abzug des typisierten Einkommensteuersatzes vom Kapitalkostensatz gemäß CAPM. Daraus ergaben sich folgende Kapitalkosten:

---

1 *Fischer-Winkelmann, W.,* „Weiterentwicklung" der Grundsätze ordnungsmäßiger Unternehmensbewertung IDW S1 = IDW ES 1 n. F.?, BFuP 2006 S. 170; *Matschke/Brösel,* Unternehmensbewertung, 2005, S. 584; *Hering, T.,* Unternehmensbewertung, 2006, S. 223; *Schneider, D.,* Investition, Finanzierung und Besteuerung, 1992, S. 517; *Mandelbrot/Hudson,* Fraktale und Finanzen, 2005, S. 97 ff.; *Franke/Hax,* Finanzwirtschaft des Unternehmens und Kapitalmarkt, 2004, S. 357.
2 *Volkart, R.,* Corporate Finance, 2006, S. 246.
3 *Wiese, J.,* Das Nachsteuer-CAPM im Mehrperiodenkontext, FB 2006, S. 242; siehe auch *Rapp/Schwetzler,* Das Nachsteuer-CAPM im Mehrperiodenkontext/Stellungnahme, FB 2007, S. 108; *Wiese, J.,* Das Nachsteuer-CAPM im Mehrperiodenkontext/Replik, FB 2007, S. 116.

10.2 Der Risikozuschlag

ABB. 179: Eigenkapitalkosten (Zielrendite) gemäß CAPM nach Steuern

$$r_{j,nESt} = \left[i + \beta_j (r_M - i)\right](1 - s)$$

$r_{j,nESt}$: risikoäquivalente Alternativrendite Unternehmen j, nach ESt
i: risikoloser Basiszinsfuß
β_j: Beta-Faktor, unternehmensbezogenes Risiko Unternehmen j
s: typisierter Einkommensteuersatz
r_M: Marktrendite
$r_M - i$: Risikoprämie

Die ermittelten Kapitalkosten unterlagen damit der vollen Besteuerung mit s, dem typisierten Einkommensteuersatz von 35 %.[1] Diese Vollversteuerung der Kapitalkosten entsprach der Interpretation der Kapitalkosten, als der um einen Risikozuschlag erhöhten Anleiherendite.[2] D. h. trotz Ableitung des Risikozuschlages aus den Renditen von börsennotierten Aktien, betrachtete man das Ergebnis der Berechnung letztlich als modifizierte Anleiherendite und nicht als Aktienrendite. Zurückzuführen war diese Sichtweise auf die Position von Kleinanlegern, die, so die Überlegung, alternativ ihr Geld nur in festverzinslichen Anleihen anlegen können.

Mit dem IDW S1 vom 18.10.2005 wurde hierzu eine grundlegende Kritik formuliert, da Anleger nicht zwischen risikoreichen und risikolosen Anlagen variieren (Bewertungsobjekt und Alternative), sondern als Alternative ebenfalls risikoreiche Anlagen in ihre Überlegungen einbeziehen. Derartige Risikoanlagen werden etwa durch Aktienanlagen repräsentiert. Im Zusammenhang mit dem zum 1.1.2001 eingeführten Halbeinkünfteverfahren ergab sich Regelungsbedarf hinsichtlich der Besteuerung einer risikoreichen Alternative.

Die durch das CAPM abgeleitete Rendite entspricht der Performance einer Aktienanlage, d. h. der Gesamtheit an Renditeaspekten, die mit einer Aktienanlage verbunden sind und durch r_M verkörpert werden. Die Rendite ergab sich danach aus steuerfreien Kursgewinnen, da Anteilsbesitzgrößen unterhalb der Wesentlichkeitsgrenze des § 17 EStG unterstellt werden. Kursgewinne konnten gemäß § 23 EStG nach Ablauf der Jahresfrist steuerfrei vereinnahmt werden. Die Rendite aus Dividenden unterlag gemäß § 3 Nr. 40 EStG i.V. m. § 20 EStG dem Halbeinkünfteverfahren. Die (technische) Zinskomponente der CAPM-Renditegleichung war dagegen als Zinseinkünfte gemäß § 20 EStG der vollen Besteuerung zu unterwerfen.

Wird die Rendite gemäß CAPM der Einkommensteuer unterworfen, war damit im Ergebnis[3]:

▶ die Zinskomponente der Vollversteuerung zu unterwerfen, sowie
▶ die hälftige Dividendenversteuerung aus der Marktrendite r_M zu eliminieren und
▶ darüber hinausgehend durch Nicht-Versteuerung der Kursgewinn steuerfrei zu erhalten.

„Der Kapitalisierungszinssatz setzt sich aus dem um die typisierte persönliche Ertragsteuer gekürzten Basiszinssatz und der auf der Basis des Tax-CAPM ermittelten Risikoprämie zusammen."[4]

---

[1] IDW Standard: Grundsätze zur Durchführung von Unternehmensbewertungen (IDW S1), 28.6.2000, Tz. 51 i.V. m. Tz. 99.
[2] Der Risikozuschlag als Maßnahme zur Herstellung der Risikoäquivalenz.
[3] Gemäß der steuerrechtlichen Regelungen vor dem 1.1.2008
[4] IDW S1 i. d. F. 2008, Tz. 122.

10. Der Kalkulationszinssatz

Aus der bekannten CAPM-Renditegleichung vor Einkommensteuer,

ABB. 180: Eigenkapitalkosten (Zielrendite) gemäß CAPM vor Steuern

$$r_{j,vESt} = i + \underbrace{\beta_j (r_M - i)}_{z}$$

$r_{j,vESt}$: risikoäquivalente Alternativrendite Unternehmen j, vor EStG
i: risikoloser Basiszinsfuß
β_j: Beta-Faktor, unternehmensbezogenes Risiko Unternehmen j
s: typisierter Einkommensteuersatz
r_M: Rendite des Marktportfolio, Marktrendite
$r_M - i$: Risikoprämie
z: Risikozuschlag

wurde so das Tax-CAPM unter Berücksichtigung der Besteuerung nach dem Halbeinkünfteverfahren.

ABB. 181: Eigenkapitalkosten (Zielrendite) im Tax-CAPM

$$r_{j,nESt} = i(1-s) + \beta_j \left[r_{M,vESt} - i(1-s) - d_M \, 0{,}5 \, s \right]$$

$r_{j,nESt}$: Zielrendite der Eigenkapitalgeber Unternehmen j, nach EStG
$r_{M,vESt}$: Marktrendite, vor ESt
i: risikoloser Basiszinsfuß
s: typisierter Einkommensteuersatz
d_M: empirische Markt-Dividendenrendite
β_j: Beta-Faktor, unternehmensbezogenes Risiko Unternehmen j

Der letzte Term in der Klammer repräsentiert dabei die Steuerbelastung auf die Markt-Dividendenrendite ($d_M \, 0{,}5 \, s$). Die Gegenüberstellung des CAPM nach Steuern in der ursprünglichen Verwendung (alt) und dem Tax-CAPM im Halbeinkünfteverfahren zeigt folgendes Bild:

ABB. 182: Gegenüberstellung Eigenkapitalkosten im CAPM nach Einkommensteuer und im Tax-CAPM nach Einkommensteuer gemäß Halbeinkünfteverfahren

$$r_{j,nSt} = \left[i + \beta (r_{M\,vSt} - i) \right] (1-s) \qquad \text{alt}$$

$$r_{j,nSt} = i(1-s) + \beta \left[r_{M\,vSt} - i \, (1-s) - d_M \, 0{,}5 \, s \right] \qquad 1.1.2001$$

Die Gegenüberstellung zeigt Folgendes:
▶ an der Vollversteuerung der Zinskomponente hat sich nichts geändert,
▶ der Beta-Faktor bleibt im Tax-CAPM unversteuert,
▶ die Marktrisikoprämie unterlag einer differenzierten Versteuerung, mit Vollversteuerung der Zinskomponente, hälftiger Versteuerung der Marktdividenden-Rendite und Steuerfreiheit des Kursgewinns.

Im Ergebnis erhöhte sich damit der Kalkulationszinssatz im Tax-CAPM, da die Risikoprämie, d. h. das Delta ($r_M - i$) nach Steuern höher ausfiel (Konsequenz der Steuerfreiheit der Kursrendite und der nur hälftigen Versteuerung der Dividendenrendite). Ein Beispiel demonstriert den Zusammenhang nachfolgend:

BEISPIEL CAPM nach ESt:

Kalkulationszinssatz bzw. Eigenkapitalkosten gemäß CAPM nach typisierter Einkommensteuer (Annahmen: $r_{M,vESt}$ = 8,8 %, i = 4 %, β = 1, s = 35 %).

ABB. 183: Beispiel Eigenkapitalkosten (Zielrendite) gemäß CAPM nach Einkommensteuer

$$r_{j,nESt} = \left[i + \beta_j \left(r_{M,vESt} - i \right) \right] (1 - s)$$

$$r_{j,nESt} = \left[0{,}04 + 1{,}0 \, (0{,}088 - 0{,}04) \right] (1 - 0{,}35)$$

$$r_{j,nESt} = 5{,}72 \,\%$$

$r_{j,nESt}$: risikoäquivalente Alternativrendite Unternehmen j, nach ESt
i: risikoloser Basiszinsfuß
β_j: Beta-Faktor, unternehmenbezogenes Risiko Unternehmen j
s: typisierter Einkommensteuersatz
$r_{M,vESt}$: Marktrendite, vor ESt
$r_M - i$: Risikoprämie

BEISPIEL Tax-CAPM im Halbeinkünfteverfahren:

Kalkulationszinssatz bzw. Eigenkapitalkosten gemäß Tax-CAPM nach typisierter Einkommensteuer (Annahmen: $r_{M,vESt}$ = 8,8 %, d_M = 4 %, i = 4 %, β = 1, s = 35 %).

ABB. 184: Beispiel Eigenkapitalkosten (Zielrendite) im Tax-CAPM gemäß Halbeinkünfteverfahren

$$r_{j,nESt} = i \, (1 - s) \, \beta_j \left[r_{M,vESt} - i \, (1 - s) - d_M \, 0{,}5 \, s \right]$$

$$r_{j,nESt} = 0{,}04 \, (1 - 0{,}35) + 1{,}0 \left[(0{,}088 - 0{,}04 \, (1 - 0{,}35) - 0{,}04 * 0{,}5 * 0{,}35 \right]$$

$$r_{j,nESt} = 0{,}04 \, (1 - 0{,}35) + 1{,}0 \left[\quad\quad 0{,}055 \quad\quad \right]$$

$$r_{j,nESt} = 8{,}1 \,\%$$

$r_{j,nESt}$: Zielrendite der Eigenkapitalgeber Unternehmen j, nach ESt
$r_{M,vESt}$: Marktrendite, vor ESt
i: risikoloser Basiszinsfuß
s: typisierter Einkommensteuersatz
d_M: empirische Markt-Dividendenrendite
β_j: Beta-Faktor, unternehmenbezogenes Risiko Unternehmen j

Die Konsequenz dieser systembedingten Erhöhung der Kalkulationszinssätze waren tendenziell geringere objektivierte Unternehmenswerte.

10.2.2.2 Tax-CAPM und Abgeltungsteuer – Einfluss der Unternehmensteuerreform 2008

Unabhängig von der Rechtsform des Bewertungsobjektes, kommt als Alternative die Rendite einer Anlage in ein Aktienportfolio zum Ansatz. Der Kalkulationszinssatz ist damit über das CAPM bzw. Tax-CAPM zu ermitteln.

> „Den Ausgangspunkt für die Bestimmung der Rendite der Alternativanlage bildet die beobachtete Rendite einer Anlage in Unternehmensanteile. Dies gilt unabhängig von der Rechtsform des zu bewertenden Unternehmens, da diese Form der Alternativanlage grundsätzlich allen Anteilseignern zur Verfügung steht."[1]

> „Als Ausgangsgrößen für die Bestimmung von Alternativrenditen kommen insbesondere Kapitalmarktrenditen für Unternehmensbeteiligungen (in Form eines Aktienportfolios) in Betracht."[2]

Die Unternehmensteuerreform vereinheitlicht die Besteuerung von Kapitaleinkünften. Ab dem 1.1.2009 gilt eine einheitliche Abgeltungsteuer von 25 % zuzüglich Solidaritätszuschlag und Kirchensteuer für Zinsen, Dividenden sowie die Veräußerungsgewinne im Privatvermögen (realisierte Kursgewinne).[3] Das Abzugssystem der Abgeltungsteuer umfasst auch den Solidaritätszuschlag und die Kirchensteuer. Damit ist zum einen das Problem der korrekten Bestimmung des typisierten Einkommensteuersatzes gelöst,[4] dessen Ermittlung auch in der Rechtsprechung regelmäßig für Irritationen sorgte (Abgeltungsteuersatz einschließlich Solidaritätszuschlag 26,38 %).[5] Zum anderen ergibt sich durch den Wegfall der steuerlichen Kursgewinnprivilegierung eine Veränderung des Tax-CAPM.

ABB. 185: Tax-CAPM mit Abgeltungsteuer und zeitversetzter Kursgewinnbesteuerung

$$r_{j,nESt} = i(1 - s_A) + \beta_j \left[r_{M,vESt} - i(1 - s_A) - d_M s_A - k_M s_{eff} \right]$$

$r_{j,nESt}$:	Zielrendite der Eigenkapitalgeber Unternehmen j, nach ESt
$r_{M,vESt}$:	Marktrendite, vor ESt
i:	risikoloser Basiszinszinssatz
s_A:	Abgeltungssteuersatz
s_{eff}:	Effektiver Steuersatz aus Kursrendite des Marktportfolios
d_M:	empirische Markt-Dividendenrendite
β_j:	Beta-Faktor, unternehmensbezogenes Risiko Unternehmen j
k_M:	Kursrendite des Marktportfolios

Im Sinne einer Übergangsregelung sind Veräußerungsgewinne im Privatvermögen allerdings erst dann steuerpflichtig, wenn sie ab dem 1.1.2009 erworbene Anteile betreffen. Für Bewertungsstichtage vor dem 1.1.2009 kann das Auftreten eines Steuereffektes damit ausgeschlossen werden. Nach dem aktuellen Diskussionsstand im FAUB soll die Veräußerungsgewinnbesteuerung im „Zähler und im Nenner" für Bewertungsstichtage ab dem 1.1.2009 berücksich-

---

[1] IDW S1 i.d.F. 2008, Tz. 114.
[2] IDW S1 i.d.F. 2008, Tz. 115.
[3] *Endres/Spengel/Reister*, Neu Maß nehmen: Auswirkungen der Unternehmensteuerreform 2008, Wpg 2007, S. 478 ff.
[4] Zumindest im Zusammenhang mit der Besteuerung der Alternativrendite. Für die Ausschüttungen aus Personengesellschaften besteht auch nach Einführung der Abgeltungsteuer die Notwendigkeit, einen typisierten Einkommensteuersatz festzulegen.
[5] LG München v. 25.2.2002 – 5 HKO 1080/96, AG, 2002, S. 563.

tigt werden.[1] Es gilt damit die Fiktion, dass in diesen Bewertungsfällen zum einen die Anteile am zu bewertenden Unternehmen und zum anderen das alternative Aktienportfolio ab dem 1.1.2009 erworben worden seien. Die Berücksichtigung der Veräußerungsgewinnbesteuerung hat erheblichen Einfluss auf die bisherige Bewertungslogik.[2] In Abhängigkeit vom relevanten Bewertungsstichtag ändern sich somit die Kalkulationszinssätze. Für die Bewertung nicht wesentlicher Anteile an Kapitalgesellschaften bedeutet dies Folgendes:

Für Bewertungsstichtage bis zum 7.7.2007 gilt das Tax-CAPM unter Berücksichtigung des Halbeinkünfteverfahrens. Eine Veräußerungsgewinnbesteuerung entfällt aufgrund der ursprünglichen Freistellungsregelung in § 23 EStG. Für Bewertungsstichtage ab dem 7.7.2007 bis zum 31.12.2008 gilt das Tax-CAPM mit Abgeltungsteuer, wobei für die 2007 betreffende Ausschüttung noch auf das Tax-CAPM im Halbeinkünfteverfahren zurückzugreifen ist. Eine Veräußerungsgewinnbesteuerung entfällt aufgrund einer Übergangsregelung. Der Kalkulationszinssatz gleicht einem vor Einführung des Tax-CAPM verwendeten CAPM nach Steuern.[3] Erst für Bewertungsstichtage ab dem 1.1.2009 gilt das Tax-CAPM mit Abgeltungsteuer und Erfassung der effektiven Veräußerungsgewinnbesteuerung.

ABB. 186: Kalkulationszinssatz in Abhängigkeit vom Bewertungsstichtag

Bewertungsstichtage	CAPM-Formel
↓ 6.7.2007	$r_{j,nSt} = i(1-s) + \beta_j \left[r_{M,vSt} - i(1-s) - d_M\, 0{,}5\, s \right]$
7.7.2007 ↕ 31.12.2008	$r_{j,nESt} = i(1-s_A) + \beta_j (r_{M,vESt} - i)(1-s_A)$
1.1.2009 ↓	$r_{j,nESt} = i(1-s_A) + \beta_j \left[r_{M,vESt} - i(1-s_A) - d_M\, s_A - k_M\, s_{eff} \right]$

Durch eine Verzögerung der Kursgewinnrealisierung lässt sich der effektive Abgeltungsteuersatz allerdings steuern.[4] Da Investoren unterschiedliche Umschichtungs- bzw. Verkaufsstrategien verfolgen, verändern sich die effektiven Kursgewinnsteuersätze s_{eff} als eine Funktion der Zeit.[5]

Bei periodischer Realisierung der Kursgewinne verschwindet der Steuersenkungseffekt. Angewendet auf das Bewertungsobjekt ergibt sich somit ein Problem hinsichtlich der Annahme der unendlichen Lebensdauer des Unternehmens und des unterstellten unendlichen Engagements

---

[1] Diskussionsstand zum Zeitpunkt der IDW Arbeitstagung in Baden-Baden, 16.1.2008 bis 19.1.2008; siehe auch WP-Handbuch, Band II, 2008, S. 36, Tz. 107.
[2] Siehe Gliederungspunkte 5.9 und 9.20.4.4.
[3] *Wiese, J.*, Unternehmensbewertung und Abgeltungsteuer, Wpg 2007, S. 370; *Dausend/Schmidt*, Abgeltungsteuern und die Zukunft des IDW S1, FB 2007, S. 292.
[4] *Wiese, J.*, Unternehmensbewertung und Abgeltungsteuer, Wpg 2007, S. 370.
[5] *Wiese, J.*, Unternehmensbewertung und Abgeltungsteuer, Wpg 2007, S. 371; siehe auch Gliederungspunkt 9.20.4.4.

des Anteilseigners am Unternehmen. Als Lösung verbleibt die Einsicht oder Akzeptanz, dass sich die Vereinnahmung von Wertsteigerungen beim Bewertungsobjekt und der Alternativrendite unterschieden werden.[1] Das Ziel einer Zuflussäquivalenz (bzw. Haltedaueräquivalenz) bleibt damit eine theoretische Forderung. Führt im Halbeinkünfteverfahren erst die Umsetzung der Ausschüttungsäquivalenz in der ewigen Rente der Restwertphase zur Irrelevanz der Berücksichtigung persönlicher Einkommensteuern, ist bei Berücksichtigung der Abgeltungsteuer noch zusätzlich die unrealistische Zuflussäquivalenz zu fordern. Wie im Halbeinkünfteverfahren führt aber bereits die Berücksichtigung preis- und mengeninduzierten Wachstums dazu, dass die Irrelevanz der Berücksichtigung persönlicher Einkommensteuer auch in der Restwertperiode nicht mehr realisierbar ist.[2] Die Abgeltungsteuer macht damit eines noch deutlicher. Die Einkommensteuerbelastung ist Teil des Unternehmensbewertungskalküls – auch in der Restwertperiode.

10.2.2.3 Probleme bei der praktischen Anwendung des CAPM bzw. Tax-CAPM

Bei dem Versuch, die Kapitalkosten auf Grundlage des CAPM abzuleiten, ergeben sich im Zusammenhang mit der Erhebung der notwendigen Berechnungsdaten folgende Probleme:

▶ Welche festverzinslichen Wertpapiere sind als Basiszinssatz für die Berechnung der Risikoprämie $r_M - i$ heranzuziehen (REXP, lang laufende Anleiherenditen)?
▶ Welcher Aktienindex ist für die Bestimmung der Marktrendite heranzuziehen (DAX, C-DAC, M-DAX, internationale Aktienindizes)?
▶ Ist das Ergebnis der Vergangenheitsanalyse der Marktrendite ein guter Schätzer für die zukünftige Marktrendite oder ist zukunftsorientierten Prognoseverfahren der Vorzug zu geben?
▶ Wenn eine Vergangenheitsanalyse der bisherigen Entwicklung der Marktrendite herangezogen wird, für welchen Zeitraum ist diese Vergangenheitsanalyse dann durchzuführen (z. B. unter Einbezug der Wirtschaftswunderjahre ab dem 31.12.1947 bzw. der Ölkrisen 1973 und 1979 bzw. der Auswirkungen der Wiedervereinigung bzw. der Subprime-Krise)?
▶ Sind Durchschnitte der ermittelten Marktrisikoprämien als arithmetische oder geometrische oder arithmetisch-geometrische Durchschnittswerte zu ermitteln (letztgenannte Variante scheint ein denkbarer Kompromiss)?
▶ Für welchen Zeitraum sollen Durchschnitts-Beta-Werte durch Regression zwischen Marktrendite und Aktienrendite der Aktie j ermittelt werden (z. B. 30-Tage-Beta, 250-Tage-Beta)?
▶ Wie liquide muss der Handel mit Aktien sein, damit das daraus resultierende Beta repräsentativ ist?
▶ Können Beta-Werte als Ergebnis von Vergangenheitsanalysen als Schätzer für Zukunftsbetas Verwendung finden?
▶ Können die Ergebnisse so abgeleiteter Kapitalkosten für die Bewertung nicht börsennotierter Unternehmen verwendet werden?

Eine Vielzahl von Studien und Untersuchungen hat sich diesen Fragen zwischenzeitlich angenommen.

---

[1] Wiese, J., Unternehmensbewertung und Abgeltungsteuer, Wpg 2007, S. 375.
[2] Wiese, J., Wachstum und Ausschüttungsannahmen im Halbeinkünfteverfahren, Wpg 2005, S. 622.

10.2 Der Risikozuschlag

Allein die zur Bestimmung der Marktrisikoprämie durchgeführten Studien führen, je nach betrachtetem Untersuchungszeitraum, Grundlagen der Ableitung von Basiszinssatz und Aktienrendite und Verfahren der Durchschnittsbildung zu erheblich abweichenden Ergebnissen:

TAB. 57: Studien zur Ableitung der Marktrisikoprämie für Deutschland[1]

Autor	Datum	Zeitraum	Basiszins	Aktienrendite	Marktrisikoprämie vor Einkommensteuer	
					arithmetisch	geometrisch
Stehle	2004	1955-2003	REXP	C-DAX	5,46 %	2,66 %
Stehle	2004	1955-2003	REXP	DAX	6,02 %	2,76 %
Dimson/Marsh/ Staunton	2003	1900-2002	Langfristige Staatsanleihen	Dt. Aktien	9,00 %	5,70 %
Steiner/Uhlir	2001		Schatzanweisungen u. Geldmarktpapiere	Dt. Aktien	9,80 %	-
Stehle	1999	1969-1998	Bundeswertpapiere	DAX	6,65 %	3,20 %
Morawietz	1994	1870-1992	Festverzinsliche Wertpapiere und Tagesgeld	Dt. Aktien	-	3,10 %
Bimberg	1993	1954-1988	Bundesanleihen und Tagesgeld	Dt. Aktien	8,20 %	5,30 %
Conen/Väth	1993	1949-1992	Indes zu Schatzanweisungen und REXP	Dt. Aktien	10,43 %	6,80 %
Stehle/Hartmond	1991	1954-1988	Langfristige festverzinsliche Wertpapiere	Amtlicher Handel der Frankfurter Börse	-	4,80 %

Unternehmensbewertung ist zukunftsbezogen. Die Ergebnisse der Studien als Vergangenheitsanalysen stellen somit eine Hypothese dar, dass auch in der Zukunft mit derartigen Marktrisikoprämien zu rechnen sein wird. D. h. es wird angenommen, dass die Verteilung der Marktrisikoprämien der Vergangenheit repräsentativ für die Zukunft ist. Dagegen zielt der alternative Versuch, Marktrisikoprämien unmittelbar zukunftsbezogen abzuleiten, konzeptionell in die richtige Richtung.[2] Allerdings ist auch dieses Verfahren, über Befragungen bzw. über die aus Börsenkursen abgeleiteten internen Renditen Marktrisikoprämien abzuleiten, nicht manipulationssicher. Stellt man nüchtern fest, dass letztgenannter Kritikpunkt ebenso für die Ableitung von Marktrisikoprämien auf Basis von Vergangenheitsdaten gilt, spricht viel für das neuere und unmittelbar zukunftsbezogene Modell.

---

1 *Wagner/Jonas/Ballwieser/Tschöpel*, Unternehmensbewertung in der Praxis – Empfehlungen und Hinweise zur Anwendung von IDW S1, Wpg 2006, S. 1027 f.
2 *Daske/Gebhardt*, Zukunftsorientierte Bestimmung von Risikoprämien und Eigenkapitalkosten für die Unternehmensbewertung, zfbf 2006, S. 536; *Reese, R.*, Schätzung von Eigenkapitalkosten für die Unternehmensbewertung, 2007; *Rausch, B.*, Unternehmensbewertung mit zukunftsorientierten Eigenkapitalkostensätzen, 2008.

TAB. 58:	Prognostizierte Marktrisikoprämien für die BRD[1]			
Autor	Datum	Zeitraum	Bewertungsmodell	Marktrisikoprämie vor Einkommensteuer
Claus/Thomas	2001	1985-1998	Residualmodell	2,02 %
			Dividendenkapitalisierungsmodell	6,58 %
Daske/Gebhardt/Klein	2006	1989-2001	Residualgewinnmodell	3,90 %
			Residualgewinnmodell mit simultaner Schätzung der langfristigen Wachstumsrate	5,20 %

Der Beta-Faktor ergibt sich aus der Regression zwischen der Rendite der zu bewertenden börsennotierten Gesellschaft (oder in ihrer Funktion als Peer Group-Unternehmen) und der Marktrendite.

> „Der unternehmensindividuelle Beta-Faktor ergibt sich als Kovarianz zwischen den Aktienrenditen des zu bewertenden Unternehmens oder vergleichbarer Unternehmen und der Rendite eines Aktienindex, dividiert durch die Varianz der Renditen des Aktienindex."[2]

Beta-Werte werden fortlaufend durch Finanzdienstleister ermittelt und sind über das Internet abrufbar.[3] Die korrekte Ermittlung des Beta-Faktors hat erhebliche Auswirkungen auf das Bewertungsergebnis. Umso ernüchternder ist die Erkenntnis, das bei der Ermittlung bzw. Auswahl des Beta-Faktors ebenfalls erhebliche Spiel- und Gestaltungsräume bestehen.

a) Durch den Erwerb des Zielunternehmens durch das akquirierende Unternehmen ergibt sich aus dieser Unternehmensverbindung eine neue Risikokonstellation. Das Beta des Zielunternehmens stellt somit genau genommen nicht das korrekte spezifische Risikomaß dar, sondern müsste durch ein neues Unternehmensverbund-Beta ersetzt werden. Dieses Ziel scheitert in der Praxis an der Umsetzbarkeit, weswegen im Rahmen der Bewertung grundsätzlich das Beta des Zielunternehmens (bzw. als Peer Group-Unternehmen) bei der Bewertung Verwendung findet.[4]

b) Ebenso wie Marktrisikoprämien müssten auch die Beta-Faktoren zukunftsbezogen ermittelt werden. Die Prognoseverfahren für Betas sind jedoch konzeptionell angreifbar, weswegen regelmäßig Vergangenheitsbetas verwendet werden.[5]

c) Die Ermittlung von Betas führt je nach Intervalllänge, d. h. je nach Berechnung auf Basis von täglichen Renditen, wöchentlichen Renditen oder vierwöchentlichen Renditen, zu unterschiedlichen Ergebnissen.[6]

---

1 *Daske/Gebhardt*, Zukunftsorientierte Bestimmung von Risikoprämien und Eigenkapitalkosten für die Unternehmensbewertung, zfbf 2006, S. 546.
2 IDW S1 i. d. F. 2008, Tz. 121.
3 Zur Do it yourself-Ermittlung von Beta-Faktoren siehe *Großfeld/Stöver*, Ermittlung des Betafaktors in der Unternehmensbewertung: Anleitung zum „Do it yourself", BB 2004, S. 2799.
4 *Nowak, K.*, Marktorientierte Unternehmensbewertung, 2003, S. 89; siehe auch *Zimmermann, P.*, Schätzung und Prognose von Betawerten, 1997, S. 347.
5 *Nowak, K.*, Marktorientierte Unternehmensbewertung, 2003, S. 89.
6 *Nowak, K.*, Marktorientierte Unternehmensbewertung, 2003, S. 94.

d) Hinsichtlich der Länge und zeitlichen Positionierung des Berechnungszeitraumes ergeben sich die bereits für die Marktrisikoprämie genannten Probleme.[1]

e) Die Verwendung unterschiedlicher Marktindizes führt zu unterschiedlichen Betas für ein und dieselbe Aktie.[2]

f) Ist das zu bewertende Unternehmen nicht börsennotiert, muss das Beta z. B. ersatzweise von einem oder mehreren börsennotierten Peer Group-Unternehmen gewonnen werden. Dass bereits die Identifikation eines „passenden" Peer Group-Unternehmens schwierig sein kann, wurde bereits erwähnt. Dies liegt unter anderem am Fehlen eines Klassifikationsrasters vergleichbar dem SIC (*Standard Industrial Code*) nach US-Vorbild bzw. der Nachfolgevariante NAICS (*North American Industry Classification System*) zum Auffinden des wirklich vergleichbaren Peer Group-Unternehmens. Ersatzweise ist für Deutschland nur die Einteilung des Statistischen Bundesamtes verfügbar, die allerdings aufgrund der Konzeption zu Branchenüberschneidungen führt.[3] Zudem gibt es in Deutschland einen gegenüber den USA sehr viel kleineren Börsenmarkt mit der Konsequenz, dass dann für „Peer Groups" gegebenenfalls nur noch eine Gesellschaft verfügbar ist.[4] Generell gilt es den Einfluss „störender" Geschäftsfelder im Peer Group-Unternehmen zu isolieren. Idealerweise wären somit Geschäftsfeldbetas zu ermitteln.[5]

g) Für das Unlevern des Betas (die Neutralisierung des im Beta enthaltenen Finanzierungsrisikos) werden unter anderem die Marktwerte des Fremdkapitals benötigt. Die Informationen hinsichtlich der Fremdkapitalstände sind nur zu den üblichen Jahresabschluss- bzw. bestenfalls Quartalsstichtagen verfügbar. Weicht der Bewertungsstichtag des Zielunternehmens hiervon ab (was bei der Ermittlung objektivierter Unternehmenswerte häufig der Fall ist), liegen keine stichtagsbezogenen Informationen zum Unlevern des Betas vor. Ein „mitten im Jahr" liegender Bewertungsstichtag kann sich zum Beispiel bei einer Unternehmensbewertung im Rahmen der Feststellung des Zugewinnausgleichsanspruches ergeben. Hier bestimmt die Rechtshängigkeit des Scheidungsantrages den Bewertungsstichtag (§ 1384 BGB). Hiermit ist das Unlevern in diesen Fällen nur als Näherung möglich.

10.2.2.4 Die Bestimmung der Marktrisikoprämie

In nationalen wie internationalen Bereich fanden bisher überwiegend Marktrisikoprämien von 4 % bis 7 % Verwendung.[6] Der Arbeitskreis Unternehmensbewertung des IDW (AKU) empfahl für Bewertungsstichtage ab dem 31.12.2004 die Verwendung einer Marktrisikoprämie von 4 % bis 5 % vor persönlichen Ertragsteuern und von 5 % bis 6 % nach persönlichen Ertragsteuern.[7] Stehle ermittelt in seiner Analyse Marktrisikoprämien von 6,66 % (als arithmetisches Mittel)

---

1 *Baetge/Krause*, Die Berücksichtigung des Risikos bei der Unternehmensbewertung, BFuP 1994 S. 453.
2 *Nowak, K.*, Marktorientierte Unternehmensbewertung, 2003, S. 95.
3 *Zimmermann, P.*, Schätzung und Prognose von Betawerten, 1997, S. 318 f.
4 *Zimmermann, P.*, Schätzung und Prognose von Betawerten, 1997, S. 318.
5 *Nowak, K.*, Marktorientierte Unternehmensbewertung, 2003, S. 97 u. 99; siehe auch OLG Düsseldorf, welches einen gespaltenen Kalkulationszinssatz gutheißt, v. 27.2.2004 – 19 W 3/00 AktE, AG, 2004, S. 329.
6 *Dimson/Marsh/Staunton*, Triumph of the Optimists, 2002, S. 223 u. 254.
7 Berichterstattung über die 84. Sitzung des AKU v. 10.12.2004.

10. Der Kalkulationszinssatz

und 3,83 % (als geometrisches Mittel), jeweils nach typisierter Einkommensteuer. Grundlage für die Berechnung dieser Risikoprämien ist der deutsche Kapitalmarkt CDAX und der REXP.[1] Nach Abzug eines Korrekturabschlages von rund 1,5 % schlägt Stehle eine Marktrisikoprämie nach Einkommensteuer von 5,5 %[2] vor und wählt damit als Ausgangswert die höhere Marktrisikoprämie, die als arithmetisches Mittel berechnet wurde (für Bewertungsstichtage ab dem 1. 1. 2009 gelten wie unter 10.2.2.2 dargestellt nur noch 4,5 %).[3] Der Abschlag von 1,5 % wird wie folgt begründet:[4]

1. Heute bestehen bessere Möglichkeiten der Risikoreduzierung durch Diversifikation (als in den Zeiträumen, die der Durchschnittsbildung zugrunde lagen).

2. Das Risiko von Kursschwankungen von Aktien wird für die Zukunft als geringer angenommen.

3. Gesunkene Transaktionskosten.

Der Ermittlung dieser Marktrisikoprämie von 5,5 % ist in der Literatur auf Kritik gestoßen. Kritisiert wird dabei Folgendes:

1. Die Marktrisikoprämie sei zu hoch.

2. Der Untersuchungszeitraum hinsichtlich der Differenz zwischen Aktienrenditen und Anleiherenditen dürfe nicht die Aufbaujahre nach dem zweiten Weltkrieg einbeziehen.

3. Der REXP dürfe, da aus zu kurz laufenden Anleihen gebildet, nicht als Benchmark für den sicheren Basiszinssatz Verwendung finden (den Renditen aus Aktien liegen unendliche Laufzeiten zugrunde).

4. Das arithmetische Mittel dürfe nicht für die Ermittlung der durchschnittlichen Marktrendite verwendet werden.[5]

5. Die Marktrisikoprämie sei daher maximal in Höhe von 1,5 % bis 2 % zu veranschlagen.[6]

Es sei darauf hingewiesen, dass sich diese Position in etwa mit der Position der Rechtsprechung deckt, die nur in Ausnahmefällen Risikoprämien über 2 % als gerechtfertigt ansieht.[7]

---

1 *Stehle, R.*, Die Festlegung der Risikoprämie von Aktien im Rahmen der Schätzung des Wertes von börsennotierten Kapitalgesellschaften, Wpg 2004, S. 921; siehe auch *Ziegler/Schröder/Schulz/Stehle*, Multifaktormodelle zur Erklärung deutscher Aktienrenditen: Eine empirische Analyse, zfbf 2007 S. 355 ff.; *Schulz/Stehle*, Empirische Untersuchungen zur Frage CAPM vs. Steuer-CAPM, Fair Valuations, Sonderheft AG, 20. November 2005, S. 22 ff.; *Schulz, A.*, Der Einfluss von Dividenden auf Aktienrenditen, 2005.
2 Dieser Wert wurde im Zusammenhang mit der Einführung des Halbeinkünfteverfahrens und den dort geltenden differenzierten Steuerbelastungen für Zinsen, Dividenden und Kursgewinnen (s = 0) im Rahmen des Tax-CAPM abgeleitet.
3 Eine Marktrisikoprämie von 5,5 % empfiehlt das IDW auch schon im WP-Handbuch, Band II, 2002, S. 73, Tz. 213 bzw. S. 121, Tz. 331, dort allerdings als Wert vor Berücksichtigung der Einkommensteuer.
4 *Stehle, R.*, Die Festlegung der Risikoprämie von Aktien im Rahmen der Schätzung des Wertes von börsennotierten Kapitalgesellschaften, Wpg 2004, S. 921.
5 *Wenger, E.*, Verzinsungsparameter in der Unternehmensbewertung – Betrachtungen aus theoretischer und empirischer Sicht, AG, Sonderheft 2005, S. 18; siehe hierzu auch *Nowak, K.*, Marktorientierte Unternehmensbewertung, 2003, S. 92.
6 Schutzgemeinschaft der Kapitalanleger e.V. (SdK), Stellungnahme vom 27. 6. 2005 zur Neufassung des IDW Standards S1 Grundsätze zur Durchführung von Unternehmensbewertungen, AG, Sonderheft 2005, S. 44.
7 BayObLG v. 28. 10. 2005 – 3 Z BR 71/00, AG, 2006, S. 44; BGH v. 13. 3. 1978 – II ZR 142/76; juris, Tz. 35 (4 % als Risikozuschlag sei „zumindest vertretbar").

Der FAUB Fachausschuss für Unternehmensbewertung des IDW (FAUB, früher AKU Arbeitskreis Unternehmensbewertung) empfiehlt die Anwendung der Marktrisikoprämie von 5,5 %[1] für die Berechnung objektivierter Unternehmenswerte.[2] Folgt man dieser Empfehlung, relativiert sich die Komplexität der Tax-CAPM-Formel und führt zu folgendem Ausdruck:

TAB. 59: Eigenkapitalkosten (Zielrendite) gemäß Tax-CAPM mit standardisierter Marktrisikoprämie

$$r_{j,nSt} = i\,(1-s) + \beta_j\,(0{,}055)$$

Damit reduzieren sich die zu prognostizierenden Größen auf den sicheren Basiszinssatzsatz i und den Beta-Faktor β_j. Unter Verwendung des typisierten Einkommensteuersatzes (s) von 35 %[3] im Halbeinkünfteverfahren kann somit der Kalkulationszinssatz bestimmt werden.

Die Unternehmensteuerreform 2008 verändert die Bedingungen, unter denen Stehle die Marktrisikoprämie von 5,5 % abgeleitet hat. Zinsen werden nun durch die Abgeltungsteuer von 25 % in gleicher Höhe besteuert wie Dividenden oder Kursgewinne.[4] Dem von dieser Regelung betroffenen Anlegerkreis wird nicht genug Marktmacht zugetraut, um diesen Steuernachteil durch höhere Renditeforderungen auszugleichen.[5] Konsequenz wäre eine gesunkene Marktrisikoprämie nach Einkommensteuer.

Die höhere Steuerbelastung der Aktienrenditen ist danach zu unterscheiden, ob Bewertungsstichtage vor dem 1.1.2009 oder nach dem 31.12.2008 vorliegen. Da die Besteuerung von Veräußerungsgewinnen erst ab dem 1.1.2009 wirksam wird, soweit Wertpapierkäufe ab dem 1.1.2009 betroffen sind, gelten neue vom FAUB empfohlene Marktrisikoprämien nach Einkommensteuer wie folgt:[6]

Bewertungsstichtag bis 6.7.2007	5,5 %
Bewertungsstichtag ab 7.7.2007 bis 31.12.2008[7]	5,0 %
Bewertungsstichtag ab 1.1.2009	4,5 %

10.2.2.5 Die Bestimmung des Beta-Faktors

Beta-Faktoren messen den Einfluss einer Renditeänderung des zugrunde liegenden Portfolios (z. B. Aktienindex DAX, MDAX, IMAX), auf die Rendite des Bewertungsobjekts. Das Bewertungsobjekt, ein börsennotiertes Unternehmen, ist dabei Teil des Portfolios. Das Beta wird aus der Regression der Aktienrendite des Bewertungsobjekts und dem Portfolio ermittelt.[8] Bei der Bewertung nicht börsennotierter Unternehmen, sind die Peer Group-Unternehmen Teil des Portfolios. Das Beta der Peer Group-Unternehmen wird als repräsentativ für das Bewertungsobjekt ange-

---

[1] Im Rahmen der steuerlichen Bedingungen des Halbeinkünfteverfahrens. Ab dem 1.1.2009 lautet die Empfehlung mit Verweis auf die Steuerwirkungen der Abgeltungsteuer 4,5 %, siehe Gliederungspunkt 10.2.2.2.
[2] *Wagner/Jonas/Ballwieser/Tschöpel*, Unternehmensbewertung in der Praxis – Empfehlungen und Hinweise zur Anwendung von IDW S1, Wpg 2006, S. 1019; *Stehle, R.*, Die Festlegung der Risikoprämie von Aktien im Rahmen der Schätzung des Wertes von börsennotierten Kapitalgesellschaften, Wpg 2004, S. 921.
[3] IDW Standard: Grundsätze zur Durchführung von Unternehmensbewertungen (IDW S1), 18.10.2005, Tz. 54.
[4] Ausgenommen Fälle des § 17 EStG in denen Veräußerungsgewinne dem Teileinkünfteverfahren unterliegen.
[5] WP-Handbuch, Band II, 2008, S. 109, Tz. 299.
[6] Aktuelle Entwicklungen der Unternehmensbewertung, Diskussionsunterlagen der Arbeitsgruppe Unternehmensbewertung, IDW Arbeitstagung Baden-Baden 2008, S. 56.
[7] Für die 2007 betreffende Ausschüttung müsste noch eine Marktrisikoprämie von 5,5 % zum Ansatz kommen.
[8] WP-Handbuch, Band II, 2002, S. 119, Tz. 328 f.; WP-Handbuch, Band II, 2008, S. 66, Tz. 192 und S. 110, Tz. 300 f.

nommen. Das Portfolio selbst hat ein Beta von 1. Der Beta-Faktor ist Repräsentant des unternehmensindividuellen, bewertungsrelevanten, systematischen Risikos des Bewertungsobjekts.[1] Weist das Bewertungsobjekt ebenfalls ein Beta von 1 auf, dann entspricht das Risiko des Bewertungsobjekts dem durchschnittlichen Risiko des Portfolios. Eine Renditeänderung des Portfolios hat dann exakt im gleichen Umfang eine Renditeänderung des Bewertungsobjekts zur Folge. Bei einem Beta größer 1, führen Renditeänderungen des zugrunde liegenden Portfolios zu einer höheren Renditeänderung des Bewertungsobjekts. Das Bewertungsobjekt verfügt damit über größere Rendite-Chancen, birgt aber auch das Risiko, dass Renditeverluste sich stärker als im Portfolio auswirken. Bei einem Beta kleiner 1 haben Renditeänderungen des Portfolios geringere Renditeänderungen beim Bewertungsobjekt zur Folge.

Beta-Faktoren können für die bekannten Aktienportfolios (z. B. DAX, MDAX, etc.) als Regressionswerte der Vergangenheit aus dem Handelsblatt oder der Börsenzeitung oder im Internet von Finanzdienstleistern (z. B. onvista, Deutsche Börse AG, etc.) abgerufen werden. Betas werden dort als 30 bzw. 250 Tage-Betas dargestellt. Um „Herr des Verfahrens" zu sein, empfiehlt es sich allerdings, die Beta-Werte selbst zu berechnen.[2]

---

[1] *Zimmermann, P.*, Schätzung und Prognose von Betawerten, 1997, S. 1.
[2] Zur Umsetzung siehe zum Beispiel *Großfeld/Stöver*, Ermittlung des Betafaktors in der Unternehmensbewertung: Anleitung zum „Do it yourself", BB 2004, S. 2799 ff.

10.2 Der Risikozuschlag

ABB. 187: Ermittlung des Beta-Faktors aus Quelldaten am Beispiel Gildemeister

Quelldaten Aktien (Kurse, Handelsvolumen)

Gildemeister

Datum	Eröffnung	Hoch	Tief	Schluß	ø Volumen	Adj. Schluß
28. Dez 09	11,37	11,45	11,12	11,33	113.100	11,33
21. Dez 09	11,41	11,52	11,11	11,4	176.100	11,4
14. Dez 09	11,1	11,4	10,97	11,23	235.900	11,23
07. Dez 09	11,53	11,7	10,74	11,25	260.200	11,25
30. Nov 09	10,78	11,73	10,41	11,58	279.000	11,58
23. Nov 09	11,2	11,46	10,06	10,65	315.000	10,65
16. Nov 09	11,39	11,85	10,85	11,08	230.700	11,08
09. Nov 09	10,39	11,38	10,38	11,21	289.600	11,21
02. Nov 09	9,6	10,79	9,08	10,26	353.900	10,26
...						

Quelldaten Indizes (Kurse, Handelsvolumen)

DAX

Datum	Eröffnung	Hoch	Tief	Schluß	ø Volumen	Adj. Schluß*
28. Dez 09	5977,99	6027	5949	5957,4	11.188.800	5957,43
21. Dez 09	5841,81	5988	5842	5957,4	20.381.100	5957,44
14. Dez 09	5803,2	5903	5752	5831,2	37.299.900	5831,21
07. Dez 09	5812,11	5813	5605	5756,3	25.949.600	5756,29
30. Nov 09	5691,84	5859	5608	5817,7	31.781.700	5817,65
23. Nov 09	5689,38	5826	5519	5685,6	28.050.700	5685,61
16. Nov 09	5717,46	5843	5638	5663,2	29.347.600	5663,15
09. Nov 09	5514,34	5726	5514	5686,8	25.614.100	5686,83
02. Nov 09	5410,61	5527	5313	5488,3	32.038.900	5488,25
...						

BETA Faktorberechnung

Rahmendaten

Aktie/WKN/Handelsplatz	Gildemeister AG		Xetra	
Index	MDAX			
Daten/Datenzeitraum von bis	adj. Close	15. 2. 2008	28. 12. 2009	
Renditenintervall	wöchentlich			
Benchmark Index	**DAX**	**MDAX**	**CDAX**	**TecDAX**
Renditeberechnung	stetig	stetig	stetig	stetig

Beta-Berechnung historisch (market model)

	DAX	MDAX	CDAX	TecDAX
alpha	0,00012	0,0021	0,0019	-0,0001
beta	**1,3460**	**1,3415**	**1,3997**	**1,1756**
r_m	-0,203 %	-0,266 %	-0,240 %	-0,121 %
mean return over estimation period (market model)	-0,150 %	-0,150 %	-0,150 %	-0,150 %

Regressionsgrafik

Gildermeister AG vs. DAX
y = 1,346x + 0,0012
$R^2 = 0,574$

Gildermeister AG vs. MDAX
y = 1,3415x + 0,0021
$R^2 = 0,6231$

Gildermeister AG vs. CDAX
y = 1,3997x + 0,0019
$R^2 = 0,5936$

Gildermeister AG vs. TecDAX
y = 1,1756x - 8E -05
$R^2 = 0,5297$

10. Der Kalkulationszinssatz

TAB. 60: Ermittlung Beta-Faktor aus einer Peer Group – nach der Unternehmensteuerreform

Übersicht Ermittlung Beta$_{unlevered}$
Raw Beta Ansatz
Ableitung Beta$_{unleveres}$ Peer Group-Unternehmen Währungsangaben in Mio. €

Unternehmen	Sitz	Fokus	Unt$_{St\text{-}Satz}$	MW$_{EK}$	MW$_{FK}$	Raw Beta$_{levered}$	Raw Beta$_{unlevered}$
Gildemeister AG*	Bielefeld	Werkzeugmaschinen, CNC	30 %	435	399	1,346	0,820
GEA Group**	Bochum	Spezialmaschinenbau: Prozesstechnik, Kältetechnik, Wärmetauscher	30 %	2.292	416	1,001	0,888
Aixtron AG*	Herzogenrath	Anlagenbau (Anlagen für Mulitkomponenten-Materialien)	30 %	1.700	0	1,173	1,173
						Durchschnitt	**0,960**

Datengrundlage für Regression: Renditen 18. 2. 2008 – 31. 12. 2009; wöchentliche Renditen; Benchmarkindex: DAX

* Daten aus Geschäftsberichten Q3/2009
** Daten per 31. 12. 2008, Annahme: Kapitalstruktur zu Marktwerten ist per Q3 2009 identisch.

Darüber hinaus werden auch für den deutschen Kapitalmarkt Beta-Faktoren von sogenannten Beta Services als Prognosewerte angeboten (z. B. von MSCI BARRA). Die genaue Verfahrensweise zur Ermittlung dieser Prognosewerte wird aus Wettbewerbsgründen nicht offengelegt.[1] Die Fähigkeit der verwendeten Verfahren, Beta-Werte bei Änderungen der Rahmenbedingungen zu prognostizieren, sollte skeptisch gesehen werden.[2]

Im praktischen Fall der Unternehmensbewertung ist zunächst zu unterscheiden, ob

a) ein börsennotiertes Unternehmen zu bewerten ist, oder

b) ob ein nicht-börsennotiertes Unternehmen zu bewerten ist.

Für den ersten Fall kann unmittelbar auf das historische Firmenbeta oder die Prognose dieses Firmenbetas zurückgegriffen werden.[3]

---

[1] *Zimmermann, P.*, Schätzung und Prognose von Betawerten, 1997, S. 337.
[2] *Zimmermann, P.*, Schätzung und Prognose von Betawerten, 1997, S. 339.
[3] Probleme ergeben sich bei Unternehmensbewertungen im Zusammenhang mit einem Squeeze-out, da hier keine signifikanten Börsenumsätze mehr vorliegen um ein repräsentatives Beta abzuleiten; siehe *Ehrhardt/Nowak*, Viel Lärm um Nichts? – Zur Irrelevanz der Risikoprämie für die Unternehmensbewertung im Rahmen von Squeeze-outs, Fair Valuations, Sonderheft AG, 20. November 2005, S. 3 ff.

Für den zweiten Fall sind entweder:

ba) vergleichbare, börsennotierte Unternehmen zu identifizieren, deren Beta-Werte dann ersatzweise verwendet werden können.[1] Die hierfür identifizierten Unternehmen werden als Peer Group bzw. Peer Group-Unternehmen bezeichnet. Oder,

bb) alternativ bietet sich die Verwendung von Betas an, die für die Branche abgeleitet wurden, in der das zu bewertende nicht-börsennotierte Unternehmen tätig ist. Dieser Ansatz besteht somit in der Verwendung von sogenannten Branchenbetas. Branchenbetas unterscheiden sich von Peer Group-Betas insofern, als dass in erstere mehr Unternehmen einbezogen werden.[2] Kann dagegen nur ein Vergleichsunternehmen identifiziert werden, wird das so bestimmte Beta „Pure Play Beta" genannt.[3]

Auf die Probleme zur Abgrenzung einer Branche oder einer Peer Group wurde bereits oben hingewiesen. Weitere Probleme bei der Gewinnung valider Betas lassen sich zum einen auf die im Vergleich zum amerikanischen Kapitalmarkt geringere Anzahl deutscher Aktiengesellschaften zurückführen. Zum anderen, gewissermaßen als Konsequenz daraus, wirkt damit der Einfluss illiquider Aktien (deren Betas mangels ausreichender Umsätze somit nicht repräsentativ ist) umso störender.

Die Aussagen der Literatur zur Möglichkeit aussagefähige Betas zu bestimmen sind ernüchternd. Bei Betrachtung aller beschriebenen „Unmöglichkeiten" scheint die Verwendung von Branchenbetas noch der aussichtsreichste Weg. Dieser Weg geht davon aus, dass Unternehmen einer bestimmten Branche ähnliche Produktionsprozesse, ähnliche Kostenstrukturen und Vertriebswege haben und somit ein ähnliches systematisches Risiko (Operating Beta) aufweisen.[4] Allerdings zeigt sich auch hier, dass Branchenbetas über die Zeit nicht stabil sind und eine Verwendung für einen Zeitpunkt „außerhalb der Studie" nicht unmittelbar möglich ist.

---

[1] Dies entspricht konzeptionell nicht dem CAPM. *Ballwieser, W.*, Betriebswirtschaftliche (kapitalmarkttheoretische) Anforderungen an die Unternehmensbewertung, Wpg, Sonderheft 2008, S. 106.
[2] *Zimmermann, P.*, Schätzung und Prognose von Betawerten, 1997, S. 337, Fn. 1.
[3] *Nowak, K.*, Marktorientierte Unternehmensbewertung, 2003, S. 100
[4] Siehe insgesamt *Zimmermann, P.*, Schätzung und Prognose von Betawerten, 1997, S. 320 ff.; *Seppelfricke, P.*, Handbuch Aktien- und Unternehmensbewertung, 2005, S. 70.

10. Der Kalkulationszinssatz

TAB. 61:	Branchenbetas für den Zeitraum 1996 bis 2005[1]									
Branche/Jahr	1996	1997	1998	1999	2000	2001	2002	2003	2004	2005
Auto	1,35	0,92	1,25	1,19	0,33	0,79	1,32	1,21	1,39	1,35
Banks	0,86	1,19	1,11	1,28	0,61	0,93	1,10	1,16	1,03	1,01
Basic	1,06	0,64	0,98	0,83	0,47	1,07	0,85	0,84	1,50	1,37
Chemicals	0,98	1,04	1,03	0,85	0,21	0,60	0,98	0,97	1,06	1,17
Con	1,16	0,82	0,77	0,85	0,68	0,71	0,64	0,86	1,01	1,06
Financial	0,84	1,06	0,90	1,17	0,56	0,91	1,22	0,97	0,86	0,96
Food	0,94	0,89	0,97	0,89	0,15	0,00	0,62	0,52	0,45	0,69
Health	0,72	1,09	1,03	0,77	0,27	0,35	0,83	0,80	0,52	0,70
Inds	0,73	0,73	0,96	1,02	0,77	1,08	0,90	0,86	1,21	1,07
Insurance	1,04	1,26	1,12	1,32	0,46	0,59	1,41	1,87	1,57	1,36
Media	1,03	0,84	0,62	0,77	2,09	1,56	1,23	1,06	1,35	1,13
Oil	1,03	1,21	1,02	0,75	-0,02	0,46	0,94	0,74	0,79	0,92
Pers	1,22	0,84	0,90	0,85	0,67	1,18	1,04	0,83	1,02	0,99
Retail	0,96	0,84	0,78	0,61	0,83	0,53	0,87	0,90	0,83	0,74
Technology	1,40	1,21	1,18	1,52	2,24	2,87	1,42	1,74	1,85	1,46
Telecom	1,23	0,85	1,07	0,92	2,01	1,83	0,97	1,07	0,98	1,07
Travel	1,36	0,85	0,77	1,13	0,67	0,55	1,03	1,02	0,99	0,93
Utilities	1,10	0,78	0,71	0,55	0,67	0,29	0,60	0,70	0,67	0,78

Hinsichtlich des Zeitraums, aus dem Beta-Werte gewonnen werden gilt die Faustregel, dass längere Schätzperioden und damit ein größerer Stichprobenumfang zu bevorzugen sind, da hiermit die Stabilität der Betas zunimmt.[2] Betas liquider Aktien können vergleichsweise zuverlässig geschätzt werden. Für illiquide Aktien führen auch längere Renditeintervalle zu keinen brauchbaren Betas. Betas unter 0,5 sollen sich in der Regel nur bei illiquiden Aktien ergeben.[3] Gegen diese Thesen sprechen die für längere Zeiträume beobachtbaren Betas kleiner 0,5 ausgewählter Unternehmen, für die der Verfasser den Handelsumsätzen der Aktien, die jeweilige Betaentwicklung gegenübergestellt hat. Ein Zusammenhang dieser Entwicklungen ist nicht unmittelbar erkennbar.

---

[1] *Fischer/Glawischnig*, Branchendiversifikation in der Eurozone: Eine empirische Untersuchung, Mai 2006, Institut für Industrie und Fertigungswirtschaft, Karl-Franzens-Universität Graz.
[2] *Zimmermann, P.*, Schätzung und Prognose von Betawerten, 1997, S. 341.
[3] *Zimmermann, P.*, Schätzung und Prognose von Betawerten, 1997, S. 340.

10.2 Der Risikozuschlag

| ABB. 188: | Betaentwicklung in Abhängigkeit von Handelsumsätzen |

Auswertung Beta-Berechnung

Beiersdorf	2010	2009	2008	2007	2006	2005	2004
raw Beta	0,38	0,43	0,40	0,94	0,88	0,69	0,84
adjusted Beta	0,59	0,62	0,60	0,96	0,92	0,79	0,89
total Beta	0,90	0,97	0,79	1,37	7,31	1,31	1,58
Handelsvolumen ⌀	5.751.600	33.339.500	40.704.900	32.086.600	16.393.900	10.505.500	9.721.400
Aktienstückzahl *	252.000.000						
Streubesitz *	34,53 %						

Henkel	2010	2009	2008	2007	2006	2005	2004
raw Beta	0,15	0,67	0,70	0,12	0,62	1,01	0,87
adjusted Beta	0,43	0,78	0,80	0,41	0,75	1,00	0,91
total Beta	0,90	1,03	0,95	4,28	1,15	1,81	1,44
Handelsvolumen ⌀	10.570.900	52.560.500	85.555.400	85.311.800	60.561.100	60.548.200	47.383.800
Aktienstückzahl *	437.958.750						
Streubesitz *	44,42 %						

Fresenius MedC	2010	2009	2008	2007	2006	2005	2004
raw Beta	0,16	0,13	0,46	-0,14	0,39	0,46	0,58
adjusted Beta	0,44	0,42	0,64	0,24	0,60	0,64	0,72
total Beta	0,71	0,95	0,76	9,04	1,15	1,35	1,30
Handelsvolumen ⌀	8.394.700	54.059.000	77.260.900	84.513.800	66.003.200	52.853.100	33.738.100
Aktienstückzahl *	299.630.963						
Streubesitz *	61,44 %						

Merck	2010	2009	2008	2007	2006	2005	2004
raw Beta	0,99	0,42	0,73	0,61	0,73	0,54	0,56
adjusted Beta	1,00	0,61	0,82	0,74	0,82	0,69	0,70
total Beta	1,60	1,16	0,97	1,70	1,80	2,05	1,49
Handelsvolumen ⌀	6.118.300	25.365.300	38.481.300	38.960.900	24.674.300	13.683.200	9.976.800
Aktienstückzahl *	64.621.126						
Streubesitz *	59,60 %						

10.2.2.6 Die Anpassung des Beta-Faktors an das Finanzierungsrisiko des Bewertungsobjekts

Konnten mehrere Vergleichsunternehmen (Peer Group-Unternehmen) identifiziert werden und verfolgt man diesen Ansatz, stellen die hieraus abgeleiteten Betas sogenannte „Peer Group-Betas" dar. Deren Verwendung und Bereinigung um das Finanzierungsrisiko könnte sich wie folgt darstellen:

10. Der Kalkulationszinssatz

TAB. 62: Ermittlung des unlevered Beta aus einer Peer Group – vor der Unternehmensteuerreform[1]

Ermittlung der Beta-Faktoren (unlevered)

Unternehmen		Beta levered	Untern.-steuer-satz s	Markt-wert EK	Markt-wert FK	Beta unlevered	
		Faktor	%	Mio. EUR	Mio. EUR	Gesamt	Auswahl
Continental AG	Automotive	0,93050	40,14 %	6.795	1.834	0,80105	
Leoni AG	Automotive	0,79180	39,82 %	165	252	0,41245	
Bertrandt AG	Automotive	0,45500	36,80 %	119	36	0,38167	
IWKA AG	Masch.bau	0,82530	38,90 %	537	268	0,63258	0,63258
König & Bauer AG	Masch.bau	0,51100	39,15 %	258	137	0,38611	
Gildemeister AG	Masch.bau	0,71600	39,53 %	225	157	0,50389	0,50389
Duerr AG	Masch.bau	0,60200	39,15 %	216	112	0,45766	
Schuler AG	Masch.bau	0,52000	37,74 %	121	95	0,34871	
Rohwedder AG	Masch.bau	0,51300	36,80 %	27	38	0,27040	
Mittelwert						**0,46606**	**0,56823**
				BETA unlevered	min	0,27040	0,45766
					max	0,80105	0,63258

---

[1] Das zu bewertende Maschinenbauunternehmen unterhält wesentliche Geschäftsbeziehungen zur Automotive-Branche.

10.2 Der Risikozuschlag

Die Kriterien zu Auswahl der Beta-Faktoren stellen sich wie folgt dar:

TAB. 63: Auswahlkriterien zur Betabestimmung

Kriterien

Region: Deutschland

Börsennotiz, idealerweise Indexzugehörigkeit

Relativ hoher Freefloat

Höhe der Börsenkapitalisierung (Unternehmensgröße)

Maschinenbaubranche

Montage- und/oder Automotive-Kundenbezug

Auswahl

Gildemeister: Maschinenbau

Hersteller von Werkzeugmaschinen (Technologie: Drehen, Fräsen, Laser)

Präzisionsteile für die Automobilindustrie

Freefloat: 100 %

IWKA AG: Maschinenbau

Konsumgüterindustrie (Verpackungstechnik)

Roboterindustrie

Produktionsanlage für Automobilindustrie

Fokussierung auf die Märkte Automotive und Konsumgüterindustrie

Freefloat: 85 %

Die auf Basis der Peer Group-Unternehmen abgeleiteten Beta-Faktoren enthalten nun aber noch das Finanzierungsrisiko der Peer Group-Unternehmen, weswegen durch „Unlevern" zunächst die Roh-Betas als Repräsentant des operativen Risikos zu ermitteln sind.[1]

a) Unlevern des Peer Group-Betas

Hierfür wird Folgendes benötigt:

▶ der Unternehmenssteuersatz des Peer Group-Unternehmens (d. h. der Unternehmenssteuersatz, der sich aus Körperschaftsteuer- und Gewerbesteuersatz sowie Solidaritätszuschlag ergibt),[2]

▶ der Marktwert des verzinslichen Fremdkapitals,

▶ der Marktwert des Eigenkapitals (Börsenwert).[3]

---

[1] *Mandl/Rabel*, Unternehmensbewertung, 1997, S. 300 f.

[2] Beachte auch hier die veränderten Unternehmenssteuersätze und der Wegfall der Abzugsfähigkeit der Gewerbesteuer für Anwendungszeiträume nach der Unternehmensteuerreform 2008.

[3] Im Gegensatz zur Leverage-Formel werden hier Marktwerte verwendet.

Peer Group-Betas wie auch die im Rahmen des Unlevern benötigten Daten sind zum Bewertungsstichtag zu erheben. Hinsichtlich des verzinslichen Fremdkapitals (Verbindlichkeiten gegenüber Kreditinstituten, Anleihen, Gesellschafterdarlehen, stille Beteiligungen, etc.) ist man auf den letzten verfügbaren Jahres- bzw. Quartalsabschluss angewiesen. Die Bilanzwerte des Fremdkapitals können aber nur hilfsweise verwendet werden. Grundsätzlich ist auf die Marktwerte, also etwa den Kurswert der Anleihen abzustellen. Der Unternehmenssteuersatz lässt sich als Teilsteuersatz über den Hebesatz des Sitzes des Peer Group-Unternehmens ableiten. Damit ergibt sich bei autonomer Finanzierungspolitik folgender Rechenweg zur Bestimmung des (unlevered) Roh-Beta:[1]

ABB. 189: Ermittlung des Peer Group-Beta-Faktors ohne Kapitalstrukturrisiko (unlevered Beta) bei autonomer Finanzierungspolitik[2]

$$\beta_{uP} = \frac{\beta_{vP}}{\left(1 + (1 - s_P) \frac{F_P}{E_P}\right)}$$

β_{uP}: Beta Peer Group Unternehmen, ohne Finanzierungsrisiko (unlevered)
β_{vP}: Beta Peer Group Unternehmen, mit Finanzierungsrisiko (levered)
s_P: Unternehmenssteuersatz Peer Group Unternehmen
F_P: Fremdkapital zu Marktwerten des Peer Group Unternehmen
E_P: Eigenkapital zu Marktwerten des Peer Group Unternehmen

In einem Beispiel (1,2 unlevered beta, Unternehmenssteuersatz des Peer Group-Unternehmens 38,9 %[3], Marktwert des Fremdkapitals 30, Marktwert des Eigenkapitals 60) ermittelt sich somit:

ABB. 190: Beispiel unlevern des Beta-Faktors

$$\beta_{uP} = \frac{1,2}{(1 + (1 - 0,389)\ 30/60)} = 0,9191$$

$s = s_{KSt} + s_{GewSt} - s_{GewSt}\ s_{KSt} + s_{KSt}\ s_{Soli} - s_{KSt}\ s_{GewSt}\ s_{Soli}$
$0,389 = 0,25 + 0,1701 - 0,1701 * 0,25 + 025 * 0,055 - 0,25 * 0,1701 * 0,055$

Das Beta von 0,9191 repräsentiert nur noch das operative Risiko des Peer Group-Unternehmens. Um dieses Beta für die Bewertung des Ziel- oder Target-Unternehmens verwenden zu können, muss das Finanzierungsrisiko des zu bewertenden Unternehmens im Beta-Faktor erfasst werden („Relevern").

b) Relevern des Zielunternehmen (Target) Betas

Benötigt werden vom Zielunternehmen[4] hierzu:

▶ der Unternehmenssteuersatz
▶ der Marktwert des verzinslichen Fremdkapitals

---

1 WP-Handbuch, Band II, 2008, S. 111, Tz. 305; siehe auch Gliederungspunkt 10.2.2.8.
2 Zu den Varianten der Finanzierungspolitik siehe Gliederungspunkt 9.13 Planung der Unternehmensfinanzierung.
3 Steuertarife und Abzugsfähigkeit nach den Verhältnissen vor der Unternehmensteuerreform 2008.
4 Bewertungsobjekt.

▶ der Marktwert des Eigenkapitals (gesuchter Unternehmenswert!)[1]

Damit ergibt sich zur Erfassung des Finanzierungsrisikos im Bewertungsobjekt:

ABB. 191:	Ermittlung des Beta-Faktors für das Bewertungsobjekt mit Kapitalstrukturrisiko (levered Beta) bei autonomer Finanzierungspolitik

$$\beta_{vT} = \beta_{uP}\left[1 + (1 - s_T)\frac{F_T}{E_T}\right]$$

β_{uP}: Beta Peer Group Unternehmen, ohne Finanzierungsrisiko (unlevered)
β_{vT}: Beta Target Group Unternehmen, mit Finanzierungsrisiko (levered)
s_T: Unternehmenssteuersatz Target Unternehmen
F_T: Fremdkapital zu Marktwerten des Target Unternehmen
E_T: Eigenkapital zu Marktwerten des Target Unternehmen

Das Verfahren des Unlevern und Relevern durch die angegebenen Formeln setzt voraus, dass sich Haben-Zinssatz und Soll-Zinssatz entsprechen, also nicht das in der Realität zu beobachtende Verhältnis Soll-Zinssatz > Haben-Zinssatz vorliegt.[2] Da diese Bedingungen eines vollkommenen Kapitalmarktes (unter Unsicherheit) auch die theoretische Grundlage der angewandten Unternehmensbewertung darstellen, ist diese Annahme auch an dieser Stelle akzeptabel.[3]

10.2.2.7 Das Zikulationsproblem im CAPM

Bei der Bewertung nicht börsennotierter Unternehmen wird man regelmäßig auf die Bilanzwerte des verzinslichen Fremdkapitals zurückgreifen können, soweit sich das Unternehmen nicht am Kapitalmarkt über Anleihen finanziert hat oder gravierende Zinsunterschiede zwischen Zinssatzvereinbarungen und Marktzins vorhanden sind. Die Notwendigkeit, nicht nur den Marktwert des Fremdkapitals, sondern auch den Marktwert des Eigenkapitals bei der Ermittlung des Verschuldungsgrades (FK/EK) zu verwenden, führt zum Dilemma der Zirkularität. Das Zirkularitätsproblem besteht darin, dass der Marktwert des Eigenkapitals (EK_T) nichts anderes als der gesuchte Unternehmenswert (UW) ist. Dieses Problem lässt sich wie folgt lösen:

a) vereinfacht durch die Annahme eines konstanten Verschuldungsgrades (FK/EK)

b) präzise durch ein Iterationsmodell.

Insbesondere im Hinblick auf die Bemühungen des IDW S1, auch die Ausschüttungspraxis im Bewertungsgang zu erfassen, wird die Variante a) kaum eine angemessene Lösung sein. Da das Ausschüttungsverhalten die Finanzierungsstruktur und damit den Verschuldungsgrad des Unternehmens beeinflusst, muss deren Variabilität ebenfalls bewertungstechnisch erfasst werden, womit das Iterationsmodell das Mittel der Wahl ist.

---

[1] Zum Zirkularitätsproblem siehe nachfolgend.
[2] *Mandl/Rabel*, Unternehmensbewertung, 1997, S. 300.
[3] Siehe Gliederungspunkt 3.4.2.

10. Der Kalkulationszinssatz

ABB. 192: Rechenschleifen des Iterationsmodells zur Lösung der Zirkularität[1]

$$\beta_{vT} = \beta_{uP}\left[1 + (1 - s_T)FK_T/EK_T\right]$$

$$r_{j,nSt} = i(1-s) + \beta_{vT}(0{,}055)$$

$$EK_T = \sum_{t=1}^{T} D_t (1 + r_{j,nSt})^{-t}$$

In der Weiterführung des obigen Beispiels ergibt sich dann folgendes angepasstes Beta (operatives Risiko und Finanzierungsrisiko des Zielunternehmens), wobei hier vereinfachend der Marktwert des Eigenkapitals angenommen wird:

TAB. 64: Beispiel Beta-Faktor für das Bewertungsobjekt mit Kapitalstrukturrisiko (levered Beta)[2] bei autonomer Finanzierungspolitik

β_{vT} = 0,9191 (1 + (1 - 0,399) 50/20) = 2,3

S = $S_{KSt} + S_{GewSt} - S_{GewSt} S_{KSt} + S_{KSt} S_{Soli} - S_{KSt} S_{GewSt} tS_{Soli}$
0,399 = 0,25 + 0,1836 - 0,1836 × 0,25 + 0,25 × 0,055 - 0,25 × 0,1836 × 0,055

In der konkreten Anwendung des Rechenmodells muss der (Markt-)Wert des Eigenkapitals (im Beispiel durch den Wert 20 repräsentiert) über die Iterationsschleife in die Beta-Formel „rückgekoppelt" werden. Dieser Rechengang vollzieht sich im Bewertungsprogramm „automatisch", bis das Iterationsmodell gelöst ist. Das heißt, der durch das Beta beeinflusste Unternehmenswert ist während des Rechenganges immer wieder selbst Eingangswert der Beta-Formel. Eine Iterationsformel ist Teil des Kalkulationsprogramms Excel. Der Iterationsvorgang kann aber durch in der Regel wenige Rechenspalten „sichtbar" selbst unter Excel erstellt werden, womit der Rechenweg transparent und das Ergebnis möglicherweise eher nachvollziehbar wird.

Die im Beispiel zum Levern und Unlevern von Betas angeführten Unternehmensteuersätze stellen die Tarifverhältnisse vor der Unternehmensteuerreform 2008 dar. Die Ermittlung des Unternehmensteuersatzes nach den Verhältnissen der Unternehmensteuerreform 2008 ergibt sich wie folgt:

TAB. 65: Unternehmensteuersatzes nach der Unternehmensteuerreform 2008

S = $S_{KSt} + S_{GewSt} + S_{KSt}S_{Soli}$
0,2983 = 0,15 + 0,14 + 0,15 × 0,055

---

[1] Der Marktwert des Eigenkapitals des Target EKT (Bewertungsobjekt) stellt den gesuchten Unternehmenswert (UW) des Bewertungsobjektes dar.
[2] Unternehmensteuersatz gemäß steuerlichen Verhältnissen vor Anwendung der Unternehmensteuerreform 2008.

10.2.2.8 Die Überprüfung der statistischen Güte von Beta-Faktoren

Bei der Verwendung von Betas im Rahmen der Unternehmensbewertung sollte eine Verprobung der Beta-Schätzung durchgeführt werden. Ziel der Verprobung ist es, eine Aussage über die Güte und damit Eignung der Regression treffen zu können und eine Entscheidung zu finden, ob der ermittelte Beta-Wert im Rahmen einer Peer Group verwendet werden kann oder verworfen werden sollte. Im Folgenden sollen dazu in der Praxis gängige Auswahlkriterien untersucht werden. Diese umfassen insbesondere statistische Testverfahren sowie die Überprüfung der Renditenbildung auf mögliche Verzerrungen. Zur statistischen Überprüfung der Güte von aus historischen Renditen geschätzten Beta-Faktoren werden in der Praxis verschiedene statistische Verfahren verwendet. Hierzu zählen insbesondere das Bestimmtheitsmaß R^2 und der t-Test.

a) Das Bestimmtheitsmaß R^2

Als ein Gütekriterium der Betaregression wird regelmäßig das Bestimmtheitsmaß R^2 herangezogen. R^2 gibt an, wie gut die Regressionsgerade – deren Steigung durch das Beta beschrieben wird – einen linearen stochastischen Zusammenhang zwischen Indexrenditen und Einzelwertrenditen erklärt („goodness of fit"). Es leitete sich her als:

ABB. 193: Bestimmtheitsmaß R^2

$$R^2 = \beta^2 \times \frac{\sigma^2_{Index}}{\sigma^2_{Einzelwert}}$$

β : ermittelter Beta-Faktor
σ^2 : Varianz des Einzelwertes bzw. des Index.

Da das Bestimmtheitsmaß mit dem Stichprobenumfang und der Anzahl der erklärenden Variablen wächst und damit meist den eigentlichen Erklärungsgehalt der Regression überschätzt, wird teilweise das um diesen Effekt bereinigende adjustierte Bestimmtheitsmaß verwendet[1]:

ABB. 194: Bestimmtheitsmaß R^2 adjustiert

$$R^2_{adj.} = R^2 - \frac{K \times (1 - R^2)}{T - K - 1}$$

R^2 : Bestimmtheitsmaß
K : Anzahl der erklärenden Variablen
T : Stichprobenumfang (Anzahl der Renditepaare)

Das R^2 basiert auf den Abweichungen zwischen den beobachteten Renditen und den durch die Regression geschätzten Renditen.[2] Bei steigenden R^2 rücken die beobachteten Renditenpaare näher an die durch die Regressionsgerade geschätzten Renditenpaare – geringe Abweichungen weisen also auf eine hohe Regressionsgüte und damit Aussagekraft des Betas hin. Ein niedriges Bestimmtheitsmaß hingegen gibt an, dass ein geringer oder kein linearer Zusammenhang zwischen den Markt- und Einzelwertrenditen besteht bzw. die Regression diesen nicht erklären kann. Eine verlässliche Aussage über einen linearen Zusammenhang und damit das Beta kann

---
[1] Zimmermann, P., Schätzung und Prognose von Betawerten, 1997, S. 68.
[2] Dörschell/Franken/Schulte, Der Kapitalisierungszinssatz in der Unternehmensbewertung, 2009, S. 130.

10. Der Kalkulationszinssatz

damit nicht mehr vorgenommen werden. R^2 kann Werte zwischen Null und Eins annehmen, nachfolgend drei Beispiele:

ABB. 195: Regressionsgerade ohne Zusammenhang zwischen Indexrenditen und Einzelwertrenditen

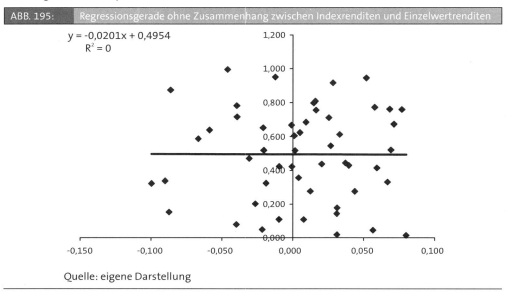

Quelle: eigene Darstellung

▶ Bei $R^2=0$ erklärt die Regressionsgerade gar keinen Zusammenhang zwischen Indexrenditen und Einzelwertrenditen (hohe Abweichung der Wertepaare von der Regressionsgeraden; siehe Grafik oben). Die Bewegung des Einzelwertes ist nicht auf die Indexbewegung zurückzuführen.

ABB. 196: Regressionsgerade mit eindeutigem Zusammenhang zwischen Indexrenditen und Einzelwertrenditen

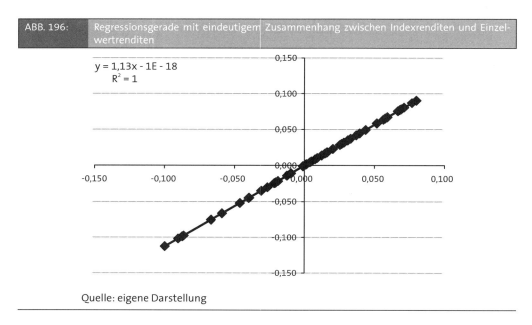

Quelle: eigene Darstellung

10.2 Der Risikozuschlag

▶ Bei $R^2=1$ erklärt die Regressionsgerade einen perfekten Zusammenhang zwischen Indexrenditen und Einzelwertrenditen (keine Abweichung der Wertepaare von der Regressionsgeraden; siehe Grafik oben), d.h. die Bewegung des Einzelwertes ist voll auf die Bewegung des Index zurückzuführen.

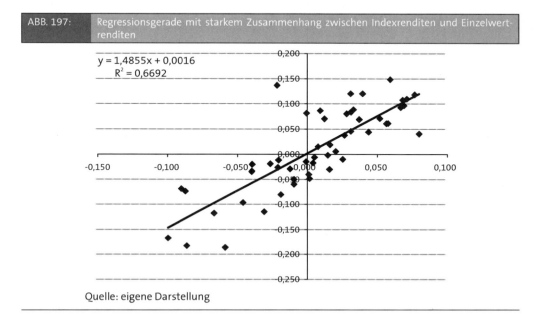

ABB. 197: Regressionsgerade mit starkem Zusammenhang zwischen Indexrenditen und Einzelwertrenditen

Quelle: eigene Darstellung

▶ Beim oben dargestellten Beispiel (Gildemeister AG) bedeutet der zum Beta von 1,4855 gehörende R^2-Wert von 0,6692, dass rd. 67 % der Varianz der Wertpapierrendite von Gildemeister durch die lineare Abhängigkeit zum Index MDAX durch die Regression erklärt werden können (Renditen: wöchentlich logarithmierte Renditen 2009).

R^2 ist neben dem Maß für die Aussagekraft der Regression ebenso ein Maß dafür, welcher Anteil des Gesamtrisikos des Einzelwertes mit dem Beta-Faktor abgebildet werden kann (systematisches Risiko). Das Residuum zum Gesamtrisiko ist demnach auf unsystematisches Risiko zurückzuführen. Am oben genannten Beispiel Gildemeister mit einem R^2 von rd. 0,67 bedeutet dies, dass 67 % des Gesamtrisikos des Einzelwertes systematischer Natur (und damit auf die Indexbewegung zurückzuführen) und 33 % unsystematischer Natur (und damit auf unternehmensspezifische Einflüsse zurückzuführen) sind.

Die Frage, welche R^2 als akzeptabel zu bewerten sind, wird in der Literatur nicht allgemein und eindeutig beantwortet. Backhaus et al[1] stellen fest, dass insbesondere bei stark zufallsbehafte-

---

[1] *Backhaus/Erichson/Plinke/Weiber*, Multivariate Analysemethoden – Eine anwendungsorientierte Einführung, 2003, S. 97.

ten Prozessen (z. B. Wetter, Börse) bereits ein R^2 von 0,1 akzeptabel sein kann. Herrmann/Huber/Kressmann[1] weisen darauf hin, dass ein akzeptabler R^2 Wert größer als 0,3 sein sollte. Nach Urban[2] drücken R^2 zwischen 0,2 und 0,4 bereits einen starken Zusammenhang zwischen der unabhängigen Variable (Marktrendite) und der abhängigen Variablen (Einzelwertrendite) aus. Als Faustregel lässt sich daher wohl festhalten, dass ein Beta-Faktor mit einem R^2 von über 0,2 - 0,3 tendenziell eine gute Schätzung darstellt.

b) Statistischer Test des R^2

Wenn im Rahmen der Betaschätzung ein geringes Bestimmtheitsmaß ermittelt worden ist, kann ergänzend geprüft werden, ob der wahre Zusammenhang zwischen Index- und Einzelwertrenditen Null und damit der beobachtete Zusammenhang zufällig ist (Nullhypothese: R = 0). Ein t-Test berechnet, wie wahrscheinlich man bei Stichproben unter der Annahme der Nullhypothese rein zufällig mindestens so große Werte für eine Abhängigkeit erhalten würde. Getestet wird der Pearson'sche Korrelationskoeffizient R, der bei einer einfachen Regression (nur eine unabhängige Variable) der Wurzel aus dem Bestimmtheitsmaß R^2 entspricht.

ABB. 198: t-Test des R^2

$$t = R \cdot \sqrt{\frac{T-2}{1-R^2}}$$

R : Pearson'scher Korrelationskoeffizient
R^2 : Bestimmtheitsmaß
T : Stichprobenumfang (Anzahl der Renditepaare)

Für den ermittelten t-Wert samt Freiheitsgraden kann der zugehörige p-Wert (probability) für einen zweiseitigen Test ermittelt werden.[3] Liegt der zugehörige p-Wert und damit diese Wahrscheinlichkeit für ein zufälliges R unterhalb eines festgelegten Signifikanzniveaus (i. d. R. 95 %), muss die Nullhypothese abgelehnt werden. In diesem Fall ist R signifikant von Null verschieden, es besteht eine signifikante Abhängigkeit und eben nicht nur zufälligerweise in der beobachteten Stichprobe. Bei $p < 0,05$ sind R und damit der beobachtete Zusammenhang rein zufällig, der wahre Zusammenhang nicht signifikant von Null verschieden und der Beta-Faktor sollte in jedem Fall verworfen werden.

Jedoch zeigen die Ergebnisse, dass i. d. R. schon sehr geringe Bestimmtheitsmaße von rd. 0,05 (die damit deutlich unterhalb des o. g. R^2-Schwellenwertes von 0,2 - 0,3 liegen) bei einem ausreichenden Stichprobenumfang signifikant von Null verschieden sind.

c) Der t-Test

Als ein Kriterium für die Güte eines Beta wird in der Praxis regelmäßig der t-Test herangezogen. Mit Hilfe des t-Test kann geprüft werden, ob die unabhängige Variable (Indexrendite) einen Ein-

---

[1] *Herrmann/Huber/Kressmann*, Partial Least Squares – ein Leitfaden zur Spezifikation, Schätzung und Beurteilung varianzbasierter Strukturgleichungsmodelle, 2004, S. 29.
[2] Vgl. *Urban*, Logit-Analyse – Statistische Verfahren zur Analyse von Modellen mit qualitativen Response-Variablen, 1993, S. 62.
[3] Z um Beispiel in Excel über die Formel TVERT.

fluss auf die abhängige Variable (Einzelwertrendite) hat, d. h. ob das Beta signifikant von Null verschieden ist. Der t-Wert wird wie folgt berechnet:

ABB. 199: Ermittlung des t-Wertes

$$t_{emp} = \frac{\beta - \beta_0}{s_\beta}$$

ß: ermittelter Beta-Faktor,
β_0: wahres Beta (Nullhypothese) und
s_β: Standardfehler des Beta

ABB. 200: Standardfehler des Beta-Faktors

$$s_\beta = \frac{s^2_R}{\sqrt{(T-1) \cdot s^2_M}}$$

s^2: Standardabweichung der Residuen (R) bzw. der Marktrenditen (M)
T: Stichprobenumfang (Anzahl der Renditepaare)

Je kleiner der Standardfehler des Beta ist, als umso zuverlässiger ist die Regression einzuschätzen. Es ist offensichtlich, dass die Zuverlässigkeit der Regression mit dem Stichprobenumfang steigt, daher sind möglichst umfangreiche Stichproben zu verwenden. In der Literatur werden in der Regel mindestens 50-60 Datensätze (Renditenpaare) empfohlen.[1]

In der Regel wird die Nullhypothese $\beta_0=0$ geprüft, da eine Normalverteilung mit einem arithmetischen Mittel von Null unterstellt wird. Ist der ermittelte t-Wert kleiner als der kritische t-Wert, ist die Nullhypothese zutreffend und das Beta nicht signifikant von Null verschieden. Die Nullhypothese muss hingegen abgelehnt werden, wenn der ermittelte t-Wert größer als der kritische tabellarische t-Wert[2] ist. In diesem Fall ist das Beta signifikant von Null verschieden. In der Literatur wird in der Regel daraus gefolgert, dass der Beta-Faktor dann verwendet werden kann.[3]

d) Kritische Würdigung der statistischen Verfahren

R^2 und t-Test sind die in der Praxis wohl am häufigsten verwendeten statistischen Verfahren zur Identifizierung von nicht signifikanten Betas. Bei der Aufstellung von Peer Groups in der Unternehmensbewertung begegnet man diesen Größen immer wieder. Ihre Aussage zur Verwendbarkeit der Betas ist jedoch mit Vorsicht zu genießen.

Die Aussagekraft des Bestimmtheitsmaßes über die Güte der Betaschätzung ist eingeschränkt: Zum einen ist kein eindeutiger Schwellenwert eines akzeptablen R^2 zu bestimmen, zum anderen ergeben sich bei kleinen Betas schon rein rechentechnisch kleine Bestimmtheitsmaße (dieser rechentechnische Effekt ist ohne Aussagekraft). Tendenziell kann jedoch festgehalten werden, dass Betas mit möglichst hohen Bestimmtheitsmaßen zu bevorzugen sind.

---

[1] *Schacht/Fackler*, Praxishandbuch Unternehmensbewertung, 2009, S. 121; *Dörschell/Franken/Schulte*, Der Kapitalisierungszinssatz in der Unternehmensbewertung, 2009, S. 133.
[2] Gegeben Stichprobenumfang und Signifikanzniveau von i. d. R. 95 %.
[3] Vgl. *Dörschell/Franken/Schulte*, Der Kapitalisierungszinssatz in der Unternehmensbewertung, 2009, S. 134.

Der Vorteil des t-Test gegenüber dem Bestimmtheitsmaß R^2 liegt in seiner klaren kritischen Grenze, anhand derer eine Entscheidung über die statistische Signifikanz des Betas getroffen werden kann. Die Aussagekraft des Tests im Allgemeinen ist also eindeutig: „Beta signifikant" bzw. „Beta nicht signifikant". Getestet wird hier jedoch lediglich, ob der Beta-Faktor signifikant von Null verschieden ist. Die Aussagekraft des t-Tests fällt im Rahmen der CAPM-Welt daher gering aus, da ein Beta von Null mit dem CAPM problemlos vereinbar ist. Ein Beta von Null bedeutet lediglich, dass beim Einzelwert kein systematisches Risiko vorliegt.

Dörschell/Franken/Schulte[1] weisen daher darauf hin, dass neben den diskutierten statistischen Verfahren in jedem Fall weitere Eignungskriterien von Betas einzubeziehen sind. Es ist insbesondere zu überprüfen, ob die beobachteten Einzelwertrenditen, die immerhin die halbe Datengrundlage der Regression bilden, unverzerrt oder verzerrt gebildet wurden.

e) <u>Gütekriterium der verzerrungsfreien Renditebildung</u>

Verzerrte Aktienkurse und damit verzerrte Renditen spiegeln nicht die wahren Wertschwankungen des Unternehmenswertes wider. Im Rahmen der Regression, bei der Einzelwertrenditen gegen breite und unverzerrte Indizes gespiegelt werden, muss die Datengrundlage des zugrundeliegenden Wertpapiers ebenfalls unverzerrt sein. Unverzerrt bedeutet dabei im Wesentlichen, dass die Voraussetzung des liquiden Handels erfüllt sein muss.

Ist das Gegenteil der Fall, reagieren die Einzelwertrenditen u.U. gar nicht, unverhältnismäßig oder zeitlich versetzt auf die vom Markt vorgegebenen Veränderungen. Die Folge ist eine Regression mit einem unbrauchbaren Beta-Faktor.

Neben institutionellen Voraussetzungen für einen liquiden Handel müssen im Wesentlichen die folgenden drei Kriterien eines liquiden Wertpapierhandels erfüllt sein:

▶ Ausreichend hohe Handelsvolumina
▶ Geringe Transaktionskosten (z. B. geringer Bid-Ask Spread)
▶ Ausreichend hoher Free Float

Diese Kriterien gewährleisten, dass die Anpassung der Wertpapierrenditen an Marktveränderungen und deren Einpreisung regelmäßig, schnell und mit aussagekräftigen Kursen geschieht. Eine Regression führt dann zu plausiblen Beta-Faktoren.

Ein klares Konzept mit eindeutigen Schwellenwerten zu den genannten Liquiditätskriterien existiert jedoch nicht, der Bewerter muss sich ein vernünftiges Gesamtbild über die Liquidität des Wertpapiers und damit die Datengrundlage für die Betaermittlung machen.

10.2.2.9 Beispiel einer Unternehmensbewertung mit variablem Verschuldungsgrad

Die nachfolgende Unternehmensbewertung zeigt, wie variable Verschuldungsgrade auf periodengenau bestimmte Kalkulationszinssätze wirken. Grundlage ist eine vereinfachte integrierte Unternehmensplanung, in der eine fremdfinanzierte Investition im Planjahr 2011 einen deutlichen Einfluss auf den Verschuldungsgrad bewirkt (siehe nachfolgende Abbildung Unternehmensbewertung). Die Marktwerte zur Bestimmung des Verschuldungsgrades werden über Iterationsschleifen bestimmt und vom Barwert der Ewigen Rente aus in Richtung Bewertungs-

---

[1] Vgl. *Dörschell/Franken/Schulte*, Der Kapitalisierungszinssatz in der Unternehmensbewertung, 2009, S. 136 ff.

10.2 Der Risikozuschlag

stichtag schreitend ermittelt. Der Basiszinssatz ist aus der Zinsstrukturkurve periodengenau bestimmt. Die Ergebnisse werden voll ausgeschüttet.

ABB. 201: Liquiditätsplanung – Investition und Fremdkapitalaufnahme in 2011

Liquiditätsplanung	1	2	3	4	5	6
Währungsangaben in T€	2010	2011	2012	2013	2014	2015
Umsatzeinzahlungen	900	1.275	1.375	1.475	1.725	1.800
Aufwandsauszahlungen zusammengefasst	-300	-625	-675	-725	-800	-850
Zinsauszahlungen	-8	-166	-133	-99	-66	-64
Ertragsteuerauszahlungen	-99			-61	-133	-145
Anlagekäufe	-50	-2.000	-50	-50	-50	-40
Veränderung des Kapitals	-233		-147	-160	-312	-341
Aufnahme und Tilgung Darlehn	-20	1.580	-420	-420	-420	
Laufende Liquidität	190	64	-50	-40	-55	0
Liquidität mit Vortrag	390	454	404	364	309	309

ABB. 202: Bilanzplanung – Änderungen von Anlagevermögen und Verbindlichkeiten durch die Investition

Bilanzplanung AKTIVA		1	2	3	4	5	6
Währungsangaben in T€ (31.12.)	1.1.10	2010	2011	2012	2013	2014	2015
Anlagevermögen	500	290	1.630	1.260	880	490	490
Forderungen aus LuL		300	325	350	375	450	450
Liquide Mittel	200	390	454	404	364	309	309
Bilanzsumme	700	980	2.409	2.014	1.619	1.249	1.249

Bilanzplanung Passiva		1	2	3	4	5	6
Währungsangaben in T€ (31.12.)	1.1.10	2010	2011	2012	2013	2014	2015
Gezeichnetes Kapital	600	600	600	600	600	600	600
Bilanzgewinn / Bilanzverlust			-176	-176	-176	-176	-176
Verbindlichkeiten ggü. Kreditinstituten	100	80	1.660	1-240	820	400	400
Verbindlichkeiten aus LuL		300	325	350	375	425	425
Bilanzsummer	700	980	2.409	2.014	1.619	1.249	1.249

10. Der Kalkulationszinssatz

ABB. 203: GuV-Planung mit den Auswirkungen der Fremdkapitalaufnahme

GuV-Planung	1	2	3	4	5	6
Währungsangaben in T€ (31. 12.)	2010	2011	2012	2013	2014	2015
Umsatzerlöse	1.200	1.300	1.400	1.500	1.800	1.800
Aufwand zusammengefasst	600	650	700	750	850	850
Abschreibungen	260	660	420	430	440	400
EBIT	**340**	**-10**	**280**	**320**	**510**	**550**
Zinsaufwendungen	8	166	133	99	66	64
Steuern vom Einkommen und Ertrag	99			61	133	145
Jahresüberschuss /-fehlbetrag	**233**	**-176**	**147**	**160**	**312**	**341**

ABB. 204: Unternehmensbewertung (Abgeltungsteuer) unter Berücksichtigung des Verschuldungsgrades zu Marktwerten[1]

Beispiel Unternehmensbewertung	1	2	3	4	5	6
Währungsangaben in T€	2010	2011	2012	2013	2014	eR2015
Bewertungsrelevanter Zufluss	233		147	160	312	341
Steuern (Abgeltungsteuer: 26,38 %)	-61		-39	-42	-82	-90
Diskontierbare Beträge	**172**		**108**	**118**	**230**	**251**
Basiszinssatz vor Steuern	3,86 %	3,88 %	3,87 %	3,88 %	3,89 %	4,09 %
Steuern (Abgeltungsteuer: 26,38 %)	-1,02 %	-1,02 %	-1,02 %	-1,02 %	-1,02 %	-1,08 %
Basiszinssatz nach Steuern	**2,84 %**	**2,85 %**	**2,85 %**	**2,85 %**	**2,86 %**	**3,01 %**
MP nach ESt ab 1. 1. 2009 (lt. FAUB)	4,50 %	4,50 %	4,50 %	4,50 %	4,50 %	4,50 %
Beta u (unlevered)	1,0000	1,0000	1,0000	1,0000	1,0000	1,0000
Verschuldungsgrad zu Marktwerten	0,0381	0,0302	0,5829	0,3996	0,2563	0,1260
Unternehmenssteuern ab 2008	29,83 %	29,83 %	29,83 %	29,83 %	29,83 %	29,83 %
Beta v (levered)	1,0267	1,0212	1,4090	1,2804	1,1799	1,0884
Marktrisikoprämie vor/nach Steuern adj.	**4,62 %**	**4,60 %**	**6,34 %**	**5,76 %**	**5,31 %**	**4,90 %**
Kalkulationszinssatz Tax-CAPM vor Wachstumsabschlag	7,46 %	7,45 %	9,19 %	8,62 %	8,17 %	7,91 %
Inflations-/Wachstumsabschlag für Ewige Rente						
Kalkulationszinssatz Tax-CAPM	**7,46 %**	**7,45 %**	**9,19 %**	**8,62 %**	**8,17 %**	**7,91 %**
Diskontierbare Beträge	172		108	118	230	251
Diskontierungsfaktor	0,9306		0,7681	0,7185	0,6752	8,5371
Diskontierte Beträge auf den Beginn Geschäftsjahr 2010	**160**		**83**	**85**	**155**	**2.144**
Periodenspezifische Unternehmenswerte (1. 1.)	2.626	2.651	2.848	3.103	3.199	3.175
Unternehmenswert Tax-CAPM-Ansatz (1. 1. 2010)	**2.626**					

[1] Steuerliche Verhältnisse nach Unternehmensteuerreform 2008.

10.2.2.10 CAPM und objektivierter Unternehmenswert

Über das CAPM (bzw. Tax-CAPM) sollen Risikozuschläge marktmäßig objektiviert werden.[1] Tatsächlich ist bei der praktischen Anwendung des CAPM eine Vielzahl von subjektiven Wertungen durch das Bewertungssubjekt bzw. durch den Gutachter vorzunehmen.[2] Wertungen bzw. Auswahlentscheidungen betreffen dabei z. B. folgende Bereiche:

- Ermittlung des Basiszinssatzes
- Wahl des Aktienindex zur Bestimmung der Aktienrenditen
- Auswahl des Vergangenheitszeitraums zur Ermittlung der Aktienrenditen
- Annahmen zur Finanzierungsstruktur des Bewertungsobjektes (unternehmenswertabhängig oder autonom)
- Auswahl der Peer Group zur Bestimmung des Beta-Faktors
- Einheitlicher oder periodenabhängiger Kalkulationszinssatz

Eine Objektivierung wird somit nur im Vergleich zu einer „freihändigen" Bestimmung des Kalkulationszinssatzes erreicht.

Der einer angemessenen Abfindung zugrunde liegende Unternehmenswert im Sinne der Rechtsprechung orientiert sich am Verkehrswert und damit Marktpreis des Unternehmens. Für die Verhältnisse der Gesellschafter sind typisierende Annahmen zu treffen, soll der Gleichbehandlungsgrundsatz des Gesellschaftsrechts eingehalten werden. Dem CAPM liegt die Annahme einer vollen Diversifizierung der Anteilseigner zugrunde. In die Ermittlung der Risikoprämie gehen damit nur noch die nicht durch Diversifikation vernichtbaren Risikoanteile in Form des systematischen Risikos ein. Diese Annahme der vollen Diversifikation kann für einen Unternehmenskäufer nicht automatisch unterstellt werden.[3] Für den abzufindenden Aktionär (Aktienkäufer) ist die Annahme der Diversifikation allerdings sinnvoll, da sie selbst durch naive Maßnahmen weitestgehend zu erreichen ist.[4] Bewertungsrelevant ist dann nur noch das systematische Risiko. Unsystematische Risiken, die den Unternehmenswert durch eine Erhöhung des Kalkulationszinssatzes reduzieren würden, werden somit bewusst ausgeklammert. Ergebnis der Bewertung ist damit zusammengefasst allerdings nicht der Wert des ganzen Unternehmens, als gesetzlichem Bewertungsziel gemäß § 738 Abs. 2 BGB.[5] Vielmehr stellt der Bewertungsgang mittelbar bereits auf die quotale Vermögensposition des Aktionärs ab, da weder das Gesamtrisiko eines nicht voll diversifizierten Unternehmers Beachtung findet, noch die Chancen in Form echter Synergien erfasst werden. Bewertet werden somit Finanzierungstitel und kein Unternehmen.[6]

Für Abfindungsfälle im Aktienrecht deckt sich dieses Ergebnis mit der Position der Rechtsprechung, dass die Verkehrsfähigkeit der Aktie im Abfindungsfall zu berücksichtigen ist. Für Abfin-

---

[1] *Drukarczyk, J.*, Unternehmensbewertung, 2001, S. 138; *Aders, C.*, Unternehmensbewertung bei Preisinstabilität und Inflation, 1998, S. 66.
[2] *Baetge/Krause*, Die Berücksichtigung des Risikos bei der Unternehmensbewertung, BFuP 1994 S. 453; zu den komplizierten Wechselwirkungen zwischen Beobachter und Beobachtetem siehe, *Popper, K.*, Das Elend des Historizismus, 2003, S. 13.
[3] *Breitenbücher/Ernst*, Der Einfluss von Basel II auf die Unternehmensbewertung, S. 94, in: Richter/Timmreck (Hrsg.), Unternehmensbewertung, 2004.
[4] *Kruschwitz, L.*, Finanzierung und Investition, 2004, S. 221.
[5] *Großfeld, B.*, Unternehmens- und Anteilsbewertung im Gesellschaftsrecht, 2002, S. 32.
[6] *Adolff, J.*, Unternehmensbewertung im Recht der börsennotierten Aktiengesellschaft, 2007, S. 188.

dungsfälle bei anderen Gesellschaftsformen kann darüber spekuliert werden, inwiefern die fehlende Berücksichtigung des unsystematischen Risikos zu überhöhten Abfindungen führt. Folgt man den Überlegungen der Literatur, dass das systematische Risiko nur maximal 50 % des Gesamtrisikos abdeckt,[1] wäre die aktuell empfohlene Marktrisikoprämie von 4,5 % bei einem angenommenen Beta-Faktor von 1,0 zu verdoppeln. Der Kalkulationszinssatz würde sich wie folgt ändern:

TAB. 66: Veränderung des Kalkulationszinssatzes des Tax-CAPM bei pauschaler Erhöhung um das unsystematische Risiko

$$r_{j,nESt} = 0{,}04\,(1 - 0{,}25) + 1{,}0\,(0{,}045) = 7{,}5\,\%$$
$$r_{j,nESt} = 0{,}04\,(1 - 0{,}25) + 1{,}0\,(0{,}09) = 12{,}0\,\%$$

Bei der Bewertung eines Unternehmens mit 200 T€ uniformen und unendlichen Ausschüttungen resultieren dann Unternehmenswerte von 200 T€ / 0,075 = 2.666 T€ bzw. 200 T€ / 0,12 = 1.666 T€. Die Berücksichtigung des unsystematischen Risikos in Höhe eines Zuschlages von 100 % führte also in diesem Fall zu einer Unternehmenswertreduzierung von rund 37,5 %. Damit erhalten Abfindungsberechtigte via Kalkulationszinssatz, abgeleitet auf der Grundlage des CAPM bzw. Tax-CAPM, tendenziell überhöhte Abfindungen, zumindest bei Abfindungsfällen bei nicht börsennotierten Unternehmen, da deren Anteilseigner tendenziell nicht im erforderlichen Umfang diversifiziert sein werden. Diese überhöhte Abfindung kann als Anteil an den echten Synergien interpretiert werden, da strategische Aufschläge ausgehend vom objektivierten Unternehmenswert als Ausgleich für Synergieeffekte begründbar sind.[2]

10.2.3 Rechtsprechung

Bis in die jüngste Vergangenheit wird die Vorgehensweise zur Berücksichtigung des unternehmerischen Risikos durch eine Differenzierung von Risikoarten beherrscht, die dann typisiert im Bewertungsprozess Berücksichtigung finden sollen. So werden allgemeine[3], generelle[4] oder außergewöhnliche[5] Risiken im Risikozuschlag (Nenner) berücksichtigt. Die speziellen[6], normalen[7] oder spezifischen[8] Risiken seien dagegen bereits im Rahmen der Ertragsprognose durch einen Abschlag (Zähler) zu berücksichtigen.

> „Der Risikozuschlag berücksichtigt den Umstand, dass eine Anlage in einem Unternehmen risikoreicher ist als eine Anlage in einer öffentlichen Anleihe. Allerdings soll der Zuschlag auf den Basiszins nur außergewöhnliche Risiken wie <u>allgemeines Unternehmensrisiko</u>, Störungen durch höhere Gewalt, Substanzverluste durch Betriebsstilllegungen oder Umstrukturierungen, Insolvenzen wichtiger Abnehmer und das eigene Insolvenzrisiko abdecken, weil das <u>normale Risiko</u>, das am Stichtag schon in der Wurzel angelegt und vorhersehbar ist, bei den Überschüssen/Zukunftsprognose berücksichtigt wird."[9]

---

1 *Bettis, R. A.*, Academy of Management Review, 1983, S. 408.
2 Siehe auch Gliederungspunkt 13.4.
3 OLG Düsseldorf v. 14. 4. 2000 – 19 W 6/98 AktE, AG, 2001, S. 192; OLG Hamburg v. 3. 8. 2000 – 11 W 36/95, AG, 2001, S. 480.
4 LG Bremen v. 18. 2. 2002 – 13 O 458/96, AG, 2003, S. 214.
5 OLG Düsseldorf v. 27. 2. 2004 – 19 W 3/00 AktE, AG, 2004, S. 324; OLG Düsseldorf v. 31. 1. 2003 – 19 W 9/00 AktE, AG, 2003, S. 333.
6 OLG Stuttgart v. 4. 2. 2000 – 4 W 15/98, Datev, DokNr. 0163454, S. 5.
7 LG Frankfurt v. 22. 6. 2005 – 3/8 O 171/02, AG, 2005, S. 933.
8 OLG Düsseldorf v. 31. 1. 2003 – 19 W 9/00 AktE, AG, 2003, S. 333.
9 LG Frankfurt v. 22. 6. 2005 – 3/8 O 171/02, AG, 2005, S. 933.

Dass die Bestimmung des allgemeinen Risikos Schwierigkeit bereitet wird akzeptiert, der Zuschlag dafür müsse dann eben nach § 287 Abs. 2 ZPO geschätzt werden.[1] Im gleichen Tenor wird argumentiert, dass sich das generelle Risiko planerisch nicht berücksichtigen lasse, wobei in diesem Fall Abhilfe durch die Verwendung des CAPM geschaffen wurde und damit die Berücksichtigung im berechneten Risikozuschlag erfolgte. Allerdings wird dann auch eingeräumt, dass eine Abgrenzung von allgemeinen Risiken, die im Risikozuschlag zu berücksichtigen sind und unternehmensspezifischen Risiken, die bei der Prognose finanzieller Überschüsse zu berücksichtigen sind, nicht möglich ist. Deshalb urteilt das BayObLG am 11. 9. 2001:

> „Der Risikozuschlag soll abstellen auf die allgemeinen Risiken des Unternehmens. Eine eindeutige Abgrenzung zwischen diesen allgemeinen und unternehmensspezifischen Risiken, die bereits im zu erwartenden finanziellen Überschuss Berücksichtigung finden, ist nicht möglich."[2]

Dass diese Erkenntnis nicht durchgängig vorausgesetzt werden kann, zeigt eine Entscheidung des OLG Düsseldorf vom 27. 2. 2004.

> „Übereinstimmung besteht in Rechtsprechung und Schrifttum dahingehend, dass im Risikozuschlag nur außergewöhnliche Ereignisse berücksichtigt werden können, da die spezifischen Unternehmensrisiken ebenso wie die entsprechenden Chancen bereits bei der Ermittlung des Unternehmensertrages zu berücksichtigen sind. Zu solchen Ereignissen zählen z. B. Betriebsstörungen durch höhere Gewalt, Substanzverluste durch Betriebsstilllegungen, Aufwendungen für Umstrukturierungsmaßnahmen, Insolvenzen wichtiger Abnehmer, Belegschaftsveränderungen und das stets vorhandene Insolvenzrisiko."[3]

Vermittelnd tritt die Position des OLG Stuttgart auf, indem es die Verfahrensweise eines entweder verwendeten Risikozuschlages oder den andernfalls durchzuführenden Risikoabschlag als Entscheidungsbefugnis des Gutachters identifiziert.[4] In der Beurteilung der Technik der Risikoberücksichtigung urteilt das BayObLG identisch indem es ausführt, das Unternehmensrisiko sei ausschließlich im Risikozuschlag des Kalkulationszinssatzes zu berücksichtigen. Dabei soll der Risikozuschlag sowohl das operative Risiko aus der betrieblichen Tätigkeit wie auch das vom Verschuldungsgrad abhängige Finanzierungsrisiko enthalten.[5] Diese Sichtweise entspricht der aktuellen betriebswirtschaftlichen Position.

Die Gefahr, einer vermeintlichen Berücksichtigung des Risikos durch einen Abschlag bei den Prognoseergebnissen wird an einer Entscheidung des OLG Stuttgart vom 1. 10. 2003 deutlich.

> „Dabei werden die zu erwartenden Erträge auf der Grundlage von drei möglichen Umweltkonstellationen (ungünstige, günstige und normale Entwicklung), nach deren Eintrittswahrscheinlichkeit und dem daraus resultierenden gewichteten Gesamtergebnis, ermittelt. Das Unternehmensrisiko ist daher bereits im Rahmen dieser Berechnung berücksichtigt, ein Risikozuschlag zum Basiszinssatz ist nicht mehr erforderlich."[6]

Die beschriebene Vorgehensweise ist dann richtig, wenn im Sinne eines Entweder – Oder Risikoabschläge in der Weise von den Prognosewerten vorgenommen werden, dass nach dem Abschlag Sicherheitsäquivalente resultieren. Die Konsequenz der Umsetzung dieses Gedankens darf bezweifelt werden. Dazu gibt der zuletzt angeführte Fall Anlass. Nach den Ausführungen bestand die vermeintliche Risikoberücksichtigung nur darin, den Erwartungswert zu ermitteln.

---

[1] BayObLG v. 11. 7. 2001 – 3 Z BR 172/99, AG, 2002; S. 388, Datev, DokNr. 0169141, S. 4.
[2] BayObLG v. 1. 9. 2001 – 3Z BR 101/99, AG, 2002, S. 394.
[3] OLG Düsseldorf v. 27. 2. 2004 – 19 W 3/00 AktE, AG, 2004, S. 329.
[4] OLG Stuttgart v. 4. 2. 2000 – 4 W 15/98, Datev, DokNr. 0163454.
[5] BayObLG v. 28. 10. 2005 – 3Z BR 071/00, AG, 2006, S. 44.
[6] OLG Stuttgart v. 1. 10. 2003 – 4-W-34/93, AG, 2004, S. 43, Datev, DokNr. 015351, S. 6.

10. Der Kalkulationszinssatz

Dieser lässt aber erst dann eine Schätzung des in ihm innewohnenden Risikos zu, wenn er mit der Zusatzinformation der Varianz bzw. der Standardabweichung ausgestattet ist. Eine gleichwahrscheinliche Ergebnisprognose 40 oder 60 ergibt eben den identischen Erwartungswert 50, wie die gleichwahrscheinliche Ertragsprognose 1 oder 99. Tatsächlich ist das Risiko im Fall 2 offensichtlich höher. Würde man einer Person die Entscheidung überlassen, welches Wertepaar sie wählen dürfte, dann würde die Wahl eindeutig auf das 40/60-Wertepaar fallen. Aber auch dieses Chancen-Risiko-Paket würde niemand für 50 erwerben. Die überwiegende Zahl hypothetischer Bieter würde einen Wert unter 50 bieten. Der Grund dafür ist, dass die überwiegende Zahl der Bieter empirisch bewiesen risikoavers ist. D. h. aber, dass die Ermittlung des Erwartungswertes selbst noch keine Risikotherapie darstellt. Erst ein Abschlag vom Erwartungswert berücksichtigt das Risiko. Das ist aber gleichbedeutend mit der Verfahrensweise, einen Erwartungswert mit einem risikoadjustierten Kalkulationszinssatz zu diskontieren. Die Entscheidung des BayObLG vom 11. 9. 2001 macht das noch einmal deutlich.

> „Ein solcher Zuschlag ist bei der Festlegung des Kapitalisierungszinssatzes anzusetzen, wenn nicht schon ein entsprechender Abschlag bei den prognostizierten Erträgen gemacht worden ist."[1]

Die beschriebene Problematik der Wahl zwischen Risikozuschlag oder Risikoabschlag sollte sich absehbar durch die zunehmende Akzeptanz des CAPM (Capital Asset Pricing Model) auflösen. Tatsächlich wird die problematisierte Mechanik der Risikoberücksichtigung aber auch bereits im Zusammenhang mit dem CAPM beschrieben.[2] Diesem wird, bei aller Unvollkommenheit, ein in sich logischer Ermittlungsweg und damit Vorhersehbarkeit attestiert. Das CAPM habe damit schon deswegen für Aktionäre und Unternehmen einen Wert an sich und löse das Problem der intersubjektiv nicht prüfbaren, gegriffenen Sachverständigenrisikoeinschätzung.

> „Der Berechnung des Risikozuschlags nach dem sog. CAPM (Capital Asset Pricing Model) ist gegenüber der Sachverständigenrisikoeinschätzung der Vorzug zu geben."[3]

Diese Sichtweise wird allerdings nicht durchgängig vertreten. Mit Verweis auf die auch bei Anwendung des CAPM noch hohe subjektive Wertungsmöglichkeit des Gutachters, werden das CAPM und der gegriffene Risikozuschlag auf einer einheitlichen qualitativen Ebene ausgemacht – das soll zumindest für Europa gelten.

> „Diese Überlegungen führen ferner dazu, dass auch die Anwendbarkeit des CAPM für die Ermittlung der Risikoprämie bei der Berechnung des Kapitalisierungszinssatzes nicht gefordert werden kann. Hinzu kommt, dass das CAPM – jedenfalls in Europa – der Risikozuschlagsmethode nicht überlegen ist. Die Risikozuschlagsmethode unterliegt unbestreitbar in hohem Maße subjektiver Beurteilung. Dem Senat ist bewusst, dass eine Festlegung eher pauschal erfolgen muss. Aber auch die Ermittlung der Risikoprämie mittels CAPM ist in erheblichem Maße mit Ermessensspielräumen behaftet. Es braucht hier nicht entschieden zu werden, ob die Beurteilung des CAPM als „Pseudo -Rechtfertigung" für einen Risikozuschlag mangels anderer überzeugender Ansätze zutrifft. Jedenfalls sind die aus dem CAPM abgeleiteten Werte nicht Produkte exakter mathematischer Berechnungen, sondern nur modelltheoretische Marktwerte."[4]

Grundsätzlich bestehe von Rechts wegen ohnehin keine Verpflichtung bei der Bestimmung von Risikozuschlägen auf das CAPM zu wechseln, da die höchstrichterliche Rechtsprechung auch in der Vergangenheit in der Lage war, angemessene Abfindungen festzusetzen.[5]

---

[1] BayObLG v. 11. 9. 2001 – 3Z BR 101/99, AG, 2002, S. 393.
[2] LG Frankfurt v. 22. 6. 2005 – 3/8 O 171/02, AG, 2005, S. 933.
[3] LG München I v. 5. 2. 2002 – 5 HKO 1080/96, AG, 2002, S. 563.
[4] BayObLG v. 28. 10. 2005 – 3Z BR 071/00, DB, 2006, S. 40.
[5] OLG München v. 17. 7. 2007 – 31 Wx 060/06, AG, 2008, S. 30.

Diese Grundsatzkritik wird gefolgt von einer differenzierten Kritik, die am Ermittlungsweg der Berechnungskomponenten, und hier dem Beta-Faktor, ansetzt. So wird im Zusammenhang mit dem Squeeze-out darauf hingewiesen, dass der Beta-Faktor weder über historische Daten noch über Peer Groups ermittelt werden kann. Nach § 327b Abs. 1 Satz 1 AktG seien (nur)

► die Verhältnisse der Gesellschaft
► zum Zeitpunkt der Beschlussfassung

bewertungsrelevant. Durch die Voraussetzung zur Anwendung des Squeeze-out ist aber in zeitlicher Nähe zum Stichtag keine aussagekräftige Volatilität der Aktien mehr gegeben.

> „Der Gesetzgeber hat hier ausdrücklich für die Bemessung der Abfindung hauptsächlich auf die Verhältnisse der Gesellschaft zum Zeitpunkt der Beschlussfassung abgestellt. <u>Auf historische Betas oder solchen anderer Gesellschaften kann es daher hier nicht entscheidend ankommen. Ein eigenes Beta der Gesellschaft lässt sich aber in Bezug zum gesetzlich vorgegebenen Stichtag (durch einen bestimmten Zeitraum bis zum Hauptversammlungstermin) nicht mit der durch das CAPM-Modell vorgegebenen Prämissen ermitteln.</u> Jedenfalls zum Zeitpunkt der Hauptversammlung der Gesellschaft und in einem nicht unerheblichen Zeitraum zuvor muss der Hauptaktionär aufgrund der Bestimmung der §§ 327a ff. AktG bereits mindestens 95 % der Aktienanteile gehalten haben. Daraus folgt aber, dass die zur Ermittlung des Beta-Faktors nach der CAPM-Methode erforderliche Volatilität der Aktie in Nähe des Stichtags keine Aussagekraft haben kann."[1]

Dieses Problem wird auch von der wirtschaftswissenschaftlichen Literatur aufgegriffen.[2] Für diesen Fall muss der Beta-Faktor somit anhand anderer Kriterien ermittelt werden.

> „Wenn ein zu bewertendes Unternehmen nicht börsennotiert ist oder der Handel mit den Aktien so gering ist, dass die insoweit abgebildete Volatilität nicht aussagekräftig ist, muss der Beta-Faktor anhand anderer Kriterien ermittelt werden."[3]

Hier bietet sich die Berechnung von Fundamental-Betas an, falls auf Peer Group-Betas nicht zurückgegriffen werden kann oder darf.[4] Ob das moderne Tax-CAPM dem bisherigen CAPM letztlich überlegen ist, wird erst in ersten Ansätzen thematisiert.[5]

Eine weitere Kritik setzt an der Ermittlung und Überprüfbarkeit der Peer Group an. Die zur Bildung der Peer Group benötigten Daten würden von gewerblichen Informationsdiensten bereitgestellt, weswegen der Glaubhaftigkeit zweifelhaft sei.

> „Nimmt man die in den oben zitierten Entscheidungen weiter aufgeführten Defizite des Kapitalkostenmodells, wie mangelnde Praktikabilität, Unschärfen in den verschiedenen Berechnungsweisen mit erheblich differierenden Ergebnissen und mangelnde gerichtliche Überprüfbarkeit <u>(die Aussagen zu den sog. „Peer Groups" stellen sich z. B. bei näherem Hinsehen als gerichtlich nicht überprüfbare, von gewerblichen Informationsdiensten gewonnene "Tatsachen vom Hörensagen" dar, deren Verität zweifelhaft ist)</u> hinzu, so ist schwerlich ein überzeugender Grund erkennbar, das CAPM-Modell anderen Verfahren zur Bemessung des Risikozuschlags vorzuziehen."[6]

---

[1] LG Frankfurt a. M. v. 21. 3. 2006 – 3-5 O 153/04, AG, 2007, S. 46.
[2] *Ehrhardt/Nowak*, Viel Lärm um Nichts? – Zur Irrelevanz der Risikoprämie für die Unternehmensbewertung im Rahmen von Squeeze-outs, Fair Valuations, Sonderheft AG, 20. November 2005.
[3] LG Frankfurt a. M. v. 22. 6. 2005 – 3/8 O 171/02, AG, 2005, S. 933.
[4] *Freygang, W.*, Kapitalallokation in diversifizierten Unternehmen: Ermittlung divisionaler Eigenkapitalkosten, 1993, S. 245 ff.
[5] OLG Stuttgart v. 16. 2. 2007 – 20 W 6/06, AG, 2007, S. 217.
[6] LG Dortmund v. 19. 3. 2007 – 18 AktE 5/03, AG, 2007, S. 795.

Abgesehen davon sei bereits der Denkansatz des CAPM zweifelhaft.[1] Hierzu wird angeführt, dass sich aus der Gegenüberstellung vergangener Aktien- und Anleiherenditen im Durchschnitt ein Renditeplus der Aktien ableiten lässt, sich also in der Realität nur Chancen verwirklicht hätten.

> „Was sich aus Sicht des Unternehmens als Kapitalkosten darstellt, ist aus Sicht der Anleger die Rendite, oft als „Marktrisikoprämie" bezeichnet. Wird Rendite erzielt, haben sich auf der einen Seite Chancen verwirklicht und sind andererseits – aus Sicht des Unternehmens – Kapitalkosten entstanden. Beinahe alle in diesem Zusammenhang angestellten Marktuntersuchungen kommen (wenn auch je nach Kalkül, gegriffenen Zeiträumen und Märkten in unterschiedlicher Höhe) zu dem Ergebnis, dass Anlagen in Aktien in der Vergangenheit deutliche Mehr- oder Überrenditen erzeugt haben. Das würde bedeuten, dass sich bisher langfristig und im Durchschnitt nicht die aktienimmanenten Risiken, sondern im Gegenteil die Chancen des Anlegers verwirklicht haben. Tragfähige Begründungen, warum sich der in der Vergangenheit beobachtete Erfolg der Aktienanlage gegenüber anderen Anlageformen zukünftig allgemein oder für die betroffene Sparte in das genaue Gegenteil zu verkehren drohen sollte, liefert das Kapitalkostenmodell nicht. Denn den Grad der Riskanz einer Anlage reziprok aus dem Umfang der in der Vergangenheit beobachteten Verwirklichung von Chancen abzuleiten, ist logisch in sich nicht stimmig. Ein unmittelbarer Zusammenhang zwischen der Höhe der erzielten Überrendite und der Höhe des Risikos besteht nicht."[2]

Bei dieser Beweisführung wird allerdings übersehen, dass ebenso nachweisbar, Anleger in Aktienanlagen in der Vergangenheit große Verluste realisiert haben bzw. den Totalverlust der Investition hinnehmen mussten. Dieser Aspekt des Risikos wird in der Argumentationskette des Gerichts ausgeblendet bzw. mit der Insolvenz der Gesellschaft gleichgesetzt. Für die Insolvenzwahrscheinlichkeit stellt das Gericht eigene Schätzungen an.

> „Untersuchungen darüber, in welchem Umfang in der Vergangenheit insolvenzbedingte Totalverluste von in Aktien angelegtem Kapital im Verhältnis zum gesamten solchermaßen angelegten Kapital stattgefunden haben, existieren nicht, sind jedenfalls der Kammer nicht bekannt. <u>Die Kammer schätzt die Quote auf unter 0,5 %.</u>"[3]

Zeitreihen zeigen eben nur den langfristigen Durchschnitt der Performance an. Der Blick auf das Renditedreieck des DAI legt dagegen die Höhen und Tiefen der zeitpunktbezogenen Performance offen.[4]

Bei aller Kritik der Rechtsprechung am CAPM, mag sie nun berechtigt oder unberechtigt sein, werden aber auch die Vorteile des CAPM im Vergleich zu den sonstigen Möglichkeiten zur Bemessung des Risikozuschlags gewürdigt.

> „Der Senat vermag trotz der aufgezeigten Kritikpunkte allerdings <u>keinen sachlich begründeten Vorteil der ansonsten alleine im Schätzermessen des Bewerters</u> liegenden Bestimmung des Risikozuschlags ggü. der Anwendung des CAPM zu erkennen."[5]

> „Dazu wird im Ausgangspunkt die Differenz zwischen der Rendite eines Marktportfolios und einer Staatsanleihe als Marktrisikoprämie zugrunde gelegt. Diese Prämie wird in einem zweiten Schritt durch eine spezielle Betrachtung des Risikos des zu bewertenden Unternehmens (Beta-Faktor = Verhältnis der Volatilität der Renditen des zu bewertenden Unternehmens und des Marktportfolios) modifiziert. <u>Diese Vorgehensweise ist – unabhängig von den mit einer Prognose stets verbundenen Unsicherheiten und</u>

---

1 LG Dortmund v. 19. 3. 2007 – 18 AktE 5/03, AG, 2007, S. 794.
2 LG Dortmund v. 19. 3. 2007 – 18 AktE 5/03, AG, 2007, S. 795.
3 LG Dortmund v. 19. 3. 2007 – 18 AktE 5/03, AG, 2007, S. 795.
4 http://www.dai.de/internet/dai/dai-2-0.nsf/dai_suche.htm.
5 OLG Karlsruhe v. 16. 7. 2008 – 12 W 16/02, AG, 2009, S. 51.

10.2 Der Risikozuschlag

> Risiken – jedenfalls methodisch transparenter, sodass sie vom LG zu Recht der weiteren Betrachtung zugrunde gelegt werden konnte."[1]

> „Auch wenn den diesem Kapitalmarktpreisbildungsmodell skeptisch gegenüberstehenden Antragstellern einzuräumen ist, dass dessen theoretischen Annahmen in der Wirklichkeit nur unvollkommen abgebildet sind, erscheint eine solche – der rationalen Nachprüfung und Diskussion zugängliche – Berechnung vorzugswürdig gegenüber einer individuellen Schätzung, mag sie noch so fachkundig sein. Zudem sind die Ausgangswerte (Marktprämie und Beta-Faktor) eher für informierte Aktionäre nachvollziehbar. Damit werden Unternehmensbewertungen untereinander besser vergleichbar und gestatten somit eine gewisse Standardisierung von Unternehmensbewertungen im Spruchverfahren; Dies stellt wegen der damit verbundenen Vorhersehbarkeit für die beteiligten Unternehmen und Aktionäre schon als solches einen Wert dar."[2]

Soweit sich in nationalen Indizes keine Peer Group-Unternehmen identifizieren lassen, wird die Verwendung von Daten aus internationalen Indizes von der Rechtsprechung akzeptiert.

> „Dass hierbei – weil entsprechende inländische Unternehmen nicht vorhanden sind – auf eine Gruppe internationaler Unternehmen zurückgegriffen wird, ist nicht zu beanstanden, weil zum einen die Kapital- und Aktienmärkte eng miteinander verflochten sind, was für eine Vergleichbarkeit spricht, zum anderen diese Vergleichbarkeit auch aus dem Umstand folgt, dass es sich weitgehend um Konkurrenten des zu bewertenden Unternehmens handelt."[3]

Die Verwendung des CAPM zur Bewertung nicht börsennotierter Unternehmen begegnet, abgesehen von der oben dargestellten Grundsatzkritik, keinen Bedenken.

> „Weil beide Unternehmen nicht börsennotiert sind, wurden die Werte vergleichbarer börsennotierter Unternehmen herangezogen."[4]

Hinsichtlich der Notwendigkeit, die Anwendung des durchaus komplexen CAPM und seiner Rechenschritte zu dokumentieren, lässt sich Folgendes anmerken. Das Levern des Beta-Faktors zur Erfassung des Verschuldungsgrades des Bewertungsobjektes erfordert unter Umständen eine Vielzahl von Rechenschleifen. Diese laufen bei entsprechend hinterlegten Formeln im Berechnungsmodell „automatisch" ab und weisen nur noch das Ergebnis aus. Ein Nachweis dieses Berechnungsweges im Gutachten dürfte in seinen Berechnungsschritten schwer zu dokumentieren sein. Allerdings sollen Sachverständigengutachten nur eine Plausibilitätskontrolle ermöglichen. Es muss nicht sichergestellt sein, dass anhand des Gutachtens alle Einzelheiten der Berechnung nachvollzogen werden können.

> „Das Gutachten soll ebenso wie der Verschmelzungsbericht neben den allgemein dem Aktionär zur Verfügung stehenden Erkenntnisquellen nur eine Plausibilitätskontrolle ermöglichen und nicht sicherstellen, dass alle Einzelheiten der Berechnung nachvollzogen werden können."[5]

Risikozuschläge von mehr als 2 % werden nur in Ausnahmen akzeptiert.[6] Diese Position wird nunmehr für Bewertungsstichtage vertreten, für die IDW S1 mit seiner Einführung des CAPM, noch keine Gültigkeit hatte.[7] Neuere betriebswirtschaftliche Erkenntnisse werden hier somit nicht rückwirkend angewendet.[8]

---

1 OLG Stuttgart v. 26.10.2006 – 20 W 14/05, AG, 2007, S. 133.
2 LG München I v. 25.2.2002 – 5 HKO 1080/96, AG, 2002, S. 566.
3 OLG Celle v. 19.4.2007 – 9 W 53/06, AG, 2007, S. 867.
4 OLG Stuttgart v. 28.1.2004 – 20 U 3/03, AG, 2004, S. 275.
5 OLG Düsseldorf v. 20.10.2005 – I – 19 W 11/04 AktE, AG, 2006, S. 290.
6 BayObLG v. 28.10.2005 – 3 Z BR 71/00, AG, 2006, S. 44; BGH v. 13.3.1978 – II ZR 142/76; juris, Tz. 35 (4 % als Risikozuschlag sei „zumindest vertretbar").
7 OLG München v. 17.7.2007 – 31 Wx 060/06, AG, 2008, S. 30 (2,5 %).
8 Siehe hierzu Gliederungspunkt 4.9.

10.3 Inflation und Wachstum

10.3.1 Theorie

Bewertungsrelevant sind die zukünftigen Ausschüttungen, die das Bewertungssubjekt aus dem Unternehmen erwarten kann. Vollausschüttung unterstellt, kann das Bewertungssubjekt in der Zukunft nur dann steigende Ausschüttungen erwarten, wenn das Unternehmen wächst. Unterstellt man ein prosperierendes Unternehmen, dann stellen sich bei einem jährlichen Unternehmenswachstum von 10 % die jährlichen Ausschüttungen z. B. wie folgt dar:

TAB. 67:	Unternehmenswachstum und wachsende Ausschüttungen					
Periode			1	2	3	4
Umsatz	Wachstum p. a.	10 %	1.000.000	1.100.000	1.210.000	1.331.000
Jahresüberschuss	Umsatzrendite	5 %	50.000	55.000	60.500	66.550
Ausschüttung	Vollausschüttung	100 %	50.000	55.000	60.500	66.550

Ob diese Entwicklung bei dem Unternehmensinhaber einen Glückstaumel bewirkt, ist damit aber noch nicht gesagt. Abgesehen davon, dass wir im Moment wenig über die Eintrittsgrenzen des Glücklichseins bei unserem Unternehmensinhaber wissen, würde die ergänzende Information, über eine erwartete jährliche Preissteigerung von 10 %, das Glücksgefühl bei jedem Betrachter relativieren. Der Unternehmensinhaber könnte sich dann über die Jahre nicht mehr leisten, als am Ausgangspunkt der Darstellung. Die künftige Umsatzsteigerung entpuppt sich dann als schlichte Anpassung an das allgemeine Preisniveau. Neutralisieren wir die Steigerung der Umsatzerlöse, die nur durch die Inflation ausgelöst ist (Inflationsrate 10 %), dann sieht die bereinigte, die reale Kaufkraft ausdrückende Ausschüttungsplanung des „prosperierenden" Unternehmens wie folgt aus.

TAB. 68:	Inflationsbereinigte Unternehmensentwicklung					
Periode			1	2	3	4
Umsatz	Wachstum p. a.	10 %	1.000.000	1.000.000	1.000.000	1.000.000
Jahresüberschuss	Umsatzrendite	5 %	50.000	50.000	50.000	50.000
Ausschüttung	Vollausschüttung	100 %	50.000	50.000	50.000	50.000

Damit sind wir bei der Betrachtung von Inflation und Wachstum mit einer Reihe von Fragen konfrontiert:

▶ Stellen steigende Umsatzerlöse eines Unternehmens reales oder nur nominelles Wachstum dar?
▶ Kann sich das Unternehmen aufgrund seiner Marktmacht gegen Preissteigerungen bei seinen Lieferanten wehren?
▶ Kann das Unternehmen inflationsbedingte Kostensteigerungen aufgrund seiner Machtposition an die Kunden überwälzen?
▶ Gelingt diese Überwälzung vollständig?
▶ Wie wirken sich Umsatzsteigerungen und Kostensteigerungen im inflationsbereinigten Jahresüberschuss aus?
▶ Sind Inflationsraten auch in der Alternativrendite, d. h. im Kalkulationszinssatz zu berücksichtigen?
▶ Wie wird die Inflationsrate in den Phasen der Unternehmensplanung berücksichtigt?

10.3.1.1 Nominelles oder reales Wachstum

In einer Welt ohne Inflation drückt sich Unternehmenswachstum durch real steigende Jahresüberschüsse aus. Dies kann das Ergebnis gestiegener Ausbringungsmengen oder gestiegener Verkaufspreise oder einer Kombination aus beidem sein. Die gestiegenen Verkaufspreise sind hier Ausdruck der Marktmacht oder Qualitätsführerschaft des Unternehmens. Der Unternehmenswert müsste in dieser Konstellation ceteris paribus steigen, denn die gestiegenen Einnahmen führen zu entsprechend höheren Ausschüttungen, für die sich der Gesellschafter bei konstantem Preisniveau auch mehr leisten kann.

Wären die gestiegenen Jahresüberschüsse in einer Welt mit Inflation dagegen ausschließlich auf inflationsgetriebene Preissteigerungen zurückzuführen, dann müsste das Bewertungsverfahren sicherstellen, dass der Unternehmenswert unverändert bleibt, denn steigende Ausschüttungen lassen in diesem Fall die Kaufkraft des Gesellschafters unverändert.

Wir betrachten noch einmal die geplanten Ausschüttungen, die sich zwar nominal, nicht aber hinsichtlich der Kaufkraft unterscheiden.

TAB. 69: Nominale und reale Ausschüttungsplanung				
Periode	1	2	3	4
Inflationierte Ausschüttungsplanung	50.000	55.000	60.500	66.550
Inflationsbereinigte Ausschüttungsplanung	50.000	50.000	50.000	50.000

10.3.1.2 Der Realzins als Bestandteil des Nominalzinses

Wenn unterschiedlich hohe, erwartete Ausschüttungen (einmal nominal, einmal real) zu gleichen Unternehmenswerten führen sollen, dann muss offensichtlich eine Korrektur am Kalkulationszinssatz, als „zweiter Stellschraube" der Unternehmensbewertung, erfolgen. Die notwendige Variation des Kalkulationszinssatzes liegt an der Unterscheidung zwischen nominalen und realen Kalkulationszinssätzen. Im Zusammenhang mit der Behandlung der „Anatomie" des Basiszinssatzsatzes wurde auf die Geldentwertungsprämie hingewiesen, die Teil des Basiszinssatzes ist.[1]

> „Ebenso enthält der landesübliche risikofreie Zinssatz, der bei der Ermittlung eines objektivierten Unternehmenswerts einen Bestandteil des Kapitalisierungszinssatzes darstellt, eine Geldentwertungsprämie und ist damit eine Nominalgröße."[2]

Durch diese Prämie kompensiert der Markt die Anleger für den mit einer Kapitalmarktanlage verbundenen Inflationsverlust. Die Überführung des nominalen Zinssatzes in den realen (inflationsbereinigten) Zinssatz stellt sich wie folgt dar:[3]

---

[1] IDW S1 i. d. F. 2008, Tz. 94.
[2] IDW S1 i. d. F. 2008, Tz. 94.
[3] *Drukarczyk, J.*, Unternehmensbewertung, 2003, S. 501.

> **ABB. 205:** Formel zur Berechnung des Realzinses aus dem Nominalzins und der Inflationsrate
>
> $$i_r = \frac{(1 + i)}{(1 + g)} - 1$$
>
> i_r: Realzins
> i: Nominalzins
> g: Inflationsrate

Bei einem Nominalzins von 10 % und einer Inflationsrate von 2 % resultiert damit folgender Realzins:

> **ABB. 206:** Ermittlung des Realzinses
>
> $$i_r = \frac{(1 + 0{,}10)}{(1 + 0{,}02)} - 1 = 0{,}078$$

Der Realzins kann näherungsweise auch wie folgt bestimmt werden:

> **ABB. 207:** Näherungsweise Ermittlung des Realzinses
>
> $i_r = i - g$
> $i_r = 0{,}10 - 0{,}02 = 0{,}08$

Damit stehen zwei Kategorien von Kalkulationszinssätzen zur Verfügung. Nominale Kalkulationszinssätze für Nominal-Planungen. Reale Kalkulationszinssätze für Real-Planungen. Der Basiszinssatzsatz, als in der Unternehmensbewertung üblicher Begriff für den Marktzinssatz, stellt immer einen Nominalzinssatz dar. Die Überführung in den Realzins erfolgt, wie oben dargestellt, mittels der Inflationsrate.

10.3.1.3 Wertneutralität bei Realplanung oder Nominalplanung

Der Aufbau einer Unternehmensplanung als Realplanung oder Nominalplanung darf keinen Einfluss auf den Unternehmenswert haben, da die daraus ableitbare Kaufkraft in beiden Fällen gleich ist. Dies soll anhand der folgenden Beispiele dargestellt werden. Persönliche Steuern bleiben noch ausgeklammert. Der Jahresüberschuss gelte als sicher. Zunächst die Real-Planung, diskontiert mit einem Real-Zins.

10.3 Inflation und Wachstum

TAB. 70:	Real-Planung diskontiert mit einem Real-Zinssatz							
Periode					0	1	2	3	4
Umsatz									
	real				1.000.000	**1.000.000**	**1.000.000**	**1.000.000**	**1.000.000**
			Inflation	2 %					
			Wachstum	2 %		1,020	1,040	1,061	1,082
	nominal					1.020.000	1.040.400	1.061.208	1.082.432
Jahresüberschuss									
	real		Umsatzrendite	5 %		**50.000**	**50.000**	**50.000**	**50.000**
	nominal		Umsatzrendite	5 %					
Ausschüttung									
	real		Vollausschüttung	100 %		50.000	50.000	50.000	50.000
	nominal		Vollausschüttung	100 %		0	0	0	0
Basiszins									
	real			7,8 %		46.364	42.992	39.865	36.966
			Inflation	2,0 %					
			Wachstum	2,0 %					
	nominal			10,0 %					
Unternehmenswert			real		166.186				

Nachfolgend ist zu zeigen, dass identische Grunddaten der Planung, allerdings nun nach Anpassung um die Inflationsrate, keinen abweichenden Unternehmenswert zur Folge haben dürfen.

10. Der Kalkulationszinssatz

TAB. 71: Nominal-Planung diskontiert mit einem Nominal-Zinssatz								
Periode					0	1	2	3	4
Umsatz									
	real				1.000.000	1.000.000	1.000.000	1.000.000	1.000.000
		reales Wachstum	0 %						
		Inflation	2 %						
		Wachstum	2 %			1,020	1,040	1,061	1,082
	nominal					1.020.000	1.040.400	1.061.208	1.082.432
Jahresüberschuss									
	real	Umsatzrendite	5 %						
	nominal	Umsatzrendite	5 %			51.000	52.020	53.060	54.122
Ausschüttung									
	real	Vollausschüttung	100 %			0	0	0	0
	nominal	Vollausschüttung	100 %			51.000	52.020	53.060	54.122
Basiszins									
	real		7,8 %			0	0	0	0
		Inflationsausgleich	2,0 %						
		reales Wachstum	0,0 %						
		Wachstum	2,0 %						
	nominal		10,0 %			46.364	42.992	39.865	36.966
Unternehmenswert		nominal			166.186				

Die dargestellt Wertneutralität des Bewertungsweges ist Ausdruck der im Rahmen der Äquivalenzgrundsätze aufgestellten Forderung nach Kaufkraftäquivalenz.[1]

10.3.1.4 Inflationierung oder Wachstum

In den bisherigen Ausführungen wurde Geldwertänderung oder Inflation immer auch mit Wachstum gleichgesetzt. D. h. die Berücksichtigung von Inflation führte immer zu entsprechend erhöhten Umsatzerlösen bzw. Ausschüttungen. Allerdings stellt sich die Frage, welchen Einfluss Geldwertänderungen in der Realität auf die Ergebnisse der Unternehmen haben. D. h. führt ein gestiegenes Preisniveau tatsächlich automatisch zu steigenden Ausschüttungen?

Nimmt man an, die geplanten Ausschüttungen (wiederum sicher und ohne Berücksichtigung der ESt) eines Unternehmens stellen eine ewige Rente dar, dann kann die nachfolgende Rentenformel zur Barwertermittlung verwendet werden.

---

[1] *Aders/Schröder*, Konsistente Ermittlung des Fortführungswertes bei nominellem Wachstum, S. 100, in: Richter/Timmreck (Hrsg.), Unternehmensbewertung, 2004.

10.3 Inflation und Wachstum

ABB. 208: Diskontierung einer Ewigen Rente

$$BKW_0 = \frac{A_t}{i}$$

BKW_0: Bruttokapitalwert (ohne Berücksichtigung der ESt)
A_t: Ausschüttung (vor ESt)
i: Basiszins

Die Barwertformel der ewigen Rente fasst eine unendliche geometrische Reihe von Ausschüttungen in einer Summe zusammen.[1] Unterstellt werden somit, für einen unendlichen Zeitraum, Ausschüttungen in nominal konstanter Höhe. Man kann diese Situation auch als Sonderfall eines Wachstumsmodells mit einer Wachstumsrate von w = 0 betrachten.

Nun soll Inflation berücksichtigt werden. Im Rahmen der Darstellung einer Nominalplanung drückt sich die Berücksichtigung der Inflation, wie oben dargestellt, in jährlich steigenden Umsatzerlösen bzw. Ausschüttungen aus. Steigende Ausschüttungen können bei der Anwendung einer Rentenformel (ewige Rente) rechentechnisch durch einen Wachstumsabschlag w vom Kalkulationszinssatz (bisher i) erzeugt werden. Sollen die Ausschüttungen genau um die Inflationsrate g jährlich ansteigen, dann wird der Wachstumsabschlag in Höhe der Inflationsrate gewählt w = g.

ABB. 209: Diskontierung einer wachsenden Ewigen Rente

$$BKW_0 = \frac{A_t}{i - w}$$

BKW_0: Bruttokapitalwert (ohne Berücksichtigung der ESt)
A_t: Ausschüttung (vor ESt)
i: Basiszins
w: Wachstumsrate

Dieses Wachstumsmodell wird auch als Gordon-Wachstumsmodell bezeichnet.[2] Durch den „Rechentrick" der Reduzierung des Kalkulationszinssatzes um w, werden mit der Rate w wachsende *nominale* Ausschüttungen (ab t_1) mit dem *nominalen* Kalkulationszinssatz (hier i) diskontiert. Eine Begründung dieses Wachstumsabschlags mit dem Hinweis, man würde eine Realrechnung vornehmen und müsste dementsprechend den nominalen Zinssatz um die Inflationsprämie kürzen, wäre also falsch.[3] Der Abzug von w dient nur zur Erzeugung einer (im Zähler) wachsenden Reihe von Ausschüttungen.

An dieser Stelle ist auf die Annahme hinzuweisen, die der Verwendung dieses Wachstumsmodells zugrunde liegt. Angenommen wird, dass Erhöhungen des allgemeinen Preisniveaus keinen Einfluss auf die Kaufkraft der Ausschüttungen des Unternehmens haben. Steigende Preise, die das Unternehmen gegenüber seinen Lieferanten und Dienstleistern zu begleichen hat, wer-

---

[1] *Kobelt/Schulte*, Finanzmathematik, 2006, S. 143.
[2] *Gordon*, M. J., The Investment Financing and Valuation of the Corporation, 1962.
[3] *Aders/Schröder*, Konsistente Ermittlung des Fortführungswertes bei nominellem Wachstum, S. 101, in: Richter/Timmreck (Hrsg.), Unternehmensbewertung, 2004.

den durch Preissteigerungen, die das Unternehmen gegenüber seinen Kunden durchsetzt, kompensiert, d. h. an die Kunden weitergewälzt.

Bei einer Inflationsrate von 2 %, steigen die Auszahlungen des Unternehmens um 2 %. Die Ausschüttungen des Unternehmens an den Gesellschafter steigen genau dann ebenfalls um 2 %, wenn die Umsatzeinzahlungen um 2 % steigen. In diesem Fall wird die Wirkung der Inflation auf die Kunden überwälzt. Die Kaufkraft des Gesellschafters bleibt bezogen auf den Bewertungsstichtag unverändert.[1]

Betrachten wir folgendes Beispiel unendliche und uniforme Ausschüttung ab t_1 1.020 €, KZF 10 %, Wachstumsrate w = Inflationsrate g = 2 %. Unter Anwendung der Formel für die ewige Rente ergibt sich:

ABB. 210:	Ermittlung des Bruttokapitalwerts als Ewige Rente mit Wachstum

$$BKW_0 = \frac{1.020}{0{,}10 - 0{,}02} = 12.750$$

Das so generierte Wachstum der künftigen Ausschüttungen soll durch eine Detailplanung verdeutlicht werden. Bei nominal um die Rate w = 2 % (= g) wachsenden Ausschüttungen, dargestellt über einen Planungszeitraum von 150 Jahren (um den Barwert möglichst vollständig abbilden zu können), ergibt sich folgende Zahlungsreihe:

---

[1] *Drukarczyk, J.*, Unternehmensbewertung, 2003, S. 503.

10.3 Inflation und Wachstum

ABB. 211: In Höhe der Inflationsrate wachsende Ausschüttungen für einen Zeitraum von 150 Jahren

Jahr	Ausschüttung	Jahr	Ausschüttung	Jahr	Ausschüttung	Jahr	Ausschüttung	Jahr	Ausschüttung
1	1.020,00	31	1.847,59	61	3.346,65	91	6.062,00	121	10.980,47
2	1.040,40	32	1.884,54	62	3.413,58	92	6.183,24	122	11.200,08
3	1.061,21	33	1.922,23	63	3.481,86	93	6.306,90	123	11.424,08
4	1.082,43	34	1.960,68	64	3.551,49	94	6.433,04	124	11.652,56
5	1.104,08	35	1.999,89	65	3.622,52	95	6.561,70	125	11.885,61
6	1.126,16	36	2.039,89	66	3.694,97	96	6.692,93	126	12.123,32
7	1.148,69	37	2.080,69	67	3.768,87	97	6.826,79	127	12.365,79
8	1.171,66	38	2.122,30	68	3.844,25	98	6.963,33	128	12.613,10
9	1.195,09	39	2.164,74	69	3.921,14	99	7.102,59	129	12.865,37
10	1.218,99	40	2.208,04	70	3.999,56	100	7.244,65	130	13.122,67
11	1.243,37	41	2.252,20	71	4.079,55	101	7.389,54	131	13.385,13
12	1.268,24	42	2.297,24	72	4.161,14	102	7.537,33	132	13.652,83
13	1.293,61	43	2.343,19	73	4.244,36	103	7.688,08	133	13.925,89
14	1.319,48	44	2.390,05	74	4.329,25	104	7.841,84	134	14.204,40
15	1.345,87	45	2.437,85	75	4.415,84	105	7.998,67	135	14.488,49
16	1.372,79	46	2.486,61	76	4.504,15	106	8.158,65	136	14.778,26
17	1.400,24	47	2.536,34	77	4.594,24	107	8.321,82	137	15.073,83
18	1.482,25	48	2.587,07	78	4.686,12	108	8.488,26	138	15.375,30
19	1.456,81	49	2.638,81	79	4.779,84	109	8.658,02	139	15.682,81
20	1.485,95	50	2.691,59	80	4.875,44	110	8.831,18	140	15.996,47
21	1.515,67	51	2.745,42	81	4.972,95	111	9.007,81	141	16.316,40
22	1.545,98	52	2.800,33	82	5.072,41	112	9.187,96	142	16.642,72
23	1.576,90	53	2.856,33	83	5.173,86	113	9.371,72	143	16.975,58
24	1.608,44	54	2.913,46	84	5.277,33	114	9.559,16	144	17.315,09
25	1.640,61	55	2.971,73	85	5.382,88	115	9.750,34	145	17.661,39
26	1.673,42	56	3.031,17	86	5.490,54	116	9.945,35	146	18.014,62
27	1.706,89	57	3.091,79	87	5.600,35	117	10.144,25	147	18.374,91
28	1.741,02	58	3.153,62	88	5.712,35	118	10.347,14	148	18.742,41
29	1.775,84	59	3.216,70	89	5.826,60	119	10.554,08	149	19.117,26
30	1.811,36	60	3.281,03	90	5.943,13	120	10.765,16	150	19.499,60

Die Diskontierung dieser um die Geldentwertungsrate wachsenden und damit nominalen Ausschüttungsbeträge mit dem nominalen Kalkulationszinssatz von 10 %, ergibt einen Barwert dieser Zahlungsreihe von 12.749,85 €. Der über die Formel der Ewigen Rente ermittelte Wert von 12.750 € ist damit näherungsweise auch auf diesem Rechenweg ermittelt.

Aus obiger Darstellung der Entwicklung der Ausschüttungen wird augenscheinlich, dass der Abzug einer Wachstumsrate im Rahmen der Rentenformel nicht per Automatismus angewendet werden darf, um die Inflation zu berücksichtigen und dem Äquivalenzprinzip Genüge zu tun. Vielmehr ist die Kürzung des Kalkulationszinssatzes um eine Wachstumsrate, in Höhe der Inflationsrate, eine qualitative Aussage über die Fähigkeit des Unternehmens wachsen zu können und damit die Ausschüttungen immer mit der Inflationsrate steigen zu lassen. Muss die Aussage getroffen werden, dass das Unternehmen ein derartiges Wachstum nicht oder nicht vollständig vollziehen kann, etwa wegen großer Preissensibilität auf der Kundenseite, dann muss das durch eine Wachstumsrate w < 0, w = 0 oder w < g berücksichtigt werden. Im Extremfall bedeutet dies also, das aus einem Geldentwertungs*abschlag* ein Geldentwertungs*zuschlag* wird, womit der Kalkulationszinssatz nicht sinkt, sondern wächst (i − (− w)), da die nominal entziehbaren Überschüsse im Zeitablauf sinken.[1] In diesem Fall wird zu klären sein, wann eine Liquidation die gegenüber der Fortführung des Unternehmens vorziehenswürdige Handlungsalternative ist, da das Unternehmen nicht für unendliche Zeit schrumpfen kann.[2]

Es bleibt festzuhalten, dass eine Wachstumsrate in Höhe der Inflationsrate (w = g) ein Ausnahmefall und nicht die Regel ist. Bei w < g kann demgemäß auch nicht mehr von einem Geldentwertungsabschlag oder Inflationsabschlag, sondern nur noch von einer bestimmten Wachstumsrate w gesprochen werden.[3]

10.3.1.5 Stichtag für die Bestimmung der Inflationsrate

Der Bewertungsstichtag stellt die Index-Basis (100) dar, von der aus die Entwicklung der künftigen Inflationsraten betrachtet wird.[4] Zur Untersuchung der Fähigkeit des Bewertungsobjekts, auf Preissteigerungseinflüsse zu reagieren, dient die Vergangenheitsanalyse, deren Zeitraum in der einen Richtung durch den Bewertungsstichtag begrenzt ist.

Zusätzliche Bedeutung erlangt die Thematik des Index-Stichtages, wenn die Unternehmensbewertung im Zusammenhang mit der Ermittlung des Zugewinnausgleichs zu erstellen ist. War hier ein Ehepartner bereits vor der Eheschließung am Bewertungsobjekt beteiligt, dann sind für zwei Bewertungsstichtage Unternehmenswerte für ein und dasselbe Bewertungsobjekt zu ermitteln. Ziel ist, den Zugewinn für den Zeitraum der bestehenden Ehe zu ermitteln. Beide Unternehmenswerte müssen sich dabei auf dieselbe Preisbasis beziehen. Der erste Unternehmenswert, als Teil des Anfangsvermögens, muss deshalb mit dem Index der Lebenshaltungskosten auf die Preisverhältnisse des Endvermögens, d. h. auf den Bewertungsstichtag des zweiten Unternehmenswertes umgerechnet werden.

> „Der Kaufkraftschwund der DM findet seinen besten und der Wirklichkeit am nächsten kommenden Ausdruck in dem Steigen des vom Statistischen Bundesamt errechneten Lebenshaltungsindex. Durch einen Vergleich des für die verschiedenen Zeitpunkte geltenden Lebenshaltungsindex läßt sich mit einer für die Bedürfnisse der Rechtspraxis ausreichenden Annäherung die Verteuerung und die darauf beruhende Entwertung des Geldes berechnen. Bei der hier gebotenen pauschalen Berechnung kann von dem in dem statistischen Jahrbuch für die Bundesrepublik Deutschland enthaltenen Preisindex für die Lebenshaltung in langjähriger Übersicht ausgegangen werden. Nach dem Jahrbuch 1972, 458 betrug, bemessen nach dem Durchschnitt für das Jahr 1962 mit 100 der Index für das Jahr 1958 (hier LPa −Beginn des Güterstandes): 92,7 und der für das Jahr 1968 (hier LPe −Beendigung des Güterstandes): 116,1. Wenn der als Wert des Anfangsvermögens ermittelte DM-Betrag mit dem sich aus LPe/ LPa ergebenden Quotienten multipliziert wird, ergibt sich der DM-Betrag, der zur Zeit der Beendigung des Güterstandes im Werte dem DM-Betrag entspricht, den das Anfangsvermögen zur Zeit des Beginns des Güterstandes hatte. Nach den zutreffenden Feststellungen des Berufungsgerichts hatte das Anfangsvermögen des Beklagten im Jahre 1958, dem Zeitpunkt des Beginns des Güterstandes, einen Wert von 124787,- DM. Diesem Betrage entsprach im Jahre 1968, dem Zeitpunkt der Beendigung des Güterstandes, ein Betrag von 124787 × 116,1/92,7 = 155984,- DM."[5]

---

1 *Drukarczyk, J.*, Unternehmensbewertung, 2003, S. 507.
2 *Dinstuhl, V.*, Konzernbezogene Unternehmensbewertung, 2003, S. 134.
3 *Aders, C.*, Unternehmensbewertung bei Preisinstabilität und Inflation, 1998, S. 97.
4 *Siepe, G.*, Die Bemessung des Kapitalisierungszinsfußes bei der Unternehmensbewertung in Zeiten fortschreitender Geldentwertung, DB, 1984, S. 1689.
5 BGH v. 14. 11. 1973 − IV ZR 147/72, juris, Tz. 33-35.

10.3.1.6 Nominelle oder reale Unternehmensplanung

Wie dargestellt, ist das Bewertungsziel im realen und nominalen Bewertungsgang gleichermaßen erreichbar.[1] Allerdings entscheidet sich die Bewertungspraxis überwiegend für die Nominalrechnung.

> „Zu erwartende Preissteigerungen werden bei der Unternehmensbewertung im Rahmen einer Nominalrechnung berücksichtigt. Finanzielle Überschüsse und Kapitalisierungszinssatz sind in einer Nominalrechnung einschließlich erwarteter Preissteigerungen zu veranschlagen."[2]

Für die Nominalrechnung sprechen die folgenden Argumente:[3]

1.) Die Vergangenheitsanalyse der Daten des Bewertungsobjekts zur Verprobung eines nachhaltigen Ergebnisses erfolgt auf der Basis von Nominalwerten.

2.) Unternehmensplanungen liegen, soweit sie von dem Bewertungsobjekt zur Verfügung gestellt werden, regelmäßig als Nominalplanungen vor.

3.) Steuerbelastung und zu versteuerndes Einkommen knüpfen in der Realität an Nominalwerten an, woraus sich die bekannte Scheingewinnbesteuerung ergibt.

4.) Der Marktzinssatz, in der Unternehmensbewertung als Basiszinssatz verwendet, ist ein Nominalzinssatz. In einer Nominalrechnung sind keine Analysen notwendig, in welchem Umfang die Inflationsrate zum Zwecke der Anlegerkompensation tatsächlich im Basiszinssatz enthalten ist.

5.) Preissteigerungen wirken unterschiedlich auf die einzelnen Einsatzgrößen der Leistungserbringung eines Unternehmens. Es fällt damit leichter, diese erwarteten Preissteigerungen in den einzelnen Planungsgrößen zu berücksichtigen, als den Marktzins um eine gemischte Preissteigerungsrate zu reduzieren.[4]

Im Folgenden wird von der Umsetzung einer nominalen Planung ausgegangen.

10.3.2 Praxis

10.3.2.1 Abschätzung der Wachstumsrate

Der Ansatz einer Wachstumsrate in exakt gleicher Höhe der Inflationsrate ist ein Ausnahmefall.[5] Wachstumsraten können im Idealfall Ausdruck der überragenden Marktposition des Unternehmens sein (w > g). Das „Wachstum" kann sich aber auch darin erschöpfen, dass noch nicht einmal ein Wachstum in Höhe der Inflationsrate erreicht wird (w < g). In diesem Spannungsfeld sind damit grundsätzlich vier Spielformen des Wachstums denkbar:

a) Das Unternehmen kann die allgemeine Preissteigerung nicht vollständig kompensieren. Die Ausschüttungen sinken nominal in der Zukunft gegenüber dem Niveau des Bewertungsstichtages.

---

[1] *Henselmann, K.*, Unternehmensrechnungen und Unternehmenswert, 1999, S. 131; siehe Gliederungspunkt 10.3.1.3.
[2] IDW S1 i. d. F. 2008, Tz. 94.
[3] *Mandl/Rabel*, Unternehmensbewertung, 1997, S. 209; *Aders/Schröder*, Konsistente Ermittlung des Fortführungswertes bei nominellem Wachstum, S. 100, in: Richter/Timmreck (Hrsg.), Unternehmensbewertung, 2004.
[4] *Schultze, W.*, Methoden der Unternehmensbewertung, 2003, S. 259.
[5] *Drukarczyk, J.*, Unternehmensbewertung, 2003, S. 507.

b) Das Unternehmen kann die allgemeine Preissteigerung nur insoweit kompensieren, dass die Ausschüttungen für die Zukunft nominal konstant bleiben. Die Ausschüttungen werden in der Planung damit unverändert fortgeschrieben, da die Überwälzung der Inflationsrate entnahmeneutral gelingt.[1] Das Einkommen der Unternehmensinhaber bleibt damit zwar nominal unverändert, sinkt aber real.

c) Das Unternehmen kann die allgemeine Preissteigerung inflationsneutral kompensieren. Die Ausschüttungen wachsen in der Planung mit der Inflationsrate.

d) Das Unternehmen kann im Detail- bzw. Konvergenzplanungszeitraum Überrenditen erwirtschaften, die über der Inflationsrate und über der Wachstumsrate der Volkswirtschaft liegen. Die Wachstumsrate in der Restwertphase liegt über der Inflationsrate aber unter dem risikolosen Basiszinssatzsatz.[2]

Inwiefern ein Unternehmen fähig ist, Preissteigerungen auf die Kunden zu überwälzen, ist eine Frage der Marktmacht.[3] Diese Marktmacht kann darin bestehen, Preissteigerungen der Lieferanten und Dienstleister nicht akzeptieren zu müssen bzw. akzeptierte Preissteigerungen über Steigerungen der Verkaufspreise an die Kunden weiter zu geben. Um ein Bewertungsobjekt diesbezüglich einschätzen zu können, ist eine Branchenanalyse, eine SWOT-Analyse und eine Vergangenheitsanalyse unverzichtbar.[4]

Die Vergangenheitsanalyse zeigt, wie das Unternehmen bisher auf die allgemeine Preisentwicklung reagiert hat. Die Branchenanalyse erzeugt ein Verständnis für die Funktionsweise und die zu erwartenden Trends der für das Unternehmen relevanten Branche. Technik zur Umsetzung der Branchenanalyse ist das Porter-Modell.[5] Die SWOT-Analyse beschreibt die Stärken und Schwächen des Unternehmens in Verbindung mit den Einflüssen aus der Branche. In vertretbarer Zeit werden diese Zusammenhänge vom Gutachter nur dann valide beurteilt werden können, wenn ihm sein Verhältnis zum Bewertungsobjekt den Kontakt mit den Know-how-Trägern der Bereiche Produktion, Entwicklung und Vertrieb ermöglicht. Andernfalls werden sich seine Einschätzungen im Allgemeinen verlieren. Diese „Selbstkritik" ist im Zusammenhang mit üblicherweise zu berücksichtigenden Zeit- und Kostenbudgets zu sehen.

10.3.2.2 Wachstum in der Detailplanungsphase

Über den Zeitraum der Detailplanungsphase werden Produktprogramme, absetzbare Mengen nach Absatzgebieten und die Entwicklung der Verkaufspreise, differenziert geplant.[6] Das könnte wie folgt aussehen:

---

1 *Drukarczyk, J.*, Unternehmensbewertung, 2003, S. 503.
2 Siehe Gliederungspunkt 10.3.2.3.
3 *Munkert, M. J.*, Der Kapitalisierungszinssatz in der Unternehmensbewertung, 2005, S. 357.
4 Siehe Gliederungspunkt 8.
5 *Porter, M. E.*, Wettbewerbsstrategie, 1999, S. 34.
6 *Köster, A.*, Nachhaltige Preis- und Mengendifferenzierung in der Unternehmensbewertung, Wpg 2007, S. 832.

10.3 Inflation und Wachstum

TAB. 72: Wachstumsplanung in der Detailplanungsphase

Inland			Planjahr 1	Planjahr 2	Planjahr 3
Maschine A					
	Menge	18	20	24	30
	Preisanpassung		1,05	1,05	1,05
	Preis	120.000	126.000	132.300	138.915
	Umsatz A		2.520.000	3.175.200	4.167.450
Maschine B					
	Menge	5	6	8	10
	Preisanpassung		1	1,05	1,1
	Preis	200.000	200.000	210.000	231.000
	Umsatz B		1.200.000	1.680.000	2.310.000
Ausland					
Maschine C					
	Menge	10	15	15	20
	Preisanpassung		1,04	1	1,1
	Preis	50.000	52.000	52.000	57.200
	Umsatz C		780.000	780.000	1.144.000
Umsatz			4.500.000	5.635.200	7.621.450

Die entsprechenden Daten werden in der Vertriebsabteilung des Bewertungsobjektes regelmäßig ohnehin für Zwecke der Vertriebsplanung aufbereitet. Nach einer kritischen Prüfung der Plandaten können diese für die Unternehmensbewertung verwendet werden. Diese kritische Prüfung sollte vor allem intensive Gespräche mit den für die Planung Verantwortlichen einschließen. Zu ergänzen sind die „geprüften" Planungen um einen regelmäßig nicht vorhandenen Prämissenkatalog, in dem die Voraussetzungen und Annahmen für das jeweilige Planungsszenario dokumentiert sind.

Auf der Kostenseite ist im Rahmen der Unternehmensplanung besonderes Augenmerk auf signifikante Preisentwicklungen einzelner Rohstoffe, Zulieferteile oder Dienstleistungen zu legen. So waren in jüngster Vergangenheit exemplarisch Preissteigerungen für Energie, Stahl und Kupfer zu verzeichnen. Preissteigerungen können sich auch aus Strategien der Zulieferer ergeben, die durch umfassende Integration von Funktionen in ihren Zulieferteilen und dem gleichzeitigen Setzen von Industriestandards die Handlungsfreiheit des Bewertungsobjekts einschränken können. Die Freiräume für eigene Wertschöpfung werden damit reduziert, die Abhängigkeit von der Liefer- und Preispolitik des Lieferanten erhöht.

Die Einflüsse der Preissteigerungen, unterschieden nach Umsatzerlösen und dem Bezug von Material, Dienstleistungen sowie Arbeitsleistung, sind beim Aufbau der Detailplanung wie oben dargestellt berücksichtigt. Modifikationen des Kalkulationszinssatzes sind damit für die Ausschüttungen der Detailplanungsphase nicht mehr vorzunehmen.

10. Der Kalkulationszinssatz

„Bei der Phasenmethode sind daher zunächst die in der Detailplanungsphase einzeln veranschlagten finanziellen Überschüsse mit einem – nur um persönliche Ertragsteuern gekürzten – nominalen Kapitalisierungszinssatz zu diskontieren, da ein Wachstum bereits in den finanziellen Überschüssen abzubilden ist."[1]

Für die standardisierte Risikoprämie von 4,5 % stellt sich der Kalkulationszinssatz für die Detailplanungsphase somit (unverändert) wie folgt dar:

ABB. 212: Eigenkapitalkosten (Zielrendite) nach dem Tax-CAPM mit standardisierter Marktrisikoprämie

$$r_{j,nESt} = i(1-s) + \beta_j \cdot 0{,}045$$

$r_{j,nESt}$:	Zielrendite für Unternehmen j, nach ESt
i:	risikoloser Basiszinssatz
s:	Abgeltungssteuersatz 25 %
β_j:	Beta-Faktor des Unternehmens j

Die Gelegenheit zur Planung von Überrenditen ist im Rahmen der Detail- bzw. Konvergenzplanungsphase gegeben. Überrenditen zeigen sich in einer den Kalkulationszinssatz r_{EK} (und damit die Eigenkapitalkosten) übersteigenden Eigenkapitalrendite E_r. Nur in der Phase, in der $E_r > r_{EK}$ gilt, wird Unternehmenswert über den Eigenkapitaleinsatz hinaus geschaffen.

BEISPIEL

TAB. 73: Voraussetzungen zur Schaffung von Unternehmenswert

Fall 1	Eigenkapital	1.000.000
	Eigenkapital-Rendite	10 %
	Jahresüberschuss (Ewige Rente)	100.000
	Kalkulationszinssatz (Eigenkapitalkosten)	10 %
	Unternehmenswert	100.000 / 0,1
	=	1.000.000
	Economic Value Added (EVA)	0
Fall 2	Eigenkapital	1.000.000
	Eigenkapital-Rendite	25 %
	Jahresüberschuss (Ewige Rente)	250.000
	Kalkulationszinssatz (Eigenkapitalkosten)	10 %
	Unternehmenswert	250.000 / 0,1
	=	2.500.000
	Economic Value Added (EVA)	1.500.000

---

[1] IDW S1 i. d. F. 2008, Tz. 98.

Die Phase der Überrendite ist durch einen, im Rahmen der Unternehmens- und Marktanalysen zu verifizierenden, Wettbewerbsvorteil für das Bewertungsobjekt geprägt und damit grundsätzlich zeitlich begrenzt. Überrenditen sind, zumindest nach dem neoklassischen Modell der vollständigen Konkurrenz, bildhaft gesprochen der Lockruf des Geldes, mit denen solange Konkurrenten auf den Plan gerufen werden, bis die Überrenditen bei den Wettbewerbern verschwunden sind. Nur wenige börsennotierte Unternehmen erwirtschaften länger als 10 Jahre Überrenditen.[1] Unabhängig davon liegt das Bestreben eines Unternehmens gerade darin, sich durch Forschung und Entwicklung oder cleveres Marketing von diesem Konvergenzprozess abzukoppeln.[2]

Regelmäßig schließt sich in Unternehmensplanungen an die Detailplanungsphase die Restwertphase an, die durch den Wert der Ewigen Rente dargestellt wird. In Anlehnung an die ältere Drei-Phasen-Planung des IDW kann die Unternehmensplanung aber auch in die Schritte Detailplanungsphase, Konvergenzplanungsphase und Restwertphase eingeteilt werden.[3] Durch die abnehmende Prognosegenauigkeit als Funktion des Planungshorizonts und durch die „natürliche" Grenze möglicher Überrenditen werden die Länge und damit das Ende der Detailplanungsphase begrenzt. Anders formuliert sind der Detail- bzw. gegebenenfalls der Konvergenzplanungszeitraum zumindest in der Länge festzulegen, in der das Unternehmen grundsätzlich Überrenditen erwirtschaften kann. Höhe und Dauer der Überrenditen sind jeweils für den Einzelfall zu verifizieren.

ABB. 213: Planungsphasen und Wachstumsraten

Bewertungsstichtag

t_0	t_{10}	t_{10+x}
Detailplanungsphase	Konvergenzplanungsphase	Restwertphase
Zeitraum des Wettbewerbsvorteils	kontinuierliches Einschwingen	eingeschwungener Zustand
Wachstum: w > g	Wachstum: w > g w max. g	Wachstum: max. g

→ t

Häufig wird der Zeitraum der integrierten Planung (Detail- sowie ggf. Konvergenzplanungszeitraum) aber nicht nur durch die Möglichkeit Überrenditen zu erzielen bestimmt. Reinvestitionszyklen, langfristige Kreditverträge, der Verbrauch steuerlicher Verlustvorträge oder die Fristen von Förderprogrammen steuern ihrerseits Zeiträume zum Planungsprozess bei, deren Einflüsse auf das Erreichen des eingeschwungenen Zustandes nachhaltiger Ausschüttungen zu planen ist, um daran anschließend den normalisierten Erfolg in der Restwertphase (ewige Rente!) abbilden zu können.

---

1 *Aders/Schröder*, Konsistente Ermittlung des Fortführungswertes bei nominellem Wachstum, S. 109, in: Richter/Timmreck (Hrsg.), Unternehmensbewertung, 2004.
2 *Weiler, A.*, Verbesserung der Prognosegüte bei der Unternehmensbewertung, 2005, S. 9.
3 WP-Handbuch, Band II, 1992, S. 50, Tz. 96; siehe dazu Gliederungspunkt 9.15.

10.3.2.3 Wachstum in der Restwertphase

Für die Restwertphase muss vom Gutacher eine Entscheidung zur Höhe der Wachstumsrate getroffen werden, die im Zweifel auch negativ ausfallen kann oder Null beträgt.[1] Damit bieten die Planungssegmente bis zum Eintritt in die Restwertphase Raum, um Klarheit hinsichtlich des nachhaltigen Entwicklungspfades des Bewertungsobjekts zu gewinnen. Diese Nachhaltigkeit wird als eingeschwungener Zustand bezeichnet. Der Rentenbarwert der Restwertphase stellt bei der üblichen Länge der detailliert geplanten Zeiträume einen erheblichen Anteil am Unternehmenswert dar.[2] Damit ist die Detail- und Konvergenzplanungsphase mit größter Sorgfalt aufzubereiten, da der hieraus am Ende abgeleitete nachhaltige Wert mit einigem Gewicht im Unternehmenswert seinen Niederschlag findet.[3]

Überrenditen sind nur in einem überschaubaren Zeitraum (oben wurden maximal 10 Jahre genannt) denkbar, da sich Unternehmen mit Überrenditen dem dadurch ausgelösten Wettbewerbs- und Konkurrenzdruck ausgesetzt sehen. Eine unendliche Fähigkeit, sich dem Konvergenzprozess zu entziehen ist unrealistisch und damit als Planungsannahme abzulehnen. Es stellt sich die Frage, auf welche Höhe die Wachstumsrate in der Restwertphase begrenzt ist? „Arithmetisch" wird eine Begrenzung durch die Wachstumsrate der Volkswirtschaft vorgegeben, in der das Unternehmen tätig ist.[4] Andernfalls würde sich zu einem bestimmten Zeitpunkt in der Zukunft (uns steht ja die Unendlichkeit zur Verfügung) die kuriose Situation einstellen, dass das Unternehmen eine Größe erreichen würde, die die Größe der gesamten Volkswirtschaft übersteigt.[5] Da sich langfristig der risikolose Realzins der realen Wachstumsrate der Volkswirtschaft annähert, ist das Unternehmenswachstum spätestens in der Restwertphase im Maximum durch den risikolosen Nominalzins begrenzt.[6] Bei den Überlegungen zur Begrenzung der Wachstumsrate ergeben sich somit Limitationen durch die Volkswirtschaft, in der das Unternehmen tätig ist. Für ein multinational tätiges Unternehmen ist die langfristige Wachstumsrate somit durch das Wachstum der Weltwirtschaft beschränkt.[7]

Die Entwicklung von Planungsszenarien bietet die Möglichkeit, die Wachstumsrate, etwa mit Bezug auf die Überwälzbarkeit der Inflationsrate, nach den Bestimmungsgrößen des Szenarios zu variieren. So könnte sich beispielsweise ein Best Case Szenario in einer vollständigen und inflationsneutralen Überwälzbarkeit der erwarteten Preissteigerungsrate ausdrücken. Die Höhe

---

[1] Zur Unterscheidung und Behandlung des Wachstums (organisches Wachstum, thesaurierungsbedingtes Wachstum) siehe Gliederungspunkt 9.19.4.
[2] *Koller/Goedhart/Wessels*, Valuation, 2005, S. 272; *Schüler/Lampenius*, Wachstumsannahmen in der Bewertungspraxis: eine empirische Untersuchung ihrer Implikationen, BFuP 2007 S. 233.
[3] Auf die Möglichkeit, diesen Wertanteil dadurch zu reduzieren, dass eine Konvergenz- oder Pauschalplanungsphase aufgenommen wird, wurde oben hingewiesen.
[4] *Kruschwitz, L.*, Barwerte – Gelöste, ungelöste und unlösbare Fragen der Investitionsrechnung, S. 161, in: Festschrift Loitlsberger, Wagner, H., (Hrsg.), Zum Erkenntnisstand der Betriebswirtschaftslehre am Beginn des 21. Jahrhunderts, 2003.
[5] *Damodaran, A.*, Investment Valuation, 2002, S. 306; *Kruschwitz, L.*, Barwerte – Gelöste, ungelöste und unlösbare Fragen der Investitionsrechnung, S. 161, in: Festschrift Loitlsberger, Wagner, H., (Hrsg.), Zum Erkenntnisstand der Betriebswirtschaftslehre am Beginn des 21. Jahrhunderts, 2003.
[6] *Damodaran, A.*, Investment Valuation, 2002, S. 306; Der risikolose Nominalzins setzt sich aus dem Realzins zuzüglich einer Inflationsprämie zusammen. Damit entsprechen sich langfristig nominaler Basiszinssatz und nominale Wachstumsrate der Volkswirtschaft.
[7] *Damodaran, A.*, Investment Valuation, 2002, S. 306.

der erwarteten Inflationsrate kann nach den langfristigen Zielgrößen der Europäischen Zentralbank ausgerichtet werden.[1]

Bei der Ermittlung des Kalkulationszinssatzes für die Restwertphase ist zu berücksichtigen, dass die Wachstumsrate brutto (unversteuert) abgezogen wird.

> „Erst die finanziellen Überschüsse der ferneren Phase sind mit einem um einen Wachstumsabschlag geminderten – zuvor um persönliche Ertragsteuern gekürzten – Kapitalisierungszinssatz auf den Zeitpunkt des Beginns dieser Phase zu diskontieren; ..."[2]

Der Kalkulationszinssatz für die Restwertphase und damit für die Kapitalisierung der ewigen Rente bestimmt sich damit wie folgt:

ABB. 214: Eigenkapitalkosten (Zielrendite) nach dem Tax-CAPM mit standardisierter Marktrisikoprämie und Berücksichtigung des Wachstums w

$$r_{j,nESt} = \left[i(1-s) + \beta_j \, 0{,}045 \right] - w$$

$r_{j,nESt}$:	Zielrendite für Unternehmen j, nach ESt
i:	risikoloser Basiszinssatz
s:	Abgeltungssteuersatz 25 %
β_j:	Beta-Faktor des Unternehmens j
w:	Wachstumsfaktor

Die Diskontierung des Barwertes der ewigen Rente vom Beginn der Restwertphase auf den Bewertungsstichtag t_0 erfolgt anschließend mit dem Kalkulationszinssatz vor Abzug des Wachstumsfaktors.

> „... die weitere Abzinsung auf den Bewertungsstichtag ist dann wiederum mit dem – nur um persönliche Ertragsteuern gekürzten – nominalen Kapitalisierungszinssatz vorzunehmen."[3]

Die Diskontierung der erwarteten Ausschüttungen, differenziert nach den jeweiligen Planungsphasen, stellt sich im Überblick wie folgt dar:

ABB. 215: Zielrendite bzw. Kalkulationszinssatz im Phasenmodell mit Wachstum

$$UW_0 = \underbrace{\sum_{t=1}^{T-1} D_t (1 + r_{j,nESt})^{-t}}_{\text{Detailplanungsphase} \atop \text{Konvergenzplanungsphase}} + \underbrace{\frac{D_T}{r_{j,nESt} - w} (1 + r_{j,nESt})^{-(T-1)}}_{\text{Restwertphase}}$$

Detailplanungsphase Konvergenzplanungsphase	Restwertphase
Wachstum: w > g	Wachstum: w = max. g
Planung: D_t	Planung: $r_{j,nESt} - w$

D_t:	Ausschüttung nach ESt
D_T:	Ausschüttung nach ESt, uniform und unendlich
$r_{j,nESt}$:	Zielrendite Unternehmen j, nach ESt
w:	Wachstumsrate
g:	Inflationsrate, maximale Wachstumsrate in Restwertphase

---

[1] Munkert, M. J., Der Kapitalisierungszinssatz in der Unternehmensbewertung, 2005, S. 357.
[2] IDW S1 i. d. F. 2008, Tz. 98.
[3] IDW S1 i. d. F. 2008, Tz. 98.

10. Der Kalkulationszinssatz

10.3.2.4 Thesaurierungsbedingtes und organisches Wachstum

Die Wachstumsrate w ergibt sich zum einen aus preisinduziertem Wachstum und zum anderen aus thesaurierungsbedingtem Wachstum. Die Wachstumsfaktoren wirken nicht additiv.[1] Zur Behandlung der beiden Wachstumsfaktoren im Planungs- und Bewertungsmodell siehe Gliederungspunkte 9.19.4.4 und 9.19.4.5.

10.3.3 Rechtsprechung

Die Rechtsprechung geht grundsätzlich, implizit oder explizit, von nominalen Planungen aus.

> „Der Wachstumsabschlag berücksichtigt den Umstand, dass bei der ewigen Rente Ertragsüberschüsse eingesetzt werden, ohne weitere Steigerungsraten in der Zukunft zu beachten. Dies ist aber eine verkürzte Sichtweise. Denn es darf angenommen werden, dass die Überschüsse eines Unternehmens auch in der Zukunft nominal steigen. Deshalb ist es gerechtfertigt, einen Abschlag vom Kapitalisierungszinssatz nach Steuern bei der ewigen Rente vorzunehmen, wenn die Gewinne des zu bewertenden Unternehmens in der Zukunft voraussichtlich nominal wachsen werden."[2]

Die Bedingung, der Abschlag vom Kapitalisierungszinssatz setze nominales Wachstum voraus, ist gleichbedeutend mit der Bedingung, das Unternehmen sei fähig die Inflationswirkung in welcher Höhe auch immer an die Kunden weiterzuwälzen.

> „Eine Vergleichsrechnung zwischen Geldanlage und Investition in einem Unternehmen muß die unterschiedliche Ausgangslage bei der Kapitalisierung berücksichtigen. Der Abschlag beim Kapitalisierungszins hängt davon ab, in welchem Umfang erwartet werden kann, daß die Gewinne des Unternehmens die Fähigkeit besitzen, die laufende Geldentwertung aufzufangen, so daß die Kapitalanlage in einem Unternehmen insoweit einer Geldentwertung entzogen wird. Dabei ist davon auszugehen, daß jedes Unternehmen in gewissem Umfange in der Lage ist, beispielsweise durch Überwälzung gestiegener Kosten mittels Preiserhöhungen der Geldentwertung zu begegnen. Die Aktienrenditen enthalten daher keine "Geldentwertungsprämie", während im Gegensatz dazu die Geldentwertung beim "üblichen Zins" in allerdings nicht genau bestimmbarer Höhe berücksichtigt ist. Der Geldentwertungsabschlag ist mithin umso höher anzusetzen, je mehr das Unternehmen in der Lage ist, der Geldentwertung zu entgehen."[3]

Die Möglichkeit, Inflationswirkungen an die Kunden zu belasten, wird skeptisch gesehen.

> „Außerdem ist zu berücksichtigen, dass es deutschen Unternehmen in der Vergangenheit im Durchschnitt nicht gelungen ist, inflationsbedingte Kostensteigerungen vollständig auf die Absatzpreise umzulegen, sodass die nominalen Steigerungen der Jahresüberschüsse deutscher Unternehmen durchschnittlich unter der Inflationsrate liegen. Nach den Erhebungen der Deutschen Bundesbank[4] wuchsen im Zeitraum 1971 bis Ende 2003 die Jahresüberschüsse deutscher Unternehmen durchschnittlich jährlich ca. 1,4 % p. a., bei einer durchschnittlichen Inflationsrate im Mittel von 3,1 % p. a."[5]

Im jeweiligen Einzelfall kann ein Wachstumsabschlag auch ganz entfallen,

> „Der Geldentwertungsabschlag ist umso höher anzusetzen, je mehr das Unternehmen in der Lage ist, der Geldentwertung entgegenzuwirken. Nur wenn nach den Besonderheiten des Einzelfalles abzusehen ist, dass der Unternehmer in gleichem Umfang wie der Geldtitelbesitzer durch Inflation beeinträchtigt wird, muss der Abschlag entfallen."[6]

---

[1] Wiese, J., Wachstum und Ausschüttungsannahmen im Halbeinkünfteverfahren, Wpg 2005, S. 622.
[2] LG Frankfurt v. 21. 3. 2006 – 3-5 O 153/04, AG, 2007, S. 46.
[3] OLG Düsseldorf v. 22. 1. 1999 – 19 W 5/96 AktE, AG, 1999, S. 323.
[4] Deutsche Bundesbank, Sonderveröffentlichung 1999, S. 18-20; Monatsbericht März 2000, S. 34, Monatsbericht April 2002, S. 38; Monatsbericht April 2003, S. 54, Monatsbericht Oktober 2005 S. 38.
[5] LG Frankfurt v. 21. 3 2006 – 3-5 O 153/04, AG, 2007, S. 46.
[6] OLG Karlsruhe v. 16. 7. 2008 – 12 W 16/02, AG, 2009, S. 52.

bzw. als anteiliger Inflationsabschlag Berücksichtigung finden.

> „Er bezweckt aber nicht – ... – einen Inflationsausgleich in voller Höhe sicherzustellen. So hat der Sachverständige seiner Bewertung mit Recht auch nur einen "partiellen Inflationsabschlag" zugrunde gelegt."[1]

> „Denn angesichts der hohen Konkurrenz auf dem Gebiet der Direktbanken ist es nicht gesichert, dass die Geldentwertung stets durch Erhöhungen der Vergütungen ausgeglichen werden kann. Des Weiteren wäre es methodisch unzulässig, einen Kundenzuwachs in den Jahren von 1997 bis 2002 ohne Berücksichtigung des Konkurrenzumfeldes ohne Einschränkungen in die Zukunft zu prognostizieren."[2]

Nachhaltiges Wachstum wird nach Abkehr von der Vollausschüttungshypothese nicht mehr nur aus der Fähigkeit zur Inflationsüberwälzung, sondern auch aus dem real beobachtbaren Thesaurierungsverhalten und der Anlage dieser Mittel abgeleitet.

> „Legt man nämlich zugrunde, dass das vorstehend dargelegte statistisch ermittelte Gewinnwachstum bei teilweise thesaurierten Gewinnen erzielt wurde, wobei nach der Antragsgegnerin im Allgemeinen Thesaurierungsquoten von durchschnittlich 50 % zu beobachten gewesen sein sollen wird deutlich, dass die Gewinnsteigerungen nicht unerheblich durch die Verzinsung thesaurierter Gewinne erzielt wurden. Daraus ergibt sich aber auch, dass zukünftig bei einer Unternehmensbewertung unter Abkehr von der Vollausschüttungsprämisse die angenommene freiwillige Thesaurierung der Gewinne durch ihre Wiederanlage im Unternehmen zu einer Rendite führen wird, die nach Abzug der Unternehmenssteuern mindestens dem Kalkulationszinsfuß entspricht und damit zu einem Gewinnwachstum führen wird, der seinen Niederschlag in entsprechenden Wachstumsabschlägen bei dem Zinssatz der Abzinsung finden muss. ... Es wäre daher neben dem bereits existierenden Abschlag für preis- und oder mengenbedingtes Wachstum ein Wachstumsabschlag bei der Abzinsung für die Berücksichtigung wachsender Ausschüttungen infolge der anteiligen Thesaurierung zusätzlich zu berücksichtigen."[3]

Bei der Berücksichtigung der Inflation bzw. des Wachstums, in der der Unternehmensbewertung zugrunde liegenden Planung, wird nach Planungsphasen differenziert.

> „Der Wachstumsabschlag hat die Funktion, in der Phase der ewigen Rente die zu erwartenden Veränderungen der Überschüsse abzubilden, die bei der nominalen Betrachtung im Ausgangspunkt gleichbleibend aus dem letzten Planjahr abgeleitet werden."[4]

> „Das LG hat für die Phase 11 ab dem Jahr 2005 einen Wachstumsabschlag von 2 % für angemessen erachtet. ... Der Wachstumsabschlag hat die Funktion, in der Phase der ewigen Rente die zu erwartenden Veränderungen der Überschüsse abzubilden, die bei der nominalen Betrachtung im Ausgangspunkt gleich bleibend aus dem letzten Planjahr abgeleitet werden."[5]

Der Geldentwertungsabschlag ist somit nur eine Technik, um für den Fall, dass sich das Unternehmen in der Lage sieht, Inflationstendenzen über die Preise nachhaltig weiterzugeben, dies rechentechnisch für die Planungsphase der ewigen Rente durch einen Abschlag vom Kalkulationszinssatz umzusetzen. Das Unternehmen wächst dann in Höhe der Inflationsrate. Die Verwendung eines Geldentwertungsabschlages als Wachstumsfaktor hat damit zwei Voraussetzungen zu erfüllen:

▶ die Marktmacht des Unternehmens zur Inflationsüberwälzung und

▶ die Verwendung der ewigen Rente im Rahmen der Bewertung.

---

1 OLG Düsseldorf v. 23.1.2008 – I-26 W 6/06 AktE, AG, S. 824.
2 OLG München v. 10.5.2007 – 31 Wx 119/06, AG, 2008, S. 39.
3 LG Frankfurt v. 21.3 2006 – 3-5 O 153/04, AG, 2007, S. 47.
4 LG Frankfurt a. M. v. 13.3.2009 – 3-5 O 57/06, AG, 2009, S. 755.
5 OLG Stuttgart v. 19.3.2008 – 20 W 3/06, AG, 2008, S. 515.

Die im Zusammenhang mit Risikozuschlägen bereits problematisierte Sichtweise, dass die Bildung von Erwartungswerten unter Umständen mit der Ermittlung von Sicherheitsäquivalenten verwechselt wird, zieht auch im Bereich des Inflationsabschlages ihre Kreise. So wird die Ermittlung von Ertragsbandbreiten als Begründung verwendet, den vermeintlich nicht mehr nötigen Risikozuschlag gegen den dann „systematisch" unnötigen Inflationsabschlag zu saldieren.

> „Ein Inflationsabschlag vom Basiszinssatz, wie dieser von der h. M. üblicherweise vorgenommen wird, ist vorliegend nicht erforderlich. Der Sachverständige hat dies mit überzeugenden Gründen erklärt und dargestellt, dass die zukünftig zu erwartenden Erträge von ihm auf Basis sog. Ertragsbandbreiten ermittelt wurden, sodass ein Inflations- oder Geldentwertungsabschlag, der üblicherweise dem geringeren Inflationsrisiko bei einer Investition in Unternehmenserträge gegenüber reinen Kapitalanlagen Rechnung tragen soll, aus systematischen Gründen nicht durchgeführt werden muss. Die Bewertungsmethode des Sachverständigen ist insoweit nicht angreifbar. Dieser hat vorliegend nicht nur einen Inflationsabschlag, sondern auch einen üblicherweise vorzunehmenden Risikozuschlag als Aufschlag von 1 bis 2 % zum Basiszinssatz abgelehnt. Für den hier fraglichen Zeitraum würden sich Inflationsabschlag und Risikozuschlag größenordnungsmäßig ohnehin nahezu aufheben."[1]

Diese Argumentation ist, unabhängig von der fehlerhaften Risikoberücksichtigung, schon aufgrund der nicht möglichen Saldierung von Risikozuschlag und Inflationsabschlag falsch. Der Risikozuschlag unterliegt der Einkommensteuer, der Wachstumsabschlag nicht[2]. Auch bei der korrekten Differenzierung nach einem Geldentwertungszuschlag grundsätzlich zugänglichen Planungsphasen, erfreut sich die Saldierung von Risikozuschlag und Inflationsabschlag einer nicht nachvollziehbaren Beliebtheit.

> „Der Senat hat auch keine Bedenken, mit dem Sachverständigen und i. E. auch mit dem LG im vorliegenden Fall Wachstumsabschlag und Risikozuschlag gleichzusetzen. Eine solche Vorgehensweise hat der Senat bereits früher als vertretbar gebilligt, da sich beide Werte größenordnungsmäßig aufheben können."[3]

Ist es für Gutachten dieser Bedeutung und Tragweite wirklich angebracht, dass für den Wertgenerator Nr. 1 „Ewige Rente" und seine bestimmenden Elemente Annahmen getroffen werden, deren Saldierung die angenommenen Größen zum Verschwinden bringt, eine Diskussion dazu von vornherein abschneidet und deren Einfluss auf die Wertentwicklung einer grundsätzlichen Einschätzung entzieht?

11. Verprobung des Bewertungsergebnisses

Tatsächlich gezahlte Unternehmenskaufpreise können gemäß IDW S1 i. d. F. 2008 zur Verprobung der Unternehmensbewertung herangezogen werden.

> „Tatsächlich gezahlte Preise für Unternehmen und Unternehmensanteile können – sofern Vergleichbarkeit mit dem Bewertungsobjekt und hinreichende Zeitnähe gegeben sind – zur Beurteilung der Plausibilität von Unternehmenswerten und Anteilswerten dienen, sie ersetzen aber keine Unternehmensbewertung."[4]

Die Information zu einem gezahlten Preis kann dabei aus einem zeitnahen Verkauf von Anteilen an dem zu bewertenden Unternehmen herrühren oder aber aus Preisen für Peer Group-Unternehmen abgeleitet werden.

---

1 OLG Stuttgart v. 1. 10. 2003 – 4 W 34/93, AG, 2004, S. 46.
2 *Bartels/Engler*, Das Steuerparadoxon bei Wachstum im Rahmen der Unternehmensbewertung, DB 1999, S. 918.
3 BayObLG v. 28. 10. 2005 – 3Z BR 071/00, AG, 2006, S. 44.
4 IDW S1 i. d. F. 2008, Tz. 13.

„Vereinfachte Preisfindungen (z. B. Ergebnismultiplikatoren, umsatz- oder produktmengenorientierte Multiplikatoren) können im Einzelfall Anhaltspunkte für eine Plausibilitätskontrolle der Ergebnisse der Bewertung nach dem Ertragswertverfahren bzw. nach den DCF-Verfahren bieten."[1]

Die Preise von Peer Group-Unternehmen werden über Multiples nutzbar gemacht. Allerdings ist die Entwicklung der Grunddaten, etwa der Kursentwicklung, nur schwer interpretierbar.[2] Dabei darf nicht vergessen werden, dass Preis und Wert bei rationalen Transaktionen zwangsläufig abweichen werden, denn nur wenn der Bruttokapitalwert (= Unternehmenswert) größer als die Anschaffungskosten (= Preis) ist, wird ein vorteilhaftes Geschäft abgeschlossen.[3] Unterstellt Preisinformationen des Marktes wären vergleichbar, besteht das Problem der Verprobung somit darin, den systematischen Unterschied zwischen Werten und Preisen zu überbrücken. Oder anders ausgedrückt, kann man bei der Verprobung des theoretischen Bildes eines Apfels, auf das praktische Bild einer Birne zurückgreifen?

IDW S1 i. d. F. 2008 differenziert bei dem Hinweis auf die Möglichkeit der Verprobung nicht danach, ob dieser Test für subjektive oder objektivierte Unternehmenswerte sinnvoll sein kann. Weicht der subjektive Unternehmenswert von gezahlten Transaktionspreisen ab, kann eine fehlerhafte Überbewertung oder ein mittels Marktmacht oder Geschick verhandelter niedriger Preis die Ursache sein. Die Auflösung dieses Rätsels wird nicht möglich sein. Passt man den Wert an den Preis an, kann der Preis eigentlich nicht mehr zutreffend sein, wenn man rationales und gewinnmaximierendes Investorenverhalten unterstellt (der subjektive Unternehmenswert ist der Grenzpreis). Will man objektivierte Unternehmenswerte mit Transaktionspreisen vergleichen ist fraglich, welcher Anteil echter Synergien im Preis entgolten wurde. Dieser Anteil dürfte für die Verprobung nicht herangezogen werden. Bleibt man bei der nicht von der Hand zu weisenden Auffassung, das Werte und Preise nicht das gleiche sind, steckt der Versuch einer wechselseitigen Verprobung in einem Dilemma. Man wird sich mit dem bescheidenen Nutzen begnügen müssen, dass die Unternehmenswertziffer zumindest hinsichtlich der Anzahl der Stellen zu den gezahlten Preisen vergleichbar ist.

Die Rechtsprechung verhält sich bei der Bestimmung des Abfindungswertes entsprechend. Gezahlte Kaufpreise sind für die Bestimmung des Abfindungsbetrages unmaßgeblich. Es kommt nur auf den objektivierten Unternehmenswert an.

„Entscheidend für die Findung der Unternehmenswerte können auch keine subjektbezogenen Determinanten (Mindestverkaufspreis einerseits/Höchstkaufpreis andererseits) sein. Auf die individuellen Entscheidungs-Grenzwerte von potentiellen Kaufvertragsparteien des Unternehmens (auch Abbruchpunkte genannt) kann es deshalb nicht ankommen. <u>Unmaßgeblich und allenfalls als Plausibilitäts- oder Kontrollerwägung geeignet sind deshalb sowohl die Kaufpreise, die für die Mehrheitsbeteiligung der Beteiligungen der Familien G. und R. wie auch für den im Verlaufe des Verfahrens erfolgten Weiterverkauf der Mehrheitsbeteiligung an das Konsortium T./C.-S. gezahlt worden sind. Für die Berechnung des Abfindungsbetrages ausscheidender Anteilseigner ist vielmehr ein objektivierter Unternehmenswert zu finden.</u>"[4]

„Richtig ist insoweit zunächst, dass <u>vergleichbare Transaktionen in zeitlicher Nähe zum Bewertungsstichtag zur Plausibilisierung des errechneten Ertragswerts herangezogen werden können</u>. Allerdings besteht immer die Schwierigkeit festzustellen, ob die zu bewertenden Unternehmen hinreichend ähnlich

---

[1] IDW S1 i. d. F. 2008, Tz. 143.
[2] Beispielhaft siehe die Mutmaßungen zum Kurssturz der MAN-Aktie trotz der Vorlage des „besten Jahres" der Firmengeschichte, prall gefüllter Auftragsbücher und guter Aussichten für 2008, Der Tagesspiegel, 6. 2. 2008, S. 17.
[3] *Richter, F.*, Mergers & Acquisitions, 2005, S. 141.
[4] LG Dortmund v. 19. 3. 2007 – 18 AktE 5/03, AG, 2007, S. 793.

sind. Erforderlich ist, dass die Unternehmen einem vergleichbaren Risiko unterliegen, gleiche Marktpositionen aufweisen, über entsprechende Kostenstrukturen verfügen und die Transaktionspreise in zeitlicher Nähe zum Bewertungsstichtag vereinbart wurden. Darüber hinaus ist notwendig, die Verkaufsbedingungen in ihrem Umfeld näher zu überprüfen. <u>Daran scheitert eine Bewertung auf der Grundlage von vergleichbaren Transaktionen."</u>[1]

In Bewertungsfällen des Familien- und Erbrechts soll gezahlten Kaufpreisen dagegen eine erhöhte Bedeutung zukommen.[2] Das LG Köln überträgt diesen Grundsatz auch auf aktienrechtliche Abfindungsfälle.

„Im Steuerrecht ist der gemeine Wert (Verkehrswert) von nicht an der Börse notierten Anteilen an Aktiengesellschaften aus Anteilsverkäufen vor dem Besteuerungsstichtag abzuleiten, die weniger als ein Jahr zurückliegen (§ 11 Abs. 2 Satz 2 Alt. 1 BewG). <u>Der BGH hat diesen Rechtsgedanken auf das Pflichtteilsrecht und den Zugewinnausgleich übertragen.</u> Danach darf der Tatrichter sich für die Bewertung eines kaufmännischen Unternehmens an dessen Verkaufserlös orientieren, falls es etwa ein Jahr nach dem Bewertungsstichtag veräußert worden ist und wesentliche Veränderungen des Marktes nicht ersichtlich sind. Dieser nach § 287 ZPO relevante Rechtsdanke ist allgemeingültig. Er kann auch auf die Bewertung von Unternehmen zwecks Ermittlung ihres Verkehrswertes im Anwendungsbereich der Abfindungssachverhalte nach § 1 SpruchG angewendet werden (vgl. für GmbH-Anteile: OLG Köln v. 26. 3. 1999 – 19 U 108/96, GmbHR 1999, 712 = NZG 1999, 1222 ff.) ... Fraglich ist lediglich, ob die im zeitlichen Zusammenhang zum Stichtag erzielten Marktpreise für größere Aktienpakete den Verkehrswert des gesamten Unternehmens zutreffend widerspiegeln. Denn die marktrelevanten Wertbildungsfaktoren für Anteile bzw. Anteilspakete und für Unternehmen als Einheit sind durchaus unterschiedlich. <u>Im Grundsatz kann aus dem Marktpreis für ein größeres Aktienpaket auf den Verkehrswert des Unternehmens geschlossen werden</u>, falls der Erwerb auf die Erlangung der Unternehmenskontrolle abzielt, das Aktienpaket die Kontrolle über das Unternehmen tatsächlich ermöglicht und bei der Preisfindung für das Aktienpaket der wahre Wert der Anteile, sprich der Wert des Unternehmens, zugrunde gelegt worden ist."[3]

12. Die Prüfung des Bewertungsgutachtens

IDW S1 i. d. F. 2008 definiert in den Tz. 175-179 die Bestandteile eines Bewertungsgutachtens. Der Umstand der Zukunftsbezogenheit einer Unternehmensbewertung ändert nichts an deren Überprüfbarkeit.[4] Geprüft werden die Annahmen und die daraus gezogenen Schlussfolgerungen. Annahmen wie Schlussfolgerungen müssen für einen Dritten nachvollziehbar sein. Auf dieser Grundlage entscheidet das Gericht.

„Maßgeblich sind damit – richtige Ausgangsdaten vorausgesetzt – im Wesentlichen Plausibilitäten....Maßstab für die Entscheidung über die Beschwerden ist insoweit vielmehr allein, ob die im konkreten Fall von der Beschwerdegegnerin der Berechnung des Abfindungsbetrages zugrunde gelegte Unternehmensbewertung einer Plausibilitätskontrolle standhält."[5]

Ein von den Grundlagen des IDW S1 i. d. F. 2008 abweichendes Vorgehen bei der Bewertung eines Unternehmens ist im Rahmen des § 43 WPO denkbar und zulässig, allerdings auch begründungsbedürftig. Der Prüfbericht zu dem im Bewertungsgutachten festgelegten Abfindungs-

---

1 OLG Stuttgart v. 19. 3. 2008 – 20 W 3/06, AG, 2008, S. 516.
2 HFA 2/1995, Zur Unternehmensbewertung im Familien- und Erbrecht, III. 4., S. 292; kritisch dagegen *Braunhofer, H.*, Unternehmens- und Anteilsbewertung zur Bemessung von familien- und erbrechtlichen Ausgleichsansprüchen, 1995, S. 97 f., 132 f. u. 240 f.
3 LG Köln v. 24. 7. 2009 – 82 O 10/08, AG, 2009, S. 838.
4 *Mandl/Rabel*, Unternehmensbewertung, 1997, S. 405.
5 KG v. 14. 1. 2009 – 2W 68/07, AG, 2009, S. 199.

betrag, den der gerichtlich bestellte Prüfer erstellt, ist gemäß § 321 Abs. 5 HGB zu unterzeichnen und gemäß § 48 Abs. 1 Satz 1 WPO zu siegeln.

13. Besondere Bewertungsaspekte

13.1 Unternehmensdaten nach IFRS

13.1.1 Theorie

Konzernabschlüsse haben lediglich eine Informationsfunktion für Investoren, eine Ausschüttungsbemessungsfunktion oder Steuerbemessungsfunktion kommt ihnen nicht zu. Für Geschäftsjahre, die nach dem 31.12.2004 beginnen, haben kapitalmarktorientierte Konzerne einen Konzernabschluss nach IFRS aufzustellen.[1] Nicht kapitalmarktorientierte Konzerne haben gemäß § 315a Abs. 3 HGB ein Wahlrecht zur Aufstellung des Konzernabschlusses nach IFRS. Einzelabschlüsse können gemäß § 325 Abs. 2a HGB freiwillig nach IFRS aufgestellt und veröffentlicht werden. Sie können den Einzelabschluss nach HGB aber nicht ersetzen, da dieser nach wie vor Grundlage der Bemessung von Ausschüttungen und Anknüpfungspunkt der Ermittlung des zu versteuernden Einkommens bleibt.[2]

Damit sind Abschlüsse nach IFRS für Zwecke der Unternehmensbewertung im Zusammenhang mit der Vergangenheitsanalyse irrelevant, da ihnen keine Ausschüttungsbemessungsfunktion beikommt. Eine Unternehmensplanung hat damit auf einem handelsrechtlichen Einzelabschluss als Startbilanz aufzubauen.[3] Hingewiesen sei an dieser Stelle auf die Diskussion, IFRS-Abschlüsse als Grundlage der Ausschüttungsbemessung in Betracht zu ziehen.[4] Für den Fall einer derartigen gesetzlichen Regelung hat das IDW einen liquiditätsorientierten Solvenztest bei der Vornahme von Ausschüttungen gefordert, da das Gläubigerschutzprinzip im IFRS-Abschluss nicht in dem Maße verankert ist, wie in den bisherigen HGB-Abschlüssen.[5] Diesem Vorschlag wird in der Literatur nicht einheitlich gefolgt, da ein Solvenztest einen „Systembruch" darstellen würde. Unter dem Hinweis, dass sich Abschlüsse nach IFRS nicht zur Ausschüttungsbemessung eignen, wird eine den IFRS-Abschluss ergänzende Ausschüttungsbemessungsbilanz empfohlen.[6]

13.1.2 Praxis

Der IDW S1 wird von dem Grundsatz getragen, dass sich der Unternehmenswert aus den ausschüttbaren Beträgen ableitet, die in den Verfügungsbereich des Anteilseigners gelangen und dort zu seiner freien Verfügung stehen.

---

[1] Verordnung des Europäischen Parlaments und des Rates betreffend die Anwendung internationaler Rechnungslegungsstandards; PE-CONS 3626/02; Download: http://europa.eu.int/comm/internal_market/de/company/account/news/index.htm.
[2] Beck'scher Bilanzkommentar, 2010, § 325, Tz. 57.
[3] Missverständlich insofern die neue Haltung des IDW S1 i. d. F. 2008, auch Planungen nach IFRS oder US-GAAP zu akzeptieren, IDW S1 i. d. F. 2008, Tz. 102.
[4] Presseinformation des IDW 11/04, Wirtschaftsprüfer als neutrale Gutachter, S. 2 f.
[5] Presseinformation des IDW 8/06, Vorschläge des IDW zur Neukonzeption der Kapitalerhaltung und zur Ausschüttungsbemessung, S. 5.
[6] *Ekkenga, J.*, Einzelabschlüsse nach IFRS – Ende der aktien- und GmbH-rechtlichen Kapitalerhaltung, AG, 2008, S. 397.

> „Der Wert eines Unternehmens bestimmt sich unter der Voraussetzung ausschließlich finanzieller Ziele durch den Barwert der mit dem Eigentum an dem Unternehmen verbundenen Nettozuflüsse an die Unternehmenseigner (Nettoeinnahmen als Saldo von Ausschüttungen bzw. Entnahmen, Kapitalrückzahlungen und Einlagen)."[1]
>
> „Die zur Ermittlung des Unternehmenswerts abzuzinsenden Nettoeinnahmen der Unternehmenseigner ergeben sich vorrangig aufgrund des Anspruchs der Unternehmenseigner auf Ausschüttung bzw. Entnahme der vom Unternehmen erwirtschafteten finanziellen Überschüsse abzüglich von zu erbringenden Einlagen der Eigner."[2]
>
> „Bei der Ermittlung des objektivierten Unternehmenswerts ist von der Ausschüttung derjenigen finanziellen Überschüsse auszugehen, die nach Berücksichtigung des zum Bewertungsstichtag dokumentierten Unternehmenskonzepts und rechtlicher Restriktionen (z. B. Bilanzgewinn, ausschüttbares Jahresergebnis) zur Ausschüttung zur Verfügung stehen."[3]

Insofern ist unverständlich, warum gemäß IDW S1 i. d. F. 2008 nunmehr die Ermittlung von Ausschüttungen auf der Grundlage von Unternehmensplanung gemäß IFRS oder US GAAP zulässig oder möglich sein soll.

> „Das Ertragswertverfahren ermittelt den Unternehmenswert durch Diskontierung der den Unternehmenseignern künftig zufließenden finanziellen Überschüsse, wobei diese üblicherweise aus den für die Zukunft geplanten Jahresergebnissen abgeleitet werden. Die dabei zugrunde liegende Planungsrechnung kann nach handelsrechtlichen oder nach anderen Vorschriften (z. B. IFRS, US GAAP) aufgestellt sein."[4]

Der Hinweis auf eine notwendige Überleitungsrechnung könnte hier Klarheit schaffen.

13.1.3 Rechtsprechung

In einer Anfechtungsklage gegen einen Verschmelzungsbeschluss hatten die Antragsgegnerinnen vor dem OLG Düsseldorf eingewendet, für die Zwecke der Unternehmensbewertung fehle eine Überleitungsrechnung von IFRS auf HGB, da sonst keine Aussagen zu den gesellschaftsrechtlich möglichen Ausschüttungen möglich seinen. Das Gericht hatte dazu angemerkt, das Gesetz bestimme nicht, in welcher Form eine Unternehmensbewertung zu erfolgen habe. Ausweislich des Prüfungsberichts sei aber das Ertragswertverfahren angewandt worden. Zur Anwendbarkeit der IAS/IFRS-Regeln hatte das OLG Düsseldorf am 11. 8. 2006 Folgendes angemerkt:

> „Die Anwendung der Regelungen der IAS/IFRS sind nach Auffassung des Senats aufgrund gesetzgeberischer Wertung als gleichwertig zu den Rechungslegungsvorschriften nach HGB zu beurteilen, da § 292a HGB a. F. die Anwendung der genannten Regeln als Möglichkeit eröffnete und § 315a HGB n. F. die genannten Regelungen nunmehr unter den dort genannten Voraussetzungen verbindlich vorschreibt. Insoweit können die Antragsgegnerinnen ... nicht damit gehört werden, die genannten internationalen Standards ließen keine Aussage über die Höhe der gesellschaftsrechtlichen Ausschüttungen zu. Zum einen kommen die Prüfer in ihrem Prüfbericht zu einem abweichenden Ergebnis, was belegt, dass eine Ermittlung der Ausschüttungen auch unter Anwendung der Regeln des IFRS-Rechnungslegungsystems möglich ist. ... Zum anderen sollen die IFRS-Regelungen besondere Informationsfunktionen erfüllen. ... Aus diesem Zweck folgt nach Auffassung des Senats die Eignung zur Bewertung von Informationen, die für die Entscheidung über die Verschmelzung von Bedeutung sind ..."[5]

---

1 IDW S1 i. d. F. 2008, Tz. 4.
2 IDW S1 i. d. F. 2008, Tz. 24.
3 IDW S1 i. d. F. 2008, Tz. 35.
4 IDW S1 i. d. F. 2008, Tz. 102.
5 OLG Düsseldorf v. 11. 8. 2006 – I-15 W 110/05, DB 2006, S. 2225.

Die Frage, ob die anhand der IFRS-Rechnungslegung für die Unternehmensbewertung gewonnenen Zahlen möglicherweise unzutreffend sind, sei im Spruchverfahren zu prüfen.[1] Wie auch immer die Prüfer im vorliegenden Fall Ausschüttungspotenziale ableiten konnten bleibt doch eines festzuhalten, IFRS-Daten stellen auch nach BilMoG keine Ausschüttungsgrundlage dar.[2]

13.2 Unternehmensdaten auf Basis von Konzernabschlüssen

Konzernabschlüsse dienen der Information Außenstehender.[3] Ausschüttungen knüpfen an Einzelabschlüssen an, da dem Konzernabschluss keine Ausschüttungsbemessungsfunktion zukommt.[4] Die Unternehmensbewertung knüpft nicht zwangsläufig an rechtliche Einheiten an.[5] Deshalb kann auch der Konzern Bewertungsobjekt sein. Bei der Bewertung von Konzernen bieten sich grundsätzlich zwei Verfahrenswege an.[6]

Zum einen können die Einzelabschlüsse (HGB) der Gesellschaften des Konzerns die Grundlage der Vergangenheitsanalyse darstellen. Die bereinigten Ergebnisse der Einzelgesellschaften stellen dann die Ausgangsbasis der Planung der Konzerngesellschaften einschließlich der Holding dar.[7] Die Ausschüttungen der Einzelgesellschaften an die Holding folgen dem für die Bewertung zugrunde gelegten Ausschüttungskonzept. Die Ausschüttungen der Holding stellen die bewertungsrelevanten Ausschüttungen an die Bewertungssubjekte dar.

---

1 OLG Düsseldorf v. 11. 8. 2006 – I-15 W 110/05, DB, 2006, S. 2225.
2 Neues Bilanzrecht: Milliardenentlastung für den deutschen Mittelstand beschlossen, Newsletter, Bundesministerium der Justiz, Berlin, 26. März 2009.
3 Beck'scher Bilanzkommentar, 2010, § 290, Tz. 1.
4 *Baetge/Kirsch/Thiele*, Konzernbilanzen, 2000, S. 535; WP-Handbuch, Band I, 2006, S. 1127, Tz. 3.
5 *Meichelbeck, A.*, Unternehmensbewertung im Konzern, 1997, S. 20, IDW S1 i. d. F. 2008, Tz. 19.
6 *Dinstuhl, V.*, Konzernbezogene Unternehmensbewertung, 2003, S. 155.
7 *Meichelbeck, A.*, Unternehmensbewertung im Konzern, S. 449, Tz. 39, 40, in: Peemöller (Hrsg.), Praxishandbuch der Unternehmensbewertung, 2005.

13. Besondere Bewertungsaspekte

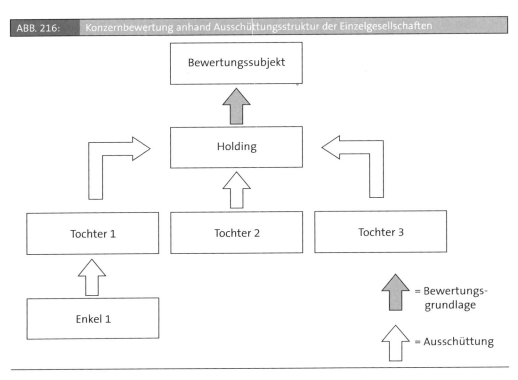

ABB. 216: Konzernbewertung anhand Ausschüttungsstruktur der Einzelgesellschaften

Zum anderen kann auf vorliegende Konzernabschlüsse zurückgegriffen werden um daraus näherungsweise ausschüttungsfähige Beträge abzuleiten. Dann sind Korrekturen bestimmter Positionen, wie etwa der Abschreibungen auf den konsolidierungsbedingten Geschäftswert, erforderlich.[1]

Im Ergebnis ist festzuhalten, dass auch Konzernabschlüsse als Ausgangspunkt einer Unternehmensbewertung Verwendung finden können, wenn die darin enthaltenen Maßnahmen der Konzernbilanzierung neutralisiert wurden.

So hat das OLG Düsseldorf am 8. 7. 2003 bei einem mehrstufigen Konzern mit 520 konsolidierten und 120 wesentlichen Beteiligungen eine Bewertung auf Grundlage der zu den Teilkonzernen als Berichtseinheiten vorgelegten und verdichteten Zahlen zugelassen („Top-down-Ansatz"). Allerdings waren dabei Einzelgesellschaften der Teilkonzerne dann einer Einzelbewertung unterzogen worden, wenn ihre Besonderheiten bei einer Bewertung im Rahmen der Teilkonzerne nicht ausreichend erfasst worden wären. Das Gericht begründete die Vorgehensweise wie folgt:

> Eine „...Einzelbewertung jeder auch nur geringsten Beteiligung machte dagegen eine sachgerechte Ermittlung der Verschmelzungswertrelation letztlich undurchführbar."[2]

---

[1] *Schmidbauer, R.*, Die Bewertung von Konzernen als Problem in der Theorie der Unternehmensbewertung, DStR 2002, S. 1544.
[2] OLG Düsseldorf v. 8. 7. 2003 – 19 W 6/00 AktE, AG, 2003, S. 690.

13.3 Bewertung von Assets oder Personengesellschaften

Als „Asset Deal" gilt der Verkauf des Betriebs oder eines Teilbetriebs durch den Rechtsträger. Unter einem „Share Deal" wird die Übertragung von Anteilen an einem Rechtsträger verstanden. Bei der Übertragung von Personengesellschaften weicht die Umsetzung eines Share Deals steuerrechtlich vom zivilrechtlichen Vorgang ab, indem das Steuerrecht den Share Deal auf Seiten des Käufers wie einen Asset Deal behandelt.[1]

Die Verwendung der Gesamtbewertungsverfahren (Ertragswertverfahren, DCF-Verfahren) ist unabhängig von der Art des zu bewertenden Rechtsträgers, sowie von dem Umstand ob Assets oder Shares zu bewerten sind. Die Bewertung von Assets stellt die Bewertung des Vermögens eines Rechtsträgers dar, die Bewertung von Shares stellt die bekannte Bewertung der Gesellschafterposition dar. Die Bewertung von Assets ergibt sich bei der Bewertung von Transaktionen, wenn aus Gründen der Risikominimierung beim Käufer oder mit dem Ziel der Schaffung von Abschreibungssubstrat beim Käufer die Übertragung des Unternehmensvermögens vereinbart wird. Diese grundsätzlich für den Verkäufer steuerlich nachteilige Konstellation kann praktikabel sein, wenn steuerliche Verlustvorträge des abgebenden Rechtsträgers nutzbar sind bzw. hohe Eigenkapitalstände zu einem überschaubaren Veräußerungsgewinn beim Rechtsträger führen.

Im Rahmen objektivierter Unternehmensbewertung kann eine Bewertung von Assets bei der Bewertung von Sacheinlagen notwendig werden. Aus steuerlicher Sicht ergibt sich der Asset Deal bei der Übertragung von Personengesellschaften. Bei der Übertragung von Assets wird es regelmäßig zur Aufdeckung stiller Reserven kommen. Diese führen dann zu einer Zuordnung der stillen Reserven auf die Vermögensgegenstände. Bei Personengesellschaften erfolgt dies über Ergänzungsbilanzen. Die Spielregeln der steuerlich wirksamen Aufstockung werden durch die Stufentheorie des BFH vorgegeben.[2] Da sich durch die veränderte Abschreibungssituation jeweils neue Bewertungsresultate ergeben, die wiederum die Aufstockung stiller Reserven verändern, ergibt sich im Rahmen der Bewertung ein Zirkularitätsproblem, dass über ein Iterationsmodell gelöst werden kann.

Da durch die im Rahmen der Unternehmensteuerreform verbesserte Anrechnung der Gewerbesteuer im Rahmen des § 35 EStG die Gewerbesteuerbelastung von Personengesellschaften fast vollständig neutralisiert, kommt der Berücksichtigung der persönlichen Ertragsteuern besondere Bedeutung zu.

> „Die Bewertung eines Einzelunternehmens oder einer Personengesellschaft erfordert stets eine Berücksichtigung persönlicher Ertragsteuern, wenn – wie im Fall des derzeitigen Steuersystems – die persönliche Einkommensteuer teilweise oder ganz an die Stelle der in der Alternativrendite bereits berücksichtigten Unternehmensteuer tritt."[3]

---

1 *Holzapfel/Pöllath*, Unternehmenskauf in Recht und Praxis, 2008, S. 179, Tz. 376; *Rödder/Hötzel/Mueller-Thuns*, Unternehmenskauf Unternehmensverkauf, 2003, § 23, S. 539, Tz. 5.
2 BFH v. 7.11.1985 – IV R 7/83, BStBl II 86, S. 176.
3 IDW S1 i.d.F. 2008, Tz. 47.

13.4 Die Bewertung kleiner oder mittlerer Unternehmen (KMU)

Als kleine oder mittlere Unternehmen gelten Unternehmen mit folgenden Größenmerkmalen:

TAB. 74:	KMU-Kriterien der EU-Kommission vom 6.5.2003, anzuwenden ab 1.1.2005				
EU-Kommission	Beschäftigte		Umsatz		Bilanzsumme
Kleinstunternehmen	< 10	und	bis 2 Mio. €	und	bis 2 Mio. €
Kleine Unternehmen	< 50	und	bis 10 Mio. €	oder	bis 10 Mio. €
Mittlere Unternehmen	< 250	und	bis 50 Mio. €	oder	bis 43 Mio. €

TAB. 75:	KMU-Kriterien gemäß § 267 HGB (Kapitalgesellschaften bzw. Personengesellschaften i. S. d. § 264a HGB)				
§ 267 HGB	Beschäftigte		Umsatz		Bilanzsumme
Kleine Unternehmen	< 50	und	bis 9,680 Mio. €	oder	bis 4,840 Mio. €
Mittlere Unternehmen	< 250	und	bis 38,50 Mio. €	oder	bis 19,25 Mio. €
Große Unternehmen	> 250	und	> 38,50 Mio. €	oder	> 19,25 Mio. €

IDW S1 i. d. F. 2008 und das WP-Handbuch sehen für Unternehmen mit KMU-Status keine besonderen Bewertungsverfahren bei der Ermittlung objektivierter Unternehmenswerte vor.

> „Grundsätzlich ist die Ermittlung von Unternehmenswerten unabhängig von Art und Größe des Unternehmens nach den allgemeinen Grundsätzen vorzunehmen."[1]

Mithin gelten die allgemeinen Ausführungen zur Bewertung von Unternehmen. Besonderheiten können sich hinsichtlich der Qualität des vorhandenen Rechnungswesens (keine geprüften Abschlüsse) und hinsichtlich der Existenz und Qualität der Unternehmensplanung ergeben. Hinsichtlich der Trennung von privatem und betrieblichem Bereich ist die Berücksichtigung eines angemessenen Unternehmerlohnes zu beachten.[2] Eine Vornahme pauschaler Unternehmenswertabschläge wegen geringer Unternehmensgröße oder, einhergehend mit KMU, mangelnder Fungibilität ist weder durch theoretische Grundlagen noch die Rechtsprechung abgedeckt und damit abzulehnen.[3]

> „Die gegenüber einer öffentlichen Anleihe geringere Fungibilität von Unternehmensanteilen und das damit verbundene Liquiditätsrisiko stellen dabei allenfalls einen Teilaspekt dar, der sich von den übrigen in die Bestimmung des Risikoschlages maßgeblich einfließenden Gesichtspunkten nicht quantitativ abgrenzen lässt. Eine Berücksichtigung der unterschiedlichen Fungibilität börsennotierter und nicht börsennotierter Anteile an Unternehmen bei der Bemessung des Risikozuschlages ist deshalb nicht geboten. Es besteht auch kein Anlass, zum Basiszinssatz einen "Fungibilitätszuschlag" zusätzlich zum Risikozuschlag hinzuzufügen, für den es keine hinreichende Grundlage gibt."[4]

Tatsächlich werden jedoch für KMU in der Regel geringer Kaufpreise realisiert, als sie nach dem „Ertragswertverfahren" ermittelt werden.[5]

---

1 IDW S1 i. d. F. 2008, Tz. 145; WP-Handbuch, Band II, 2008, S. 151, Tz. 421.
2 IDW S1 i. d. F. 2008, Tz. 154 ff.
3 WP-Handbuch, Band II, 2008, S. 155, Tz. 433; siehe auch Gliederungspunkt 13.9; *Schulz, R.*, Größenabhängige Risikoanpassungen in der Unternehmensbewertung, 2009, S. 110, 116 u. 130; *Behringer, S.*, Unternehmensbewertung der Mittel- und Kleinbetriebe, 2009, S. 199; a. A. zur Berücksichtigungsfähigkeit der Fungibilität siehe *Metz, V.*, Der Kapitalisierungszinssatz bei der Unternehmensbewertung, 2007, S. 124.
4 OLG München v. 14. 5. 2007 – 31 Wx 87/06, AG, 2007, S. 704.
5 BGH v. 8. 9. 2004 – XII ZR 194/01, FamRZ, 2005, S. 100.

13.4 Die Bewertung kleiner oder mittlerer Unternehmen (KMU)

Neuere Überlegungen versuchen die Bewertung von KMU durch eine Modifikation des CAPM und seiner Annahmen realitätsgerechter zu gestalten. Dies geschieht durch die Aufgabe der Annahme der vollständigen Diversifikation der Anteilseigner (d. h. keine Unternehmensbeteiligungen U_1 bis U_n). Insbesondere Gesellschafter von KMU binden regelmäßig den überwiegenden Teil ihres Vermögens im Unternehmen (d. h. ausschließlich Unternehmensbeteiligung U_1). Freiräume zu einer Diversifikation bestehen damit nicht. Die Annahme des CAPM zur Diversifikation ist für KMU-Bewertungen damit nicht erfüllt.

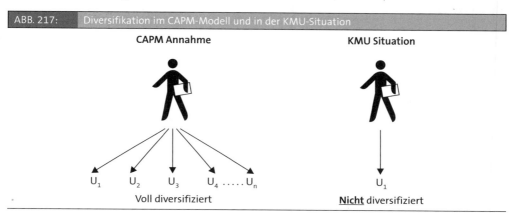

ABB. 217: Diversifikation im CAPM-Modell und in der KMU-Situation

Technisch umgesetzt wird diese Überlegung durch eine Modifikation des Beta-Faktors, bei dem der Korrelationskoeffizient eliminiert wird. Das so abgeleitete Total-Beta stellt sich wie folgt dar:[1]

ABB. 218: Eliminierung des Diversifikationseffekts aus dem Beta-Faktor

$$\beta_j = \frac{\rho_{jM} \; \sigma_j}{\sigma_M}$$

$$\frac{\beta_j}{\rho_{jM}} = \frac{\sigma_j}{\sigma_M} = \text{Total Beta } T\beta_j$$

σ_j: Gesamtrisiko eines Unternehmens j (Renditestreuung)
ρ_{jM}: Korrelation der Renditen r des Unternehmens j und des Marktportfolios M
$\sigma_j \rho_{jM}$: systematisches, nicht diversifizierbares, zu tragendes Risiko des Investors

Für den Drehmaschinenhersteller Gildemeister ergäbe sich, bei isolierter Bewertung und damit ohne Diversifikationseffekt, folgender (erhöhter) Kalkulationszinssatz (bei einer angenommenen Marktrisikoprämie nach ESt von 5,0 %, d. h. bei einem Bewertungsstichtag zwischen dem 7. 7. 2007 und dem 31. 12. 2008[2]):

---

[1] *Balz/Bordemann*, Ermittlung von Eigenkapitalkosten zur Unternehmensbewertung mittelständischer Unternehmen mithilfe des CAPM, FB 2007, S. 741; Damodaran, A., Investment Valuation, 2002, S. 668; *Berk/DeMarzo*, Corporate Finance, 2007, S. 349 ff.

[2] Zur Höhe der Marktrisikoprämien in Abhängigkeit vom Bewertungsstichtag siehe Gliederungspunkt 10.2.2.4.

Deutsche Börse
Info Operations

Daily Key Figures
MDAX®

1/31/2008

Reporting Instrument	ISIN	Volatility 250	Correlation 250	Beta 250	MDAX Vola 250
AAREAL BANK AG	DE0005408116	38,68 %	0,6375	1,0548	0,233804687
ALTANA AG O.N.	DE0007600801	61,51 %	0,2634	0,6928	0,233804687
AMB GENERALI HOLDING AG	DE0008400029	15,05 %	0,5970	0,3842	0,233804687
ARCANDOR AG O.N.	DE0006275001	36,54 %	0,6096	0,9526	0,233804687
EUROP.AERON.DEF.+SP. EADS	NL0000235190	30,04 %	0,6692	0,8597	0,233804687
FRAPORT AG FFM.AIRPORT	DE0005773303	36,46 %	0,4840	0,7547	0,233804687
FRESENIUS SE VZ O.ST O.N.	DE0005785638	30,63 %	0,4965	0,6503	0,233804687
GAGFAH S.A. NOM. EO 1,25	LU0269583422	41,75 %	0,5546	0,9903	0,233804687
GEA GROUP AG	DE0006602006	42,46 %	0,7608	1,3814	0,233804687
GILDEMEISTER AG O.N.	DE0005878003	58,61 %	0,5903	1,4795	0,233804687
HANN.RUECKVER.AG NA O.N.	DE0008402215	27,32 %	0,6781	0,7923	0,233804687
HEIDELBERG.DRUCKMA.O.N.	DE0007314007	42,04 %	0,7175	1,2902	0,233804687
HEIDELBERGCEMENT AG O.N.	DE0006047004	25,45 %	0,6459	0,7032	0,233804687

ABB. 219:	Ermittlung des Total-Beta – Gegenüberstellung Ermittlung des Kalkulationszinssatz nach CAPM und modifiziertem CAPM

$$\frac{\beta_j}{\rho_{jM}} = \frac{1,4795}{0,5903} = 2,51$$

CAPM:
$r_{j,nESt} = i(1-s) + \beta_j r_{MP} = 0,04(1-0,35) + 1,4795(0,05) = 10,00\%$

Modifiziertes CAPM:
$r_{j,nESt} = i(1-s) + T\beta_j r_{MP} = 0,04(1-0,35) + 2,51(0,05) = 15,15\%$

Die Verwendung des Total-Beta führt zu einem höheren Kalkulationszinssatz und damit c. p. zu einem niedrigeren Unternehmenswert. Für die Ermittlung objektivierter Unternehmenswerte lehnt das IDW die Verwendung dieses Modells mit dem Hinweis auf mangelnde empirische Validität allerdings ab.[1] Die Sorge, das Total-Beta-Konzept entbehre noch einer empirischen Validität, vermag mit Hinweis auf die problematische empirische Validierung des CAPM nicht zu überzeugen.[2] Allerdings gibt es triftige Argumente, dass das Total-Beta-Konzept das tatsächliche bewertungsrelevante Risiko überschätzt, da bereits geringe Diversifikationsgrade ausreichen,

---

[1] WP-Handbuch, Band II, 2008, Tz. 434.
[2] *Franke/Hax*, Finanzwirtschaft des Unternehmens und Kapitalmarkt, 2004, S. 357.

um das bewertungsrelevante Risiko zu reduzieren. Darüber hinaus zielt die Kritik auf eine Unvereinbarkeit des Total-Beta-Konzeptes mit den Grundannahmen des CAPM.[1]

13.5 Die Bewertung ungeprüfter Unternehmen

Die Entwicklung einer Unternehmensplanung als Datengrundlage der Bewertung erfordert im ersten Schritt eine Analyse der bisher vom Unternehmen erwirtschafteten Ergebnisse, die sogenannte Vergangenheitsanalyse. Diese findet unter Verwendung der letzten drei bis fünf vorliegenden festgestellten Jahresabschlüsse statt. Regelmäßig werden in die Vergangenheitsanalyse auch Jahresabschlüsse im Entwurfsstadium bzw. die laufenden Monatsreportings, etwa in Form der aus DATEV-Buchhaltungen abrufbaren Betriebswirtschaftlichen Auswertungen (BWA), mit einbezogen.

> „Grundsätzlich sind die (bereinigten) Überschüsse der Vergangenheit unter Verwendung geprüfter Jahresabschlüsse abzuleiten."[2]

Soweit das zu bewertende Unternehmen als kleines Unternehmen gemäß § 316 Abs. 1 Satz 1 HGB nicht prüfungspflichtig ist und auch nicht auf freiwilliger Basis geprüft wurde, sind wesentliche Fehler im Ansatz und der Bewertung der ausgewiesenen Jahresabschlussdaten mit vergleichsweise höherer Wahrscheinlichkeit zu erwarten, als dies bei geprüften Unternehmen der Fall wäre.

Da die Vergangenheitsdaten in Form der vorliegenden Jahresabschlüsse Grundlage einer ersten Prognose sind, besteht die Gefahr einer Hochrechnung vorliegender Fehler. Im einfachsten Fall haben derartige Fehler Einfluss auf den Ergebnisausweis des ersten Planjahres, da sie im Rahmen der Unternehmensplanung im ersten Planjahr korrigiert werden. Durch die Zeitnähe zum Bewertungsstichtag schlagen sich diese Korrekturen „eins zu eins" im Unternehmenswert nieder.

> **BEISPIEL** Im Rahmen der Bewertung werden uneinbringliche Forderungen durch Analyse der Alterungsliste in wesentlichen Größenordnungen festgestellt und im ersten Planjahr unter Berücksichtigung der Umsatzsteuerkorrektur „ausgebucht".

> **BEISPIEL** Für den Nachweis der Werthaltigkeit eines aktivierten derivativen Geschäftswertes fehlt nach eingehender Prüfung jede Grundlage. Der Firmenwert wird im ersten Planjahr abgeschrieben.

Mit der Annahme eines Bewertungsauftrags ist kein Prüfungsauftrag im Sinne einer Jahresabschlussprüfung verbunden. Allerdings trifft den mit der Bewertung Beauftragten eine faktische Prüfungspflicht.

> „Der Wirtschaftsprüfer hat die Verlässlichkeit und Vollständigkeit der Bewertungsgrundlagen zu beurteilen."[3]

Die Vollständigkeit kann über die Einholung einer berufsüblichen Vollständigkeitserklärung abgesichert werden. Die Verlässlichkeit der vorgelegten Jahresabschlüsse (im Zweifel auch geprüfter Jahresabschlüsse) und Angaben ist im Rahmen der Unternehmensbewertung sicherzustellen und zu dokumentieren.

---

1 *Schulz, R.*, Größenabhängige Risikoanpassungen in der Unternehmensbewertung, 2009, S. 62 ff.
2 IDW S1 i. d. F. 2008, Tz. 83.
3 IDW S1 i. d. F. 2008, Tz. 82.

> „Sofern die vorgelegten Jahresabschlüsse nicht geprüft sind, muss sich der Wirtschaftsprüfer von der Verlässlichkeit der wesentlichen Basisdaten überzeugen und seine hierzu getroffenen Feststellungen im Bewertungsgutachten darlegen."[1]

13.6 Die Bewertung von Beteiligungen

13.6.1 Praxis

Der Wert einer Beteiligung bzw. der Anteilswert kann auf zweierlei Weise ermittelt werden. Zum einen durch die direkte Methode, zum anderen durch die indirekte Methode. Bei der direkten Methode wird die Beteiligung unmittelbar bewertet, indem der Strom der auf die Beteiligung entfallenden Ausschüttungen diskontiert wird. Bei der indirekten Methode wird zunächst der Unternehmenswert ermittelt und anschließend der Beteiligungswert als quotaler Anteil abgeleitet. IDW S1 folgt der indirekten Methode auch für den objektivierten Unternehmenswert und Beteiligungen daran.

> „Der objektivierte Wert des Unternehmensanteils entspricht dem quotalen Wertanteil am objektivierten Gesamtwert des Unternehmens."[2]

Änderungen hin zur direkten Methode können sich jedoch aus der Berücksichtigung der Abgeltungsteuer auf Veräußerungsgewinne ergeben. Gegenwärtig wird diskutiert, realistische Annahmen zur Haltedauer des Anteils am Bewertungsobjekt wie auch an der Alternativinvestition zu berücksichtigen.[3] Soll die Veräußerung der Beteiligung am Bewertungsobjekt Teil des Bewertungskalküls werden, wird es zwangsläufig zu Abweichungen zwischen dem Beteiligungswert nach Veräußerungsgewinnbesteuerung und dem quotalen Anteil am Unternehmenswert (mit unspezifizierter Haltedauer) kommen.

13.6.2 Rechtsprechung

Die indirekte Methode stellt das anzuwendende Verfahren dar, denn das Gesetz stellt den „Wert des Gesellschaftsvermögens" (siehe § 738 Abs. 2 BGB) bzw. die „Verhältnisse der Gesellschaft" (siehe § 305 Abs. 3 Satz 2 AktG) in das Zentrum der Bemessung der Abfindung für ausscheidende Gesellschafter. Der Wert der Beteiligung wird im Abfindungsfall somit auf der Grundlage der Bewertung des Gesamtunternehmens ermittelt.[4]

> „Den Anteilswert ermittelt der Senat wie das LG, indem er den Unternehmenswert auf die Zahl aller Aktien verteilt."[5]

Einen Einschnitt in dieses System stellt die Bewertung zum Börsenkurs dar und damit die Anwendung der direkten Methode. Hier wird der Verkehrsfähigkeit der Aktie eine besondere Bedeutung eingeräumt.[6]

---

1 IDW S1 i. d. F. 2008, Tz. 83 u. 177; WP-Handbuch, Band II, 2008, S. 58, Tz. 170.
2 IDW S1 i. d. F. 2008, Tz. 13.
3 Mitteilung des IDW vom 13. 7. 2007, Auswirkungen der Unternehmensteuerreform 2008 auf die Ermittlung von objektivierten Unternehmenswerten nach IDW S1, S. 2; siehe auch Gliederungspunkte 5.9, 9.16.4.1 und 10.2.2.2.
4 Zur Kritik an der indirekten Methode siehe *Nonnenmacher, R.*, Anteilsbewertung bei Personengesellschaften, 1981, S. 33 ff.
5 OLG München v. 19. 10. 2006 – 31 Wx 092/05, AG, 2007, S. 291.
6 *Großfeld, B.*, Unternehmens- und Anteilsbewertung im Gesellschaftsrecht, 2002, S. 34.

Der Verteilungsschlüssel zur Ermittlung des Anteils- bzw. Beteiligungswertes aus dem Gesamtunternehmenswert ergibt sich bei Personengesellschaften aus dem Gewinnverteilungsschlüssel (siehe § 734 BGB, 155 Abs. 1 HGB), bei Gesellschaften mit beschränkter Haftung aus dem Geschäftsanteil (siehe § 72 GmbHG) und bei Aktiengesellschaften aus den Aktiennennbeträgen (siehe § 60 Abs. 1 AktG).

Im Rahmen der Abfindungsbemessung sind aufgrund des Gleichbehandlungsgrundsatzes keine Minderheitsabschläge oder Mehrheitszuschläge zulässig.[1] Dies gilt für alle Gesellschaftsformen.[2] Dem folgt der objektivierte Unternehmenswert. IDW S1 sieht derartige Modifikationen des Anteilswertes deshalb auch nur für den subjektiven Unternehmenswert vor.

> „Der subjektive Wert eines Unternehmensanteils beinhaltet die Einschätzung des Werts der Beteiligung an einem Unternehmen unter Berücksichtigung der individuellen persönlichen Verhältnisse und Ziele des (jeweiligen) Anteilseigners; Bewertungsparameter sind deshalb neben der Anteilsquote insbesondere der damit verbundene Einfluss des Anteilseigners auf die Unternehmenspolitik sowie erwartete Synergieeffekte."[3]

13.7 Börsenkurs und Unternehmenswert

IDW S1 behandelt den Börsenkurs unabhängig vom Bewertungsanlass und damit unabhängig davon, ob ein subjektiver oder objektivierter Unternehmenswert ermittelt wurde, zum einen im Zusammenhang mit einer notwendigen Plausibilisierung des Bewertungsergebnisses,

> „Der nach den in diesem IDW Standard dargestellten Grundsätzen ermittelte Unternehmenswert bzw. Wert von Unternehmensanteilen ist zu unterscheiden von Börsenkursen bzw. einer auf Basis von Börsenkursen ermittelten Börsenkapitalisierung (Anzahl der Aktien multipliziert mit dem Börsenkurs)."[4]

> „Sofern für Unternehmensanteile Börsenkurse zur Verfügung stehen, sind diese bei Unternehmensbewertungen zur Plausibilitätsbeurteilung des nach den Grundsätzen dieses IDW Standards ermittelten Unternehmens- oder Anteilswerts heranzuziehen. Hierbei sind besondere Einflüsse, die sich möglicherweise auf die Börsenpreisbildung ausgewirkt haben, sorgfältig zu analysieren und darzustellen (z. B. geringer Anteil börsengehandelter Anteile, besondere Marktsituationen)."

> „Sachlich nicht begründbare wesentliche Abweichungen zwischen dem ermittelten Zukunftserfolgswert und dem Börsenkurs sollten zum Anlass genommen werden, die der Bewertung zugrunde liegenden Ausgangsdaten und Prämissen kritisch zu überprüfen."[5]

zum anderen behandelt IDW S1 das Thema Börsenkurs im Zusammenhang mit einem aktienrechtlichen Abfindungsanspruch, der auf Grundlage des objektivierten Unternehmenswertes, aber mindestens in Höhe des Börsenwertes zu bemessen ist:

> „Bei einigen speziellen Unternehmensbewertungsanlässen (z. B. Abfindung und Ausgleich gemäß §§ 304, 305 AktG, § 320b AktG sowie § 327a F. AktG) ist der Verkehrswert von börsennotierten Aktien nach der höchstrichterlichen Rechtsprechung nicht ohne Rücksicht auf den Börsenkurs zu ermitteln. Grundsätzlich ist das Ertragswertverfahren auch in diesen Bewertungsanlässen höchstrichterlich anerkannt. Sofern in diesen Fällen der Ertragswert aber unter dem Börsenkurs liegt, ist der Börsenkurs als Mindestgröße heranzuziehen."[6]

---

1 *Piltz, D.*, Die Unternehmensbewertung in der Rechtsprechung, 1994, S. 236.
2 *Großfeld, B.*, Unternehmens- und Anteilsbewertung im Gesellschaftsrecht, 2002, S. 230.
3 IDW S1 i. d. F. 2008, Tz. 13.
4 IDW S1 i. d. F. 2008, Tz. 14.
5 IDW S1 i. d. F. 2008, Tz. 15.
6 IDW S1 i. d. F. 2008, Tz. 16.

13. Besondere Bewertungsaspekte

Mit der Entscheidung des Bundesverfassungsgerichts vom 27. 4. 1999[1] wurde klargestellt, dass eine Abfindung nicht unterhalb des Börsenkurses der Aktien des Bewertungsobjekts angesetzt werden darf. Eine geringere Abfindung würde der Dispositionsfreiheit des Aktionärs hinsichtlich seines Eigentums nicht hinreichend Rechnung tragen. Allerdings kommt der Börsenkurs nach diesem Urteil nur zum Tragen,

▶ wenn der Börsenkurs den Verkehrswert der Aktie widerspiegelt
▶ und wenn der Börsenkurs höher ist als der geschätzte Unternehmenswert.

IDW S1 führt dazu aus:

> „Gegebenenfalls vorgenommene Plausibilitätsbeurteilungen des Bewertungsergebnisses anhand von Börsenkursen des zu bewertenden Unternehmens sind darzustellen. In den Fällen, in denen der Börsenkurs von Unternehmensanteilen grundsätzlich als Mindestwert heranzuziehen ist, ist ausdrücklich auf den Börsenkurs und dessen Eignung einzugehen."[2]

Der Börsenwert spiegelt den Unternehmenswert dann nicht wider,

▶ wenn über einen längeren Zeitraum kein Handel mit den Aktien des Bewertungsobjekts stattgefunden hat,
▶ der Aktionär aufgrund der Marktenge nicht in der Lage ist, seine Aktien zum Börsenpreis zu veräußern, oder
▶ der Börsenpreis manipuliert worden ist.

Ein im Streubesitz befindlicher Anteil von weniger als 5 % begründet allein noch keine Marktenge. Andernfalls wäre die Börsenkurs-Rechtsprechung des BVerfG im Squeeze-out Fall nicht anwendbar.[3] Auch der BGH hatte deutlich gemacht, dass nicht schematisch auf einen Prozentsatz frei handelbarer Aktien abgestellt werden dürfe.[4] Spiegelt der Börsenwert den Unternehmenswert nicht wider, ist auch eine Abfindung unterhalb des Börsenkurses, etwa zum ermittelten objektivierten Unternehmenswert, möglich. Umgekehrt ist eine Unterschreitung des ermittelten Ertragswertes auf den niedrigeren Börsenwert nicht möglich.

Nach der Rechtsprechung des BGH vom 12. 3. 2001[5] ist der Börsenkurs als Mindestwert der Abfindung zugrunde zu legen, der unter Ausschluss außergewöhnlicher Tagesausschläge oder sich nicht verfestigender sprunghafter Entwicklungen aus dem Mittel der Börsenkurse der letzten drei Monate vor dem Bewertungsstichtag gebildet wird. Bewertungsstichtag ist bei aktienrechtlichen Strukturmaßnahmen regelmäßig der Tag an dem die Hauptversammlung diese beschließt. Zur Einberufung der Hauptversammlung ist eine Frist zu wahren. Damit liegt zwischen Bekanntgabe der Maßnahme und Beschlusszeitpunkt ein Zeitraum, der zur Beeinflussung von Börsenkursen genutzt werden kann. Daran hatte die Literatur Kritik geübt.

Hinsichtlich der Bestimmung des Ausgangspunktes zur Bestimmung das 3-Monatszeitraums und damit des Börsen-Durchschnittskurses ist durch die Entscheidung des OLG Stuttgart vom 16. 2. 2007[6] Bewegung gekommen. Das OLG Stuttgart schlägt vor, als Stichtag zur Bestimmung

---

1 BVerfG v. 27. 4. 1999 – 1 BvR 1613/94, DB, 1999, S. 1693.
2 IDW S1 i. d. F. 2008, Tz. 178.
3 OLG Düsseldorf v. 9. 9. 2009 – I-26 W 13/06 (AktE), AG, 2010, S. 36.
4 BGH v. 12. 3. 2001 – I ZB 15/00, AG, 2001, S. 417.
5 BGH v. 12. 3. 2001 – I ZB 15/00, AG, 2001, S. 417.
6 OLG Stuttgart v. 16. 2. 2007 – 20 W 6/06, AG, 2007, S. 209.

des relevanten 3-Monats-Zeitraums nicht den Bewertungsstichtag sondern den Tag der Bekanntgabe der Maßnahme zu wählen.[1] Dieser Zeitraum entspreche der gesetzlichen Regelung in § 5 Abs. 1 WpÜG-Angebotsverordnung. Zudem weise der Zeitraum eine hinreichende Nähe zum Bewertungsstichtag auf. Ebenfalls mit Bezug auf die Regelung in in § 5 Abs. 1 WpÜG-Angebotsverordnung schlägt der Senat vor, den Durchschnittskurs nicht als ungewichteten Kurs, sondern als nach Umsätzen gewichteten Kurs zu ermitteln. Damit sollen Verzerrungen vermieden werden. Ein ungewichteter Durchschnittskurs sei verfassungsrechtlich nicht geboten. Gewichtete Umsätze würden das Marktgeschehen besser wiedergeben und die Bedeutung vereinzelter Spitzenwerte neutralisieren.

Dieser Sichtweise hat sich nun auch das OLG Düsseldorf in seiner Entscheidung vom 9.9.2009[2] zu einem Squeeze-out angeschlossen. Damit soll der veränderte Ermittlungszeitraum Missbrauch verhindern, der im Squeeze-out-Fall dadurch gegeben ist, dass vergleichsweise wenig Nachfragemacht (95 % der Aktien liegen beim Hauptaktionär) durch Spekulationen zu starken Kursanstiegen führen könne. Unabhängig vom Missbrauch erfolge bereits eine Kursbeeinflussung durch die Bekanntgabe der Maßnahme. Diese Kursbewegungen hingen nicht mit Synergieeffekten sondern mit bloßen Abfindungserwartungen zusammen.[3]

13.8 Vorzugsaktien

Vorzugsaktien sind grundsätzlich stimmrechtslos. Ein Ausgleich für das fehlende Stimmrecht erfolgt in Form einer höheren Dividende. Betriebswirtschaftlich verlässliche Grundlagen für eine vergleichende Wertermittlung fehlen. Damit fehlen Anhaltspunkte für die Annahme, Vorzugsaktien wäre ein höherer Verkehrswert beizumessen als Stammaktien. Vielmehr ist davon auszugehen, dass das höhere Stimmrecht wertmäßig einen Ausgleich durch eine reduzierte Dividende erfährt.[4] Das führt im Abfindungsfall allerdings zu einem höheren Wertanteil der Vorzugsaktien am Unternehmenswert.

> „Irgendein Anlass, den Wert der Stammaktien wegen des ihnen zukommenden Stimmrechtes in diesem Fall höher zu bewerten als den der Vorzugsaktien, ist nicht ersichtlich. Umgekehrt wurde den Vorzugsaktionären für das fehlende Stimmrecht eine Mehrdividende von 2 % des rechnerischen Nennwertes gewährt. Bei einem rechnerischen Nennwert von 1 € entspricht dies 0,02 € pro Jahr. Unter Zugrundelegung des von der Kammer identifizierten Kapitalisierungszinssatzes von 7,0 % (ohne Berücksichtigung eines Wachstumsabschlags, da als feste Größe definiert) ergibt sich bei Abzinsung nach den für die Berechnung der "ewigen Rente" aufgestellten Grundsätzen eine Mehrdividende von (gerundet) 0,28 €. Bei der Festlegung des Wertverhältnisses der Stamm- und Vorzugsaktien bei gleichbleibendem Unternehmenswert war zu berücksichtigen, dass das Kapital der Friedrich G. AG zu rd. 61 % (44.200.000 Stück) in Stammaktien und zu rd. 39 % (28.314.000 Stück) in Vorzugsaktien aufgeteilt war. Deshalb war, um die Kontinuität des Gesamt-Unternehmenswertes zu wahren, der rechnerische Wert pro Anteil von 25,24 € hinsichtlich der Stammaktien um 0,11 € auf 25,13 € zu vermindern. Der Wert der Vorzugsaktie war um 0,17 € zu erhöhen. Ihr Wert war deshalb auf 25,41 € zu bemessen."[5]

---

1 OLG Stuttgart v. 16. 2. 2007 – 20 W 6/06, AG, 2007, S. 212.
2 OLG Düsseldorf v. 9. 9. 2009 – I-26 W 13/06 (AktE), AG, 2010, S. 35.
3 OLG Düsseldorf v. 9. 9. 2009 – I-26 W 13/06 (AktE), AG, 2010, S. 37.
4 OLG München v. 19. 10. 2006 – 31 Wx 092/05, AG, 2007, S. 291; *Jung/Wachtler*, Die Kursdifferenz zwischen Stamm- und Vorzugsaktien, AG, 2001, S. 513 ff.
5 LG Dortmund v. 19. 3. 2007 – 18 AktE 5/03, AG, 2007, S. 796.

Im Fall der Bewertung von Vorzugsaktien mit Mehrstimmrechten lehnt das OLG München am 19.10.2006 eine Zuordnung von Werten zu dem erhöhten Stimmengewicht ab. Eine relative „Abwertung" der Vorzugsaktien wegen einer entsprechend geringeren Dividende (im Umkehrschluss zur obigen Entscheidung) unterbleibt.

> „Ein höherer wirtschaftlicher Wert der Vorzugsaktien, wie ihn Bewertungsgutachter und Vertragsprüfer annehmen, im Hinblick auf die mit ihnen verbundenen Mehrstimmrechte ist nach Auffassung des Senats unter Berücksichtigung der Besonderheiten des Einzelfalles nicht hinreichend sicher feststellbar. Mit den hierzu beurteilenden Vorzugsaktien, die mit jeweils 3 200 Stimmen ausgestattet sind, sind die untersuchten Aktien nicht vergleichbar; Vorzugsaktien mit Tausenden von Stimmrechten sind nahezu einzigartig. Der Versuch, der Vielzahl der Stimmrechte pro Aktie durch einen pauschalen Abschlag von dem zunächst ermittelten Wert Rechnung zu tragen, ändert nichts daran, dass es an verlässlichen Grundlagen für eine vergleichende Wertermittlung gerade fehlt. Auch im Übrigen fehlen Anhaltspunkte, die die Annahme eines höheren Verkehrswertes der Vorzugsaktien ggü. den Stammaktien rechtfertigen könnten. … Vielmehr ist davon auszugehen, dass bei der Schaffung der unterschiedlichen Aktiengattungen diese als gleichwertig betrachtet wurden und die Minderdividende ein angemessenes Gegengewicht zu dem höheren Stimmrecht bilden sollte."[1]

13.9 Fungibilität

Aktien einer börsennotierten Gesellschaft können jederzeit problemlos veräußert werden. Unternehmen, die nicht börsennotiert sind, haben eine geringere Mobilität oder Fungibilität als Aktien einer börsennotierten Gesellschaft. Dieser Nachteil, der sich als notwendiger Preisnachlass bei kurzfristiger Verkaufsnotwendigkeit quantifizieren lässt, soll bei der Bewertung durch einen Zuschlag auf den Kalkulationszinssatz berücksichtigt werden. Diese Vorgehensweise kann eine gewisse Tradition für sich in Anspruch nehmen.[2]

Der angesprochene Nachteil droht somit beim kurzfristigen Verkauf eines nicht börsennotierten Unternehmens.[3] Damit ist notwendigerweise zu klären, wie wahrscheinlich überhaupt ein Verkauf ist, da nur dann ein Verlust wegen eines Verkaufs unter Zeitdruck denkbar ist. Deshalb wird vorgeschlagen, den Fungibilitätszuschlag nicht pauschalisiert zu verwenden, sondern ein potentielles und prognostizierbares Verkaufsszenario im Rahmen der Unternehmensplanung zu erfassen.[4]

Das WP-Handbuch 2002 Band II verweist bei der Ermittlung objektivierter Unternehmenswerte noch darauf, einer geringeren Fungibilität angemessen Rechnung zu tragen.[5] Wie dies geschehen soll bleibt offen. Das WP-Handbuch 2008 Band II belässt es bei einem Hinweis fehlender Fungibilität bei kleinen und mittleren Unternehmen, ohne im Zusammenhang damit eine Handlungsempfehlung abzugeben.[6] IDW S1 vom 18.10.2005 und IDW S1 i. d. F. 2008 verzichten gänzlich auf eine Berücksichtigung der Thematik Mobilität bzw. Fungibilität. Das OLG München lehnt einen Fungibilitätsabschlag ab.

---

1 OLG München v. 19.10.2006 – 31 Wx 092/05, AG, 2007, S. 291; siehe dagegen LG München I v. 14.9.2001 – 5 HKO 16259/99, AG, 2002, S. 107 mit Ausführungen zur Bewertung von Mehrstimmrechten.
2 *Schmalenbach, E.*, Die Werte von Anlagen und Unternehmungen in der Schätzungstechnik, Zeitschrift für handelswissenschaftliche Forschung, 1917/18, S. 5.
3 *Mandl/Rabel*, Unternehmensbewertung, 1997, S. 217.
4 *Ballwieser, W.*, Unternehmensbewertung, 2004, S. 99; *Ballwieser, W.*, Unternehmensbewertung, Sp. 2090, in: Gerke/Steiner (Hrsg.), Handwörterbuch des Bank- und Finanzwesens, 2001
5 WP-Handbuch, Band II, 2002, S. 105, Tz. 296
6 WP-Handbuch, Band II, 2008, S. 151, Tz. 420.

13.9 Fungibilität

„Entgegen der Ansicht des gemeinsamen Vertreters ist es nicht geboten, <u>wegen der geringeren Fungibilität der Anteile an der S. GmbH</u>, für die im Gegensatz zu den Vorzugsaktien der P. AG kein geregelter Markt bestand, eine Erhöhung des Risikozuschlags vorzunehmen, der hier vom Verschmelzungsgutachter empirisch auf 3,2 % geschätzt worden ist. <u>Der Risikozuschlag soll das Unternehmerrisiko abdecken, das darin gesehen wird, dass die Anlage von Kapital in einem Unternehmen mit einem größeren Risiko verbunden ist als die Geldanlage in öffentlichen Anleihen; seine Höhe hängt von den Verhältnissen des einzelnen Unternehmens, der Branche und der Gesamtwirtschaft ab. Die gegenüber einer öffentlichen Anleihe geringere Fungibilität von Unternehmensanteilen und das damit verbundene Liquiditätsrisiko stellen dabei allenfalls einen Teilaspekt dar</u>, der sich von den übrigen in die Bestimmung des Risikoschlages maßgeblich einfließenden Gesichtspunkten nicht quantitativ abgrenzen lässt. <u>Eine Berücksichtigung der unterschiedlichen Fungibilität börsennotierter und nicht börsennotierter Anteile an Unternehmen bei der Bemessung des Risikozuschlages ist deshalb nicht geboten.</u> Es besteht auch kein Anlass, zum Basiszinssatz einen „Fungibilitätszuschlag" zusätzlich zum Risikozuschlag hinzuzufügen, für den es keine hinreichende Grundlage gibt."[1]

---

1 OLG München v. 14. 5. 2007 – 31 Wx 87/06, AG, 2007, S. 704.

STICHWORTVERZEICHNIS

A

AAA-Rating 309
Abfindungsbemessung 41, 44, 304, 431
Abfindungsberechtigte 31, 42 ff., 61, 183 f., 225, 394
Abfindungsregelungen 59, 61
Abfindungsverpflichtete 42 f., 183 f.
Abfindungswerte 23, 31, 419
Abgeltungsteuer 256 ff., 284
Abgeltungsteuerverfahren 284
Abschreibungen 87, 89, 113, 149, 153 ff., 172, 175 f., 246, 288, 424
Abschreibungssubstrat 425
Abspaltung 49, 67
Abwertungswahlrecht 65
Abwicklungskosten 315
Abzufindende 28, 36 f., 44 f., 112, 125, 139, 184 ff., 308
Adjusted Present Value-Verfahren 86
Aktien 6 ff., 24, 33
Aktienaustausch 50
Aktienkurs 6, 39, 239, 390
Aktienmischungen 355
Aktienportfolio 1, 28, 94, 109, 124 f., 164, 267 f.
Alternative 4, 8 ff., 26, 38, 57, 90, 94, 96 ff., 107 f., 134, 163,
Alternativinvestition 10, 94, 164, 267, 273, 281
Alternativrendite 4, 10 ff., 22, 26, 38, 84, 94, 164, 267, 273 f., 280, 307 f., 317, 354, 366 ff.
Amortisation 49, 64
Anfangsvermögen 62, 408
Angebot 5 ff., 8, 32, 35, 306
Anlagealternative 9 f., 28, 306
Anlagenregister 194
Anlagenspiegel 194
Anlagezeitraum 309, 319 f., 329
Anleihe 324 f., 336 ff., 363, 372, 382 f., 394
Anrechnungsverfahren 1, 114 ff., 267, 290

Anschaffungskosten 19, 65, 102, 147, 195, 241, 277, 315
Äquivalenzprinzip 22, 94, 100, 106, 118, 125, 362, 407
Arbeitseinsatzäquivalenz 95 f., 105 ff., 150
Arbeitsvertrag 106 f.
Arbitrage Pricing Theory (APT) 362
Argumentationsfunktion 47
Asset Deal 126, 425
Aufspaltung 49, 67
Aufteilungsproblematik 183
Aufwandsrückstellungen 222
Ausschüttungsfähigkeit 85, 87 ff., 140, 142, 252
Auseinandersetzungsguthaben 59
Ausfallrisiko 309
Ausgabekurs 315 f.
Ausschließungsklage 61
Ausschüttung 91, 115, 172, 208, 242 f., 246, 250 ff., 256, 258, 260, 262 ff., 273, 298 f.
Ausschüttungsannahme 115, 120, 154
Ausschüttungsäquivalenz 111, 116 ff., 238, 240, 276
Ausschüttungsbemessung 141, 234, 421
Ausschüttungsbeschluss 22, 141, 230, 279, 285
Ausschüttungsfähigkeit 85 ff., 91, 140, 142, 253
Ausschüttungsfiktion 112
Ausschüttungspolitik 3, 87, 95, 112, 115 f., 118 ff., 233 ff., 256
Ausschüttungspolitik, Irrelevanz der 87
Ausschüttungsquote 4, 95, 117 f., 121 f., 203, 234 ff., 246 ff.
Ausschüttungsregeln 84 f., 90, 141
Ausschüttungsrestriktion 82, 141
Ausschüttungssperren 23, 88
Ausschüttungsverhalten 28, 112, 114 ff., 122, 238, 267, 383

437

B

Bankguthaben 13, 174 ff., 233
Bankverbindlichkeiten 13, 174 ff.
Barwert 11, 21 f.
Barwertformel 9
Basel II 202, 302
Basiszinssatz 101 ff., 108, 305 ff., 317 f., 324 ff., 331, 336 ff.
Basiszinssatz, einheitlicher 306
Basiszinssatz, periodengenauer 306
Beherrschungs- und Gewinnabführungsverträge 3, 42, 49 f., 134, 138 f., 189, 192, 226, 290
Bemessungsgrundlage 23, 88, 91, 142, 174 f., 283, 286
Berater 2, 46 f., 81 f.
Bereinigungen 145 f., 148, 151 f.
Best Case 170, 292, 295, 340, 344
Besteuerungsäquivalenz 107, 362
Beta, Fundamental-Beta 397
Beta, Peer Group 198, 240, 382 f.
Beta, Pure Play 377
Beta, Roh-Beta 381 f.
Beta, Total-Beta 427 ff.
Beta, Unternehmensverbund-Beta 370
Beta, Zielunternehmen 370 f., 382
Beta-Faktor 51, 90, 126, 197 f., 357 ff., 370, 373 f., 376, 379, 381 f., 385, 387 ff., 393 f., 397 ff., 427
Beteiligungen 49, 54, 65, 72, 125, 152, 226, 270, 276 ff., 424, 430
Bewertungsanlass 3, 5, 30, 41, 43, 47, 163 f.
Bewertungsgrundsätze 77 f., 111
Bewertungsklauseln 64
Bewertungsmethoden 78
Bewertungsmodell 113, 144, 199, 286, 326, 416
Bewertungsobjekte 8
Bewertungsstichtag 126 ff., 142, 167, 187 ff., 193, 306, 313, 432
Bewertungssubjekte 8
Bewertungsverfahren 19 f., 23 f., 84 f., 142
Bewertungszweck 27, 38, 109, 132, 191, 202
Bilanzgewinne 6, 92, 142

Black-Scholes Modell 24
Bonität 113, 176, 309, 311
Börsen 6, 428
Börsenkurse 6, 24, 39 ff., 68, 192, 338, 342, 369, 431 f.
Börsenwert 7 f., 24, 39, 181 f., 431 f.
Brutto-Ansatz 86
Bruttokapitalwert 94, 241, 315, 419
Buchwert 55, 230, 232
Bundesanleihen 309, 322 f.
Bundesobligationen 323
Bundesschatzanweisungen 323

C

CAP (Competitive Advantage Period) 428 f.
Capital Asset Pricing Model (CAPM) 210, 221
CAPM 339, 341 f., 345, 350, 353 f., 357 ff., 383, 390, 393 f., 427, 428
Cashflow 86 ff., 140 ff., 146, 194, 290, 303
Chance 7, 16, 29,
Comparable Company Approach 24
Comparable Transaction Approach 24
Continuing Value 206

D

Dauerschuldzinsen 174
DCF-Verfahren 4, 22 ff., 85 ff., 142
Delisting 63
Detailplanung 110, 203, 205, 211
Detailplanungsphase 201 ff., 209 f., 212, 235 ff., 245 ff., 253, 406, 410 f.
Direkte Methode 430
Discounted Cashflow Verfahren 22, 83, 86, 142
Diskontierung 4, 11, 16 ff.
Diversifikation 342, 350 ff., 359, 372, 393, 427
Dividenden 5 ff., 92, 235, 276, 280, 308, 346, 363, 366, 373
Dividendenrendite 122, 238 ff., 247 ff., 255, 268, 308, 364 f.
Dokumentation 68, 162, 188
Drittvergleich 106, 150
Drohverlustrückstellungen 222

Durchschnitt 296, 321, 324, 337, 344, 347 f., 368, 398
Durchschnittskurse 192, 432 f.
Durchschnittswerte, arithmetische 24, 368
Durchschnittswerte, arithmetisch-geometrische 368
Durchschnittswerte, geometrische 368

E

Effektivzinssatz 315 f.
Effizienzlinie 355 f.
Ehegatten 42, 62, 80
Ehepartner 62, 408
Ehescheidung 62
Eigenkapital 21 f., 112, 116, 197, 219 f., 232 ff., 268, 329, 383
Eigenkapitalkosten 11, 22 f., 123, 220 f., 241, 245, 253, 342, 412
Eigenkapitalquote 112, 285
Eigenkapitalrendite 22, 123, 219 ff., 241, 245, 340, 342, 412
Eigenkapitalwert 86
Eigentum 33, 126, 228, 432
Eigenverantwortlichkeit 76
Einbringungen 55
Eingliederung 50, 187, 193, 289
Einigungsbereiche 43
Einigungswert 62, 80, 134, 184
Einkaufspreise 222
Einkommenserzielung 5, 107
Einkommensteuer 84 f., 88 f., 92, 109 f., 223, 269, 273, 282, 286, 362, 425
Einkommensteuersatz, durchschnittlicher 280
Einkommensteuersatz, typisierter 115, 274, 280 f., 283, 362 f., 372 f.
Eintrittswahrscheinlichkeit 11, 14 ff., 291 ff., 296 ff., 344
Einzelabschluss 21 f., 65, 146, 421
Einzelbewertungsverfahren 222
Emittent 311
Endvermögen 62, 408
Endwert 206
Enteignung 63
Entity-Verfahren 86 f.
Entschädigung 33, 40, 64, 112

Entscheidungsfunktion 47
Entscheidungswert 14 ff., 46, 83, 90, 98
Entwicklungspfad 196, 204, 209, 292, 295 f., 414
Equity-Verfahren 86, 89, 93
Erbauseinandersetzung 5, 58, 62, 221
Erbfall 63
Erbrecht 30, 35, 45, 80, 225, 420
Erbschaftsteuer 23, 57
Ergänzungsbilanzen 425
Ersatzinvestitionen 193
Ertragsteuern, persönliche 5, 22 f., 29, 85, 92, 108, 235, 371, 425
Ertragsüberschussrechnung 22, 84
Ertragswertverfahren 22 ff., 83 ff., 142, 145, 422
Erwartungen 27, 320, 361
Erwartungswert 14 ff., 97, 291, 295 ff., 302 ff., 340 f., 343 f., 346, 349, 395 f.
Erweiterungsinvestitionen 3, 112, 129, 137, 234, 246
Europäische Zentralbank 305, 325, 327, 415
Euro-Zone 311
EVA (Economic Value Added) 220
Ewige Rente 144, 148, 151, 198, 211, 238, 333, 404 f., 413, 418
Extrapolation 145, 162

F

Fairness Opinions 5, 55 f., 109, 273
Familienrecht 5, 35
Finanzierungspolitik, atmende 195 ff.
Finanzierungspolitik, autonome 195 ff., 328, 335, 382
Finanzierungsrisiko 197 f., 340 ff., 344 f., 353, 360, 371, 379 ff., 395
Finanzierungstheorie 107, 269
Flow-to-Equity-Verfahren 86
Förderbedingungen 149
Forderungen 61, 173, 175, 195, 246
Formwechsel 67, 225
Fortführung 26, 34, 39, 66, 169, 184, 206 f., 209, 220 ff., 226 f., 233, 408
Fortführungsprognose 66

Fortführungswert 122, 197, 201, 203, 206 f., 219 ff., 224, 226, 237, 240
Fortschreibung 145, 202 ff., 209, 275
Forward rates 320, 328 ff., 334 ff.
Freie Cashflows 22
Fremdfinanzierung 88, 195
Fungibilität 35, 426, 434
Funktionenlehre 27, 46 f.
Funktionskataloge 46 f., 80 f.

G

Geldentwertungsabschlag 407 f., 417
Geldentwertungszuschlag 407, 418
Geldmarktpolitik 305
Geldwertänderung 404
Gemeiner Wert 23
Geschäftsmodell 147, 155, 210, 291
Geschäftsrisiko 152, 360
Geschäftswert 20, 204, 222, 233, 424
Gesellschaftsrecht 34 f., 45, 140, 233, 269, 393
Gewerbesteuer 174 f., 223, 244, 269 f., 276, 278, 283, 286
Gewichtungsfaktoren 144
Gewinnabführungsvertrag 3, 42, 49, 50, 134, 136 ff., 167, 192, 214, 226, 290
Gleichbehandlungsgrundsatz 30 f., 34, 45, 99, 113, 163, 269, 393, 431
Gleichgewichtszustand 210
Going Privat 63
Gordon-Wachstumsmodell 234, 405
Grenzpreis 11, 25 f., 30 f., 34 f., 38 f., 42 ff., 80 f., 94, 107, 132, 183 f., 190
Gründungsprüfung 51 f., 64
Gütergemeinschaft 30, 62, 225

H

Habenzinssätze 11, 13, 319, 361
Halbeinkünfteverfahren 267, 276, 280 f., 284, 308, 362 ff., 367 f., 373
Handelsbilanz 55, 170, 195, 286
Handelsprovisionen 315
Handlungsalternativen 24, 30
Hauptversammlungsbeschluss 40

Hochrechnung 144, 352, 429
Holdingstrukturen 200
Holdingstrukturen, mehrstufige 423
Hurdle rate 71

I

IFRS 21 f., 84, 90 f., 133, 146, 421 ff.
Indifferenzwert 9
Indirekte Methode 430
Individualistisch 84, 98 f.
Inflation 123, 400 f., 404 ff., 417
Inflationsrate 123, 261, 263 f., 400, 402, 405 ff., 414 f.
Informationsfunktion 421
Inländer 111, 166
Innenfinanzierung 195, 234, 246
Insolvenzrisiko 113, 340
Integrationen 37
Interne Rendite 9, 10, 94, 98 f.
Interner Zinsfuß 10
Investitionen 5, 12, 22, 102, 116, 129, 141, 155, 174 f., 193 ff., 246
Investitionsalternative 12, 22, 25, 27, 94, 98, 106 f., 117, 125, 236, 276, 306
Iterationsmodell 198, 383 f., 425

J

Just-in-time-Fertigung 173

K

Kalkulationszinssatz 4, 12, 14, 16 f., 22, 24, 305
Kapazitätsausweitung 245 f.
Kapitaleinsatzäquivalenz 95
Kapitalflussrechnung 146, 154 f.
Kapitalmarkt, unvollkommener 11 f.
Kapitalmarkt, vollkommener 11 f.
Kapitalmarktlinie 356 f., 360
Kapitalmarktverhältnisse 305, 319
Kapitalrücklage 21, 52, 88, 141, 175, 233, 268, 285 f.
Kapitalstruktur 112 f., 119, 198
Kapitalwert 17, 297, 315, 361

Kapitalwertmodell 9 ff., 13, 307, 313, 317
Kapitalwertneutral 69 f., 88, 92, 114, 119 ff., 237, 240 f., 243 ff., 247, 253 ff., 263 f.
Kassazinssatz 320
Kaufkraftäquivalenz 95 f., 123 f., 404
Kausalität 131, 136
Kausalkette 131, 136
KMU 202, 302, 352, 426 f.
Kommunikationsfunktion 80
Komplexitätsreduktion 13, 175, 294
Konkurrenz 210
Konsumverzicht 308
Konsumzwecke 5, 22, 107, 269
KonTraG 169, 202
Kontrollmehrheit 7, 182 f.
Konvergenzplanung 202
Konvergenzplanungsphase 147 ff., 162, 195, 202, 204 f., 209 ff., 220, 238, 412 ff.
Konvergenzprozess 413 f.
Konzernobergesellschaft 187
Körperschaftsteuer 287
Körperschaftsteuerguthaben 204
Korrelationskoeffizient 347 ff., 388, 427
Kovarianz 347 f., 351, 359
Kreditrating 285
Kulanzrückstellungen 222
Kuponanleihen 314 f., 317, 319, 322 ff.
Kursgewinnrealisierung 367
Kurswert 315, 382

L

Landesüblicher Zinssatz 116, 305
Latente Steuern 232
Latente, Steueransprüche 133
Latente, Steuerschulden 133, 319 f.
Laufzeit 100, 322
Laufzeitäquivalenz 95, 100 ff., 313, 317 f., 323 f., 336
Laufzeitbänder 322
Lebensdauer, endliche 103, 200, 208, 220
Lebensdauer, unendliche 100, 102 f., 200, 207 f., 215, 219 f., 322, 336, 367, 372
Lenkpreistheorie 12
Leverage-Formel 340

Levern 198, 340, 384, 399
Liquidationserlös 59, 227
Liquidationswert 21, 44, 63, 200 f., 206 f., 209, 220 ff., 231 f.
Liquiditätsplanung, direkt 177
Liquiditätsplanung, retrograd 177
Liquiditätsprämie 308

M

Maklergebühr 315
Managementvergütung 70
Mantelkaufregelung 188
Marktanalyse 155, 204, 413
Marktanomalien 314, 336
Marktportfolio 354, 356 ff., 398
Marktpreis 5 ff., 150, 181, 393
Markt-Risikoprämie 360, 364, 368 ff., 394, 427
Marktzins 12, 24, 32, 35 ff., 306, 308 f., 315 f., 324
Maßgeblichkeit, der Äquivalenz 119
Maßgeblichkeitsprinzip 55
Maßnahmen, dokumentierte 130, 162
Maßnahmen, eingeleitete 161 f.
Maßnahmen, konkretisierte 3, 130, 161 f., 188
Maßnahmen, Synergie stiftende 3, 129, 162, 178, 187 f.
Materialaufwand 173, 180
Materialauszahlungen 173
Mehrfaktorenmodell 362
Mehrheitsgesellschafter 41
Mehrheitszuschläge 431,
Mehrperiodenmodell 362
Minderheitsabschläge 431
Minderheitsgesellschafter 37, 41, 43
Modern Portfolio Theory 342
Monte-Carlo-Simulation 300
Multiplikatorverfahren 24, 37

N

Nachbaukosten 20, 233
Nachfrage 5 ff., 32, 35, 295, 306, 316
Nachlass 63

Nachsteuerbetrachtung 95, 107 f., 125, 240, 362
Nachversteuerung 68, 279, 281
Näherungsverfahren 316
Nennwert 52, 314
Net Present Value 10
Netto-Ansatz 86
Nettokapitalwert 210, 241, 361
Nettozahlungen 5, 8 f., 269, 302 f.
Neutraler Gutachter 46 ff., 81 ff., 160
Newtons Tangentenmethode 316
Nicht betriebsnotwendiges Vermögen 147, 151 f., 221, 228 f., 231, 233
Nominalprinzip 195
Nominalzinssatz 314 ff., 402, 409
Non-Profit-Unternehmen 20
Normalisiert 27, 144, 314, 413
North American Industry Classification System 371
Nullkuponanleihen 315, 317, 320 ff., 326
Nullkuponanleihen, synthetische 322

O

Offenmarktgeschäfte 305
Opportunitätskosten 11, 22, 98, 307
Organschaft 49, 189

P

Pauschalplanungsphase 103
Peer Group 24, 90, 118 f., 238 f., 347, 371, 377, 385, 389, 393, 397
Peer Group-Unternehmen 122, 238 f., 370 f., 373, 376 ff., 381 f., 399, 418 f.
Peer Group Daten 240
Pensionsrückstellungen 222
Pflichtteilsanspruch 63
Pflichtteilsberechtigt 63
Pflichtteilsberechtigte 63, 80
Phasengleich 177
Phasenlänge 104, 205, 209
Phasen-Modell 103 f., 201, 209 ff., 214, 415
Phasenplanung 105
Planung, Nominal-Planung 402, 404 f., 409
Planung, Real-Planung 402 f.

Planungsannahme 144, 204, 206, 211, 414
Planungsmodelle 91, 113, 173 f., 199 f., 210 ff., 290
Planungsphasen 69, 200 f., 205, 209, 219, 234 f., 413, 415, 417
Planungsrechnungen 22, 90 f., 202, 214, 218
Portfoliorisiko 347 ff.
Portfoliotheorie 342, 345 f., 349
Post Merger Integration 178
Praktikerverfahren 23
Prämissenkatalog 304, 411
Preis 308, 313, 315 f., 326, 405, 417 ff.
Preisprognosen 195
Preissensibilität 407
Preissteigerungen 113, 195, 205 f., 400 f., 406, 409 ff.
Present Value 86
Privatisierung 49, 63
Prognose 66, 76, 93, 126, 137 f., 144 ff., 160 f., 172, 203, 292, 302, 313, 337, 341
Prognoseaussagen, sicher 291
Prognoseaussagen, ungewiss 291
Prognoseaussagen, unsicher 291
Prognosefähigkeit 132, 211, 291, 338
Prognosegenauigkeit 291, 413
Prognosezinssatz 306, 313
Publikumsgesellschaften 67

R

Rating-Agenturen 309
Real Case 11, 295, 343 f.
Realoptionen 24
Realzins 123, 308, 309, 401 f., 414
Rechnungslegung 22, 72, 80, 143, 233, 423
Rechtsfrage 43 f.
Rechtsnormen 43, 77 f., 135
Rechtsprechung 77, 125, 134, 142, 160, 191, 212, 224, 231, 267, 284, 288, 303 f., 336, 394, 416, 422, 430
Referenzzeitraum 40 f.
Regression 368, 370, 373, 385 f.
Reinvestitionen 113, 175, 193 f., 197, 204, 253, 313
Reinvestitionszyklus 204, 209, 413

Relevern 382 f.
Renditestrukturkurven 322
Reproduktionszeitwert 20, 232 f.
Residualwert 206 f., 220
Restbuchwerte 194
Rest-Lebensdauer 209
Restwert 21, 104, 162, 200 f., 205 ff., 209, 215, 217, 219 f., 331, 336
Restwertphase 22, 103 f., 118, 121 f., 148 f., 151 f., 162, 168, 194, 200 f., 203, 205 ff., 210, 234, 236, 238, 240 f., 245, 247, 249, 253 f., 256, 264, 266, 273, 328 f., 331 ff., 368, 410, 413 ff.
Risiko 14 ff., 97, 101, 170, 291, 297, 303 f., 310 f., 339 ff., 346, 350, 352, 355 ff., 358 f., 374, 398, 428 f.
Risiko- oder Unsicherheitsäquivalenz 95, 97 ff., 119, 307, 309, 339, 341
Risiko, allgemeines 342, 394
Risiko, außergewöhnliches 342, 394
Risiko, finanzierungsbedingtes 303, 340
Risiko, generelles 394 f.
Risiko, normales 342, 394
Risiko, operatives 223, 303, 340 ff., 344 f. 353, 360, 381 ff., 395
Risiko, spezielles 342, 394
Risiko, spezifisches 394
Risiko, systematisches 350, 352 ff., 377, 390, 394
Risiko, übernommenes 342
Risiko, unsystematisches 350, 352 f., 394
Risiko, unternehmerisches 394
Risikoabschlag 18 f., 304, 307, 339, 341, 395 f.
Risikoabschlagsmethode 97 f., 101, 297, 309, 341 f.
Risikoavers 16, 297, 303, 396
Risikoaversion 16, 18 f., 38, 82, 170, 297, 339
Risikoeinstellung 90, 341
Risikokompensation 17, 339, 342
Risikoneutralität 297
Risikonutzenfunktion 19, 38, 84, 97, 99, 339
Risikopräferenzen 356 f.
Risikoprämie 1, 71, 90, 92, 309, 352, 357, 360, 364, 369, 372, 393, 412, 418

Risikozuschlag 15, 17 ff., 38, 77, 84, 90, 97, 170, 230, 289, 297, 303 f., 307, 311, 330, 339, 341, 393 ff.
Risikozuschlagsmethode 14 f., 19, 97 ff., 101, 297, 307, 309, 339, 341 f., 350, 363
Rückwirkend 68, 73 ff., 126, 132, 323, 399

S

Sacheinlage 48 f., 51 ff., 64, 68, 135, 425
Sachverständige 2, 12, 43 f., 51 f., 55, 76, 135, 160, 213 f., 338, 396
Saisonzyklus 204, 210
Sanierungskonzept 168
Schätzfunktion 324, 326
Schätzung 93, 322 ff., 337, 352, 385, 388, 396, 398
Scheidungsantrag 62, 131, 135, 371
Scheingewinnbesteuerung 409
Scheingewinne 195
Schenkungsteuer 23, 48, 57, 59
Schiedsgutachter 46 f., 80 ff., 160
Schiedswert 42 f., 62, 80 f., 184
Schiedswertregelung 43
Sell-out 49, 68
Sensitivitätsanalyse 296
Separationstheorem 356
Serienfertigung 174
SEStEG 55, 204
Share Deal 126, 425
Sicherheit 52, 93, 133, 139, 175, 291 f.
Sicherheitsäquivalent 97, 303, 307, 309, 334, 339, 395, 418
Sicherheitsäquivalenzmethode 97 ff., 101, 119, 297, 307, 339
Sitzland 70, 166, 310 ff.
Sitzlandprinzip 70, 125, 166
Sollzinssätze 11, 13
Sondereinflüsse 144, 147 ff., 154, 160
Sozialplanverpflichtungen 222
Spaltung 5, 67
Spot Rates 320 ff., 328 f., 331 f., 334 ff.
Spruchstellenverfahren 39, 138
Spruchverfahren 40, 67, 74, 76, 137, 423

Squeeze-out 4, 31, 40, 42, 48, 50 f., 120, 135, 189, 227, 397, 432 f.
Staatsanleihen 309 ff., 314
Stammrecht 322
Stand-Alone-Konzeption 3, 36, 40, 53, 166, 290
Stand-alone-Position 82
Standard Industrial Code 371
Standardabweichung 340, 343 ff., 396
Startbilanz 170, 173 ff., 177, 421
Steueräquivalenz 107
Steueraufwand 174, 285 f., 289 f.
Steuerbemessungsfunktion 421
Steuerbilanz 55, 195
Steuerneutralität 55, 68
Steuerstundungseffekt 290
Steuerzahlungen 174, 193, 285, 290
Stichtagsbilanz 175
Stille Reserven 52
Streuung 17, 170, 343
Stripping, Bond 322
Stripping, Coupon 322
Stückzinsen 315
Stufentheorie 425
Stuttgarter Verfahren 23, 57, 64, 144
Substanz 20, 123, 134, 227, 232
Substanzerhaltung 112 f., 193, 195
Substanzwert 19 f., 23 f., 222, 225, 231 ff.
Svensson-Modell 323 f., 331
Synergie 36 ff., 56, 177 ff., 184 ff., 191, 193, 393 f.
Synergieeffekte 39 f., 53 f., 81, 129, 167, 177 ff., 182 ff., 193, 394, 433
Synergieeffekte, Aufteilung von 183
Synergieeffekte, echte 3, 36 f., 53, 185 f.
Synergieeffekte, implizite Aufteilung der 191
Synergieeffekte, unechte 3, 69, 80, 129, 181, 185 f., 188, 191
Synergien, im Finanzbereich 179
Synergien, im Kostenbereich 179
Synergien, im Leistungsbereich 179
Synergien, negative 179
Synergien, operative 178
Synergien, positive 179
Synergien, strategische 178

Synergiepotenziale 37, 178 ff., 182 f.
Synergiestiftende Maßnahmen, Dokumentation 130, 188
Synergiestiftende Maßnahmen, Konkretisierung 130, 187 f.
Szenario, Szenarien 14, 17, 170, 175, 180, 212, 292 ff., 299 ff., 304, 340, 347 f.

T

Tangentialpunkt 356
Tatfrage 43 f.
Tatsachen, wertaufhellende 3, 137
Tatsachen, wertbeeinflussende 137
Tax-CAPM 362 ff., 366, 368 f., 373, 393 f., 397
Teilausschüttung 1, 117, 252 f.
Teilphasen 203
Teil-Reproduktionszeitwert 20, 233
Terminal Value 206 f.
Terminzinssätze 329 f.
Thesaurierung 69 f., 112 ff., 119, 126, 234, 240 f., 246 f., 249, 253, 264 f.
Total Cashflow Verfahren 86
Totalmodell 12 f.
Transaktionsentscheidungen 55
Transaktionspreise 36 f., 55, 419
Treu und Glauben 64
Treuepflicht 34
Typisierung 1, 28 f., 40, 42, 59, 121 f., 163 ff., 269 f., 280 ff., 339
Typisierung, mittelbare 4, 109 ff., 165, 274, 282
Typisierung, Unternehmenswert 24
Typisierungen, steuerliche 82, 163 f.

U

Überbewertung 6, 52, 54, 419
Übergang, wirtschaftlicher 68, 126 f.
Übergang, dinglicher 127
Übergewinnverfahren 220
Überrendite 90, 210, 221, 245, 249, 410, 412 ff.
Überschuldungsprüfung 49, 66
Umlaufsrendite 324, 337
Umsatzeinzahlungen 173, 406

Umsatzerlöse 123, 151, 173 f., 204, 400, 404 f., 411
Umstrukturierung 41, 49
Umtauschverhältnis 5, 49, 67, 76, 191
Umwandlungsbeschluss 67
Unlevern 360, 371, 381 ff.
Unsicherheit 11 f., 14 ff., 23, 95, 125, 292 f., 304, 383
Unterbewertung 52, 245
Unternehmen, wie es steht und liegt 161
Unternehmensentwicklung 12, 37, 43, 144, 203 f., 217 f., 292, 400
Unternehmenskauf 11, 26, 132
Unternehmenskonzept 3, 37 f., 41, 68 f., 81, 118, 120 f., 129 ff., 134, 160 ff., 167 ff., 184, 193
Unternehmensplanung 160 ff., 168 f., 170 ff., 175 f., 180, 192 ff., 199 ff., 205, 208 f., 214, 292, 294, 296, 300 ff., 400, 402, 409, 411, 413
Unternehmensplanung, Beginn 172
Unternehmensplanung, integrierte 88, 113, 140, 169 ff., 192, 194, 200, 205, 209, 286, 290, 390
Unternehmensplanung, langfristige 168
Unternehmensplanung, Mehrwertigkeit 296, 301
Unternehmensplanung, nominelle 409
Unternehmensplanung, reale 409
Unternehmensplanung, strategische 218
Unternehmensplanungen, Bandbreite denkbarer 175
Unternehmensplanungen, operative 169, 178
Unternehmensrisiko 90, 97 f., 339, 342, 395
Unternehmenssteuern 88, 243, 269, 362
Unternehmensteuerreform 2008 1, 73 f., 114, 125, 133, 174, 247, 254, 261, 266, 276, 279, 283, 366, 373, 384
Unternehmensteuerreformgesetz 114, 133, 276, 283
Unternehmensvertrag 187
Unternehmenswachstum 113, 195, 234, 245, 263, 281, 400 f., 414
Unternehmenswert, objektiver 27, 30

Unternehmenswert, objektivierter 27 ff., 38, 41, 46 f., 56, 69, 81 ff., 92, 95
Unternehmenswert, subjektiver 27, 30, 34, 38, 41, 46, 69, 83, 100, 126, 339, 431
Unternehmenszerschlagung 66
Unternehmenszukunft 11, 42 f., 161, 183, 200, 217 f.
Unternehmerische Initiative 165 f., 273
Unternehmerlohn 426
Unternehmerrisiko, allgemeines 341
Unternehmerrisiko, spezielles 341
Unterpariemission 51, 64
US-GAAP 84, 146, 421

V

Verbindlichkeiten 50, 61, 173 ff., 195, 382
Veräußerungsgewinne 60, 125, 230, 232, 277, 280, 282, 366, 373, 425, 430
Veräußerungskosten 221, 232
Verbundvorteile 40, 187, 191
Verdichtung, horizontale 297
Verdichtung, vertikale 297
Verfügbarkeitsäquivalenz 95
Vergangenheitsanalyse 143 ff., 149, 151 f., 155
Vergleich 7 ff., 13, 22, 47, 50, 62, 92, 94, 99, 101
Vergleichsmaßstab 9 f., 305
Verhandlungsabbruch 134
Verhandlungsspielraum 26
Verkaufspreise 33, 35, 54, 159, 180, 200, 208, 222, 401, 410
Verkehrswert 30 ff., 35 ff., 43 f., 53, 57 f., 60, 62 ff.
Verlustvorträge 285 f., 288 ff.
Verlustvorträge, gewerbesteuerliche 189 f., 286, 290
Verlustvorträge, handelsrechtliche 285 f., 288
Verlustvorträge, körperschaftsteuerliche 286, 290
Verlustvorträge, steuerliche 286, 288 ff.
Verlustvorträge, steuerrechtliche 285 f., 288
Verlustvorträge, Verbrauch 192, 204, 286, 289
Vermittlungsfunktion 47, 80

Vermittlungswert 47, 81
Vermögen, betriebsnotwendiges 228
Vermögen, nicht betriebsnotwendiges 147, 151 f., 221, 228 f., 231 f.
Vermögensposition 25 f., 34, 41, 64, 94, 190, 393
Verschmelzung 3, 5, 50, 67, 76, 187 ff., 225 f., 232
Verschmelzungsbericht 67
Verschmelzungswertrelation 50
Verschuldungsgrad 112 f., 126, 195 ff., 204, 328 ff., 333, 335, 383, 395, 399
Verschuldungsgrad, konstanter 383
Verschuldungsgrad, variabler 390
Verschuldungsspielraum 233
Verzinsung, diskrete 326 f.
Verzinsung, stetige 326
Verzugszinsen 305
Volatilität 340, 359, 397
Vollausschüttung 71, 113 ff., 252, 261, 263, 290
Vollausschüttungshypothese 111 ff., 121, 125, 267 f., 276, 290
Vollthesaurierung 116, 237
Vollversteuerung 1, 307 f., 363 f.
Vorsichtsprinzip 170, 341
Vorsteuerbetrachtung 107

W

WACC-Verfahren 86 f.
Wachstum 204, 206, 233, 245, 400 f., 404, 406 f., 409 f. 414, 416 f.
Wachstum, nominelles 400 f.
Wachstum, reales 400 f.
Wachstum, thesaurierungsbedingtes 245, 253, 261, 263 f., 266, 268, 416
Wachstumsrate 234, 240, 247, 249, 254 f., 264, 266, 405 ff., 414 ff.
Wahrscheinlichkeit, bedingte 294
Wahrscheinlichkeitsverteilung 15 ff., 97, 295, 302, 347
Währungsäquivalenz 96, 124
Wandel, technologischer 193, 195
Wert, gemeiner 23, 32, 44, 55, 57 f.
Wert, wahrer 31, 33, 60, 106

Wert, wirklicher 31, 60
Wertaufhellungsprinzip 130
Wertneutralität 281, 402, 404
Wertpapier 102, 237, 280 f., 307 f., 315, 317, 326, 345, 360, 368, 390
Wertschöpfungskette 5
Wettbewerbsfähigkeit 42, 159
wie es steht und liegt 28, 112, 161 f., 167, 187, 193, 218
Wiederanlageprämissen 82, 114
Worst Case 11, 38, 170, 173, 292, 295, 340
Wurzeltheorie 3, 68, 78, 82, 130, 132, 134 ff., 139, 283 f.

Z

Zahlungsstrukturäquivalenz 318
Zahlungsüberschüsse 22, 87, 223, 228, 241
Zahlungsunfähigkeit 11, 353
Zeitpräferenzrate 308 f.
Zeitwert 20, 52 f., 64, 308
Zentralbanken 305, 326
Zerobonds 315
Zerschlagung 21, 221
Zerschlagungsgeschwindigkeit 21, 223, 232
Zerschlagungsintensität 21, 60, 223, 232
Zielausschüttungsquote 235
Zielrendite 38, 220, 244, 247 ff., 254 f., 355, 357, 362
Zinsentwicklung 313 f., 337
Zins-Kupons 322
Zinsprognose 105, 313, 337 f.
Zinssatz, interner 315, 323
Zinsstruktur 323, 327, 331
Zinsstrukturkurve 1, 4, 13, 71, 103 ff., 311
Zirkularität 383
Zirkularitätsproblem 383, 425
Zuflussäquivalenz 125, 368
Zugewinnausgleich 48, 62, 371, 408
Zukunft 126, 143 ff., 148 ff., 155, 159, 162, 167, 175, 197, 211, 218, 221, 226, 241, 252, 285, 291 f., 314, 343, 369, 372, 400, 409 f., 414
Zukunftserfolgswert 28, 94
Zurechnung 237
Zustandsbaum 293 ff.